정신의 삶
The Life of the Mind

사유와
의지
Thinking
and
Willing

정신의 삶
The Life of the Mind

사유와
의지
Thinking
and
Willing

한나 아렌트
Hannah Arendt

홍원표 옮김

푸른숲

할아버지 막스 아렌트와
함께 있는 한나 아렌트, 1907년

어머니 마르타 아렌트와
함께 있는 6살의 한나, 1912년

어머니와 함께 있는 8살의 한나, 1914년

가족 서재에서 공부 중인 14살의 한나,
1920년

(왼쪽부터) 에바,
클라라 베어발트 그리고
16살의 한나, 1922년경

18살의 한나 아렌트, 1924년

권터 슈테른과 한나 아렌트,
1929년경

27살의 한나 아렌트, 1933년

《전체주의의 기원》 집필을 마쳤을 때, 1949년경

한나 아렌트와 하인리히 블뤼허, 1950년경, 뉴욕

메사추세츠 주 케이프 코드만 매노메트 해안 마을에서, 1950년

1961년, 아이히만이 예루살렘 법정에서 재판을 받을 때의 사진

한나 아렌트, 1963년경

한나 아렌트와 메리 매카시, 1970년대 초

서거 직전의 한나 아렌트, 1975년

1975년에 사망한 한나 아렌트는 남편이 오랫동안 강의한
뉴욕 주 허드슨 강 유역 애넌데일에 있는 바드 대학에 묻혔다.

한나 아렌트 탄생 100주년 기념에 지정한 아렌트 거리, 베를린

옮긴이의 말

사유하고 의지하고 판단하는 삶을 실천한, 가장 인간적인 사상가

내가 한나 아렌트를 집중해서 연구하기 시작한 때는 베를린 장벽이 붕괴된 1989년이다. 아렌트가 이념적 대립의 틀에서 강조된 정치를 넘어서는 새로운 정치이론을 제시하면서 그의 저서들은 냉전 질서의 붕괴라는 역사적 사건을 바탕으로 재조명되었다. 그때만 해도 아렌트의 저서는 국내 독자들에게 별로 소개되지 않았다. 당시 나는 주문한 아렌트 원서를 때론 기쁜 마음으로 때론 당혹스러운 마음으로 읽으면서 박사학위 논문을 준비했다. 소포클레스가 "사유는 바람과 같다"고 《안티고네》에서 언급한 것처럼, 연구하며 보낸 시간 역시 바람과 같이 빨리 지나갔다. 아렌트를 연구하기 시작한 지 어느덧 30년이 지났으니 말이다.

그사이 국내 아렌트 연구자들이 늘어난 것은 말할 것도 없고, 아렌트가 다양한 계층의 수많은 독자로부터 주목받은 것 역시 감회가 새롭다. 내가 연구를 시작하던 때만 해도 '아렌트가 누구냐?'라는 질문이 수도 없이 많았는데, 이제는 독자들이 아렌트의 저서에 소개된 내용을 주제 삼아 이야기하는 경우를 많이 경험한다. 국정농단과 촛불집회가 있던 2016~2017년 역시 언론을 통해 아렌트의 사상이 많이 소개된 점을 고려할 때, 아렌트의 정치이론은 우리의 정치 현실을 이해하는 데 상당히 적절하다고 볼 수 있다.

 아렌트와의 인연은 1992년으로 거슬러간다. 당시 발표한 박사학위 논문에서 현재의 시점에서 고전적 합리주의가 어떤 의미를 지니는지를 다뤘는데, 그 과정에서 레오 스트라우스, 에릭 보에글린, 그리고 한나 아렌트의 정치철학을 비교했다. 이후 1995년에《한국정치학회보》에 〈아렌트 정치철학의 역설〉이란 제목의 논문을 기고하면서 본격적인 아렌트 정치철학 연구로 방향을 선회했다. 나와 아렌트의 끈끈한 연대는 이렇게 시작되었다.

 스트라우스의 정치철학 정신에 매료되었던 나로서는 학문적 변신이었다. 당시 동료들로부터 '왜 아렌트냐?'는 질문을 여러 차례 받았지만 명쾌한 답을 하지는 못했다. 유행에 따라 삶의 형태가 바뀌듯 학문적 경향에 따라 연구 분야를 바꾸는 것이 바람직하지는 않다고 생각했던 입장에서 혹여나 동료들에게 그러한 인상을 줄까 우려했기 때문이다. 이제야 밝히지만, 젊은 시절 권위주의 정치를 경험하면서 가졌던 막연한 의문, 즉 한국 정치에서 '새로운 시작은 불가능한가'에 대한 해답을 아렌트로부터 찾을 수 있으리라는 기대와 판단이 이러한 전환을 가능케 했다.

 1998년, 〈아렌트의 '정신의 신화'와 그 정치적 함의〉라는 제목의 논문을 발표하면서, 우리의 인간다운 삶이 정치적 삶과 정신의 삶을 통해 어떻게 실현되는지 본격적으로 다루기 시작했다. 정신의 삶에 대한 이해 없이 아렌트를 제대로 이해하기는 어려울 것이다. 같은 해에 이 책의 1권 〈사유〉의 국내서 초판본인《정신의 삶: 사유》(이하《사유》) 번역을 시작했다. 아렌트 특유의 글쓰기 방식으로 많은 시간과 노력이 요구되는 번역 작업을 논문 집필과 동시에 진행하기가 부담스러웠지만 기꺼이 번역에 몰두했다. 그것은 아마도 아렌트에 대한 내 특별한 애정 때문에 가능했는지도 모른다.

 아렌트는 그가 펼친 사상만큼이나 인간적으로도 매력 있는 인물이었다. 아렌트는 "충실은 진실성의 징표다"라는 야스퍼스의 격률을 수용하면서 인간의 삶에서의 우정의 중요성을 저작을 통해 밝혔다. 아렌트 또한 스승인 하이데거와 야스퍼스와의 우정을 충실히 유지했고, 유대인 동족, 망명자들, 수많은 지인과의 우정을 돈독히 했다. 동정, 연민, 사랑, 형제애와 더불어 공공 영역에서 발현되는 인간애는 아렌트에게는 삶의 중요한 기준이었다. 아렌트는 인간에 대한 사랑, 즉 세계사랑*amor mundi*을 시민의 가장 중요한 정치적 덕목이라고 여겼다. 그래서 한스 요나스는 아렌트의 장례식에서 아렌트를 "우정의 천재"라고 회고하기도 했다.

아렌트는 《인간의 조건》에서 '활동적 삶'을 노동, 작업, 행위 총 세 가지로 조명했는데, '정신의 '삶 역시 사유, 의지, 판단으로 구별되기에 세 활동을 각기 조명한 저작 세 권을 구성했다. 《정신의 삶》에서 아렌트는 '사유'와 '의지'를 집중적으로 조명하면서 '판단'을 부분적으로 소개한다. 《정신의 삶》은 아렌트가 평생 고대 그리스부터 당대까지 이어진 철학 사상을 연구하며 내면적으로 과거의 철학가들과 우정의 대화를 나누었던 위대한 사유의 결과다. 이 책에서 아렌트는 **우리의 삶에서 정신의 삶이 왜 중요한지를 조명**한다. 아렌트의 이전 저서들은 《정신의 삶》 집필을 위한 준비였다고 해도 과언이 아닐 정도로 이 책은 아렌트 스스로 꼽은 가장 중요한 저서이기도 하다. 칸트가 자신의 '세 비판서'를 독자들이 많이 읽기를 기대했듯이, 아렌트 역시 독자들이 '정신의 삶' 3부작을 많이 읽기를 기대했는데, 아이히만의 무사유가 악의 원인이라는 것을 목도하면서 사유하고, 의지하고, 판단하는 삶이 중요하다는 것을 독자들에게 알리고 싶었기 때문이다. 아렌트는 《인간의 조건》을 집필하면서 《정신의 삶》 일부를 간헐적으로 다루었고, 평생에 걸쳐 정신의 삶을 구상하고 연구한 끝에 만년에 이르러서야 이 책을 집필할 수 있었다. 하지만 아렌트는 《정신의 삶: 의지》(이하 《의지》) 집필을 완료하고 일주일 후 《정신의 삶: 판단》(이하 《판단》) 집필을 시작하던 1975년 12월 4일 갑작스러운 심장마비로 죽음을 맞았다. 아쉽게도 우리는 로널드 베이너가 아렌트의 강의 자료를 정리해 1982년에 출간한 《칸트 정치철학 강의》를 《판단》으로 대신해 읽어야 한다.

아렌트가 유독 사유, 의지, 판단을 중요하게 생각한 이유는 "사유, 의지, 판단이 우리의 근본적 활동"임에도 이러한 정신 활동과 정신 활동의 역사가 "직업적인 철학자들"의 몫으로 여겨졌기 때문이다. 아렌트는 자신의 저서를 통해 다음과 같이 일관되게 강조하고 있다. "정신의 삶은 직업적인 철학자들을 포함해 정상적인 모든 사람의 일상적 삶 속에서 이루어진다. 우리는 활동적 삶과 정신의 삶에 함께 참여하기 때문에, 정신의 삶을 이해하려는 노력은 당연히 나 자신의 삶을 이해하는 과정의 일부일 것이다."

정신의 삶을 이해하기 위해선 먼저 활동적 삶과 정신의 삶 사이의 관계를 고려할 필요가 있다. 아렌트는 정신의 삶을 이야기하면서 형이상학적 전통을 해체했다. 《사유》에서는 형이상학적 편견과 오류를 지속적으로 비판하면서 사유 활동이 무엇인지를 이야기하고 있다. 우리는 이 점에 주목하면서 아렌트와 정신의 대화를 나누어야 한다. 전통적인 철학에 따르면, 관조적 삶은 활동적 삶의 위에 있다고 전제한다. 그러나 아렌트는 이러한 개념적 틀을 거부하고 활동적 삶과 정신의 삶 사이의 관계를 수평 관계로 구성했다. 활동적 삶과 정신의 삶은 긴장 관계를 유지하지만 대칭 관계는 아니라는 것이다. 이해, 결정, 선택으로 이루어지는 행위 과정이 사유, 의지, 판단을 필요로 한다는 점을 고려할 때, 우리는 인간다운 삶을 구성하는 데 두 가지 형태의 삶이 상호밀접하게 연계된다는 점에 주목해야 한다.

인간은 현상세계에 살면서 현상세계와의 관계 속에서 각기 다양한 능력을 드러낸다. 동정, 연민, 사랑, 분노, 형제애 등의 감정은 현상세계와 직접적인 관계 속에서 작동하는 인간의 귀중한 능력이다. 감각지각을 통해 대상을 인식하는 인지knowing 능력, 대상에 대한 인식에서 어떤 것을 근거로 다른 인식을 끌어내는 추론reasoning 능력 또한 현상세계와 연관되며 그러한 능력은 지성에 포함된다. 그러나 사유 · 의지 · 판단 활동은 지성이나 감정과 달리 현상세계로부터 잠정적으로 이탈할 때 비로소 시작된다.

'삶이란 무엇인가?' 어느 누구도 쉽게 답변하지 못할 것이다. '사유 ·

의지·판단 활동은 어떤 활동인가?' 여전히 답변하기 어려운 질문이다. 그
런데도 우리는 매일 생각하고 의지하고 판단하며 삶을 영위한다. 이러한 활
동은 우리 삶의 일부다. '정신의 삶은 일상의 삶에 어떤 의미를 갖는가?' 사
유하지 않고 판단하지 않을 경우 부지불식간에 오류와 과오를 범할 수 있다
는 점을 고려할 때, 정신의 삶은 우리에게 더없이 중요할 것이다. 《정신의
삶》은 이러한 문제를 제기하고 있다. 이렇듯 아렌트는 철학을 구름 위에서
추상적으로 이야기하지 않고 우리의 삶으로 끌어들이고 있다. 소크라테스
가 그러했듯이, 아렌트는 독자들에게 이에 관심을 갖도록 권고하고 있다. 문
제는 이러한 삶의 본질을 이해하는 데 많은 어려움이 따른다는 점이다.

　　다시 문제를 제기해보자. 그렇다면 이성과 지성, 사유와 인식, 의미
와 진리의 차이는 무엇일까? 4차 산업혁명 시대에 그렇게도 강조하는 '컴퓨
터 사유'에서 말하는 사유는 아렌트가 강조한 '사유'와 같은 의미일까? 사
유와 지능은 같은 능력일까? 아이히만은 사유 능력을 가지고 있었을까? 아
렌트는 왜 《예루살렘의 아이히만》에서 아이히만을 무사유의 전형이라고 주
장했을까? 대한민국에서 일어난 국정농단 때 일부의 '공적인' 인물들은 과
연 삶 속에서 자신과 소리 없는 대화를 제대로 나누었을까? 아렌트는 정신
의 삶, 즉 사유의 역사를 조명하면서 이러한 질문에 끊임없이 답변할 것을
우리에게 요구했다. 사유는 삶과 마찬가지로 죽음에 이르러 종결되지만 우
리의 인간다움을 가능케 하는 활동이기에 그만큼 중요하다.

　　《정신의 삶》 제2권의 주제인 의지는 자유와 밀접하게 연계된다. 의
지의 선행 개념인 선택 능력proairesis은 여러 대안들 가운데 하나를 선택하
기에 자유의 제약을 전제한다. 그러나 의지는 '시작 능력'(아우구스티누스),
또는 '일련의 계기를 통해 자발적으로 시작하는 능력'(칸트)이다. 시작한
다는 것이 자유롭다는 것을 의미하기 때문에, 의지는 자유를 속성한다. 그
래서 '자유의지'와 '의지'는 같은 말이다. 그렇다면 의지는 욕구나 욕망과
같은 것일까? 탐욕도 의지의 일종일까? 우리는 '내면적' 자유를 향유하면

서 생활하고 있을까? 의지는 왜 미래 시제와 연관될까? 우리는 실제 삶 속에서 의지 능력을 어떻게 실현하고 있을까? 우리는 왜 번민하며 살고 있을까? 각 개인에게 독특하게 나타나는 개성 또는 품성은 무엇에서 비롯될까? 외양이 같은 일란성 쌍둥이는 왜 다른 개성을 드러낼까? 힘에의 의지를 강조하는 니체는 과연 제1의 의지철학자일까? 우리는 이러한 질문들을 통해 의지가 무엇인지를 생각해볼 수 있다. 다수의 사람들은 의지를 욕구, 욕망으로 이해하는데 아렌트가 말하는 의지는 그렇지 않다. 하지만 인과관계에 기반을 둔 필연성을 선호하는 대부분의 철학자들에게 예외성과 우연성을 특징으로 하는 의지는 큰 흥미를 끌지 못했다. 철학자들 다수가 사유에 천착한 이유가 그것이다. 이러한 사실은 니체와 하이데거에 관한 아렌트의 입장에서도 확인이 가능하다.

앞서 말했듯이 《판단》의 집필을 앞두고 서거한 아렌트는 다음과 같은 문구를 남겼다. "성공한 대의명분은 신들을 기쁘게 하지만, 실패한 대의명분은 카토를 기쁘게 한다." 아렌트는 이 문장을 통해 판단이 역사의 희생자인 패자를 존중해야 하며, 망각으로부터 이들을 구원하자는 점을 넌지시 암시하고 있다. 즉 아렌트는 역사적 사건에 대한 공정한 판단의 중요성을 강조했다. 사유 또는 의지 활동은 새로운 시작과 연관되지만 이러한 활동을 겉으로 드러내는 과정은 판단을 통해 이루어진다. 내면에 있는 것을 외부로 드러내는 것 역시 시작 능력이다. 아렌트가 판단 문제를 왜 마지막으로 조명하려 했는지, 판단이 어떤 능력이기에 우리의 삶에 그토록 중요한지 생각해볼 필요가 있다. 판단은 사건이 종결된 이후 관련된 사람들을 상상력으로 정신에 재현하고 이들과 소리 없는 대화를 나눔으로써 옳음과 그름, 아름다움과 추함, 쾌와 불쾌를 헤아리는 능력이다. 우리는 판단할 때 다른 사람들의 다양한 의견을 수용할 수 있는 열린 마음을 가질 수 있는가? 누구나 서 있는 위치가 달라서 상황이나 사태를 달리 평가할 수 있다. 그러나 다른 사람의 입장에 선다는 게 쉽지 않듯이, 판단의 공정성을 유지하는 것 또한 쉽

지 않다. 다른 사람들과 세계를 공유하려는 마음가짐이 발현될 때만이 판단
의 공정성을 확보할 수 있을 것이다.

아렌트는 사유, 의지, 판단을 '신비스러운 하나 속의 셋three-in-one'
이라고 응축해서 표현했다. 이 문구는 '셋'이 다르면서도 같다는 의미를 지
닌다. '하나'는 동일성identity과, 셋은 차이와 연관된다. 따라서 정신 영역
은 동일성과 차이가 공존하는 영역이다. '동일성'과 '똑같음sameness'은 다
르다. 동일성은 차이를 내재하고 있지만 똑같음은 차이를 배제하기 때문이
다. 《정신의 삶》에는 동일성과 차이의 원리에 대한 아렌트의 입장이 뚜렷하
게 드러난다.

공공 영역과 정신 영역의 정체성을 유지하는 원리와 특성은 기본적
으로 유사하다. 다수의 행위자들이 자유와 평등에 기초해 활동할 때 공공
영역은 자체의 정체성을 유지할 수 있다. 우리는 다원성(차이와 평등)의 원
리가 작동하는 공공 영역을 통해 인간적 공존을 실현하려고 노력한다. 정
신영역을 구성하는 사유, 의지, 판단을 행위자에 비유해보자. 드러나지 않
은 부분을 은유적으로 표현함으로써 그 특성을 이해할 수 있기 때문이다.
'정신 영역은 공공 영역이다.' 정신 영역에는 세 행위자가 존재하며, 각기
다른 원리에 따라 자신의 역할을 한다. 세 정신 활동은 각기 어떤 활동으로
도 환원될 수 없다. 세 활동은 각기 다르지만(차이) 동등한 지위를 유지한
다. 사유는 우정을 통해, 의지는 사랑을 통해, 판단은 관심과 배려를 통해
자신의 정체성을 유지한다. 한 개인의 각기 다른 정신 활동은 다른 사람의
시선에는 동일한 사람의 정신 활동이다. '하나 속의 셋'은 바로 이러한 특성
을 응축하고 있는 은유다.

지금까지 《정신의 삶》이 담고 있는 전반적인 구도를 설명했다. 독자
들이 이 구도를 입체화할 수 있다면 《정신의 삶》이 이전 저서들과 연속성을
유지하고 있다는 것을 확인할 수 있다. 아울러 이를 통해 아렌트의 치밀하
고 정교한 정신세계를 이해할 수 있다. 이야기하기를 통해 드러나는, 다양

한 요소들이 연결되어 있는 정신 영역은 우리의 삶 자체가 이렇게 복잡하다는 점을 단적으로 보여준다.

그간 우리말로 소개된 아렌트의 저서들은 다음과 같다. 1990년대에는《인간의 조건》(1996)과《폭력의 세기》(1999)가, 2000년대 초중반에는《칸트 정치철학 강의》(2002),《사유》(2004),《과거와 미래 사이》(2005),《예루살렘의 아이히만》(2006),《전체주의의 기원》(2006),《정치의 약속》(2007)이, 2010년대에 들어와서는《어두운 시대의 사람들》(2010),《공화국의 위기》(2011),《이해의 에세이 1930~1954》(2012),《사랑 개념과 성 아우구스티누스》(2013),《라헬 파른하겐》(2013)이 우리말로 소개되었다.

《정신의 삶》출간 이후에도 몇 권의 유작들이 출간되었다. 그러나 이러한 유작들은《정신의 삶》출간 이전 아렌트가 다양한 학술지 등을 통해 이미 게재했거나 미출간 형태로 남겨두었던 것을 모은 편집본이다. 따라서《정신의 삶》은 아렌트 자신의 가장 완숙한 정신세계를 이야기하기 형식으로 집필한 정치철학의 진수다. 이 저서가 지니는 학문적 공헌을 다음과 같이 한마디로 요약할 수 있을 것이다. 2,500년 전 이래 수많은 철학자들이 정신의 삶으로서 사유, 의지, 판단을 주로 개별적으로 조명해왔다면, 아렌트는 이들을 비판적으로 조명하고 종합한 '정신의 삶의 역사'를 우리에게 남겼다.

2004년 초 푸른숲에서 출간된《사유》초판본이 나온 지 10년이 지난 2014년부터 나는《사유》,《의지》통합본을 우리말로 옮기기 시작했다. 푸른숲 출판사로부터 통합본 출간을 제안받았을 때, 나는 안도감과 기쁨을 느꼈다. 아렌트 만년의 마지막 저서이자 서양 지성사 전반을 관통하는 작품을 독자들에게 소개할 수 있는 기회를 얻어서였다. 그럼에도《사유》때와 마찬가지로《의지》역시 번역의 고생스러움은 이루 말할 수가 없었다.

《사유》초판본 원문을 우리말로 옮기는 과정에서 내가 직면한 난관은 수없이 많았다. 독일어 문장 구조가 한껏 드러난 강의안 형태의 글쓰기에다, 그리스어, 라틴어, 불어, 독일어로 된 병기들, 형이상학적 편견과 오류에 대한 비판을 이해해야만 우리말로 정확히 옮길 수 있는 내용의 난해함 등으로 번역은 꽤 오랜 시간이 걸렸다. 게다가 생소한 문장 구조 탓에 우리말로 어떻게 옮겨야 할지 막막해 문장 전체를 분해하고 부분별로 의미를 파악한 뒤 결합하는 식으로 번역을 했다. 이런 어려움을 겪었기 때문에《의지》번역을 시작한다는 건 또 다른 고통이기도 했다.《의지》는 이념의 역사가 아닌 삶으로서 의지의 역사를 이야기하고 있기 때문에 저서의 구도 전반을 이해해야 할 뿐만 아니라 저서에 소개된 수많은 철학자, 신학자, 시인 등의 주장을 각기 적절하게 표현해야 하는 어려움이 따랐다. 특정한 주제 아래 소개하는 저서나 저자의 입장을 이해하지 못하면 번역 자체는 기계적인 번역 수준에 머물 수밖에 없다. 다행스럽게도《의지》에 소개된 수많은 원전들이 우리말로 소개되었다. 나는 전후 맥락을 파악해야 할 때마다 아렌트가《의지》에서 인용한 원전의 우리말 번역본을 많이 참조했다.

　　내가《사유》를 번역할 때는 한국아렌트학회가 창립되지 않았던 시기라, 연구자들과 공동으로 연구할 기회도 없었고, 저서의 내용을 함께 검토하며 의견을 나눌 기회도 제대로 갖지 못했다. 아렌트 탄생 100주년 되던 해인 2006년에 아렌트학회가 발족하면서 다행히도 나는《의지》를 번역하면서 아렌트학회 회원들과 함께 강독을 할 수 있었고 이분들로부터 많은 조언을 얻었다. 2017년 아렌트학회 정기학술회의에서 연구 노트를 발표하고, 2018년 2월 번역을 거의 마칠 때쯤엔 아렌트학회 월례회의에서 〈철학자, 신학자 그리고 의지의 역사: 긴장 구조와 자유 문제〉라는 주제로 발표를 할 기회가 있었다. 당시 준비한 발제문은《의지》의 저술 구도와 흐름을 좀 더 깊이 이해하는 데 많은 도움이 되었다. 번역은 전적으로 개인의 책임이지만 아렌트학회 회원들과 주고받은 의견은《의지》를 더 깊게 이해할 수 있는 기회가 되었다. 이 지면을 통해 아렌트학회 동료 선생님들께 감사의 말씀을 전한다. 특히 용어 표현과 내용에 대해 세심하게 검토하고 비판적인 입장을 제시해주신 고옥 스님에게 감사의 말씀을 드린다.

번역은 '고역苦譯'이지만 자칫 잘못하면 '반역反譯'이라는 오명을 남긴다. 옮긴이가 번역 과정에서 범하는 오역은 지은이의 의도를 거스르는 것이기에 '반역'일 것이다. 이때 원전의 내용은 독자들에게 제대로 전달되지 못할 것이며, 옮긴이인 내가 치러야 할 대가는 독자들의 냉소일 것이다. 잘못된 부분이 발견되었을 때, 나는 그저 독자 여러분의 관대한 웃음을 바랄 뿐이다. 번역을 할 때마다 괴테의 문구가 생각난다. 그는 《격언과 성찰》에서 "행위에 참여하는 사람은 항상 죄책감을 갖는다"고 밝히고 《파우스트》에서는 "인간은 노력하는 한 실수를 하기 마련이다"라고 밝혔다. 이 문장은 아렌트가 《의지》 제4장에서 인용한 문구다. 책을 출간한 이후에 비로소 잘못된 부분을 발견했을 때, 누구나 독자들의 읽기와 이해를 방해했을 수 있다는 죄책감을 갖기 마련이다. 그러나 오역에 대한 독자들의 질책을 겸허하게 받아들이겠다는 마음을 갖지 않았다면 번역은 시작도 하지 못했을 것이다.

나는 이 책에서 독자들의 이해를 돕고자 많은 옮긴이 주를 달았다. 외양적으로 보면 단순해 보이지만, 《정신의 삶》 편집자인 메리 매카시도 인용문의 출처를 찾느라 많은 시간을 보냈다고 편집자 후기에서 밝혔듯이 의외로 많은 시간이 소요되었다. 나는 이 번역본에 약 250개의 옮긴이 주를 달았고, 아렌트가 사유와 의지의 역사를 쓸 때 위대한 정신과 얼마나 치열하게 우정의 대화를 나누었는가를 부분적으로나마 드러내고자 했다.

지난해인 2018년 1학기에는 한국외대 대학원 철학과 학생들과 함께 대화를 나눌 수 있는 기회를 가졌다. 한 학기 동안 《사유》와 《의지》를 함께 읽고 논의하면서 학생들이 제기한 수많은 질문을 고려했고, 번역 초안을 재검토했다. 이때 참여했던 학생들과 동료 선생님들에게 고마움을 전하고 싶다. 내용의 난해함으로 걸림돌이 되는 논의는 차치하고, 우리 어법에 맞지 않는 문장 표현으로 이해하기 어려운 부분은 피하려고 노력했다.

이 책 말미에 첨부된 해제논문은 1998년에 작성해 2004년 《사유》에 첨부한 것으로, 7~8차례 윤문을 하고 필요한 옮긴이 주도 더 첨가했다. 그럼에도 아렌트의 정신세계를 천착하는 일은 여전히 쉽지 않았다. 나는 독자들과 함께 이 책을 읽는다고 가정하면서 독자들이 이해하기 어려운 부분에 대한 설명을 요구했을 때 그 의미와 맥락을 충분히 설명할 수 있을까? 스스로 반문하면서 번역 원고를 읽기도 했다. 난해한 내용을 이해하려고 고민하다가 어느 순간 그 의미를 깨달았을 때 느꼈던 기쁨은 말로 표현하기 어렵다. 이러한 과정은 지속적인 사유의 연쇄로 이어졌으며, 그 결과 해제 논문의 분량도 많이 늘었다.

　해제논문에서는 《정신의 삶》의 전반적 구도와 내용을 자세하게 소개했다. 독자 여러분이 책을 읽기 전에 참고할 사항을 제시하려고 했다. 이전 저서들과의 관계를 고려하면서 그 진가를 드러내는 기본 구도를 이해하는 게 도움이 될 것이라고 생각했기 때문이다. 이 구도는 내가 앞에서 좀 길게 언급한 것들이다. 즉 활동적 삶과 정신의 삶 사이의 관계, 정신 활동(또는 능력)과 현상세계의 관계, 정신 영역과 공공 영역의 관계가 바로 그것이다. 형이상학의 전통에서는 정신 활동을 직업적인 사상가의 고유 영역으로 이해하고 있지만, 아렌트는 이러한 전통을 해체했다. 정신의 삶은 예외적인 집단이나 사람들만의 삶이 아니라 평범한 시민들의 삶이다. 아렌트가 주장하듯이 정신의 삶과 활동적 삶이 공존한다는 점을 드러내려고 했다.

　긴 고뇌의 시간을 거쳐 《사유》와 《의지》를 다시 세상에 내놓을 수 있다는 건 여러모로 감회가 새롭다. 우연이지만 한국외대 교수로서 퇴임을 앞둔 시점에 아렌트 생전의 마지막 저서를 출간하게 되어서 이전의 연구 결실과 달리 남다른 의미를 부여하고 싶다. 또한 《의지》가 그의 저서 중 우리말로도 거의 마지막으로 출간된다는 것은 의미 있는 일이다. 1998년에 시작한 번역을 이제 마무리하게 되었다. 《정신의 삶》을 출간할 수 있도록 각별히 관심을 갖고 배려해주신 푸른숲 김혜경 사장님을 비롯해 이 책을 독자들에게 소개할 수 있도록 꼼꼼히 챙겨주신 최미혜 선생님, 그리고 출간을 위해 애써주신 김수진 부사장님과 이은정 편집장님께도 감사의 말씀을 드린다. 마지막으로 내가 오랫동안 연구에 전념할 수 있도록 인내하며 내조한 아내를 비롯한 식구들과 기쁨을 함께 나누고자 한다.

2019년 봄

이문동 연구실에서

일러두기

아렌트는 자신의 정치철학을 통해 인간 활동의 다양한 의미를 밝히는 데 중점을 두었다. 또한 특징적인 활동들의 차이를 드러내는 다양한 용어를 자신만의 방식으로 사용했다. 아렌트의 용어에 대한 이해 없이 그의 정치철학을 알기란 쉽지 않다. 따라서 이 책을 정확히 이해하기 위해 고려해야 하는 용어 표현을 다음과 같이 정리했다.

· 우리말로 완전히 의미가 전달되지 않거나 용어의 의미를 제시할 때는 외국어 표기를 첨가했다. 필요한 경우에만 원서에 표기된 그대로 병기했다.

· 본문의 외국인 인명 표기는 한글로만 표기하고, 인명 목록에서 원어를 병기했다. 원서의 대문자는 볼드체로 표시했으며, 원서의 이탤릭체는 이탤릭체 그대로 살렸다. 두 경우 모두 강조하는 표기지만, 개념, 용어, 간단한 문구는 볼드체로 표기했고, 문장, 수식, 접속사 등은 이탤릭체로 표기했다. 옮긴이가 첨가하거나 강조한 경우에는 볼드체로 표기하고, 옮긴이 - 강조 또는 첨가라는 문구를 추가했다. 매카시는 이 책을 편집하면서 기퍼드 강의를 위해 마련한 강의안 원본의 형태를 최대한 유지했다. 우리말 번역본에서도 되도록 이를 그대로 살렸음을 알린다.

· 대문자 Being은 고딕체 **존재**로 표기하며, 소문자 being(s)은 '존재(들)' 또는 '존재자'로 표기한다. 형이상학적 전통을 수용하는 입장에서 beings는 '현상'과 같은 의미로 사용된다. '존재와 존재자 사이의 존재론적 차이'라는 문구에서 이를 확인할 수 있다. 아렌트는 형이상학의 전통을 해체하면서 인간 세계에서 존재와 현상은 일치한다고 규정한다. 이때 아렌트는 존재와 현상을 대문자로 표기해 강조하고자 했다. 이를 드러내고자 두 개념을 이탤

릭체 *Being, Appearance*로 표기하고 있다. 형이상학적 전통에서 사용하는 예를 설명하면서 자신의 입장을 분명히 드러내고 있기에 문맥에서 그 차이를 확인할 수 있다.

• 아렌트의 입장에 따라, 번역하는 과정에서 '똑같음'과 '동일성'을 다르게 표기했다. 똑같음은 '차이'가 없지만, 동일성에는 '차이'가 내포되어 있기 때문이다.

• 'dokei moi'는 경우에 따라 여러 가지로 표기했다. 원래는 '나에게 나타나는 것'을 의미하지만, 문맥에 따라 '겉모양(보기)', '속견', '감각 경험', '명성' 등으로 표기했다.

• 'nous'는 대부분 '정신'으로 표기했으나, 필요한 경우 이성으로 표기했다.

• 'sense'와 'sensation'은 우리말로 구별하기 어렵지만, 양자를 구분하기 위해 'sense'는 '감각'으로, 'sensation'은 '감각지각'으로 표기했다. 'sense'를 '감각'으로 표기할 경우 'common sense'도 '공통감각'으로 표기해야 하지만, 일반적으로 '공통감각' 대신 '공통감'으로 표기하므로 이를 적용했다. 단, 감각기관을 지칭할 때는 'sense'를 '감관'으로 표기했다. 'common sense'는 '공동체 감각'으로도 표현될 수 있기에, 형용사적 의미로 사용할 경우 '상식'으로 표기했다. 라틴어로 공통감인 용어 'sensus communis'는 독일어로는 'Gemeinsinn'로 표기되는데 이 용어는 사실 아렌트가 칸트에서 차용해 왔다고 보아야 할 것이다.

• 'thinking'은 '사유'로, 'willing'은 '의지'로, 'judging'은 '판단'으로 표기했다. 아렌트의 저서에서 세 정신의 활동(들)은 명사일 때와 동사일 때 내포하는 의미가 달라진다. 따라서 원서의 의미를 정확하게 전하기 위해 일부는 '사유하기', '의지하기', '판단하기'로 표현했음을 알린다. 명사와 동사의 차이는 다음과 같다. 개념으로 표현할 경우는 명사로, 활동 자체를 드러내는 표현이 필요할 경우 동사 또는 동명사로 표기한다. 특히 이들도 활동으로 규정하고 있기 때문에, 'activity of thinking'으로 표현한 경우가 많은데, 이 책에서는 '사유 활동'으로 표현했다.

• 'think'를 주로 사유로 표현하고 있으나 우리의 언어 감정과 관습을 고려해 '생각'으로 표현한 경우도 있다. 이외에 특히 데카르트의 명제 "Cogito me cogitare ergo sum(나는 생각한다, 그러므로 나는 존재한다)"는 이미 굳어진 용례에 따라 번역했다. 'reflection'은 '성찰'로, 'speculation'은 '사변' 또는 '사색'으로, 'contemplation'은 '관조'로 표현하고, 'thought'는 경우에 따라 '사고'나 '사상'으로 표현했다.

· 'appearance(appearing)'와 'phenomenon'은 특이한 경우를 제외하고 '현상'으로 표기했다. 현상의 주요한 특징이 '드러냄'이기 때문에 양자를 대부분 '현상'으로 표기했다. 물론 아렌트는 현상도 '노출되는' 현상과 '노출되지 않은(은폐된)' 현상으로 구분하고 있지만, 감각기관으로 관찰될 수 있기에 현상의 노출을 고려했다.

· 'existence'는 '(현)존재' 또는 '실존'으로 표현했다. 특히 실존주의와 관련된 번역에서는 '실존'으로, 이외에는 '(현)존재'로 표현했다.

· 원서에서 큰따옴표(" ")로 표기한 부분 중 강조하는 의미인 경우에는 작은따옴표(' ')로 바꾸었으며, 인용에 해당하는 경우에는 큰따옴표를 그대로 유지했다.

· 'act(ing)', 'action', 'activity', 'behavior', 'conduct', 'deed', 'doing', 'performance'는 모두 유사한 의미이나, 아렌트가 자신만의 방식으로 의미를 부여한 용어를 정확하게 번역하기 위해 맥락에 따라 우리말의 쓰임을 달리했다.

· 'vita activa'는 '활동적 삶'으로 표현했다. act(ing)는 '행동'으로 주로 표현하고, 경우에 따라서는 '행위'로 표현했다. 아렌트가 《인간의 조건》 등 자신의 저서들에서 '활동적 삶'의 하나로 'action'을 규정하고 있기에(다른 활동은 '노동'과 '작업'이다), 여기에서는 '행위'로 표현했다. 이러한 측면에서 볼 때, '행위'와 '행동'은 같은 의미로 사용할 수 있다. 물론 여기에서 '행위'란 말하는 것과 주도한다는 의미의 '정치 활동'과 같다.

· 'activity'는 '활동'으로 표현했다. 아렌트는 가장 포괄적인 의미로 이 용어를 사용하고 있다. 단, 아렌트의 '행위'는 '활동'의 범주에 포함되므로 언어 감정을 고려해 '활동'을 '행위'로 표기한 경우도 있다. 그리고 'behavior'는 반응적이고 수동적인 의미의 '행태'로, 'conduct'는 '품행品行' 또는 '처신'이나 '행위'로, 'deed'는 과거에 이루어진 활동인 경우 '행적行績'으로 표현했다. 또한 'doing'은 '(신체적) 동작' 또는 '움직임'으로, 'performance'는 '실행實行'으로 표현했다.

· 이 책은 1970, 1973, 1974~1975년 아렌트가 애버딘대학교 기퍼드 강의와 뉴스쿨 강의를 하기 위해 만든 강연 노트를 아렌트 사후에 아렌트의 친구인 메리 매카시가 책으로 편집한 것이다. 매카시는 편집 과정에서 독자들이 문장의 내용을 쉽게 이해할 수 있도록 일관된 표기 방식을 취하지 못하는 어려움을 밝혔다. 예컨대 삽입된 문장을 알리기 위해서〔 〕로 표기하거나, 문맥상 별도의 표기가 어려운 경우 본문 일부를 삭제하고 다듬었다. 그리고 미완의 상태를 사후 보완하겠다고 했으나 아직까지 현재의 형태로 남아 있다.

인간은 아무것도 하지 않을 때 가장 활동적이며,
혼자 있을 때 가장 덜 외롭다.

Numquam se plus agere quam nihil cum ageret,
numquam minus solum esse quam cum sollus esset.

카토

우리 모두는 마치 꿈속에서 사물들을 보고 있는 사람과 같다.
그래서 자기가 그것들을 완벽하게 알고 있다고 생각하지만,
이내 아무것도 모르고 있다는 것을 깨닫게 된다.

플라톤, 《정치가》

차례

2권 의지

편집자 서문

나는 한나 아렌트의 친구인 동시에 저작권자로 《정신의 삶》 출간을 준비해왔다. 《정신의 삶: 사유》(이하 《사유》)는 1973년 애버딘대학교 기퍼드 강의에서 간략한 형태로 발표되었으며, 《정신의 삶: 의지》(이하 《의지》)는 앞부분만 1974년에 발표되었다. 《사유》와 《의지》는 모두 축약된 형태로 뉴욕 소재 '사회 연구를 위한 뉴스쿨'(이하 뉴스쿨) 1974~1975년과 1975년 강의에서 다시 발표되었다. 연구 여정과 출간 준비에 대해서는 책 끝부분에 첨부한 '편집자 발문'에 언급되어 있으며, 부록으로 '판단'에 관한 아렌트의 연구를 추가했다. 이 문건은 1970년 뉴스쿨에서 아렌트가 진행했던 '칸트 정치철학 강의'에서 발췌한 것이다.

아렌트를 대신해 애버딘대학교 웨른험 교수와 로버트 크로스, 그리고 웨른험 부인과 크로스 부인에게 사의를 표한다. 당시 아렌트는 이 네 분의 친절과 호의 덕택에 기퍼드 강의 기금교수로 활동했다. 또한 나는 초청을 담당했던 애버딘대학교 학술평의회 측에도 사의를 표한다.

무엇보다도 원전과 관련해 제기된 난제들을 해결하는 데 지속적으로 도움을 주고, 참고자료를 찾고 점검하는 데 열의와 관심을 보여준 아렌트 박사의 강의 조교 제롬 콘에게 감사한다. 아울러 찾아보기 작업을 해준

콘과 래리 메이에게도 감사한다. 그리고 특별히 마르고 비스쿠시에게 감사한다. 그녀는 각기 다른 수고手稿에 있는 삽입문과 행간에 써놓은 문장을 포함해 교정을 많이 본 원본을 타자로 치고 편집하는 과정에서 어려운 문제들을 해결하기 위해 구도자와 같은 인내심을 보여주었다. 그녀의 남편인 안토니 비스쿠시에게도 감사한다. 그는 파악하기 어려운 인용문들을 쉽게 점검할 수 있도록 대학 도서관에 있는 책들을 빌려다 주었다.

나는 남편인 제임스 웨스트가 구하기 어려운 철학 교재들을 제공하고, 초고에 자주 나타나는 당혹스러운 내용에 관해 논의하려는 진지함을 보여준 데 대해 감사한다. 또한 책을 구성하고 편성하면서 겪는 문제들을 해결하는 데 도움을 준 그의 단호함에 감사한다. 그리고 '아렌트 문고'를 참고할 수 있도록 도와준 저작권 공동 집행자 로트 쾰러의 지원과 헌신에 감사한다.

요바노비치출판사의 로버트 라이톤과 직원에게도 심심한 사의를 표한다. 이들은 수고를 확인하는 데 엄청난 노력과 지혜를 발휘했고, 아울러 일상적인 편집 작업을 훨씬 능가하는 능력을 발휘했다. 또한 요바노비치 씨에게 진심으로 감사한다. 《정신의 삶》에 항상 개인적 관심을 보여온 그는 애버딘대학교 기퍼드 강의에도 참관했었다. 요바노비치 씨에게 아렌트는 단순한 '저자' 이상의 의미를 지니며, 아렌트 역시 그가 보여주는 우정과, 자신의 저서에 대한 논평과 비판적 통찰을 귀중하게 생각했다. 아렌트의 사망 이후, 요바노비치 씨는 편집 원고를 주의 깊게 읽고, '칸트 정치철학 강의'에서 **판단**과 관련된 자료만 취합해 나에게 힘을 실어주었으며, 작은 문제뿐만 아니라 중대한 문제에 대한 결정의 부담을 분담하려는 의지를 보여주었다.

나는 초고에 나타난 언어학적 문제에 관해 조언한 친구들, 스탠리 가이스트와 조지프 프랭크, 그리고 파리 소재 괴테연구소에 근무하는 독일인 친구 베르너 스테만스에게도 감사한다. 《사유》를 약간 변경된 형태로 출간한 뉴요커출판사에도 감사를 표한다. 또한 원고에 지대한 관심을 보여 준 — 저자에게 만족스러운 반응 — 윌리엄 숀에게 감사함을 느낀다. 마지막으로 나는 자신의 저서를 연구할 특권을 준 아렌트에게 특별히 사의를 표한다.

메리 매카시

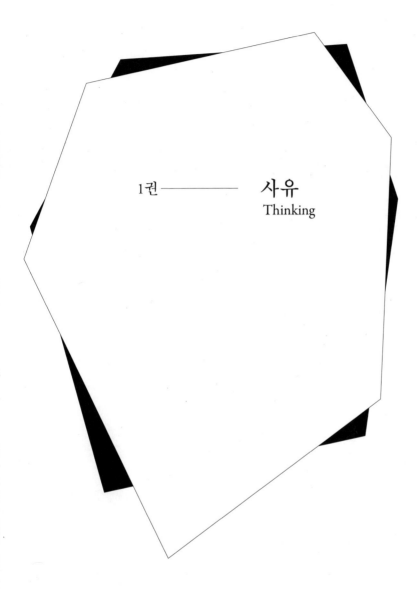

1권 ——————— 사유
Thinking

서론

사유는 과학과 같이 지식을 주지 않는다.

사유는 유용한 실천적 지혜를 낳지 않는다.

사유는 우주의 수수께끼를 풀지 않는다.

사유는 우리에게 행동할 힘을 직접 부여하지 않는다.

— 마르틴 하이데거[1]

이 일련의 강의에 '정신의 삶'이라는 제목을 붙인 것은 야심 차게 보인다. 또한 **사유**에 대해 언급한다는 것이 나로서는 주제넘은 일인 것 같으므로 이 강의에 대한 변명보다는 필요성을 짚고 넘어가야 할 것 같다. 물론 강의 주제 자체를 정당화할 필요는 전혀 없지만, 기퍼드 강의가 본래부터 지닌 명성을 고려한다면 정당화가 필요하다. 이러한 일을 시도하는 나로서는 마음이 혼란스럽다. 왜냐하면 나는 '철학자'가 되거나, 어느 정도 빈정대는 투가 없는 것도 아닌 칸트의 표현처럼 '직업적인 사상가들*Denker von Gewerbe*'[2]의 반열에 들어간다고 주장하거나 열망하지도 않기 때문이다. 따라서 여러분이 이러한 문제들을 전문가들에게 맡겨야 하지 않느냐고 묻는다면, 나는 다음과 같은 말로 답변을 대신할 것이다. 내가 어떤 계기로 굳이 긁어 부스럼을 만들며 위험을 무릅쓰고 정치학이나 정치이론과 같은 비교적 안전한 연구 분야에서 벗어나 이러한 생소한 문제들을 연구하는 데 발을

---

1   《사유란 무엇인가》,〈연계강의록:IV에서 V로〉.(옮긴이)

2   Immanuel Kant, *Critique of Pure Reason*, B871. 이것과 이후의 인용은 저자가 종종 의존하는 번역본인 Norman Kemp Smith, *Immnauel Kant's Critique of Pure Reason*(New York, 1963)을 참조할 것.

들여놓게 되었는지 말이다.

　　사실 나는 약간 다른 두 가지 계기로 정신 활동에 관심을 갖게 되었
다. 나는 예루살렘 법정에서 진행된 아이히만 재판을 참관하면서 정신 활
동에 직접적으로 관심을 갖게 되었다. 이것이 첫 번째 계기였다. 나는 '재
판'[3]을 취재하고 보도하는 과정에서 '악의 평범성'[4]에 대해 언급했다. 당시
나는 이 문구가 악을 이해하는 사상적 전통 — 문학과 신학이나 철학의 전
통 — 과 상반된다는 사실을 어렴풋이 인식했지만, 이 문구의 이면에 깔린
명제나 교의를 주장하지는 않았다. 우리는 악이 마력을 지닌 무엇이라고
배웠다. 악의 화신은 "하늘에서 번개같이 떨어진 사탄"(누가복음 10:18)이
거나 타락한 천사인 루시퍼다("악마 또한 천사다" — 우나무노[5]). 그런데 사탄
의 원죄는 ("루시퍼처럼 오만한") 자만심superbia이다. 이 자만심은 제1인자(하
느님)만이 가질 수 있다. 이들은 신에게 복종하기를 거부하고, 신과 같아지
기를 원한다. 악한 사람들은 흔히 질투심에서 행동한다고 한다. 이러한 질
투심은 자신의 결점 때문에 결과가 좋지 않은 것에 대한 분노(리처드 3세)이
거나 "주님이 아벨과 그의 제물은 받아들였으나 자신과 자신의 제물은 받
아들이지 않았다는 이유로 아벨을 살해한 카인의 질투심과도 같은 것이다.
악한 사람들은 약점에 이끌릴 수도 있다"(맥베스). 아니면 악한 사람들은 순
수한 자비에 대해 느끼는 강력한 증오심("나는 무어인을 증오한다. 나는 진정으

3　　*Eichmann in Jerusalem*, New York, 1963.

4　　아렌트는 《전체주의의 기원*The Origins of Totalitarianism*》에서 인간 본성을 변경하려는 전체주
　　의의 목적을 강조하기 위해 '근본 악'이라는 용어를 사용했다. 반면에 그녀는 《예루살렘의
　　아이히만*Eichmann in Jerusalem*》에서 '사유하지 않는' 삶을 영위하는 사람들은 누구든지 특정
　　한 환경에서 악을 범할 수 있다는 점을 강조했다. 특히 아렌트는 '악의 평범성'이란 용어를
　　통해 아이히만의 기이하지 않은 성격에 대한 자신의 인상을 전달할 뿐만 아니라 엄청난 정
　　치적 악의 실행이 필히 '사악한' 동기나 이데올로기적 열정의 현존에 좌우되지 않는다는 이
　　념을 전달하고자 했다.(옮긴이)

5　　하느님 고뇌의 신학을 지향한 스페인 작가 우나무노Miguel de Unamuno(1864~1936)의 《모범
　　소설*Three Exemplary Novels and a Prologue*》(1920)에 나오는 문장이다.(옮긴이)

로 이들을 증오한다"라는 이아고의 말; 빌리 버드의 '야만적' 순수성에 대한 클래가

트의 증오; 멜빌은 증오를 '천성에서 나타나는 타락'[6]으로 간주했다)에 이끌리거나

'모든 악의 근원*Radix omnium malorum*'인 탐욕에 이끌릴 수 있다. 그러나 내가

대면했던 것은 이러한 것들과 전적으로 다르며, 부정할 수 없을 정도로 실

체적이었다. 나는 아이히만에게서 나타나는 천박함에 충격을 받았고, 소

름끼치는 그의 행적들에 내포된 악의 심층적 근원이나 동기를 추적하고 싶

었으나 불가능했다. 아이히만이 재판을 받던 당시 매우 인상적이었던 것은

그는 아주 정상적이었고, 평범하면 평범했지 결코 악마적이거나 괴물 같지

않았다는 사실이다. 그에게서는 확고한 이데올로기적 신념이나 특이한 악

의적 동기와 같은 징후가 발견되지 않았다. 우리가 그의 과거 행적뿐만 아

니라 검찰 측 사전심리와 재판 당시 그의 행태를 통해 발견할 수 있었던 유

일한 특징은 전적으로 부정적인 것이었다. 즉 그것은 우매함이 아니라 사

유하지 않음이었다. 그는 이스라엘 법정의 재판과 교도소 수형 환경에서도

나치 체제 당시와 마찬가지로 활동했다. 그러나 그는 이러한 틀에 박힌 과

정이 없는 상황에 직면할 때는 무기력했으며, 섬뜩한 희극처럼 보였던 그

의 공직 생활에서 명백하게 드러났듯이, 상투적 문구를 사용하는 그의 언

어 '습관'[7]은 피고인 진술에서도 나타났다. 상투적이고 판에 박힌 문구, 인

---

6   "아렌트는 미덕virtue 영역 밖의 자비goodness는 자연적 자비이고, 악덕vice 영역 밖의 악evil은
     '천성에서 나타나는 타락'으로 규정하고 있다. 사악함wickedness은 천성의 타락이며, '자연스
     러운' 천성은 타락된 천성보다 강하다."(《혁명론》, p. 89) 천성적으로 착한 빌리 버드는 클래
     가트의 증오에 대항하다가 불가피하게 죄를 범했으나, 사회적 규범 때문에 죽음을 맞을 수
     밖에 없는 상황에 직면했다. 여기에서는 부정의에서 정의가 형성된다는 기본 명제, 즉 "카
     인이 아벨을 살해했다"는 주장은 전도된다. '천성적 타락'을 제거하려는 순수한 행위가 도
     덕적 범주에 속하는 '악행'을 초래한다는 것이다.(옮긴이)

7   이 표현은 모호하지만, 기본적으로 정형화된 사고 습관이나 기존의 규범을 순응적으로 수
     용하는 입장이 사유하지 않음과 연관된다는 의미를 담고 있다. 따라서 아렌트는 사유를 통
     해 고정된 사고 **'습관'**과 수용되고 있는 행위 규칙을 해체해야 한다고 주장한다. 여기에서
     '습관'은 사회 영역에서는 용인되지만 정치적 삶의 다원성과는 거리가 있다는 것이 아렌트
     의 입장이다.(옮긴이)

습적이고 표준화된 표현 규칙과 행위 규칙의 유지는 사회적으로 인정된 기
능 — 모든 사건과 사실이 드러날 때 우리가 분별력을 가져야 한다는 압박
감으로부터 우리 자신을 보호하는 기능 — 을 담당한다. 우리가 항상 이러
한 요구에 반응한다면, 우리는 **사유하는 일에만 몰두하느라(강조-옮긴이)** 이
내 소진되고 말 것이다. 그러나 아이히만은 이러한 의미를 전혀 모르고 있
었다는 점에서 우리와 달랐다.

　　　이러한 '사유의 부재(무사유)'가 내 관심을 일깨웠다. 멈춰서 사유할
여유 — 이러한 취향은 접어두자 — 를 갖기가 좀처럼 힘든 일상 속에서 사
유의 부재는 다반사다. 악행(작위의 죄와 부작위의 죄)은 (법에서 명명하는 바와
같이) '근본 동기'로 일어나는 것이 아니라, 관심이나 의지를 특별히 촉발하
는 동기가 부재한 상황에서 가능하지 않을까? 우리가 '악인을 증명하는 데
결정적인' 것으로 규정할 수 있는 사악함은 악행의 필요조건일까? 선악 문
제, 즉 옳고 그름을 말하는 능력은 우리의 사유 능력과 연계될 수 있을까?
우리는 '미덕을 가르칠 수 있고' 또 학습할 수 있다고 믿듯이, 사유를 통해
선을 행할 수 있다고 생각하지만, 확실히 그렇지는 않다. 우리는 다만 습
관과 관습만으로 배울 수 있으며, 새로운 상황이 행위 습관과 양식의 변화
를 요구할 때, 너무도 빨리 그것을 터득하고 망각한다는 것을 잘 알고 있을
뿐이다. 〔선악 문제를 일반적으로 '도덕'이나 '윤리'의 교과 과정에서 취급한다는
사실은 우리가 이것들에 대해 얼마나 모르는가를 암시하는지도 모른다. 'morals(도
덕)'란 용어는 'mores(관습)'라는 라틴어에서 유래했으며, 'ethics(윤리)'는 'ēthos(관
습)'라는 그리스어에서 유래했다. 'mores'는 행태의 규칙과 연계되는 반면, 'ēthos'는
'habit(습관)'이라는 말과 마찬가지로 'habitat(서식지)'라는 용어에서 나왔다.〕 내가
경험했던 사유의 부재는 좋은 풍습과 습관의 망각에서 나온 것도 아니고,
이해 능력이 부족한 우매함에서 나온 것도 아니다. '도덕적 비정상'에서 나
온 것은 더더욱 아니다. 사유의 부재는 이른바 윤리적 결정이나 양심의 문
제와 연관되지 않는 경우에도 나타났기 때문이다.

나를 부담스럽게 만들었던 의문은 다음과 같은 것이었다. 우연히 발생하거나 관심을 끄는 모든 것을 결과나 특이한 내용에 관계없이 검토하는 습관, 즉 사유하는 그 자체는 악행을 자제하도록 하는 조건들에 포함될 수 있지 않을까? 아니면 악행에 맞서는 실제적 '조건'이 될 수 있지는 않을까? [어쨌든 'con-science(공동-인식, 양심)'가 '단지 나 자신과 함께 인식한다'는 것을 의미하는 한, 이 용어는 모든 사유 과정 중에 실재화되는 일종의 지식을 지칭한다.] 그리고 이러한 가설은 우리가 양심에 대해 알고 있는 귀중한 것에 의해 강화되고 있지 않을까? 물론 그 귀중한 것이란, '선한 사람들'만이 '나와 나 자신의 불일치'를 인식함으로써 '양심의 가책'을 받을 수 있는 반면, 범죄인들이나 그러한 부류에 속하는 나쁜 사람들은 대개 나와 나 자신의 차이를 인식하지 못한 채 '떳떳한 양심'을 가지고 있다고 생각한다는 사실이다. 칸트의 용어를 빌려 달리 표현하자면, 나는 싫든 좋든 "나에게 하나의 개념(악의 평범성)을 제공한" 사실에 충격을 받은 후 법률적인 검토quaestio juris를 제기하면서 "내가 무슨 권리로 이 개념을 사용하는가를" 자문하지 않을 수 없었다.[8]

내가 아이히만 재판을 참관하면서 이 주제에 관심을 갖게 된 것이 이 책 집필을 촉발한 첫 번째 동기였다면 두 번째 동기는 다음과 같은 것이었다. 사실적 경험에서 형성되는 동시에 시대의 지혜 — 철학의 한 분야인 '윤리학'이 '악이란 무엇인가?'라는 질문에 대응하는 다양한 전통적 해답뿐만 아니라 철학이 '사유란 무엇인가?'라는 훨씬 덜 절박한 질문에 대비해 제시한 훨씬 더 풍부한 해답 — 를 거스르는 도덕적 질문들은 이전부터 나를 꾸준히 괴롭혀왔던 어떤 의심을 내면에 다시 불러일으켰다. 이러한 의심은 《인간의 조건The Human Condition》을 마무리한 이후 항상 내 마음속에서

---

[8]   Notes on metaphysics, *Kant's handschriftlicher Nachlass*, vol. V, in *Kant's gesammelte Schriften*, Akademie Ausgabe, Berlin, Leipzig, 1928, vol. XVIII, 5636.

되살아났다. 나는 좀 더 조심스럽게 '활동적 삶The Vita Activa'이란 제목 아래 이를 탐구하고자 했으나, 출판사의 제안대로 《인간의 조건》이라고 확정해 이 연구를 마무리할 수 있었다. 나는 정치이론의 가장 오래된 관심사인 **행위**[9] 문제에 관심이 있었지만, 이를 연구하는 건 괴로움의 연속이었다. 왜냐 하면 내가 '행위' 문제를 성찰하려고 선택한 '활동적 삶'이란 용어는 관조 적 삶의 방식에 헌신하면서 살아서 활동하는 모든 것을 관조의 시각에서 고 찰했던 사람들이 만들었기 때문이다.

　　이러한 시각에서 볼 때, "활동적 삶의 방식은 '몸으로 애써 노력하 는 것'이고, 관조적 삶의 방식은 '완전히 고요함을 유지하는 것'이다. 활동 적 삶은 공개적으로 진행되고, 관조적 삶은 '적막' 속에서 진행된다. 활동 적 삶은 이웃과의 우의友誼를 형성하는 데 전념하고, 관조적 삶은 신을 계시 하는 데 전념한다Duae sunt vitae, activa et contemplativa. Activa est in labore, contemplativa in requie. Activa in publico, ccontemplativa in deserto. Activa in necessitate proximi, contemplativa in visione Dei." 나는 이 문장을 중세 시대인 12세기의 '한 저자'[10]로부터 임의 로 인용했다. 관조가 최상의 정신 상태라는 생각은 서양철학만큼이나 오래 되었다. 우리가 우리 자신과 나누는 소리 없는 대화(플라톤), 즉 사유 활동 은 정신mind의 눈을 뜨게 하는 데 기여한다. 그리고 아리스토텔레스의 이성 nous도 진리를 인식하고 주시하는 데 필요하다. 달리 표현하면, 사유는 관조 를 목표로 하고 관조로 끝난다. 관조는 활동activity이 아니라 비활동passivity

---

9　　아렌트는 활동적 삶을 노동, 작업, 행위로 규정한다. 여기에서 행위란 '대화하고' '주도하거 나' '개시한다'는 의미를 지닌 '정치 활동'이다. 《인간의 조건》은 정치 행위에 대한 이론적 분석에 역점을 두고 있다. 'activa', 'act', 'action' 등은 같은 어원을 가지므로 행위를 맥락에 따라서 '행동'으로 표현하더라도 무리는 없을 것이다.(옮긴이)

10　　성 빅토르 휴Hugh of St. Victor(1096~1141)는 색슨 의전수도회 신학자들의 지도자이며 신 비주의자이고, 아우구스티누스로부터 예술과 철학이 신학에 복무할 수 있다는 것을 배웠 다. 아렌트가 인용한 문장의 출처는 다음과 같다. Liber Tertium, In Marcum, CAP. III, De discipulius requiescentibus in aesterto.(옮긴이)

이다. 관조는 정신 활동이 멈추는 지점이다. 철학이 신학의 시녀였던 기독교 시대의 전통에 따르면, 사유thinking는 성찰meditation로 바뀌었으며, 성찰은 다시 일종의 행복한 영혼 상태인 관조contemplation로 끝났다. 정신은 관조 상태에서 더 이상 진리를 인식하기 위해 확장되지 않지만, 미래 상태를 기대하며 직관으로 진리를 잠정 수용했다. (독특하게도, 여전히 이러한 전통에 영향을 받아 신의 존재를 증명하려고 했던 데카르트는 자신의 논문에 '성찰'이란 제목을 붙였다.) 근대의 시작과 함께 사유는 조직화된 지식인 과학의 시녀가 되었다. 나 자신이 생각하는 것만을 내가 인식할 수 있다는 근대의 결정적인 확신이 수용된 이후에 사유는 점점 더 효력을 발휘했다. 하지만 특별히 비경험적인 학문인 **수학**만은 외관상으로 드러나지 않는 자연과 우주의 법칙을 풀 수 있는 열쇠를 제공하는 최고의 **학문**으로 여겨졌다. 정신은 수학을 할 때 자기 자신하고만 활동하는 것처럼 보인다. 비가시적인 영혼의 눈이 지식에 대한 확신으로 비가시적 진리를 주시하는 기관이라는 것이 플라톤에게 자명했다면, 〔현상과 기만적인 감각지각 때문에 은폐된〕 자연법칙과 수학법칙 사이의 기본적인 합의, 즉 가장 추상적인 수준에서 진행되는 논변적인 사유의 법칙과 자연의 단순한 외관 이면에 놓인 모든 것의 법칙 사이에 근본적인 합의가 존재한다는 사실은 데카르트에게 자명했다 ― 그 유명한 하룻밤에 꾼 꿈의 '계시'.[11] 그리고 데카르트는 이러한 종류의 사유, 즉 "결과에 대한 계산"[12]이란 홉스의 표현을 고려하면서 자신이 신의 존재, 영

---

[11] André Bridoux, *Descartes:Oeuvres et Lettres*, Pléiade ed., Paris, 1937, Introduction, p. viii. Cf. Galileo: "les mathématiques sont la langue dans laquelle est écrit l'univers", p. xiii.
데카르트는 노이부르크 어느 마을에 머무르던 1619년 11월 10일 망령에 위협당하는 꿈, 번개를 맞는 꿈을 꾸었고, 세 번째 꿈에서는 시선집을 펼쳤는데, "나는 인생에서 어떤 길을 택할까?*Quod vitae sectabor iter?*라는 라틴어 시구를 보았다. 이 세 번째 꿈은 이성의 방법에 의한 학문 전체의 통합과 조명을 가리킨다. 이 꿈은 근대철학의 예언자의 계시다.(옮긴이)

[12] 홉스는《리바이어던*Leviathan*》제4장〈언어 능력에 대하여〉에서 다음과 같이 주장한다. "우리는 이렇게 이름 ― 일부는 더 광범위하고 더 엄격한 의미를 지님 ― 을 사용함으로써 마

혼의 본질, 그리고 이와 유사한 문제들에 대한 확실한 지식을 전달할 수 있
다고 실제로 믿었다.

나는 활동적 삶*vita activa*에 관한 연구에서 다음과 같은 사실에 주목했
다. 즉 관조적 삶*vita contemplativa*에서는 활동적 삶의 '공개적인 것'과 반대되
는 개념인 완전한 적막이 압도적으로 부각되기 때문에 활동적 삶에서 나타
나는 다양한 활동들 사이의 차이는 모두 소멸된다는 것이다. 관조적 삶의
적막과 비교할 때, 노동을 하든 토양을 경작하든, 작업을 하든 사물을 만들
든, 또는 어떤 모험적인 사업에서 다른 사람들과 공동으로 활동하든, 이러
한 활동들은 더 이상 중요하지 않았다. 마르크스의 저서와 사상에서도 행
위는 아주 결정적인 역할을 한다. 그는 인간이 '생각하는 것'과 대립되는 것
으로 단순히 활동한다는 의미인 '실천*praxis*'이란 표현을 사용했다.[13] 그러나
나는 완전히 다른 관점에서 이 문제를 고찰할 수 있다는 것을 깨달았다. 그
리고 나는 다음과 같은 특이한 문장을 통해 내 질문을 제시함으로써 활동적
삶에 관한 이 연구를 종결지었다. 키케로는 카토가 이 말을 했다고 언급했
다. "인간은 아무것도 하지 않을 때 가장 활동적이며, 혼자 있을 때 가장 덜
외롭다*Numquam se plus agere quam nihil cum ageret, numquam minus solum esse quam cum
solus esset.*"[14] 카토가 옳다고 상정할 경우 다음과 같은 의문이 생긴다. 우리가
단지 사유하는 것 이외에 아무것도 하지 않을 때 우리는 무엇을 '행하고' 있
는 것일까? 통상 동료들에게 둘러싸여 있는 우리가 다른 사람들과 함께 있
지 않을 때 있는 곳은 어디일까?

이러한 질문 자체는 분명 난해하게 여겨질 수 있다. 언뜻 보면, 이러

음속으로 상상한 사물들의 **결과에 대한 계산**을 이름들의 **결과에 대한 계산**으로 바꿀 수 있
다.(옮긴이)

[13]   Nicholas Lobkowicz, *Theory and Practice: History of a Concept from Aristotle to Marx*, Notre
          Dame, 1967, p. 419.

[14]   *De Republica*, I, 17.

한 질문은 이른바 '철학'이나 '형이상학'에게나 해당되는 일로 보인다. 그런데 우리가 알고 있는 바와 같이, 철학이나 형이상학이라는 용어나 연구 분야는 악평을 받아왔다. 이러한 악평이 단지 현대 실증주의와 신실증주의의 공격으로 제기되는 문제였다면, 우리가 이 문제에 관심을 가질 필요는 없다. 형이상학을 시詩로 간주해야 한다는 카르납의 진술은 형이상학자들이 통상적으로 제기했던 주장들과 반대된다. 그러나 이 주장들은 카르납 자신의 평가와 마찬가지로 시에 대한 과소평가에 기반을 두고 있다. 카르납이 공격을 위해 선택한 사람인 하이데거는 철학과 시가 실제로 밀접하게 연계되어 있다며 다음과 같이 주장했다. 그는 철학과 시는 동일하지 않지만 동일한 근원인 사유에서 발생한다고 생각했다. 그리고 아리스토텔레스도 같은 견해를 가지고 있었다. 어느 누구도 지금까지 아리스토텔레스가 '단순한' 시를 썼다고 비난하지는 않는다. 시와 철학은 동일한 영역에 속한다. "우리는 언급할 수 없는 것에 대해 침묵을 지켜야 한다"[15]라는 비트겐슈타인의 유명한 말은, 진지하게 고려할 경우 감각 경험 영역의 이면에 놓여 있는 것뿐만 아니라 심지어 감각 대상에도 적용되어야 한다. 우리가 보거나 듣거나 만지는 그 어느 것도 감각에 주어진 것과 동일한 말로 표현될 수 없다. "감각의 이것은 … 언어를 통해 도달할 수 없다"[16]고 지적했던 헤겔은 옳았다. 우리가 사유하는 데 필요한 매개물인 언어와 생활하는 데 필요한 매개물인 현상세계 사이의 불일치에 대한 발견은 분명히 철학과 형이상학에 일차적으로 기여하지 않았는가? '로고스logos'나 '노에시스noēsis' 형태의 사유가 진리 또는 본질에 도달할 수 있다는 주장을 제외하더라도, 결국 강조점은 지각에 드러난 것, 그리고 우리의 신체 감각을 확장시키고 예리하

15 비트겐슈타인이 《논리-철학 논고Tractatus Logico-Philosophicus》 마지막 쪽에서 제시한 한 문장으로 구성된 제7명제다.(옮긴이)

16 "Sense-Certainty", *The Phenomenology of Mind*, trans. J. B. Baillie, New York, 1964, p. 159.

게 자극하는 도구로 변화되어왔다는 것이다. 전자는 현상을 무시할 것이고 후자는 사유를 무시하겠지만, 이는 자연스러울 따름이다.

우리가 형이상학적 질문에 대해 갖는 어려움은 이 질문에 '의미를 두지 않는' 사람들보다 오히려 공격을 하는 사람들 때문에 생긴다. 무신론을 고집하는 비신자 집단과 구별되는 신학자들이 "신은 죽었다"라는 명제에 대해 언급하기 시작했을 때, 신학의 위기는 그 정점에 도달했다. 마찬가지로, 철학과 형이상학의 위기는 철학자들 자신이 철학과 형이상학의 종말을 알렸을 때 드러나기 시작했다. 이제 이러한 것은 과거의 이야기가 되었다. (후설 현상학의 매력은 "사물 자체로"라는 표현의 반역사적 · 반형이상학적 함의로부터 나타났다. 그리고 "외견상 형이상학의 궤적에 머물고 있는" 하이데거는 자신이 1930년대 이후 반복적으로 천명한 바와 같이 "형이상학의 극복"을 실제 목표로 삼았다.[17])

"근대 종교의 기저가 되는 감정은 신이 죽었다는 감정"[18]이라고 처음 천명한 사람은 니체가 아니라 헤겔이었다. 60년 전 브리태니커 백과사전은 '형이상학'을 "가장 불명예스러운"[19] 철학으로 취급했다. 그리고 이러한 불명예의 근원을 더 추적하다 보면, 우리는 비방자들 중에서 특별히 칸트와 마주치게 된다. 물론 이때 칸트는 멘델스존의 표현대로 "완전한 파괴자alles Zermalmer"로서 입장을 드러낸 《순수이성비판Critique of Pure Reason》의 칸트가 아니라 '비판' 이전의 저작에 나타난 칸트다. 그는 이 저작에서 "형이상학에 매료된 것이 자신의 운명이었다"라고 아주 자유롭게 인정할 뿐만 아니라 형이상학의 "바닥을 모르는 심연"과 "파악하기 어려운 근거", 형이상학의 이상향인 "젖과 꿀이 흐르는 땅Schlaraffenland"에 대해서도 언급하는

---

17   1930년 처음으로 제시한 '진실의 본질에 관하여'란 강의안의 각주 참조할 것. 지금은 *Wegmarken*, Frankfurt, 1967, p. 97에 수록되어 있다.

18   *Werke*, Frankfurt, 1970, vol. 2, p. 432에 수록된 '믿음과 지식'(1802)을 참조할 것.

19   제11판.

데, "이성의 몽상가들"은 이곳에서 마치 "우주선"에 있는 것처럼 거주하기 때문에 "근거가 없는 지혜와 일치할 수 없는 어리석은 생각은 존재하지 않는다."[20] 매키언은 이 주제와 관련해 오늘날 언급할 필요가 있는 모든 것을 다음과 같이 훌륭하게 표현했다. 길고 복잡한 사상사에서 나타나듯이, 이 "경이로운 학문은 [그] 기능과 관련한 일반적 확신을 결코 형성시키지 않았으며 … 그 주제와 관련한 의견에 대해 상당한 합의를 형성하지도 못했다."[21] 이 비방의 역사라는 관점에서 볼 때, '형이상학'이란 용어 자체가 전적으로 존재할 수 있었다는 것이 오히려 놀랍다. 칸트는 '경이로운 학문'에 치명적 타격을 가한 후 만년의 노인으로서 "언쟁을 마친 후 헤어졌던 애인에게 돌아가는 것과 마찬가지로*wie zu einer entzweiten Geliebten*"[22] 확실히 형이상학에 복귀하리라고 예언했으며, 이때 사람들은 칸트가 옳았다는 것을 어렴풋이 알아챘다.

　　나는 이것이 상당 부분 가능하다거나 바람직하다고 생각하지는 않는다. 물론 우리가 현재 상황의 가능한 장점에 대해 사색하기 이전이지만, 우리는 신학과 철학과 형이상학이 종말에 도달했다는 것을 관찰할 때 우리가 실제로 의도하는 것을 성찰할 수 있다. 이것은 바람직할 수 있다. 왜냐하면 신은 죽었으며, 우리가 신의 존재(사실, '존재'라는 용어도 잘못 설정되고 있다)와 마찬가지로 무엇인가에 대해서도 거의 알지 못하기 때문이 아니라,

20　　*Werke*, Darmstadt, 1963, vol. Ⅰ, pp. 621, 630, 952, 959, 968, 974, 982.

21　　*The Basic Works of Aristotle*, New York, 1941, 서문, p. xviii. 매키언의 번역은 아리스토텔레스의 인용문들로부터 종종 이용되었다.

22　　*Critique of Pure Reason*, B878. 두드러진 문구는 《순수이성비판》의 마지막 절에 나타난다. 칸트는 여기에서 형이상학을 학문으로 정립했다고 주장하고 있다. "학문의 이념은 사변적 인간 이성만큼이나 오래되었다. 그리고 어떤 합리적 인간이 스콜라적 형식으로든 대중적 형식으로든 사유하지 않는가?"(B871) 이 "학문은 … 합리적으로 요구될 수 있었던 것보다 형이상학으로부터 더 많이 기대되었다.(B877) 또한 《미래의 형이상학 서문*Prolegomena to Any Future Metaphysics*》의 59절과 60절을 참조할 것.

신에 대해 사유하는 오래된 방식은 이제 더 이상 확실하지 않기 때문이다. 어떤 것이 죽었다면, 그것은 신에 관한 전통적 사유가 될 수 있을 뿐이다. 그리고 이것과 유사한 것이 철학과 형이상학의 종말에도 적용된다. 인류가 지구상에 출현하는 것과 동시에 제기한 오래된 질문들이 '무의미해졌기' 때문이 아니라, 이러한 질문들을 구성하고 이에 답변하는 방식이 설득력을 상실했기 때문이다.

감각에 드러나지 않는 모든 것 ─ 신이나 **존재**, 제1원리와 근원들 *Archai*, 이데아 ─ 이 단순히 나타나는 것보다 더 실재적이고 진실되고 유의미하며, 그저 감각지각을 넘어서는 게 아니라 감각세계 위에 있다는 생각은 적어도 파르메니데스 이후 지속되었다. 이러한 생각과 더불어 감각적인 것과 초감각적인 것의 기본적 구별은 이제 종결되었다. 이러한 '영원한 진리'의 위치 설정뿐만 아니라 구별 자체는 '폐기되었다.' 한편 소수의 형이상학 옹호자들은 점점 더 강력한 목소리로 이러한 현상에 내재된 니힐리즘의 위험을 우리에게 경고해왔다. 그들은 그 위험에 대한 생각을 불러일으키지 않았다 치더라도 자신들에게 유리한 중요한 논쟁을 다음과 같이 제기한다. 즉 초감각 영역이 일단 무시되면 수 세기 동안 이해되어온 현상세계도 근절된다는 것은 실제로 사실이다. 실증주의자들이 여전히 받아들이고 있는 감각적인 것은 초감각적인 것의 소멸로 생존할 수 없게 되었다. 어느 누구도 신의 살해를 시적·은유적으로 기술하면서,[23] 이와 관련해 상당히 많은 혼란을 초래했던 니체보다 초감각적인 것의 소멸을 더 잘 이해하지는 못한다. 니체는 《우상의 황혼*The Twilight of Idols*》에서 '신'이란 용어가 초기의 역사에서 무엇을 의미했는가를 분명히 말한다. 신은 단지 형이상학이 이해하는 초감각 영역의 상징이었다. 니체는 여기에서 '신'이란 용어 대신 '진정한(참된) 세계'라는 용어를 사용하며, 다음과 같이 언급한다. "우리는 진

---

23   "The madman", 《즐거운 학문*The Gay Science*》, bk. III, no. 125.

정한 세계를 소멸시켜버렸다. 무엇이 남아 있는가? 현상세계인가? 오, 아니다! 우리는 진정한 세계와 더불어 현상세계 역시 소멸시켜버렸다."[24]

니체의 이러한 통찰은 아주 명료하다. "초감각적인 것의 제거는 그저 감각적인 것만을 제거하는 것이 아니라 이들 사이의 차이마저도 제거한다"[25]는 주장은 실제로 아주 명료하다. 따라서 초감각적인 것의 제거는 역사적으로 그 시점을 밝히려는 모든 시도를 무시한다. 이러한 관점에서 모든 사유는 이 두 세계가 분리될 수 없을 정도로 상호 연계되어 있다는 것을 함의한다. 따라서 실증주의에 대한 현대의 정교한 반론은 데모크리토스가 아래에 소개한 '우스꽝스러운little' 대화에 나타나듯이 타의 추종을 불허하는 소박함을 통해 예견된다. 이 대화는 초감각기관인 정신과 감각 사이에 이루어진다. 정신은 감각지각이 허구라고 말한다. 감각지각은 육체의 상태에 따라 바뀐다. 달콤함, 씁쓸함, 색 등은 단지 사람들 사이에서 오로지 관례상nomō 존재하는 것이지, 자연적으로, 즉 현상의 이면에 있는 본질에 따라 존재하지는 않는다. 그러자 감각은 다음과 같이 응답한다. "불쌍한 정신이여! 당신은 당신의 증거(당신이 신뢰할 수 있는 모든 것; *pisteis*)를 우리로부터 앗아가지만 정작 우리를 무너뜨릴 수 있는가? 우리의 몰락이 당신의 몰락이 될 것이다."[26] 달리 표현하면, 두 세계 사이의 항상 불안정한 균형이 일단 깨지면, '진정한 세계'가 가상세계를 소멸시키든 그 반대가 되든, 우리의 사유가 습관적으로 지향하는 전반적인 준거틀은 붕괴될 것이다. 이러한 관점에서 어떠한 것도 더 이상 이치에 맞지 않는 것 같다.

---

24 "'참된 세계'가 어떻게 마침내 신화가 되었는가(How the 'True World' finally became a fable)", 6. 니체는 여기에서 참된 세계란 현명한 사람에게만 약속되어 있는 세계이지만 도달할 수 없고 알 수 없으며 쓸모가 없는 하나의 관념이라고 주장한다. (옮긴이)

25 "Nietzsches Wort 'Gott ist tot'", in *Holzwege*, Frankfurt, 1963, p. 193. 하이데거, 《숲길》, 〈"신은 죽었다"는 니체의 말〉 맨 앞 단락에서 언급한 내용이다. (옮긴이)

26 Democritus, B125 and B9.

  20세기의 시작과 더불어 신, 형이상학, 철학 그리고 의미상 실증주의의 '사망'은 지식인 엘리트의 유일한 관심이 되지 못했고, 거의 모든 사람들의 검증되지 않은 공통 가정이었기 때문에, 이들의 종말은 역사적으로 상당히 중요한 사건이 되었다. 우리는 여기에서 이러한 종말이 지닌 정치적 측면에 관심을 갖지 않는다. 실제로 정치적 권위 문제는 논의에서 배제하는 편이 낫다. 아울러 우리의 사유 방식이 이러한 종말로 야기된 위기에 아무리 깊이 연관된다 하더라도 사유 능력에 관한 문제가 아니라는 단순한 사실을 주장하는 편이 오히려 낫다. 사람들이 항상 그랬듯이 우리는 사유하는 존재다. 나는 이러한 주장이 다음과 같은 의미를 지닌다고 생각한다. 인간은 지식의 한계를 넘어서 사유하고, 사유를 인식과 행위의 도구로 사용하기보다 이 능력을 통해 더 많은 것을 행하려는 성향이 있고, 그럴 필요를 느낀다. 이 맥락에서 니힐리즘에 대해 이야기한다는 것은 어쩌면 개념이나 일련의 사유와 결별하고 싶지 않다는 것을 의미하는 셈이다. 물론 개념과 일련의 사유는 이미 꽤 오래전 실제로 소멸되었지만, 사람들은 이것들의 소멸을 최근에야 공개적으로 인정했다. 사람들은 우리가 이 상황에서 근대 초기에 수행된 것을 할 수 있다고 상상한다. 즉 〔데카르트가 《영혼의 정념들Les Passions de l'ame》 서론에서 제안한 바와 같이〕 "마치 어느 누구도 나 이전에 다루지 않은 듯이" 모든 소재를 다룰 수 있다면 좋겠는데!라고 상상하고 싶어 한다. 그러나 이러한 상상은 불가능하게 되었다. 부분적인 이유로는, 우리의 역사의식이 엄청나게 확장되었기 때문이다. 근본적인 이유로는, 활동으로서의 사유가 삶의 방식으로서 사유를 선택했던 사람들에게 중요했다는 유일한 증거는 오늘날 흔히 말하는 '형이상학적 오류'이기 때문이다. 위대한 사상가들이 우리에게 전달한 교의들, 즉 사상체계들은 현대를 사는 독자들에게 확신을 주거나 설득력을 갖지 못한다. 그러나 나는 이러한 교의들이 어떤 것도 자의적이지 않으며, 단순한 허튼소리 정도로 무시할 수 없다는 것을 여기에서 주장하려고 한다. 오히려 형이상학적 오류는 사유에 참여하는 사람들에게 사유가 무엇 ─ 오늘날 대단히 중요한 것, 그리고 이에 대한 소수의 직접적인 발언이 존재한다 ─ 을 의미하는지를 보여주는 유일한 단서다.

따라서 형이상학과 철학의 종말 이후에 우리의 상황에서 일어남직한 장점은 두 가지일 것이다. 우선 우리는 형이상학과 철학의 종말로 인해 어떠한 전통에 얽매이거나 이끌리지도 않고 새로운 눈으로 과거를 고찰할 수 있다. 그러므로 우리는 엄청나게 많은 생생한 경험들인 이러한 보배를 다루는 어떠한 규범에도 제약받지 않으면서 이들을 처리할 수 있을 것이다. "우리의 유산은 우리에게 아무런 유언도 남기지 않았다*Notre héritage n'est précédé d'aucun testament*."[27] 우리의 유산은 어떠한 수준에서든 비가시적 영역으로 이동하는 능력이 점점 떨어지는 상황을 거의 불가피하게 수반하지 않았더라면, 그 장점이 더 컸을 것이다. 달리 표현하자면, 눈에 보이지 않고, 만질 수 없으며, 맛볼 수 없는 모든 것들이 나쁜 평판을 받아왔는데, 우리의 유산이 이러한 것들을 수반하지 않았더라면, 그 장점은 더 컸을 것이다. 그렇기 때문에 우리는 우리의 전통과 더불어 과거 자체를 상실하는 위험에 빠지게 된다.

왜냐하면 형이상학의 주제에 관한 합의가 결코 많지 않았다고 하더라도, 적어도 한 가지 측면은 당연하다고 여겨져왔기 때문이다. 즉 이러한 학문 분야들 ─ 우리는 이를 형이상학이나 철학이라고 명명한다 ─ 은 감각지각에 부여되지 않는 문제들을 취급했으며, 이러한 분야의 이해는 감각 경험에서 시작되며 경험적 검증과 방법에 의해 정당화될 수 있는 공통감 추론common-sense reasoning을 초월했다. 파르메니데스 시대부터 철학의 종말 시대에 이르기까지 모든 사상가들은 다음의 주장에 동의했다. 즉 인간은 이러한 문제들을 다루기 위해 감각에 의해 부여된 세계와 감각 대상에 의해

---

27   René Char, *Feuillets d'Hypnos*, Paris, 1946, no. 62.

형성된 감정 또는 정념으로부터 정신을 분리함으로써 정신과 감각을 분리시켜야 했다. 어떤 사람이 '당신이나 나와 같은' 사람이 아닌 철학자인 한, 그는 현상세계로부터 이탈한다. 따라서 그가 활동하는 영역은 철학이 형성된 이후 소수를 위한 세계가 되어왔다. 아마도 인간이 도달할 수 있는 최고의 활동을 전문적으로 연구하는 "직업적인 사상가들" — 플라톤이 상정하는 철학자란 "신의 친구로 분류되어야 하며, 불멸성을 누리는 것이 인간에게 허용될 경우 불멸성은 철학자에게 부여되어야 할 것이다"[28] — 과 다수를 구분하는 이러한 오래된 기준은 그 설득력을 상실해왔고, 이것이 우리의 상황에서 가능한 두 번째 장점이다. 내가 이전에 암시한 바와 같이, 옳고 그름을 말할 수 있는 능력이 결국 사유 능력과 연관이 있는 것이라면, 박학하거나 무지하거나 지성적이거나 우매함과 관계없이 사리분별 있는 모든 사람들에게 사유하라고 '요구할' 수 있어야 한다. 칸트는 철학자들 가운데 거의 유일하게 이러한 입장을 지니고 있지만, 철학이 도덕과의 밀접한 관계 때문에 소수만을 위해 존재한다는 공통 견해로 많이 괴로워했으며, 한때 "우매함이 사악한 마음 때문에 생겨난다"고 주장했다.[29] 이것은 진실이 아니다. 사유의 부재는 우매함이 아니다. 우리는 대단히 지성적인 사람들도 사유하지 않을 수 있다는 것을 발견할 수 있다. 그리고 사악한 마음은 우매함의 원인이 아니다. 아마도 그 반대로 사악함은 사유의 부재로 일어날 수 있다. 마치 사유가 고등수학과 마찬가지로 전문 분야의 독점물이라도 되는 듯이, 우리는 사유 문제를 더 이상 '전문가들'에게 맡겨서는 안 된다.

'이성Vernunft'과 '지성Verstand'이란 칸트의 구분은 우리의 연구에 대단히 중요하다.(내 생각으로 'Verstand'를 '오성understanding'으로 표현하는 것은 오역이다. 칸트는 라틴어 'intellectus'를 독일어 'Verstand'로 표기했다. 그러나

---

28   *Symposium*, 212a.

29   *Kant's handschriftlicher Nachlass*, vol. VI, Akademie Ausgabe, vol. XVIII, 6900.

'*Verstand*'가 '*verstehen*'의 명사이므로 'understanding'은 독일어 '*Verstehen*'에 내재된 의미를 지니지 않는다.) 칸트는 "이성의 불명예"를 발견한 이후 두 가지의 정신 능력을 분류했다. 이성의 불명예란 우리의 정신이 사유해야 하는 문제들과 질문들에 관한 확실하고 검증 가능한 지식을 포착할 수 없다는 사실을 의미한다. 칸트의 경우, 단순한 사유가 관련되는 문제들은 우리가 현재 종종 신, 자유, 불멸성과 같은 '궁극적 문제들'이라고 명명하는 것들이다. 그러나 사람들이 한때 이러한 문제에 보였던 실존적 관심을 차치하고, 칸트가 "죽음과 함께 모든 것이 끝난다고 여겨진 정직한 영혼이 더 이상 생존하지"[30] 않는다고 믿었더라도, 그는 이성의 "끈덕진 요구"는 "지식에 대한 단순한 탐구나 욕구"[31]와 다르며, 그 이상의 의미를 지닌다는 것을 자각했다. 따라서 이성과 지성의 구분은 완전히 다른 두 가지 정신 능력, 즉 사유와 인식의 차이, 그리고 완전히 다른 두 가지 관심인 제1범주에 속하는 의미와 제2범주에 속하는 인식 사이의 차이와 일치한다. 칸트는 이러한 차이를 주장했지만, 형이상학적 전통의 엄청난 무게로 아주 강력하게 제약받았다. 그는 형이상학의 전통적 주제들, 즉 인식될 수 없는 것이 입증될 수 있었던 그러한 주제들을 강력하게 고수했다. 그리고 그는 인식될 수 있는 것의 한계를 넘어서 사유하려는 이성의 필요성을 정당화했다. 그러나 그는 성찰의 필요성이 그에게 나타나는 거의 모든 것, 즉 자신이 이해하는 것뿐만 아니라 이해하지 못한 것도 포괄하고 있다는 사실을 여전히 자각하지 못했다. 그는 궁극적인 문제들의 관점에서 이성을 정당화함으로써 자신이 이성, 즉 사유 능력을 해방시켰던 범위를 완전하게 자각하지는 못했다. 그는 자신이 "*지식을 부정하고 … 믿음을 위한 여지를 남기는 것이 필요하다는 것을 발견다*"[32]고 진술했으나, 믿음을 위한 여지는 남기지 않았다. 또한 그는 사

30   *Werke*, vol. I, p. 989.

31   "Prolegomena", *Werke*, vol. III, p. 245.

유를 위한 여지를 만들었으며, '지식을 부정하지'는 않았으나 지식과 사유를 분리했다. 칸트는 '형이상학' 강의안에서 다음과 같이 언급한다. "형이상학의 목적은 … 감각적으로 주어진 세계의 한계를 넘어서 이성의 사용을 비록 소극적이기는 하지만 확장시키는 것, 즉 *이성이 자신을 방해하는 장애물을 제거하는 것이다.*"[33]

이성이 자기 나름대로 설정한 커다란 장애는 지성의 측면에서 발생하며, 이성이 (지식에 대한 — 옮긴이) 우리의 갈증을 풀어주고 우리의 필요를 충족시키고 지식과 인식에 도달하고자 확립시켜왔던 전적으로 정당한 기준으로부터 또한 발생한다.[34] 칸트와 그의 후계자들은 활동으로서의 '사유'나 심지어 '사유하는 나'의 경험에 그다지 관심을 갖지 않았다. 왜냐하면 그들은 모든 차이에도 불구하고 일종의 결과를 요구했으며, 확실함과 증거를 삼기 위한 기준과 인식의 기준을 그 결과로 적용했기 때문이다. 사유와 이성이 인식과 지성의 한계를 당연히 초월한다면 — 사유와 이성이 취급하는 문제는 비록 알 수 없다고 하더라도 인간에게 실존적으로 가장 중대한 관심사라는 근거에서 칸트는 타당하다 — 사유와 이성은 지성이 다루는 것과 관련이 없다고 전제되어야 한다. 결론부터 말하면, 그것은 다음과 같이 표현할 수 있다. *이성의 필요성을 유발하는 것은 진리 탐구가 아니라 의미 탐구다. 그리고 진리와 의미는 동일하지 않다. 특정한 모든 형이상학적 오류들에 선행하는 근본 오류는 진리의 모델에 입각해 의미를 해석하는 것이다.* 이러한 것들 가운데 가장 최근에 몇 가지 측면에서 매우 두드러진 사례는 "존재의 의미에 관한 문제들을 새로이" 제기함으로써 논의를 시작하는 하이데거의 《존재와 시간*Being and Time*》에서 찾을 수 있다.[35] 하이데거는 자신

---

32   *Critique of Pure Reason*, Bxxx.

33   *Kant's handschrift'licher Nachlass*, vol. V, Akademie Ausgabe, vol. XVIII, 4849.

34   이와 관련하여 칸트에 대한 아렌트의 해석을 확인하기 위해서는 이 책 제1장 제8절 '과학과 공통감'을 참조할 것.(옮긴이)

의 최초 질문에 대한 이후 해석에서 다음과 같이 명료하게 언급한다. "'존재의 의미'와 '존재의 진리'는 동일한 것을 말한다."[36]

양자를 동일시하려는 유혹 — 이성과 지성을 구별하고, 사유하려는 '끈덕진 요구'와 '알려는 욕구'를 구별하는 칸트의 입장을 수용하면서 이를 진지하게 고려하지 않으려는 유혹 — 은 매우 강하며, 이는 결코 전통의 무게 탓으로만 돌릴 수 없다. 칸트의 통찰은 독일철학에 대단히 자유로운 영향을 미쳤으며, 아울러 독일 관념론 형성에 영향을 미쳤다. 분명히 그의 통찰이 사변적인 사유의 여지를 만든 것은 사실이다. 그러나 이 사유는 다시 "참으로 현존하는 것에 대한 실제적 지식"이란 개념을 고수하는 새로운 부류의 전문가들을 위한 장場이 되었다.[37] 칸트가 과거 학파의 독단주의와 그 무미건조한 영향으로부터 해방시킨 덕택에 이 전문가들은 새로운 체계뿐만 아니라 새로운 '학문' — 여기에 속하는 가장 위대한 저작인 헤겔의《정신현상학The Phenomenology of Mind》의 원래 제목은 "의식의 경험에 관한 학문"[38]이었다 — 을 정립했다. 그러나 이 새로운 체계는 알 수 없는 것에 대한 이성의 관심과 인식에 대한 지성의 관심이란 칸트의 구분을 강력하게 희석시켰다. 마치 칸트가 결코 존재하지 않았던 것처럼 데카르트의 이상, 즉 확실함을 추구하는 이들은 자신들의 사유 결과가 인식 과정의 결과와 똑같은 형태의 정당성을 확보했다고 진지하게 믿었다.

35   Trans. John Macquarrie and Edward Robinson, London, 1962, p. 1. pp. 151, 324를 비교할 것.

36   "Einleitung zu 'Was ist Metaphysik?'", *Wegmarken*, p. 206.

37   Hegel, *The Phenomenology of Mind*, Baillie trans., Introduction, p. 131.

38   *Ibid.*, p. 144.

1 현상

신은 여전히 현상을 통해 우리를 판단하는가?
나는 신이 그렇게 한다는 것을 의심한다.

— 오든[1]

현상을 특성으로 하는 세계

인간이 태어난 세계는 자연적인 것과 인위적인 것, 살아 있는 것과 죽은 것, 잠정적인 것과 영구적인 것 등 수많은 사물을 포함한다. 이러한 사물은 모두 다음과 같은 공통점을 지닌다. 즉 이것들은 겉으로 드러나므로 적절한 감각기관을 지닌 생물들은 이것들을 보고, 듣고, 접촉하고, 맛보고, 냄새 맡고, 지각할 수 있다. 이러한 현상을 수용受容하는 사람들(목격자 — 옮긴이)이 존재하지 않았다면 아무것도 존재할 수 없었을 것이며, '현상'이란 용어도 이해되지 못했을 것이다. 살아 있는 생물은 단지 존재하는 것만이

---

1 위스턴 오든Wystan Hugh Auden(1907~1973)은 미국에 귀화한 영국 태생의 현대 시인으로, 엘리엇 이후 최고의 시인으로 꼽힌다. 작품으로 *Look, Stranger!*(1936), *Another Time*(1940), *The Shield of Achilles*(1955), *Homage to Clio*(1960) 등의 시집과 *The Enchafed Flood*(1949), *The Dyer's Hand*(1962) 등의 비평 에세이가 있다. 오든의 시 구절은 아렌트의 저서 몇 군데에서 인용되었다. 《인간의 조건》의 가장 열렬한 독자였던 오든은 아렌트에게 "내가 나 자신에게 제기해왔던 문제들에 정확하게 답변하고 있는 것 같기에 … 특별히 나를 위해 쓰였다는 인상을 주는 책"이라고 밝혔다. 두 사람은 처벌과 용서의 문제와 관련된 견해에 공감했고, 아렌트는 《예루살렘의 아이히만》에서 이 문제를 다루고 있다. (옮긴이)

아니라 자신에게도 나타나서 지각하게 되어 있는 것을 — 상상의 비약이나 욕구, 승인이나 반대, 찬양이나 비방의 형태로 — 인정하고 인식하며, 이에 반응한다. 우리는 어딘지 모르는 곳에서 왔다가 알 수 없는 곳으로 간다. 우리가 살아가는 현실세계에서 **존재**_Being_와 **현상**_Appearing_은 일치한다.[2] 무생물은 자연적이든 인위적이든, 변화하든 불변하든 현존하는, 즉 겉으로 드러나는 상태에서 생물의 존재에 좌우된다. 그 무엇도 자신의 존재를 주시하는 목격자를 전제하지 않고는 이 세계에 존재할 수 없다. 달리 표현하면, 어느 것이 나타나는 한 그것은 단일한 형태로 존재할 수 없다. 모든 것은 누군가에 의해 지각되기 마련이다. (하나의 본질만을 지녀 어디에도 존재하지 않는 추상화된 — 옮긴이) 인간Man이 아닌 개별적인 사람들men이 지구에 거주한다.[3] 다원성은 지구의 법칙이다.

인간과 동물 같은 지각력이 있는 존재들 — 사물들을 지각하며 감각적 수용자로서 자신들의 실재를 확인한다 — 자체는 또한 현상이다. 이들은 동시에 보고 보이며 듣고 들리며 접촉하고 접촉된다. 따라서 이들은 결코 한낱 주체가 아니며, 그렇게만 이해될 수도 없다. 이들은 돌이나 다리 못지않게 '객관적'이다. 생물의 세계성은 객체(대상)가 아닌 주체란 존재하지 않으며, 자신의 '객관적' 실재를 확인하는 다른 누군가에게 객체로 나타

---

2   사실 이 말은 존재하는 것과 그것이 나타난 것이 둘로 분리되는 것이 아니라 결국 하나라는 입장을 함축한다. 이것은 아렌트가 존재 자체와 나타난 것을 가르는 것에는 이미 부당한 지배 구조가 들어 있다고 보기 때문이다. 그는 이러한 맥락에서 정신의 삶과 정치적 삶의 원리가 동일하다는 점을 강조하고 있다. 예컨대, 아렌트는 정신의 삶에서 다원성, 정체성, 도덕성의 원리가 작동되듯이, 외재적 공공 영역에서도 세 가지 원리가 작동되어야 한다는 점을 강조한다. 이와 관련하여 책의 뒷부분에 있는 옮긴이 해제 논문을 참고할 것.(옮긴이)

3   사실 아렌트는 플라톤의 이데아론에서 주장되듯이 개별적 인간이 공통적으로 지니는 보편성으로서의 이데아적 인간Man, 이 세계 안에 존재하는 개별자로서의 인간들men, 역사 속에 실현되어 가는 인간집단 일반으로서의 인류mankind를 구별했는데, 이것은 칸트로부터 영향을 받은 것이다. 아렌트에 의하면, 칸트는 윤리학에서 추상적 인간Man을, 역사철학에서 인류mankind를,《판단력비판_Critique of Judgment_》에서 인간들men을 각각 다루었다. 그러나 아렌트는 야스퍼스의 인간관을 따르므로 부분적으로 칸트의 인간관으로부터 벗어난다.(옮긴이)

나지 않는 주체란 없다는 것을 의미한다. 우리가 통상적으로 이해하듯이, 내가 나 자신을 지각하고 그 결과가 나 자신에게 나타날 수 있다는 것이 곧 '의식'이다. 그렇다고 의식이 실재를 보장하기에 충분하지는 않다. ["나는 생각한다. 그러므로 나는 존재한다*Cogito me cogitare ergo sum*"라는 데카르트의 주장은 다음과 같은 단순한 이유 때문에 불합리한 추론이다. 사유 작용*cogitationes*이 소리나 글로 표출된 언어로 명료화되지 못한다면, 사유하는 실체(즉 정신; *res cogitans*)는 결코 겉으로 나타날 수 없다. 그런데 언어는 이미 언어의 수용자인 듣는 사람과 독자를 의도하고 전제한다.] 세계에 태어난 모든 생물은 존재와 현상이 일치하는 세계에 적합한 조건들을 갖추고 있다. 살아 있는 존재인 인간과 동물은 세계 속에 있는 것만이 아니라 세계의 일부를 구성한다. 왜냐하면 이들은 동시에 주체이며 대상이고, 지각하면서 지각되는 존재이기 때문이다.

　　우리가 살고 있는 현실세계에서 현상의 무한한 다양성, 즉 세계의 전경, 소리, 냄새를 완전히 향유할 가치만큼 더 놀라운 것은 아마 아무것도 없을 것이다. 그러나 사상가들과 철학자들은 이것에 대해 거의 언급하지 않는다. [아리스토텔레스만이 우연하게나마 '신체기관의 작용으로 나타나는 쾌락(육체적 쾌락)'을 수동적으로 향유하는 삶을 세 가지 삶(정치적 삶, 철학적 삶, 향락적 삶 — 옮긴이)의 방식 가운데 하나로 생각했는데, 필요에 예속되지 않기 때문에 필요하거나 유용한 것에 반대하여 아름다운 것*kalon*에 전념할 수 있는 사람들은 이러한 삶을 택할 수 있다.[4]] 이러한 다양성은 동물 종들 사이에서 나타나는 감각기

4　　세 가지 삶의 방식은 *Nicomachean Ethics*, I, 5 그리고 *Eudemian Ethics*, 1215a35와 이후 내용에 설명되고 있다. 아름다운 것을 필요한 것 또는 유용한 것과 대립시킨 것을 찾아보기 위해서는 *Politics*, 1333a30과 이후 내용을 참조할 것. 아리스토텔레스의 세 가지 삶의 방식과 《필레보스*Philebus*》에 언급된 플라톤의 설명 — 쾌락 방식, 실천적 지혜의 방식, 양자의 혼합 방식(p. 22) — 을 비교하는 것은 흥미롭다. 플라톤은 쾌락 자체가 시간뿐만 아니라 강도에서도 무제한적이라는 이유로 쾌락의 생활 방식에 반대한다. "쾌락은 자체 내에 시작과 중간, 끝을 가지고 있지 않으며, 자체로부터 이를 도출하지도 않는다."(31a) 그리고 그는 "이성, 사유와 진리의 능력이 우리에게 하늘과 땅의 주인이라는 것을 … 모든 현자*sophoi*들과 더불어 동의"(28c)하고 있으며, 단순히 유한적 존재에게 "환희나 고통을 모르는 삶"은 가장

관의 다양성만큼이나 엄청나다. 따라서 생물들은 실제로 엄청나게 다양한 형태와 모양을 띤다. 모든 동물 종은 각기 자신의 세계에서 살고 있다. 더욱이 감각을 지닌 모든 생물은 현상 자체를 공통적으로 지닌다. 첫째는 나타나는 세계이며, 둘째는 생물들 자체가 나타났다가 소멸한다는 더 중요한 사실이다. 즉 세계가 이 생물들의 출현 이전에도 존재했고, 이들의 소멸 이후에도 여전히 존재하리라는 사실이다.

살아 있다는 것은 세계 속에 산다는 것을 의미한다. 이 세계는 자신이 태어나기 이전에도 이미 존재했고, 죽은 이후에도 존재할 것이다. 완전히 살아 있는 상태라는 차원에서 볼 때, 연속적으로 이어지는 출현과 소멸은 그 자체로 삶과 죽음 사이의 시간 간격을 구별 짓는 근본적인 사건이다. 살아 있는 생물에게 할당된 유한한 수명은 그 생물에게 남아 있는 생명뿐만 아니라 그들의 시간 체험을 결정한다. 모든 시간 척도가 과거와 미래로 나뉘는 삶을 초월하더라도, 유한한 수명은 시간 측정에 필요한 은밀한 본보기를 제공한다. 따라서 1년이란 기간의 체험은 일생을 통해 급격히 변화한다. 다섯 살짜리 아이에게 다섯 번째의 1년은 단순히 20~30년의 기간보다 더 길게 여겨진다. 그러다 나이를 먹어가면서 몇 년이 얼마나 빨리 지나가는지를 체감한다. 그리고 만년에 이르러서는, 심리학적·신체적 예상 사망 시간을 측정하고, 이에 따라 몇 년의 기간은 천천히 흐른다고 느낀다. 결코 변하지 않는 1년이란 '객관적' 시간은 태어나고 죽는 존재에 내재된 이러한 시계를 거부한다. 이것은 세계의 시간이다. 그 기본 가정은 세계가 어떠한 과학적 또는 종교적 신념과 관계없이 시작과 끝을 갖고 있지 않다는 것이다. 이 가정은 기존의 생물보다 먼저 존재했고 그들의 소멸 이후에도 존재할 세계 속에 항상 존재하는 생물들에게게만 타당한 것처럼 보인다.

신성하다고 하더라도(33a~b) 견딜 수 없으며, 그러므로 "무제한과 한계 설정의 혼합이 모든 미의 근원"(26b)이라고 생각했다.

생물들은 무생물의 우발적인 구체적 존재성과 다르기에 '한낱 현상'
은 아니다. 살아 있다는 것은 자기 자신의 현상성appearingness이란 사실에 부
합하는 자기현시의 충동에 사로잡혀 있다는 것을 의미한다. 생물들은 자
신을 위해 설치한 무대 위의 배우와 같이 자신을 드러낸다. 살아 있는 존재
는 모두 무대를 갖고 있지만, 그 무대는 각각의 종에 따라 다르며, 또한 개
별 표본에 따라 각기 다른 것 같다. 겉보기(외관), 즉 나에게 보이는 것dokei
moi은 (어쩌면 유일하게 가능한) 양태다. 현상세계는 이 양태로 인식되고 지각
된다. 나타난다는 것은 항상 다른 사람에게 보이는 것을 의미하며, 이 보임
(겉보기)은 구경꾼들의 관점과 시각에 따라 다양하다. 달리 표현하면, 나타
나는 모든 사물은 자신의 실체를 숨기거나 노출하는 일종의 구실을 바로 이
나타내는 작용을 통해 획득한다. 겉보기는 다수의 구경꾼이 동일성에도 불
구하고 모든 현상을 지각한다는 사실에 조응한다.

자신을 보임으로써 드러나는 엄청난 효과에 대응하려는 자기현시
의 충동은 사람과 동물에 공통적인 듯하다. 그리고 배우가 자신을 드러내
기 위해 무대, 동료 배우, 관객들을 필요로 하듯, 모든 생물은 출현을 위한
장소로서 확고하게 나타나는 세계, 함께 활동할 동료 배우, 자신의 존재를
인정하고 인식할 관객들에 의존한다. 각 개인의 삶은 관찰자들의 관점에서
볼 때 나타났다가 결국 소멸한다. 삶의 성장과 쇠퇴는 발육 과정이다. 이 발
육 과정에서 실체는 자신의 모든 속성이 완전히 전개될 때까지 상승운동을
하면서 자신을 드러낸다. 이 국면 다음으로 휴지기 — 사실상 발육 과정의
만개와 현현顯現 — 가 이어진다. 이후에는 완전한 소멸로 중단되는 해체라
는 하향운동이 이어진다. 이러한 과정을 관찰하고 검토하며 이해할 수 있
는 시각은 다양하지만, 생물의 본질을 확인하는 우리의 기준은 동일하다.
과학적 연구와 마찬가지로 일상의 삶에서도 생물의 본질은 생물이 자신의
모습을 완전히 드러내는 비교적 짧은 기간에 의해 결정된다. 실재가 무엇
보다도 '드러남'이란 특성을 지니지 않았다면, 겉보기(외관)의 완벽성과 완

성이란 유일한 기준에 의해 이루어지는 선택은 전적으로 자의적이었을 것이다.

세계는 일차적으로 모든 생물에게 겉보기의 양태로 나타난다. 이들에게 현상의 우위성은 우리가 연구하는 주제인 정신 활동과 상당히 관련이 있다. 우리는 정신 활동으로 우리 자신과 다른 동물 종을 구별한다. 왜냐하면 이러한 정신 활동들 사이에는 상당한 차이가 있지만, 현상세계로부터 이탈하면서 자기 자신 쪽을 향한다는 공통점이 있기 때문이다. 만약 우리가 한낱 구경꾼이었다면, 이것은 중대한 문제를 야기하지는 않았을 것이다. 구경꾼은 세계를 관찰하거나 즐기고 세계 때문에 즐거워하고자 세계에 투신했으나 우리의 자연적 거주지로서 어떤 다른 영역을 점유하고 있는, 신을 닮은 피조물이다.[5] 그러나 우리는 세계 속에 단순히 존재하지 않고 세계의 일부를 구성한다. 우리 역시 세상에 왔다가 가고, 나타났다가 없어지기 때문에 현상이라 말할 수 있다. 우리는 어딘지 모르는 곳에서 왔지만, 우리에게 나타나는 것을 모두 다루고 세계의 운영에 참여할 수 있도록 잘 준비되어 출현했다. 우리가 정신 활동에 우연히 참여하고, 플라톤의 비유로 표현하자면 정신의 눈을 뜨기 위해 육체의 눈을 감을 때라도 우리의 특성인 현상은 소멸되지 않는다. 이원적 세계론은 형이상학적 오류에 포함된다. 이원적 세계론이 몇 가지 기본 경험에 아주 그럴듯하게 조응하지 않았다면 그렇게 오랫동안 존속할 수 없었을 것이다. 메를로 퐁티가 지적한 바와 같이, "나는 존재로부터 오로지 존재로만 달아날 수 있을 뿐이다."[6] 그리고 **존재**와 **현상**은 인간의 경우 일치한다. 이러한 주장은 내가 현상으로부터 오로지 현상으로만 달아날 수 있다는 것을 의미한다. 그리고 이원적 세계론은

---

5   이론*theoria*의 어원이 구경꾼*theatai*에서 유래했다. 구경꾼의 역할에 대해서는 이 책 제2장 제
     3절 '사유와 동작: 구경꾼'을 참조할 것.(옮긴이)

6   Thomas Langan, *Merleau-Ponty's Critique of Reason*, New Haven, London, 1966, p. 93.

형이상학적 오류를 해결하지는 못한다. 왜냐하면 이 문제는 사유가 어쨌든 자신을 드러낼 수 있는 적절성 여부와 연관되기 때문이다. 그리고 눈에 띄지 않고 소리 나지 않는 다른 정신 활동들을 포함해 사유 활동이 자신을 외부로 드러내려는지 또는 이러한 활동들이 사실 세계 속에서 적절한 안식처를 실제로 발견할 수 없는지가 의문이기 때문이다.

진정한 존재와 '한낱' 현상: 이원적 세계론

우리가 (진정한) **존재**와 (한낱) **현상**[7]이란 형이상학의 전통적 이분법에 관심을 돌린다면 이 주제와 관련해 위안이 되는 첫 번째 암시를 발견할지도 모른다. 왜냐하면 이 이분법 역시 실제로 현상의 우위성, 즉 적어도 선차성에 기반을 두기 때문이다. 철학자는 참으로 존재하는 것을 발견하기 위해 자신이 원래 자연스럽게 안락함을 누렸던 현상세계를 떠나야 한다. 파르메니데스는 낮과 밤의 문을 넘어서 "인간들이 밟았던 길에서 멀리 떨어져"[8] 있는 신성한 길로 비상했을 때 이러한 입장을 취했으며, 플라톤은 "동굴의 비유"[9]에서 역시 이러한 입장을 취했다. 현상세계는 철학자

---

7   'mere appearance'라는 표현에서 'mere'는 'sheer'와 반대말이다. 'mere'란 '한낱', '기껏해야 대단한 것이 없이 다만'이란 뜻의 부사다. '하잘것없는', '중요치 않은', '단순한'이란 의미를 갖는다. 여기서는 '한낱'으로 표기한다. 이 용어는 우리말로 직역하면 가상*Schein*으로서 '한낱 현상'이다. 이를 이해하기 위해 하이데거의《형이상학 입문*Einführung in die Metaphysik*》을 참조할 필요가 있다. '*Schein*'은 찬란함과 빛남이고, 나타남*erschein*이고, 눈앞에 등장함 *Vor-schein*이고, 무엇인 양 나타나 보임*Anschein*이다. 여기에서 '*Schein*'은 가상을 의미한다. 이 책 제1장 제5절과 제6절의 내용을 참조할 것.(옮긴이)

8   Frag. 1.

9   《국가*Republic*》, VII, 514a~521b. Francis MacDonald Cornford, *The Republic of Plato*, New York, London, 1941과 같이 Edith Hamilton and Huntington Cairns, ed., Paul Shorey trans., *The Collected Dialogues of Plato*, New York, 1961은 종종 관심을 끌었다.

자신이 태어나지는 않았지만 '진정한' 안식처로 선정하고 싶은 모든 영역에 앞서 존재한다. 이 세계의 현상성조차도 현상이 아닌 중요한 것이 존재해야 한다는 생각을 철학자, 즉 인간 정신에 항상 제안해왔다. 칸트의 표현에 따르면,[10] "*우리가 세계를 현상으로 간주할 경우, 세계는 현상이 아닌 중요한 것의 존재를 증명한다Nehmen wir die Welt als Erscheinung so beweiset sie gerade zu das Dasein von Etwas das nicht Erscheinugngist.*" 달리 표현하면, 철학자가 우리의 감각에 부여된 세계를 떠나 정신의 삶으로 전환(플라톤의 페리아고게*periagōgē*)할 때, 그는 현상세계에서 자신의 단서를 취하고 그 기본적 진리를 설명하며 자신에게 노출될 중요한 것을 탐구한다. 이러한 진리 — 드러나게 된 것이라는 의미의 '알레테이아(*a-lētheia*; 하이데거)' — 는 하나의 다른 '현상'으로서만 간주될 수 있다. 그것은 원래 은폐됐으나 고차원적이며, 따라서 현상의 지속적 우위를 상징하는 또 다른 현상이다. 정신 활동이 진행되는 기관은 현존하는 현상으로부터 이탈할 수 있음에도 불구하고 현상과 여전히 연계되어 있다. 정신은 감각 못지않게 탐구 과정 — 헤겔이 언급한 "개념의 긴장된 노력*Anstrengung des Begriffs*"[11] — 에서 무엇인가 자신에게 나타날 것을 기대한다.

　　과학, 특히 근대과학에도 이와 아주 유사한 면이 존재하는 것 같다. 마르크스의 초기 언급에 따르면, 근대과학은 **존재**와 **현상**의 결별에 의존한다. 따라서 철학자는 특별히 개별적인 노력을 통해 이제 더 이상 현상의 이면에 있는 어떤 '진리'에 도달할 필요가 없다. 과학자도 또한 현상에 의존

10　　Kant, *Opus Postumum*, Erich Adickes ed., Berlin, 1920, p. 44. 이 주장의 개략적인 날짜는 1788년이다.

11　　헤겔은 《정신현상학》 서문에서 다음과 같이 언급한다. "따라서 학문 연구에서 중요한 것은 우리가 개념의 긴장된 노력을 스스로 감수해야 한다는 것이다. 이것은 개념 자체, 예컨대 즉자적 존재, 대자적 존재, 자기정체성과 같은 단순한 규정들에 대한 관심을 요구한다." 여기에서 '긴장된 노력'은 아렌트가 정치적 사유에서 강조하는 '개념적 사유'를 지탱하는 노력을 의미한다.(옮긴이)

한다. 물론 과학자는 외피 아래 놓여 있는 것을 발견하기 위해 육안으로 볼 수 있는 신체를 절개해 그 내부를 들여다보기도 하고, 숨겨진 대상들의 외재적 특성을 제거하는 온갖 세련된 장비를 동원해 이런 대상들을 파악하기도 한다. 물론 대상들은 그 외재적 특성 때문에 우리의 천성적인 감각에 모습을 드러낸다. 이러한 철학적 · 과학적 노력들에 깔린 주된 생각은 여전히 변함없다. 칸트가 언급했듯이, 현상 자체는 "현상이 아닌 근거를 지녀야 한다."[12] 이 근거가 실재의 측면에서 단순히 나타났다가 곧 소멸하는 것보다 더 높은 수준을 유지한다는 점은 차치하더라도, 칸트의 생각은 사실 자연물이 성장해 어두운 근거에서 벗어나 낮의 빛으로 '나타나는' 방식에 대한 명백한 일반화다. 그리고 철학자들이 현상 이면에 있는 중요한 것을 발견하려고 '개념적 노력'을 유지하면서 종국에는 '가상(假像: 한낱 현상)'에 대해 상당히 격렬하게 비난했듯이, 과학자들은 개입하지 않으면 현상 자체가 결코 나타내지 못하는 것을 노출하는 데 탁월한 실제적 성과를 이뤘지만, 그 대가로 현상을 희생시켰다.

현상의 우위성은 과학자나 철학자도 일상의 삶에서 결코 피할 수 없는 사실이다. 이들은 항상 실험실이나 연구실에서 일상의 삶으로 복귀해야 하며, 이들이 일상의 삶에서 이탈할 때 발견할 수 있는 것은 무엇이든 결코 일상의 삶을 바꾸거나 퇴색시키지 못한다. 이것이 일상의 삶의 위력이다. "따라서 새로운 물리학의 '생소한' 개념들은 … 그 범주들 가운데 어느 것도 변경시키지 않은 채 … 공통감을 [경악케 한다]."[13] 오랫동안 유지되어 온 가상에 대한 **존재**와 **진리**의 우위성, 즉 드러나는 외피에 대한 드러나지 않는 근거의 우위성은 이 흔들리지 않는 공통감에 기초한 확신과 대립된다. 이 근거는 어쩌면 과학과 철학의 가장 오래된 의문에 해답을 제공할

---

12   *Critique of Pure Reason*, B565.

13   Maurice Merleau-Ponty, *The Visible and the Invisible*, Evanston, 1968, p. 17.

지도 모른다. 어떤 것 또는 나 자신을 포함한 어떤 사람이 우연히 어떻게 전적으로 나타나는가? 그리고 무엇이 다른 것이 아닌 이러한 형태와 모양으로 어떤 것 또는 어떤 사람을 나타나게 하는가? 이러한 질문은 토대나 근거보다 원인을 찾을 것을 요구하지만, 문제의 핵심은 이러하다. 즉 우리 철학의 전통은 어떤 것이 발생하는 토대를 원인 — 어떤 것을 생산하는 — 으로 보았고, 이에 따라 실재의 차원에서 단순히 눈으로 볼 때 부여된 것보다 이 생성 동인(즉 원인)에 더 높은 등급을 부여해왔다. 원인이 결과보다 높은 순위에 있어야 한다는 신념(따라서 결과는 그것을 가능하도록 만든 원인으로 소급됨으로써 가볍게 처리되거나 무시될 수 있다)은 가장 오래되고 강력한 형이상학적 오류에 속한다. 우리는 여기에서 완전한 자의적 오류를 다시 취급하지 않는다. 진실은 이러하다. 현상은 자발적으로 자신들 이면에 놓인 것을 결코 드러내지 않는다. 일반적으로 말해, 현상은 자신을 결코 드러내지 않고 다만 은폐한다. "어떠한 사물도, 사물의 어떤 면도 다른 현상을 적극적으로 은폐하는 경우가 아니면 자신을 드러내지 않는다."[14] 현상은 드러나는 동시에 드러나는 것으로부터 자신을 보호한다. 그리고 현상의 이면에 놓여 있는 것에 관한 한, 이러한 보호는 현상의 가장 중요한 기능이 될 수도 있다. 어쨌든 이것은 생물의 경우에 타당하다. 생물의 외피는 자신들의 생명의 근원인 내부기관을 은폐하고 보호한다.

　　존재와 **현상**의 이분법에 의존하는 모든 이론의 기본적인 논리적 오류는 명백하다. 그러한 오류는 일찍이 소피스트인 고르기아스의 소실된 저서《비존재 또는 자연에 관하여*On Non-Being or On Nature*》— 추정컨대 엘레아 학파에 대한 반박 — 의 토막글에서 발견된다. 여기에는 다음과 같이 요약되어 있다. "**존재**는 [사람들에게] 나타나지*dokein* 않기 때문에 명백하지 않으며, [사람들에게] 나타나는 것은 존재하는 데 성공하지 못하기 때문에 불

14　　Maurice, Merleau-Ponty, *Signs*, Evanston, 1964, Introduction, p. 20.

충분하다."[15]

한낱 현상의 이면에 놓인 토대에 대한 근대과학의 끈질긴 탐구는 오래된 논쟁에 새로운 힘을 불어넣었다. 이러한 탐구는 실제로 현상의 근거를 드러나도록 했다. 따라서 현상에 적응하고 의존하는 피조물인 인간은 토대를 파악할 수 있게 되었다. 그러나 결과는 오히려 당혹스러웠다. 밝혀진 사실이지만, 어떤 인간도 '원인들'에 둘러싸여 살 수 없고, 정상적인 인간 언어로 하나의 **존재**Being를 완전히 설명할 수도 없다. 그런데 **존재**의 진리는 실험실에서 과학적으로 증명될 수 있으며, 기술 덕분에 현실세계에서 실제적으로 검증될 수 있다. 어느 누구도 지금까지 자발적으로 자신을 명백하게 드러내지 않은 세계에서 사는 데 성공하지 못했다는 것은 차치하더라도, 일단 명백하게 드러난 **존재**는 마치 현상을 압도하는 것처럼 보인다.

형이상학적 위계질서의 반전: 표피의 가치

과학자도 철학자도 결코 벗어나지 않는 일상의 상식세계는 환상뿐 아니라 오류도 인식한다. 그러나 우리는 오류를 제거하거나 환상을 축출함으로써 현상을 넘어선 영역에 도달할 수는 없다. "환상이 일소되고 현상이 갑자기 바뀔 때, 그것은 언제나 새로운 현상의 발현에 기여하기 때문이다. 물론 이 새로운 현상은 … 자신을 위해 첫 번째 현상의 존재론적 기능을 다시 흡수한다. 환상의 제거는 곧 다른 증거의 획득이고, 또한 한 증거의 상실이다. … **현상**Erscheinung 없이 **가상**Schein은 없으며, 모든 가상은 현상의 상대물이다."[16] 현실세계에 대한 과학자의 시각은 공통감 시각과 다를 수 있다.

15   Hermann Diels · Walther Kranz, *Die Fragmente der Vorsokratiker*, Berlin, 1959, vol. Ⅱ, B26.

16   *The Visible and the Invisible*, pp. 40~41.

그러나 과학자가 다만 현상세계에 속해 있다는 것만으로도 현상의 이면에 있는 진리를 열렬하게 추구하는 현대과학이 이러한 난관을 해결할 수 있을 것인지는 매우 의심스럽다.

역사적으로 말하자면, 근대과학의 부상 이후에도 제거할 수 없는 의혹은 전반적인 연구에 내재했던 것 같다. 새로운 시대에 도입된 완전히 새로운 첫 번째 생각 — 무제한적 진보라는 17세기의 이념은 몇 세기가 지난 후에도, 과학적으로 정향된 세계에서 살고 있는 모든 사람의 가장 귀중한 독단이 되었다 — 은 아마도 난관을 해결하고자 의도된 것 같다. 즉 사람들은 점진적인 진보를 기대한다. 그러나 어느 누구도 결코 진리의 최종적인 절대적 목표에 도달한다고 믿지는 않는 듯하다.

난관에 대한 의식은 분명히 인간을 직접 연구하는 학문에 매우 민감하게 나타난다. 생물학, 사회학, 심리학 등 다양한 학문 분야의 대답 — 최소한의 공통 척도로 줄이더라도 — 은 모든 현상을 생존 과정의 기능으로 해석하는 것이다. 이러한 기능주의는 커다란 장점을 지닌다. 기능주의는 우리에게 다시 일원적 세계관을 제시하면서 현상에 대한 **존재**의 우월성이란 오래된 편견과 더불어 (진정한) **존재**와 (한낱) **현상**이란 형이상학의 전통적 이분법을 비록 다른 방식이기는 하지만 그대로 유지한다. 주장은 바뀌었다. 즉 현상은 더 이상 '부차적인 특성'으로 폄하되지 않고, 살아 있는 유기체 내부에서 진행되는 본질적 과정의 필요조건으로 이해된다.

이 형이상학적 위계질서, 즉 계서는 최근 매우 중요해 보이는 방식으로 도전을 받아왔다. 현상이 생존 과정 자체를 위해 존재하는 것이 아니라, 그 반대로 생존 과정이 현상 자체를 위해 존재한다고 할 수 있지 않을

칸트는 현상과 가상을 구별한다. 그는 오성의 내재적 원칙과 이성의 초월적 원칙이 서로 경계를 넘나들 때 가상이 발생한다고 보았다. 나아가 가상은 경험적 가상, 논리적 가상, 초월적 가상의 세 가지로 나뉘며, 앞의 둘은 우리가 노력하면 없앨 수 있지만 마지막의 것은 결코 지워버릴 수 없다고 했다. (옮긴이)

까? 우리가 살고 있는 이 현상세계에서 유의미한 것과 연계된 것이 정확하게 표면으로 나타나야 한다는 것이 더 설득력 있지 않을까?

스위스의 동물학자이며 생물학자인 포르트만은 동물 생활의 다양한 모습과 형태에 관한 수많은 저작에서 사실들 자체가 단순화된 기능주의적 가정과 매우 다른 의미를 지니고 있다고 주장했다. 그런데 이 기능주의적 가정은 생물에서 나타나는 현상이 두 가지 목적, 즉 자기보존과 종의 보존에만 기여한다는 것이다. 사실 더 순수한 관점에서 보면, 드러나지 않는 내부기관은 오히려 현상을 겉으로 드러내 보이고 유지하기 위해서만 존재하는 것 같다. "우리는 출현이란 단순한 사실이 … 개인과 종의 보존이란 목적을 수행하는 데 필요한 온갖 기능에 앞서 … *이러한 기능을 유의미하게 해주는 자기현시라는 것을 알고 있다.*"[17]

게다가 포르트만은 수많은 매력적인 사례를 이용해 맨눈으로 보아도 명백한 것을 증명한다. 물론 생명을 기능성 측면에서 이해하는 통설들은 온갖 다양한 동식물의 생명, 완전한 기능적 과잉 현상인 자기현시의 충동이 지니는 중요성마저도 설명할 수 없다. 따라서 "우리는 처음에는 새들의 깃털이 체온을 유지하는 보호 덮개로 중요하다고 생각한다. 그런데 깃털 가운데 드러나는 부분들 — 그리고 이것만 — 은 색깔 있는 외피를 형성한다. 물론 외피의 본질적 가치는 오직 깃털을 가시적으로 드러냄에 있다."[18] 일반적으로 말하자면, "일부 사람들이 자연에 적응하는(자연의 목적에 적합한) 것으로 상당히 찬양했던 순수하고 단순한 기능적 형태는 특이하고 희귀한 사례다."[19] 따라서 살아 있는 유기체 내부에서 진행되는 기능적 과정만을 고려하고, 밖에 있으며 "감각에 나타나는 모든 것을 더욱 본질적

17   *Das Tier als soziales Wesen*, Zürich, 1953, p. 252.

18   Hella Czech., *trans. Animal Forms and Patterns*, New York, 1967, p. 19.

19   *Ibid.*, p. 34.

이고 '중심적'이며 '실재적'인 과정의 하위 결과로 간주하는 것"[20]은 잘못이다. 이와 같이 통상적으로 잘못된 해석에 따르면, "동물의 외면적 형태는 음식 섭취, 적으로부터의 도피, 교미 대상의 발견을 통해 본질적인 것인 내부기관을 보존하는 데 기여한다."[21] 포르트만은 이러한 접근 방법에 반대해 자신의 '형태학', 즉 우선순위를 전도시키는 새로운 과학을 다음과 같이 제안한다. "중요한 것이 무엇인가 하는 것보다는 그것이 어떻게 '나타나는가'가 연구의 과제다."[22]

이것이 의미하는 바는 다음과 같다. 동물의 형태마저도 "주시하는 눈과의 관계에서 특별한 준거기관으로 평가되어야 한다. … 눈과 관찰될 수 있는 것은 음식과 소화기관 사이에 통용되는 규칙과 마찬가지로 엄격한 규칙에 따라 결합되는 기능적 단위를 형성한다."[23] 포르트만은 이러한 반전에 의거해 저절로 나타나는 '노출 현상'과 식물의 뿌리나 동물의 내부기관과 같은 '은폐 현상' — '노출 현상'에 개입하거나 침해했을 때 비로소 가시화될 수 있는 현상 — 을 구분한다.

두 가지 사실이 이러한 반전에 중요한 설득력을 제공한다. 첫째, '노출 현상'과 '은폐 현상', 그리고 외부 모습과 내부기관 사이에는 대단히 큰 차이가 있다. 외부 모습은 무한히 다양하고 고도로 분화되어 있다. 우리는 통상적으로 고등동물들을 서로 구분할 수 있다. 게다가 생물의 외부 생김새는 대칭 법칙에 따라 배열되어 있어 일정하고 보기에 즐거운 상태로 나타난다. 이와 반대로, 내부기관은 보기에 즐겁지 못하다. 겉으로 모습을 드러낸 내부기관은 마치 조각으로 결합된 것같이 보인다. 내부기관은 질병이나

20   *Das Tier als soziales Wesen*, p. 232.

21   *Ibid.*

22   *Ibid.*, p. 127.

23   *Animal Forms and Patterns*, pp. 112~113.

어떤 특이한 이상異常 때문에 기형화되지 않을 경우 모두 비슷해 보인다. 개별 동물은 말할 것도 없고, 내장을 단순히 검토하는 것만으로는 다양한 동물 종을 서로 구분하는 것은 쉽지 않다. 포르트만은 생명을 "외부 속의 내부 현상"[24]이라고 정의했다. 이 지점에서 그는 자신이 비판한 바로 그 견해의 희생물이 되는 것 같다. 그의 요지는 외부에 나타난 것이 내부와 아주 다르기 때문에 어느 누구도 내부가 전적으로 드러난다고는 말할 수 없다는 것이다. 생명 과정의 기능적 장치인 내부는 외부에 의해 가려져 있다. 생명 과정에 관한 한, 외부는 내부를 은폐하고 보호하며 현상세계의 빛에 노출되는 것을 방지하는 기능만을 지닌다. 이 내부가 나타날 수 있다면 우리는 모두 유사하게 보일 것이다.

둘째, 그저 기능적인 보존 본능 못지않게 강렬한 생득적 충동의 존재를 확인할 수 있는 인상적인 증거가 있다. 포르트만은 이를 "자기현시 *Selbstdarstellung*"[25] 충동으로 명명했다. 이 본능은 생명 유지의 관점에서는 전혀 필요하지 않으며, 성적 매력에 필요하다고 간주될 수 있는 정도를 훨씬 능가한다. 이러한 발견 결과들은 외부 현상의 우위성이 우리 감각의 단순한 수용성과 별도로 자발적 활동을 함축한다는 것을 암시한다. 즉 볼 수 있는 것은 무엇이든 보이기를 원하며, 들을 수 있는 것은 무엇이든 자신의 소리를 듣도록 소리를 내며, 접촉할 수 있는 것은 무엇이든 자신을 접촉할 수 있도록 자신을 드러낸다. 마치 살아 있는 생물 — 그 표피가 드러냄을 위해, 즉 보이기 적합하고 다른 생물에 나타나도록 만들어졌다는 사실 이외에도 — 은 모두 *나타나려는 충동*, 즉 '내면의 자기'가 아니라 개별자(인간이나 피조물 — 옮긴이)로서 자신을 현시하고 보임으로써 현상세계에 조화되려

---

24   *Das Tier als soziales Wesen*, p. 64.

25   포르트만이 채택한 '*Selbstdarstellung*'이란 용어는 우리말로 '자기표현'으로 번역되지만, 아렌트는 이 용어를 '자기현시'로 번역하면서 이를 자기표현self-presentation과 구별한다. (옮긴이)

는 충동을 지닌 것 같다. ('자기현시self-display'란 용어는 독일어의 *Selbstdarstellung*
이란 용어와 마찬가지로 모호하다.[26] 자기현시란 내가 나의 현전을 적극적으로 느끼
고 보이고 들리게 하는 것, 또는 내가 그렇지 않고는 나타나지 않는 나의 내부의 중요
한 것인 나 자신 — 포르트만의 용어로 표현하자면 "은폐 현상" — 을 현시한다는 것
을 의미할 수 있다. 이후 나는 첫 번째 의미로 이 용어를 사용할 것이다.) 고등동물의
생활에서 이미 뚜렷하게 나타나는 이 자기현시는 인간에게서 그 절정에 도
달한다.

　　　포르트만이 꾀한 일반적 우위성의 형태학적 반전은 광범위한 영향
을 초래했다. 그러나 그 자신은 — 아마도 매우 타당한 이유에서 — 이것에
대해 정교하게 제시하지 않았다. 그 결과란 포르트만의 표현대로 "겉모습
의 중요성, 즉 현상은 훨씬 원시적인 등급의 기능을 담당하는 내부와 비교
할 때 최대의 표현력을 보여준다는 사실"을 가리킨다.[27] '표현'이란 용어의
사용은 이러한 결과의 정교화가 필히 마주치게 될 용어상의 난점을 분명히
보여준다. '표현'은 중요한 어떤 것을 나타내지 않을 수 없으며, 표현이 나
타내는 것은 무엇인가 하는 불가피한 질문에 대한 대답은 항상 이념, 사상,
정서 등 내부의 어떤 것이기 때문이다. 그러나 현상의 표현성은 상이한 등
급에 속하며, 현상은 그 자체만을 '표현한다.' 다시 말해, 현상은 자기 자신
을 밖으로 나타낸다. 따라서 포르트만이 발견한 결과를 놓고 볼 때, 형이상
학적 가정과 편견 — 이것에 따르면 본질적인 것은 겉모습 이면에 놓여 있
으며, 겉모습은 '피상적'이다 — 에 깊이 뿌리를 두는 우리의 습관적인 판
단 기준은 잘못되었다. 그리고 우리 자신의 내면에 존재하는 것, 즉 '내면적
삶'이 외부 현상보다 우리의 '본질'과 더 많이 연계되어 있다는 공동의 확

26　　자기현시와 자기표현의 차이에 대해서는 이 책의 다음 절 '육체와 영혼: 영혼과 정신' 후반
　　　부를 참조할 것.(옮긴이)

27　　*Biologie und Geist*, Zürich, 1956, p. 24.

신은 환상이다. 그러나 이러한 오류를 교정할 때, 우리의 언어, 아니 적어도 전문용어 논의는 결국 우리를 실망시킨다.

육체와 영혼; 영혼과 정신

우리의 논의에서 어려운 일은 단순히 용어에 관한 문제만은 아니다. 이 어려운 일은 영혼의 삶이나 육체와 영혼의 관계에 대한 우리의 불확실한 신념과 밀접하게 연계되어 있다. 우리는 신체 내부가 결코 저절로 확실하게 나타나지 않는다고 생각하는 경향이 있다. 그러나 우리가 외부 현상(즉 육체 — 옮긴이)에 나타나는 내면의 삶에 대해 언급한다면, 그것은 영혼의 삶을 의미한다. 우리가 비록 육체와 관련한 자료나 육체적 경험에서 명백히 도출한 은유로 영혼의 삶과 우리 자신 '내면에서' 그것이 차지하는 위상에 대해 언급하더라도, 내부-외부 관계는 육체에는 해당되지만 영혼에는 해당되지 않는다. 게다가 은유의 동일한 용도는 정신의 삶을 명료화하려는 개념어의 특징이다. 우리가 엄격한 철학적 담론에서 사용하는 용어들은 우리의 오감에 드러나는 세계와 원래 연계된 말씨들에서 항상 도출된다. 그런데 이 말씨들은 로크가 지적했던 바와 같이 오감의 경험에서 "훨씬 난해한 어의語義로 '이전되며metapherein', 우리의 감각으로 인정되지 않은 관념을 의미하게 된다."[28] 사람들은 이러한 이전을 통해서만 "자신들이 스스로 실험하고 모습을 감각적으로 외부에 드러내지 않은 그러한 작용을 고려할 수 있다."[29] 로크는 여기에서 비가시성을 근거로 육체와 대비되는 영혼과 정신의 동일성이라는 오랜 암묵적 가정에 의존한다.

---

28   *Of Human Understanding*, bk. III, chap. 1, no. 5. (옮긴이)

29   *Of Human Understanding*, bk. III, chap. 1, no. 5.

　　이러한 가정을 면밀하게 검토하면 다음과 같은 점을 발견할 수 있다. 은유 언어는 정신이 "모습을 감각적으로 외부에 드러내야" 하는 유일한 길이다. 소리 내지 않고 겉으로 드러내지 않는 활동도 이미 나와 나 자신 사이의 소리 없는 대화, 즉 말이다. 그러나 정신에 해당되는 것은 영혼에는 전혀 들어맞지 않는다. 개념적인 은유 언어는 진정한 정신 작용인 사유 활동을 표현하기에 충분하지만, 가히 강렬한 상태에 있는 영혼의 삶은 언어보다 눈짓, 소리, 몸짓으로 훨씬 적절하게 표현된다. 우리가 영혼의 경험에 대해 언급할 때 명료해지는 것은 경험 자체가 아니라, 그 경험을 성찰하는 동안 그것에 대해 *사유하는* 모든 것이다. 우리의 내부기관이 현상세계의 중요한 일부가 될 수 없듯이, 감정, 정념, 감동 역시 사상이나 이념과 달리 현상세계의 중요한 일부가 될 수 없다. 육체의 몸짓 이외에 외부세계에 나타나는 것은 우리가 사유 작용을 통해 육체의 몸짓을 오로지 사유하는 것이다. 내가 느끼는 분노와는 다르게 분노를 완전히 드러내는 것은 이미 분노에 대한 성찰을 포함하고 있다. 이러한 성찰의 결과, 감정은 모든 외부 현상에 유의미한, 고도로 개별화된 형태를 띠게 된다. 자신의 분노를 나타내는 것은 자기표현의 한 형태다. 나는 무엇이 현상에 적합한지를 결정한다. 달리 표현하면, 내가 느끼는 감정은 우리의 생존에 필요한 내부기관과 마찬가지로 순수한 상태로 노출되는 것 같지 않다. 확실히 감정이 현상을 유발하지 않았다면, 그리고 내 내부에 생존 과정을 자각케 하는 다른 감각을 느끼는 것과 같이 감정을 느끼지 않았다면, 나는 결코 감정을 현상으로 전환시킬 수 없었을 것이다. 그러나 성찰 과정을 거치지 않거나 언어로 전환하지 않은 채 감정을 명료화하는 방식 — 눈짓, 몸짓, 불명료한 소리 — 은 고등동물이 사람들뿐만 아니라 서로에게도 매우 유사한 감정을 전달하는 방식과 다르지 않다.

　　이와 반대로, 우리의 정신 활동은 소통되기 전에도 말로 표현된다.[30]

---

[30]　　정신 활동은 언어를 통해 자신을 드러낸다. 우리는 이것을 '표현'으로 명명할 수 있다. 그러

그러나 시각기관을 지닌 동물이 봄과 동시에 보임을 의도하듯이, 말speech
은 들리게 하는 것을 의도하고, 단어words는 말하는 능력을 가진 다른 사람
들로 하여금 이해하도록 의도한다. 말이 없는 사유는 상상하기 어렵다. 사
유와 말은 서로를 기대한다. 사유와 말은 상대방의 위치를 연속적으로 차
지한다.³¹ 사유와 말은 상대방을 당연시한다. 그리고 비록 말하는 능력이
여러 가지 감정 — 사랑이나 증오, 수치나 질투 — 보다 더욱 확고하게 육체
적으로 발견될 수 있다고 하더라도, 그 장소는 '기관'이 아니며, 유기체적
삶의 과정 전반을 특징짓는 엄밀한 기능적 특성을 전혀 가지고 있지 않다.
정신 활동은 모두 현상세계에서 이탈하지만, 그렇다고 해서 자기 자신이나
영혼의 내면을 지향하지는 않는다. 개념어를 동반하는 사유는 현상세계에
서 일어나며, 현상세계에서 편안한 존재에 의해 말로 언급된다. 따라서 이
러한 사유는 감각 경험에 나타난 세계, 그리고 증거의 직접적인 지각이 결
코 존재할 수 없는 영역 사이의 큰 차이를 좁히기 위해서 은유를 필요로 한
다. 그러나 우리의 영혼 체험은 어느 정도 신체에 의해 제약을 받기에 영혼
의 '내면적 삶'에 대해 언급하는 것은 내감inner sense에 대해 말하는 것과 같
이 비은유적이다. 물론 우리는 내감 덕택에 내부기관의 기능이나 비기능을
명료하게 지각한다. 생각이 없는 생명체는 확실히 개인적 정체성과 같은
것을 경험할 수 없다. 이러한 생명체는 완전히 자신의 내면적 삶의 과정, 분
위기와 감정에 좌우된다. 이러한 것들의 연속적인 변화는 우리 신체기관의
연속적인 변화와 다르지 않다. 모든 감정은 신체의 경험이다. 내 마음은 슬
플 때 아프고, 동정심으로 뜨거워지며, 사랑이나 환희가 나를 압도하는 특
이한 순간에는 자신을 드러낸다. 그리고 비슷한 신체 감각은 분노, 격노, 질

나 한 사람의 정신 활동이 언어로 표현되더라도, 그것은 다른 사람에게 전달될 때 비로소 이
해될 수 있다. 우리는 이것을 '소통'이란 개념으로 명명한다. 아렌트의 판단이론에서 '표현'
과 '소통'은 밀접하게 연계되어 있다.(옮긴이)

31　Merleau-Ponty, *Signs*, Introduction, p. 17.

투, 그리고 다른 감정으로 나를 사로잡는다. 사유를 통한 변형과 변모가 일어나기 전의 단순한 표현 단계에서 영혼의 언어는 은유적이지 않다. 영혼의 언어는 신체 감각의 관점에서 표현할 때 감각으로부터 이탈하지도 않고 비유를 사용하지도 않는다. 내가 알기로 메를로 퐁티는 인간 존재의 유기적 구조를 설명하려고 노력했을 뿐만 아니라 '몸의 철학'을 아주 진지하게 연구하려고 노력한 유일한 철학자다. 그는 "정신의 육체가 있고, 육체의 정신이 있으며, 양자 사이의 교차交叉; chiasma가 있다"[32]는 주장에 기초해 "정신을 육체의 *다른 측면*"으로 정의함으로써 정신과 영혼을 동일시하는 오래된 입장으로 잘못 경도되었다. 바로 그러한 교차가 없다는 것이 정신 현상의 가장 중요한 특징이다. 메를로 퐁티 역시 다른 맥락에서 그러한 교차가 없다는 것을 매우 명료하게 인정했다. 그가 기술한 바에 따르면, "사유는 무엇인가에 의해 형성되는 것이 아니기 때문에 '근본적'이다. 그러나 우리가 마치 사유와 함께 기반을 잡고 머물러야 하는 근거에 도달하기라도 하듯이, 사유는 근본적이지는 않다. 원리의 문제로서 근본적인 사유는 밑바닥이 없다. 당신이 원하기만 한다면, 사유란 곧 심연이다."[33] 그러나 정신에 합당한 것은 영혼에 합당하지 않으며, 그 반대의 경우도 마찬가지다. 영혼은 정신이 은폐하려는 것보다 훨씬 많이 은폐하지만, 그 근저를 가지고 있다. 영혼은 육체로 "넘쳐흐르고, 육체로 침투하고, 육체 속에 자신을 감추며, 동시에 육체를 필요로 하고, 육체로 돌아가며, 육체에 *머문다.*"[34]

　　말하자면, 영원히 논란거리가 되는 육체-영혼 문제에 대한 이러한 통찰은 매우 오랜 역사를 지닌다. 아리스토텔레스의《영혼에 관하여*De Anima*》는 영혼 현상에 대한 감질나는 암시, 그리고 육체와 정신 사이의 관

32　　　*The Visible and the Invisible*, p. 259.

33　　　*Signs*, p. 21.

34　　　*The Visible and the Invisible*, p. 259.

계 또는 영혼 현상과 육체 사이의 밀접한 관계에 대한 언급들로 가득 차 있다. 아리스토텔레스는 오히려 실험적이고 불특정한 방식으로 이 문제들을 논의하면서 다음과 같이 천명한다. "… 영혼이 육체 없이, 즉 분노, 용기, 욕정, 감각 없이 작동하거나 영향을 받을 수 있는 경우는 존재하지 않는 것 같다. (육체를 포함시키지 않은 채 활동한다는 것은) 오히려 정신noein[35]의 속성인 것 같다. 그러나 정신이 또한 상상력phantasia의 한 형태이거나 상상력 없이 존재할 수 없다면, 정신 역시 육체 없이 존재할 수 없다."[36] 그리고 아리스토텔레스는 얼마 후에 다음과 같이 요약했다. "정신과 '이론적 능력'에 관한 한 어느 것도 명료하지 않으나, 정신은 영혼의 다른 형태인 것 같으며, 영구적인 것이 소멸 가능한 것과 분리되듯이, 이러한 형태(정신)만이 (육체로부터) 분리될 수 있다."[37] 그리고 아리스토텔레스는 생물학에 관한 여러 논문들 가운데 하나에서 다음과 같이 제안했다. 영혼 — 영양 섭취 부분과 감각 부분뿐만 아니라 성장 부분 — 은 "미리 배아 밖에 존재하지 않고 배아에서 생기지만, 정신은 외부에서 영혼에 참여한다. 따라서 정신은 인간에게 육체의 활동들과 관계를 맺지 않은 형태의 활동을 인정한다."[38] 달리 표현하면, 정신 활동들에 조응하는 감각은 없으며, 영혼의 감각은 우리 신체기관에서 느끼는 실질적인 감정이다.

생물은 자기현시 충동을 통해 현상세계에 적응한다. 사람들은 이밖

---

35 아리스토텔레스는 'nous(정신)', 'psyché(영혼)', 'hylé(육체)'를 구별한다. 이것은 그의 질료형상론hylémorphism과 직접 연결되어 있다. 그리고 제1실체와 제2실체에 관한 언급과도 관련되어 있다. 제1실체인 개별자는 'psyché'와 'hylé'로 되어 있지만, 제2실체는 'psyché'가 온 고향이고 돌아가야 할 곳인 'nous'이다. 이것은 플라톤의 영육이론과도 비교하여 설명되어야 한다.(옮긴이)

36 *De Anima*, 403a5~10.

37 *Ibid.*, 413b24와 이후의 내용.
이 문장에서 '이론적 능력'은 다른 번역본에서는 '숙고 능력θεωρητικῆςδυνάμεως' 또는 '사유 능력power to think'으로 번역되기도 한다.(옮긴이)

38 *De Generatione Animalium*, II, 3, 736b5~29, Lobkowicz, *op. cit.*, p. 24에서 인용함.

에도 언행을 통해 자신을 표현하며, 그들이 어떻게 나타나기를 원하는가, 즉 그들의 관점에서 보이기 적합한 것과 적합하지 않은 것을 고려한다. 노출하고 은폐하는 과정에서 심사숙고한 선택의 이러한 요소는 특별히 인간적인 것 같다. 우리는 어느 정도까지는 다른 사람에게 어떻게 나타날 것인가를 결정할 수 있는데, 이러한 현상은 결코 내부적 기질의 외적인 표현은 아니다. 만일 그렇다면, 우리는 아마도 유사하게 행동하고 대화했을 것이다. 우리는 여기에서 역시 아리스토텔레스의 통찰에 힘입어 중대한 차이를 제시할 수 있다. 그의 주장에 따르면, "언급된 것은 영혼 속 감정affect의 상징이며, 기록된 것은 표현된 말의 상징이다. 글쓰기와 마찬가지로 대화 역시 모두에게 동일한 것은 아니다. 그러나 *이러한 것들이 일차적으로 상징이라면 영혼의 감정pathēmata은 모두에게 동일한 것이다.*" 이러한 감정들은 역시 중요한 것을 노출하는 미분화된 소음, 예컨대 동물들이 내는 소리를 통해 '자연스럽게' 표현된다. 차이와 개별화는 언어, 즉 동사와 명사의 사용을 통해 생긴다. 이것들은 영혼이 아니라 정신의 산물이거나 '상징'이다. "명사 자체와 동사는 ⋯ 사유물noēmasin과 유사하다eoiken."[39]

　　우리의 개별 현상이 지닌 내면의 영혼 기반이 항상 동일하지 않았다면, 생리학이나 의학과 같은 학문이 우리 내부기관의 똑같음에 기반을 두는 것과 마찬가지로, "모두 유사한"[40] 우리의 내부 영혼에 의존하는 심리학은 학문으로 존재할 수 없었을 것이다. 심리학 및 심층심리학 또는 정

39　　*De Interpretatione*, 16a3~13.
　　　이 문장을 정확하게 이해하기 위해 원문의 전체 내용을 파악할 필요가 있다. "아무것도 첨가되지 않는다면, 명사와 동사는 결합이나 분리가 없는 사유와 유사하다. 고립된 용어로서 '인간'과 '흰'은 아직 진실되거나 거짓된 의미를 지니고 있지 않다. 예를 들어보자. 고트-스태그goat-stag는 의미를 가지고 있지만, '존재한다' 또는 '존재하지 않는다'만 첨가되지 않는다면, 이것은 진리이거나 허위이지 않다."(16a10~18) 여기에서 사유물은 사유 대상이 아니라 사유를 통해 얻은 결실을 의미한다.(옮긴이)

40　　Mary McCarthy, "Hanging by a Thread", *The Writing on the Wall*, New York, 1970.

신분석학은 영혼의 삶에서 변화하는 분위기와 기복을 발견하는 데 그쳤으며, 그 결과와 발견 자체는 특별히 매혹적이거나 매우 의미 있는 것은 아니다. 다른 한편, 픽션, 소설, 드라마의 특권인 '개인심리학'은 결코 학문이 될 수 없다. 개인심리학은 학문으로서 용어상 모순을 지닌다. 근대과학이 성서의 표현인 "인간 마음의 어두움"을 노출하기 시작했을 때, 인간의 마음은 데모크리토스가 이미 의심한 바와 같이 "결국 악의 잡다하고 애처로운 거처이며 보고"[41]로 밝혀졌다. 아우구스티누스는 인간 마음의 어두움에 대해 다음과 같이 언급했다. "좋은 마음도 숨겨져 있고, 악한 마음도 숨겨져 있다. 좋은 마음에도 심연이 존재하며, 악한 마음에도 심연이 존재한다 *Latet cor bonum, latet cor malum, abyssus est in corde bono et in corde malo.*"[42] 이를 더 긍정적인 방식으로 표현하면, "감정은 겉으로 드러나거나 본질의 일부가 되고 혹은 지배하고자 할 때가 아니라 심연에 머물러 있을 때 훌륭하다*Das Gefühl ist herrlich, wenn es im Grunde bleibt; nicht aber wenn es an den Tag tritt, sich zum Wesen machen und herrschen will.*"[43]

　　　단조로운 똑같음과 전반적인 추악성은 현대 심리학이 발견한 결과의 아주 두드러진 특징이다. 이것은 외면적인 인간 품행의 엄청난 다양성이나 풍부성과는 명백히 대조된다. 그런데 이러한 똑같음과 추악성은 인간 육체가 지닌 내부와 외부의 근본적 차이를 증명한다. 우리 영혼의 정념과 감정은 육체에 의해 제한될 뿐만 아니라 내부기관과 마찬가지로 생명을 유지하고 보존하는 기능을 지니고 있는 것 같다. 그런데 정념과 감정은 또한 심신의 부조화나 이상이 나타날 때만 자신이 개별화될 수 있다는 사실을 내부기관과 공유한다. 우리의 재생산 기관에서 발생하는 성적 충동 없이

41　　Frag. 149.

42　　J. P. Migne, *Enarrationes in Psalmos, Patrologiae Latina*, Paris, 1854~1866, vol. 37. CXXXIV, 16.

43　　Schelling, *Of Human Freedom*(1809), 414. Trans. James Gutmann, Chicago, 1936, p. 96.

는 사랑은 가능하지 않았을 것이다. 그러나 충동은 항상 동일하지만, 사랑의 실제적 현상은 얼마나 다양하게 나타나는가! 확실히, 우리는 사랑이 없는 성욕을 이해할 수 없다. 따라서 정신의 개입 없이, 즉 유쾌한 것과 불쾌한 것을 심사숙고하여 선택함 없이 상대를 심사숙고하여 선택할 수 없다는 것을 염두에 둔다면 우리는 사랑을 성의 승화로 이해할 수도 있다. 마찬가지로 공포는 생존에 필수 불가결한 감정이다. 공포는 위험을 알려준다. 어떠한 생물도 공포에 대한 경고를 느끼지 않은 채 생존을 지속할 수는 없다. 용기 있는 사람이란 자신의 영혼 속에 공포의 감정을 결여한 사람이나 이를 단번에 극복한 사람이 아니라, 자신이 보여주려는 것이 공포가 아니라고 결정하는 사람이다. 따라서 용기는 제2의 본성 혹은 습관이 될 수 있다. 그러나 두렵지 않음은 감정과 같이 두려움을 대체하므로 제2의 본성 또는 습관이 아니다. 이러한 선택은 다양한 요인에 의해 결정된다. 이들 중 대부분은 우리가 태어난 문화에 의해 이미 결정되어 있다 — 우리가 다른 사람을 기쁘게 하고자 하기 때문에 이러한 것은 만들어졌다. 그러나 환경에 의해 촉발되지 않는 선택도 존재한다. 우리는 우리 자신을 기쁘게 하거나 또는 하나의 본보기가 되고 싶어서, 즉 우리를 기쁘게 하는 것에 다른 사람이 기뻐하도록 하고 싶어서 그러한 선택을 할 수도 있다. 동기가 무엇이든 간에 자기보존 활동에서의 성공과 실패는 그로 인해 세계에 나타나게 되는 이미지의 일관성과 지속성에 좌우된다.

현상은 항상 행위자의 입장에서 그럴듯하고 허식적이며 고의적인 기만의 모습으로 자신을 드러내기 때문에 목격자의 입장에서 오류와 환상은 불가피하게 본질적 가능성에 포함된다. 자기표현은 드러난 이미지의 적극적이고 의식적인 선택이라는 점에서 자기현시와 구분된다. 자기현시가 살아 있는 존재가 간직하는 모든 속성을 보여줄 수 있을 뿐이라면, 자기표현은 어느 정도의 자각 없이는 불가능하다. 그런데 이 자각은 정신 활동의 반성적 성격에 내재된 능력이며, 분명히 우리가 고등동물과 공유하는 단순한 의식을 넘어서는 능력이다. 정확히 말하면, 자기표현만이 위선과 평계에 개방적이다. 평계와 가장을 실재나 진리와 구분하는 유일한 방법은 위선과 평계의 지속성과 일관성을 포기하는 것이다. 위선은 악이 미덕에 보이는 찬사라고 하는데, 이것이 아주 진실은 아니다. 모든 미덕은 자신에게 보내는 찬사로 시작한다. 그런데 나는 찬사를 통해 모든 미덕에 대한 기쁨을 표현한다. 찬사란 내 모습을 보는 사람들과 세계에 대한 약속을 함의하며, 기꺼이 행동한다는 약속을 포함한다. 그리고 암시된 약속을 위반하는 것이 위선의 특징이다. 달리 표현하면, 위선자는 악을 기뻐하고 자신의 즐거움을 자기 주변에 은폐하는 악한이 아니다. 위선자에게 적용되는 시금석은 "네가 보이고 싶은 대로 있어라"라고 밝힌 노년기 소크라테스의 주장이다. 이것은 항상 홀로 있고 자신 외에 어느 누구에게도 나타나지 않는다고 하더라도 항상 다른 사람에게 보이고 싶은 대로 나타나라는 의미다. 내가 그러한 결정을 했을 때, 나는 단순히 나에게 부여될 수 있는 모든 특성에 대응하지 않는다. 오히려 나는 세계가 나에게 제공하는 행위의 여러 가지 가능한 대안들 가운데 특정한 것을 신중하게 선택할 것이다. 이른바 성격 또는 인격은 궁극적으로 이러한 행위를 통해 형성된다. 수많은 특성들은 결합을 통해 이해할 수 있고 증명될 수 있는 완전한 모습을 갖추게 되며, 사실상 육체와 영혼의 구조에 독특한 재능이나 결점으로 구성된 불변적인 토대 위에 각인된다. 이 특성들의 복합체가 곧 성격 또는 인격이다. 우리가 세계에 출현하고 역할을 수행하는 것은 스스로 선정한 특성들과 틀림없이 연계되어 있기 때문에, 헤겔에서 시작되는 근대철학은 인간이 다른 사물들과 달리 자신을 창조한다는 이상한 환상에 빠지게 되었다. 분명히, 자기표현과 존재의 순수한 구체적 현존성은 동일하지 않다.

현상과 가상

자기표현에서 결정적 요인인 선택은 현상과 관계를 맺고 있다. 그
리고 현상은 내부 일부를 은폐하지만 '표면' 일부를 노출하는 — 예컨대,
공포를 은폐하고 용기를 보이는, 즉 용기를 드러냄으로써 공포를 은폐하
는 — 이중적 기능을 지닌다. 따라서 나타나는 것이 소멸되어 결국 한낱 가
상으로 판명될 가능성은 항상 있다. 내부와 외부, 현상의 근거와 현상 사이
에 존재하는 차이 때문에 — 달리 표현하면, 우리가 아무리 다르고 개체화
되었더라도, 게다가 우리가 이러한 개체성을 어떻게 선택해왔다고 하더라
도 — 우리 내면의 정신기관과 신체기관을 희생시키지 않거나 또는 역으로
일부 기능을 제거당하는 대가를 치르지 않는다면, "내면의 우리는 모두 유
사하며" 변화하지 않는다. 이것은 항상 타당하다. 따라서 가상의 요소는 모
든 현상 속에 항상 존재하며, 근거 자체는 나타나지 않는다. 이 점에서 볼
때, 모든 현상이 한낱 가상이라고 추론할 수는 없다. 가상은 현상 속에서만
가능하다. 오류가 진리를 전제하듯이, 가상은 현상을 전제한다. 오류는 우
리가 진리를 위해 지불해야 할 대가이며, 가상은 현상의 경이를 위해 지불
하는 대가다. 오류와 가상은 밀접하게 연계된 현상이다. 이들은 서로 조응
한다.

가상은 지각 능력을 갖춘 대다수의 감각적인 생물에 나타나는 이 두
가지 법칙에 의해 지배되는 세계에 본질적으로 존재한다. 관찰자는 나타나
는 것(현상)이 내재적으로 지니고 있는 모든 측면에 입각해 이것을 지각할
수 있는데, 이것은 오로지 한 관찰자에게만 명백히 자신을 드러내지 않는
다. 세계는 겉보기(가상)의 양태로 나타나며, 세계 속의 위치에 의해서뿐만
아니라 특별한 지각기관에 의해 결정된 특정한 시각에 좌우된다. 이 양태
는 오류를 낳는다. 그러나 나는 나의 위치를 변경하거나 출현하는 것에 좀
더 접근함으로써, 또는 도구와 수단의 도움으로 나의 지각기관을 확장하거

나 다른 시각을 설명하기 위해 상상력을 발휘함으로써 오류를 교정할 수 있다. 뿐만 아니라 이 양태는 진정한 가상, 즉 기만적 현상을 낳는다. 그러나 나는 그것을 오류를 교정하듯 교정할 수는 없다. 왜냐하면 진정한 가상은 지구상에서 내가 특정한 위치에 있어야 하는 한 영원히 나타나며, 지구의 현상들 가운데 하나인 나의 존재와 밀접하게 연계되어 있기 때문이다. 크세노파네스가 언급했듯이, "가상 또는 속견(*dokei moi*에서 유래된 *dokos*)은 모든 사물에 가득하다. 그래서 내가 언급하려는 것과 신들에 대해 명료하게 이해하는 사람은 없으며, 앞으로도 영원히 없을 것이다. 왜냐하면 어떤 사람이 완전히 실제로 나타나는 것을 우연히 언급했다 하더라도, 그 자신은 그것을 알지 못할 것이기 때문이다."**44**

노출 현상과 은폐 현상에 대한 포르트만의 구분을 따를 때, 사람들은 노출된 가상과 은폐된 가상에 대해 말하려고 할 것이다. 어떤 파타 모르가나Fata Morgana**45**와 같은 신기루, 즉 은폐된 가상은 저절로 소멸되거나, 면밀하게 검토함으로써 제거될 수 있을 것이다. 이와 반대로, 노출된 가상은 아침에 떴다가 저녁에 지는 태양과 같아서 아무리 많은 과학적 정보량에도 불구하고 무너지지 않을 것이다. 왜냐하면 그것은 태양과 지구의 현상이 자신의 거처를 변경할 수 없는 지구에 묶여 있는 생물에게 불가피하게 '～처럼 보이는seem' 방식이기 때문이다. 여기에서 우리는 칸트가 이성의 초월적 변증론**46** 서론에서 언급한 감각기관의 "자연스럽고 불가피한 환상"을 다루고 있다. 그는 초험적 판단transcendent judgment**47**의 환상이 "자연스럽고

---

44   Frag. 34.

45   중세 전설에 나오는 모르가나Morgana 선녀를 의미한다. 그녀는 아서Arthur왕의 누이동생으로서 신기루로 나타나는데, 특히 이탈리아 남단 메시나 해협에 나타난다.(옮긴이)

46   칸트의 dialectic은 변증론(학)으로, 헤겔의 그것은 변증법으로 번역한다.(옮긴이)

47   칸트는 transcendental(초월적)과 transcendent(초험적)를 구별한다. 전자는 '경험적인empirical' 것과 대립되며, 후자는 '내재적인immanent' 것과 대립된다. 초험적 판단은 감성이

불가피하다"고 지적했다. 왜냐하면 환상은 "인간 이성과 분리될 수 없으며, … 그 기만성을 노출한 이후에도 이성을 속이고, 이따금 교정을 요하는 순간적인 혼란으로 이성을 계속 몰아넣기 때문이다."[48]

자연스럽고 불가피한 가상이 우리가 결코 피할 수 없는 현상세계에 내재되어 있다는 주장은 아마도 조야한 실증주의를 반대하는 가장 강력한 주장일 뿐만 아니라 가장 설득력 있는 주장일 것이다. 실증주의는 자신이 모든 정신 현상을 배제하고 우리 감각에 주어진 일상적 실재, 즉 관찰 가능한 사실들을 확고하게 고수하기만 한다면 확실함을 정초할 수 있는 확고한 기반을 발견할 수 있다고 믿는다. 살아 있는 생물은 모두 감각기관을 통해 현상을 수용하고 자신들을 현상으로 현시할 수 있다. 이들은 각각의 종種에게 결코 동일하지 않지만 특이한 생존 과정의 형태나 양태와 연계되어 있는 명료한 환상에 영향을 받는다. 동물들도 가상 — 이들 가운데 상당수는 신체 현상을 기만할 수도 있다 — 을 내보일 수 있다. 인간과 동물은 모두 기만 자체를 위해 현상을 조작할 내적 능력을 지닌다. 동물의 잠정적인 보호색 이면에 있는 '진정한' 정체성을 발견하는 것은 위선자의 실체를 벗기는 것과 다르지 않다. 그러나 기만적인 겉모습 속에 나타나는 것은 내면의 자신, 즉 타자성 속에서 변화되지 않고 신뢰할 수 있는 명료한 현상이 아니다. 노출은 기만을 붕괴시키지만, 명료하게 나타나는 어떤 것을 발견하지는 못한다. 내부의 감각 자료 어느 것도 안정되거나 비교적 영속적인 특징들을 지니고 있지 않기 때문에 '내면의 자기'는 전적으로 존재할 경우에도 내감이나 외감에 결코 노출되지 않는다. 물론 이러한 특징들은 인식과 확인이 가능하기 때문에 개별적 현상의 성격을 결정한다. 칸트가 반복해서 언급한

제공해주는 내용 없는 이념의 세계에 오성이 구성해 판단하는 경우로, 항상 허구가 발생한다. (옮긴이)

48   *Critique of Pure Reason*, B354~B355.

바와 같이, "고정적이고 불변하는 자기는 내부 현상들의 이러한 흐름 속에서 자신을 나타낼 수 없다."[49] 내부 '현상들'에 대해 언급하는 것도 실질적으로 오해를 사기 쉽다. 우리가 알고 있는 모든 것은 내감이다. 이것들은 끊임없이 변하기 때문에 이들 가운데 어느 것도 지속적이고 확인 가능한 형태를 띠기 어렵다. ["내부의 시선은 어디에, 언제, 어떻게 여전히 존재하는가? ⋯ '정신 현상(psychism)'은 자기 자신에게 모호하게 나타난다."[50]] 감정과 '내감'은 명료하게 지각될 만큼 — 그리고 단순히 느껴지지 않고 — 그리고 직관되고 확인되며 인정될 만큼 적어도 충분히 오랫동안 '가만히 있고 남아 있음'이란 주요한 세계적 속성을 결여하므로 '비세계적'이다. 다시 칸트의 지적에 따르면, "내적 직관의 유일한 형식인 시간은 영구적인 어떠한 것도 갖고 있지 않다."[51] 달리 표현하면, 칸트가 시간을 "내적 직관의 한 형태"로 언급했을 때, 그는 시간을 자각하지 못한다고 하더라도 이를 은유적으로 언급했으며, 자신의 은유를 공간적 경험에서 끌어냈다. 공간적 경험은 외부 현상과 연관된다. 형태의 부재, 어떤 직관 가능성의 부재는 정확히 내부의 감각 경험을 특징화한다. 내부 경험에서 볼 때, 적어도 실재와 공통점을 지닌 것들과 우리 영혼의 부단히 변화하는 분위기를 구별하는 유일한 것은 지속적인 반복이다. 극단적인 경우, 반복은 지속적일 수 있기 때문에 하나의 분위기나 감각을 중단 없이 항구적이게 한다. 그러나 이것은 영혼의 심각한 무질서, 미치광이의 병적 쾌감, 우울증 환자의 의기소침 등을 가리킨다.

---

49   *Ibid.*, A107. "내적 직관에서 영구적인 것은 없다."(B413) "내가 나 자신을 생각하는 한 항구적인 것은 ⋯ 직관에 ⋯ 나타나지 않는다."(B420)

50   *The Visible and the invisible*, pp. 18~19.

51   *Critique of Pure Reason*, A381.

'사유하는 나'와 자기(신)[52] : 칸트

현상과 가상(칸트의 용어로는 *'Erscheinung'*과 *'Schein'*) 개념은 어느 철학
자보다 칸트의 저작에서 가장 결정적이고 중추적인 역할을 한다. 그의 '물
자체' 개념은 존재하기는 하나 현상의 발현을 촉진시켜도 나타나지 않는
그 무엇으로, 신학적 전통의 근거 위에 설명될 수 있으며, 또한 설명되어왔
다. 즉 신은 존재하나 드러나지 않는 "어떤 것이지 무無가 아니다." 우리는
모습을 드러내지 않고 경험하지 못하기에 '본질적으로' 있는 것으로만 신
을 사유할 수 있다. 그리고 신은 우리에게 모습을 드러내지 않기 때문에 우
리를 위해 존재하지는 않는다. 이러한 해석은 자체의 난점을 가진다. 신은
칸트에게는 '이성의 **이념**'이며 *우리에게도 그렇다.* 칸트에 따르면, 인간의

---

52   《순수이성비판》제2부 제2권 제1장 〈순수' 이성의 오류추리에 대하여〉에는 *'das Ich denke'*,
'das Ich im Denken', *'das denkende Ich'*, *'das denkende Selbst'*라는 문구가 자주 나타난다. 영어
번역에서는 일반적으로 'the I think', 'the thinking ego', 'the thinking Self'로 표기한다. 'das
Ich' 또는 'das Selbst'는 '나' 또는 '자아'로 표현된다. 'Ich denke'가 칸트의 '자아'이론에서
핵심이라고 할 수 있는데, 칸트는 선험적 나(주체)와 경험적 자기를 구분한다. 칸트의 자아
이론은 형이상학적 이분법을 여전히 유지하고 있다.
아렌트는《정신의 삶》에서 'thinking ego', 'willing ego', 'judging ego'라는 표현을 주로 사
용한다. 칸트의 용어로 표현하자면, 'ego'는 '자아'로 표기해도 무방할 것이다. 데카르트 이
후 정립된 자아이론은 유아론 또는 주관주의와 밀접하게 연계되어 있는데, 아렌트는 이러
한 주관주의에 대해 철저하게 비판적인 입장을 유지한다. 즉 아렌트는 기존의 자아이론을
설명하기 위해 'ego'라는 개념을 사용하면서도 유아론적 입장을 탈피하고자 했다. 여기서
는 칸트의 사유하는 '나'와 아렌트의 사유하는 '나'를 달리 해석할 필요가 있다는 점을 반영
하고자 했다. 따라서 다양한 의미를 담고 있는 'ego(영혼, 정신, 의식, 실체 등)'를 표현하기보다
오히려 라틴어 주격의 주어 '나(the I; ego)'로 표기한다.
아렌트의 경우, '나와 나 자신me and myself'의 이원성은 사유를 진정한 활동이 되게 한다. 이
활동에서 '나'는 질문하면서 답변하는 사람이다. 물론 사유하는 '나'는 비가시적이고 재귀
적이며 자립적이고, 고립이 아닌 고독 속에 활동하며 인간 세계의 다원성과 분리되지 않은
채 '정신의 삶'과 '활동적 삶'을 분리하기보다 오히려 연결한다. 즉 사유는 인간적 다원성의
다른 표현이다. 여기에서도 아렌트는 형이상학적 이분법에서 벗어나려는 자신의 입장을 잘
드러내고 있다. (옮긴이)

사변 능력인 이성이 지성의 인지 능력을 초월하는 한, 신을 사유하고 사후 세계를 추측하는 것은 인간의 사유 능력에 내재되어 있다. 우리는 모습을 드러내고 겉보기(외양)의 양태로 경험하는 것만을 인지할 수 있다. 그러나 사유 또한 '존재하며', 칸트가 '이념'이라고 표현하는 여러 가지 사유-사물,[53] 즉 신, 자유, 불멸성은 결코 경험하지 못하며, 이에 따라 인지할 수 없지만, 우리를 *위해* 존재한다. 강조하자면, 이성은 이러한 이념들을 사유할 수밖에 없으며, 이러한 이념들은 인간이나 정신의 삶에 가장 유익한 것들이다. 그러므로 노출되지 않은 '물자체'라는 개념이, 사유하는 존재자라든가 정신의 삶의 필요나 전제와 관계없이 현상세계로서 세계를 이해하는 데 어느 정도 드러나는지 검토하는 것은 타당한 일일 것이다.

첫째, 겉으로 드러나는 모든 생물은 "현상이 아닌 근거"[54]를 가지고 있다 — 앞에서 인용했던 칸트의 결론보다 오히려 — 는 일상적 사실이 있다. 물론 이 근거는 억지로 겉으로 드러날 수 있으며, 포르트만이 말하는

---

53 아렌트는 특이하게 'thought-things' 또는 'things of thought'라는 표현을 사용한다.《인간의 조건》제23절 〈세계와 예술 작품의 항구성〉에서 "예술 작품은 사유-사물"이라고 언급했으며,《정신의 삶》에서도 이러한 표현을 여러 곳에서 사용하고 있다. 이때 '사유-사물'은 은유나 의미로서 우리에게 정신의 대상을 제공하기 위해 만들어진다. 아렌트는《사유일기 *Denktagebuch*》제27권 52에서 다음과 같이 밝힌다. "나의 사유가 세계-사물Welt-Ding에 관심을 갖고 있다고 하더라도, 어느 누구도 내가 세계로부터 이탈한다는 것을 의심하지 않을 것이다." 여기에서 아렌트는 사물을 영어로는 'object'로 표기하고 있다.
아렌트는 여기에서 예술 작품, 또는 사유의 산물artifacts을 왜 '대상'으로 표기하지 않고 '사물'로 표기했을까? 이를 이해하기 위해 하이데거의《강연과 논문*Vorträge und Aufsätze*》에 수록된 〈사물〉과 〈건축함 거주함 사유함〉이란 강연 논문을 참고할 필요가 있다. "흙으로 된 단지를 제작된 그릇으로 간주하면 이때 우리는 단지를 일종의 사물로 파악한다. … 자립적인 것의 자립으로서 '마주 서 있는 대상Gegen-stand'과 달리 '이쪽에 서 있는 것Her-stand', 즉 제작물을 우리는 … 일종의 사물로 파악한다. … 고대 독일어 'thing', 'dinc'는 사건이나 관심사를 지칭하는 명칭이 되고 … 로마인들은 논란이 되고 있는 이것을 'res'라 부른다. … *res publica*는 국가를 의미하는 게 아니라 국민 모두에게 명확하게 관련되는 것, 즉 모든 국민으로부터 관심을 끌고 있는 것, 공적으로 협의되는 것을 의미했다."(옮긴이)

54 이 장의 제2절에서 인용했던 칸트의 결론은 다음과 같다. "현상은 현상이 아닌 근거를 지녀야 한다."《순수이성비판》, A537/B565.(옮긴이)

"은폐 현상"이 된다. 확실히 칸트의 이해에서 스스로 드러나지 않으나 그 존재가 증명될 수 있는 사물들 — 내부기관, 나무와 식물의 뿌리 등 — 역시 현상이다. 더욱이 현상은 "자체가 현상이 아닌 근거를 지녀야 하며", 따라서 현상을 "한낱 표상"[55]으로 규정하는 "초험적 대상",[56] 즉 원리상 완전히 상이한 존재론적 질서를 지닌 어떤 존재에 의존해야 한다는 칸트의 결론은 노출 현상과 은폐 현상을 동시에 포함하고 있다. 또한 은폐 현상이 생존 과정 자체를 포함하는 한, 명료한 현상의 '동인'이 될 법한 이 현상세계에 대한 비유로 명백히 도출되는 것 같다. 여기에서 신학적 편견(칸트의 경우, 예지계의 존재를 선호하도록 논쟁을 유도할 필요성)은 '한낱 표상'이란 용어에 포함된다. 그는 마치 다음과 같은 자신의 중심적 명제를 망각하는 듯하다. "우리는 일반적으로 *경험 일반을 가능하게 하는* 조건들을 *경험 대상의* 가능 조건들이라고 주장하며, 또한 이로 인해 경험의 가능 조건들이 선험적*a priori* 종합 판단에서 객관적인 타당성을 갖는다고 주장한다."[57] 무엇인가를 나타나도록 하는 것은 현상 자체와 다른 차원에 있다는 칸트의 주장이 지닌 설득력은 이러한 삶의 현상에 대한 우리의 경험에 기반을 둔다. 그러나 '초험적 대상(물자체)'과 '한낱 표상' 사이의 계서적 질서는 그렇지 않다. 포르트만의 명제는 이 우선순위를 전도시켰다. 칸트는 명료한 결론에 도달

---

55   *Critique of Pure Reason*, B566.

56   B565~B566. 칸트는 여기에서 '초월적transcendental'이라고 표현하지만, '초험적인 transcendent' 것을 의미한다. 칸트는 이 문장뿐만 아니라 여러 군데에서 그의 저서를 읽는 독자들을 혼동의 희생물로 만든다. 이 두 용어의 사용에 대한 그의 가장 명료하고 간단한 설명은 서문에서 발견할 수 있다(*Werke*, 제3권). 그는 이 책 252쪽의 각주에서 비판가에게 다음과 같이 답변한다. "나의 장소는 경험의 결실 있는 '점강법bathos'이며, 초월적이란 용어는 … 모든 경험을 초월하는 무엇을 의미하지 않고, 그것을 가능케 하기 위해 (선험적으로*a priori*) 그것에 선행하는 것을 의미한다. 이러한 개념이 경험을 초월하면, 나는 그들을 '초험적'이라고 표현한다. 경험과 구분되는 현상을 결정하는 대상은 분명히 경험으로서 현상을 초월한다."

57   *Ibid*., B197.

하지는 못했으나, 적어도 "세계의 질서를 구성하는 근거를 포함하면서 세계와 구별되는 어떤 것이 *분명히 있다*"[58]는 것, 그리고 그로 인해 그 자체가 훨씬 높은 수준에 있다는 주장을 모두 설명하려고 열정을 쏟았다. 우리가 나타나는 사물과 나타나지 않는 사물을 우리의 경험에만 맡긴 채 동일한 원칙으로 사유하기 시작한다면 우리는 다음과 같은 설득력이 강한 결론을 도출할 수도 있다. 즉 현상세계 이면에 근본적 기반이 실제 존재할 수 있으나, 이 근거의 주요하고 유일한 의미는 단순한 창조성이 아니라 근거의 의미를 나타내도록 촉발하는 것에 있다는 결론 말이다. 만약에 신성神性이 현상을 촉발하고 스스로 나타나지 않는 것이라면, 인간의 내부기관은 결국 자신의 진정한 신성이 될 것이다.

달리 표현하면, **현상**의 근거가 **존재**라는 공통된 철학적 이해는 **삶**의 현상에 타당하나, 모든 이원적 세계론의 주요 원인인 **존재 대 현상**에 대한 평가와 관련해 같은 입장을 보일 수 없다. 이러한 전통적 계서는 현상세계에 대한 우리의 일상적 경험에서 나타나지 않고, 오히려 사유하는 나의 전혀 일상적이지 않은 경험에서 비롯된다. 이후에 고찰하겠지만, 경험은 **현상**뿐만 아니라 **존재**도 초월한다. 칸트는 '한낱' 현상의 이면에 있는 '물자체'에 대한 신념을 위해 자신에게 실질적 기초를 부여한 현상을 명백히 밝히고 있다. 나 자신에 대한 어떤 것도 사유를 위해 제공되지 않았지만, 사실 "나는 순전한 사유 활동*beim blossen Denken* 중에 있는 나 자신의 의식에서 존재 자체, 즉 물자체다*das Wesen selbst, i.e. das Ding an sich*."[59] 내가 사유 활동 중에 나타나는 나와 나 자신 사이의 관계를 성찰한다면, 그것은 마치 나의 사유가 자체적으로 영원히 은폐되는 자아의 표명 또는 '단순한 표상'인 것 같다. 왜냐하면 사유는 자기나 인격을 구성하는 속성들과는 결코 같은 어떤 것이 될

---

58   *Ibid.*, B724.

59   *Ibid.*, B429.

수 없기 때문이다. 사유하는 나는 실제로 칸트의 '물자체'다. 그것은 다른 사람에게 나타나지 않는다. 사유하는 나는 자기의식의 자기와 달리 자신에게 나타나지 않지만 '무無는 아니다.'

사유하는 나는 순수한 활동이며, 그래서 나이도 없고 성별도 없으며 특성도 없고 삶의 이야기도 지니고 있지 않다. 자서전을 집필하도록 요청을 받은 칠송은 다음과 같이 응답했다. "75년을 산 사람은 자신의 과거에 대해 할 이야기를 많이 갖고 있다오. 그는 철학자로서만 살아왔다면, 자신이 과거를 가지고 있지 않다는 것을 곧 인식할 것이오."[60] 사유하는 나는 자기가 아니기 때문이다. 우리가 사유하는 나와 자기 사이의 이러한 차이를 인식하지 못한다면 오히려 이상하게 들릴 수 있는 우연한 언급 — 우리가 연구 과정에서 그렇게 의존했던 것들 가운데 하나 — 이 토마스 아퀴나스에게 다음과 같이 나타난다. "나의 영혼(아퀴나스의 경우, 사유를 위한 기관)은 내가 아니다. 그리고 영혼만이 구원된다면, 나는 구원되지 못한 것이며, 어느 누구라도 마찬가지일 것이다."[61]

칸트에 따르면, 우리로 하여금 어떤 형태의 내적 직관으로 사유 활동을 유지하도록 하는 내감은 고수할 어떤 것도 지니고 있지 않다. 왜냐하면 내감의 표현은 "외감을 대면하는 현상"과 전적으로 상이하며, "이 외감은 내적 직관의 유일한 형식인 시간이 영구적인 것을 갖고 있지 않은 동안에도 … 여전히 지속적인 무엇인가를 발견하기 때문이다."[62] 따라서 "나는 나 자신에게 나타난 나 또는 나 자신 속에 있을 내가 아니라, 단지 내가 존재한다는 것만을 스스로 의식한다. 이러한 표상은 직관이 아니라 *사유*

---

60   *The Philosopher and Theology*, New York, 1962, p. 7. 하이데거는 같은 맥락으로 강의실에서 아리스토텔레스의 전기에 대해 언급하곤 했다. 그는 "아리스토텔레스가 태어나서 일하다가 (평생 사유하는 데 시간을 보내고) 죽었다"고 말했다.

61   《고린도전서 I》 15에 대한 그의 《주석서》.

62   *Critique of Pure Reason*, A381.

다."[63] 그는 각주에서 다음과 같이 표현한다. "'나는 사유한다'라는 것은 나의 현존재를 규정하는 작용을 표현한다. 그러므로 현존재란 이미 이 작용을 통해 주어졌지만, 나의 현존재를 규정하는 양태는 … 그러기에 주어져 있는 것이 아니다."[64] 칸트는 《순수이성비판》에서 영구적인 것은 "내가 나 자신을 사유하는 한, 내적 직관에는 나타나지 않는다"[65]라는 요지를 반복적으로 강조한다. 그러나 우리는 칸트가 사유하는 나를 순수하게 경험하는 것에 대해서 실제적으로 기술하고 있는 것을 찾아내기 위해 그 이전 저서들에 관심을 가질 필요가 있다.

칸트는 《형이상학자의 꿈을 통해 밝혀진 시령자의 꿈 *Träume eines Geistersehers, erläutert durch Träume der Metaphysik*》(1766)에서 현상세계의 생물을 둘러싸고 있는 무기물의 '비활동성과 내구성'과는 명백히 대조되는 사유하는 내가 활동하는 세계, 즉 예지계 *mundus intelligibilis*의 '비물질성'을 강조한다. 그는 이러한 맥락에서 "영혼과 의식을 구분한다. 인간의 영혼은 비물질적 직관을 통해 정신 *Geist*으로서 자신에 대한 개념을 갖지만, 의식을 통해 신체 기관의 감각에 근원을 두면서 사물들과의 관계 속에서 고려되는 이미지 덕택에 자신을 인간으로 표현한다. 그러므로 같은 주체는 실제로 동시에 가시적 세계와 비가시적 세계의 구성원이지만, 그렇다고 동일한 인격인 것은 아니다. 왜냐하면 … 정신으로서 내가 사유하는 것이 인간으로서 나에 의해 기억되지 않고, 반대로 인간으로서 나의 실제 상태가 정신으로서의 나 자신의 개념에 포함되지 않기 때문이다." 그리고 그는 다른 각주에서 "현실에서도 영혼에 속하는 어떤 이중적 인격"에 대해 언급한다. 즉 그는 사유하고 있는 상태와 "외감이 완전히 쉬고 있을 때인" 수면 상태를 비교한다.

63   *Ibid.*, B157.(옮긴이)

64   *Ibid.*, B157~B158.

65   *Ibid.*, B420.

그는 수면 상태의 관념이 "깨어 있는 상태의 가장 명료한 관념보다 더욱 명료하고 광범위할 수 있는가"를 의심했다. 왜냐하면 "수면 상태의 인간은 자신의 신체를 느끼지 못하기" 때문이다. 그리고 우리는 깨어나는 순간 이러한 관념을 아무것도 기억하지 못한다. 꿈은 완전히 다른 것이다. 즉 "꿈은 현세에 속하지 않는다. 인간은 이때 완전히 잠들어 있지 않고 … 자신의 정신 활동을 외감을 통해 받아들인 인상으로 구성하기 때문이다."[66]

꿈이론의 구성 요소로 이해되는 칸트의 이러한 생각들은 명백히 불합리하다. 그러나 이러한 생각들은 오히려 현실세계로부터의 이탈이라는 정신의 경험을 설명하기 위한 어색한 시도로서 흥미롭다. 왜냐하면 우리는 다른 활동 또는 행위와 달리 결코 물질의 저항에 직면하지 않는 활동을 설명해야 하기 때문이다. 사유 활동은 감각기관에 의해 형성된 말로 표현되므로 방해받거나 지체되지 않는다. 사유 활동의 경험은 아마도 그것이 취했던 형태와 관계없이 영성 자체에 대한 우리 관념의 원생적 근원일 것이다. 심리학적으로 말하자면, 사유의 두드러진 특징들 가운데 하나는 엄청난 신속성이다. 호메로스는 이것을 "사유의 신속성"이라고 표현했고, 칸트는 자신의 초기 저서에서 이것*Hurtigkeit des Gedankens*에 대해 계속 언급했다.[67] 사유는 비물질적이기 때문에 분명히 신속하지만, 사유의 신속성은 위대한 형이상학자들 다수가 자신들의 육체에 대한 적대감을 설명하는 데는 별 효과가 없다. 사유하는 나의 관점에서 볼 때, 육체는 단지 장애일 뿐이다.

이러한 경험을 토대로 우리가 현상세계 속에 있듯이 '물자체'가 예지계에 존재한다고 결론짓는 것은 형이상학적 오류, 오히려 이성의 가상

---

66 존 매노레스코John Manolesco의 가장 마지막이며 아마도 가장 훌륭한 영어 번역판은 *Dreams of a Spirit Seer, and Other Writings*(New York, 1969)라는 제목으로 출간됐다. 독일어판 *Werke*, vol. I, pp. 946~951에 있는 문장을 번역했다.

67 "Allgemeine Naturgeschichte und Theorie des Himmels", *Werke*, vol. I, p. 384. 영역본: W. Hastie, trans., *Universal Natural History and Theory of the Heavens*, Ann Arbor, 1969.

에 포함된다. 칸트는 이성의 가상을 발견하고 명료화했으며 제거한 첫 번째 사람이다. 철학의 전통을 괴롭혀왔던 다른 대부분의 것들과 마찬가지로 이러한 오류가 사유하는 나의 경험에 근원을 두고 있다는 주장은 적절한 것 같다. 어쨌든 이 주장은 스트로슨이 칸트에 관한 연구에서 언급한 훨씬 단순하고 평범한 주장과 명백한 유사성을 지닌다. "이성이 본질적으로 시대에 뒤쳐지는 어떤 것이지만 그렇다 하더라도 우리 내면에 존재한다는 주장은 실제로 오래된 신념이다. 분명히 이 신념은 … 우리가 (수학적·논리적) 진리를 파악한다는 사실에 근거를 두고 있다. 그러나 … 시대를 뛰어넘는 진리를 파악한 (사람들은) 자신들이 시간을 초월할 필요는 없다."[68] 옥스퍼드 비판학파는 철학자들이 수 세기 동안 어떤 이유인지는 모르지만 너무 우매해서 그들의 주장에서 근본 오류를 거의 발견할 수 없었듯이 특징적으로 이러한 오류를 불합리한 논리적 추론으로 이해했다. 문제의 진실은 근본적인 논리적 오류가 철학사에서 아주 희귀하다는 것이다. '무의미한 것'으로 무비판적으로 무시되는 문제들로부터 해방된 정신에게 논리상 오류같이 보이는 것은 대개 가상에 의해 유발되며, 겉모양으로 실존 전체가 확정되는 존재자들은 이러한 오류를 피할 수 없다. 따라서 우리의 맥락에서 볼 때, 가상이 명료한지 불명료한지 또는 가상이 독단적 신념이나 자의적 가정, 면밀히 검토할 경우에 사라지는 단순한 신기루에 의해 야기되는지, 아니면 가상이 세계를 떠나거나 초월할 수도 없으면서 세계로부터 이탈하도록 정신에 허용하는 능력인 사유 능력을 지니고 있는 생물들 — 현상세계의 일부를 구성하지만 — 의 역설적 조건에 내재되어 있는지 여부가 유일하게 연계된 문제다.

---

68   Peter Strawson, *The Bounds of Sense: An Essay on Kant's Critique of Pure Reason*, London, 1966, p. 249.

실재와 사유하는 나: 데카르트의 회의와 공통감

우리는 우선 한 주체가 하나의 대상으로 인정하고 인지할 만큼 상당
히 오랫동안 "여전히 동일한 상태로 남아 있는" 것을 현상세계의 실재로 규
정한다. 후설은 모든 의식 활동의 지향성을 아주 세밀하게 지지했다. 즉 대
상이 없는 주관적 동작이란 없다는 것이다. 이것은 후설의 가장 위대한 기
본적인 발견이다. 왜냐하면 보이는 나무는 환상일 수도 있지만, 나무를 보
는 동작은 대상이기 때문이다. 꿈에서 본 풍경은 꿈꾸는 사람에게만 나타
나지만, 풍경은 꿈의 대상이다. 객관성은 지향성 덕택에 의식의 주관성으
로 바뀐다. 이와 마찬가지로 정확하게 표현하자면, 우리는 현상들의 지향
성이나 이들에 깊숙이 내재된 주관성에 대해 언급할 수 있다. 모든 대상은
나타나기에 주체를 암시하며, 모든 주관적 행동은 그 지향적 대상을 갖고
있다. 그러므로 나타나는 대상은 모두 그 지향적 주체를 지니고 있다. 포르
트만의 말에 따르면, 모든 현상은 "감각기관에 신호를 보내는 송신기*Sendung
für Empfangsapparate*"다. 잠재적 대상이 모든 지향적 행위의 주관성을 포함하
듯이, 지각하는 사람인 잠재적 주체에 나타나는 모든 것은 객관성을 포함
한다.

현상이 항상 구경꾼을 필요로 하며 최소한의 잠재적 인식과 승인
을 수반한다는 사실은 현상세계 속에 출현하는 존재자들인 우리가 실재로
이해하고 있는 우리 자신과 세계에 광범위한 영향을 미친다. 양자의 경우,
"지각적 신념"[69]은 대상이 다른 사람들에게 항상 그 자체로 나타난다는 사
실, 그리고 이들이 대상을 인정한다는 사실에 전적으로 좌우된다. 물론 메를

---

69   *The Visible and the Invisible*, p. 28과 이후 내용.
메를로 퐁티는 이 책에서 다른 개념들과의 연관 속에서 지각적 신념의 특성을 제시하고 있
다.(옮긴이)

로 퐁티는 지각 대상이 지각 작용과 무관하게 실존한다는 확신을 '지각적 신념'이라고 명명했다. 다른 사람들이 이러한 것을 무언중에 인정하지 않을 경우, 우리는 우리 자신에게 나타나는 방법을 신뢰할 수도 없을 것이다.

모든 유아론唯我論은 자아 외에 아무것도 '존재하지' 않는다고 근본적으로 주장하거나, 또는 자아와 자아의 자기의식이 검증 가능한 지식의 일차적 대상이라고 좀 더 온건하게 주장한다. 어쨌든 이러한 이론들이 우리의 실존이나 경험에 관한 기본 자료와 조화되지 않는 이유는 여기에 있다. 데카르트가 이론적이며 실존적인 일관성을 높은 수준으로 확보하기 이전에도 유아론은 개방적이든 폐쇄적이든, 제한적이든 그렇지 않든 철학에서 가장 일관되고 아마도 가장 해로운 오류였다. 철학자는 '인간'에 대해 언급할 때 유적 존재(마르크스에 따르면, 인간의 근본적인 실존을 구성하는 말馬 또는 사자와 같은 *Gattungswesen*)나 단순한 패러다임 — 물론 철학자의 관점에서 볼 때, 모든 사람은 이를 모방하려고 노력한다 — 을 염두에 두지 않는다. 사유하는 나에 대한 경험을 거리낌 없이 언급하는 철학자에게 사람은 단지 단어가 아닌 *사유의 구현체*, 즉 항상 신비스러우며 완전하게 설명되지는 않는 사유 능력의 화신이다. 그리고 이 허구적 존재는 문제점을 지닌다. 허구적 존재는 병적인 두뇌의 산물도 아니고, 쉽게 제거되는 '과거의 오류' 가운데 하나도 아니다. 그것은 사유 활동 자체라는 완전히 노출된 가상이다. 왜냐하면 인간은 어떤 이유인지는 몰라도 어떤 주제에 대해서든 순수한 사유에 만족할지라도 마치 현존하는 사람들이 아닌 추상적인 인간만이 지구상에 존재하는 것같이 단수로, 즉 완전한 고독 속에서 살고 있기 때문이다. 데카르트 자신은 근대의 위대한 과학적 발견에 의해 형성된 확신을 결정적으로 망각함으로써 자신의 근본적 주관주의를 설명하고 정당화했다. 나는 상이한 맥락에서 데카르트의 추론을 추적해왔다.[70] 그러나 데카르트가 근

---

70   *The Human Condition*, p. 252와 이후 내용.

대과학의 출발로 분기된 회의에 매료된 채 "바위나 점토를 발견하기 위해 모래나 진흙을 거부하기로 결정했을*à rejeter la terre mouvante et le sable pour trouver le roc ou l'argile*" 때, 그는 "아주 멀리 떨어진 사막에서 살 때 경험하듯이 고독하고 한적하게*aussi solitaire et retiré que dans les déserts les plus écartés*" 살 수 있는 장소로 물러서는 과정에서 오히려 익숙한 영역을 재발견했다.[71] 파르메니데스나 플라톤과 같은 극소수의 현자들*sophoi*이 고통이나 환희를 모르는 '사유의 삶'은 모든 것들 가운데 가장 신성한 것이며, 사유 자체, 즉 정신*nous*이 "하늘과 땅의 왕"[72]이라는 것을 발견한 이후에도, '다수의 불결성'으로부터 벗어나 "극소수"[73]의 무리에 합류하거나 유일자의 고독에 몰입하는 것은 철학자의 삶에서 가장 두드러진 특징이다.

철학자들은 과학이 새로이 획득한 영광에 가장 먼저 대항하여 급진적 주관주의를 정립했다. 주관주의에 충실했던 데카르트는 이러한 삶의 방식을 통해 향유하는 만족의 원인을 더 이상 사유 대상, 즉 우주*kosmos*의 영원성에서 찾지 않았다. 우주의 영원성은 생성하지도 소멸하지도 않아서 관찰자로서 삶을 영위하기로 결정한 소수에게 불멸성을 공유할 몫을 제공한다. 데카르트는 인간의 인지기관과 감각기관을 근대적 시선으로 의심했다. 그는 이 덕택에 이전의 어느 누구보다도 훨씬 명료하게 사유하는 실체(즉 정신; *res cogitans*)의 속성을 몇 가지 특징들로 정의했다. 이러한 특징들은 고대인들에게 알려지지 않았던 것은 아니지만, 아마도 근대에 와서 처음으로 가장 중요한 것으로 인정되었다. 이들 가운데 두드러진 것은 자급자족성과 무세계성이다. 자급자족성은 내가 "어떤 지위도 필요로 하지 않고, 어떤 물

71   *Le Discours de la Méthode*, 3ème partie, in *Descartes: Oeuvres et Lettres*, pp. 111~112. 첫번째 인용을 위해 Elizabeth S. Haldane and G. R. T. Ross trans., *The Philosophical Works of Descartes*, Cambridge, 1972, vol. 1, p. 99를 참조할 것.

72   *Ibid.*, 33b, 28c.

73   Plato, *Philebus*, 67b, 52b.

질적 대상에 의존하지도 않는다는 것*examinant avec attention ce que j'étais*"을 의미
하며, 무세계성은 자기성찰에서 "나는 육신도 갖고 있지 않으며, 내가 존
재할 세계나 자리도 없다는 것*feindre que je n'avais aucun corps et qu'il n'y avait aucun*
monde ni aucun lieu où je fusse"을 의미한다.[74]

　　재발견이란 표현이 더 적절하겠지만, 이러한 발견은 확실히 데카르
트에게 본질적으로 중요하지는 않았다. 그의 주요 관심사는 사유하는 나
또는 그의 표현대로 영혼과 동일한 의미로 사용하는 '사유하는 실체*la chose*
pensante'를 발견하는 일이다. 데카르트의 경우, 사유하는 나의 실재는 회의
나 감각지각의 경지를 넘어서 있다. 전능한 '기만적인 신*Dieu trompeur*'의 권
능도 모든 감각 경험으로부터 이탈했던 의식의 확신을 붕괴시킬 수는 없
을 것이다. 노출된 것이 모두 환상과 꿈일지라도, 꿈꾸는 사람이 스스로 꿈
이란 것의 실재를 요구하지 않는 데 동의한다면 그것은 분명히 실재적이
다. 따라서 "나는 생각한다. 그러므로 나는 존재한다*Je pense, donc je suis.*"[75] 사
유 활동 자체의 경험은 아주 강력했고, 새로운 과학이 '유동적인 영역(*la terre*
mouvante; 우리가 발을 딛고 있는 땅의 유사流沙)'을 발견한 이후 확실성과 일종
의 지속적인 항구성을 발견하려는 욕구는 아주 정열적이었다. 따라서 그가
'감각적' 사물을 지각할 신체와 감각을 지니지 못한 상태로, 아울러 그가 지
각하는 것을 지각한다고 확인시켜줄 동료도 없는 상태로 사막에서 태어났
다면, 지향적 대상들의 실재에 대한 모든 확신을 중지시켰던 사유*cogitatio*,
내가 사유함을 사유함*cogito me cogitare*, 즉 활동하는 자아의 의식은 자신의 실

74　*Le Discours de la Méthode,* 4ème partie, in *Descartes: Oevbres et Lettres,* p. 114. *The Philosophical Works,* vol. I, p. 101.

75　데카르트는 《철학의 원리*Principia Philosopuiae*》 첫 번째 부분 〈인간 인식의 원리들에 관하여
　　　〉9. 사유란 무엇인가에서 사유를 다음과 같이 규정한다. "사유란 우리가 의식하는 한 우리
　　　안에서 일어나는 모든 것이며 … 여기서는 인식이나 의지, 상상력뿐만 아니라 감각이 사유
　　　와 동일한 것이다." 그는 이렇게 주장함으로써 아렌트의 입장과 명백한 차이를 드러내고 있
　　　다.(옮긴이)

재를 자신에게 결코 납득시킬 수 없었을 것이다. 그러나 이러한 경우는 그
에게 결코 발생하지 않았다. 데카르트의 사유하는 주체, 즉 육체와 감각이
없는 고독한 허구적 피조물은 실재와 같은 것이 있다는 것을 알지 못하며,
실재와 비실재 사이의 가능한 차이, 깨어 있는 삶의 공동세계와 사적인 꿈
세계 사이의 가능한 차이를 이해하지도 못한다. 메를로 퐁티가 데카르트에
대해 언급해야만 했던 것은 대단히 옳다. "지각을 지각하고 있다는 사유로
환원시키는 것은 … 회의에 대비해 보험을 드는 것인데, 이 보험료는 우리
가 배상받는 금액을 크게 상회한다. 왜냐하면 이것은 … 세계의 '현존there is;
il y a'을 우리에게 결코 복구시키지 않으리라는 일종의 확신에 동의하는 것
이기 때문이다."[76]

게다가 사유하는 나의 경험, 즉 사유 활동은 분명히 세계의 실재나
나 자신에 대한 회의를 발생시킨다. 우리는 사유를 통해 실재하는 모든 것
— 사건, 대상, 자체의 생각 등 — 을 파악하고 포착할 수 있다. 이들의 *실재
성*은 그 영역 밖에 집요하게 남아 있는 유일한 특성이다. '*사유하므로 나는
존재한다cogito ergo sum*'라는 문구는 니체의 지적대로 '*사유하다cogito*'로부터
'*사유 작용cogitationes*'의 존재만이 도출될 수 있다는 의미에서 오류이며, '*사
유하다cogito*'도 '*존재하다sum*'와 마찬가지로 똑같이 의혹을 받는다는 점에
서 오류다. '나는 존재하다'는 '나는 사유하다'에 전제되어 있다. 사유는 이
러한 전제를 포착할 수 있으나, 그것을 부정하거나 긍정할 수 없다. (데카르
트에 대한 칸트의 반론은 역시 전적으로 옳았다. "'나는 존재하지 않는다'는 사유는
… 존재할 수 없다. 내가 존재하지 않는다면, 내가 존재하지 않는다는 것을 나는 자각
할 수 없기 때문이다."[77]) 실재는 파생될 수 없다. 사유 또는 성찰은 실재를 수
용하거나 거부할 수 있을 뿐이다. '기만적인 신'이란 개념에서 시작한 데카

76   *The Visible and the Invisible*, pp. 36–37.

77   "Anthropologie", no. 24, *Werke*, vol. Ⅵ, p. 465.

르트의 회의는 단지 세련되고 위장된 거부 형태다.[78] "유아론에 얼마나 많은 진리가 존재하는가"에 대한 연구 작업을 추진해왔으며, 따라서 이 연구와 가장 연관된 현대의 대표자인 비트겐슈타인은 여전히 이러한 모든 이론의 기초인 실존주의적 환상을 다음과 같이 표현한다. "죽으면 세계는 변화하는 것이 아니라 끝나게 된다. 죽음은 삶 속에서의 사건이 아니다. 우리는 우리의 죽음을 영위하지는 않는다."[79] 이것이 모든 유아론적 사유의 기본 전제다.

나타나는 것은 모두 겉보기의 양태로 지각된다. 따라서 이들이 오류와 환상에 노출된다고 하더라도, 현상 자체는 그 속에 실재의 선험적 암시를 지닌다. 고립 상태의 감각이나 맥락을 상실한 감각 대상은 실재의 감각을 생산할 수 없다. 모든 감각 경험은 비록 대개 소리를 내지 않지만, 실재에 대한 예외적인 지각을 정상적으로 동반한다. (따라서 감각 대상을 사유-사물로 전환시키는 기술은 감각 대상의 현실성을 제거하고 그로 인해 새롭고 상이한 기능을 하도록 대비하기 위해 우선 감각 대상을 그 상황과 분리시킨다.)

내가 지각하는 것, 즉 실재는 한편으로는 나와 마찬가지로 지각하는 다른 사람들을 포함하는 그 세계적 맥락을 통해서 보증되며, 다른 한편으로는 내 오감의 결합을 통해서 보증된다. 토마스 아퀴나스 이후 우리가 말하는 공통감*sensus communis*은 나의 오감을 결합시키는 데 필요한 일종의 육감이며, 내가 동일한 대상을 보고 만지고 맛보고 냄새 맡고 듣고 있다는 것을

---

78   하이데거는 다음과 같이 올바르게 지적한다. "데카르트 자신은 이 문장[나는 생각하기에 존재한다]이 삼단논법이 아니라고 강조한다. 나는 존재한다-am는 나는 사유한다-think의 결과가 아니라, 반대로 그의 기반이다." 하이데거는 삼단논법이 취해야 하는 형태를 다음과 같이 언급한다. "사유하는 것은 존재한다. 그러므로 나는 존재한다.*Id quod cogitat, est; cogito; ergo sum.*" *Die Frage nach dem Ding*, Tübingen, 1962, p. 81.

79   *Tractatus*, 5. 62; 6.431; 6.4311. *Notebooks 1914~1916*, New York, 1969, p. 75e와 비교할 것.

보증한다. "공통감은 오감의 모든 대상으로 확장되는 능력이다."[80] 신비스러운 '육감'[81]은 신체기관으로 국한될 수 없기에 완전히 사적인 오감의 지각 — 한낱 감성적 질과 강도를 지니고 있어서 말로 전달될 수 없기 때문에 사적임(개별적임)을 특성으로 하는 감각지각 — 을 다른 사람이 공유하는 공동세계와 조화시킨다. 속견이 지니는 주관성은 현상의 발현 양태가 다르다 할지라도 동일한 대상이 다른 사람에게도 나타난다는 사실에 의해 교정된다. (세계의 상호주관성은 자연현상의 유사성보다 오히려 인간들에게 자신들이 동일한 종에 속해 있다는 것을 확인시켜준다. 각각의 단일한 대상이 각 개인에게 다른 시각에서 나타난다고 하더라도, 그것이 나타나는 환경은 종 전체에게 같다. 이러한 의미에서 모든 동물 종은 자체의 세계에서 살며, 개별 동물은 자신들을 그렇게 인지하기 위해 자체의 신체적 특성을 동료 구성원들의 특성과 비교할 필요가 없다.) 오류와 가상으로 가득 찬 현상세계에서 실재는 이 세 가지 공통성에 의해 보증된다. 완전히 다른 오감은 각기 동일한 대상을 공통으로 지닌다. 같은 종의 구성원은 각각의 단일 대상에 그 특이한 의미를 부여하는 맥락을 공통으로 지닌다. 감관을 지니고 있는 존재는 모두 완전히 다른 시각에서 대상을 지각하더라도 그 동일성에 동의한다. 실재의 감각지각은 이 세 가지 공통성에서 발생한다.

세계의 속성은 구체적이고 감각적으로 지각할 수 있어서 우리의 오감에 각기 대응한다. 우리는 시각이 있어서 세계를 볼 수 있고, 청각이 있어서 소리를 들을 수 있으며, 촉각과 후각과 미각이 있어서 만지고 냄새를 맡고 맛을 볼 수 있다. 육감에 조응하는 세계의 속성은 *실재성*realness이다. 실재성이 지닌 난점은 이것이 다른 감각적 속성들과 마찬가지로 지각될 수 없

---

80   Thomas Aquinas, *Summa Theologica*, pt. 1, qu. 1, 3 ad 2.

81   고트셰트는 《독일인을 위한 비판적 시작법 시론*Versuch einer Kritischen Dichtkunst für die Deutschen*》 (1730)에서 '공통감'을 '육감'으로 표현한 첫 번째 사람인 것 같다. Cicero, *De Oratore*, III, 50과 비교할 것.

다는 것이다. 엄격히 말하자면, 실재성의 '감각'은 '외부 자극에 의한 감각지각'은 아니다. 실재는 "우리가 그것을 인식한다고 결코 확신할 수 없다고 하더라도 *거기에* 있다."(퍼스)[82] 왜냐하면 순수한 구체적 현존성thereness, 즉 실재의 '감각지각'은 단일한 대상들이 모습을 드러내는 맥락뿐만 아니라, 현상으로서 우리 자신이 다른 생물들 사이에서 모습을 드러내는 맥락과 연계되기 때문이다. 맥락 자체는 결코 완전히 나타나지 않으며, **존재**와 같이 포착하기 어렵다. 물론 **존재**는 존재자들, 즉 단일한 실체들로 가득한 세계에 결코 **존재**로서 나타나지 않는다. 그러나 파르메니데스 이후 서양철학의 가장 중심적인 개념인 **존재**는 우리가 오감을 통해 지각하고 인상을 촉진시키리라고 기대하지 않는 사유-사물이지만, 반면에 실재성은 감각지각과 유사하다. 실재성(또는 비실재)에 대한 느낌은 실제로 내 오감의 모든 감각지각을 동반하며, 실재성에 대한 느낌이 없을 경우 감각지각은 '이해되지' 않는다. 이러한 이유 때문에 아퀴나스는 "공통감을 외감의 공통된 뿌리이자 원리로 기능하는 내감으로 규정했다*Sensus interior non dicitur communis ⋯ sicut genus; sed sicut communis radix et principium exteriorum sensuum*."[83]

신체의 특정 부분에 귀속시킬 수 없는 '내감'을 사유 능력과 동일시하는 것은 실제로 우리에게 매력적이다. 사유 자체의 비가시성은 사유의 주요 특징들 가운데 하나이기 때문이다. 사유는 현상세계에서 진행되며, 모습을 드러내는 존재에 의해 수행된다. 퍼스는 사유 능력과 공통감이 공유하는 이러한 비가시성으로부터 "실재가 인간의 사유와 관계를 지니고 있다"고 결론을 내린다. 반면에, 그는 사유 자체가 비가시적일 뿐만 아니라 감각에 **노출**되지 않는 것, 즉 비가시적인 것들도 대상으로 한다는 사실을 무시하고 있다. 물론 비가시적인 것들은 기억의 창고에 기억되고 수집되며, 이후의

---

82   Thomas Landon Thorson, *Biopolitics*, New York, 1970, p. 91에서 인용.

83   *Summa Theologica*, pt. I, qu. 78, 4 ad 1.

성찰을 위해 마련되는 감각 대상일 수도 있다. 토머스 솔슨은 퍼스의 제안을 정교하게 다듬어, "환경이 생물학적 진화와 연계되어 있는 것과 마찬가지로, 실재가 사유 과정과 관계를 맺고 있다"[84]는 결론에 도달했다.

이러한 언급과 제안은 사유 과정이 공통감 추론과 결코 다르지 않다는 무언의 가정에 기반을 둔다. 결과는 근대의 허울을 쓴 구태의연하고 데카르트다운 환상이다. 사유가 무엇에 도달할 수 있든 무엇을 성취하든 간에, 완전한 구체적 현존성 상태로 공통감에 노출된 실재는 정확히 이해 영역 밖에 줄곧 남아 있으며, 결국 사유의 연쇄로 귀착될 수 없다. 이 실재는 사유의 연쇄를 경계하는 장애물이며, 이 사유의 연쇄는 장애물 때문에 긍정이든 부정이든 해체된다. 사유 과정은 공통감과 달리 신체적으로 두뇌 속에서 진행될 수 있으나, 그럼에도 포르트만의 관점에서 기능적이거나 형태학적인 생물학 자료를 모두 초월한다. 이와 반대로, 공통감이나 실재성의 느낌은 생물의 기관에 속하며, (철학 분야의 옥스퍼드학파가 사유로 착각한) 공통감 추론은 생물학적 진화가 환경과 관계를 갖고 있는 것과 같이 분명히 실재와 동일한 관계를 유지할 수 있었다. 공통감 추론과 연계시킬 때, 솔슨의 주장은 옳다. "우리는 실제로 비유보다 더 많은 것에 대해 이야기할 수도 있다."[85] 그리고 언어가 감각에 노출된 사물들을 일컫는 용어들의 보고라는 것 이외에, 일상 대화에서도 필수불가결한 정의, 진리, 용기, 신과 같이 전문적인 개념이라 불리는 사유 용어들을 우리에게 제공하지 않는다면 우리는 확실히 사유 활동을 위한 가시적 증거를 모두 갖지 못할 것이다. 아울러 비트겐슈타인의 초기 주장대로 "언어는 인간 유기체의 일부다*Die Sprache ist ein Teil unseres Organismus*"[86]라고 결론을 내려도 무방할 것이다.

---

84   *Op. cit., loc. cit.*

85   *Ibid.*

86   *Notebooks 1914~1916*, pp. 48, 48e.

그러나 자신이 집착하는 모든 것에 회의하는 사유는 실재와 그렇게 자연스럽고 사실적인 관계를 유지하지 못한다. 여러 가지 과학적 발견의 *의미*에 대한 데카르트의 성찰로서의 사유는 실재에 대한 자신의 공통감에 기초한 확신을 붕괴시켰다. 그런데 그의 오류는 자신이 세계로부터 완전히 탈피하고, 자신의 사유에서 모든 세계적 실재를 제거하며, 사유 활동 자체에만 집중한다고 주장함으로써 자신의 회의를 극복할 수 있다고 기대하는 것이었다. (사유 활동을 사유하는, 즉 나는 내가 사유함을 사유하므로 나는 존재한다*Cogito cogitationes, or cogito me cogitare, ergo sum*. 이것이 그 유명한 문구의 정확한 형태다.) 사유는 육감에서 발생하는 실재의 느낌을 증명하거나 파괴할 수도 없는데, 프랑스인들은 육감을 좋은 감정*le bon sens*이라고 일컫는다. 사유는 현상세계로부터 이탈할 때 감각적으로 주어진 것으로부터 이탈하고, 이에 따라 공통감이 부여한 실재성의 느낌으로부터 이탈한다. 후설은 이러한 감정의 판단중지*epoché*가 자신의 현상학에서 방법론적 기초라고 주장했다. 사유하는 나에게서 이 판단중지는 당연한 문제일 뿐, 가르치고 배우는 특정한 방법이 아니다. 우리는 어떠한 형태든 사유에 우연히 몰입해 있는 사람들에게서 관찰될 수 있는 초연함이라는 아주 일상적인 현상을 판단중지로 이해한다. 달리 표현하면, 공통감의 상실은 칸트가 말하는 '직업적인 사상가들'의 악이나 미덕이 아니다. 그것은 어떤 것을 여전히 성찰하는 모든 사람에게 우연히 나타난다. 이것은 직업적인 사상가들에게 더 종종 나타나는데, 우리는 이들을 철학자라고 부른다. 그런데 아리스토텔레스가 《정치학*Politika*》에서 명명한 바와 같이, 그들의 삶의 방식은 항상 "이방인처럼 사는 삶*bios xenikos*"이 될 것이다.[87] 생소함과 무심無心이 더 위험하지 않은 이유,

---

[87]   *Politics*, 1324a16.
아리스토텔레스는 여기에서 정치적(활동적) 삶과 철학적(관조적) 삶, 정치 공동체를 초탈하여 이방인처럼 사는 삶 가운데 어느 것이 더 바람직한가를 논의한다.(옮긴이)

전문인이든 일반인이든 '사유하는 사람들' 모두 똑같이 실재성의 느낌을 상실하더라도 아주 용이하게 생존하는 이유는 사유하는 내가 잠정적으로만 자신을 주장하기 때문이다. 모든 사상가는 아무리 탁월하더라도 여전히 "당신이나 나 같은 사람"(플라톤)[88]이며, 공통감을 잘 갖추고 생존하기에 충분한 공통감 추론을 인지하는 현상들 가운데 하나다.

과학[89]과 공통감; 칸트의 지성과 이성 구별; 진리와 의미

언뜻 보면, 매우 유사한 것이 근대 과학자에게도 적용되는 것 같다. 그는 실재에 대한 자신의 감각지각을 파괴하지 않은 채, 즉 태양이 아침에 떴다가 저녁에 진다는 것을 우리에게 말하듯이 자신에게 말하면서 드러나는 가상을 끊임없이 파괴한다. 사유는 우리가 현상을 꿰뚫어볼 수 있게 했고, 비록 진정한 가상이라고 하더라도 현상을 가상으로 드러낼 수 있게 해주었다. 공통감 추론은 감각기관에서 받아들인 것을 그렇게 근본적으로 전도시키지는 않는다. '고대인과 근대인 사이의 잘 알려진 투쟁'은 '지식의 목적이 무엇인가'라는 의문에서 실제로 시작된다. 고대인들이 믿고 있는 바와 같이, 그것은 '현상을 구원하는 것인가', 아니면 그들을 나타나게 한 은폐된 기능 장치를 발견하는 것인가? 감각기관의 신뢰성에 대한 사유의 의혹, 사물이 인간의 감각에 나타나는 방식과 완전히 다르다는 사유의

---

88   플라톤의 《향연Symposion》 가운데 알키비아데스가 언급한 문구(218d)이다. 당신은 소크라테스를 지칭한다.(옮긴이)

89   'science'는 그리스어 'epistēmē'에서 유래되어 라틴어 'scientia'를 거쳐 정착된 단어다. 'science'는 진리에 대한 인식으로서, 아렌트는 이를 사유와 구별하여 사용한다. 여기에서는 '인식'보다 '과학'으로 표현하지만, 대비 개념과 연관시킬 때 '인지'로 표현하는 것이 가장 적합할 것이다. 문맥을 고려하여 '과학'으로 표현했으나 그 의미가 상실되지는 않는다.(옮긴이)

의혹은 고대에도 있었다. 데모크리토스의 원자는 분리 불가능할 뿐만 아니라, 비가시적이고 진공에서 움직이고 숫자상으로 무한하며, 다양한 형상화와 결합을 통해 우리의 감각에 인상을 만들어낸다. 기원전 3세기에 아리스타르코스는 처음으로 태양중심설을 제안했다. 이러한 용기가 오히려 불미스러운 결과를 낳았다는 것은 흥미로운 일이다. 데모크리토스는 정신이상자라는 의심을 받았으며, 아리스타르코스는 불경죄로 기소되는 위험에 직면했다. 그러나 여기에서 주목해야 할 점은 물론 이러한 가설을 증명하려는 시도도 없었고, 과학도 이러한 시도에서 발생하지 않았다는 점이다.

사유는 분명히 모든 과학적 연구에서 지대한 역할을 한다. 그러나 그 역할이란 목적을 실현하기 위한 수단으로서의 역할이다. 사유의 목적은 인식할 가치가 있는 것에 대해 결정함으로써 이루어지는데, 이 결정은 과학적일 수 없다. 게다가 목적은 인식 또는 지식이며, 이러한 목적을 성취하는 것은 분명히 현상세계에 속한다. 그것은 일단 진리로서 확립될 경우 세계의 일부분이 된다. 지식에 대한 욕구와 인식은 현상세계를 벗어난 상태에서 발생하지 않는다. 과학자들은 '사유하기' 위해 현상세계로부터 이탈할 때도 현상세계를 인식할 수 있는 더 훌륭하고 전망 있는 접근 방법을 발견하기 위해서만 그렇게 한다. 이러한 관점에서 과학은 공통감 추론을 대단히 세련되게 확장시킨다. 따라서 과학에서 오류가 교정되는 것과 마찬가지로, 감각적 환상은 공통감 추론에서 계속적으로 제거될 것이다. 양자 모두 그 기준은 현상세계에 내재되어 있는 증거다. 그리고 노출하고 은폐하는 것은 바로 현상의 본질에 속하기 때문에, 메를로 퐁티의 표현대로 "모든 교정과 환상의 *제거*는 또 다른 증거를 획득하는 이유가 될 때에만 하나의 증거를 상실한다는 것을 의미한다."⁹⁰ 과학적 연구에 대한 과학 자체의 이해에서 어느 것도 폐기된 증거보다 새로운 증거를 훨씬 더 신뢰할 수 있으

---

90   *The Visible and the Invisible*, p. 40.

리라는 것을 보장하지는 않는다.

　　*무제한적 진보*라는 개념은 근대과학의 부상과 더불어 따라다니며, 그 지배적인 촉진 원리가 되고 있다. 이 개념은, 모든 과학이 여전히 교정 가능한 오류와 기만에 영향받는 공통감에 의거한 경험 영역 내에서 움직이고 있다는 사실의 가장 훌륭한 징표이다. 과학적 연구에서 지속적 교정을 인정하는 경험이 일반화될 때, 이러한 경험은 기묘한 것을 '점점 잘, 점점 진실되게' 끌어들인다. 즉 이러한 경험은 좋은 것과 선한 것을 획득할 수 없다는 입장을 내재적으로 수용하는 진보의 무제한성을 끌어들인다. 좋은 것과 선한 것을 획득할 수 없다면 지식에 대한 갈증은 소멸되었을 것이고, 인지를 위한 탐구는 중단되었을 것이다. 물론 알려지지 않은 것이 엄청나다는 관점에서 볼 때, 이러한 상황은 발생할 것 같지 않다. 그러나 특정 학문 분야는 십중팔구 인간에게 인식 가능한 것의 뚜렷한 한계에 도달할 수 있다. 진보라는 개념은 16~17세기 과학적 지식의 엄청난 진전의 결과, 즉 발견의 귀중한 대홍수로 형성되었다. 그리고 순수한 사유에 내재된 집요함—그 필요성은 결코 완화될 수 없다—은 과학으로 확산되기에 이르렀다. 과학자들은 이 집요함 덕택에 새로운 이론의 형성에 기여하는 참신한 발견에 매진했다. 나는 이것이 가능하다고 생각한다. 따라서 이러한 운동에 매료된 사람들은 결코 종결되지 않는 과정, 즉 진보 *과정*에 대한 환상에 영향을 받게 되었다. 인간이 끊임없이 완벽해질 수 있다는 생각은 18세기 계몽주의에서 아주 중요했다. 그러나 우리는 이러한 생각이 16~17세기 인간 본성에 대한 비관적인 평가에는 없었다는 것을 망각해서는 안 된다.

　　그러나 이러한 진전이 낳은 한 가지 결과는 나에게 명백하고 상당히 중요한 것 같다. 우리 지성사의 수많은 전환기에도 존속했던 진리라는 개념은 결정적인 변화를 겪었다. 실재와의 일치라는 '진리truth'는 일련의 '진리의 진술들verities'로 바뀌거나, 보다 정확히 말하면 분해되었다. 일련의 진리의 진술들은 제기될 때마다 일반적 타당성을 주장했다. 이러한 변화는 이상한 사태다. 이러한 사태는 특정 학문이 우연히 그 목표에 도달했다고 하더라도, 이 분야의 연구자들이 결코 이 때문에 연구를 중단하지는 않으리라는 것을 암시할 수도 있다. 이들은 무제한적 진보에 대한 환상의 추진력, 즉 자신들의 활동에서 발생하는 일종의 가상에 이끌려 목표를 벗어나는 영역에 관심을 가졌을 것이다.

실재의 진리를 한낱 진술의 진리로 변경시킨 것은 과학자가 여전히 공통감을 고수한다는 사실에서 일차적으로 유래한다. 우리는 공통감을 통해 현상세계에서 우리의 태도를 취한다. 사유는 자신의 영역을 유지하고자 현실세계나 그 증거의 근거로부터 완전히 이탈하지만, 과학은 특정한 결과를 위해 이들로부터 이탈하더라도 결국에는 이득을 본다. 달리 표현하면, 공통감 추론은 궁극적으로 과학자들의 이론에서 순수한 사변 영역으로 과감하게 참여한다. 공통감은 이 영역에서 항상 취약점을 드러낸다. 즉 공통감은 순수한 사유, 다시 말해 사유의 비판 능력에 내재된 보호 수단을 결여하고 있다. 앞으로 고찰하겠지만, 순수한 사유는 자체 내에 대단히 자기파괴적인 성향을 숨기고 있다. 그러나 무제한적 진보라는 가정으로 복귀하면, 기본적인 오류는 일찍이 발견되었다. 잘 알려진 바와 같이, 고대인들은 진보 자체가 아니라 진보의 무제한성이란 개념 때문에 근대과학을 수용할 수 없었을 것이다. 충분히 알려지지는 않았지만, 고대 그리스인들은 무한자에 대한 자신들의 '편견'에 대해 어떤 이유를 가지고 있었다. 〔플라톤은 비교를 허용하는 모든 것이 본질적으로 무제한적이고, 무제한성이 자신뿐만 아니라 모든 그리스인에게 모든 악의 동인이었다는 것을 발견했다.[91] 따라서 그는 수와 척도에 상당한 신뢰를 가졌다. 이것은 "자체 내에 포함시키지 않고, 결코 그렇게 하지 않을 것이며, 그 자체 내에 시작archē이나 중간 또는 끝telos을 포함하지 않고, 그 자체로부터 이를 도출하지 않는 것(예컨대, 쾌

---

91   *Philebus*, 25~26.

락)"에 한계를 설정한다.[92])

근대과학은 원자, 분자, 미립자, 세포, 유전인자 등 비가시적인 것을 규명하려고 노력해왔다. 외견상 역설적이지만, 근대과학은 지각 가능한 새로운 것들을 엄청나고 전례 없을 정도로 많이 세계에 첨가했다. 과학의 가설, '패러다임'(토머스 쿤)을 증명하거나 부정하기 위해, 그리고 사물을 작동시키는 것을 발견하기 위해, 자연의 작동 과정을 모방하는 작업이 시작되었다. 근대과학은 이러한 목적을 위해 엄청나게 복잡한 도구를 무수히 생산했다. 그런데 근대과학은 이 도구를 가지고, 나타나지 않는 것을 나타나게 만들었다(실험실에서 기계적 분석을 통해서이기는 하지만). 이것은 과학자가 나타나지 않는 것의 실재를 이해시켜야 하는 유일한 수단이었다. 근대과학은 실험실에서 태어났다. 그러나 그것은 과학자들이 도구를 생산하거나 세계를 변경시키고 싶어 했기 때문은 아니다. 이들의 이론은 공통감 경험이나 공통감 추론을 훨씬 앞질렀다고 하더라도, 결국 그 일부의 형태로 복귀하거나 연구 대상에서 실재성의 감각을 모두 상실해야 한다. 그리고 이러한 복귀는 인간이 만든 인위적 실험실 세계를 통해서만 가능했다. 자발적으로 나타나지 않는 것들은 실험실에서 나타났으며, 자체를 노출할 수밖에 없었다. 실천적 적용 가능성을 자기노력의 부산물로 간주하는 과학자가 약간은 경멸하는 '배관공의 작업'과 기술은 "문외한과 일생생활의 요구로부터 … 비할 데 없는 고립 속에서"[93] 이루어진 과학적 결과를 일상적인 현상세계로 도입하며, 그 결과를 공통감에 의거한 경험에 접근 가능하게 해준다. 그러나 이것은 과학자들 자신이 그 경험에 궁극적으로 의존하기 때문에 가능한 것이다. '실재' 세계의 관점에서 볼 때, 실험실은 변화된 환경의 예상물이다. 그리고 목적을 실현하기 위한 수단으로서 사유와 제작

---

92   *Ibid.*, 31a.

93   Thomas S. Kuhn, *The Structure of Scientific Revolutions*, Chicago, 1962, p. 163.

이라는 인간 능력을 사용하는 인지 과정은 실제로 공통감 추론의 가장 세련된 양태다. 인식 활동은 실재에 대한 우리의 감각과 적잖이 연계되어 있으며, 가옥의 건축 못지않게 세계를 구성하는 활동이다.

그러나 우리가 알고 있듯이, 칸트는 인식 능력인 **지성***Verstand*; intellect 과 사유 능력인 **이성***Vernunft*; reason을 구분한다. 칸트에서 양자는 완전히 상이한 성격을 띤다. 차이는 가장 근본적인 수준에서뿐만 아니라 칸트 자신의 표현에서도 나타난다. 즉 "지성 개념이 지각 대상을 인지하는 데 기여하듯이, 이성 개념은 이를 이해(파악)하는 데 기여한다*Vernunftbegriffe dienen zum Begreifen, wie Verstandesbegriffe zum Verstehen der Wahrnehmungen*."[94] 달리 표현하면, 지성은 감각에 나타난 것을 인지하고자 하며, 이성은 그것의 *의미*를 이해하고자 한다. 인지의 최고 기준은 진리다. 그런데 인지는 자신의 기준을 현상세계로부터 도출한다. 우리는 감각지각을 통해 이 현상세계에서 우리의 태도를 취한다. 감각지각의 증거는 자명하여 논박에 의해 흔들리지 않고 다른 증거를 통해서만 대체될 수 있다. 칸트는 라틴어 '*perceptio*(지각)'를 '*Wahrnehmung*(지각에서 나에게 주어지며 진실(*Wahr*)되어야 하는 것)'으로 표현한다. 이 용어가 분명히 암시하는 바와 같이, 진리는 감각의 증거에서 발견된다. 그러나 진리는 결코 의미를 지닌 것이 아니며, 의미를 추구하는 사유 능력을 지닌 것도 아니다. 사유 능력은 중요한 것이 무엇인가를 질문하거나 그것이 전적으로 존재하는가 — 그 존재는 항상 당연한 것으로 간주된다 — 를 질문하지 않고, *그것의 존재가 무슨 의미를 갖는가*에 대해 질문한다. 내가 보기에 진리와 의미의 구별은 인간 사유의 본질에 관한 탐구에 결정적일 뿐만 아니라, 이성과 지성을 구별하는 칸트의 중요한 시도에 나타나는 필연적 결과이기도 하다. 인정컨대, 칸트 자신은 자기 사상의 특별한 함의를 결코 추구하지 않았다. 이 두 가지 완전히 다른 양태를 분리하는 명료한

---

94   *Critique of Pure Reason*, B367.

원칙은 사실상 철학사에서 발견될 수 없다. 아리스토텔레스의《명제론*De Interpretation*》에 종종 언급되는 주장은 예외 상황이다. 그러나 이것은 아리스토텔레스의 후기 철학에서 그다지 중요하지 않다. 그는 언어에 관한 초기 문헌에서 다음과 같이 표현한다. 모든 "로고스(맥락상으로는 '문장')는 의미 있는 소리*phōnē sēmantikē*다." 즉 로고스는 기호를 제공하며, 중요한 것을 드러낸다. 그러나 "모든 로고스가 노출되는*apophantikos* 것은 아니다. 그중에서 참된 로고스나 거짓된 로고스*alētheuein or pseudesthai*만이 노출된다(밝혀진다). 물론 이것은 항상 참이지는 않다. 예컨대, 기도prayer는 로고스〔그것은 의미를 갖는다〕이나, 참도 거짓도 아니다."[95]

지식에 대한 갈증에서 제기된 질문들은 세계에 대한 호기심, 우리의 감각기관에 나타난 모든 것을 연구하고자 하는 욕구에서 발생한다. 아리스토텔레스의《형이상학*Metaphysik*》에서 가장 유명한 문구인 "모든 사람은 본질적으로 인식하고자 한다*Pantes anthrōpoi tou eidenai oregontai physei*"[96]를 말뜻 그대로 번역하면 다음과 같다. "모든 사람은 알고자 하며, 그리고 지금까지 알고 싶어 했다." 이어서 아리스토텔레스는 다음과 같이 덧붙인다. "이러한 욕구는 오감에 대한 우리의 사랑을 암시하고 있다. 왜냐하면 오감은 용도를 배제하더라도 그들 자체를 위해 애호되기 때문이다." 우리는 원칙상으로 공통감 경험이나 공통감 추론을 통해서 인식하려는 욕구로 제기된 질문들에 대해 완전하게 답변할 수 있다. 이러한 질문들은 감각지각이나 경험과 동일한 방식으로 교정 가능한 오류나 환상에 노출된다. 근대과학의 **진보**를 촉진하는 집요함마저도 해답을 무시하고 질문을 다시 공식적으로 제기함으로써 부단히 해결된다. 물론 이러한 집요함은 과학의 기본 목표 — 세계를 감각에 노출된 대로 관찰하고 이해하는 것 — 와 대립되지 않는다.

95   *De Interpretatione*, 17a1~4.
96   980a22와 이후 내용.

근대과학의 진리 개념은 오류와 환상을 제거해주는 반박하기 어려운 증거
인 공통감 경험으로부터 도출된다. 그러나 공통감과 더불어 공통감에 대한
상세한 논술 — 우리는 이를 과학이라 명명한다 — 은 모두 사유를 통해 제
기되고, 이성의 본질에 속하는 질문, 즉 의미를 묻는 질문에 답변을 제시할
수 없다. 의미 탐구는 공통감이나 공통감 추론에서 '중요하지 않다.' 왜냐
하면 우리와 현상세계를 조화시키고 오감 때문에 모습을 드러내는 세계에
서 우리를 편안하게 해주는 것은 육감의 기능이기 때문이다. 이걸로 됐기
에 제기될 질문은 없다.

과학이나 지식의 탐구는 *반박할 수 없는* 진리, 즉 인간이 자유롭게
거부하지 못하는 명제들을 지향한다. 이 명제들은 강압적이다. 라이프니츠
이후 알려진 바와 같이, 이것들은 두 가지 형태, 즉 추론의 진리와 사실의
진리로 구성된다. 이들 사이의 주요한 차이는 강제력에 있어서 정도의 차
이다. 즉 "추론의 진리들은 필연적이며, 반대의 입장은 불가능하다. 반면,
사실의 진리들은 우연적이지만, 반대의 입장은 가능하다."[97] 아마도 라이
프니츠 자신이 의도한 바는 아니겠지만, 이 차이는 매우 중요하다. 둘 더하
기 둘이 넷이라는 명제가 올바른 정신 상태에 있는 사람에게 강압적인 것
과 마찬가지로, 사실의 진리는 그 우연성에도 불구하고 그것을 눈으로 직
접 목격한 사람에게는 강압적이다. 핵심을 말하자면, 합리적 진리나 수학
적 진리는 동일한 지력을 지닌 모든 사람에게 자명하게 나타나지만, 하나
의 사건으로서 사실은 그것을 이해하려는 모든 사람이 결코 증명할 수는
없다. 사실적 진리의 강제력은 제한되지만, 이것의 강압적 성격은 보편적
이다. 목격자가 아닌 사람은 다른 사람의 증언에 의존해야 하지만, 우리는
그 사람을 믿을 수도 있고 믿지 않을 수도 있다. 따라서 사실적 진리의 강
제력은 우리에게 영향을 미치지 못한다. 합리적 진리는 사실적 진리와 구

별되는데, 사실적 진리의 정반대는 오류나 환상이 아니라 세심한 거짓말
이다.

최고 형태의 추론은 수학적 추론이다. 이것은 사유-사물만을 취급
하고 증인이나 감각적으로 부여된 것을 필요로 하지 않는다. 사실의 진리
와 추론의 진리를 구별하는 라이프니츠의 구분은 필연과 우연이라는 오래
된 구분에 기반을 둔다. 그런데 이러한 구분에 따르면, 필연적인 모든 것
은 존재할 수 없었지만, 현존하는 어느 것보다도 높은 존재론적 권위를 지
닌다. 수학적 추론이 모든 사유를 위한 범례로 기여해야 한다는 확신은 아
마도 피타고라스로 거슬러 올라갈 만큼 오래되었다. 이러한 확신을 보여
주는 대표적인 예는 수학 교육을 받지 못한 사람에게 철학을 맡겨서는 안
된다고 한 플라톤의 주장에서 발견된다. 그것은 여전히 중세 시대 '이성
명령dictamen rationis'의 뿌리에 놓여 있다. 진리가 폭력bia의 힘보다 훨씬 강
한 필연anagkē의 강제력으로 영향력을 행사한다는 주장은 그리스 철학의 오
랜 주제다. 진리가 "필연의 저항할 수 없는 힘"(아리스토텔레스의 표현에서는
hyp' autēs alētheias anagkasthentes[98])으로 인간을 강요할 수 있다는 주장은 언제나
진리에 대한 찬사로 여겨져왔다. 리비에르는 한때 다음과 같이 지적했다.
"유클리드는 실제로 전제적인 사람이다. 그리고 우리가 전달하는 진리들
은 실제로 전제적인 규칙들이다*Euclide est un véritable despote; et les vérités qu'il nous a
transmises, sont des lois véritablement despotiques.*"[99] 그로티우스는 동일한 개념을 수용
함으로써 "신도 둘 곱하기 둘을 넷이 안 되게 할 수 없을 것이다"라는 확신
을 갖게 되었다. 이 명제는 신을 필연의 명령에 포함하고 있을 뿐만 아니라,

---

[98]   *Physics*, 188b30. 아퀴나스는 《영혼에 관하여》, I, 2, 43에 대한 논평에서 "마치 진리 자체에
         의해 강요되는 것과 같이"라는 아리스토텔레스의 문구를 그대로 반복한다.

[99]   메르시에 드 라 리비에르Mercier de la Rivière의 《아카데미 프랑세즈 편찬 사전*The Dictionnaire de
         l'Académie*》에는 비슷한 맥락으로 "진리가 인간 정신에 미치는 영향력으로 말하자면, 진리의
         강제력*La force de la vérité, pour dire le pouvoir que la vérité a sur l'esprit des hommes*"이라고 밝히고 있다.

이것이 진실이라면 감각지각에 동등하게 정당해야 하기 때문에 매우 의심스러운 명제다. 둔스 스코투스는 이러한 근거에서 이 명제에 의문을 제기했다.

수학적 진리의 근원은 인간의 두뇌다. 지력은 공통감을 포함한 감각이나 공통감의 확장(칸트는 이를 '지성'으로 명명한다) 못지않게 자연적이며, 우리를 현상세계로 잘 인도할 수 있다. 우리는 다음과 같은 신비스러운 사실을 통해 지력의 속성을 가장 잘 증명할 수 있다. 수학적 추론은 두뇌의 가장 순수한 활동이며, 언뜻 보면 감각에 주어진 모든 특성을 추상화하기 때문에 순수한 공통감 추론으로부터 가장 많이 벗어나 있다. 따라서 수학적 추론은 우주를 탐구하는 과학에서 엄청나게 자유로운 역할을 수행한다. 인식과 인지기관인 지성은 아직도 이 세계의 일부다. 둔스 스코투스 방식으로 표현하면, 지성은 자연의 영향권에 있으며*cadit sub natura*, 불가결한 것을 지니고 있다. 감각기관과 지력을 지닌 생물은 이 불가결한 것에 영향을 받는다. 필연성의 반대는 우연성이나 우발적 사건이 아니라 자유다. 인간의 눈이나 인간 정신에 나타나는 모든 것, 유한한 존재에 좋든 나쁘든 나타나는 모든 것은 그들 자신의 존재를 포함해 '우연적'이다. 우리 모두는 다음과 같은 것을 알고 있다.

몇 십 년 전에 예정도 없이 여러분은 도착했노라,
자연의 심연으로부터 토해져 나온
저 끝없이 쏟아져 내리는 폭포수 같은 피조물들 사이에서.
과학은 말하노라, 황당한 사건이라고.

그러나 우리는 다음과 같은 시로 이것에 답변할 수 있다.

알 수 없는 나의 심연이여! 나는 말하노라, 진정한 경이라고.

그가 존재하게 되어 있다는 것을 누가 확신하지 않는가?[100]

그러나 이 "존재하게 되어 있음"이 진리는 아니다. 물론 이것은 매우 의미 있는 명제다.

달리 말하자면, 사실적 진리를 넘어서는 진리란 존재하지 않는다. 모든 과학적 진리는 사실적 진리다. 이것들은 순수한 지력에 의해 형성되고, 배제되지 않은 특별히 구성된 기호언어로 표현된다. 사실적 진술만이 과학적으로 검증 가능하다. 따라서 "삼각형이 웃는다"는 표현은 참이지만 무의미하다. 반면에 우리가 캔터베리의 안셀무스에서 발견한 바와 같이, 신의 존재에 대한 존재론적 증명은 정당하지 않으며, 또한 참되지 않다. 그러나 이것은 충분히 의미를 지니고 있다. 인식은 분명히 진리를 목표로 한다. 물론 이러한 진리는 과학의 경우처럼 확고한 진리는 아니지만 잠정적인 진술적 진리일 수 있다. 우리는 지식이 진보함에 따라 잠정적인 진술적 진리를 더 정확한 진술적 진리로 교체할 것이라고 기대한다. 그런데 진리가 사유에서 발생한다는 기대는, 우리가 '사유할 필요성'을 '인식하려는 충동'으로 착각한다는 것을 의미한다. 우리는 인식하기 위해 사유를 활용할 수 있고, 또 그러해야 한다. 그러나 사유는 이러한 기능을 발휘할 때 자신의 본래 모습을 유지하지 못하고 완전히 다른 기획(활동; enterprise)의 시녀가 된다. (헤겔은 중세 시대 철학과 비슷한 위치로 철학의 위상을 유지하려는 근대의 새로운 단계에 반발한 첫 번째 학자였던 것 같다. "예를 들면 철학은 신학의 시녀가 되어 그 성과들을 겸손하게 수용하게 되었다. 아울러 철학은 그 성과들을 논리적 순서로 배열하면서 그럴듯하고 개념적으로 증명할 수 있는 맥락에서 제시할 것을 촉구했다. 이제 철학은 다른 학문들의 시녀가 되기에 이르렀다. … 그 임무는 여러 학문 분

100   W. H. Auden, "Talking to Myself", *Collected Poems*, New York, 1976, p. 653.

야의 방법을 증명하는 것이다" — 헤겔은 이를 "그림자들의 환영을 파악하는"[101] 것
이라고 비판했다.)

진리는 우리 감각이나 두뇌의 속성 때문에 우리가 인정해야만 하는
것이다. 현존하는 사람들이 모두 "존재하게 되어 있었다"는 명제는 쉽게
반박될 수 있다. 그러나 "존재하게 되었던" 나에 대한 확신은 "나는 존재한
다"에 관한 모든 사유 성찰에 내재되어 있기 때문에 반박에도 불구하고 그
대로 유지된다.

나는 진리와 의미, 인식과 사유를 구분하는 원칙을 제시하고 그 중
요성을 주장함으로써 사유의 의미 추구와 인식의 진리 추구가 연계된다는
것을 부정하고 싶지는 않다. 사람들은 의미의 이해와 관련하여 대답할 수
없는 질문들을 제기함으로써 문제를 제기하는 존재로 활동한다. 사람들은
모든 인지적 질문의 해답을 찾는다. 이러한 질문 이면에는 대답할 수 없는
질문들이 잠재해 있다. 이것들은 무익한 것 같으며, 항상 그러한 것으로 무
시되어왔다. 사람들이 사유로 명명되는 '의미에 대한 욕구'를 상실하고 대
답할 수 없는 질문에 대한 문제 제기를 중단했다면, 그들은 우리가 예술 작
품이라고 부르는 사유–사물을 생산할 능력뿐만 아니라 모든 문명의 기초
가 되는 대답할 수 있는 질문들을 제기할 수 있는 능력을 모두 상실했을 것
이다. 그 가능성은 더 증대된다. 이러한 의미에서 이성은 지성이나 인식의
사전적 조건이다. 왜냐하면 이성과 지성은 분위기와 목적에서 전적으로 차
이가 있음에도 불구하고 연계되어 있기 때문에 철학자들은 과학이나 일상
의 삶에 아주 정당한 진리의 기준이 그들 자신의 특별한 업무에도 적용될
수 있다는 것을 항상 수용하려고 하기 때문이다. 그 이유는 다음과 같다. 실
천적이든 순수하게 이론적인 당혹감에서 발생했든 간에, 인식하려는 욕구
는 예정된 목표에 도달할 때 완성될 수 있다. 아울러 지식에 대한 우리의 갈

---

101   *Philosophie der Weltgeschichte*, Lasson. ed., Leipzig, 1920, pt. I, pp. 61~62.

증은 미지 세계의 광대함 때문에 억제될 수도 없지만, 이러한 활동 자체는
모든 문명에 의해 그 세계의 일부로서 유지되고 축적되는 점증적인 지식의
보고를 남긴다. 이러한 축적물을 상실한다는 것, 그리고 이를 보존하고 증
대시키는 데 필요한 기술적 전문성을 상실한다는 것은 불가피하게 이 특수
한 세계의 종말을 의미한다. 반대로 사유 활동은 가시적인 것을 남기지 않
는다. 따라서 사유의 필요성은 '현자들'의 통찰에 의해 결코 중단되지 않는
다. 긍정적 결과에 관한 한, 우리가 사유 활동을 통해 얻을 수 있는 최상의
기대 결과는 칸트가 자신의 목적을 수행하는 과정에서 최종적으로 획득했
던 것이다. 물론 이 목적은 "비록 소극적이기는 하지만 감각적으로 노출된
세계의 한계를 넘어서 이성의 사용을 확장시키려는, 즉 이성을 방해하는
장애물을 제거하려는"[102] 것이었다.

칸트는 이성과 지성, 즉 사변적 사유 능력과 감각 경험에서 발생하
는 인식 능력을 구분한다. 감각 경험에서 "모든 사유는 단지 직관에 도달하
는 수단이다." ("인식은 어떠한 방법이나 어떠한 수단을 통해서 대상과 연관될 수
있지만, *직관*은 인식이 대상과 직접적인 관계를 가지며 모든 사유가 수단으로 지향
하는 것이다.")[103] 칸트의 유명한 이 구분은 그 자신이 인정했던 것보다 큰 영
향을 미쳤으며, 아마도 자신이 인정했던 것 이외에도 영향을 미쳤다.[104] (그

---

102   Notes on metaphysics, Akademie Ausgabe, vol. XVIII, 4849.

103   *Critique of Pure Reason*, A19, B33.

104   내가 알고 있기로는, 이성과 지성이란 칸트의 구분에 대한 나의 이해를 뒷받침할 수 있는 유
       일한 칸트의 해석은 에릭 바일Eric Weil의 《순수이성비판》에 대한 탁월한 분석이다. "Penser
       et Connaître, La Foi et la Chose-en-soi", *Problèmes Kantiens*, 2nd ed., Paris, 1970. 바일에
       따르면, "학문을 이해하고 발전시킬 가능성을 순수이성에 부여하지 않은 칸트가, 인식하는
       대신에 생각하는 그 사람에게 지식을 획득할 가능성을 인정한다고 단언하는 것"(p. 23)은
       불가피하다. 그러나 바일의 결론이 칸트의 자신에 대한 이해와 더 가깝다는 점은 인정되어
       야 한다. 바일은 주로 순수이성과 실천이성의 상호연관성에 관심을 가지며, 다음과 같이 진
       술한다. 즉 "칸트 철학의 최종적 근거는 인식론이 아니라 철학적 인간학, 즉 인간론에서 모
       색되어야 한다."(p. 33) 반면에 나는 《순수이성비판》을 일종의 인식론으로 이해한 사람들이

는 플라톤에 대해 논의하는 과정에서 다음과 같이 언급했다. "한 저자가 자신의 주제와 관련하여 표현된 사상을 비교하는 순간 … 우리는 그가 자기 자신을 이해했던 것보다 그를 더 잘 이해하고 있다는 것을 발견하게 된다. 그가 자신의 개념을 명백히 결정하지 않았을 때, 그는 자신의 의도와 반대로 종종 언급하고 생각했다."[105] 그리고 이것은 물론 그의 저서에 적용될 수 있다.) 칸트는 이성이 특별히 그 자신에게 가장 중심적인 사유 대상인 신, 자유, 불멸성과 관련한 지식에 도달하지 못한다는 것을 주장했다고 하더라도, 사유의 최종 목적이 진리나 인식이라는 확신과 완전히 결별할 수는 없었다. 따라서 그는《비판》3부작을 통해 이성인식, 즉 "순수이성에서 발생하는 인식"[106]이란 용어를 사용하는데, 이 개념은 그에게 모순이었음에 틀림없다. 그는 결코 이성과 사유를 해방시키는 것을 완전히 자각하지 못했으며, 이러한 능력과 그 활동이 어떠한 '긍정적' 결과를 자랑하지 않는다고 하더라도, 이들을 정당화하는 것을 결코 완전히 자각하지 못했다. 우리가 알고 있듯이, 그는 자신이 "신앙을 위한 자리를 얻고자 … 지식을 부정할 필요가 있다는 것을 발견했다"[107]고 진술했다. 그러나 그가 '부정했던' 모든 것은 인식할 수 없는 사물에 관한 지식이었으며, 그는 신앙을 위한 자리가 아니라 사유를 위한 자리를 만들었던 것이다. 그는 자신이 "후세의 유산"[108]으로 미래의 "체계적 형이상학"의 기초를 구축

책의 결론 부분을 완전히 무시하고 있다는 점에 대해 물론 공감하지만(p. 34), 칸트 철학에 대한 나의 주요 유보사항은 정확히 그의 도덕철학, 즉《실천이성비판》과 연관된다.

최근 몇 년 사이 칸트의 문헌에서 가장 중요한 항목인 바일의 저서에 수록된 네 편의 논문은 모두 "사유 … 그리고 인식의 대비가 칸트적 사유의 이해를 위해 근본적이다"(p. 112, n. 2)라는 단순하면서도 중요한 통찰에 기반을 한다.

105   *Critique of Pure Reason*, A314.

106   *Ibid.*, B868.
        "그러나 모든 철학은 순수이성에 의한 인식이거나 경험적 원리들에 의한 이성 인식이다. 전자는 순수철학이라고 하고, 후자는 경험철학이라고 한다."(옮긴이)

107   *Ibid.*, Bxxx.

108   *Ibid.*

했다고 믿었다. 사변적 사유에 대한 칸트의 해방이 없었더라면, 독일 관념
론이나 그 형이상학 체계의 형성은 거의 불가능했을 것이다. 그러나 새로
운 부류의 철학자들인 피히테, 셸링, 헤겔은 칸트를 거의 만족시키지 못했
다. 칸트는 이전 학파의 독단주의와 그 무미건조한 행사로부터 이들을 해
방시키고, 이들을 사변적 사유에 만족하도록 촉구했다. 그러나 이들은 실
제로 데카르트로부터 그 단서를 택했고, 확실성을 계속 추적했으며, 다시
한 번 지식과 사유 사이의 구별을 희석시켰다. 그들은 자신들의 사유 결과
가 인식 과정의 결과와 동일한 형태의 정당성을 지닌다고 열렬히 믿었다.

　　목적에 이르는 수단으로 사유를 이용하는 지식과 '우리 이성의 본
성'에서 발원하여 그 자체로 작동되는 사유를 구별한 것은 칸트의 가장 위
대한 발견이다. 그는 지식과 사유를 꾸준히 대비시킴으로써 자신의 발견을
약화했다. 의미가 아닌 진리(칸트의 '직관')가 인간 정신 활동의 궁극적 기준
인 경우에 한해 기만과 환상에 대해 언급하는 것은 적어도 이러한 맥락에서
이해된다. 그의 주장에 따르면, "사유의 모든 권리와 주장의 이 지고한 법
정인 이성 자체가 기만과 환상의 근원이어야 한다는 것은 불가능하다."[109]
그는 옳았다. 그러나 사변적 사유의 능력인 이성이 현상세계에서 활동하지
않고, 따라서 환상이나 기만은 아니지만 비의미와 무의미를 생산할 수 있
다는 맥락에서만 옳다. 그런데 환상이나 기만은 감각지각과 공통감 추론의
영역에 속한다. 그는 순수이성의 이념을 단지 '명시적' 개념이 아닌 '발견
적' 개념으로 명명했을 때 이를 인식했다.[110] 이들은 잠정적이며, 어떤 것을
증명하거나 나타내지 않는다. "순수이성의 이념들은 본질적으로 존재한다
고 상정되지 않고 도식과 같은 실재성을 지니고 있는 것으로만 상정되어야
하며 … 본질적으로 실재적 산물로서가 아니라 오직 실재적 사물과 유사한

109　　*Ibid.*, B697.

110　　*Ibid.*, B699.

것으로 간주되어야 한다."[111] 달리 표현하면, 이들은 실재에 도달할 수 없으며, 실재를 드러내거나 표상할 수 없다. 순수이성 이념이 결코 도달할 수 없는 것은 단순히 내세적인 초월적 사물이 아니다. 오감의 상호작용을 통해 제시되고, 공통감에 의해 조화되며, 다원성이란 사실에 의해 보증된 실재성은 순수이성 이념의 밖에 존재한다. 그러나 칸트는 문제의 이런 측면을 주장하지 않았다. 왜냐하면 그는 자신의 이념들이 "공허한 사유-사물*leere Gedankendinge*"[112]로 밝혀지는 것을 두려워했기 때문이다. 그의 이념들은 우리의 일상세계와 일상적 의사소통에서 언어에 의해 변형되거나 왜곡되지 않은 채 자신을 적나라하게 드러낼 때, 불가피하게 공허한 사유물이 되고 만다.

　　칸트는 아마도 같은 이유 때문에 우리가 의미라고 명명하는 것을 목적, 심지어 의도와 동일시했다. "오직 이성의 개념에 의존하는 최상의 형식적 통일은 사물의 합목적적 통일이다. 이성의 단순한 사변적 관심은 세계 속의 모든 질서가 마치 최고 이성의 [의도]에서 발생했던 것같이 간주하도록 만들었다."[113] 이제 이성은 결국 특수한 목적을 추구하고, 그 이념으로 복귀하는 데 특수한 의도를 가지고 있다. 그는 불과 몇 쪽 뒤에 사유의 세 가지 주요한 대상들, 즉 '의지의 자유, 영혼의 불멸성, 신의 존재'와 관련하여 다음과 같이 밝히고 있다. "이성의 단순한 사변적 관심이 매우 적다는 것을 인정했다고 하더라도, 인간을 사유하게 만드는 것은 인간 이성의 필요성과 신, 자유, 불멸성에 대한 이성의 관심이다. 우리는 그 자체만을 위해서 초월적 탐구 노력을 시작할 필요는 없다. … 왜냐하면 이러한 문제들과 관련해 어떠한 발견이 이루어졌다고 하더라도, 우리는 도움이 되는 방식에

---

111   *Ibid.*, B702.
112   *Ibid.*, B698.
113   *Ibid.*, B714.

서 협조적으로 이들을 이용해야 할 필요는 없기 때문이다."[114] 그러나 우리
는 이 위대한 사상가의 연구에서 작은 모순을 추적할 필요는 없다. 위에서
인용한 문장들 가운데 그 자신이 이성을 목적과 동일시하려고 했던 것에 가
장 대조되는 문장이 나타난다. "순수이성은 사실 자신 이외의 어떤 것에도
집착하지 않으며, 다른 어떤 것을 다룰 수 있는 것도 아니다."[115]

---

114   *Ibid.*, B826.
115   *Ibid.*, B708.

2 현상세계 속의 정신 활동

비가시성과 이탈

사유, 의지, 판단은 세 가지 근본적인 정신 활동이다. 이들은 각기 서로 다른 활동에서 유래할 수 없으며, 여러 가지 공통 특징을 갖지만 공통 분모로 분류할 수 없다. 무엇이 우리를 사유하게 하는가? 이 질문과 관련된 유일한 답변은 칸트가 언급한 "이성의 필요성", 즉 성찰에서 자신을 실현하는 능력의 내적 충동이다. 매우 비슷한 것이 의지에도 적용된다. 이성이나 욕구는 의지를 움직일 수 없다. 둔스 스코투스의 인상적인 표현처럼, "의지 이외의 어떠한 것도 의지의 완전한 동인이 되지 못한다*nihil aliud a voluntate est causa totalis volitionis in voluntate*."[1] 이러한 능력에 대해 사유했던 사람들 가운데 자원론을 가장 적게 인정하는 아퀴나스도 이를 인정할 수밖에 없었다. "의지는 의지하기 위해 자신만을 의지한다*voluntas vult se velle*."[2] 마지막으로 판단은 항상 정신의 구성물인 일반성과 감각기관에만 노출되는 특

수성을 결합하는 정신의 신비한 능력이자 '특이한 능력'이다. 그러나 판단
은 본질적으로 지성과 무관하며, 삼단논법 형태의 일반 규칙에 특수한 것
들을 포섭하는 '규정적 판단'과도 무관하다. 어떠한 규칙도 그 규칙의 적용
을 위해 유효하지 않기 때문이다. 일반성을 특수성에 어떻게 적용할지를
이해하는 것은 부가적인 '자연적 재능'이다. 칸트에 따르면, 이러한 능력
부족은 "일반적으로 우매함으로 표현되며, 이러한 결점에 대한 치유책은
없다."[3] 판단의 자율적 성격은 '반성적 판단'의 경우에 더 명백하다. 반성적
판단은 일반성에서 특수성으로 내려오는 것이 아니라, 어떤 포괄적 규칙도
결코 동반하지 않은 채 '이것은 아름답다', '이것은 추하다', '이것은 옳다',
'이것은 그르다' 하는 식으로 결정함으로써 특수성에서 일반성으로 상승한
다. 그리고 판단은 "주요 원리를 오직 자신으로부터만 법칙으로서 도출하
고, 오직 자신에게만 법칙으로서 부여할 수 있다."[4]

　　내 생각에 이러한 정신 활동들은 자율적이라는 이유에서 근본적인
활동이다. 즉 이러한 정신 활동들은 모두 영혼의 정념들이 어느 정도 침묵
을 유지할 것을 전제할지라도, 각기 자체에 내재된 법칙에 복종한다. 헤겔
은 이러한 "냉정한 침묵*leidenschaftslose Stille*"을 "단순한 사유 인식"[5]의 탓으로
돌렸다. 동일한 사람이 항상 사유하고 의지하며 판단하기 때문에 이러한 활
동의 자율적 성격은 엄청난 어려움을 야기해왔다. 이성이 의지를 움직일 수
없다는 사실, 사유가 과거의 것을 '이해하지만' 이를 제거하거나 '다시 회복
시킬' 수 없다는 사실 — "미네르바의 부엉이는 땅거미가 질 때 비상한다"[6]

3　　　*Critique of Pure Reason*, B171~B174.

4　　　*Critique of Judgment*, trans. J. H. Bernard, New York, 1951, Introduction, IV.

5　　　*Science of Logic*, 제2판 서문.
　　　　"논리학이 사유 일반의 학문으로 인정될 때마다 이러한 '사유'는 한낱 '인식cognition' 형태
　　　　를 구성하는 것으로 이해된다."(옮긴이)

6　　　*Philosophy of Right*, Preface.

— 때문에 정신의 무력감과 비이성적인 것의 강력함을 주장하는 다양한 교의가 나타나게 되었다. "이성이 정념의 노예이며, 오직 *그러해야만 한다*"[7]는 흄의 유명한 언명, 즉 영혼이란 집에서 이성이 완전히 지배한다는 플라톤의 생각을 반전시킨 주장도 이러한 교의에 해당된다. 아주 놀랍게도 이러한 이론과 교의에는 모두 일원론이 내재되어 있다. 즉 이 잠재적 일원론은 가지각색의 세계 현상들 이면이나 우리의 상황에 한층 더 연관되지만, 정신 능력과 신체 능력의 명백한 다원성 이면에는 단일한 근원이든 단일한 지배자든 단 하나 — "모든 것은 하나다*hen pan*"라는 옛말 — 가 존재해야 한다는 주장이다.

게다가 정신 활동은 제약을 받지 않는다는 점에서 자율성을 지닌다. 삶이나 세계의 어떤 조건들도 정신 활동에 직접 조응하지 않는다. 왜냐하면 영혼의 "냉정한 침묵"은 조건이 아니기 때문이다. 정확하게 말하자면, 단순한 평온은 정신 활동, 즉 사유하려는 충동을 결코 촉발하지 않으며, '이성의 필요성'은 종종 정념을 진정시킨다. 확실히 내가 사유하고 의지하며 판단하는 대상들, 즉 정신 활동의 주제는 세계에 주어지거나 현세의 삶에서 발생한다. 그러나 이러한 정신 활동들은 어느 쪽이든 서로 필요로 하거나 제약하지 않는다. 사람들은 실존적으로 완전히 제약받는다. 사람들은 수명 때문에 사는 데 제약을 받으며, 살려고 노동해야 하고, 세계 속에서 안식하려고 작업을 하며, 동료 인간들로 구성된 사회에서 자신의 위치를 차지하기 위해 행위를 한다. 요컨대 사람들은 실제로 또는 인식과 이해에서는 이러한 조건들의 한계를 결코 넘어서지 못하지만, 정신적으로는 이러한 것들의 한계를 모두 넘어설 수 있다. 사람들은 이해와 인식 덕택에 세계와 자신들의 실재성을 탐구할 수 있다. 사람들은 자신들이 태어나고 자신들의

---

7   David Hume, *A Treatise of Human Nature*, Bk. III, part III, "Of The Influencing Motives of The Will."(옮긴이)

생존을 결정짓는 실재를 긍정적으로든 부정적으로든 판단할 수 있다. 그들은 불가능한 것, 예컨대 영원한 삶을 의도할 수 있으며, 알려지지 않은 것과 이해할 수 없는 것을 의미 있게 사유할 수 있다. 그리고 사유가 결코 실재를 직접 변경시킬 수 없다고 하더라도 ― 우리 세계에서 사유와 행위 사이의 대립만큼 근본적인 대립은 없다 ― 우리가 행위하고 판단하며 삶을 영위하는 기준은 궁극적으로 정신의 삶에 좌우된다. 간단히 말해, 이러한 원리와 기준은 무익한 정신 활동의 수행에 좌우된다. 정신 활동(사유)은 결과를 초래하지 않으며, "우리에게 행위 능력을 직접 부여하지 않는다"(하이데거).[8] 사유의 부재는 실제로 인간 문제에 영향을 미치는 강력한 요인이며, 통계적으로 말하자면 다수뿐만 아니라 모두의 행위에 영향을 미치는 가장 강력한 요인이다. 사람들은 인간 문제를 해결하는 데 여유가 없기*a-scholia* 때문에 잠정적 판단을 필요로 하고, 관습이나 습관, 즉 편견에 의존한다. 헤라클레이토스는 우리의 영혼이나 공통감뿐만 아니라 감각에도 영향을 미치는 현상세계와 관련하여 용어법에 구애받지 않은 말로 정확하게 다음과 같이 주장했다. "정신은 모든 사물과 분리되어 있다*sophon esti pantōn kechōrismenon*."[9] 칸트는 우리가 감각기관이나 지력을 갖고 있지 않더라도, 즉 진리나 오류의 기준뿐만 아니라 경험이나 과학적 인식의 조건을 갖고 있지 않더라도 동일한 형태의 합리적 사고를 할 수 있는 피조물, 즉 세계의 다른 곳에 존재하는 다른 예지적 존재들의 실존을 아주 확고하게 믿을 수 있었다.

　　현상세계나 신체 활동의 시각에서 볼 때, 정신 활동의 주요 특징은

8　　하이데거는《사유란 무엇인가》(글렌 그레이Glenn J. Gray 옮김, 1968), 157쪽에서 '사유란 무엇인가?'라는 질문 방식이 오늘날에도 이러한 취약점의 그늘에 놓여 있다고 밝히면서 그것을 네 문장으로 제시한다. "1. 사유는 과학과 같이 지식을 주지 않는다. 2. 사유는 유용한 실천적 지혜를 낳지 않는다. 3. 사유는 우주의 수수께끼를 풀지 않는다. 4. 사유는 우리에게 행위 능력을 직접 부여하지 않는다."(옮긴이)

9　　Frag. 108.

비가시성이다. 정확히 표현하면, 정신 활동은 사유하고 의지하며 판단하는 나에게 자신을 드러내기는 하지만, 외부에는 드러내지 않는다. 이러한 나는 활동하고 있다는 것을 자각하지만, 외부에 노출하려는 능력과 충동은 이러한 나에게는 포함되어 있지 않다. "은폐 속의 삶*lathē biōsas*"이란 에피쿠로스의 주장은 사리분별의 지혜일 수도 있다. 또한 사유하는 사람이 딛고 있는 장소*topos*에 대해 적어도 소극적이나마 정확하게 기술한 것이다. 사실 존 애덤스는 이와 정반대로 "행위로 드러내자*spectemur agendo*"[10]고 주장했다. 달리 표현하면, 인간의 능력은 사유로 노출되는 비가시적인 것에 조응한다. 인간의 능력은 잠재 상태에 있는 한, 다른 능력과 마찬가지로 한낱 가능태일 뿐만 아니라 완전한 현실태로 드러나지 않는다. 현상의 관점에서 인간 활동의 전반적인 규모를 고려할 때 우리는 노출 정도의 여러 가지 양태를 발견한다. 노동 활동이나 제작은 활동 자체의 현시를 필요로 하지 않는다. 행위와 말만이 자신을 현실화하기 위해 보고 듣는 사람뿐만 아니라 현상 공간을 필요로 한다. 그러나 이러한 활동들은 어느 것도 비가시적이지 않다. 고대 그리스의 언어 습관에 따르면, 가장 고상한 의미의 '활동하는 사람들', 즉 '영웅들'은 완전히 노출되고 상당히 명백하게 눈에 띄는 사람 *andres epiphaneis*으로 불렸다.[11] 이 습관을 따른다면, 우리는 당연히 사상가를 눈에 띄지 않는 사람이라고 불러야 할 것이다.

　여러 측면에서 볼 때, 정신은 비가시적인 내면의 삶을 지배하려고

10　이 문구는 원래 오비디우스의 《변신*Metamorphoses*》 제13권 120에서 아이약스와 울릭세스(그리스명: 오디세우스)가 아킬레스의 무구를 두고 벌이는 설전 가운데 나오는 아이약스의 언급이다. "끝으로 말할 필요가 어디 있소? 행동으로 드러냅시다!*Denique [quid verbis opus est?] spectemur agendo!*"(옮긴이)

11　Thucydides, *Peloponnesian War*, II, 43.
　페리클레스가 아테나이 전몰자들을 위한 추도사에서 언급한 내용이다. "이분들은 공익을 위해 목숨을 바치고 그 대가로 자신들을 위해 불멸의 명성과 가장 영광스러운 무덤을 받았습니다. … 온 세상이 탁월한 사람들의 무덤입니다."(옮긴이)

주로 경쟁하는 영혼과 결정적으로 다르다. 정념, 느낌, 감정이 발생하는 곳인 영혼은 우리가 주역을 맡지 않고 수동적으로 경험하는*pathein* 사건들이 다소간 혼란스럽고 어수선하게 섞여 있는 상태와 같다. 이 사건들은 고통이나 쾌락과 마찬가지로 그 강도가 매우 높은 경우에는 우리를 압도할 수 있다. 영혼의 비가시성은 내부 신체기관의 비가시성과 유사하다. 우리는 이 신체기관의 기능과 역기능을 통제할 수 없더라도 그것을 자각할 수는 있다. 반면, 정신의 삶은 순수한 활동이며, 다른 활동과 마찬가지로 마음대로 작동되거나 중단될 수도 있다. 게다가 정념의 소재지는 비가시적이지만, 정념은 자신을 겉으로 표현할 수 있다. 다시 말해, 우리는 수치심을 느끼거나 당혹스러우면 얼굴이 붉어지고, 공포나 분노를 느끼면 얼굴이 창백해진다. 또한 행복감에 환한 얼굴을 하거나 낙담하여 풀이 죽은 표정을 할 수 있다. 그리고 우리는 정념을 드러내지 않기 위해 상당한 자제력 훈련을 해야 한다. 정신은 단지 무심한 태도를 외부로 드러낼 뿐이다. 무심한 태도란 주변 세계를 분명히 무시하는 태도이며, 우리 내면에서 실제 발생하는 것을 결코 드러내지 않는 전적으로 소극적인 것이다.

무엇인가 눈에 띄지 않더라도 존재할 수 있다는 것, 즉 비가시성이라는 사실조차도 항상 인상적임에 틀림없다. 사람들은 외감에 나타나지 않는다는 하나의 이유 때문에 종종 영혼, 정신, 그리고 의식을 똑같이 내감의 대상으로 생각해왔다. 우리의 모든 전통은 이들을 명백히 구분하는 것에 대해 이상하게 많은 거부감을 갖는다. 따라서 플라톤은 영혼이 가시적인 사물 세계 속에서 비가시적인 것을 인식하는 데 기여한다면서 영혼을 비가시적이라고 결론짓는다. 전통적 형이상학의 편견에 대해 가장 비판적이었던 철학자들 가운데 한 사람인 칸트 역시 두 가지 형태의 대상에 대해 종종 다음과 같이 설명했다. "사유하는 '나'는 내감의 대상이고 '영혼'이라 불린다. 외감의 대상인 그것은 '육체'라 불린다."[12] 물론 이러한 주장은 오랫동안 수용되었던 형이상학적인 이원적 세계론의 변형일 뿐이다. 다음과 같

은 가정 아래 감각 경험의 외향성을 유추한다. 즉 외부 공간이 신체를 위
한 장소를 제공하듯이, 내부 공간은 우리의 내면에 있는 것에 거처할 곳을
준다. 그 때문에 우리의 외감이 외부세계를 다루는 데 확실성을 유지하듯
이, 우리는 내성內省 직관인 '내감'이 '내부'에서 일어나는 모든 것을 확인
하는 데 적합하다고 상상할 수 있다. 그리고 영혼과 관련한 비유 역시 왜곡
되지는 않는다. 느낌과 감정은 자력으로 형성된 것이 아니라 영혼에 영향
을 미치고, 어떠한 반응, 즉 영혼의 성정pathēmata — 영혼의 수동적 상태와
분위기 — 을 야기한 '정념'이기 때문에, 이런 내적 경험은 성찰이라는 '내
감'을 실제로 순순히 받아들일 수 있다. 왜냐하면 칸트가 이미 언급한 것처
럼 내적 경험도 "외적 경험이라는 전제 아래서만"[13] 가능하기 때문이다. 느
낌과 감정이 신중한 개입으로 변화될 가능성이 없다는 사실, 즉 내적 경험
의 수동성은 안정이란 인상적인 환영幻影을 초래한다. 따라서 이러한 환영
은 내성의 어떤 환상을 형성한다. 이 환상은 이어서 정신이 자체 활동의 주
인일 뿐만 아니라 — 정신이 단지 영혼의 최고 기관인 것같이 — 영혼의 정
념도 지배할 수 있다는 이론으로 이어진다. 이 이론은 매우 오래전에 형성
되었으며, 쾌락과 고통에 대한 정신의 통제라는 스토아사상에서 그 절정에
도달한다. 이러한 이론의 오류 — 당신이 형벌 도구인 놋쇠 황소Phalarian Bull
속에서 화형을 당하듯이 난관에 직면했을 때 행복감을 느낄 수 있다는 환상
— 는 결국 영혼과 정신이 같다고 간주하는 것, 즉 영혼과 영혼의 본질적 수
동성을 정신의 강력한 지배력 탓으로 돌리는 데 있다.

　　정신 활동, 특히 사유 활동은 사유 대상에 직면할 때 그 대상에 결코
만족하지 않는다. 정신 활동은 자신의 관심을 야기했을지도 모르는 모든
것의 단순한 소여성所與性 영역을 넘어서며, 이것을 나와 나 자신의 실험, 즉

12　　*Critique of Pure Reason*, B400.

13　　*Ibid.*, B275.

자기실험*experimentum suitatis*으로 전환한다. 13세기 프란치스코 교단의 의지
철학자인 올리비[14]가 이 용어를 사용했다. 다원성은 지구에서 살아가는 인
간 삶의 기본적인 실존 조건들 가운데 하나이기 때문에, 사람들 사이에 있
다는 것*inter homines esse*은 로마인들에게는 살아 있다는 징표, 즉 세계와 자기
의 실재성을 자각한다는 징표였다. 반면에 사람들 사이에 있지 않다는 것
*inter homines esse desinere*은 죽는다는 것과 동의어였다. 홀로 있으면서 나 자신
과 접촉한다는 것은 정신의 삶이 보여주는 두드러진 특징이다. 실존적으로
표현하자면, 다원성은 '의식*syneidenai*' — 나 자신을 안다는 것 — 이란 용어
나 사실에 이미 함의된 이원성으로 환원된다. 그런데 이 접촉을 실재화할
경우에만 정신은 그 자체의 삶을 가진다고 할 수 있다. 내가 나 자신과 교제
하는 이 실존적 상태는 '고독solitude'이다. 고독은 '고립loneliness'과 구분된
다. 고립 상태에 있는 나는 역시 홀로 있으나 인간 집단뿐만 아니라 나 자신
이라는 있음직한 동료로부터도 버림받는다. 나는 고립 속에서만 동료를 상
실했다고 느낀다. 그리고 사람들은 단지 꿈속에서나 광기 상태에서만 견딜
수 없고 '말로 표현하기 어려운' 고립 상태의 '공포'를 완전히 인식하듯이,
그들은 동료를 상실했다는 박탈감을 심각하게 자각하고 있는 상태에서 실
제로 단수로 존재한다.[15] 정신 활동은 모두 자체의 특성상 재귀성으로 인해
의식에 내재된 **이원성**을 증명한다. 정신 활동 기관은 암시적이든 명시적이
든 자신에게 다시 영향을 미치는 경우 외에는 활동하지 않는다. 확실히 의
식 — 칸트의 "나는 사유한다" — 은 "다른 모든 표상뿐만 아니라 내 모든
활동을 동반한다." 그런데도 나는 이 활동 속에서 나 자신을 완전히 망각할

---

14 Ernst Stadter, *Psychologie und Metaphysik der menschlichen Freiheit*, München, Paderborn,
    Wien, 1971, p. 195 참조.

15 '완전한 고립'의 이러한 꿈에 대한 중요한 기술을 이해하려면 다음 문헌을 참조할 것. Kant,
    Observations on the Feeling of the Beautiful and Sublime, trans. John T. Goldthwait, Berkeley,
    Los Angeles, 1960, pp. 48~49.

수 있다. 의식 자체는 고독 속에서 실재화되기 이전에 "나는 존재한다"의 동일성에 대한 인식 — "내가 나 자신에게 나타났을 때도 아니고, 내가 나 자체로도 아니고, 내가 있다는 것만으로 나 자신을 의식한다"[16] — 을 기껏 해야 성취한다. 이 자각은 평생 동안 다양한 표현, 경험, 기억을 통해 자기 의 동일한 연속성을 보장한다. 이와 같이, 이러한 자각은 "내 존재를 결정 하는 활동을 표현한다."[17] 정신 활동, 그리고 특별히 우리가 이후 고찰할 사 유 — 나the I와 나 자신 사이의 소리 없는 대화 — 는 원래 *이원성*의 실재화, 또는 모든 의식에 내재되어 있는 나와 나 자신 사이의 분열로 이해될 수 있 다. 그러나 사실상 내가 무의식적으로 의식하는 이 순수한 자기 자각은 활 동이 아니다. 모든 활동은 자기 자각을 동반한다. 그러한 자기 자각은 완전 히 침묵하는 상태인 '나-인-나-am-I'의 보증인이기도 하다.

　　자기 자신을 동료로 삼는 정신의 삶은 소리를 내지 않을 수도 있다. 그러나 모든 정신 활동이 지닌 재귀적(본래의 자리로 돌아가려는) 특성 때문 에 정신의 삶은 결코 조용하지 않으며, 또한 그 자체를 완전히 망각할 수도 없다. 모든 사유*cogitare*는 그 대상이 무엇이든 간에 역시 사유하는 나를 사유 함*cogito me cogitare*이고, 모든 의지 활동은 의지하는 나를 의지함*volo me velle*이 다. 몽테스키외가 한때 지적했듯이, 판단도 "오로지 나 자신으로 은밀하게 복귀*retour secret sur moi-même*"해야만 가능하다. 이러한 재귀성은 정신 활동에 필요한 내면성의 장소를 지적하는 것 같으며, 내면성의 장소는 외적(비정신 적) 활동이 이루어지는 외부 공간의 원리에 입각해 추론된다. 그러나 이러 한 내면성이 영혼의 수동적 내면성과 달리 활동의 장소로만 이해될 수 있었 다는 것은 오류다. 이 오류는 기독교 시대 초기 몇 세기 동안 의지나 의지하 는 나의 경험을 발견한 사실에 역사적 기원을 두고 있다. 나는 활동이 지속

16   *Critique of Pure Reason*, B157. 이 책의 제1장 45쪽과 비교할 것.

17   *Ibid.*, B158n.

되는 한 정신 능력과 재귀성을 자각하기 때문이다. 그것은 마치 내가 사유
하고 의지하며 판단할 때만 사유기관, 의지기관, 판단기관이 존재하는 것
과 같다. 그러한 잠재성이 현실화되기 이전에 존재한다는 것을 가정하면,
이 기관들은 잠재 상태에서 성찰에 노출되지 않는다. 사유 활동이 지속되
는 한, 나는 사유하는 나를 완벽하게 의식한다. 그러나 현실세계가 다시 자
신을 드러내면, 사유하는 나는 마치 신기루처럼 사라질 것이다.

정의상 겉으로 드러나지 않는 정신 활동은 현상세계 속에서 발생한
다. 또한 다른 사람에게 나타나는 능력과 나타나려는 충동을 통해서뿐만
아니라 자신의 수용적인 감각기관을 통해 이러한 현상을 부분적으로 공유
하는 사람에게서 발생한다. 따라서 정신 활동은 현상으로부터 신중하게 이
탈하는 경우에만 존재할 수 있다. 신중한 이탈은 세계로부터의 이탈이 아
니라 — 사유만이 일반화하려는 성향, 즉 특수성과 대비되는 일반성에 대
한 특별한 관심 때문에 세계로부터 완전히 이탈하려는 경향을 띤다 — 감각
에 노출된 세계로부터의 이탈이다. 모든 정신 활동은 감각에 부재하는 것
을 자신에게 나타내는 정신 능력에 좌우된다. 실제로 부재하는 것을 노출
시키는 재현再現은 정신의 특이한 재능이다. 그리고 정신에 관한 용어는 모
두 시각 경험에서 도출된 은유에 기반을 두고 있기 때문에 우리는 이 재능
을 상상력이라 부른다. 칸트는 이를 "현전하지 않아도 대상을 직관하는 능
력"[18]이라고 정의했다. 부재하는 것을 노출하는 정신 능력은 물론 부재하
는 대상의 정신적 이미지로 제한되지는 않는다. 기억은 일반적으로 더 이
상 존재하지 않는 것은 무엇이든 저장하며, 상기想起 성향으로 이것을 남긴
다. 반면에 의지는 아직 존재하지 않지만 미래에 나타날 수 있는 것을 예상
한다. 우리는 부재하는 것을 노출하는 정신 능력 덕택에 '더 이상 존재하지
않는 것'을 말하고 과거를 스스로 구성할 수 있으며, '아직 존재하지 않는

[18]   "Anthropologie", no. 28, *WerKe*, vol. VI, p. 466.

것'을 말하고 미래에 대비할 수 있다. 그러나 이러한 정신은 현재뿐만 아니라 일상의 삶에서 겪는 긴급한 일로부터 이탈한 이후에만 활동할 수 있다. 요컨대 정신은 의지하기 위해서는 성찰하거나 반영反映하지 않은 채 자신의 대상을 포착하려고 손을 뻗치는 욕구의 직접성으로부터 이탈해야 한다. 왜냐하면 의지는 현재 이곳에 있는 '대상'이 아니라 앞에 놓인 '기투企投' ─ 예컨대 의지가 현재 욕구할 수 있거나 그렇지 않을 수 있는 대상이 미래에 유효할 가능성 ─ 에 관심을 갖기 때문이다. 의지는 욕구를 의도로 바꾼다. 마지막으로 판단은 미학적이든 법률적이든 도덕적이든 곤란한 일이나 직접적인 이해관계로 나타나는 편파성으로부터 분명히 '부자연스럽지만' 신중하게 이탈하는 것을 전제한다. 이해관계의 편파성은 세계 속에서 차지하는 내 위치와 그곳에서 수행하는 내 역할 때문에 나타난다.

나는 정신 활동들의 위계질서를 확립하려는 노력은 잘못이라고 믿지만, 우선순위가 존재한다는 것은 부정하기 어렵다. 모든 면에서 감각지각의 관심으로부터 벗어나는 것에 정신적으로 집중하려는 노력이나 재현능력은 지속적인 성찰을 하고 의지와 판단이 이뤄지도록 정신을 고무하지 않는다면, 우리는 여전히 의지하거나 판단할 수 있다고 하기 어렵다. 게다가 아직 존재하지 않는 것과 더 이상 존재하지 않는 것을 다루는 것도 가능하지 않다. 달리 말하면, 우리가 일반적으로 말하는 '사유'는 비록 의지를 촉진하거나 판단에 필요한 일반 규칙들을 제공할 수 없지만, 사유는 정신이 부재 상태의 구체적인 것들을 다룰 수 있는 방식으로 감각에 드러난 구체적인 것들을 미리 마련해야 한다. 간단히 말해, 사유는 이것들의 '감각적 속성을 제거해야 한다de-sense.'

내가 알기로는 아우구스티누스가 이 준비 과정을 가장 훌륭하게 기술했다. 그의 주장에 따르면, 감각지각, 즉 "감각이 신체에 의해 형성되었을 때 외부에 존재했던 시각"은 이를 재현하는 이미지인 "유사한 내부의 시각"으로 바뀐다.[19] 따라서 이 이미지는 기억 속에 저장되며, 정신이 이것을

확보하는 순간, "사유 속의 시각"이 된다. "기억 속에 남아 있는 것", 즉 한
때 실재적이었던 것의 한낱 이미지는 "사유 속의 시각", 즉 신중하게 기억
된 대상과 결정적으로 다르다. "기억 속에 남아 있는 것은 … 이것이고, 기
억할 때는 다른 무엇이 나타난다."[20] 왜냐하면 "기억 속에 숨겨져 유지되는
것은 기억하는 사람의 사유 속에서 기억에 의해 각인된 것과 서로 다르기
때문이다."[21] 이미지는 감각 대상의 단순한 표상이므로 이미지가 가시적인
감각 대상과 다르듯이, 사유 대상은 이미지와 다르다. 이러한 두 가지 형태
의 변화 때문에 사유는 계속 진행된다. 즉 "우리가 이성을 통해 유형적 사
물에 관한 사유에서 기능하는 어떠한 시각으로도 발견하지 못한 숫자의 무
한성을 증명하거나, 아주 미세한 물체도 무한히 분리할 수 있다는 것을 알
아낼 때", 사유는 모든 가능한 상상력의 영역을 넘어서 "사실상 계속 진행
된다."[22] 따라서 가시적 대상을 정신에 저장되기에 적합한 비가시적 대상으
로 변화시키는 상상력은 알맞은 사유 대상을 정신에 제공하기 위한 필수조
건이다. 그러나 정신이 집중을 충분히 유발하도록 관심을 불러일으키는 모
든 것을 기억의 저장고에서 적극적이고 세심하게 기억하고 회상하고 선정
할 때만 사유 대상은 비로소 나타난다. 정신은 이러한 작용 속에 부재하는
것들을 다루는 법을 배운다. 그리고 항상 부재하는 것, 즉 감각 경험에 결코
노출되지 않았기 때문에 기억할 수 없는 것을 이해하기 위해 '더 나아가려
고' 준비를 한다.

　　　사유 대상들의 마지막 부류인 개념, 이념, 범주 등은 '전문적' 철학
의 특별 주제가 되었지만, 일상의 삶에서 존재하는 어떠한 것도 사유를 위

19　　*The Trinity*, bk. XI, chap. 3. 영어판: *Fathers of the Church* series, Washington, D. C., 1963,
　　　　vol. 45.

20　　*Ibid.*

21　　*Ibid.*, chap. 8.

22　　*Ibid.*, chap. 10.

한 양식이 될 수 있으며, 감각 대상을 적절한 사유 대상이 되도록 예비하는 이중적인 전환에 영향을 받을 수 있다. 철학이 특정 주제로 선정한 형이상학적 질문들은 모두 평범한 공통감 경험에서 발생한다. '이성의 필요성' — 사람들은 의미를 탐구하려는 동기 때문에 형이상학적 질문들을 제기하게 된다 — 은 목격한 일부 사건들에 대해 이야기하거나 이에 관한 시를 지으려는 필요성과 결코 상이하지 않다. 사람들은 이러한 모든 성찰 활동 속에서 현상세계 밖으로 이동하고, 철학의 특이한 용어가 되기 이전 오랫동안 일상 언어의 일부였던 용어들로 가득 찬 언어를 사용한다. 기술적으로 표현하자면, 철학의 경우는 아니지만 사유의 경우에 현상세계로부터의 이탈은 유일하게 본질적인 전제조건이다. 우리는 누군가에 대해 사유하려면 우리의 면전에서 그를 벗어나게 해야 한다. 우리는 그와 함께 있을 때 그를 또는 그에 대해 사유하지 않는다. 사유는 항상 기억을 함의한다. 물론 우리는 우연히 앞에 있는 타인이나 무엇에 대해 사유할 수도 있다. 그럴 때 우리는 은밀하게 주변 사람들로부터 스스로 이탈해 이미 그 자리에 없는 것처럼 행동한다.

　　이러한 주장은 왜 사람들이 의미 탐구, 즉 사유 — 지식, 심지어 지식 자체에 대한 욕구와는 대조적으로 — 를 종종 아주 부자연스럽다고 느꼈는지를 암시할 수도 있다. 즉 사람들이 목적 없이 성찰하면서 자신들의 존재 자체뿐만 아니라 세계의 순수한 구체적 현존성에 대한 다양한 경이로 눈뜨게 된 자연적 호기심을 벗어날 때마다, 그들은 마치 *인간조건과 반대되는* 활동에 참여하기라도 하는 듯이 의미 탐구를 부자연스럽다고 생각했다. 하이데거가 언급했듯이, 대답할 수 없는 "근본 질문"을 제기할 뿐만 아니라 지식의 창출에 기여하지 않고 실천적 필요와 목적에 의해 인도되지 않는 온갖 성찰, 즉 사유 자체는 "정상 상태를 벗어나 펼쳐진다."[23] 어떠한 일상의

23　　*An Introduction to Metaphysics*, trans. Ralph Manheim, New Haven, 1959, p. 12.

활동이 우연히 나타나더라도, 사유는 그 모든 활동에 개입해 제동을 건다. 모든 사유는 멈춰서 생각하기를 요구한다. 이원적 세계론은 그 오류와 불합리성이 무엇이든 간에 '사유하는 나'의 이러한 진정한 경험에서 발생했다. 그리고 사유를 방해하는 것은 모두 현상세계, 그리고 내가 동료들과의 교제에서 얻게 되고 내 존재의 실재성에 대한 내 감각을 자동적으로 보장하는 공통감 경험에 속한다. 그 때문에 의식의 과잉이 내 신체 기능의 자동성 — 발레리의 표현대로, "심사숙고해야 하거나 또는 심사숙고할 수 없는 행위의 실현*l'accomplissement d'un acte qui doit être réflexe ou ne peut être*" — 을 마비시킬 수 있는 것과 같은 방식으로 사유가 나를 마비시키더라도, 사유를 방해하는 것은 실제로 존재한다. 발레리는 의식 상태와 사유 상태를 동일시하면서 다음과 같이 덧붙인다. "사람들은 타락할 경우에 내가 다음과 같이 요약한 지혜를 완전히 얻게 된다. 나는 때론 생각하고, 때론 존재한다*on en pourrait tirer toute une philosophie que je résumerais ainsi: Tantôt je pense et tantôt je suis*."[24] 발레리의 이러한 멋있는 견해는 마찬가지로 멋있는 경험 — 신체기관에 대한 의식마저도 신체기관의 정상적 작동을 충분히 방해할 수 있다 — 에 기반을 두고 있다. 발레리는 존재와 사유의 적대감을 주장한다. 우리는 그 근원을 플라톤의 유명한 주장(사람들이 사유를 통해 생활 세계로부터 이탈했던 것처럼 철학자의 신체 — 그를 현상 속에 드러나게 하는 것 — 만은 아직도 인간 사회에 거주하고 있다)에서 추적할 수 있다.

죽음과 철학의 유사성에 관한 매우 별난 생각이 철학사에 걸쳐 내내 지속되어왔다. 철학은 수 세기 동안 인간들에게 죽는 법을 가르친 셈이다. 로마인들은 이러한 맥락에서 철학 연구가 노인들에게만 적합한 작업이라

아렌트는 '정상 상태로부터 벗어난außer-ordentlichen', 또는 '행위 범위를 따라 펼쳐지지 않는liegen nicht am Wege'을 'out of order'로 표기한다.(옮긴이)

24   Valéry, "Discours aux Chirurgiens", *Variété*, Paris, 1957, vol. I, p. 916.

고 확정했다. 반면에 그리스인들은 청년들이 철학을 연구해야 한다고 주장했다. 그러나 철학자로서 철학자가 아닌 사람에게 자신이 마치 죽음을 추구하는 것 같다고 처음 언급한 사람은 플라톤이다.[25] 그리고 스토아학파 설립자이자 플라톤과 같은 세기에 살았던 제논은 최선의 생활을 하기 위해 자신이 무엇을 해야 하는지 델포이 신탁에 질문했다. 그 순간 델포이 신탁은 "사자死者를 모방하라"는 답변을 했다고 제논은 기록했다.[26] 근대에 들어와 쇼펜하우어를 비롯해 많은 사람들은 인간의 유한성이 철학의 영구적 근원이며, 즉 "죽음이 실제로 철학을 고취하는 신이고 ⋯ 죽음 없이는 어떠한 철학적 탐구도 거의 존재하지 못했을 것이다"[27]라고 주장했다.《존재와 시간》을 저술한 청년기 하이데거조차도 죽음에 대한 '예기豫期'[28]를 결정적 경험으로 다루었다. 인간은 이 경험을 통해 본래적 자기를 성취할 수 있으며, 세인들의 비본래성으로부터 해방될 수 있다. 플라톤이 지적했듯이, 세인들은 죽음에 대한 이러한 교훈이 다수의 견해에서 실제로 나타났던 정도조차 전혀 의식하지 못한다.[29]

---

25   *Phaedo*, 64.

26   Diogenes Laertius, VII, 2.

27   *Sämmliche Werke*, Leipzig, n. d., "Über den Tod", vol. II, p. 1240.

28   'anticipation'이란 용어는 우리말로 '예상', '기대', '예감', '예기', '예견' 등 다양하게 표현되지만, '앞으로 닥쳐올 일에 대해 미리 생각하고 기다린다'를 강조하고자 여기에서는 예기로 사용한다.(옮긴이)

29   철학자의 죽음에 대한 주장은《파이돈》(64b-c)에 나타난다. "참으로 지혜를 사랑하는 사람들은 죽기를 바란다는 것을, 그리고 이들은 이를 맞을 자격이 있다는 것을 많은 사람이 모르고 있지 않다는 것을 말씀입니다. ⋯ 다만 그들은 이 점을 모르고 있지. 그들은 참으로 지혜를 사랑하는 사람들이 어떤 점에서 죽기를 바라는지, 그리고 어떤 점에서 죽음에 대한 자격이 있고 ⋯ 어떤 죽음인지를 모르기 때문이네."(옮긴이)

사유와 공통감 사이의 골육상쟁

생애 전체를 사유하는 데 헌신하며, 결과적으로 인간의 여러 가지 능력 가운데 하나만을 독점해 그것을 절대적인 것으로 부상시키는 전문가의 삶의 방식이나 철학자의 초연한 태도는 보통 사람들의 공통감에는 "죽은 사람을 모방하는" 것으로 보일 수 있다. 왜냐하면 우리는 보통 소멸이라는 가장 근본적인 경험이나 현상세계로부터의 이탈을 죽음으로 이해하는 세계 안에서 정상적으로 활동하기 때문이다. 자살을 희망하지 않고도 이러한 삶의 방식을 신중하게 선택한 사람들은 적어도 파르메니데스 이후 언제나 존재해왔다. 이러한 사실에 비추어 볼 때, 죽음에 대한 친근감이란 감정은 사유 활동과 사유하는 나 자신의 경험으로부터 비롯되지 않는다. 오히려 철학자는 자신의 공통감 — 자신이 "당신이나 나와 같은 사람"이라는 점 — 덕택에 사유하는 동안 '정상 상태를 벗어나' 있음을 자각한다. 그는 결국 모든 사람의 '공통성'을 공유하기 때문에 공통 견해로부터 영향을 받는다. 그는 실재성에 대한 자신의 감각 때문에 사유 활동을 의심하게 된다. 사유는 공통감 추론을 옹호하거나 의미 탐구의 '무의미성'을 인정하는 주장에 대해서는 속수무책이다. 철학자는 그러한 목적 때문에 공통감의 관점들을 단순히 거꾸로 표현하는 경향이 있다. 공통감이나 공통 의견이 "죽음은 모든 악들 가운데 가장 큰 것"이라고 주장한다면, (죽음을 영혼과 육체의 분리로 이해했던 플라톤 시대의) 철학자는 다음과 같이 말하고 싶어 한다. "도리어 죽음은 철학자에게 신성이며 은인이다. 그 이유를 정확히 말하자면, 죽음은 육체와 영혼의 연합 상태를 해체하기 때문이다."[30] 즉 죽음은 정신을 신체의 고통과 쾌락으로부터 해방시키는 것과 같다. 의식이 신체기관의 적절한 기능을 방해하는 것처럼, 정신 활동은 신체의 고통과 쾌락으로 인해 방

---

30   *Phaedo*, 64~67.

해받는다.[31] 철학사 전반을 살펴보면, 사유 대상에 대해서는 그렇게 많이 언급하면서도 사유 과정과 사유하는 나의 경험에 대한 언급은 그리 많지 않다. 반면에 철학사 전반은 우리의 오감을 공동세계에 조화시키려는 육감인 공통감, 그리고 인간의 사유 능력이나 이성의 필요성 사이의 골육상쟁으로 가득 차 있다. 물론 인간은 사유 능력과 이성의 필요성 때문에 상당 기간 공동세계로부터 이탈하고자 결심하게 된다.

철학자들은 그러한 골육상쟁을 다수에 대한 소수의 자연적 적대감이나 소수의 진리에 대한 다수 의견의 자연적 적대감으로 해석해왔다. 그러나 이러한 해석을 옹호하는 역사적 사실들은 오히려 빈약하다. 소크라테스 재판은 분명히 역사적 사실이다. 플라톤은 이러한 사실 때문에 '동굴의 비유'의 끝부분(철학자가 이데아의 하늘로 고독하게 비상했다가 다시 동굴의 암흑과 동료 인간 집단으로 복귀하는)에서 다수가 할 수만 있다면 소수를 습격하고 살해할 것이라고 선언했다. 소크라테스 재판에 관한 이러한 해석은 헤겔에 이르기까지 철학사를 통해서 울려 퍼진다. 이 사건에 대한 플라톤의 견해와 관련한 몇 가지 매우 정당한 의문을 제외한다면,[32] 사실 다수가 자진해 철학자들에게 전쟁을 선언했다는 기록은 거의 없다. 소수와 다수에 관한 한, 그것은 오히려 반대의 경우였다. 철학자는 자발적으로 사람들이 사는 도시를 떠나면서 뒤에 남아 있는 사람들에게 다음과 같이 말했다. 그들은 자신들이 제정신으로 부여했던 신뢰나 시인들을 믿으려는 자발적 의지에 의해 기만당했고, 자신들이 지력을 활용해야 할 때 대중에게 배웠으며, 최악의 경우에 감각적 만족을 위해서만 살아가는 데 만족하고, 송아지같이 배를 채우는 것에 만족했다.[33] 다수가 철학자와 비슷해질 수 없다는 것은 오

---

31   Valéry, *op. cit., loc. cit.*

32   N. A. Greenberg's analysis, "Socrates' Choice in the Crito", *Harvard Studies in Classical Philology*, vol. 70, no. 1, 1965.

33   Heraclitus, frags. 104, 29.

히려 명백하다. 그러나 플라톤이 언급한 바와 같이, 이것은 철학을 탐구하는 사람들이 "야수세계에 떨어진 사람의 처지와 마찬가지로" 다수에 의해 "필히 비방당하고" 박해받아야 한다는 것을 의미하지는 않는다.[34]

철학자는 고독하게 생활하며, 이러한 방식을 자유롭게 선택한다. 철학적 재능의 '가장 고귀한 성격'을 발전시키는 데 유리한 자연적 조건을 자세히 설명한 플라톤 자신은 다수의 적대감을 언급하고 있지 않다. 그는 오히려 "보잘것없는 … 업무를 다루는 작은 도시에서 태어난 위대한 정신"인 망명자에 대해 언급하며, 그러한 자질을 지닌 사람이 건강 악화로 다수의 공적인 문제에 관심을 갖지 못하는 상황에 대해서도 언급한다.[35] 그러나 사유와 공통감 사이의 대립을 소수가 다수에 저항한 결과로 간주하는 이러한 국면 전환 ── 재치 있게 표현하자면, 철학자가 지배하겠다는 주장 ── 은 철학자의 전통적 피해망상광보다 조금 더 그럴듯하고 더 훌륭하게 증명되기는 하더라도, 진실에 근접하지는 못한다. 공통감과 '전문적' 사유 사이의 대립에 관한 가장 설득력 있는 설명은 이미 언급된 요지다. (즉 우리는 여기에서 골육상쟁을 다루고 있다.) 왜냐하면 공통감이 철학에 대해 제기할 수 있었던 모든 이의를 처음으로 자각한 사람들은 확실히 철학자임에 틀림없기 때문이다. 그리고 플라톤은 '철학적 특성에 부합하는' 정치체를 취급하지 않은 곳에서 '신성한 것에 관심을 가진 사람들이 인간적인 것에도 잘 하는가?'라는 질문을 받았을 때, 질문에 대한 답변을 웃음으로 대신했다.[36]

다수는 철학자의 집념이나 명백하게 무용해 보이는 그의 관심사에도 적대감이 아닌 웃음으로 자연스럽게 반응한다. 이러한 웃음은 악의가 없으며, 따라서 신랄한 논쟁에서 상대방에게 종종 보이는 조롱과 전혀 다

---

34   *Republic*, 494a, 496d.

35   *Ibid*., 496a와 이후 내용. Cornford, *The Republic of Plato*, pp. 203~204.

36   *Philebus*, 62b.

르다. 신랄한 논쟁에서 웃음은 가공할 만한 무기가 될 수 있다. 그러나《법
률Laws》에서 시민들 가운데 어떤 사람을 조롱하려는 어떠한 글쓰기도 엄격
하게 금지할 것을 옹호했던 플라톤[37]은 모든 웃음 속에 내재된 조롱을 두려
워했다. 여기에서 결정적인 것은《법률》이나《국가》같은 정치적 대화편에
서 소개하는 시나 특별히 희극배우들을 반대하는 문장이 아니다. 오히려
자기 머리 위의 천체 운행을 관찰하면서 "하늘에 있는 것들을 알고자 노력
할 때 자기 발밑에 있는 것들은 … 자기를 피한다고 선언하는" 중에 우물에
빠진 탈레스를 보고 폭소를 터트렸던 트라키아 시골 처녀에 관한 이야기를
진지하게 언급하는 방식이다. 그리고 플라톤은 다음과 같이 덧붙인다. "철
학 탐구에 생애를 바친 어느 누구라도 그러한 놀림을 피할 수 없다. … 철학
자가 자신의 무기력으로 바보같이 보일 때 … 군중은 그를 놀림으로써 시골
처녀를 편들 것이다."[38] 특별히 모든 철학적 해악으로부터 완전히 자유로웠
던 사람인 칸트는 사변적 사유의 재능은 테이레시아스에게 부여된 재능 —
"헤라는 테이레시아스에게 예언 능력을 부여하기 위해 그를 눈멀게 했다"
— 과 같을 수 있다는 것을 인정했다. 그런데 오랜 철학사를 고려할 때, 칸
트만이 이러한 주장을 했다는 것은 이상하다. 그는 "현실세계에 필요한 감
각들 가운데 일부를 상실했을 경우에만 다른 세계와 긴밀하게 접촉할 수 있
다"는 점을 의심했다. 하여튼 칸트는 보통 사람과 같이 웃을 정도로 탁월했
다는 점에서 철학자들 가운데 특이했음에 틀림없다. 어쩌면 트라키아 처녀
에 관한 플라톤의 이야기를 모르고 있었을 칸트는 실제로 완전히 해학적인

---

37   *Laws*, 935. 논쟁에서 "모든 사람들은 논적論敵의 비웃음에 늘 만족해하는 버릇이 있다."
      "조롱하지 않은 채 매도하기"란 불가능하다. 따라서 "희극 또는 약강격弱强格의 노래나 서
      정적인 노래의 작가들은 모두 시민들 가운데 어떤 사람을 조롱하는 일을 엄격하게 금지해
      야 한다. … 그리고 그가 불복종한다면 그는 나라로부터 추방되어야 한다." 그러나 조롱의
      공포가 어떠한 역할도 거의 하지 못한다고 밝힌《국가》의 내용(394와 이후 내용, 606과 이후 내
      용)을 참조할 것.

38   *Theaetetus*, 174a~d.

태도로 브라헤와 그의 마부에 관해 이야기한다. 천문학자는 야간 여행을
하는 동안 가장 짧은 길을 찾으려고 별을 보고 어떻게 할지 결정하자고 제
안했는데, 마부는 다음과 같이 답변했다. "나으리, 당신은 천체에 대해서는
많은 것을 알고 계시지만, 지구상의 문제에 대해서는 전혀 그렇지 못하시
군요."[39]

다음과 같이 가정해보자. 철학자는 자신의 '어리석음'을 알리기 위
해 '대중'을 필요로 하지 않으며, 대중의 비웃음을 예견할 정도로 아주 민감
함에 틀림없는 공통감을 대중과 공유한다. 간단히 말하면, 우리는 철학자
자신의 정신에 나타나는 공통감 추론과 사변적 사유 사이의 골육상쟁을 다
루고 있다. 이러한 가정 아래 죽음과 철학 사이의 연관성을 더 치밀하게 검
토해보자. 우리가 출생으로 나타났다가 죽음으로 사라질 공동세계, 즉 현
상세계의 시각을 택한다면, 공동 거주지를 인식하고 이에 관한 온갖 형태
의 지식을 축적하려는 것은 우리의 자연스러운 욕구다. 우리는 공동 거주
지란 영역을 벗어날 사유의 필요성 때문에 이 영역을 무시해왔다. 은유적
으로 표현하자면, 우리는 이 세계에서 *사라지곤 했다*. 우리는 이러한 사라
짐을 자연적 추론이나 공통감 추론의 관점에서 볼 때 최종적인 이탈, 즉 죽
음에 대한 기대로 이해할 수 있다.

우리는 플라톤이 《파이돈*Phaedo*》에서 죽음을 어떻게 기술했는가를
알고 있다. 다수의 시각에서 볼 때, 철학자들은 오직 죽음만을 추구하며, 다
수는 세심하게 관심을 갖는다면 철학자들이 죽는 게 훨씬 낫다고 결론을 내
렸을 것이다.[40] 그리고 플라톤은 이러한 주장이 어떤 의미로 해석될 수 있는
지 많은 사람이 모른다고 확신하지만, 많은 사람이 옳지 않다고 확신하지
는 않았다. 사유하는 일로 전 생애를 보내는 '진정한 철학자'는 두 가지를

---

39   "Träume eines Geistersehers", *Werke*, vol. I, p. 951.

40   *Phaedo*, 64.

욕구한다. 첫째, 철학자는 모든 형태의 업무로부터 해방되고 싶어 하고 항상 보호받기를 원하지만 "매 단계 우리의 인생 과정에 끼어들고 … 혼란과 근심과 공포를 일으키는"[41] 신체의 제약으로부터 특별히 벗어나고 싶어 한다. 둘째, 철학자는 내세에서 살고 싶어 한다. 내세에서 사유가 관여하는 진리, 정의, 그리고 아름다움과 같은 것들은 현세에서 신체 감각으로 지각할 수 있는 것보다 훨씬 접근 가능하고 더 실재적일 것이다.[42] 아리스토텔레스도 그의 대중적인 저서들 가운데 하나에서 "축복받은 사람들의 땅"을 독자들에게 환기한다. 이곳에서 "사람들은 어떤 것도 필요하지 않으며 다른 어느 것도 그들에게는 유용할 수 없기에 사유와 관조theōrein, 이른바 자유로운 삶만이 존재하게 된다."[43] 간단히 말하자면, 사유에 내재된 전환은 결코 해로운 작업이 아니다.《파이돈》에서 사유의 전환은 모든 관계를 전도시킨다. 즉 최대의 악인 죽음을 자연스럽게 피하는 사람은 이제 최대의 선으로서 죽음에 관심을 갖는다.

물론 농담조로 언급되는 이 모든 것은 좀 더 학술적으로 말하자면 은유로 묘사된다. 철학자들은 인생을 즐기려는 사람들이 철학을 연구하거나 아니면 삶을 포기해야지, 다른 모든 것이 우매한 말이며 허튼소리라는 아리스토텔레스의 주장(《철학의 권유Protreptikos》의 가장 개인적인 언급)[44]에 찬동했다. 이럴 때에도 이들은 자살로 유명해지지는 않았다. 우리는 죽음에 대한 은유를 약간은 극적으로 이해할 수 있다. 그러나 죽음에 대한 은유, 오히려 삶과 죽음의 의미를 전도시키는 은유적 표현 — 우리가 통상 말하는 삶이란 죽음이고, 죽음이란 삶이다 — 은 자의적이지는 않다. 사유 활동이

41   *Ibid.*, 66.

42   *Ibid.*, 65.

43   *Protreptikos*, Ingemar Düring, ed., Frankfurt, 1969, B43.

44   *Ibid*, B110.

자체의 조건을 확립한다면, 즉 가까이 놓여 있는 모든 것으로부터 벗어남
으로써 감각적으로 주어진 것을 주시하지 않는다면, 그것은 멀리 있는 것
을 드러내기 위함이다. 이것을 아주 단순하게 표현하자면, 철학자가 유독
강조하는 초연한 태도에서는 현존하는 것이 모두 드러나지 않는다. 왜냐하
면 실제로 드러나지 않는 것은 그의 정신에 나타나며, 철학자 자신의 육체
도 부재하는(드러나지 않은) 것에 포함되기 때문이다. "하찮은 인간사"[45]인
정치나 신체에 대한 철학자의 적대감은 개인적 확신이나 신념과 무관하다.
이것들은 경험 자체에 내재된다. 당신은 사유하는 동안 자신의 실체성을
자각하지 못한다. 플라톤은 이러한 경험 때문에 일단 육체를 이탈한 영혼
을 불멸성의 근원으로 삼았다. 데카르트는 "영혼은 육체에 부착되어 있는
한 신체기관의 성마른 기질이 작동하는 과정에서 고통을 받을 수도 있다는
것을 제외하고 육체 없이도 사유할 수 있다"[46]고 결론짓는다.

　　므네모시네*Mnemosyne*는 뮤즈 9여신의 어머니다.[47] 가장 빈번하고 가
장 기본적으로 경험하는 사유인 기억은 내 감각으로부터 사라져 현전하지
않는 것과 연관된다. 그러나 회상이 일종의 마력이었다고 하더라도, 눈앞
에 있지 않지만 내 정신에 환기되고 나타나는 것들 — 인간, 사건, 기념물
— 은 내 감각기관에 나타나는 방식으로 나타날 수 없다. 이것들이 내 정신
에만 나타나려면 그 감각적 속성을 갖지 않아야 한다. 감각 대상을 심상으
로 변화시키는 능력을 '상상력'이라고 한다. 부재하는 것을 탈감각적인 형

45　　　*Republic*, 500c.

46　　　Letter of March 1638, *Descartes:Oevres et Lettres*, p. 780.

47　　　우라노스와 가이아의 딸로서 티탄족에 속하는 신이고, 포스 신족과 전쟁을 할 때 제우스 편
　　　에 섰다. 제우스와의 사이에서 낳은 아홉 명의 딸은 음악, 미술, 문학, 철학, 역사 등 광범위
　　　한 지적 활동을 관장하여 시인, 음악가, 미술가 등에게 영감을 불어넣는다. 하계에는 므네
　　　모시네의 이름을 딴 기억의 강이 흐르는데, 죽어서 저승에 간 망자가 환생할 때 레테*lethe*(망
　　　각) 강물을 마시면 전생의 기억을 모두 잃지만, 므네모시네(기억) 강물을 마시면 전생의 기
　　　억이 되살아난다고 한다.(옮긴이)

태로 노출하는 이 능력을 발휘하지 않고는, 사유 과정과 사유의 연쇄는 불가능할 것이다. 따라서 사유는 삶을 유지하고 생존하는 일에 아주 필수적인 다른 활동을 완전히 중단시키고 모든 일상적 관계를 뒤집어 놓기 때문에 '정상 상태를 벗어난다.' 가까이 있고 우리 감각에 나타나는 것은 이제 사라지고 멀리 있는 것이 실제로 현존한다. 사유하는 동안 나는 실제 내가 존재하는 곳에 있지 않다. 나는 감각기관이 아니라 다른 모든 사람에게도 보이지 않는 상(이미지)들로 에워싸여 있다. 그것은 마치 내가 결코 존재하지 않는 땅, 비가시적인 땅으로 이탈한 것과 같다. 내가 기억력과 상상력을 갖지 않았다면 비가시적인 땅에 대해 아무것도 모를 것이다. 사유는 시간적 거리감과 더불어 공간적 거리감도 소멸시킨다. 나는 미래를 예상할 수 있고, 미래가 마치 이미 현존하기라도 한 듯이 미래를 사유할 수 있으며, 과거가 마치 소멸하지 않은 양 과거를 기억할 수 있다.

우리는 근거리에서 원거리로, 현재에서 과거 또는 미래로, 여기에서 어느 지점(즉 좌우, 앞뒤, 위아래)으로 확장하는 연속체를 전제하지 않고는 일상 경험에서의 시간과 공간을 고려할 수 없다. 그러나 나는 거리뿐만 아니라 시공간 자체가 사유 과정에서 제거된다는 것을 어느 정도 정당하게 말할 수 있다. 공간에 관한 한, 나는 이 경험과 그럴듯하게 연계될 수 있었던 철학적 또는 형이상학적 개념을 알지 못한다. 그러나 나는 '멈춰 선 현재'이 기독교 시대에 알려진 두 가지 양태의 사유, 즉 성찰과 관조에서 형성된 경험들에 대한 그럴듯한 기술이기 때문에 이것이 영원성 — '영원한 현재*nunc aeternitatis*'(둔스 스코투스) — 의 상징이 되었다는 것을 오히려 확신한다.

나는 감각적 속성을 띠지 않은 감각 대상, 즉 현상세계에 속하는 비가시적인 것에 대해 우선 언급하기로 했다. 이 비가시적인 것은 우리의 지각 영역에서 잠정적으로 사라지거나 아직 도달하지 않았지만, 기억이나 예기豫期를 통해 정신 영역에 드러나게 된다. 이러한 사례들에서 실제로 떠오르는 것은 오르페우스와 에우리디케의 이야기에서 항상 언급된다. 오르페우스는 사별한 아내를 되살리기 위해 지옥으로 내려갔고, 아내가 자기를 따라올 때 그녀를 뒤돌아보지 말라는 조건으로 아내를 데리고 가도록 허락받았다. 그러나 그들이 삶의 세계에 거의 도달했을 때 오르페우스는 뒤를 돌아보았고, 에우리디케는 이내 사라졌다. 이 고대 신화는 일상적인 삶의 세계에서 사유 과정이 끝나는 순간 무엇이 발생하는가를 어느 학문 용어가 표현할 수 있는 것보다 더 정확하게 지적한다. 다시 말해, 비가시적인 것은 곧 사라진다. 이 신화 역시 예기가 아니라 기억과 당연히 연계되어야 한다. 사유 속에서 미래를 예상하는 능력은 과거를 기억하는 능력에서 유래된다. 그리고 이 능력은 감각적 속성을 제거하고 당신의 정신 앞(속이 아닌)에 실질적으로 부재하는 것을 노출하는 훨씬 기본적인 능력으로부터 유래한다. 정신 속에서 허구적 실체들, 즉 유니콘이나 켄타우로스 또는 이야기의 허구적 등장인물을 창조하는 능력은 통상적으로 생산적 상상력이라고 불린다.[48] 이 능력은 이른바 재생산적 상상력에 전적으로 의존한다. '생산적' 상상력에서 가시적 세계의 요소들은 다시 정돈된다. 이것은 이제 아주 자유롭게 조정되는 요소들이 탈감각적 사유 과정을 통해 이미 진행되었기 때문에 가능하다.

감각지각에서는 사물을 직접 경험하거나 가까이 있는 사물을 경험하지만, 상상력은 감각지각 이후에 나타난다. 따라서 감각지각이 아닌 상상력은 사유 대상을 예비한다. 행복이 무엇이고, 정의가 무엇이며, 지식이 무엇인가 등의 질문을 제기하기 전에, 우리는 행복한 사람과 불행한 사람을 보았고, 정당한 행적과 부당한 행적을 목격했으며, 알려는 욕구나 그 욕구의 성취 및 좌절을 경험했음에 틀림없다. 게다가 우리는 체험이 발생한

---

48   칸트가 《순수이성비판》에서 밝히고 있듯이, "상상력은 대상이 현전하지 않음에도 그것을 직관에 표상하는 능력이다. … 상상력이 자발성인 경우 그것은 생산적 상상력이다."(B151) (옮긴이)

무대를 떠난 이후에도 우리의 정신 속에서 이 체험을 반복해야 한다. 다시
말하자면, 모든 사유는 뒷궁리(추후 사유)다. 우리는 상상 속에서 반복을 통
해 우리의 감각에 노출되었던 모든 것으로부터 감각적 속성을 *제거한다.*
그리고 우리의 사유 능력은 이러한 비물질적 형태 속에서만 다시 이러한 자
료에 관심을 갖는다. 이 작동 과정은 모든 사유 과정, 즉 인지적 사유뿐만
아니라 의미에 관한 사유를 선행하며, 순수한 논리적 추론 — 자체의 법칙
과 엄격한 일관성을 유지하는 정신이 주어진 전제하에서 연역적 고리를 생
산하는 것 — 은 생생한 경험을 연결하는 끈을 분명하게 차단한다. 순수한
논리적 추론은 사실이든 가설이든 전제가 자명하다고 상정되고, 이로 인해
사유를 통한 실험에 영향을 받지 않기 때문에 연결하는 끈을 끊을 수 있다.
감각적 속성을 제거하는 과정은 발생했던 것에 관한 단순한 이야기 — 있는
그대로 표현하든 그렇지 않든 — 에 앞서 이루어진다. 그리스어는 이 시간
적 요소를 어휘 속에 지니고 있다. 내가 앞에서 지적한 바와 같이, '인식하
다'라는 용어는 '보다'라는 용어의 파생어다. 보는 것은 '*idein*'이고, 인식한
다는 것은 '보았다(*eidenai*; to have seen)'는 것을 의미한다. 즉 우리는 우선 보
고 다음에 인식한다.

　　우리의 목적을 위해 이를 변형시키자. 모든 사유는 경험에서 발생
한다. 그러나 어떠한 경험도 상상과 사유 과정을 거치지 않고는 의미를 생
산하거나 일관성을 형성하지 못한다. 사유의 관점에서 볼 때, 순수한 구체
적 현존성을 지닌 삶은 무의미하다. 감각에 노출된 삶과 세계의 직접성이
란 관점에서 볼 때, 플라톤이 지적했듯이 사유란 '살아 있는 죽음'[49]이다.
"사유의 땅"(칸트)[50]에서 삶을 영위하는 철학자는 사유하는 나의 관점에서

49　'living death'는 우리말로 '죽느니만 못한 삶', '죽은 것과 다름없는 삶', '비참한 삶'으로 표
　　현한다. '살아 있는 죽음'이란 모순 어법은 사유의 의미를 더 잘 드러낼 수 있다.(옮긴이)

50　편집자 주석: 우리는 이 출처를 찾을 수 없었다.

이러한 것들을 고찰하려는 경향을 자연스럽게 드러낸다. 그런데 의미 없는 삶은 사유하는 나에게는 살아 있는 죽음이다. 사유하는 나는 실재하는 자기와 동일하지 않기 때문에 공동의 현상세계로부터 이탈하는 것을 자각하지 못한다. 사유하는 나의 시각에서 볼 때, 비가시적인 것은 마치 겉으로 드러난 것처럼 보이며, 현상세계를 구성하는 무수한 실체들 — 현존을 통해 정신을 위축시키고 정신 활동을 방지하는 실체들 — 은 마치 정신에만 자신을 노출하는 항상 비가시적인 **존재**를 적극적으로 은폐하는 듯하다. 달리 표현하면, 공통감의 관점에서는 정신이 세계로부터 명백히 이탈하는 것이지만, 이러한 이탈은 정신의 관점에서는 "**존재의 철회**_Seinsentzug_" 또는 "**존재의 망각**_Seinsvergessenheit_"(하이데거)으로 나타난다.[51] 그리고 정신에는 '드러나는' 모든 것이 전혀 현존하지 않는 세계에서 일상의 삶, 즉 "그들(세인)"의 삶이 영위된다는 것은 사실이다.

　　의미 탐구는 인간사의 일반적인 과정에는 나타나지 않으며, 아무짝에도 쓸모없다. 동시에 의미 탐구의 결과는 불확실하고 검증될 수 없다. 사유는 어쨌든 자기파괴적이다. 칸트는 유고로 출간된 수고手稿에서 다음과 같이 은밀하게 언급한다. "순수이성의 이용이 중요한 것을 증명하려고 한다면, 나는 증명의 결과가 마치 확고한 정리定理라도 되듯이 그것을 더 이상 의심해서는 안 된다는 규칙을 인정하지 않는다. 그리고 나는 사람들이 무엇인가를 일단 확신했다면 그것을 의심할 필요가 없다는 견해에 공감하지 않는다. 순수철학에서 이것은 불가능하다. 우리의 정신은 본질적으로 그러한 것에 대해 혐오감을 갖는다."[52] 이러한 점에서 볼 때, 사유하는 일은 페

51　　하이데거는 《숲길_Holzwege_》에서 존재의 망각에 대해 다음과 같이 밝힌다. "서양의 사유가 플라톤과 아리스토텔레스에 의해 형이상학으로 전개되기 이전 사유 속에서도 존재는 사유되지 않았다. … 존재의 역사는 존재의 망각과 함께 필연적으로 시작한다. 존재 자체가 자신의 진리 속에서 사유되지 않았다는 사실은 … 형이상학만이 짊어져야 할 책임은 아니다." (옮긴이)

넬로페(오디세우스의 아내)의 뜨개질과 같다. 즉 그녀는 전날 밤 뜨개질한 것을 매일 아침 다시 풀어버린다.[53] 왜냐하면 사유의 필요성은 '현명한 사람'의 명료한 통찰력에 의해서 결코 해소될 수 없기 때문이다. 그 필요성은 단지 사유를 통해서만 충족될 수 있다. 내가 어제 행했던 사유를 다시 되살리려고 하거나 할 수 있는 범위에서만 어제의 사유는 오늘 다시 제기되는 필요성을 충족시켜줄 것이다.

우리는 사유 활동의 두드러진 특징들을 고찰하고 있다. 공통감의 현상세계로부터의 사유의 이탈, 그 결과와 관련해 나타나는 자기파괴적 성향, 재귀성, 이를 수반하는 순수한 활동에 대한 자각, 이외에도 활동이 지속되는 경우에만 나는 정신의 능력에 대해 이해한다는 기묘한 사실을 들 수 있다. 그런데 이 기묘한 사실은 사유 자체가 결코 인류의 유일한 최고 속성으로 확고하게 확립될 수 없다는 것을 의미한다. 왜냐하면 인간은 언어를 소유한다*logon echōn*는 아리스토텔레스의 관점에 비추어 볼 때 "말하는 동물"이지 '사유하는 동물*animal rationale*'로 정의되지 않기 때문이다. 이러한 특성들 어느 것도 철학자의 관심을 벗어나지는 않았다. 신기한 일이지만, 사상가들이 '전문성'을 더 강하게 띠면 띨수록, 철학의 전통에서 두각을 더 많이 드러내면 낼수록, 그들은 전반적인 활동의 무용성과 비실재에 대한 공통감 추론의 이의에 대비하기 위해, 이러한 본질적 속성들을 재해석하는 수단과

---

52   *Akademie Ausgabe*, vol. XVIII, 5019 and 5036.
칸트는《순수이성비판》(B868)에서 순수철학과 경험철학을 다음과 같이 대비시킨다. "그러나 모든 철학은 순수이성에 의한 인식이거나 경험적 원리들에 의한 이성 인식이다. 전자는 순수철학이라고 하고, 후자는 경험철학이라고 한다."(옮긴이)

53   플라톤은《파이돈》(84a)에서 페넬로페의 옷감을 반대의 의미로 언급했다. 쾌락과 고통의 속박에서 해방된 '철학자의 영혼'은 손수 짠 옷감을 풀어버리는 페넬로페의 경우처럼 행동하지 않을 것이다. 육체로 영혼을 '꼼짝 못 하게 하는' 쾌락과 고통을 (계산을 통해) 일단 제거하면, 영혼(플라톤의 사유하는 나)은 그의 본성을 바꾸고 더 이상 그의 이성을 바꾸지 않으나, '참되고 신성한 것'을 고찰하고 거기에서 영원히 거주한다.

방법을 발견하려는 경향을 더 강하게 나타낸다. 철학자들이 자신들의 공통
감이나 공통감의 판단중지를 동반하는 자기회의에 의해서 일차적으로 자
극받았다기보다 오히려 엄청난 다수 — 어쨌든 철학적 논쟁에 결코 관심을
갖지 않고 행복하게 이를 무시하는 사람들 — 를 목표로 했다면, 그들은 자
기주장의 본질뿐만 아니라 재해석에서 보였던 철저함은 설명할 수 없었을
것이다. 진정한 사유 경험을 자신의 수기手記에 비공개로 밝혔던 칸트는 모
든 미래의 형이상학 체계의 기초를 정립했다고 공개적으로 표명했다. 후세
철학자들 가운데 가장 독창적으로 체계를 형성한 헤겔은 사유 결과에 대한
사유 자체의 폐지를 부정(反)의 강력한 힘으로 변형시켰다. 즉 그는 어떠한
운동이나 발전도 부정 없이는 진행되지 못한다는 점을 지적했다. 헤겔의
경우, 유아幼芽에서 결실에 이르기까지의 유기적 자연을 지배하는 일련의
동일한 발전 과정에서 한 국면은 이전 국면을 항상 '지양하고' 취소한다. 결
실은 정신 활동, 즉 '의식과 의지를 통해 매개되기' 때문에, 그것은 '스스로
구성되는' 것으로 이해될 수 있다는 것을 제외하고, 이 일련의 발전 과정은
사유 과정의 원상 복구를 통제한다. "정신은 오로지 스스로 구성하며, 잠재
적으로 존재하는 것을 현실적으로 존재하는 것으로 변형시킨다."[54] 앞에서
언급된 내용에서는 우연히도 누가 정신의 가능태를 먼저 만들었는가 하는
질문에 답하고 있지 않다.

　　헤겔의 저서 상당 부분에서, 특히 《정신현상학》 서문에서는 공통감
에 대해 지속적인 논쟁이 펼쳐진다. 따라서 나는 헤겔을 언급하려고 한다.
헤겔은 매우 일찍이(1801) 플라톤의 트라키아 처녀와 그녀의 순진무구한
웃음 때문에 계속 고민하면서 반항적인 기분으로 "철학 세계가 실제로 〔공
통감에는〕 전도된 세계"[55]라고 주장했다. 칸트가 이성이 알고자 할 때 자신

54　　헤겔,《역사철학 강의》,〈C. 세계사의 발자취〉, '(a) 발전의 원리'.(옮긴이)

55　　"Über das Wesen der Philosophischen Kritik", *Hegel Studienausgabe*, Frankfurt, 1968, vol. I,

의 모순에 빠지게 되는 것, '이성의 불명예'를 치유하기 시작했듯이, 헤겔
도 "이성은 기껏해야 이상과 당위를 성취할 수 있다"는 칸트다운 이성의 무
기력을 치유하기 시작했지만, 그의 입장과 반대로 이성을 이념의 덕택에
오로지 힘 있는 것*das schlechthin Mächtige*으로 선언했다.[56]

우리 연구의 맥락에서 볼 때 헤겔은 중요하다. 왜냐하면 그는 어떤
철학자보다 더 심도 있게 철학과 공통감 사이의 골육상쟁을 증명했기 때문
이다. 그는 역사가이자 사상가로서 동등한 재능을 천성적으로 부여받은 덕
택에 이를 증명할 수 있었다. 그가 이해한 바에 의하면, 사유하는 나의 경험
강도는 그 경험이 순수한 활동이라는 데 기인한다. "정신의 본질은 … 바로
*행위*다. 정신은 자신을 본질적으로 있는 것으로 여긴다. 동시에 정신은 자
신의 산물이며 작품이다." 그리고 헤겔은 정신의 재귀성에 대해서도 이해
했다. "정신은 이러한 활동의 욕망 속에서 자신만을 다룬다."[57] 헤겔은 자
기 방식대로 결과를 파괴하려는 정신의 성향을 인정하기도 했다. "따라서
정신은 자신과 투쟁 상태에 있다. 정신은 자신을 적이나 불가피한 장애로
생각하기 때문에 자신을 극복해야 한다."[58] 그러나 헤겔은 정신이 모든 현
상과 아무런 관계도 맺고 있지 않는 동안 실제로 행하고 있는 것에 대한 사
변적 이성의 통찰력을 독단적 지식의 일부로 바꾸었고, 동시에 이러한 통
찰력을 전 포괄적 체계에 맞출 수 있도록 이들을 인지의 결과로 취급했다.
따라서 전 포괄적 체계에서 이러한 통찰은 다른 학문의 결과와 같은 종류
의 실재를 얻게 된다. 다른 한편, 그는 이 결과를 공통감 추론에서 획득한
본질적으로 무의미한 산물, 즉 '불완전한 지식'으로 폄하했다. 그리고 엄밀

p. 103.

56   *Philosophie der Weltgeschichte*, Lasson ed, Leipzig, 1917, pt. II, pp. 4~5.

57   *Reason in History*, trans. Robert S. Hartman, Indianapolis, New York, 1953, p. 89.

58   *Reason in History*, p. 69.
     헤겔, 《역사철학 강의》, 〈C. 세계사의 발자취〉, '(a) 발전의 원리'.(옮긴이)

한 구성적 조직을 지닌 *체계*는 실제로 사변적 이성의 덧없는 통찰에 적어도 유사한 실재를 제공할 수 있다. 진리가 최고의 사유 대상으로 간주된다면, "참된 것은 체계로서만 현실적이다." 정신의 산물은 체계로서 존재할 때 비로소 나타날 기회를 갖게 되며, 현실적인 것에 요구되는 최저한의 지속성을 획득할 것이다. 따라서 정신의 산물은 단순한 명제로서 의견들이 각축전을 벌이는 곳에서 거의 생존하지 못할 것이다. 그는 사유가 추상적 개념이나 연계되지 않은 것을 취급한다는 공통감 개념을 제거했다는 것을 확신하기 위해 항상 같은 논쟁 정신에서 "**존재**는 **사유**고*dass das Sein Denken ist*", "정신적인 것만이 현실적인 것"이며, 우리가 사유 속에서 취급하는 그러한 일반 원칙들만이 실제로 있다고 주장했다.[59]

어느 누구도 사유의 영구적 장애물인 특수자, 즉 어떠한 사유도 도달하거나 설명할 수 없는 대상들의 명백한 소여성에 대해 더 단호하게 투쟁하지 못했다. 헤겔에 따르면, 철학의 최고 기능은 우연적인 것을 제거하는 것이다. 구체적 사물들이나 실존하는 모든 것은 정의상 우연적이다. 철학은 전체의 부분들로서 특수자들을 다루며, 전체는 사변적 사유의 산물인 체계다. 과학적으로 표현하자면, 이 전체는 그럴듯한 가설 수준을 결코 넘어설 수 없다. 가설은 구체적 사물들을 전 포괄적 사유로 통합해 이것들을 모두 사유-사물로 바꾸며, 모든 특수자들의 우연성과 아울러 이들의 가장 명예롭지 못한 속성, 즉 실재성을 제거한다. 헤겔은 "철학을 과학으로 도약시킬 시기가 도래했다"고 선언하고, 지식에 대한 단순한 사랑을 지혜*sophia*로 변화시키고자 했다. 이러한 측면에서 그는 "사유하는 것이 활동하는 것"[60]임을 확신하는 데 성공했다. 그러나 사유를 효과적으로 방해하는 실존

---

59   *The Phenomenology of Mind*, preface.

60   여기에서 '행동'은 외부에 노출되는 언어 행위나 신체적 동작을 의미한다. 그러나 사유는 나와 나 자신 사이의 소리 없는 대화로서 외부에 노출되지 않는다. 외부에 노출되는 '행동' 은 단독으로 활동하는 것이 아니라 다른 사람과의 관계 속에서 이루어진다. 따라서 행동과

적 상황에서 우리는 동료들과 교제하고 합의해, 즉 '협조하여' 오로지 행위
할 수 있기 때문에, 가장 고독한 이 작업은 이러한 방식으로는 결코 성공할
수 없다.

《정신현상학》 서문에도 나타나는 잘 알려진 문장들은 이상하게 서
로 연계되지 않아 항상 잘못 번역되지만, 사변적 사유에서 헤겔의 최초 경
험을 직접 비체계적으로 표현한다. 그런데 이 문장들은 사변적 사유를 위
한 일종의 변명으로 구성된 모든 이론과 명백하게 대립된다. 즉 "진정한 축
제는 디오니소스 축제다. 이 축제에서 어느 참가자(어느 특정한 사유)도 술에
취하지 않은 사람은 없다. 모든 참가자(모든 사유)가 연속적인 사유(모든 사
유는 그것의 단순한 부분이다)로 분리되는 순간 모든 참가자는 바로 해체되기
때문에, 축제는 깨어지지 않는 진정한 적막의 상태와 상당히 흡사하다." 헤
겔의 경우, 이러한 문장들은 바로 '진리의 생존' — 사유 과정에서 존재하
게 된 진리 — 이 사유하는 나에게 어떻게 나타나는가를 설명한다. 이러한
나는 인간과 세계가 실재적인지 — 특히 인도철학을 보라 — 한낱 신기루인
지를 알지 못할 수도 있다. 니체가 한때 언급했던 것과 같이, 사유하는 나는
항상 거의 '도취'해 있으면서 득의양양하게 '살아 있다'는 것만을 알고 있
다. 《정신현상학》 말미에서 이를 다시 접하게 될 때, 우리는 이러한 감정이
전반적 '체계'에 얼마나 깊이 깔려 있는가를 헤아릴 수 있다. 거기에서 이러
한 감정은 '생명이 없는 것'과 대조되며(삶을 항상 강조한다), 다음과 같이 잘
못 인용된 실러의 시로 표현된다. "이 전체 정신 영역의 성배로부터 / 정신
의 무한성은 거품을 내며 넘쳐흐른다*Aus dem Kelche dieses Geisterreiches/ schäumt ihm
seine Unendlichkeit*."[61]

사유를 동일시할 경우, 사유는 제대로 이루어질 수 없다.(옮긴이)

61   실러의 시 〈우정〉의 원문 내용은 이러하다. "*Aus dem Kelch des ganzen Seelenreiches/ Schäumt
ihm — die Unendlichkeit.*" 헤겔은 실러의 '영혼 영역*Seelenreiches*'을 '정신 영역*Geisterreiches*'으
로 바꾸었다. 헤겔은 실러의 정신을 세계 통치자(신)의 영혼과 동일시한다. 실러는 최고 존

사유와 동작: 구경꾼

나는 지금까지 사유가 특별히 직면하게 되는 난관의 원인에 대해 지적했다. 이 난관의 원인은 사유가 세계로부터 벗어난다는 근본주의에서 비롯된다. 반면에 의지나 판단은 대상에 대한 사유의 예비적 성찰에 의존하지만, 이러한 성찰에 전혀 휩쓸리지 않는다. 의지와 판단의 대상은 현상세계에 확실한 근거지를 지닌 구체적인 사항들이다. 물론 의지하거나 판단하는 정신은 후에 복귀할 의도로 잠정적으로만 현상세계에서 물러간다. 이것은 특별히 의지에도 해당한다. 의지의 이탈 국면은 가장 강력한 재귀성 형태, 즉 거꾸로 자기 자신에게 작용하는 것을 특징으로 한다. 즉 '사유하는 나를 사유함*cogito me cogitare*'이란 표현이 사유의 특징을 나타내는 것 못지않게, '의지하는 나를 의지함*volo me velle*'이라는 표현은 의지의 특징을 더 잘 드러낸다. 그러나 이러한 활동들은 모두 공통점을 갖고 있다. 즉 기묘하게 조용한 상태(적막), 어떤 동작이나 심적인 동요가 없는 상태, 곤란한 일이나 직접적인 이해관계로 나타나는 편파성 — 이 때문에 나는 이러저러한 방식으로 현실세계의 일부가 된다 — 으로부터의 이탈이다. 앞에서도 언급했지만(원서 76쪽, 이 책의 139쪽), 이러한 이탈은 모든 판단에 필수불가결한 조건이다.

역사적으로 볼 때, 신체 활동을 중단하는 이러한 이탈은 정신의 삶을 위해 제시된 가장 오래된 조건이었다. 최초 형태의 이탈은 결코 행위자가 아닌 *구경꾼*만이 광경으로 나타나는 모든 것을 인식하고 이해할 수 있다는 발견에 근거한다. 이러한 발견은 단순히 관찰하는 관조적 삶의 방식이

재는 유사한 것이 없지만, 헤겔은 그것을 절대정신으로 생각한다. Glenn Alexander Magee, *The Hegel Dictionary*, London, Continuum International Publishing Group, 2010, p. 95 참조.(옮긴이)

우월하다는 그리스 철학자들의 확신에 상당히 기여했다. 이러한 삶의 가장
기본적인 조건 — 이를 처음으로 치밀하게 밝혔던 아리스토텔레스에 따르
면[62] — 은 여가(스콜레; *scholē*)였다. 우리가 이해하는 여가 시간은 "생계의
본질적인 요건을 충족시키는 데 필요한"[63] 하루의 일을 마친 이후 활동하지
않는 여분의 시간을 의미한다. 그러나 '스콜레'는 여가를 실행으로 옮기기
scholēn agein 위해서 생필품 확보와 관련된 통상적인 활동*hē tōn anagkaiōn scholē*을
자제하고 피하는schein 심사숙고한 행위다. 그런데 아리스토텔레스의 경우
평화가 전쟁의 진정한 목표였던 것과 마찬가지로, 여가는 다른 모든 활동
의 진정한 목표였다. 여가라는 자연적 활동에 대한 우리의 이해에 비추어
볼 때, 유희나 놀이는 여전히 '여가를 상실한 상태*a-scholia*'다. 왜냐하면 유
희와 놀이는 생필품을 확보하는 데 요구되는 노동력의 복구에 필요하기 때
문이다.

　　우리는 가장 최초로 단순한 형태의 일상 업무에 심사숙고하여 적극
적으로 참여하지 않은 이러한 행위를 한 우화에서 발견한다. 디오게네스
라에르티오스는 피타고라스가 언급했다고 하는 이 우화를 다음과 같이 기.
록으로 남겼다.

　　삶은 마치 축제와 같다. 일부는 경쟁하기 위해 축제에 참가하고, 일부는 열
　　심히 장사를 한다. 그러나 대부분은 구경꾼으로서 참가하는 것과 같이, 노
　　예근성을 가진 사람들은 삶 속에서 명성*doxa*이나 이익을 좇지만, 철학자는
　　진리를 추구한다.[64]

62　　*Politics*, 1269a35, 1334a15; 제7권 제15장을 참조할 것.

63　　Paul Weiss, "A Philosophical Definition of Leisure", *Leisure in America: Blessing or Curse*, J. C.
　　　　Charlesworth ed., Philadelphia, 1964, p. 21.

64　　VIII. 8. 커크Kirk와 레이븐Raven이 번역한 토막글 278을 따랐다.

여기에서 명성과 이익을 위한 경쟁보다 훨씬 고귀한 것으로 강조되는 것은 일반인들에게 비가시적이고 접근 불가능한 진리가 아니다. 구경꾼들이 머무르는 장소는 파르메니데스와 플라톤이 이후 상상한 '저 높은' 영역에 속하지 않는다. 그 장소는 세계 속에 있다. 그들이 진행되고 있는 일에 참여하지 않고 그것을 단순한 광경으로 관찰한다는 점에서 그들은 '고귀하다.' '이론'이라는 후세의 철학 용어는 그리스어 '구경꾼theatai'이란 용어에서 유래되었다. 몇 백 년 전까지만 해도 '이론적'이란 용어는 구경거리에 참여해 그것을 현실화하는 사람들에게는 가려진 전망을 함축한 위치에서 "응시하다", 즉 바깥에서 무엇인가를 구경한다는 의미를 지녔다. 일찍이 신체 활동(동작)과 이해를 구별하는 방식으로부터 도출된 추론은 명백하다. 당신은 구경꾼으로서 그 광경이 어떠한가에 대한 '진실'을 이해할 수 있다. 여러분이 지불해야 하는 대가는 그것에 참여하는 것으로부터 벗어나는 일이다.

철학자가 우주를 조화롭게 질서 잡힌 전체로 볼 수 있는 것과 같이, 구경꾼만이 활동 전체를 볼 수 있는 위치를 점유한다는 사실은 이러한 평가의 기초가 되는 첫 번째 자료다. 행위자는 전체의 일부로서 자신의 역할을 수행해야 한다. 그는 정의상 '부분'일 뿐만 아니라 그 궁극적 의미와 전체의 구성자로서만 그 존재의 정당화를 발견하는 특수성과 연계된다. 따라서 직접적인 관여로부터 게임(삶의 축제) 바깥의 관점으로 이탈하는 것은 판단을 위한 조건, 즉 계속되는 경쟁에서 최종적인 조정자가 되는 조건일 뿐만 아니라 활동의 의미를 이해하기 위한 조건이다. 둘째, 행위자가 관심을 갖는 것은 명성과 의견을 의미하는 속견doxa이다. 명성은 구경꾼이나 판관判官의 의견을 통해 나타나기 때문이다. 행위자가 다른 사람에게 어떻게 보이는가는 구경꾼이 아니라 행위자에게 결정적이다. 행위자는 구경꾼의 감각 경험(행위자에게 명성을 제공하는 감각 경험)에 의존한다. 행위자는 자신의 주인, 칸트식으로 표현하면 자율적인 존재가 아니다. 그는 구경꾼들이 자신에게

거는 기대에 부합하도록 처신해야 한다. 성공이나 실패의 최종적 판단은 구경꾼들의 손에 달려 있다.

판단할 때 진행되는 이탈은 분명히 철학자의 이탈과 매우 다르다. 판단은 현상세계를 떠나지 않지만, 그 안으로 적극적으로 휩쓸려 들어가지도 않는다. 판단은 현상을 떠나지 않으면서 전체를 관조하기 위해 그곳으로부터 특권적인 위치로 물러선다. 더욱 중요한 것은 피타고라스의 구경꾼들이 관객이라서 철학자와 아주 다르다는 점이다. 철학자는 자기 동료 집단으로부터 벗어나고 동료들의 불확실한 의견, 즉 속견*doxai* — '~인처럼 보이는 것'만을 표현하는 의견 — 을 저버림으로써 관조의 삶*bios thēorētikos*을 시작한다. 따라서 구경꾼의 판단은 이득이나 명성과 같은 이해관계로부터 자유롭고 공평하면서도 다른 사람들의 견해와 무관하지 않다. 이렇듯 칸트는 "확장된 심성"[65]이 다른 사람들의 견해를 고려해야 한다고 주장했다. 구경꾼들은 행위자의 특징인 특수성으로부터 벗어나 있더라도 고독하지 않으며, "최고의 신"과 같이 자급자족적이지도 않다. 반면에 철학자는 사유속에서 이 최고의 신을 모방하고자 노력한다. 플라톤에 따르면, "이 신은 자신의 탁월함으로 인해 영원히 … 혼자 있으며, 친지도 친구도 누구도 필요치 않고 자기 자신만으로 충분해 자신과 함께할 수 있다."[66]

위대한 철학자들은 판단을 기본적인 정신 활동들 가운데 하나로 취급하는데, 칸트는 이들 가운데 첫 번째이자 마지막 사람이다. 따라서 사유

---

65 '정신의 확장'은《판단력비판》에서 중요한 역할을 한다. "정신은 대상을 모든 측면에서 새롭게 평가할 수 있기 위해서는, 그리고 그 관점을 미시적 전망에서 일반적 전망으로 확장하기 위해서는 합당한 정도의 여유와 기분 전환을 필요로 한다." 우리는 이 내용에서 다른 사람들의 생각을 고려하기 위해 자신의 생각을 확장시킬 수 있는 개념을 발견할 수 있다. 정신의 확장은 우리의 판단과 다른 사람의 가능한 판단 사이의 비교를 동반하며, 다른 사람의 위치에 우리 자신을 위치시킬 수 있도록 한다. 이를 가능케 하는 능력을 상상력이라 부른다.(옮긴이)

66 *Timaeus*, 34b.

와 판단 사이의 이러한 차이가 오직 칸트 정치철학과 함께 부각된 것은 당
연하다. 만년의 칸트는 구경꾼의 관점이 실천이성의 정언명령, 즉 '나는 무
엇을 해야 하는가?'라는 질문에 대한 이성의 답변에 의해 결정되지 않는다
는 입장을 여러 논문과 저서에서 밝히고 있다. 이것이 문제의 핵심이다. 그
대답은 이성의 완전히 자율적인 독립이란 측면에서 도덕적이며, 개인 자신
에게 연관된다. 이렇듯 칸트는 도덕적 · 실천적 방식으로 반발할 권리를 결
코 주장할 수 없다. 그렇다고 하더라도 우연히 행위에 참여하지 않고 그저
구경꾼이 되었던 바로 그 개인(칸트)은 다른 근거에 기반을 두지 않고 "열
정에 가까울 정도로 참여를 소망하고 관여하지 않은 공중의 찬양"에 공감
하며, 달리 말하면 사건에 "결코 참여할 의사를" 갖지 않았던 동료 구경꾼
들의 판단에 입각해 프랑스 혁명을 판단하고 최종 의견을 제시할 권리를 가
질 것이다. 그리고 칸트는 행위자들의 행적이 아니라 구경꾼들의 의견 때
문에 프랑스 혁명을 "인류사에서 망각할 수 없는 현상"[67]이라고 규정하게
되었다. 결국 칸트는 판단될 사건을 존재하도록 계기를 제공한 공동의 참
여 행위와 반성적 판단과 관찰적 판단 사이의 충돌에서 어떤 것이 최종적
권위를 가져야 하는지 의심하지 않았다. 역사가 인류의 영구적 흥망성쇠에
대한 비참한 이야기라고 상정할 때, 요란한 소리와 격노의 광경은 "아마도
잠시 동안 진행되겠지만, 막은 결국 내려오게 되어 있다. 결국 그 광경은 익
살 광대극이 되기 때문이다. 그리고 행위자들(배우들)이 그것에 싫증 내지
않더라도 — 그들은 우매한 사람들이기 때문이다 — 구경꾼은 싫증을 낼 것
이다. 왜냐하면 구경꾼은 영원히 끝나지 않는 유희가 영원히 같다는 결론

67　　"Der Streit der Fakultäten", pt. II, 6~7; *Werke*, vol. VI, pp. 357-362.
　　　　칸트의 정치적 저작에 포함되며 1973년 출간되었다. "격언에 대하여: 이것은 이론에서는
　　　　참일 수 있으나 실제에는 적용되지 않는다"라는 제목 아래 세 부분으로 구성되어 있다. 'I.
　　　　도덕 일반에서 이론과 실제의 관계에 대하여', 'II. 헌법에서 이론과 실제의 관계에 대하여',
　　　　'III. 국제법에서 이론과 실제의 관계에 대하여'로 구성된다. 인용문은 III에 포함되어 있
　　　　다.(옮긴이)

을 합리적으로 내릴 수 있게 되면 어느 하나의 행위만으로 만족할 것이기 때문이다."[68]

이 문장은 실제로 인상적이다. 헤겔의 표현인 "이성의 계략"이 인류를 **절대정신**의 계시로 인도하는 것과 마찬가지로, 행위 하는 사람들의 배후에서 인류를 영구적 진보로 인도하는 "자연의 계략"이 인간사를 이끈다는 칸트의 확신을 이 문장에 덧붙인다면, 우리는 모든 행위자가 바보는 아닌지, 아니면 구경꾼에게만 노출되는 광경이 바보들의 행동에 의해 지지받고 있지 않은지를 질문할 수도 있을 것이다. 상당히 정교한 조건을 달고 있지만, 이 내용은 역사철학자들의 은밀한 가정이다. 이러한 근대 사상가들은 처음으로 인간사의 영역(플라톤의 표현으로, *ta tōn anthrōpōn pragmata*)을 충분히 진지하게 성찰하기로 결정했다. 그들은 옳은가? "어떤 특정한 결과는 사람들이 의도하고 성취한 것이라든지 알고 있거나 원하는 것에서 발생하기보다 오히려 그들의 행위에서 비롯된다"는 것은 옳지 않은가? "비유하자면 어떤 사람은 분노에 찬 나머지 다른 사람의 집에 불을 지를 수도 있다. ⋯ 작은 불씨로 작은 불을 내려는 의도로 직접 불을 냈다. ⋯ 결과는 대화재다. ⋯ 이 결과는 최초 소행의 역할도 아니고, 불을 낸 사람의 의도도 아니다. ⋯ 이 예는 행위자의 의식적인 의도가 아니라 다른 것이 연관되어 있음을 보여준다."[69] (헤겔이 이러한 말을 했지만, 칸트 역시 이러한 말을 했다.) 어떠한 경우든 '대단한 것', 즉 전체의 의미는 행위를 통해서가 아니라 관조를 통해서 노출된다. 행위자가 아니라 구경꾼이 인간사의 의미에 대한 단서를 지니고 있다. 이것이 결정적인 것이다. 즉 칸트의 구경꾼들은 복수로 존재했고, 이런 이유 때문에 칸트가 정치철학에 도달할 수 있었다. 반면에 헤겔의 구경꾼은 엄격하게 단수로 존재한다. 철학자는 **절대정신**의 기관이다. 그

---

68   "Über den Gemeinspruch", *Werke*, vol. VI, pp. 166~167.

69   Hegel, *Philosophie der Weltgeschichte*, Introduction.

철학자는 헤겔 자신이다. 그러나 인간적 다원성에 대해 어느 철학자보다도 더 잘 이해한 칸트 역시 광경이 항상 같아서 싫증나더라도 구경꾼은 세대에 따라 변한다는 것을 쉽게 망각했다. 새로운 구경꾼은 같은 종류의 활동이 당연하게 전달하는 것에 대해서 전통이 제시하던 것과 다른 결론에 도달할 수 있다.

모든 정신 활동의 필요조건인 정신의 이탈에 대해서는, 자신이 이탈하려는 장소나 영역의 문제를 제기하지 않을 수 없다. 나는 구경꾼의 관점에서 판단의 이탈을 신속하면서도 약간 장황하게 취급해왔다. 왜냐하면 나는 능력의 재귀성에도 불구하고 이탈 영역이 우리의 일상세계 내에 분명히 설정되는 사례들을 지적함으로써 우선 가장 단순하고 명백한 형식으로 문제를 제기하고 싶었기 때문이다. 올림픽 경기가 개최될 때, 극장이나 경기장의 상향식 좌석에 앉아 있는 구경꾼들은 진행되는 게임과 조심스럽게 거리를 유지한다. 그리고 칸트가 말하는 "관여하지 않는 공중"은 "사심 없는 만족감"이나 "열정에 가까운" 공감을 유지한 채 파리에서 전개되는 사건을 지켜보았는데, 이들은 1790년대 초반 유럽의 지식인 집단 — 칸트 자신은 아마도 파리 거리의 군중을 생각했겠지만 — 내에서 출현했다.

그러나 더 이상 존재하지 않거나 아직 존재하지 않는 것들, 궁극적으로 정의, 자유, 용기와 같은 일상적 사유-사물 — 그런데도 감각 경험을 벗어나 전적으로 존재하는 — 에 둘러싸인 우리는 사유하거나 의지하는 동안에 어디에 있는가? 골치 아픈 문제이지만, 우리는 스스로 이 질문을 제기할 때 그 명백한 위치를 발견할 수 없다. '의지하는 나'는 진실로 자신의 영역인 거처를 일찍이 발견했다. 기독교 시대 초기에 이 능력은 발견되는 순간 우리 내부에 자리를 차지했다. 그리고 누군가 내면의 삶의 관점에서 내면성(또는 내향성)의 역사를 기술했다면, 그는 이 역사가 의지의 역사와 일치한다는 것을 곧 깨달았을 것이다. 그러나 이미 지적한 바와 같이, 영혼과

정신이 같지 않다는 점을 인정하더라도, 내면성은 자체의 문제점을 안고
있다. 게다가 때로는 마음과 동일하다고 간주되고 거의 언제나 내면 깊이
존재하는 '자아self'의 기관으로 간주되는 의지의 특이한 재귀적 특성은 이
영역을 분리하는 것을 더 어렵게 했다. 사유에 관해 말하면, '사유할 때 우
리는 어디에 존재하는가?'라는 질문은 플라톤의《소피스트》에서만 제기되
는 듯하다.[70] 플라톤은 이 대화편에서 소피스트의 위치를 결정한 후 철학자
에게 알맞은 소재지 — 그가 초기 대화편들[71]에서 언급했던 사유하는 장소
topos noētos — 도 결정한다고 약속했다. 그러나 그는 이 약속을 결코 지키지
않았다. 그는 단지《소피스트》,《정치가》,《철학자》라는 삼부작을 완결하
는 데 실패했거나, 소피스트를 비존재의 암흑에서 안락함을 누리는 존재로
묘사한《소피스트》에서 해답을 간접적으로 제시했다고 믿었다. "비존재의
암흑 때문에 소피스트를 알아차리기란 아주 어렵다. 반면에 철학자의 영역
은 아주 밝기 때문에, (우리는) 철학자를 … 보는 데 어려움을 겪는다. 왜냐
하면 많은 사람은 신적인 것에 눈을 지속적으로 고정시킬 수 없기 때문이
다."[72] 우리는《국가》의 저자와 그가 생각한 동굴의 비유로부터 그 대답을
실제로 기대할 수 있었다.

---

[70]   *Sophist*, 254.
      "손님: 우리가 철학자를 찾는다면, 우리는 지금이나 이후에도 이런 장소에서 그를 발견하
      게 될 것입니다. 소피스트와 마찬가지로 철학자를 분명하게 바라보는 것은 어렵지만, 소피
      스트와 철학자에 관한 어려움은 다른 방식입니다.
      테아이테토스: 어떻게요?
      손님: 있지 않은 것의 어둠 속으로 도망가서 요령만으로 어둠에 익숙해 있는 소피스트는 이
      장소의 어둠 때문에 식별하기 어렵습니다. 그렇지 않나요?"(옮긴이)

[71]   *Republic*, 517b, 그리고 *Phaedrus*, 247c.

[72]   *Sophist*, 254a~b.

언어와 은유

자신을 드러내지 않으며 비가시적인 것에 열중하는 정신 활동은 말을 통해서만 자신을 드러낸다. 현상세계에 살고 있어서 모습이 외부로 자연스럽게 드러나는 존재들이 자신을 보이게 하려는 충동을 갖듯이, 사유하는 존재들 역시 현상세계로부터 정신적으로 이탈한 이후에도 여전히 현상세계에 속해 있으면서 말하려는 충동을 갖는다. 사유하는 존재들은 이러한 충동이 없었다면 현상세계의 일부로 자신을 드러내려는 충동도 갖지 않았을 것이다. 그러나 현상 자체는 자신을 주시하는 구경꾼들의 현존을 요구하고 전제하지만, 말을 필요로 하는 사유는 청취자들을 요구하거나 필히 전제하지는 않는다. 동료들 사이의 의사소통에는 문법이나 구문과 같이 복잡한 특징을 지닌 인간 언어가 필요하지 않다. 동물들의 언어인 소리, 기호, 몸짓은 자기보존과 종의 보존을 가능케 할 뿐만 아니라 영혼의 분위기와 감정을 명료화할 수 있는 모든 즉각적인 요구를 담당하는 데 충분하다.

말을 필요로 하는 것은 우리의 영혼이 아니라 정신이다. 나는 정신과 영혼을 구별하고 이성의 사유와 감각기관의 정념을 구별할 때 아리스토텔레스를 인용한다. 나는 언어에 관한 소책자인 《명제론*De Interpretatione*》[73] 서문에서 보완한 정도까지만 《영혼에 관하여》에 제시된 주요 구분에 관심을 갖는다. 나는 바로 이 책을 다시 고려할 것이다. 왜냐하면 일관된 말, 즉 로고스의 기준은 진리나 허위가 아니라 의미라는 주장이 이 책의 가장 흥미로운 요지이기 때문이다. 단어 자체는 진실이나 거짓을 나타내지 않는다. 예컨대 '켄타우로스(반인반마)'라는 용어(아리스토텔레스는 반은 염소이

---

[73] 이 책의 제1장 84~85쪽을 참조할 것. 아리스토텔레스는 《명제론》 서두에서 같은 요지 일부를 다룰 때 그의 《영혼에 관하여》를 인용하는데, 《영혼에 관하여》의 어느 것도 《명제론》에서 제기된 요지와 상응하지 못하는 것 같다. 원전에 대한 나의 해석이 정확하다면, 제1장 〈영혼에 관하여〉 403a5~10에서 내가 사용한 문자를 고려했을지도 모른다.

고 반은 사슴인 '염소-사슴goat-stag'을 예로 든다)는 "우리가 그것에 '있다'거
나 아니면 '있지 않다'고 붙이지 않는다면 참인지 거짓인지를 나타내지 않
는다."[74] 로고스(문장)는 합성synthēkē을 통해 전적으로 의미 있는 문장이 되
도록 단어들을 결합한 말소리다. 그 자체로 의미 있는 단어들, 그리고 사유
물들noēmata은 서로 유사하다eoiken.[75] 따라서 말은 항상 '의미 있는 소리phōnē
semantikē'이기는 하지만, 반드시 참alētheuein과 거짓pseudesthai, 존재와 비존재
를 문제로 삼는 진술이나 명제apophantikos는 아니다. 이것은 항상 적절한 예
는 아니다. 우리가 알고 있는 바와 같이, 기도는 로고스(문장)지만 참이거
나 거짓이 아니다.[76] 따라서 의미 탐구는 말하려는 충동 속에 내재되어 있지
만, 진리 탐구는 반드시 그렇지는 않다. 아리스토텔레스가 언어와 사유 사
이의 관계에 대해서는 논의했지만, 순위 문제에 대해서는 어디에서도 다루
지 않았다는 것은 지적할 만한 가치가 있다. 그는 마치 말이 단순히 우리 사
상을 전달하는 수단인 것처럼 사유를 말하기의 기원이라고 주장하거나, 사
유란 인간이 말하는 동물이라는 사실로부터 비롯된 결과라고 주장하지는
않는다. 어쨌든 단어(즉 의미의 담지자)와 사유는 서로 유사하기 때문에 사
유하는 존재는 말하려는 충동을, 말하는 존재는 사유하려는 충동을 가지고
있다.[77]

　　모든 인간의 필요물 가운데 '이성의 필요성'만은 논변적 사유 없이
제대로 충족될 수 없다. 정신이 사실상 로고스를 통해 여행하기(플라톤의 표

74　　*De Interpretatione*, 16a16~19.(옮긴이)

75　　*De Interpretatione*, 16a13~14. 여기에서 단어란 이름씨(명사)나 풀이씨(동사와 형용사)이고,
　　　*noēmata*의 단수형인 *noēma*는 사유 대상이 아니라 사유 활동을 통해 획득된 결과, 사물을 지
　　　칭한다.(옮긴이)

76　　*De Interpretatione*, 16a4~17a9.

77　　아렌트는 이 책 서론에서 정신의 삶에 관심을 갖게 된 정치적 계기로 아이히만 재판을 언급
　　　한다. 아렌트는 이 문장에서 활동적 삶과 정신의 삶 사이의 연계성을 응축하여 언급하고 있
　　　다.(옮긴이)

현으로 *poreuesthai dia logōn*) 전에 이미 의미를 갖는 용어가 존재하지 않을 경우, 논변적 사유는 상정될 수 없다. 물론 언어 역시 사람들 사이의 의사소통에 기여한다. 사람들은 사유하는 존재이고 사유를 전달할 필요가 있기 때문에 의사소통을 위해 언어가 필요하다. 소통을 전제하지 않더라도 사유는 이루어진다. 그러나 사정에 따라 대화에서 침묵으로 이루어지든 소리를 내든, 사유는 말 없이는 이루어질 수 없다. 사유는 항상 말로 이루어진다고 하더라도 청중을 필요로 하지 않기 때문에, 거의 모든 철학자의 증언에 합의하는 헤겔은 "철학이란 고독한 것"이라고 말했다. 그리고 인간은 사유하는 존재이기 때문이 아니라 다수 속에서만 존재하기 때문에 인간의 이성은 역시 의사소통을 원하며, 이 의사소통을 상실할 경우에 길을 잃기 쉽다. 칸트가 관찰한 바와 같이, 이성은 실제 "자신을 고립시키는 데 적합하지 않고 소통하는 데 적합하기"[78] 때문이다. 그 소리 없는 대화의 기능 — 캔터베리의 안셀무스의 표현으로는 "무언중에 자신과 이야기하다*tacite secum rationare*"[79] — 은 일상의 경험 속에서 우리 감각에 노출될 수 있는 모든 것과 타협한다. 이성의 필요성은 발생할 수 있거나 또는 발생할 수도 있었을 모든 것을 설명하는 — 그리스인들이 아주 정확하게 표현하는 바와 같이, '*logon didonai*(설명하다)'[80] — 것이다. 이것은 지식에 대한 갈증 — 그 필요는 잘 알려졌고, 아주 친숙한 현상과 관련하여 발생할 수 있다 — 에 의해서가 아니라 의미 탐구에 의해서 촉진된다. 사물에 한낱 명칭을 부여하거나 새로운 용어를 만드는 일은 세계를 *전유하는*, 이를테면 세계를 소외시키지

---

78   "Reflexionen zur Anthropologie", no. 897, *Akademie Ausgabe*, vol. XV, p. 392.

79   《독백*Monologion*》.

80   '*logon didonai*'라는 용어는 증명하는 게 아니라 사람들이 의견에 어떻게 도달하게 되었는가를 말할 수 있다는 것을 의미한다. 이 개념은 플라톤과 플라톤 이전의 철학자들을 구분 짓는데, 용어 자체는 기원상 정치적이다. '설명한다는 것'은 정치 문제나 돈 문제와 관련해 아테네 시민들이 정치인들에게 요구했던 것이다. 아렌트의 《칸트 정치철학 강의》(푸른숲, 2002), 41쪽을 참조할 것.(옮긴이)

않는 인간의 방식이다. 우리는 결국 이 세계에 '새로 온 사람(신참자)'이나
이방인으로 태어난다.

지금까지 사유와 언어의 상호연계성에 관한 주장을 살펴봤다. 이러
한 주장은 무언의 사유란 있을 수 없다는 생각을 의심케 하며, 특정 문명권
에는 분명히 적용되지 않는다. 이 문명권에서는 구어口語(입말)보다 문자 기
호가 결정적이며, 사유 자체는 무언의 대화가 아니라 도상(圖像; image)을 정
신적으로 다루는 것이다. 이러한 것은 특별히 중국어에도 해당된다. 중국
철학은 서양철학과 어깨를 나란히 한다. 중국어에서 "단어의 힘은 문자 기
호, 모양象의 힘에 의해 지지를 받지만", 자체가 이차적이고 기껏해야 합의
된 일련의 상징으로 인정되는 알파벳 언어의[81] 경우에는 그렇지 않다. 중
국어의 경우, 모든 기호는 우리가 개념이나 본질이라고 규정하는 것을 시
각화한다. 기록에 따르면, 공자는 '개犬'[82]에 해당하는 한자가 개 자체의 완
벽한 모습이라고 언급했다고 한다. 반면에 우리가 이해하기로는 "어떠한
도상도 개 일반의 개념에 결코 부합될 수 없다." 개 일반이란 개념은 '모든
개'를 정당화하는 개념의 보편성을 지니고 있지 못하다.[83] 《순수이성비판》
의 '도식'을 다룬 장章에서 모든 서양식 사유의 기본 가정들 가운데 하나를
명료하게 표현한 칸트에 따르면, "'개'라는 개념은 규칙을 의미한다. 나의
상상력은 이 규칙에 따라 경험과 같은 어떤 단일한 모습에 제한 없이 일반
적인 방식으로 네발 동물 형태의 윤곽을 그릴 수 있거나, 아니면 내가 '구체
적으로in concreto' 표상하고 실제로 묘사하는 어떤 가능한 도상을 개략적으

---

81   나는 이후 마르셀 그라네Marcel Granet의 위대한 책 《중국인의 사유La Pensée Chinoise》 (Paris,
        1934)의 제1장 〈Language and Script〉에 거의 의존했다. 또한 최근 출간된 독일판인 Manfred
        Porkert, *Das chinesische Denken — Inhalt, Form, Charakter*, München, 1971을 사용했다.

82   개의 옆모양을 본뜨되 짖는 입을 특징으로 본뜬 자형이다. (옮긴이)

83   Kant, *Critique of Pure Reason*, B180.

로 그릴 수 있다."[84] 그리고 그는 다음과 같이 덧붙인다. "우리 지성의 이러한 도식 기능은 … 인간 영혼의 심연에 은폐된 기술이며, 자연은 인간 영혼의 실제적인 활동 양태를 발견하도록 우리에게 허용하기 어려우며, 우리의 시선에 노출되기 어렵다."[85]

　　우리의 맥락에서 볼 때, 이 문장의 타당성은 다음과 같다. 비가시적인 것을 다루는 정신의 능력은 일상의 감각 경험을 위해서도 필요하다. 즉 이 능력은 네발 동물이 어떠한 형태로 자신을 드러내든, 가령 개를 개로 인지하기 위해서 필요하다. 따라서 우리는 감각에 결코 드러나지 않는 대상의 일반 특성을 칸트의 의미로 '직관할' 수 있어야 한다. 말하자면, 칸트는 이러한 도식 — 순수한 추상화 — 을 위해 '결합 문자(약자 또는 약도: monogram)'라는 용어를 사용했는데, 중국 한자는 아마도 결합 문자로 가장 잘 이해될 수 있을 것이다. 달리 표현하면, 우리에게 '추상적'이고 비가시적인 것은 중국인들에게는 상징적으로 구체적이고 한자漢字로 가시화된다. 예컨대 포개진 두 손의 모습은 '우정友情'[86]의 개념을 표현하는 데 알맞다. 중국인들은 단어가 아니라 도상으로 사유한다. 그리고 도상을 통한 이러한 사유는 규정된 일련의 사유로 진행하기 때문에 항상 '구체적'이지만 논변적일 수 없으며, 자기 자신을 설명할logon didonai 수 없다. '우정이란 무엇인가?'라는 소크라테스식의 전형적 질문에 대한 답변은 포개진 두 손의 상징에서 가시적으로 드러나고 명료해진다. 그리고 '상징'은 도상을 결합하는 그럴듯한 연상을 통해 '회화적 재현의 전반적 흐름을 자유롭게 한다.' 예컨

84　　Kant, *Critique of Pure Reason*, A141. "도식은 그 자체로 오로지 상상력의 산물이다. … 도식은 도상과 구별된다.(A140) … 도상은 생산적 상상력의 경험적 능력의 산물이고, 감성적 개념들의 … 도식은 순수한 선험적 상상력의 산물이다."(A141)(옮긴이)

85　　*Ibid.*, B180~181.

86　　'우友'는 왼손左(부수 공工 제외)와 오른손又을 겹쳐 쓴 것으로, 서로 손을 맞잡는다는 의미를 나타낸다.(옮긴이)

대 '차가운寒'[87]이란 한자는 '차가운 날씨에 대한 사유와 연계된 모든 개념들'이라든지 추위로부터 인간을 보호하는 데 기여하는 활동을 결합시켰을 때 가장 잘 드러날 수 있다. 그러므로 시를 큰 소리로 읽을 때 그것은 듣는 사람에게 시각적으로 영향을 줄 것이다. 그는 소리로 들은 용어에 집착하지 않고, 기억하는 기호나 그 기호가 명료하게 가리키는 광경에 집착할 것이다.

　　도상을 통한 구체적 사유와 언어적 개념에 대한 추상적 취급 사이의 이러한 차이는 매혹적이면서도 불안하다. 내겐 이것들을 적절하게 다룰 능력이 없다. 이러한 차이는 어쩌면 그 이상의 불안을 야기한다. 왜냐하면 이러한 차이에도 불구하고 중국인들과 공유하는 한 가지 가정, 즉 정신 활동의 경우 시각의 명백한 우위성을 명료하게 지각할 수 있기 때문이다. 곧 고찰하겠지만, 이 우위성은 여전히 서양 형이상학의 역사와 진리의 개념을 통해서 결정적으로 나타난다. 우리와 중국인들을 구별해주는 것은 누스 *nous*가 아니라 로고스*logos*이며,[88] 말로 설명하고 정당화하려는 우리의 필요성이다. 일반성에서 특수성을 추론하는 연역이나 특수성에서 일반 규칙을 도출하는 귀납적 추론과 같이 엄밀한 논리적 과정은 모두 이러한 정당화를 보여준다. 이것은 말로만 이루어질 수 있다. 내가 알기로는, 비트겐슈타인만이 상형문자가 시선의 비유에서 이해되는 진리의 개념과 상응한다는 사실을 인식했다. 그는 다음과 같이 썼다. "우리는 한 명제의 본질을 이해하기 위해 기술하는 사실을 묘사하는 상형문자를 고려해야 한다. 그리고 알

87　'한寒'은 집 또는 '집 안宀'에서 '사람人'이 '풀艸'을 깔고 잘 만큼 밖은 춥고 얼음이 '얼다(빙:冫)'라는 뜻이다.(옮긴이)

88　양자는 인간의 동일한 특성이면서도 차이가 있다. '누스'는 소리를 내지 않으므로 드러나지 않음을 함의하지만, '로고스'는 말로 표현되듯이 겉으로 드러남을 함의한다. 소리 없는 대화인 '사유'는 이 이중적 의미를 함축하고 있다. 아렌트는 이러한 표현에서도 형이상학적 전통을 거부하는 입장을 세심하게 보여준다.(옮긴이)

파벳 문자는 묘사에 본질적인 것을 상실하지 않은 채 상형문자로부터 발전했다."[89] 이 마지막 언급은 물론 상당히 의심스럽다. 우리가 알고 있는 바와 같이, 그리스인들이 일찍이 페니키아 문자에 근원을 둔 알파벳에 적응하지 못했거나 이를 수용하지 못했다면, 분명 철학은 존재하지 못했을 것이다.

그러나 시각이 보는 동작에 어울리듯이, 언어는 사유 활동에 명백히 어울리지는 않는다. 언어는 정신 활동을 외부세계뿐만 아니라 사유하는 나 자신에 드러낼 수 있는 유일한 매개체다. 어떠한 언어도 정신 활동의 필요를 위해 이미 만들어진 어휘를 갖고 있지는 않다. 정신 활동들은 모두 감각 경험이나 일상생활의 다른 경험에 조응하도록 원래 의도된 낱말들에서 어휘를 차용한다. 그러나 우리는 이를 우연적이거나 (수학 기호와 같이) 자의적으로 상징적이거나 표상적으로 차용하지는 않는다. 모든 철학 언어와 대부분의 시 언어는 은유적이지만 옥스퍼드 사전의 단순한 의미로 볼 때는 그렇지 않다. 옥스퍼드 사전에서는 "은유란 하나의 명칭이나 기술적記述的 용어를 원래 적용 가능한 것과 다르지만 유사한 어떤 대상으로 변경하려는 표현 방식"이라고 규정하고 있다. 일몰과 만년晩年 사이에는 유사성이 없다. 그러나 진부한 은유를 사용하는 시인은 만년을 '인생의 일몰'로 표현할 때, 만년이 인생과 연계되듯이 일몰이 낮과 연계된다는 것을 염두에 두고 있다. 셸리가 언급한 바와 같이, 시인의 언어가 "진정 은유적이라면", 그것은 "전에는 이해되지 않던 사물들의 관계를 부각하고, 이들에 대한 이해를 영구화하는 것"에서만 그러하다.[90] 모든 은유는 "차이점에서 유사성을 직관적으로 지각할" 때 비로소 나타난다. 아리스토텔레스가 언급했듯이, 은유는

89   *Tractatus*, 4.016 ("*Um das Wesen des Satzes zu verstehen, denken wir an die Hieroglyphenschrift, welche die Tatsachen, die sie beschreibt, abbildet. Und aus ihr wurde die Buchstabenschrift, ohne das Wesentliche der Abbildung zu verlieren*").

90   *A Defence of Poetry*.

이러한 이유 때문에 "천재성의 징표", 즉 "지금까지 가장 위대한 것"이다.[91]
그러나 아리스토텔레스에게 이 유사성은 모든 점에서 다른 대상에 나타나
는 유사성이 아니라 항상 네 개의 명사를 필요로 한다. 즉 그것은 'B : A =
D : C'라는 공식으로 표현될 수 있는 유추와 같은 관계의 유사성이다. "따
라서 잔은 디오니소스와, 방패는 아레스와 대응한다. 잔은 '주신酒神 디오니
소스의 방패'로서 은유적으로 묘사될 것이다."[92] 칸트에 따르면, 유추나 은
유 언어로 이렇게 언급하는 것은 사변적 이성(우리는 이를 사유라고 표현했다)
이 자신을 드러낼 수 있는 유일한 방법이다. 은유는 '추상적'이며 심상(도
상) 없이 진행되는 사유에게 현상세계로부터 도출된 직관 — "개념들의 실
재성을 밝히는 것"[93]은 직관의 기능이다 — 을 제공하며, 그로 인해 사실상
정신 활동의 전제조건인 현상세계로부터의 이탈 상태를 원 상태로 되돌린
다. 사유가 현상세계에 주어진 것을 인식하고 이해할 필요가 있다는 주장
에 다만 대응하고 공통감 추론의 한계 내에 머물러 있는 한, 사유는 비교적
쉽다. 즉 우리가 공통감 사유를 위해 필요한 것은 개념을 설명하는 실례들
이다.[94] 개념들이 현상에서 추론되기 — 개념들은 한낱 추상화다 — 때문에
이러한 실례들은 적절하다. 그러나 우리가 이성의 필요성 때문에 주어진
세계의 영역을 벗어나고 "[이성의 이념들]에 적절한 직관을 제시할 수 없

---

91   *Poetics*, 1459a5.

92   *Ibid.*, 1457b17과 이후 내용.
이후 내용은 다음과 같다. "방패를 군신軍神 아레스의 잔B+C이라고 말할 수 있다. 또는 저녁
때B와 날A의 관계는 노년D과 인생C의 관계와 같다. 따라서 저녁때B를 '날의 노년C'이라고
하든지, 혹은 엠페도클레스와 같이 표현할 수 있을 것이다. 그리고 노년D를 '삶의 저녁때'
혹은 '삶의 일몰C+B'이라고 말할 수 있을 것이다."(옮긴이)

93   *Critique of Judgment*, no. 59.

94   *Ibid.*, no. 59. 〈윤리성의 상징으로서 미에 대하여〉. "직관이 경험적 개념이라면, 그것들은
'실례example'로 불린다. 그것들이 순수 지성 개념pure concepts of the understanding이라면, 그것
들은 도식이라 불린다."(옮긴이)

는"[95] 불확실한 사유의 바다로 향하게 된다면 상황은 완전히 달라진다. 이 지점에서 은유가 도입된다. 은유는 순수하고 외견상 불가능한 것metabasis eis allo genos을 전환하고metapherein, 실존적 상태인 사유 상태로부터 현상들 가운데 하나가 되는 다른 상태로 전환하는 데 성공한다. 이것은 유추를 통해서만 이루어질 수 있다. (칸트는 전제 국가를 "손절구와 같은 단순한 기계"[96]라고 묘사함으로써 성공적인 은유의 한 예를 제시한다. 왜냐하면 전제 국가는 "개인의 절대적 의지에 의해 지배되기 때문이다. … 전제 국가와 손절구 사이에는 확실히 유사성이 없다. 그러나 규칙에 유사성이 존재하는데, 우리는 이 규칙에 따라 두 가지 사항과 그 인과율을 고찰한다." 그리고 그는 다음과 같이 덧붙인다. "우리의 언어는 이러한 간접적 표현으로 가득 차 있다. 그런데 이러한 것은 지금까지 충분하게 분석되지 않았다. 이를 더 깊이 관찰해야 할 것이다."[97]) 형이상학의 통찰력은 "두 사물의 불완전한 유사성이라는 통상적 의미에서가 아니라 전적으로 다른 사물들 사이의 양자 관계가 완벽하게 유사하다는 의미에서 **유추**를 통해 획득된다."[98] 칸트는 《판단력비판》에서 가끔 부정확한 언어로 "한낱 유비(추)에 부합되는 표상"을 상징적인 것으로 규정한다.[99]

---

95   *Ibid.*

96   *Ibid.*(옮긴이)

97   *Ibid.*

98   *Prolegomena to Every Future Metaphysics*, no. 58, trans. Carl J. Friedrich, Modern Library, New York, n.d. 칸트 자신은 비판 이전의 시기에 철학적 언어의 이러한 특이성을 자각하고 있었다. "차원 높은 합리적 개념들은 … 통상적으로 명료성을 확보하기 위해서 자연적 의복을 입는다." "Träume eines Geistersehers", p. 948.

99   No. 59. 은유적 사유, 즉 유추를 통한 사유가 그 특이한 비실재성으로부터 사변적 사유를 유지할 수 있었던 것이 그에게 얼마나 일찍이 생각났는가는 인상적이기 때문에, 초기 저서에서 유고에 이르기까지 칸트의 '유추' 개념을 검토하는 것은 흥미로울 것이다. 그는 일찍이 1755년에 출간된 《자연사 일반과 천국론Allgemeine Naturgeschichte und Theorie des Himmels》에서 신의 존재 '개연성'과 관련하여 다음과 같이 언급한다. "나는 신의 존재를 증명할 수 없다고 … 인정할 준비가 되어 있지 않기에 내 이론의 결과에 그렇게 헌신적이지 않다. 그런데도 나는 인간적 이해에서 영원히 은폐되는 … 것 같은 주제를 포괄하는 무한자의 도표가 특별히

모든 철학 용어는 은유이며, 사실상 응결된 유추다. 물론 우리가 그
용어들을 원래의 맥락으로 해체할 때, 은유의 진정한 의미는 노출된다. 그
런데 원래의 맥락은 이것을 최초로 사용한 철학자의 마음에 생생하게 존재
했음에 틀림없다. 플라톤이 '영혼soul'과 '모형idea'이란 일상어를 철학 언어
— 인간의 비가시적 내부기관인 영혼을 비가시적인 것들로 구성된 세계에
현존하는 비가시적인 것, 즉 이데아와 연계시킨 언어 — 에 도입했을 때, 그
는 철학 시대 이전 사용된 그 단어들을 아직 듣고 있었음에 틀림없다. 영혼
*psyche*은 임종 시에 발산되는 '생명의 숨결'이며, 이데아(idea 또는 *eidos*)는 기능
인이 작업(제작)을 시작하기 전에 자기 정신의 눈앞에 띄운 모형틀 혹은 청
사진이다. 이미지인 청사진은 제작 과정이나 제작된 대상보다 오래 존속하
고 모형으로 계속해서 사용될 수 있으며, 이데아 세계에서의 영원에 어울
리는 항구성을 유지한다. 플라톤 영혼론의 기본적 유추는 다음과 같다. 생
명의 숨결은 그것이 떠나가는 육신, 즉 시체와 연관되듯이 영혼은 이제부
터 살아 있는 육체와 연결될 것이다. 우리는 그의 이데아론에 기저가 되는
유추를 비슷한 방식으로 재구성할 수 있다. 기능인의 심상이 제작 과정에
서 그의 손을 인도하며 그 대상의 성패를 판정하듯이, 현상세계의 구체적
이고 감각적인 소여의 자료는 모두 이데아 세계에 위치한 비가시적인 원형
과 연관되며 이 원형에 따라 평가된다.

　　'노에오마이*noeomai*'는 원래 '눈으로 감지함'이라는 뜻이었는데, 이
후 '이해함'이란 의미를 지닌 정신의 인식으로 변화되었다. 결국 '노에오
마이'는 최고 형태의 사유를 뜻한다. 우리는 어느 누구도 시각기관인 눈과
사유기관인 정신*nous*이 동일하다고 생각하지 않았다고 추정할 수 있다. 그

유추에 의존할 때 그러한 설명에서 터무니없는 계획으로서 간주되지 않으리라는 것을 …
기대한다." 강조된 부분의 내용은 *Kant's Cosmogony*, Glasgow, 1900, pp. 146~147에서 인용
한 해스티W. Hastie의 번역 내용이다.

러나 바로 이 용어는 눈과 보이는 대상 사이의 관계가 정신과 사유 대상 사
이의 관계와 유사하다는 것, 즉 같은 형태의 증거를 밝힌다는 것을 암시했
다. 우리는 다음과 같은 사실을 알고 있다. 아리스토텔레스 이전 어느 누
구도 적극적으로 활동하는 분주한 사람을 나타내는 '에네르고스energos(활
동적인)'라는 형용사를 사용하지 않았듯이, 플라톤 이전 어느 누구도 장인
의 모형이나 청사진에 해당하는 용어를 철학 언어로 사용하지 않았다. 아
리스토텔레스는 '디나미스dynamis(능력)', 즉 단순한 가능태와 대립되는 현
실태를 뜻하는 '에네르게이아energeia(행위)'라는 용어를 만들었다. 이 용어
는 나타내려고 적극적으로 활동하는 분주한 사람을 지시한다. 그리고 이러
한 경우는 라틴어에서 유래한 용어인 '실체substance'와 '우연적 사건accident'
과 같은 표준용어에도 적용된다. 이에 해당하는 그리스어는 '히포케이메논
hypokeimenon(기초가 되는 것)'과 '타 레고메나 카타 심베베코스ta legomena kata
symbebēkos(우연하게 수반하는 것)'다.[100] 아리스토텔레스 이전 어느 누구도 범
주katēgoria라는 용어를 '혐의accusation; charge' 이외의 다른 의미로 사용하지
않았다. 즉 이 용어는 법정 절차에서 피고에 대해 주장한 것을 의미했다.[101]
아리스토텔레스의 용례에서 이 용어는 거의 술어가 되었고, 다음과 같은
유추에 기초해 있다. 즉 '기소장katagoreuein ti tinos'[102]이 혐의를 받고 있어 그

100　'hypokeimenon'은 원래 기반으로서 모든 것을 자신에게 결집시키는 '앞에 놓여 있는 것that-
which-lies-before'을 의미한다. 인간적 주관성을 의미하지 않고 어의적 의미상으로 가시적인
특성들의 기초가 되는 것을 의미했지만, 라틴어에서는 'subiectum'으로 표현되었다. 데카르
트 형이상학의 등장으로 인간은 자체로 존재하는 것의 관계적 중심, 즉 일차적이고 유일하
게 실재적인 주체가 되었다. 그리고 'kata symbebēkos'에서 'symbebēko'는 필연적 결과를 의미
하며, 'kata'는 'down, against, through, according to, towards, during'의 의미를 지닌다. 따
라서 이 문구를 직역하면 '간접적인 (필연적) 결과로'라는 뜻이며, 줄여서 '간접적으로'로 표
현된다. 그러나 라틴어에서는 그리스어의 원래 의미와 달리 '우발적 사건'으로 의미가 바뀌
었다.(옮긴이)

101　Francis MacDonald Cornford, *Plato's Theory of Knowledge*, New York, 1957, p. 275를 참조
할 것.

에게 속하는 중대한 것을 피고에게 언도하는(말로 내리는kata) 것이듯, 이 술
어는 주체에 적절한 성질을 부여한다. 우리는 잘 알려져 있는 이러한 예들
을 더 늘릴 수 있다. 나는 철학 용어가 대단히 중요하기 때문에 특별히 매
혹적이라고 생각하는 예를 하나 더 들겠다. 그리스어 '누스nous'라는 용어
는 정신mind — 라틴어 'mens'에서 유래되고, 독일어 'Gemüt' 같은 것을 지
칭한다 — 또는 이성을 의미한다. 나는 여기에서 후자에만 관심을 가지고
있다. 이성은 라틴어 'ratio(계산, 헤아림)'에서 유래했는데, '계산하다' 또는
'추론하다'를 의미하는 라틴어 동사 'reor, ratus sum'에서 파생되었다. 라틴
어 번역 용어는 전적으로 다른 은유적 맥락을 지닌다. 이 용어는 그리스어
'정신nous'보다 '말logos'에 더 가깝다. 나는 어원론에 대한 당연한 편견을 가
진 사람들에게 그리스어에서 이치에 맞지 않았을, 키케로가 흔히 사용한
'이성과 말ratio et oratio'이란 문구를 환기하고 싶다.

　　내면적이고 비가시적인 정신 활동과 현상세계 사이의 심연을 좁히
는 은유는 확실히 언어가 사유와 철학에 부여한 가장 위대한 선물이었다.
그러나 은유 자체는 기원상으로 철학적이라기보다 시적이다.[103] 그러므로
철학보다 오히려 시에 동조하는 시인들이나 작가들이 그 본질적 기능을 자
각해야 한다는 것은 놀랍지 않다. 내가 아는 한 은유에 관한 문헌에서는 거
의 언급되지 않았지만, 에즈라 파운드의 저서에 수록된 어니스트 페놀로사
의 논문에서 다음 내용을 확인할 수 있다. "은유는 … 시의 진정한 실체다.
그것이 없었다면 보이는 것의 작은 진리에서 보이지 않는 것의 커다란 진리

102　'katagoreuein'은 'kata'와 'agorein'이 결합된 복합어다. 'agorein'은 아고라에서 공개적으로
　　　말한다는 의미다. 'ti'는 'what'이며, 'tinos'는 'whose'이다. 따라서 '기소장'의 그리스적 의
　　　미를 직역하면 '누구의 무엇인가를 아고라에서 공개적으로 말로 내리는(언도하는)' 것을 의
　　　미한다.(옮긴이)

103　아렌트,《사유일기》, 제26권, 30, p. 728. "사유와 시작을 결합하는 것은 은유다. 우리는 철
　　　학에서 그것을 개념이라고 부르지만, 시작에서는 은유라고 불린다. 사유는 비가시적인 것
　　　을 명시하기 위해 자신의 '개념'을 가시적인 것에서 끌어낸다."(옮긴이)

로 건널 수 있는 다리는 없었을 것이다."[104]

원래 시에서 사용하는 이 도구, 즉 은유를 발견한 사람은 호메로스
였다. 그의 시 두 편은 모든 형태의 은유적 표현으로 가득 차 있다. 나는 선
택하기 곤란할 정도로 많은 것*embarras de richesses* 가운데《일리아드*Iliad*》에서
문장을 선택했다. 이 책에서 시인은 고통과 두려움이 인간의 마음에 엄습
하는 것을 해상의 여러 방향에서 동시에 몰아치는 바람에 비유한다.[105] 이
시인은 "네가 잘 알고 있는 폭풍우를 생각하라. 그러면 고통과 두려움에 대
해 알 것이다"라고 우리에게 말하는 듯하다. 이러한 비유가 유의미하더라
도, 고통과 두려움을 생각하면서 이를 폭풍우와 연결하기란 어렵다. 누군
가 고통과 두려움에 대해 아무리 오랫동안 생각하더라도, 그는 거기에서
바람과 바다에 관한 어떤 것도 결코 발견하지 못할 것이다. 이러한 비유는
분명히 슬픔과 두려움이 인간의 마음에 어떠한 영향을 미칠 수 있는지를 밝
히려는 의도가 있다. 또한 드러나지 않는 경험의 세계를 드러내려는 의도
를 담고 있다. 이러한 유추가 지닌 가역성은 은유의 기제를 기술하려고 노
력한 아리스토텔레스의 수학적 상징을 유추와 예리하게 구분하게 해준다.
은유가 "완전히 다른 두 가지 사물" 사이의 "완벽한 유사성"을 아무리 성
공적으로 완벽하게 우연히 발견했다고 하더라도, A는 분명히 C와 동일하
지 않고, B는 D와 동일하지 않기 때문에, 'B : A = D : C'라는 공식은 역

---

104   에즈라 파운드의《부추김*Instigations*》(Freeport, N. Y, 1967)에 수록된 논문 〈시의 매개 수단으로
            서 중국의 한자〉에는 중국의 자체字體에 대한 호기심을 끄는 변명이 포함되어 있다. "그 어
            의론은 영원히 가시적이다." 표음문자는 "그 자체에 은유를 담고 있지 않다. 우리는 인격
            이 한때 영혼이 아니라 영혼의 가면(영혼은 이를 통해 사실상 소리를 낸다)을 의미했다는 것을 망
            각한다. 이것은 사람들이 중국 한자의 상징을 사용하는 과정에서 결코 망각할 수 없는 것이
            다. … 우리 생각에, 시인만이 진정 민족어의 축적된 보물을 활용한다."(p. 25)

105   IX, 1~8.
            "북풍과 서풍이 트라케에서 갑자기 불어와 물고기가 많은 바다를 뒤흔들어 놓으면 검은 물
            결이 곧 고개를 쳐들며 바다의 기슭을 따라 수많은 해초를 토해내듯이, 아카이오이족의 마
            음은 그처럼 가슴속에서 뒤흔들렸다."(옮긴이)

행 불가능성을 설명한다. 아리스토텔레스의 등식은 다음과 같이 가역성을 암시한다. 즉 'B : A = D : C'이면, 'C : D = A : B'이다. 수학적 계산에서 빠진 것은 은유의 실제적 기능, 즉 정신의 비감각적 경험 — 어떤 언어에는 이를 위한 용어가 존재하지 않는다 — 을 밝히기 위해 정신을 다시 감각 세계로 전환시키는 것이다. 〔아리스토텔레스의 공식은 작동했다. 왜냐하면 이 공식은 가시적 사물만을 다루며, 실제로 은유나 한 영역에서 다른 영역으로 넘어가지 않고 상징(표상)되었기 때문이다. 상징은 이미 비가시적인 사물의 가시적 예시다 — 디오니소스의 잔은 포도주와 연계된 축제 분위기의 그림 문자이며, 아레스의 방패는 전쟁의 격렬함을 나타내는 그림 문자다. 눈먼 여신의 손에 놓인 정의의 천칭은 과거에 행동했던 사람들에 대한 고려 없이 그 행적을 측정하는 '정의의 신'의 그림 문자다. 이러한 것은 아리스토텔레스의 두 번째 사례에서 나타나듯이 공식화된 숙어로 전환된 오래된 유추에도 똑같이 적용된다. "만년(D)은 삶(C)과 연관되듯이, 저녁(B)은 낮(A)과 연관된다."〕

물론 일반적인 말에는 은유의 진정한 기능을 수행하지도 않는, 은유와 유사한 비유적 표현이 무수히 많다.[106] 시인들이 이러한 표현을 여전히 사용하고 있더라도 — 호메로스에게서도 볼 수 있는데, 한 예로 '상아같이 흰'을 들 수 있다 — 이러한 것은 한낱 언어의 표현일 뿐이다. 대상들의 한 부류에 속하는 어떤 명사가 다른 부류와 연계될 때, 이러한 표현은 종종 전이轉移를 특징으로 한다. 따라서 우리는 탁자의 '다리'가 마치 인간이나 동물에 달린 것같이 언급한다. 여기에서 전이는 동일한 영역, 가시적인 것의 '속屬' 안에서 이루어지며, 이 유추는 실제로 역행할 수 있다. 그러나 이러

106　내가 인용하도록 친절하게 허락받았는데 불행하게도 출간되지 않은 마르셀 코헨Marshall Cohen의 원고인 〈은유의 개념The Concept of Metaphor〉은 이 주제를 연구한 문헌에 대한 탁월한 평론과 더불어 여러 가지 예를 포함하고 있다.

한 전이가 비가시적인 것을 직접 지칭하지 않는 은유에 항상 적용되는 것은
아니다. 호메로스의 시에서는 가시적인 것 내에서 이동하지만 숨겨진 이야
기를 지칭하는, 즉 훨씬 복잡한 일종의 확장된 은유나 직유直喩가 있다. 예
컨대 페넬로페가 거지로 가장한 채 "여러 가지 거짓된 것들"을 들려주는 남
편 오디세우스를 알아보기 바로 직전에 두 사람은 많은 대화를 나누었다.
거지로 가장한 오디세우스는 페넬로페에게 크레타에서 그녀의 남편을 대
접했다고 말한다. 우리는 이야기를 들은 그녀가 어떻게 "눈물을 흘렸으며,
그녀의 몸이 어떻게 편안해졌는지"를 알고 있다. "서풍이 산꼭대기에 눈을
쌓이게 했으나 남풍이 쌓인 눈을 녹이고 그 눈이 물이 되어 넘쳐 강물이 범
람하듯이 그녀는 눈물을 흘렸고, 그녀의 몸은 편안해졌다. 페넬로페가 앞
에 앉아 있는 남편을 위해 눈물을 흘릴 때, 그녀의 아름다운 뺨 위로 눈물
줄기가 흘러내리고 있었다."[107] 여기에서 은유는 가시적인 것만을 드러낸
다. 즉 그녀의 뺨에 흘러내리는 눈물은 녹아내리는 눈 못지않게 가시적이
다. 은유에서 드러나게 된 비가시적인 것은 오디세우스의 부재와 같은 긴
겨울, 몇 년 동안의 생명 없는 냉혹함과 인고忍苦다. 이제 이러한 것은 생명
의 재생에 대한 희망의 첫 번째 징후가 나타난 이후 녹아내리기 시작했다.
눈물 자체는 단지 고통을 표현했다. 눈물의 의미 — 고통을 초래한다는 생
각 — 는 눈이 녹는다는 은유와 봄이 오기 전에 대지가 녹는다는 은유에서
명료화된다.

    '호메로스의 직유와 철학의 출발'을 처음으로 연결했던 리츨러는 모
든 비교에 필요한 세 번째 비교tertium comparationis[108]를 주장한다. 이러한 비

---

107   *The Odyssey of Homer*, bk. XIX, ll. 203~209, trans. Richmond Lattimore, New York, 1967.
       p. 287.

108   '필요는 발명의 어머니다'라는 주장에서 첫째 어머니와 자식의 관계, 둘째 필요와 발명의
       관계가 성립된다. 세 번째 부분은 중요한 것이 도출되는 근원이며, 여기에서는 어머니와 필
       요로서 비교되는 두 사물이 공유하고 있는 특성이다.(옮긴이)

교는 "시인에게 세계로서의 영혼과 영혼으로서의 세계를 지각하고 인식하게 한다."[109] 세계와 영혼의 대립 이면에는 조응을 가능케 하는 통일성, 즉 리츨러가 괴테를 인용하면서 지적한 바와 같이 감각세계와 영혼의 영역에 동시에 현존하는 '미지의 법칙'이 있어야 한다. 이러한 통일성은 대립하는 것(대립 쌍) — 낮밤, 명암, 냉온 — 을 모두 결합한다. 이러한 것들은 각기 분리해서 생각할 수 없으며, 그 안티테제와 신비스럽게 연계되지 않은 경우는 생각할 수 없다. 따라서 리츨러에 따르면, 이렇게 숨겨진 통일성은 철학자들의 주제, 즉 헤라클레이토스의 '공통적인 로고스*koinos logos*',[110] 파르메니데스의 '유일자*hen pan*'가 된다. 철학자의 진리는 이러한 통일성에 대한 자각으로 일반인의 의견과 분리된다. 그리고 리츨러는 이를 옹호하여 헤라클레이토스를 다음과 같이 인용한다. "신은 낮이면서 밤이고, 겨울이면서 여름이며, 전쟁이면서 평화이고, 배부름과 배고픔이다. (그는 모든 대립 쌍들이며, 정신이다). 불이 향신료들과 섞여 있을 때 각각의 향기에 따라 그 명칭을 붙이는 식으로, 신은 변신한다."[111]

사람들은 철학이 호메로스의 예를 모방하기 위해서 호메로스의 학파에 참여했다는 데 동의하려는 경향이 있다. 이러한 경향은 사유에 관한 모든 우화들 가운데 초기에 제시되었는데, 가장 유명한 두 가지 우화, 즉 낮과 밤의 문을 통과하는 여행을 밝힌 파르메니데스의 우화와 플라톤의 '동굴 우화'에 의해 상당히 강화된다. 전자는 시詩이며, 후자는 전적으로 호메로스의 언어를 사용하고 있기에 본질적으로 시적이다. 이는 하이데거가 시와 사유를 이웃사촌이라고 불렀을 때 적어도 그가 얼마나 옳았는가를 암시

---

109   "Das Homerische Gleichnis und der Anfang der Philosophie", in *Die Antike*, vol. XII, 1936.

110   헤라클레이토스는 단편(Sextus Empiricus, Adversus mathematicos, 7, 133)에서 다음과 같이 언급한다. "로고스는 모두에게 공통적임에도 불구하고 사람들 대부분은 개별적인 목적을 가진 것처럼 살아간다τοῦ λόγου δ' ἐόντος ξυνοῦ ζώουσιν οἱ πολλοὶ ὡς ἰδίαν ἔχοντες φρόνησιν." (옮긴이)

111   Diels and Kranz, frag. B67.

한다.[112]

　　우리는 언어가 비가시적인 것의 영역과 현상세계 사이의 간격을 줄
이는 데 성공한 여러 가지 방식을 보다 면밀하게 검토한다면 잠정적으로 다
음과 같은 지침을 제공할 수도 있다. 아리스토텔레스는 이미 언어를 본질
적으로 사유와 "닮은 중요한 소리"인 단어들의 "의미 있는 소리내기"라고
암시적으로 정의했다. 그러한 입장을 고려할 때, 사유는 언어 속에 내재된
정신의 산물을 현실화하는 정신 활동이다. 그리고 언어는 어떤 특별한 노
력에 앞서, 들을 수 있는 세계에서 정신에게 잠정적이지만 적절한 안식처
를 이미 제공했다. 말하기와 사유가 동일한 근원에서 발생한다면 언어라는
선물은 인간이 비가시적인 것을 '현상'으로 전환시킬 수 있는 도구를 자연
스럽게 부여받았다는 일종의 증거, 오히려 징표로 간주될 수 있다. 칸트의
"사유의 땅*Land des Denkens*"은 육체의 눈에는 결코 드러나지 않을지도 모른
다. 그런데 사유의 땅은 우리의 정신이 아니라 육체의 귀에 얼마간 왜곡된
모습으로 분명히 나타난다. 이러한 맥락에서 정신의 언어는 은유의 도움으
로 볼 수 없으나 말할 수 있는 것을 더욱 명확히 하고 자세히 설명하기 위해
가시적 사물 세계로 복귀한다.

　　유추, 은유, 상징은 정신이 무심코 세계와의 접촉점을 상실했을 때
도 정신과 세계를 결합하는 끈이다. 이것들은 인간 경험의 일관성을 보장
하며, 지식에 대한 상대적 확신을 지닌 감각기관이 우리를 인도할 수 없을
때도, 우리가 맹목적으로 방황하지 않도록 우리에게 태도를 제시하는 본보
기가 된다. 우리의 정신이 이러한 유추를 발견할 수 있다는 사실, 현상세계
가 우리에게 드러나지 않는 것을 환기한다는 사실은 정신과 육체, 사유와
감각 경험, 비가시적인 것과 가시적인 것이 같은 영역에 속하며, 사실 서로

112　　*Aus der Erfahrung des Denkens*, Bern, 1947.

를 위해 만들어졌다는 일종의 '증거'로 간주될 수 있다. 달리 표현해서, "휘
파람 소리를 내며 빠르게 흐르는 바람과 밀어닥치며 치솟는 파도를 견뎌내
는" 바다 위의 바위가 전투에서 인내하는 것을 빗댄 은유라면, 다음과 같은
주장을 제시할 수 있다. 즉 "우리가 자신을 암석학적으로petromorphically 고
찰할 수 있는 것과 같은 이유로 인간학적으로anthropomorphically 바위를 이해
한다는 말을 덧붙이지 않는다면, 바위를 인간학적으로 고찰한다고 말하는
것은 … 옳지 않다."[113] 결국 은유로 표현된 관계에는 전환 불가능성이 존재
한다. 이러한 사실은 나름대로 현상세계가 다른 어느 것보다 전적으로 우
위에 있다는 점을 보여주며, 사유의 예외적인 특성인 항상 정상 상태로부
터 벗어나 있음에 대한 부가적 증거를 제공한다.

　이 마지막 요지는 특별히 중요하다. 사유의 언어가 본질적으로 은유
적이라면, 현상세계는 우리 육체의 필요와 동료들의 요구와는 완전히 별도
로 사유 속에 개입한다. 즉 현상세계는 어떤 경우에라도 우리를 다시 사유
속으로 끌어들일 것이다. 우리는 사유하는 동안 멀리 떨어져 있는 것에 아
무리 가까이 있고, 또 가까운 곳에 없다고 하더라도, 사유하는 나는 분명히
현상세계를 완전히 떠나지 않는다. 앞에서도 언급했듯이, 이원적 세계론은
결코 자의적이거나 우연적인 환상은 아닐지라도 형이상학적 환상이다. 사
유의 경험은 가장 그럴듯한 환상으로 어려움을 겪는다. 우리는 형이상학적
용례에 기여하는 언어 덕택에 사유할 수 있는, 즉 비감각적 사태를 취급할
수 있다. 왜냐하면 언어는 감각 경험의 전이metapherein를 허용하기 때문이
다. 은유가 두 세계를 통합하기 때문에 두 세계는 존재하지 않는다.

113　Bruno Snell, "From Myth to Logic : The Role of the Comparison", *The Discovery of the Mind*,
　　Harper Torchbooks, New York, Evanston, 1960, p. 201.

은유와 말로 표현하기 어려운 것

    정신 활동들은 각기 자신을 드러내는 유일한 매개체인 언어에 집착하면서 신체의 다른 감각으로부터 은유를 찾아낸다. 은유의 그럴듯함은 확실한 정신 자료와 확실한 감각 자료 사이의 선천적인 친화력에 좌우된다. 따라서 애초부터 형식철학에서는 사유를 *바라봄*의 관점에서 고려해왔다. 사유가 정신 활동 가운데 가장 기본적이고 근본적인 활동인 것처럼, "시각은 지각의 일반 표본뿐만 아니라 다른 감각의 척도로 기여하는 경향을 지녔다."[114] 시각의 탁월성은 그리스 언어나 우리의 개념어에 깊이 각인되어 있다. 따라서 우리는 시각이 너무나 명백해서 지적할 수 없는 범주에라도 있는 듯이, 시각에 대해서는 어떤 고려 사항도 거의 발견하지 못했다. "눈은 귀보다 훨씬 엄격한 목격자"[115]라는 헤라클레이토스의 뛰어난 지적은 예외지만, 그렇다고 아주 바람직한 지적도 아니다. 반대로 시각이 다른 감각들과 달리 외부세계를 얼마나 쉽게 폐쇄하는지를 고려한다면, 그리고 눈먼 음유시인의 이야기를 듣고 있는 우리가 음유시인이란 초기 개념을 검토한다면, 우리는 듣는 것이 왜 사유를 위한 주요한 은유로 발전하지 못했는지 의심할 수도 있다.[116] 한스 요나스의 말대로 "시선이 집중하는 곳에 정신이

---

114   한스 요나스Hans Jonas, 《생명의 현상*The Phenomenon of Life*》, New York, 1966, p. 135. '시각의 고귀성'에 관한 그의 연구는 서구 사상사를 명료화하는 데 도움이 된다.

115   Diels and Kranz, frag. 101a.

116   아리스토텔레스는 자신의 과학적인 논문들 가운데 하나에서 이러한 노선에 따라 생각했던 것 같다. "이러한 능력 가운데 삶 그리고 삶 자체에서의 단순한 필요성을 위해 시각은 더 중요하지만, 정신*nous* 그리고 간접적으로*kata symbebēkos* 청각은 더 중요하기 때문에 … 청각은 지혜에 가장 많이 기여한다. 학습의 동인인 담론은 들을 수 있기에 그렇다. 그러나 담론은 자체적으로가 아니라 간접적으로 들릴 수 있다. 왜냐하면 언어는 단어들로 구성되어 있으며, 각 단어는 합리적인 상징이기 때문이다. 결과적으로, 태어나면서부터 이러저러한 감각을 상실한 사람들 가운데 맹인은 귀머거리와 벙어리보다 더 지적이다." 문제의 핵심은 그가 철학을 저술할 때 이러한 관찰을 결코 기억하지 않았던 것 같다는 것이다. Aristotle, *On*

팔려 있다"[117]는 주장은 완전한 진실이 아니다. **의지**를 연구하는 이론가들은 시각 영역에서 은유를 거의 찾아내지 않는다. 그러나 은유의 모형은 모든 감각의 본질적 속성인 욕망 — 모든 감각이 궁핍하고 부족한 사람들의 일반적 욕구 성향을 충족시킨다 — 이거나, 하느님을 보지는 못하나 그 소리는 들을 수 있다는 유대의 전통에 부합한 청각에서 도출된다. (청각에서 도출된 은유는 철학사에서 매우 희귀한 편이다. 현대의 가장 두드러진 예외는 하이데거 만년의 저작이다. 이 저작에서 사유하는 나는 존재의 소리를 '듣는다.' 성서의 가르침과 그리스 철학을 조화시키려는 중세의 노력은 모든 형태의 청각에 대한 직관이나 관조의 완전한 승리를 증명한다. 이러한 승리의 전조는 사실상 일찍이 플라톤화된 철학과 자신의 유대인다운 신념을 조화시키려는 '알렉산드리아의 필론'[118]의 시도였다. 그는 여전히 귀로 들어 얻는 유대인의 진리와 눈으로 확인하는 그리스인의 진리 사이의 차이를 자각했고, 전자를 후자의 단순한 예비 단계로 전환시키려 했다. 그래서 인간의 귀를 눈으로 전환시킴으로써 인간의 인식을 훨씬 완벽하게 열어주는 신의 개입을 통해 이러한 전환을 성취시키고자 했다.[119])

마지막으로 **판단**은 발견의 관점에서 우리의 정신 능력들 가운데 가장 늦게 밝혀졌다. 칸트가 잘 알고 있듯이, 판단은 그 은유 언어를 *취미* 감각(《판단력비판》은 원래 '취미비판'으로 의도되었다)으로부터 끌어낸다. 그런데 취미는 그 '고상한' 거리감을 유지한 채 감각들 가운데 가장 친근하고 사적이며 특이한 감각으로 시각과 다소 반대 성향을 지닌다. 그러므로《판단

Sense and Sensible Objects, 437a4~17.

117   *Op. cit.*, p. 152.

118   필론Philo of Alexandria(기원전 25~기원후 50)은 알렉산드리아 유대인 사회의 지도자로서 〈구약성서〉의 창세기를 그리스 철학, 특히 플라톤의 이데아사상을 사용해 알레고리 해석을 시도한 최초의 학자다.(옮긴이)

119   다음 문헌을 참조할 것. Hans Jonas, "Philo of Alexandria", *Von der Mythologie zur mystischen Philosophie*, Göttingen, 1954, 특히 chap. 3, pp. 94~97. 이 내용은 *Gnosis und spätantiker Geist*, Göttingen, 1934의 제2부에 수록되어 있다.

력비판》에서는 '판단의 명제들이 어떻게 일반적 합의를 주장할 수 있었는 가?'라는 질문이 주요 문제가 되었다.

요나스는 사유하는 정신을 위한 주요 은유와 모델로서 시각의 온갖 장점을 열거하고 있다.[120] 우선 어떤 다른 감각도 시각만큼 주체와 대상 사이의 무난한 거리를 유지하지 못한다는 사실은 논란의 여지가 없다. 거리 두기는 시각이 기능하는 데 필요한 가장 기본적인 조건이다. "(시각 기능으로 얻는 — 옮긴이) 이득은 나에게 영향을 미치는 사물과 완전히 다른 현존하는 사물 자체, 즉 객관성 개념이다. 그리고 테오리아*theōria*와 이론적 진리의 전체 이념은 이러한 구별에서 나타난다."[121] 게다가 시각은 우리에게 '동시적으로 존재하는 잡다한 것(다양체)'을 제공하지만, 다른 모든 감각, 특히 청각은 "감각지각의 시간적인 연속 계열을 지각된 '잡다한 것의 통일체'로 구성한다." 시각은 '선택의 자유'를 허용하며, "이는 … 내가 보고 있는 중에 보이는 대상에 의해 아직 이끌리지 않았다는 사실에 좌우된다. … 보이는 대상은 내가 그것을 그대로 두듯이 나를 그대로 내버려두지만", 다른 감각은 나에게 직접 영향을 미친다. 이것은 시각이 우월성을 확보하려는 유일한 경쟁자인 청각에 특별히 중요하다. 그러나 "청각은 수동적 주체에 침투하기" 때문에, 자신이 경쟁에서 자격을 상실했다는 것을 알게 된다. 청각의 경우, 듣는 사람은 어떤 것 또는 어떤 사람의 입장에 좌우된다. [우연하게도 이것은 독일어가 왜 비자유의 위상을 지적하는 용어군 전체 — 'gehorchen(복종하다)', 'hörig(예속 상태의)', 'gehören(귀속되다)' — 를 'hören(듣다)'에서 도출하고 있는지 보여준다.] 보는 일이 필히 "구경꾼을 대면시킨다"고 제기한 요나스의 지적은 우리의 맥락에서 매우 중요하며,

---

120 아렌트는 이하 인용된 문장을 요나스, 《생명의 현상》, 제8장 〈시각의 고귀성: 감각 현상학 연구〉에서 인용하고 있다.(옮긴이)

121 *Ibid.*, p. 147.(옮긴이)

청취자와 달리 보는 사람에게 "현재present는 지나가는 지금now에 대한 순간적 경험이 아니라, 사물들이 … 동일한 것으로 지속될 수 있는 범위 내의 차원으로 변형된다." "그러므로 시각만이 다음과 같은 감각적 기초를 제공하는데, 정신은 이에 기초해 영원성이라는 이념, 즉 결코 변화하지 않으며 항상 현존하는 것을 생각할 수 있다."[122]

앞에서 언급했듯이, 우리의 감각이 지각 가능한 세계에 대처하는 일에 적합한 만큼, 현상세계에서 비가시적인 것을 명료화하는 유일한 매개체인 언어는 비가시적인 것을 노출하는 기능에 결코 적합하지 않다. 그리고 나는 은유가 그 방식에 입각해 그 결점을 치유할 수 있다고 제안했다. 이 치유는 위험성을 지니고 있으며, 결코 완전하게 적합하지도 않다. 그 위험성은 은유가 감각 경험의 명료한 증거에 호소함으로써 생기는 저항할 수 없는 증거에 있다. 그러므로 은유는 사변적 이성에 의해 사용될 수 있다. 사변적 이성은 실제 은유를 피할 수 없으나, 은유가 그 경향 때문에 과학적 추론에 개입할 때, 이들은 사실에 의해 입증되거나 거부되는 단순한 가설인 이론을 위해 그럴듯한 증거를 생산하고 제공함으로써 선용되기도 하고 악용되기도 한다. 한스 블루멘베르크는 《은유학의 패러다임*Paradigmen zu einer Metaphorologie*》에서 수 세기에 걸친 서양 사상사를 고찰함으로써 빙산에 관한 은유, 바다에 관한 다양한 은유와 같은 여러 가지 매우 공통적인 언어 형태를 추적해왔다.[123] 그리고 그 결과 거의 우연히도, 근대의 전형적인 의사疑似과학이 자신들의 설득력을 확보하기 위해 부족한 증거를 대체하는 은유를 사용하고 있다는 사실을 발견했다. 이에 관한 블루멘베르크의 첫 번

---

122   *The Phenomenon of Life*, pp. 136~147. Cf. *Von der Mythologie*, pp. 138~152.

123   아렌트는 블루멘베르크의 입장을 다음과 같이 밝힌다. "은유는 모형의 역할, 즉 답변할 수 없는 질문에 대한 사변을 위해 올바른 방향을 알려주는 역할을 한다. 그는 이 목적을 위한 정당성은 '전달되는' 모든 사유가 은유적이라는 데 있다고 이해했다." 《사유일기》, 제26권, 30, p. 728.(옮긴이)

째 예는 정신분석학의 의식이론이다. 여기에서 의식은 빙산의 정점, 즉 표류하는 무의식군의 단순한 징표로 간주된다.[124] 그 의식이론은 결코 증명될 수 없을 뿐만 아니라 자체의 용어로는 증명할 수 없다. 무의식의 편린이 빙산의 정점에 도달하는 순간, 무의식은 의식으로 바뀌고 원래의 속성을 전적으로 상실한다. 그러나 빙산이란 은유는 증거로 압도적이기 때문에 그 의식이론은 논쟁이나 증명을 필요로 하지 않는다. 우리가 미지의 무엇에 대해 성찰한다면 — 신에 관한 고찰을 위해 비유를 사용했던 것과 같은 방식으로 — 우리는 그 은유의 사용에 이의를 제기하지 않을 것이다. 유일한 문제는 이러한 성찰이 모두 정신적 구성체를 지닌다는 점이다. 그런데 이러한 성찰은 이 구성체의 체계적 질서 속에서 성공적인 과학 이론이 제공한 것보다 더 강력한 일관성을 지닌 해석학적 입장을 제공할 수 있다. 왜냐하면 이러한 성찰은 일체 현실적 경험을 필요로 하지 않는 배타적인 정신적 구성체로서 규칙에 대한 예외를 취급할 필요가 없기 때문이다.

은유적 사유가 의사과학에 의존할 때만 손상될 것이며, 철학적 사유가 논증 가능한 진리를 주장하지 않을 때에 한해 적절한 은유를 사용해도 괜찮다고 믿는 것은 타당한 것처럼 보인다. 그러나 불행하게도 이것은 진실이 아니다. 위대한 철학자들은 열등한 동료 철학자들과 같이 독단적이지 않아서 쓰인 말의 이면에 '말로 표현할 수 없는' 무엇, 즉 사유했으나 기록하지 않았을 때 자신들이 명백히 자각했던 무엇, 그럼에도 불구하고 기록되었으나 다른 사람에게 전승되기를 거부하는 무엇을 만장일치로 주장했다. 이것을 예외로 하더라도, 과거 위대한 철학자들과 형이상학자들의 사유 체계는 불쾌한 마음이 들 만큼 의사과학의 정신적 구성체와 유사하다. 간단히 말하면, 그들은 세계의 현상 가운데 어떤 것이 나타나고 자신의 존재를 인정받도록 하는 '사유의 전환'에 이바지하기를 거부하는 어떤 것이

---

124   Bonn, 1960, p. 200과 이후 내용.

있다고 주장했다. 우리가 인정하고 싶은 바이지만, 반복적으로 나타나는
이러한 발언은 이해에 치명적인 오류가 발생할 위험이 있다는 것을 독자에
게 경고하려는 시도일 수 있다. 즉 철학자들이 독자에게 밝힌 것은 인식이
아니라 사유이며, 한번 획득하면 무지를 추방시키는 확실한 지식이 아니
다. 그들은 철학자로서 인간의 지식을 벗어나는 문제에 일차적으로 관심을
가졌다. 물론 그들은 인간의 이성을 피하지 않고 이에 집착하기까지 했다.
그리고 철학자들은 이러한 문제들을 추구하는 과정에서 실제로 인식할 수
있는 수많은 것, 즉 온갖 올바른 사유 법칙과 정리뿐만 아니라 다양한 인식
론도 불가피하게 발견했다. 이 때문에 그들은 일찍이 사유와 인식을 제대
로 구별하지 못했다.

　　플라톤은 철학의 진정한 시초와 원리*archē*가 경이[125]라고 여전히 주장
했지만, 아리스토텔레스는《형이상학》[126]의 앞부분에서 이 경이를 단순한
놀람이나 당혹*aporein*으로 해석했다. 그는 이렇게 해석한 최초의 철학자다.
사람들은 놀람을 통해 사물을 인식하고 자신들의 무지를 자각하며, "가까
이 있는 사물들"에 대한 연구를 시작한다. 아리스토텔레스는 다음과 같이
주장했다. "이것으로부터 해, 달, 별, 그리고 모든 사물의 근원과 같은 더
중대한 문제들로 연구를 발전시켜 나간다. 사람들은 무지를 피하기 위해
철학을 연구한다."[127] 플라톤의 경이는 더 이상 원리로서가 아니라 단순한
출발로 이해되었다. "모든 사람들은 경이로움에서 시작하지만 … [경이로움
과] 반대되는 것, 그리고 이보다 더 좋은 것으로 완결하는데, 사람들이 터득
할 때 그런 상태에 도달한다."[128] 따라서 아리스토텔레스가 비록 다른 맥락

125　　*Theatetus*, 155d.

126　　*Metaphysics*, 982b11~12.

127　　*Ibid*., 982b15~20.(옮긴이)

128　　*Ibid*., 983a14~20.

에서 언어 능력을 결여한(소리 없는; *aneu logou*) 진리, 즉 대화 속에 표현되기를 거부하는 진리에 대해 언급했지만,[129] 그는 플라톤과 같은 입장에서 말하지는 않았다. 즉 내 관심을 끄는 주제 가운데 어떤 것도 알려지지 않았다. 왜냐하면 그러한 주제에 관한 글에는 아무것도 존재하지 않으며, 미래에도 그와 같은 것이 결코 존재하지 않을 것이기 때문이다. 그러한 주제들에 대해 저술하는 사람들은 아무것도 모른다. 그들은 자기 자신도 모른다. 사람들이 배울 수 있는 다른 것들과 같이 이러한 것들을 말로 표현하는 방식은 없기 때문이다. 따라서 말의 취약함을 이해하면서 진정한 사유 능력을 지닌 사람들은 문자 형태와 같이 유동적이지 못한 형태로 사유를 고정시키는 것은 고사하고 대화 속에서 감히 사유를 구체화하려고 하지 않을 것이다.[130]

우리는 (말로 표현할 수 없는 것에 관한 ─ 옮긴이) 이러한 전반적인 논의 과정이 끝나는 때에도 거의 같은 말을 듣는다. 예를 들어, 플라톤주의자가 아닌 니체는 친구인 오버벡에게 보낸 편지에서 "나의 철학은 … 더 이상 남과 공유할 수 없으며, 절대 인쇄 형태로는 공유할 수 없다"[131]고 밝혔다. 그는 또한《선악의 저편*Beyond Good and Evil*》에서 "인간은 자신의 통찰력을 일단 남과 공유하게 되면 그것을 더 이상 사랑하지 않게 된다"[132]고 밝혔다. 그리고 하이데거는 니체가 아니라 자기 자신에 대해 밝혔다. "모든 사유의 내면적 한계는 … 사상가는 자기 자신의 것을 결코 말할 수 없다는 것이다. … 말로 표현할 수 없는 것은 구어에서 수용하기 어렵기 때문이다."[133] 우리는

---

129   *Nicomachean Ethics*, VI, 8을 참조할 것. 여기에서 'nous'는 "불변하는 일차적이거나 제한적 명사들"의 정신적 지각*aisthēsis*이며, 이것을 위한 "*logos*는 존재하지 않는다."(1142a25~27) 1143b5 참조.

130   *Seventh Letter*, 341b~343a, paraphrase.

131   1885년 7월 2일.

132   No. 160.

133   *Nietzsche,Pfullingen*, 1961, vol. II, p. 484.

앞의 내용에 비트겐슈타인이 언급한 몇 가지를 덧붙일 수도 있다. 그의 철학 탐구는 '어떤 경우든' 진술하기 위한 처절한 노력으로 말로 표현할 수 없는 것에 집중한다. "철학의 결과는 지성이 언어의 한계에 대항해 그 머리를 위로 치켜올려 부딪침으로써 얻게 된 혹隆起들을 … 노출시키는 것이다."[134] 이러한 혹들은 우리가 여기에서 말하는 형이상학적 오류들로, "우리에게 발견의 가치를 알게 한다."[135] 한편으로는 언어가 아무것도 하지 않을 때 *wenn die Sprache feiert*, 철학적 문제가 발생한다.[136] 물론 이때 독일어 '*feiert*'는 뜻이 모호하다. 이것은 '휴식을 취하다', 즉 언어가 작동하지 않는다는 것을 의미하기도 하고, '즐겁게 놀다'를 의미하기도 한다. 따라서 이 하나의 용어는 거의 이중의 의미를 지닌다. 다른 한편으론 "철학은 언어를 통해 우리 지성의 주문呪文에 대항하는 싸움이다. 물론 우리를 어렵게 만드는 것은 바로 이 투쟁이 언어를 통해서만 다시 진행될 수 있다는 점이다."[137]

우리가 알고 있는 한, 플라톤은 이 주제에 관한 많은 주장을 우리에게 남긴 유일한 일류 철학자이기에 다시 플라톤에 관심을 돌리기로 한다. 《제7서한*Seventh Letter*》의 논의에서는 '말하기'보다 주로 '글쓰기'를 반대한다. 이것은 《파이드로스*Phaedrus*》에서 글쓰기에 대해 이미 제기했던 반론을 반복해서 축약한 것이다. 플라톤은 《파이드로스》에서 다음과 같이 말했다.(옮긴이 첨가) 첫째, 글쓰기는 "(배운 사람의 혼에 ─ 옮긴이) 망각을 제공할" 것이다. 인간들은 쓰인 글자에 의존함으로써 "기억에 대한 연습을 게을리 한다." 둘째, 쓰인 말의 "엄청난 침묵"이 존재한다. 셋째, 글쓰기는 누

---

134   *Philosophical Investigations*, no. 119.(옮긴이)

135   *Ibid.*(옮긴이)

136   비트겐슈타인, 《철학 탐구*Philosophical Investigations*》, no. 38. '휴식을 취하다'는 언어(또는 오히려 철학자)가 자신의 직분을 중단하고 빈둥거리는 것을 의미한다. 즉 이는 사람들이 일상 언어의 특정한 목적에 기여하게 되는 용어를 악용하고 있다는 의미를 담고 있다.(옮긴이)

137   *Philosophical Investigations*, G. E. M. Anscombe trans., New York, 1953, nos. 119, 19, 109.

구에게 보낼 것인가를 선택할 수 없기에 잘못된 사람의 수중에 들어가고 "어떤 곳에서나 표류한다." 그리고 글쓰기는 잘못 취급되고 남용되더라도 자신을 방어할 수 없다. 사람들이 글쓰기를 위해 말할 수 있는 최선은 글쓰기를 무익한 '오락'이라고 부르는 것이며, 아울러 "망각하기 쉬운 나이가 올 때를 대비해 … 원기 회복 거리를 풍부하게" 축적하거나 "다른 사람들이 주연이나 그러한 놀이를 즐기듯이 〔탐닉하여〕 기분 전환하는 것이다."[138] 그러나 플라톤은《제7서한》에서 그 이상을 언급한다. 플라톤은 우리가 아리스토텔레스를 통해 알게 된 것, 즉 기록되지 않은 가르침 *agrapha dogmata*을 언급하지 않았으나,[139] "우리가 배우는 다른 것들처럼 기록되지 않은 가르침을 말로 옮길 수 없다"고 명백히 언급하면서 이 가르침을 암시적으로 부정했다. 이것은 우리가 플라톤의 다른 대화편들에서 읽은 것과 매우 다르다. (물론 이 다르다는 점이《제7서한》을 위작으로 믿을 만한 증거는 못 된다.) 따라서 우리는 가시적인 것과 비가시적인 것 사이의 '유사성'을 언급한《정치가》를 자세히 파악할 필요가 있다.

감각이 파악할 수 있는 유사성은 실제로 존재하는 것들에게 본성적으로 제공되네. … 따라서 어떤 사람이 이러한 것들을 설명해달라고 요구하면, 자네는 감각적 유사성을 단지 지적하고 말로는 설명할 필요가 없네. 자네는 전혀 고민하지 않아도 되네. 그러나 존재하는 것들 가운데 가장 고귀하고 귀중한 것들에게 대응하는 가시적인 유사성은 없다네. … 이러한 경우에 탐구하는 정신을 충족시키기 위해 가시적인 것을 지적할 필요는 없다네. 그러므로 우리는 존재하는 사물들을 모두 말로 설명하기 위해서 … 스스로를 훈련해야 하네. 왜냐하면 가장 고상하고 가장 귀중한 것들, 즉 가시적인 형태

---

138   *Phaedrus*, 274e~277c.

139   *Physics*, 209b15.

를 갖고 있지 않은 것들은 말*logos*에 의해서만 증명될 수 있을 뿐, 어느 다른 수단으로도 이해될 수 없기 때문이라네.[140]

플라톤은 《파이드로스》에서 "사물들을 확실히 이해하려고 끝까지 이야기를 나누는 기술*technē dialektikē*"에서 사용하는 '입말(살아 있는 언어, 원본)'과 글말을 대비시킨다.[141] 따라서 "글로 쓰인 이야기는 실제로 일종의 원본 영상映像이라고 부를 수 있다."[142] 생생한 말을 구사하는 기술을 가진 사람은 듣는 사람을 선정하는 방법을 알고 있기 때문에 이러한 기술은 찬양된다. 이것은 무익하지 않으나 씨(종자: 種子)를 포함하며, 이때 서로 다른 로고스들*logoi*, 말과 주장은 서로 다른 청자들 내에서 증대되며, 따라서 씨는 영원불멸하게 된다. 그러나 우리가 사유에서 우리 자신과 이 대화를 수행하면, 그것은 마치 우리가 "우리의 영혼에 말을 쓰는 것"과 같다. 이때 "우리의 영혼은 책과 같은데", 더 이상 말을 포함하지 않은 책이다.[143] 우리가 사유하고 있을 때, 두 번째 기능공이 개입한다. 그는 우리의 영혼에 글말에 조응하는 형상을 그리는 '화가'다. "우리가 이러한 견해와 말로 하는 주장을 시각이나 다른 어떤 지각으로부터 떨어뜨렸을 때, 이것이 발생한다. 따라서 우리는 이제 우리가 처음에 주장하고 언급했던 것의 형상을 어떻게든 보게 된다.[144]

플라톤은 《제7서한》에서 이 두 가지 변화가 과연 어떻게 발생하는

---

140   286a, b. 원문은 실제로 285e~286a에 해당된다. 엘레아 출신의 방문객이 "정치가에 대한 우리의 탐구는 어떤가?"라고 질문하자 젊은 소크라테스는 "우리가 모든 문제에 더 논리적으로 대처할 수 있기 위해서겠지요"라고 대응했다. 위 인용문은 이때 방문객이 답변한 내용이다.(옮긴이)

141   *Phaedrus*, 275d~277a.

142   *Ibid*., 276a.(옮긴이)

143   *Philebus*, 38e~39b.

144   *Ibid*., 39b~c.

지를 간략하게 설명한다. 하나는 우리가 감각지각에 대해 어떻게 논의하는가의 문제이고, 다른 하나는 이 변증술이 영혼에만 드러나는 심상으로 어떻게 변화하는가의 문제다. 우리는 눈으로 본 것, 예컨대 둥근 것에 '원'이란 명칭을 부여한다. 우리는 명사와 동사로 구성된 문장에서 이 명칭을 말 *logos*로 설명할 수 있다. 우리는 '어디서든 중심과 주변 사이에 동일한 거리를 두고 있는 것'을 원이라고 말한다. 이러한 문장들은 원 그리기, 즉 '그려지고, 지워지고, 만들어지고 해체될' 수 있는 모상*eidōlen*의 구성에 기여할 수 있지만, 이러한 모든 원을 그리는 과정은 그 원 자체에 영향을 미치지 않는다.[145] 지식과 정신은 모든 원이 공통적으로 지닌 본질적 원, '소리나 육체의 형태에 있지 않고 영혼에 존재하는 무엇'을 파악한다. 이 원은 분명히 '현실의 원과 다르며', 육체의 눈에 의해서 본질적으로 우선 지각되고, 구두口頭의 설명에 따라 그려진 원과도 다르다. 영혼 속의 원은 정신에 의해 지각되며, 정신은 "친근성과 유사성에서 이 원에 가장 가깝다." 이 내적 직관만이 진리라고 할 수 있다.[146]

　　신체의 시각으로 지각한 사물들의 원리에 따라 해석한 명증적 형태의 진리에 대한 확신은 변증술*dialegesthai*에서 말의 인도*diagōgē*로 이루어질 수 있다. 이런 논변적 사유의 연쇄는 소리 없이 진행될 수 있거나 "여기저기 옮겨 다니며 참된 것과 거짓된 것을 연구하는" 스승과 제자 사이에 언급될 수 있다. 그러나 그 결과는 결론이 아니라 하나의 직관으로 간주되기에 질문과 대답을 거치면서 오랜 시간이 지난 후 갑자기 나타날 것이다. 즉 "모

145　　이 부분과 이후 문장에서 강조 표시된 **원**은 인식되고 진실로 존재하는 사물 자체로서의 **원**을 의미한다. 이를 이해하기 위해《제7서한》에서 관련된 부분을 다음과 같이 첨가한다. "존재하는 모든 것의 경우 세 가지 수단이 존재하며, 모든 것에 대한 지식은 이것을 통해 필연적으로 나누어진다. 네 번째, 지식 자체가 있고, 다섯 번째로 우리는 인식되고 진실로 존재하는 사물 자체를 고려해야 한다. 첫째는 명칭이고, 둘째는 정의이며, 셋째는 이미지이고, 넷째는 지식이다."(342e)(옮긴이)

146　　*Seventh Letter*, 342.

든 것에 대한 실천적 지혜*phronēsis*의 섬광이 확 타오를 때, 그리고 정신이 …
빛으로 가득 차게 될 때",[147] 그 결과는 갑자기 나타날 것이다. 이 진리 자체
는 말로 표현될 수 없다. 사유 과정은 명칭으로부터 시작하는데, 명칭은 신
뢰할 수 없다 — "어느 것도 현재 원이라고 부르는 것을 직선으로 부르는
것을 막지 못하며, 직선을 원으로 부르는 것을 막지 못하기"[148] 때문에 명칭
은 신뢰하기 어렵다. 그리고 설명을 목표로 하는 이야기와 논리 정연한 언
어 담론은 '빈약하다'. 이것들은 "일단 불붙으면 자신을 유지하도록 튀는
불꽃과 같이 영혼 속의 빛을 발하는 작은 지침"[149]만을 제공한다.

　나는 《제7서한》에서 이러한 몇 문장을 좀 장황하게 이용했다. 왜냐
하면 이 문장들은 직관(철학적 진리에 필요한 주요 은유)과 언어(사유를 노출하
는 매개체) 사이의 양립 불가능성에 대한 통찰 — 다른 점에서는 무익한 —
을 제공하기 때문이다. 직관은 항상 우리에게 동시적인 다양성을 선사하
지만, 언어는 말과 문장의 연속성 속에서 필히 자신을 드러낸다. 언어가 직
관을 위한 단순한 수단이라는 것은 플라톤에게도 공리적이었으며, 철학사
를 통해 여전히 공리적이다. 따라서 칸트는 "모든 사유가 직관에 도달하기
위한 수단이다*worauf alles Denken als Mittel abzweckt, [ist] die Anschauung*"[150]라고 언
급했다. 그리고 하이데거는 다음과 같이 언급했다. "대화는 자체적으로 보
는 일*noein*을 지향하는 경향을 지닌다. … 대화는 자신을 관조하는*theōrein* 적
절한 수단을 결여한다. … 이것은 플라톤 변증술이 지닌 기본적 의미다. 즉
대화는 보이는 것, 노출을 지향하며, 담론을 통한 최초의 직관을 대비한
다. 로고스는 여전히 시각에 얽매여 있다. 대화가 직관에 주어진 증거로부

147　*Ibid.*, 344b.

148　*Ibid.*, 343b.

149　*Ibid.*, 341e.

150　*Critique of Pure Reason*, B33. "나는 내가 생각한다는 점에서만 대상을 모르나, 내가 특정 직
　　관을 결정하는 한에서는 대상을 인식할 수 있다."(B406)

터 자신을 분리시키면, 그 대화는 보는 일을 방해하는 잡담으로 퇴보한다. '*legein*(대화하다)'은 보는 동작seeing을 뜻하는 '*horan*'에 어원을 둔다."[151]

하이데거의 해석은 나와 나 자신 사이의 내면적 대화가 가장 기본적인 수준에서 한 번 이상 언급되는 플라톤의《필레보스》[152]에 적힌 한 문장을 통해 확인된다. 한 사람이 멀리 있는 대상을 보고 있다. *그는 우연히 혼자였기 때문에* "저기 나타난 것은 무엇인가?"라고 *자문한다. 그는 자신의 질문에 대해* "그것은 사람이지" 하고 *답변한다. 만약에* "그가 누군가와 함께 있다면, 그는 자신에게 소리 없이 말한 것을 소리 내어 언급할 것이고, 동료에게 설명할 것이며, 소리 내어 똑같은 생각을 표현할 것이다." 여기에서 진리는 보이는 증거이다. 사유와 마찬가지로 말은 보이는 증거를 유지하고 증거를 말로 바꿈으로써 증거를 전유하는 한 명증적이다. 이 말이 보이는 증거로부터 분리되는 순간, 가령 다른 사람의 의견이나 생각이 반복될 때, 그 말은 플라톤이 원본과 대조해 이미지의 특징으로 규정한 비명증성을 지니게 된다.

우리의 감각들을 서로 변형시킬 수 없다는 사실 — 소리가 보일 수 없고, 모습이 들릴 수 없다는 사실 등 — 은 감각들이 지닌 우수한 특성에 속한다. 물론 이 감각들은 공통감에 의해 결합된다. 이러한 이유 때문에 공통감은 가장 훌륭하다. 나는 이 주제와 관련해 토마스 아퀴나스를 인용해 왔다. "공통감은 오감의 모든 대상에 확장되는 일체의 능력이다."[153] 공통감에 조응하거나 이를 따르는 언어는 한 대상에 공통된 명칭을 부여한다.

---

151   나는 필사본 8. 155. 160쪽에 의거해 플라톤의《소피스트》에 관한 하이데거의 초기 강의 (1924~1925) 내용을 인용한다.《플라톤 인식론*Plato's Theory of Knowledge*》의 소피스트에 관한 콘포드Conford의 논평(p. 189. n. 1)을 또한 참조할 것. 여기에서는 사유가 "담론적 추론 없이 직접 보는 직관noēsis" 활동을 나타낸다고 한다.

152   38c~e.

153   이 책의 제1장 제7절을 참조할 것.

이 공통성은 상호주관적 소통을 위해 결정적인 요소 — 사람들은 다르더라도 같은 대상을 공통으로 지각한다 — 일 뿐만 아니라 각각의 오감에 완전히 다르게 나타나는 — 만졌을 때 딱딱하거나 부드럽고, 맛을 보았을 때 달거나 쓰고, 보았을 때 밝거나 어둡고, 들었을 때 다른 음색으로 들리고 — 자료를 확인하는 데 기여한다. 우리는 이러한 감각 가운데 어느 것도 적절하게 말로 묘사할 수 없다. 우리의 인지 감각인 시각과 청각은 후각, 미각, 촉각과 같은 낮은 차원의 감각보다 훨씬 더 말과 친근성을 지닌다. 무엇인가는 장미와 같은 냄새가 나고, 완두 수프 같은 맛이 나며, 벨벳 같은 촉감을 지녔다. 이것이 우리가 어떤 것에 대해 묘사할 수 있는 최상의 표현이다. "장미인 장미는 장미다."[154]

앞에서 밝힌 인용들은 시각 은유의 관점으로 형이상학 전통을 이해할 때 진리를 정의定義로 표현하기 어려움을 각기 다른 방식으로 표현한 것이다. 우리는 유대인의 전통을 통해 주요한 은유가 시각이 아니라 청각(여러 가지 측면에서 연속성을 유지하는 까닭에 시각보다 사유와 더 유사하다)일 경우 진리에 무엇이 나타나는지를 알게 된다. 유대인의 신은 보이지 않고 들리며, 그러므로 진리는 비가시적이다. "너희는 하늘 위에 있거나 땅에 있는 어떤 것과 같은 중요한 모습이나 유사한 것을 너의 것으로 삼지 말라." 히브리 종교에서 진리의 비가시성은 그리스 철학에서 말로 표현할 수 없음이란 표현과 같이 자명하다. 물론 그리스 시대 이후 모든 철학은 그리스 철학으로부터 자명한 가정을 도출한다. 청각의 관점에서 이해되는 진리는 복종을 요구한다. 그렇지만 시각의 관점에서 이해되는 진리는 우리의 눈앞에 있는 순간 대상의 정체성을 인정하도록 강요하는 강력한 자명함에 기반을

---

154   거트루드 스타인Gertrude Stein(1874~1946)이 1922년에 출판한《지리학과 희곡Geography and Plays》에 수록된 시〈성스러운 에밀리Sacred Emily〉의 한 구절이다. 이 시에서 첫 번째A rose is a rose is a rose는 예술가 로즈Sir Francis Rose였으나, 이후에는 문장을 변형했다. 이 문장은 '사물들은 존재하는 바로 그것이다'라는 뜻이다.(옮긴이)

둔다. 형이상학은 "있는 것을 있는 것으로 이론적으로 고찰하는 경이로운 학문*epistēmē hē theōrei to on hē on*"[155]이다. 형이상학이 우리가 시각 경험으로 충분히 인식하는 모순에 손상되지 않음을 신뢰하기 때문에, 형이상학은 "사람들을 필히 강제로 촉구하는*hyp' autēs tēs alētheias anagkazomenoi*"[156] 진리를 발견할 수 있었다. 왜냐하면 어떠한 담론도 소크라테스-플라톤의 관점에서 대화적이든, 또는 수용된 전제로부터 결론을 끌어내기 위해 기존의 규칙을 사용하는 측면에서 논리적이든, 또는 수사적-설득적이든 가시적 증거의 완전하고 명백한 확실성에 결코 부응할 수 없기 때문이다. "거기에 나타난 것은 무엇인가? 그것은 사람이다." 이것은 "지식과 그 대상의 완벽한 일치*adequatio rei et intellectus*"[157]를 함의한다. 이러한 일치는 칸트의 경우에도 여전히 진리에 대한 명확한 정의다. 그러나 칸트는 이러한 진리에 "어떠한 일반적 기준도 요구할 수 없다는 것을 인식했다. [그것은] ⋯ 자기모순적이다."[158] 자명성으로서의 진리는 어떠한 기준을 필요로 하지 않는다. 모든 것의 기준, 즉 최종적인 심판자가 나타날 것이다. 따라서《존재와 시간》에서 전통적인 진리 개념을 논의한 하이데거는 다음과 같이 설명한다. "자신의 등을 벽에 기대고 있는 사람이 '벽 위의 그림이 비스듬히 걸려 있다'는 참된 가정을 제시했다고 상정하자. 이러한 가정을 제시한 사람이 몸을 돌려 벽 위에 비스듬히 걸린 그림을 주시할 때, 그 주장은 확증된다."[159]

우리는 형이상학이라는 '경이로운 학문'이 초기부터 야기한 난제를 아마도 테오리아*theōria*와 로고스, 보기seeing와 언어 추론 사이의 자연스러운 긴장에서 파악할 수 있다. 물론 언어 추론은 '변증론*dia-legesthai*'이나 '삼단

155   Aristotle, *Metaphysics*, 1003a21.

156   *Ibid*., 984b10.

157   Thomas Aquinas, *De Veritate*, qu. I, art. 1.

158   *Critique of Pure Reason*, B82~B83.

159   *Sein und Zeit*, Tübingen, 1949, no. 44(a), p. 217.

논법(논증; *syllogizesthai*)' 형태를 취할 수도 있다. 삼단논법은 말을 사용하여 사물들, 특히 의견들을 분해하거나 과학적 지식에서 이들을 결합한다. 그런데 논증은 진리에 도달하기 위해 직관인 누스*nous*로 지각한 첫 번째 전제(원리)에 의존하는데, 직관은 말의 결과로 나타나지*meta logou* 않기 때문에 오류의 대상이 아니다.[160] 철학이 모든 학문의 모체라면, 철학은 학문의 시작과 원리, 즉 근원들*archai*을 연구하는 학문이다. 따라서 이러한 근원들은 아리스토텔레스에서 형이상학의 주제가 되며, 더 이상 파생될 수 없다. 이들은 자명한 직관 상태의 정신에 주어진다.

철학에서 시각을 주도적 은유 — 아울러 진리의 이상으로서의 직관 — 로 채택한 요인은 우리의 감각 가운데 가장 인지적인 감각의 "고귀함"[161] 뿐만 아니라 철학자의 의미 탐구가 과학자의 진리 탐구와 같다는 아주 오래된 생각이기도 했다. 여기에서 아리스토텔레스가《형이상학》제1장에서 경이*thaumazein*가 모든 철학의 출발이라는 플라톤의 명제에 색다른 변화를 꾀했다는 점을 환기하는 게 중요하다. 그러나 철학자들은 일찍이 진리와 의미를 같은 것으로 규정했다. 왜냐하면 지식은 우리가 습관적으로 진리라고 명명한 것을 추구하는 과정에서 나타나며, 인지적 진리 가운데 가장 차원 높고 궁극적인 형태는 실제로 직관이기 때문이다. 모든 인식은 우리의 감각에 노출된 현상을 연구하는 데서 시작된다. 따라서 과학자가 가시적인 결과들의 동인을 계속 발견하고자 한다면, 그의 궁극적 목적은 단순한 표피 내부에 존재하는 모든 것을 나타나게 만드는 것이다. 이것은 육안에는 드러나지 않는 것을 포착하도록 설계된 매우 복잡한 기계 장치에도 적용된다. 결국 한 과학자의 이론에 대한 확증은 내가 하이데거에서 차용한 모델

---

160   Aristotle, *Posterior Analytics*, 100b5~17.

161   아렌트는 시각의 '고귀성'이란 용어를 요나스의 논문〈시각의 고귀성: 감각 현상학 연구〉에서 원용하고 있다. 이 논문은《삶의 현상*The Phenomenon of Life*》에 수록되어 있다. (옮긴이)

의 경우와 마찬가지로 감각적 증거를 통해 나타난다. 내가 인용한 시각과 언어 사이의 긴장은 여기에 개입되지 않는다. 인용한 예와 마찬가지로 이 수준에서 언어는 시각을 아주 적절하게 번역한다(벽에 걸린 그림의 위치가 아 닌 내용이 말로 표현되어야 한다면, 그것은 다를 것이다). 수학적 상징이 사실적 인 말로 대체될 수 있으며, 도구를 이용해 자체의 성향에 반해서 나타나는 기본적 현상을 더 많이 표현할 수 있다는 사실은, 전달자로서 대화를 필요 로 하지 않는 모든 것을 현재화하기 위한 시각 은유의 우월적인 효력을 증 명한다.

그러나 사유를 자신의 도구 가운데 하나로 사용하려는 인지 활동과 달리, 사유는 말이 소리로 표현되고 명료화되는 것을 필요로 한다. 즉 사유 는 말이 전적으로 활성화되는 것을 필요로 한다. 그리고 말은 일련의 문장으 로 진행되기 때문에, 사유의 목적은 결코 직관이 될 수 없다. 즉 사유의 목적 은 무언의 관조에서 드러난 약간의 자명함을 통해 확증될 수 없다. 오랫동안 사용된 시각 은유에 의해 인도되고 자기 자신과 기능을 잘못 이해하는 사유 가 자기 활동으로부터 '진리'를 기대한다면, 이 진리는 정의상 말로 나타낼 수 없지는 않다. "손으로 연기를 잡으려는 어린이들처럼 철학자들은 자신들 이 파악하려는 대상을 종종 자기들 앞의 파리로 이해한다" — '직관'을 확고 하게 믿은 최근의 철학자인 베르그송은 그 학파의 사상가들에게 실제로 발 생한 것을 매우 정확하게 기술했다.[162] 그리고 말로 표현되는 어느 것도 한 낱 관조의 대상이 지니는 부동 상태에 도달할 수 없었다는 것은 그야말로 '실패'의 이유다. 언급된 의미는 관조 대상과 달리 파악하기 어렵다. 철학 자가 그것을 보고 붙잡기를 원한다면, 그것은 "슬그머니 사라진다."[163]

---

162   Bergson, *An Introduction to Metaphysics*, 1903, T. E. Hulme trans., Indianapolis, New York, 1955, p. 45.

163   *Ibid.*

베르그송 이후, 강조와 관심이 관조에서 언어로, 정신*nous*에서 말*logos*
로 완전히 이동했다. 그 결과, 철학에서 시각 은유의 사용은 축소되어왔다.
이러한 변화와 더불어 진리의 기준은 시각과 그 대상 사이의 일치와 유사
하게 받아들여지는 지식과 그 대상 사이의 일치로부터 한낱 사유 형식으로
변화되었다. 이 사유 형식의 기본 규칙은 비모순율의 공리, 자기일관성의
공리다. 칸트는 이 사유 형식을 "진리의 소극적인 시금석(기준)"[164]으로 이
해했다. "모순율은 분석적 지식의 영역을 넘어서 진리의 충분한 기준으로
서 권위와 적용 영역을 갖지 못한다."[165] 보잘것없고 막연하지만, 형이상학
의 전통적 가정을 여전히 고수하는 현대 철학자들 가운데 소수, 즉 하이데
거나 발터 베냐민에서 과거의 시각 은유는 완전히 소멸되지 않았더라도 사
실상 축소되었다. 베냐민의 경우, 진리는 "휙 지나간다*huscht vorüber*."[166] 하
이데거의 경우, 깨달음(조명: illumination)의 순간은 "번갯불*Blitz*"로 이해되
지만, 결국 완전히 다른 은유인 "정적의 은은한 울림*das Geläut der Stille*"으로
대체된다.[167] 전통의 관점에서 후자의 은유는 무언의 관조 속에서 도달하
게 되는 '깨달음'을 가장 근접하게 표현하고 있다. 왜냐하면 사유 과정의 끝
이나 정점을 표현하는 은유는 청각으로부터 도출되었지만, 이러한 은유는
우리가 멜로디를 들을 때 일련의 분절된 소리를 듣는 것과 결코 조응하지

---

164   *Critique of Pure Reason*, B84.

165   *Ibid*, B189~B191.

166   베냐민은 〈역사의 개념에 대하여〉(1940)에서 다음과 같이 주장한다. "과거의 진정한 이미지
       는 휙 지나간다. 과거의 인식 가능한 순간에 인식되지 않았으면 영영 다시 볼 수 없게 사라
       지는 섬광 같은 이미지로서만 붙잡을 수 있다."(옮긴이)

167   하이데거는 〈아낙시만드로스의 잠언〉에서 "존재의 섬광*Blick*이 존재의 진리에 대한 우리의
       연관 속에 내리치고 있는지, 아니면 오래전 뇌우가 몰아치던 어느 날 하늘을 가르는 한줄기
       희미한 번개만이 그 싸늘한 빛의 잔영을 우리의 과거 기억 속에 드리우고 있는지"라고 밝히
       고 있고, 《언어로의 도상에서*Unterwegs Zur Sprache*》의 첫 번째 논문 〈언어〉에서 "언어는 정적
       의 은은한 울림으로 말한다. … 정적의 은은한 울림은 인간적인 것이 아니다. 그러나 인간
       적인 것은 그 본질에 있어서 언어적이다"라고 밝히고 있다.(옮긴이)

않고, 단순히 수용하는 부동적인 정신 상태와 다시 조응하기 때문이다. 그리고 나와 나 자신 사이의 소리 없는 대화인 사유는 육체의 완전한 부동성과 결합된 정신의 순수한 활동 — "나는 내가 아무것도 행하지 않을 때 가장 활동적이다"(카토) — 이기 때문에, 청각에서 도출된 은유로 야기된 어려움은 시각 은유 때문에 형성된 어려움만큼이나 크다. [진리의 이상을 위한 직관의 은유를 여전히 확고하게 유지했던 베르그송은 관조의 적막과 어떤 활동 — 폭력은 차치하더라도 — 사이의 모순을 자각하지 못한 채, "형이상학적 직관의 본래 활동적인(내 생각으로 폭력적) 성격"[168]에 대해 언급한다.] 그리고 아리스토텔레스가 주장하듯이, "완벽하며 자유로운 활동인 철학 활동은 (이러한 이유 때문에) 그 자체에 온갖 환희 가운데 가장 달콤한 것을 품고 있다*Alla mēn hē ge teleia energeia kai akōlytos en heautē echei to chairein, hōste an eiē hē theōrētikē energeia pasōn hēdistē*."[169]

달리 말하면, 사유 언어는 전적으로 은유적이며, 그 개념적 틀은 전적으로 은유의 힘에 좌우된다. 은유는 가시적인 것과 비가시적인 것, 그리고 현상세계와 사유하는 나 사이의 격차를 줄인다. 그런데 사유 자체의 경우, 우리 내부의 비가시적인 것이 세계의 비가시적인 것을 다루는 정신의 특별한 활동을 그럴듯하게 해명할 수 있는 은유가 존재하지 않는다는 점이 주요 난제다. 우리의 모든 감각은 본질적으로 인지적이다. 따라서 활동으로 이해될 때 그들 외부에 목적을 가진다는 단순한 이유 때문에, 감각에서 도출된 모든 은유는 우리를 곤경에 빠지게 한다. 은유는 행위*energeia*, 즉 목적 자체가 아니지만, 우리에게 세계를 인식하고 다룰 수 있게 하는 수단이다.

의미 탐구는 활동보다 오래 존속하는 결과 — 활동이 끝난 후에 이해되는 최종 결과 — 를 생산하지 않기 때문에 사유는 정상 상태를 벗어난다.

168   *An Introduction to Metaphysics*, p. 45.

169   *Protreptikos*, Düring ed., B87.

달리 표현하면, 아리스토텔레스가 말하는 환희는 사유하는 나에게 명료하지만 정의상 말로 표현할 수 없다. 사람들이 정신의 삶과 관련해 상정할 수 있는 오직 가능한 은유는 살아 있다는 감각이다. *삶의 숨결 없는 육체는 시체이며, 사유하지 않는 인간 정신은 죽은 상태다.* 이것은 사실 아리스토텔레스가《형이상학》제11권(L) 중에서도 유명한 제7장에서 시도한 은유다. "사유 활동(자체에 목적이 있는 활동)은 삶이다."[170] 신만이 영원히 용인할 수 있고, 인간이 단지 신과 같이 가끔 행세하는 동안 용인할 수 있는 사유의 내재적 법칙은 "순환 운동, 즉 중단 없는 운동"[171]이다. 물론 이 운동은 목적에 결코 도달하지 않거나 최종 산물을 형성하지 못하는 유일한 운동이다. 명료한 사유 과정, 즉 자신을 사유하는 사유*noēsis noēseōs*가 순환한다는 이 생소한 개념 — 철학에서 순환적 논쟁의 가장 영광스러운 정당화 — 은 참 기이하게도 철학자들이나 아리스토텔레스의 해석자들을 결코 고민케 하지 않았다. 그 이유는 이성과 관조를 목적에 도달하고 최종 결과를 생산하는 '지식'으로 잘못 해석하기 때문이다.[172] 사유가 인지 활동이었다면, 사유는 자신의 대상을 추구하는 과정에서 대상에 대한 인식으로 끝나는 직선 운동을 따라야 했을 것이다. 아리스토텔레스의 순환 운동은 삶의 은유와 더불어 사유하는 존재로서 인간의 경우, 삶을 동반하며 죽음에서만 종결되는 의미 탐구를 암시한다. 순환 운동은 삶의 과정에서 도출된 은유이며, 삶의 과정은 삶에서 죽음으로 진행된다고 하더라도 인간이 생존해 있는 한 역시 순환한다. 사유하는 나의 이 단순한 경험은 진리가 사유의 결과라는 전통적 가정, 그리고 헤겔의 '사변적 인지'와 같은 것들이 존재한다는 전통적 가정과

---

170   1072b27.

171   1072a21.

172   이 오역은 로스W. D. Ross의《아리스토텔레스*Aristotle*》(Meridian Books: New York, 1959)의 가치를 손상시키나, 매키언의《아리스토텔레스의 기본 저서들*The Basic Works of Aristotle*》의 번역본에서는 다행스럽게도 빠져 있다.

격렬하게 대립된다고 하더라도, 다른 사상가들이 순환 운동 개념을 거듭 말할 정도로 상당히 인상적이었다.[173] 우리는 헤겔이 아리스토텔레스를 인용하지 않은 채 다음과 같이 언급하는 것을 발견한다. "철학은 원을 형성한다. … 철학은 미해결 상태에 있지 않은 연속물이다. 그것은 전적으로 무에서 시작되는 무엇이 아니다. 그러나 철학은 그 자체로 환원한다."[174] 그리고 우리는 하이데거의 《형이상학이란 무엇인가》의 끝부분에서 같은 개념을 만난다. 그는 "왜 무가 아니라 어떤 것이 존재하는가?"와 같은 형이상학의 근본 질문을 규정하고 있다 — 어떠한 의미에서 사유의 첫 번째 질문이지만 동시에 "항상 다시 관심을 가져야 하는 사유."[175]

이러한 은유는 사변적이고 비인지적인 사유 방식에 조응되고, 사유하는 나의 근본적인 경험에 충실하다고 하더라도 인지 활동과 연관되지 않는다. 따라서 이러한 은유는 이상하게 공허하다. 아리스토텔레스는 살아 있다는 것이 행위(자체를 위해 활동하는 것)라고 주장한 경우를 제외하고, 어디에서도 이러한 은유를 사용하지 않았다.[176] 게다가 '우리는 왜 사는가?'라는 질문의 해답은 없기 때문에, 은유는 분명히 '우리는 왜 사유하는가?'라는 불가피한 질문에 대답하기를 거부한다.

비트겐슈타인은 (《논리-철학 논고》에서) 언어와 사유를 '실재의 상' — "명제는 실재의 상이다. 명제는 우리가 생각하는 실재의 모델이다"[177] — 으로 설명하려

173   *Philosophy of History*, Introduction, p. 9.

174   *Hegel's Philosophy of Right*, T. M. Knox trans., London, Oxford, New York, 1967, addition to para. 2, p. 225.

175   *Wegmarken*, p. 19.

176   *Nicomachean Ethics*, 1175a12.

177   *Tractatus*, 401. 내 생각에 비트겐슈타인의 초기 언어 이론은 분명히 대상과 지식의 합치로서 진리라는 오래된 형이상학적 가정에 깊이 뿌리를 두고 있다. 이 정의定義의 문제점은 항상 이러한 등식화가 직관, 즉 감각적으로 주어진 시각 대상을 모사하는 내재적 모습으로서

는 초기 시도를 지지할 수 없다고 스스로 확신한 후에)《철학 탐구》를 저술했다.

만 가능하다는 점이었다. 비트겐슈타인의 관점에서 '사유'라는 "사실의 논리적 영상"[나는
두 언어로 출간된《논리-철학 논고Tractatus》(London, 1961, p. xii)에 수록된 러셀Bertrand Russell
의 서문을 따르고 있다]은 자체를 은유적 표현으로 택하지 않을 경우에 용어상 모순이다.
"언어와 세계 사이에 나타나는 관계"가 확실히 존재한다. 그러나 이 관계가 무엇이든 간에,
그것은 확실히 '영상적' 관계는 아니다. 그것이 영상적 관계였다면, 모든 명제는 감각지각
의 우연한 오류를 반복하지 않을 경우에(어떤 것은 나무같이 보이나 면밀히 검토하면 인간이다), 진
실이 된다. 그러나 나는 필연적으로 참되지 않은 채 '사실'에 관한 여러 가지 명제들을 만들
수 있다. "태양은 지구 주위를 돈다." 또는 "1939년 9월 폴란드가 독일을 침공했다." 이 중
전자는 오류고, 후자는 거짓이다. 다른 한편, 텍스트에서 인용된 "삼각형이 웃는다"와 같이
본질적으로 수용할 수 없는 명제들이 있는데, 이것은 참되거나 거짓된 진술이 아니라 무의
미한 진술이다. 명제를 위한 유일한 내적으로 언어학적인 기준은 감각이나 허튼소리다.
명백한 난점과 비트겐슈타인이 후에 자신의 "명제들의 그림이론"을 거부하고 있다는 사실
에서 볼 때, 제일 처음에 어떻게 그에게 그런 일이 생겼는지를 찾아내는 것은 흥미로운 일
이다. 내 생각으로 이에 대한 두 가지 견해가 있다. "그는 교통사고에서 사건의 가능한 계기
를 묘사하는 도식적 그림이 있는 잡지를 읽고 있었다. 여기에서 그림은 그에게 명제, 즉 가
능한 상태에 대한 기술로서 도움이 된다. 이 그림은 그림의 부분들과 실재하는 사물들 사
이의 상응에 기인하는 기능을 지닌다. 비트겐슈타인에게 다음과 같은 생각이 떠올랐다. 사
람들은 유추를 번복할 수 있으며, 명제의 일부와 세계 사이의 유사한 조응 관계 덕택에 명
제가 그림의 역할을 한다고 주장할 수 있다. 명제의 부분들이 결합되는 방식, 즉 명제의 구
조는 사실상 요소 사이의 가능한 결합을 묘사한다"(G. H. von Wright's "Biographical Sketch" in
Norman Malcolm's Ludwig Wittgenstein: A Memoir, London, 1958, pp. 7~8을 참조할 것). 여기에서 결
정적인 것으로 보이는 것은 그가 현실로부터 이탈하지 않고 이미 사유 과정에 영향을 미쳤
던 일부 사건의 도식적 재구성에서 시작했다는 것, 즉 사유에 대한 설명에서 시작했다는 것
이다. 《철학 탐구》(663)에는 이 이론의 반박처럼 보이는 관찰이 다음과 같이 나타난다. "내
가 '나는 그를 생각한다'라고 말하면, 영상이 나의 마음에 떠오르나 … 그 영상은 단지 이야
기에 대한 설명과 같다. 단지 그것으로부터 어떤 것을 전적으로 결론짓는다는 것은 거의 불
가능할 것이다. 우리가 이야기를 알 경우에만 우리는 영상의 중요성을 이해한다."
"명제들의 그림이론"의 기원에 관한 두 번째 견해는《논리-철학 논고》자체(4.0311)에서 발
견될 수 있으며, 더 설득력 있는 것 같다. 초기의 이론을 언어 게임 이론으로 대체한 비트겐
슈타인은 당대 사회에서 종종 행한 다른 게임活人畵; tableaux vivants에 의해 영향을 받았던 것
같다. 이 규칙의 요구에 따르면, 어떤 사람은 명제가 수많은 사람들에 의해 사용되는 활인
화(적당하게 꾸미고 분장한 사람이 그림 속의 사람처럼 보이게 만든 구경거리 — 옮긴이)에 의해 표현되
는 것을 예측해야 한다. "하나의 명칭은 각기 다른 사물을 나타내며, 이들은 서로 결합된다.
이러한 방식으로 전체의 집단 — 활인화같이 — 은 상태를 나타내며, 실제로 어떤 명제를 설
명하는 것으로 가정된다.
나는 비트겐슈타인의 사유 방식을 지적하기 위해 이것들을 언급한다. 이것들은 "아주 부
분화되고 커다란 계획도 지니지 않은 … 그의 후기 철학에 대한 당혹스러운 것을" 설명하

그런데 이 저서에는 이러한 설명을 제시하는 데 도움을 줄 수 있는 흥미로운 사유 게임이 나타난다. 그는 다음과 같이 질문한다. "인간은 무엇을 위해 사유하는가? … 인간은 사유가 하는 작용을 발견했기 때문에 사유하는가? 다시 말해, 사유하는 것이 이익이 된다고 생각하기 때문에 사유하는가?" 그 질문은 마치 "그가 아이를 키우는 것이 어떤 결과를 가져온다는 것을 알고 있기 때문에 아이를 양육하는가"라는 질문과 같을 것이다. 인정해야 하는 점이지만, 우리는 영향을 미친다는 것을 발견했기 때문에 *가끔* 사유한다는 표현은, 이것이 '가끔'만 타당하나는 섯을 암시한다. 따라서 다음과 같은 질문을 제기할 수 있다. "인간은 그가 왜 사유하는가를 어떻게 발견할 수 있는가?" 그는 이에 대해 다음과 같이 답변한다. "우리는 종종 우연히도 우리가 '왜?'라는 질문을 억제할 경우에 한해 중요한 *사실들*을 인식하게 된다. 그리고 우리는 탐구 과정에서 이러한 사실 때문에 하나의 대답에 이르게 된다."[178] '우리는 *왜* 사유하는가?'라는 질문을 억제하려는 신중한 노력 속에서 나는 '무엇이 우리를 사유하게 하는가?'라는 질문을 다룰 것이다.

는 데 도움이 된다. (이와 관련한 뛰어난 주장을 고찰하기 위해 David Pears, *Ludwig Wittgenstein*, New York, 1970, p. 4와 이후 내용을 참조할 것.) 《논리-철학 논고》는 역시 우연한 관찰에서 출발하는 데, 이 책의 저자는 우연한 관찰에서 그를 구제하고 지속적인 연구를 저술할 수 있도록 영향을 준 일관된 이론을 발전시킬 수 있었다. 이 책은 빈번한 비약성에도 불구하고 전적으로 일관성을 유지하고 있다. 《철학 탐구》가 거의 우연하게 단일의 가정, 예컨대 "문장 구조와 사실의 구조 사이에 공통점이 … 있어야 한다"는 명제에 의해 인도되지 않았다면, 이 책은 끊임없이 활동적인 정신이 실제로 어떻게 기능했는가를 보여준다. (러셀은 앞의 책 서문 10쪽에서 이것을 "비트겐슈타인 이론의 가장 기본적인 명제"라고 말한다.) 《철학 탐구》의 가장 두드러진 특성은 숨막힘이다. 이 책은 마치 누군가가 전체 사유 과정을 중단시키고 자체에 영향을 미침으로써 모든 사유의 연속에 개입할 정도로 사유 속에 내재된 멈춰서 사유하기를 실재화하는 것 같다. 영어판은 '생각하시오'라는 반복적 표현을 '가정하다', '상상하다'와 같은 다양한 용어로 바꿈으로써 이것을 약간 완화한다.

178   *Philosophical Investigations*, nos. 466~471.

3   무엇이 우리를 사유하게 하는가?

철학 시대 이전 그리스 철학의 가정들

무엇이 우리를 사유하게 하는가? 우리는 이러한 질문에서 원인이나 목적을 필요로 하지 않는다. 인간에게 사유는 당연히 필요하다. 이 질문은 다음과 같은 가정에 기반을 둔다. 플루트 연주가 그 자체에 목적이 있듯이, 사유 활동도 우리가 거주하는 세계 속에 가시적인 최종 산물을 남기지 않는다. 우리는 (인간이) 언제부터 사유의 필요성을 느끼기 시작했는지 알 수 없다. 그러나 우리는 언어가 존재한다는 사실, 선사시대나 저자 미상의 신화에 관한 모든 지식 덕택에 인간이 지구상에 출현함과 동시에 사유의 필요성이 나타났다고 주장할 수 있게 되었다. 우리는 형이상학과 철학이 형성되기 시작한 시점을 말할 수 있다. 또한 우리는 인간의 역사에서 서로 다른 시기마다 제기된 질문에 대한 답변에 이름을 붙일 수 있다.

그리스인들이 제시한 해답 일부는 모든 그리스 사상가의 다음과 같은 확신에서 찾을 수 있다. 즉 죽을 운명인 사람들은 철학 덕택에 '불멸하는 것(신적인 것 — 옮긴이)' 가까이에서 함께 살 수 있으며, 그리하여 "인간 본성이 인정하는 가장 완벽한 정도의 불멸성"[1]을 획득하거나 스스로 조장할

수 있다. 사람들이 철학하는 것을 견딜 수 있는 짧은 기간에, 철학 탐구는
인간들을 신과 같은 존재, 즉 키케로의 표현대로 '유한한 신'으로 변형시킨
다. [이러한 맥락에서 고대의 어원학은 'theos(신)'에서 'theōrein(바라보다)'
이나 심지어 'theatron(극장)'과 같은 주요 단어들의 어원을 반복적으로 찾
아냈다.[2]] 그리스인들의 대답은 문제점을 지니고 있다. 왜냐하면 그들의 대
답은 지혜에 대한 욕구나 사랑을 의미하는 '철학'이란 용어와 조화되지 않
기 때문이다. 우리는 철학의 근원을 신으로 규정할 수 없다. 플라톤의 말에
따르면, "신은 철학을 하지 않거나 현명해지기를 원하지 않는다. 왜냐하면
그는 존재하기 때문이다."[3]

우선 '불멸화 활동athanatizein'이란 생소한 개념을 살펴보자. 왜냐하
면 우리는 이 개념이 전통적 형이상학의 정당한 주제에 미친 영향을 과도하
게 평가해서는 안 되기 때문이다. 여러분도 기억하겠지만, 나는 앞 장에서
피타고라스의 우화를 판단의 관점에서 해석했다. 판단력은 근대 후기에 개
별적인 능력으로 발견되었다. 칸트는 18세기에 미학 분야에서 사회적 소통
뿐만 아니라 취미 현상과 역할에 대한 관심을 탐구하면서《판단력비판》을
집필했다. 역사적으로 말하자면, 이러한 지적은 부적절했다. 구경꾼 역할
이라는 피타고라스의 개념은 서양철학의 형성에서 상당히 광범위한 또 다
른 의미를 갖는다. 그리스의 신성 개념은 행위에 대한 관조theōrein의 우위성
을 언급한 우화의 요지와 밀접하게 연계되어 있다. 호메로스의 종교에 따
르면, 신들은 초월적이지 않으며, 그들의 안식처는 무한한 피안의 세계가
아니라 "영원히 노란 하늘 … 확고한 성체였다."[4] 사람과 신은 서로 유사하

---

1   *Timaeus*, 90c.

2   매우 교훈적인 내용을 담고 있는 Nicholas Lobkowicz, *Theory and Practice*, p. 7의 각주를 참
     조할 것.

3   *Symposium*, 204a.

4   Pindar, *Nemea*, 6; Richmond Lattimore trans., *The Odes of Pindar*, Chicago, 1947, p. 111.

고 모두 동일한 종에 속했으며*hen andrōn, hen theōn genos*, 한 어머니로부터 태어
났다. 헤로도토스가 언급한 바와 같이,[5] 신들은 인간들과 똑같은 본성*physis*
을 지녔다. 그리스 신들 역시 동일한 형태의 인간 본성*anthrōpophysis*을 지녔으
면서 더불어 어떤 기이한 특징을 가지고 있다. 신들은 유한한 존재들과 달
리 죽지 않으며, '편안한 삶'을 영위했다. 유한한 삶에 필요한 것들로부터
해방된 신들은 올림푸스 산에서 인간사를 내려다보는 구경꾼 역할에 충실
할 수 있었다. 인간사는 신들이 여흥을 즐기는 데 필요한 구경거리에 불과
했다. 올림푸스 신들은 인간세계의 웅대한 특성을 '유달리 좋아했다(편애했
다)'. 이러한 감정은 제도 창설과 입법, 건국과 공동체 통치 같은 신성한 업
무에 대한 다른 민족들의 생각과 아주 달랐다. 올림푸스 신들은 지구에서
자신들보다 덜 행복하게 사는 동료인 인간들과 이런 감정을 공유했다.

(우리가 지적하고 있듯이) 봄(보기)에 대한 열정은 그리스어에서 문법
적으로도 지식에 대한 욕구에 선행한다. 따라서 이러한 열정이 세계에 대
한 그리스인들의 기본적 태도였다는 사실은 너무 명백하기 때문에 문서화
할 필요가 없어 보인다. 사람들은 자연이나 우주의 조화로운 질서, 자발적
으로 존재한 사물들, 인간의 탁월성*aretē* 덕택에 인간사의 영역에 드러난 모
든 것과 더불어 인간의 손에 의해 "존재하게 된*agein eis tēn ousian*[6]" 것들〔플라
톤의 제작*to poiein*에 대한 정의〕, 즉 출현한 모든 것을 일차적으로 주시하고 찬
탄했다. 사람들은 현상의 순수한 아름다움*kalon*에 이끌려 한낱 관조의 입
장에 서려고 했다. 따라서 '선의 최고 이념'은 가장 밝게 빛나는 것*tou ontos
phanotaton*[7]에 존재했다. 인간의 미덕인 선의 아름다움*kalon k' agathon*은 행위자
의 내적 특성이나 의도 혹은 행적의 결과에 따라 평가되지 않았다. 오히려

5   I. 131.

6   *Sophist*, 219b.

7   *Republic*, 518c.

인간의 미덕은 행동하고 있는 동안 어떻게 *보였는가*, 즉 어떻게 수행하고 있었는가에 따라 평가되었다. 미덕virtue은 우리가 예술적 탁월성virtuosity이라고 표현하는 것이었다. 마키아벨리의 표현을 사용하자면, 예술과 관련해 인간의 행적은 그들의 "내재적 장점으로 빛나야" 했다.[8] 존재하는 것은 무엇보다도 신들에게 어울리는 구경거리로 기대되었다. 따라서 올림푸스 신들의 불쌍한 친척인 사람들은 자연스럽게 이러한 구경거리를 신들과 공유하고 싶어 했다.

아리스토텔레스는 그리스인들이 야민인들과 다르게 논리 정연한 말인 로고스라는 능력을 가지고 있다고 생각했지만, 보려는 욕구는 모든 인간에게 속한다고 생각했다. 플라톤이 말한 동굴 거주자들은 다리와 목이 앉은 자리에 사슬로 묶여 서로 몸을 돌려 소통할 수 없어서 한마디 말도 하지 않은 채 자신들 앞의 장벽에 비친 상像: *eidōla*을 보는 것에 만족한다. 다수는 보려는 신성한 정념을 공유한다. 피타고라스가 부각한 구경꾼의 역할, 모든 인간사 밖의 위치와 연관되었던 것은 신성하게 여겨졌다. 인간은 자기 육체를 돌보는 데는 적은 시간을 들인 반면, 신적인 소유물에 헌신하는 데는 더 많은 시간을 할애함으로써 신들이 살아가는 방식에 더 가까워지려 노력했다. 사람들과 신들은 동일한 종에 속하기 때문에 신적인 불멸성도 유한한 존재의 영역 바깥에 있지 않았다. 질투심의 항구적인 근원은 제외하더라도, "위대한 언행"(호메로스)에 대한 정확한 보상, 즉 위대한 명성은 잠재적 불멸성 — 확실히 빈약한 대체물 — 을 갖게 되었다. 이 보상은 구경꾼이 행위자에게 부여하는 힘에 있었다. 왜냐하면 철학자들이 영원히 비가시적이고 죽지도 않을 뿐만 아니라 진정으로 영구적이며*agenēton* 시작도 끝도 없는, 즉 태어나지 않는 것 — 우리가 헤시오도스의 《신통기 *Theogony*》로부터 알고 있는 바와 같이, 그리스 신들은 죽지는 않았으나 태어

---

8   *The Discourses*, bk. II, Introduction.

났다 — 을 취급하기 이전에, 시인들과 역사가들은 나타났다가 시간의 변화에 따라 세계의 가시성으로부터 소멸되는 것을 다루고 있었기 때문이다. 따라서 철학이 등장하기 이전 시의 기능과 음유시인의 위치가 인간사 영역 밖이라는 그리스인의 생각을 '다음의 예를 통해 나타나듯이'(옮긴이) 아주 명백하게 설명할 수 있다.

핀다로스의 소실된 시[9]에는 제우스의 결혼 축제가 기록되어 있다. 제우스는 축제에 참석한 신들에게 그들이 누리는 행복에 여전히 중요한 것이 빠져 있는지 물었다. 이에 신들은 제우스의 위대한 업적을 '말과 음악'으로 아름답게 꾸밀 줄 아는 새로운 신적인 존재를 창조하라고 제우스에게 권했다. 핀다로스가 염두에 둔 신과 같은 새로운 존재들은 사람들을 도와서 불멸성을 얻게 하는 시인[10]이나 음유시인들이었다. 왜냐하면 "벌어진 일에 관한 이야기는 행위보다 오래 존속하며, 말로 언급했더라도 훌륭하게 언급했다면 그것은 불멸성을 갖기 때문이다."[11] 호메로스와 같은 음유시인들은 "이후 모든 인간에게 매력을 줄 마력적인 말로 … 이야기를 정리했다."[12] 이들은 기록으로 남겼을 뿐만 아니라 옳게orthōsas 정리했다. 아이아스는 수치심 때문에 자살했지만, 호메로스는 그를 보다 더 잘 알았으며, "누구보다 그를 존경했다." 행한 것과 사유한 것은 구별된다. '구경꾼', 즉 비행위자만이 사유-사물에 접근할 수 있다.

음유시인이라는 개념은 분명히 호메로스로부터 나타난다. 오디세

---

9   핀다로스는 보이오티아 지방 테바이 출신으로 고대 그리스 합창시의 작가다. 이 가운데 축제의 승자를 찬양하는 〈올림피아제 축송시Olympian Odes〉, 〈피티아제 축송시Pythian Odes〉, 〈이스트미아제 축송시Isthmian Odes〉, 〈네메아제 축송시Nemean Odes〉는 기록으로 남아 있다.(옮긴이)

10   Bruno Snell, "Pindar's Hymn to Zeus", *op. cit.*, pp. 77~79.

11   Pindar, *Nemea*, 4, *Isthmia*, 4, both Lattimore trans.

12   Pindar, *Isthmia*, 4, Lattimore trans.

우스가 파이아케스[13] 궁전에 도착하자 음유시인은 왕의 명령에 따라 오디세우스의 삶에 관한 일부의 이야기, 아킬레스와의 투쟁에 관한 이야기를 읊조림으로써 오디세우스를 환대했다. 이때 훌륭한 시가들이 등장한다. 오디세우스는 이전에 단 한 번도 눈물을 흘리지 않았는데, 이야기로 듣던 일이 실제로 발생했을 때는 더더욱 눈물을 흘리지 않았다. 그러나 음유시인의 읊조림을 듣던 오디세우스는 얼굴을 가린 채 눈물을 흘렸다. 오디세우스는 이야기를 들었을 때 비로소 그 의미를 완전히 자각했다. 호메로스는 기억을 보살피는 신인 뮤즈, 즉 므네모시네가 사람들과 신들을 위해 음유시인의 정신에 넣어준 것을 노래로 부른다고 말했다. 뮤즈는 음유시인에게 좋은 것과 나쁜 것을 주었는데, 그녀는 그의 시력을 빼앗으면서 달콤한 노래를 주었다.

핀다로스는 소실된 제우스 시詩에서 '초기의 이러한 사유 경험'[14]이 지닌 주관적 측면뿐만 아니라 객관적 측면도 명료하게 밝혔음에 틀림없다. 즉 세계 사람들은 모두 자체의 아름다움을 인정받기 위해서 찬사를 필요로 한다. 사람들은 현상세계에 출현하기 때문에 구경꾼을 필요로 한다. 삶의 축제에 구경꾼으로 나타나는 사람들은 그때 말로 표현되는 생각을 찬미하는 데 만족한다. 구경꾼이 없다면 세계는 불완전할 것이다. 특별한 사건에 몰입해 있거나 시급한 업무 때문에 압박을 받는 참여자는 세계 속의 특정한 사건이나 인간사 영역의 특정한 행위들이 어떻게 함께 어울리고 조화를 창출하는지를 알 수 없다. 그런데 조화 자체는 감각지각에는 존재하지 않는다. 가시적인 것을 고찰하고 칭찬하며 이야기를 정리해 말로 표현하려는

---

13   오디세우스는 알키노오스가 지배하는 스케리아섬에 도착했다.(옮긴이)

14   철학 시대 이전에 그리스 신화는 불멸성을 탐구하고자 자연을 신비화했다. 핀다로스는 기원전 518~438년에 생존했다.(옮긴이)

구경꾼이 없다면 우리는 가시적인 것 속에 있는 이러한 비가시적인 것을 영원히 인식하지 못할 것이다.

이것을 개념어로 표현해보자. 실제로 발생하는 것이나 이 과정 중에 나타나는 것의 의미는 그것이 사라졌을 때 드러난다. 실제로 부재하거나 이미 없어진 것을 여러분의 정신에 모습으로 나타나게 하는 기억은 이야기 형식으로 의미를 드러낸다. 의미를 노출하는 사람은 현상에 함몰되지 않는다. 그는 비가시적인 것을 '주시할' 수 있기 위해서 가시적인 것을 보고도 못 본 체하고 그것으로부터 자신을 보호한다. 그가 먼눈으로 보고 말로 표현하는 것은 행위가 *아니라* 이야기다. 이 이야기꾼은 행위자의 명성이 아무리 정점에 도달하더라도 행위자는 *아니다.* 그리스식의 전형적인 질문은 이러하다. 누가 불멸적 존재가 되는가? 행위자인가 아니면 이야기꾼인가? 또는 누가 누구에게 의존하는가? 행위자가 자신에게 명성을 부여하는 시인에게 의존하는가, 아니면 시인이 기억할 만한 가치가 있는 것을 최초로 성취해야 하는 행위자에게 의존하는가? 답변은 누가 ― 행위자 또는 구경꾼 ― 대답하는가에 따라 달라지기 때문에 논란의 여지는 남아 있다. 따라서 우리는 이것을 이해하기 위해 투키디데스의 저서에 기록된 페리클레스의 장례식 연설을 볼 필요가 있다. 철학자들의 친구이며 정치가인 페리클레스는 다음과 같이 연설했다. (호메로스가 모든 그리스인의 스승이 되었던 것과 마찬가지로) '헬라스의 규범'이었던 도시, 즉 아테네는 위대성을 유지하기 위해 이것을 불멸화할 수 있는 "호메로스와 같은 사람 … 그러한 재능을 지닌 다른 사람을 결코 필요로 하지 않습니다. 아테네인들은 용기를 발휘하는 강력한 힘으로 땅과 바다에 불멸의 기념비를 남겼습니다."[15]

그리스 철학은 유한한 존재인 인간에게 지고하고 가장 신성한 삶의 방식에 대한 페리클레스의 평가를 전적으로 수용하지 않았다. 이것이 그리

스 철학의 두드러진 특징이다. 페리클레스의 친구였던 아낙사고라스의 입
장만을 인용한다. 아낙사고라스는 '사람들이 왜 태어나지 않는 것보다 태
어나는 것을 선택하는가?'라는 질문 — 우연하게도 철학자들이나 시인들
만이 아니라 그리스 사람들이 관심을 가졌던 문제 — 을 받았을 때, 다음과
같이 답변했다. "어떤 사람은 마치 다른 어떤 것은 해볼 만한 가치가 없는
듯이 하늘에 있는 해, 달, 별을 관찰하기 위해 태어난다." 그러자 아리스토
텔레스는 다음과 같은 말로 동의했다. "사람들은 철학을 연구하거나, 삶을
포기하고 이곳에서 사라져야 한다."[16]

　　페리클레스와 철학자들은 모든 사람이 불멸성을 위해 노력해야 한
다는 그리스인들의 일반적인 평가를 공유했다. 이러한 공유는 신들과 인
간들 사이의 유사성 때문에 가능했다. 인간은 다른 동물들과 비교할 때
신이다.[17] 그는 일종의 "사멸하는 신[키케로의 말을 다시 인용하면, *quasi
mortalem deum*(마치 죽을 운명의 신처럼)]"[18]이다. 그러므로 그의 주요 임무는
사멸성을 치유하고자 신과 아주 유사한 존재, 즉 신에게 아주 가까운 친척
이 될 수 있는 활동에 참여하는 것이며, 다른 대안은 동물 생활의 수준으로
떨어지는 것이다. "가장 훌륭한 사람은 무엇보다도 유한한 존재인 인간들
사이에서 영원한 명성을 누리는 것만을 선택하지만, 다수는 하찮은 것에
집착한다."[19] 여기에서 핵심은 다음과 같다. 즉 철학의 형성 이전 그리스에
서 인간 자체를 값지게 하는 유일한 유인誘因은 명백히 불멸성을 얻으려는

16　　*Protreptikos*, Düring ed., B19 and B110. Cf. *Eudemian Ethics*, 1216a11의 내용을 비교할 것.

17　　*Protreptikos*, Düring ed., B109.

18　　*De Finibus Bonorum et Malorum*, II, 13.
　　　관련 문장은 다음과 같다. "말은 경주에, 소는 밭갈이에, 개는 파수 보는 일에 소용되는 것
　　　처럼, 아리스토텔레스가 말하듯이 인간은 '마치 죽을 운명의 신처럼' 행동하도록 태어났다
　　　고 하는 점이네."(옮긴이)

19　　Heraclitus, B29.

노력이었다. 위대한 행적은 아름다우며 찬양할 만한 가치가 있다. 왜냐하면 위대한 행적은 자기 국가나 민족에 기여하기 때문이 아니라, "역사 속에 이름을 남겨 영원히 언급될"[20] 것이기 때문이다. 디오티마는 소크라테스에게 다음과 같이 말했다. "사실 우리의 기억 속에 남아 있는 바와 같이, 알케스티스와 아킬레우스가 자신들의 탁월성*arête*이 사람들의 기억 속에 영원히 살아 있을 것이라고 믿지 않았다면 … 알케스티스가 아드메토스를 구원하려고 죽으려 했겠는가, 또는 아킬레우스가 파트로클로스의 원수를 갚으려고 죽으려 했겠는가 생각해보시죠?"[21] 그리고 플라톤의《향연》에 따르면, 온갖 다양한 사랑은 궁극적으로 유한한 것들의 불멸성을 얻기 위한 노력을 통해 결합된다.

　　그리스인들은 신들의 불멸성을 찬양하면서도 이에 대해 시샘했다. 나는 이 불멸성에 나타나는 결정적 결점을 처음으로 자각한 그리스인이 실제로 누구인지에 대해서는 알지 못한다. 신들*aien eontes*은 '죽지 않으나 *a-thanatoi*' 영원하지 않다.《신통기》가 우리에게 자세하게 알려주고 있듯이, 신들은 모두 태어났다. 그들에게는 시간적 시초가 있다. 철학자들은 절대적 근원*archē*, 즉 **시초**에 대해 설명한다. **시초** 자체는 시작되지 않으며, 창조와 관련해 항구적이면서도 창조되지 않은 근원이다. 이렇게 주장한 철학자는 아마도 아낙시만드로스[22]지만, 우리는 그 결과를 파르메니데스[23]의 시에서 아주 명료하게 이해할 수 있다. 존재의 있음은 확실한 의미에서 영원하다. 즉 존재는 '창조되지도 않고*agenēton*', '소멸되지도 않는다*anōlethron*.' **'있는 것**What is'의 지속은 출생과 죽음에 의해 제한되지 않기 때문에 올림푸스

20　　*Symposium*, 208c.

21　　*Ibid*., 208d.

22　　아낙시만드로스는 신적인 것과 심연*apeiron*, 즉 무한자를 동일시한 첫 번째 사람인 것 같다. 무한자의 성격은 영구적인, 즉 나이도 없으며, 불멸하고 소멸되지 않는 것이다.

23　　Frag. 8.

신들의 특징인 영원한 생존을 대신하고 초월한다."[24] 달리 말하면, 철학자
들은 단지 죽지 않는 올림푸스 신들을 태어나지도 죽지도 않는 **존재**로 대체
했다. 존재는 철학의 진정한 신이 되었다. 그 이유는 헤라클레이토스의 유
명한 시구에 잘 나타나 있다. 즉 **존재**는 "신들이나 사람들 어느 누구에 의해
서 만들어지지 않았다. 그것은 항상 있었고, 현재도 있으며, 미래에도 있을
것이다. 그것은 '적도適度: metra에 따라'(알맞게) 계속해서 켜지고 계속해서
꺼지는 영원한 불이다."[25] 사람들은 신들의 불멸성을 신뢰할 수 없었다. 태
어났던 것 또한 소멸될 수 있었다. 올림푸스 신화 이전의 신들은 죽어서 사
라지지 않았는가? 그리고 신들의 불멸성에 내재되어 있는 이러한 결점(내
생각으로는 그들의 빈번한 비도덕적 품행보다 훨씬 큰 것) 때문에 신들은 플라톤
의 격렬한 비판에 아주 취약했다. 호메로스의 종교는 다른 교리에 의해 대
체될 수 있는 것이 결코 아니었다. "철학은 올림푸스의 신들을 낮게 평가했
다."[26] 앞에서 인용한 단편에서 헤라클레이토스는 새로이 소개한 불멸적인
신성을 여전히 코스모스(세계나 우주가 아니라 세계의 질서와 조화)라고 불렀
지만, 이것은 파르메니데스 이후 마침내 '**존재**'로 명명되었다. 찰스 칸이 제
안한 바와 같이, 이러한 과정은 '**존재**'라는 용어가 애초부터 지니고 있는 계
속상繼續相: durative[27]의 함의에 기인하는 듯하다. "기원과 결코 분리 불가능
한 계속상의 측면이 모든 철학적 사용을 포함해 모든 동사의 사용을 다채롭
게 한다는 것"[28]은 진실이지만 결코 당연한 일은 아니다.

---

24   찰스 칸Charles H. Kahn은 그의 매혹적인 연구인 〈그리스어 동사 'be'와 Being의 개념〉에서
      "그리스어에서 존재의 개념을 표현하는 데 … 기여하는 이 동사의 전철학적 사용"을 검토
      하고 있다.(p. 245) *Foundations of Language*, vol. 2, 1966, p. 255.

25   B30.

26   Snell, *op. cit.*, p. 40.

27   동사가 나타내는 동작의 비완료 상태와 계속 상태를 나타낸다.(옮긴이)

28   Kahn, *op. cit.*, p. 260.

올림푸스 신들이 **존재**로 대체되었다면, 종교는 철학으로 대체되었
다. 철학 탐구는 경건을 실현할 유일한 '길'이 되었으며, 이 새로운 신의 참
신한 특징은 자신이 유일자One라는 점이다. 이 **유일자**는 실제로 '신처럼 숭
배의 대상인 우상a god'이었으며, 그래서 우리가 '존재(자)being'로 이해하는
것과 명백하게 달랐다. 아리스토텔레스가 자신의 '제1철학'을 '신학'으로
명명했다는 것을 이해할 때, 이 점은 명백해진다. 그는 신학을 신들에 관한
이론이 아니라 존재론ontologia — 18세기에 이르러 이렇게 명명되었다 — 으
로 여겼다.

새로운 학문의 훌륭한 장점은 불멸성을 공유하려는 인간이 후세의
불확실한 방법을 더 이상 기대할 필요가 없게 되었다는 것이다. 그는 일찍
이 명성을 이용함으로써 자신의 이름을 영원히 지속케 할 수 있었던 동료
들이나 시인들로부터 어떠한 도움도 받지 않은 채, 살아 있는 동안 불멸성
을 실재화할 수 있었다. 새로운 불멸성을 획득하는 방법은 영구적인 것과
함께 거주하는 것인데, 이것을 가능케 하는 새로운 능력은 정신(또는 이성),
즉 누스nous라고 불렸다. 이 용어는 'noos(정신)'가 한 인간의 특이한 정신 상
태에 더해 모든 정신 활동을 포괄한다고 주장한 호메로스부터 차용된 것이
다. 정신은 **존재**와 조응한다. 파르메니데스는 "존재하는 것과 사유하는 것
은 동일하다to gar auto noein estin te kai einai"[29]라고 말했다. 따라서 그는 플라톤
과 아리스토텔레스가 이후 명료화한 것을 이미 암시적으로 언급하고 있었
다. 이들의 주장에 따르면, 인간은 신적인 것과 이웃에서 살 수 있기 때문
에, 인간의 내면에는 신적인 것과 정확히 조응하는 중요한 것이 존재한다.
이 신적인 것 덕택에 **사유와 존재**는 동일하게 되었다. 인간은 '누스'를 이
용해 정신적으로 가멸적인 것으로부터 이탈함으로써 신성한 것과 자신을
동화assimilation시킨다. 여기서 동화란 글자 그대로의 의미다. (에르모티모스

---

29   Frag. 3.

나 아낙사고라스로부터 인용한) 아리스토텔레스에 따르면, **존재**가 신이듯이 정신(이성)은 "우리 내부에 있는 신"이며, "모든 유한한 삶은 어느 정도 신과 같은 부분을 지닌다."[30] 플라톤은 "현자들이 모두 동의하듯이 '누스'는 하늘과 땅의 왕이다"[31]라고 언급했다. 따라서 **존재**가 다른 무엇보다 서열상 우위를 차지하듯이, '누스'는 전체 우주 위에 있다. 그러므로 "**낮과 밤**의 문"(파르메니데스)[32]을 넘어서, 즉 유한자들의 세계를 벗어나는 모험 여행을 하기로 결정한 철학자는 "신의 친구로 불려야 하며, 인간에게 불멸성을 부여한다면 그것은 철학자에게 부여되어야 한다."[33] 간단히 말하자면, 신의 활동*hē tou theou energeia*과 동일한 아리스토텔레스의 관조 활동*theōrētikē energeia*에 참여한다는 것은 "가능한 한 우리를 불멸하게 하는 활동에 참여하고 ― '불멸화하는*athanatizein*' ― 우리 내부의 가장 고차원적인 것에 부합되게 살도록 최대한 노력하는"[34] 것을 의미한다.

우리가 인간 내부의 불멸적이고 신성한 부분을 실재화하면서 신성한 외부에 초점을 두지 않았다면 불멸적이고 신성한 내부가 존재하지 못했으리라고 지적하는 것은 상당히 중요하다. 달리 말하면, 우리의 사유 대상은 사유 자체에 불멸성을 부여한다. 따라서 그것은 과거에도 있었고 현재에도 있으며 미래에도 있을 영구적인 것이며, 그래서 있는 것 이외의 방식

30   *Protreptikos*, Düring ed., B110.

31   *Philebus*, 28c.

32   파르메니데스의 시는 서두에 무명의 빛의 여신이 존재하는 곳으로 철학자를 운송하는 이
        야기를 담고 있다. 여신이 거처하는 곳의 문에 이르는 길은 좁고 험하지만, 그렇지 않은 길
        은 그 초입은 넓지만 암흑으로 인도된다. 여신은 '길'이라는 은유를 통해 파르메니데스에게
        탐구 방법을 알려주고 있다. 길의 의미는 신화적인 길에서 논리적인 길로 변화되고 있으며,
        이것은 학문의 탐구 방법*methodos*라는 의미의 전조가 되었다.(옮긴이)

33   *Symposium*, 212a.

34   *Nicomachean Ethics*, 1178b3, 1178b22, 1177b33. Martin Ostwald trans., Indianapolis, New
        York, 1962의 마지막 부분.

으로 있을 수 없다. 이 영구적인 대상은 일차적으로 우리가 정신적으로 추
적할 수 있는 "우주의 순환"이다. 따라서 이것은 우리가 "지구 태생이 아니
라 하늘 태생", 즉 땅 위가 아니라 하늘에 '친족'을 갖고 있는 피조물이라는
것을 증명한다.[35] 우리는 이러한 확신 이면에는 본래 철학적인 원시적 경이
가 존재한다는 것을 쉽게 파악할 수 있다. 과학자는 '무지를 추방하는' 과정
에서 경이로 황홀하게 되며, 아인슈타인도 이 때문에 다음과 같이 언급했
다. "세계(즉 우주)의 영원한 신비는 그에 대한 이해 가능성이다. 따라서 이
후 우주의 이해 가능성에 조응하려는 모든 이론의 '발전'은 어떤 의미에서
'경이'로부터의 지속적인 비상이다."[36] 사람들은 과학자들의 하느님이 인
간을 그의 모습대로 창조한 후 단 하나의 계율 — 이제 이 모든 것이 어떻게
만들어졌으며 어떻게 작동하는가를 스스로 밝히도록 노력하라 — 을 준수
하도록 요구하면서 인간을 세계로 내려보냈다고 말하고 싶어 한다.

어쨌든 철학은 그리스인들에게 "불멸성의 성과"였다.[37] 이러한 성과
는 두 단계로 진행되었다. 첫째로 불멸적인 것을 관조하는 원래 소리 없는
aneu logou 정신 활동이 있었다. 다음으로 시각을 말로 바꾸는 시도가 이어
졌다. 아리스토텔레스는 이러한 시도를 '*alētheuein*(노출하다)'으로 표현했
다. 이러한 시도는 어떤 것도 은폐하지 않은 채 실제로 존재하는 사물을 언
급한다는 의미를 지닐 뿐 아니라, 항상 필연적으로 존재하고 달리 존재할
수 없는 것들에 대한 명제에만 존재한다. 원래 인간은 동물 종과는 달리 '정
신*nous*'과 '말*logos*'의 복합체다. "인간의 본질은 정신과 말에 따라 구성된다
ho anthrōpos kai kata logon kai kata noun tetaktai autou hē ousia."[38] 이 두 가지 가운데 정

---

35   *Timaeus*, 90d, a.

36   Jeremy Bernstein, "The Secrets of the Old One-II", *The New Yorker*, 1973년 3월 17일에서
      인용했다.

37   Francis MacDonald Cornford, *Plato and Parmenides*, New York, 1957, Introduction, p. 27.

38   *Protreptikos*, Düring ed., B65.

신만이 인간에게 영구적이고 신적인 것을 함께 공유할 수 있도록 해준다. 반면에 "존재한 것을 말하려는(헤로도토스의 표현으로, *legein ta eonta*)" 로고스는 특수하고 특이한 인간의 능력이다. 이 능력은 한낱 '위험한 생각mortal thought', 즉 의견*dogmata*에 역시 적용되며, 인간사의 영역에서 발생하는 것이나 한낱 '존재하는 것 같지만' 실제로 존재하지 않는 것에 적용된다.

누스와 구별되는 경우의 로고스는 신적이지 않다. 철학자의 시각을 말로 전환하는 — 엄격한 의미로 노출하는*alētheuein* — 것은 상당한 어려움을 초래했다. '비슷한 것을 만들거나' 정신이 제공한 상을 가능한 한 충실하게 한결같이 말로 표현하는 철학적 기준은 (의견*doxa*과 대립되는) 유사성 *homoiōsis*이다. 그런데 정신 자체는 대화에 관여하지 않으며, "어떠한 논변적 추론을 하지 않은 채 직접" 주시한다.[39] 시각 능력의 기준은 '진리'가 아니다. 진리*alētheia*; truth라는 용어는 '노출하다'라는 동사에 의해 연상되며, 호메로스가 사용한 '*alēthes*(충실한)'라는 말에서 나왔다. 호메로스의 문헌에서 진리는 '마음속에 숨기지*lanthanai* 말고 말하라', 즉 '나를 기만하지 말라'는 의미에서 단지 분별하는 말*verba dicendi*로 사용된다. 용어에서 접두어 'a'가 빠진 *alpha privativum* 경우에 함축된 공동 언어 기능은 정확히 '기만'으로 이해되었다. 진리가 정신의 시각에 수용되어 사실상 정신의 시각에 드러난 것을 자신의 본으로 삼아야 하는 오늘날 그 특성을 변경시킨다고 하더라도, 진리는 여전히 말을 평가하는 기준이다. 보이는 대상에 있는 불멸성이란 특성만이 시각의 기준이다. 정신은 그 특성을 직접 주시할 수 있다. 반면에 "어떤 사람이 욕망과 욕정에 탐닉하고 이러한 것을 얻으려 시간을 보낸다면 … 그는 수명을 단축하기 때문에 완전히 불멸적인 존재가 될 수 없다." 그러나 "그가 불멸적인 대상을 관조하는 데 희망을 걸 경우에는 인간

---

39   Cornford, *Plato's Theory of Knowledge*, p. 189.

본성이 인정하는 가장 완벽할 정도의 불멸성을 누릴 수 있다."⁴⁰

　　일반적으로 아리스토텔레스 이래로 "물질적인 것 뒤에 있는 것들,
자연학 뒤에 있는 것*tōn meta ta physika*"에 관한 탐구 분야인 철학은 그리스
에 기원을 두고 있다는 것이 인정된다. 그렇기 때문에 철학은 그리스인의
고유한 목표인 불멸성을 자신에게도 부여한다. 그리고 자신들을 **유한자**
thnētoi 또는 *brotoi*로 이해했던 사람들, 그리고 아리스토텔레스에 따르면 죽
음을 '최대의 악'으로 규정했던 사람들, 우리의 주장대로 친척 또는 혈족으
로서 '한 어머니로부터 생명을 얻은' 신들과 관계가 있는 사람들에게 불멸
성은 언어학적으로도 자연스러운 목표였던 것 같다. 철학은 이러한 자연스
러운 목표를 변경하지 않고 단지 이를 획득하기 위한 다른 방법을 제안했
다. 요약하면, 이러한 목표는 그리스 민족의 쇠퇴 혹은 몰락과 더불어 사라
졌다. 사람들이 유한자가 아니라는 것, 즉 이전의 이교도 신념과 달리 세계
가 종말을 맞게 되어 죽은 후에 신체적으로 다시 부활할 것이라는 '새로운
소식'을 전달하는 기독교 정신의 출현과 더불어 이러한 목표는 철학으로부
터 사라졌다. 그리스적인 방식으로 영구성을 탐구하는 마지막 흔적은 중세
신비주의자들이 관조를 '멈춰 선 현재*nunc stans*'로 규정하는 입장에서 찾을
수도 있다. 이러한 표현은 인상적이다. 우리는 이러한 문구가 사유하는 나
에게 아주 특유한 경험과 실제로 조응하고 있음을 '이후 시대에'⁴¹서 확인
할 수 있다.

　　그러나 철학 탐구의 강력한 동기動機가 사라졌다고 하더라도 형이상
학의 주제는 여전히 동일했다. 즉 어떤 문제를 고려할 가치가 있는지 아닌
지는 수 세기 동안 형이상학의 주제에 의해 미리 결정되었다. "순수한 지식

40　　*Timaeus*, 90c.

41　　아렌트는 여기에서 '멈춰 선 현재'란 표현 문구가 그리스 시대가 아닌 중세 시대에 처음 등
　　　장했다는 점을 부각했다.(옮긴이)

은 변화되거나 혼합되지 않아 항상 동일한 것, 또는 이와 매우 유사한 것과 관계가 있다"[42]는 주장은 플라톤에게 당연한 것이었다. 이러한 주장은 근대 말까지 다양한 변화 속에서 철학의 주요 가정이 되었다. 인간사에 관한 문제는 모두 우연으로 일어나기 때문에 정의상 배제되었다. 이러한 문제들은 실제로 존재하는 것과 항상 다를 수 있었다. 프랑스 혁명으로부터 영향을 받은 헤겔에 따르면, 자유나 정의와 같은 영구적인 원리가 프랑스 혁명에서 실현되었다. 헤겔은 자신의 연구 분야를 역사로 정하면서, 수와 같은 순수한 사유-사물이나 천체 운행뿐만 아니라 지구상의 인간사 과정도 필연적 철칙, 즉 절대정신의 구현 법칙을 따른다는 가정을 전제했다. 이때부터 철학 탐구의 목표는 불멸성이 아니라 필연성이었다. "철학적 관조는 우발적인 것을 제거하려는 의도만을 지녔다."[43]

원래 아주 훌륭한 형이상학의 주제인 영구적인 것과 필연적인 것은 신성한 것이 있는 데서 '머무르려는' 정신의 노력 덕분에 불멸화할 필요성에서 오래 존속했다. 이러한 정신의 노력은 기독교의 출현과 더불어 불멸성의 발현자인 사유가 믿음으로 대체되면서 불필요해졌다. 그리고 본질적으로 철학적이며 가장 행복한 삶의 방식인 구경꾼의 역할에 대한 평가 역시 다른 방식으로 존속했다.

기독교 이전 시대의 그러한 생각은 고대 말의 철학 학파에 여전히 존재했다. 당시 사람들은 현실세계(현세)의 삶을 더 이상 축복으로 생각하지 않았다. 오히려 신성한 활동을 혼란케 하는 것으로 여기면서 본질적으로 위험하고 즐겁지 않다고 이해했다. 정치적 관여로부터 벗어난다는 것은 혼란과 고통이 따르고, 불가피한 변화가 발생하는 인간사 영역 밖의 어느 위치를 차지함을 의미했다. 로마의 구경꾼들은 신과 같이 세상 사람들

---

42   *Philebus*, 59b, c.

43   "Philosophie der Weltgeschichte", *Hegel Studienausgabe*, vol. I, p. 291.

의 놀이를 내려다보는 극장의 상층석에 앉아 있지 않았다. 그들이 앉아 있
는 곳은 이제 위태롭지 않은 상태에서 폭풍이 몰아치는 바다의 거칠고 예측
할 수 없는 대변화를 고찰할 수 있는 안전한 해안이나 항구였다. 단순한 구
경꾼 역할이 지니는 장점을 찬양하는 루크레티우스의 말을 살펴보자. "먼
바다에서 폭풍이 휘몰아칠 때, 어떤 사람이 모진 시련을 견뎌내는 것을 해
안가에서 응시한다는 게 얼마나 기쁜가! 다른 사람의 고통이 본래 환희의
근원은 아니다. 오히려 당신 자신이 그 고통으로부터 자유롭다고 인식하는
것이 실제 기쁨이다."[44] 여기에서 구경꾼 역할의 철학적 연계성은 완전히
상실되었다. 로마인들은 그리스적 개념을 수용했을 때 아주 많은 개념에서
그리스적 요소를 제거했다. 우리가 칸트를 통해서 발견했듯이, 로마인들은
구경꾼이 누리는 특권인 판단, 사유와 신체 활동 사이의 근본적인 차이, 나
타나는 것은 모두 보일 수 있다는 훨씬 근본적인 통찰력, 현상이란 개념 자
체가 구경꾼을 필요로 한다는 통찰력, 보고 주시하는 게 최상의 활동이라
는 통찰과 같은 그리스적 요소들을 잊었다.

볼테르는 루크레티우스의 주장으로부터 결론을 도출했다. 그에 따
르면, 보려는 욕구는 단지 값싼 호기심이다. 이러한 욕구는 사람들이 난파
되는 배를 보도록 관심을 이끈다. 사람들은 이러한 욕구 때문에 나무에 오
르거나 전투의 대학살을 주시하고 공개적인 사형 집행에 참관한다. 볼테르
에 따르면, 사람은 원숭이나 강아지와 같이 이러한 정념을 가지고 있다. 달
리 말하면, 루크레티우스의 주장이 옳고 광경을 보려는 사람의 열정이 자
신의 안전감에 전적으로 기인한다면, 한낱 구경에 대한 욕구는 우리 자체
의 존재를 위태롭게 하는 미성숙한 비합리적 충동에만 기인할 수 있다. 루
크레티우스가 말하는 철학은 한없이 넓은 바다에 자신의 안전을 맡기지 말

---

44   *De Rerum Natura*, bk. II, first lines. Ronald Latham trans., *On the Nature of the Universe*,
Penguin, Harmondsworth, 1951, p. 60.

라는 교훈을 주기 위해 배의 난파를 주시하는 것은 아닐 터이다.

공교롭게도 중세 철학에서는 완전히 다른 뜻을 지닌 관조의 높은 위상을 고려하지 않더라도, 구경꾼이 대상을 주시할 때 유익하고 '적정한' 간격을 유지해야 한다는 생각은 이렇듯 오히려 피상적인 형식으로 우리의 전통 속에 전해진다. 신기하게도 루크레티우스의 주장은 암시적이든 명시적이든 종종 인용된다. 따라서 헤르더는 프랑스 혁명에 대해 다음과 같이 기록한다. "불운이 우리의 의지에 반해 우리를 몰아넣지 않았다면, 우리는 안전한 항구에서 마치 알지 못하는 넓은 바다 위의 난파선을 구경하듯이 프랑스 혁명을 구경할 수 있었다." 괴테는 예나 전투 이후에 어떻게 지냈느냐는 질문을 같은 맥락으로 답변했다. "나는 불평할 수 없다. 분노한 바다의 단단한 바위 위에서 구경하는 사람 같은 신세였으며, 난파선을 도와주기는커녕 그 난파선에 도달할 수도 없는 신세였는데, 어떤 고대 저술가는 이것을 오히려 안락한 느낌으로 설명한다."[45]

우리 시대와 가까운 근대에 이르면서 실제로 형이상학이라고 불리는 '경이로운' 학문(리처드 매키언)[46]의 산파들이었던 철학 시대 이전의 가정들은 저서로는 거의 남아 있지 않고 실제 경험으로만 계승되었다.

45   내가 헤르더와 괴테의 인용문을 사용한 것은 아래 저자의 '실존주의적 은유'인 항해, 난파, 구경꾼에 대한 흥미로운 연구 덕택이다. Hans Blumenberg, "Beobachtungen an Metaphern", *Archiv für Begriffsgeschichte*, vol. XV, Heft 2, 1971, p. 171과 이후 내용. 볼테르를 이해하기 위해서는《철학사전*Dictionnaire Philosophique*》에 실린 그의 논문〈호기심〉을 참조할 것. 헤르더를 이해하기 위해서는《인류의 발전에 관한 편지*Briefe zur Beförderung der Humanität*》, 1792, 17번째 서한을 참조하고, 괴테를 이해하기 위해서는《괴테의 대화*Goethes Gespräche*》, Artemis ed., Zürich, 1949, vol, 22, no. 725, p. 454를 참조할 것.

46   매키언(1900-1985)은 중세철학과 과학사를 연구한 미국 철학자로서 새로운 수사학의 원리를 정리하기 위해 아리스토텔레스 등의 전통적 수사학 용어를 활용하고 이를 확장시켰다.(옮긴이)

플라톤의 답변과 그 반향

그러나 그리스 철학은 '무엇이 우리를 사유하게 하는가?'라는 질문
에 한 가지 답변을 제시하고 있다. 물론 이 질문은 형이상학의 역사에 아주
중요해졌으면서도 아마도 오래전에 타당성을 상실했을 철학 시대 이전의
가정들과 아무런 관련도 없다. 내가 앞서 언급했듯이 철학의 근원이 경이
라고 주장한 플라톤의 말은 내 생각에 여전히 설득력이 있다. 왜냐하면 이
러한 경이는 불멸성의 탐구와 아무런 관련도 없기 때문이다. 경이가 당혹
함*aporein*(지식에 의해 추방될 수 있는 무지로 인해 당황함)이라는 아리스토텔레
스의 유명한 해석에서도 불멸화 활동*athanatizein*에 대한 언급은 없다. 우리
는《니코마코스 윤리학》[47]을 통해 불멸화 활동을 추정할 수 있는데, 이 활동
은 실제 완전히 플라톤다운 의미를 지닌다. 경이에 대한 플라톤의 언급은
감각지각의 상대성을 논의하는 도중에 갑작스럽게 나타난다(내가 알기로는
그의 저서 어디에서도 반복되지 않는다). 플라톤에게서 종종 나타나듯이, '규칙
을 벗어난' 어떤 것에 대해 언급할 때 제시한 구절(문장) 자체는 다소간 규
칙을 벗어난다. 플라톤의 대화편에서 가장 인상적인 문장들은 용이하게 분
리되고 맥락에서 벗어난 것으로 생각될 수 있다. 특히 그가 당대에 전형적
으로 나타나며 그 시기를 정확히 밝힐 수 있는, 논리적으로 어려운 문제와
다른 어려운 문제들에 대한 논의에 참여한 이후 이들에 대한 논의를 갑자
기 중단했을 때, 그 문장 자체는 규칙을 벗어난다. 여기에서 테아이테토스

---

47   1177b27~33.
아리스토텔레스는 '지성의 활동*noesis*', 달리 표현하면 '이성에 따른 삶'을 불멸화 활동으로
생각했다. 이에 관한 원문을 참조할 것. "그러므로 지성이 인간성이 아니라 신성이라고 하
면, 지성을 따르는 삶은 인간적인 삶이 아니라 신적인 삶이라고 할 수 있다. 그러나 우리는
'결국 인간이니까 인간적인 일을 생각하라', 또는 '사멸할 따름이니 사멸할 것들을 생각하
라'는 권고를 따를 것이 아니라 … 우리 자신 안에 있는 최선의 것에 따라 살도록 온갖 힘을
기울여야 한다."(옮긴이)

는 자신이 "놀라곤 했다" — '당혹해한다'는 일상적 의미로 — 고 말한다. 그래서 소크라테스는 그를 칭찬하며 다음과 같이 말한다. "이것(놀라는 감정)이야말로 철학자의 진정한 징표라네." 소크라테스는 검토한 문제를 다시 언급하지 않는다. 짧은 문장은 다음과 같다. "놀란다*thaumazein*는 것은 주로 철학자의 정념*pathos*이라네. 이것 말고 철학의 다른 근원과 원리*archē*는 없지. 그리고 내 생각으로는 그(헤시오도스)는 **이리스**(무지개신, 신들의 전령)를 **타우마스**(경탄하는 신)의 딸로 삼은 서투른 계보학자는 아니라네."[48] 언뜻 보면, 이것은 이오니아학파가 이해한 철학이 천문학의 산물이라고 단순히 말하는 것 같다. 철학은 하늘의 기적에 대한 경이에서 출발했다. 하늘과 땅을 연결하는 무지개가 인간에게 그 소식을 전달하는 것과 마찬가지로, 경이로써 경탄하는 신의 딸에게 대응하는 사유와 철학은 하늘과 땅을 연결한다.

　　면밀히 검토해보면, 이러한 몇몇 단어들은 더 많은 것을 암시한다. '이리스', 즉 무지개라는 단어는 《크라튈로스*Cratylus*》[49]에 나타난다. 플라톤은 이 대화편에서 "이리스가 전달자이기 때문에 '말하다*eirein*'란 동사에서 'Iris'라는 용어를 만들었다." 반면에 '경이*thaumazein*'에 해당하는 용어 — 플라톤은 여기에서 테아이테토스가 경이의 계보학을 제시했을 때 사용했던 일상적 의미를 제외시킨다 — 는 호메로스의 저서에서 주기적으로 나타나며, '주시한다beholding; *theasthai*'는 의미의 '봄seeing'에 해당하는 그리스어의 여러 동사 가운데 하나에서 파생된다. 우리는 일찍이 피타고라스가 썼던 '구경꾼들*theatai*'에서 동일한 어원을 밝혔다. 호메로스의 저서에서 이 놀라움에 찬 시선은 신을 보는 사람을 위해 통상적으로 쓰인다. 이 용어는 또한 '오, 감탄할 만한 사람!' — 우리가 신들이나 신과 같은 사람을 위해 통상 유보하는 경외의 대상이 될 만한 가치가 있는 사람 — 이란 의미의 형용

48　　*Theaetetus*, 155d.

49　　*Cratylus*, 408b.

사로 사용된다. 게다가 인간들에게 출현한 신들은 이러한 특이성을 지니고 있다. 신들은 친숙한 인간 모습으로 출현하며, 신들에게 접근할 때 이를 경험하는 사람들만이 그들을 신으로 알아보았다. 그러므로 이에 반응하는 경이는 사람이 자신의 힘으로 불러일으킬 수 있는 무엇이 아니다. 경이란 행위로 대응하기보다 수동적으로 반응하는 일종의 정념이다. 호메로스의 작품에서, 신은 행동하고 사람들은 신의 출현을 경험해야 한다. 따라서 인간들은 신들로부터 도망갈 필요가 없다.

달리 말하면, 사람들을 경이롭게 하는 것은 친숙하지만 정상적으로는 보이지 않는 무엇이며, 사람들이 존경해야*admire* 할 무엇이다. 사유의 출발점인 경이는 곤혹이나 경악 또는 당혹이 아니라 *경외admiring* wonder다. 우리가 호기심을 갖는 것은 말로 표출되는 경외, 즉 하늘의 전령이며 무지개의 신인 이리스의 선물을 통해 확인되고 인정된다. 따라서 말은 찬양의 형태를 띤다. 이러한 찬양은 각별히 굉장한 현상이나 세계 속에 존재하는 모든 사물을 찬미하는 것이 아니라, 현상세계 속에 숨겨져 있어 보이지 않지만 그럼에도 불구하고 현상세계가 언뜻 보여주는 조화로운 질서를 찬미하는 것이다. 아낙사고라스의 말에 따르면, "현상은 노출되지 않는 것을 순간 드러내기 때문이다*opsis gar tōn adēlōn ta phainomena*."[50] 철학은 우주의 비가시적인 조화로운 질서에 대한 자각으로 시작되며, 이 질서는 가시적인 것들이 마치 투명하기라도 한 듯이 친숙하게 드러나는 것들 가운데에서 명료해진다. 철학자는 비가시적 조화에 경탄한다. 헤라클레이토스는 "비가시적인 조화가 가시적인 것보다 훨씬 훌륭하다*harmonie aphanēs phanerēs kreittōn*"[51]고 지적했다. 현상 가운데 있는 비가시적인 것을 표현하는 다른 하나는 자연*physis*이다. 그리스인들에 따르면, 자연은 인위적이지도 않고 신성한 제작자가

---

50   B21a.

51   B54.

창조하지도 않고 스스로 존재했던 모든 사물의 총체였다. 헤라클레이토스는 "자신을 은폐하고 싶어 하는 것",[52] 즉 현상 이면에 존재하는 것을 자연이라고 말했다.

플라톤 자신은 경외가 무엇으로 향하는가에 대해 상세하게 설명하지 않았다. 그는 이 최초의 경이가 나와 나 자신 사이의 소리 없는 대화, 즉 사유로 어떻게 변화되는가를 말하지 않았다. 따라서 나는 설명을 통해 헤라클레이토스의 입장을 소개하고 있다. 헤라클레이토스의 경우, 로고스의 의미는 적어도 다음과 같은 맥락에서 제시된다. "델포이 신탁의 주인이며", 첨언하자면 시인들의 신인 아폴론은 "큰 소리로 밝히거나 은폐하지 않고 암시한다*oute legei oute kryptei alla sēmainei*."[53] 즉 그는 단순한 암시(하이데거의 번역에서는 신이 신호를 하다*winkt*)를 이해한 사람들만이 이해할 수 있도록 무엇인가를 희미하게 암시한다. 또 다른 단편은 훨씬 감질나게 암시적이다. "훌륭하지 못한 목격자들은 야만적인 영혼을 가지고 있다고 하더라도, 즉 로고스 ― 그리스인들에게 로고스는 단순한 말이 아니라, 자신들과 야만인들을 구분해주는 조리 있는 주장을 의미한다 ― 를 지니고 있지 못하더라도, 사람들에게 눈이고 귀다."[54] 간단히 말해, 경이는 소리 없는 대화로 진행되는 사유로 이어진다. 외관에 드러나는 비가시적인 것에 대한 경이의 경험은 대화를 통해 보완되어왔다. 이 대화는 동시에 오류와 환상을 추방할 정도로 아주 강력하다. 그런데 가시적인 것을 감각하는 기관인 눈과 귀의 도움을 받지 못하면 사유는 오류와 환상에 영향을 받게 된다.

이러한 관점에서 볼 때, 철학자에게 나타나는 경이는 분명히 어느 특정한 것에 결코 연관되지 않고 항상 전체에 의해 촉발된다. 이 전체는 실

---

52   B123.

53   B93.

54   B107.

체 전체와는 대조적으로 결코 노출되지 않는다. 헤라클레이토스의 조화는
대립물의 공명, 즉 어느 특정한 소리의 속성이 결코 될 수 없는 결과를 통해
서 발생한다. 사람들이 "제우스의 이름으로 명명할 수도 있고 그렇게 하지
않을 수도 있는"[55] 지혜sophon가 "다른 모든 사물과 분리되는kechōrismenon 것
과 같이"[56] 이 조화는 어떤 면에서는 조화를 만들어내는 소리와 분리된다.
피타고라스 우화의 관점에서 볼 때, 조화란 세상사game of the world의 아름
다움이며, 공동으로 작동하는 특수한 사물들 전체의 의미와 유의미함이다.
이와 같이, 조화란 주시하는 사람에게만 드러난다. 특수한 사례나 결과는
주시하는 사람의 정신에서 눈에 보이지 않게 결합된다.

　　파르메니데스 이후 나타나는 모든 것에 잠재적으로 노출되는 이 비
가시적이고 지각할 수 없는 전체를 표현하는 주요 단어는 지금까지 우리의
어휘에서 외견상 가장 공허하고 일반적이며 의미 없는 것 같은 용어인 **존재**
다. '콜리지는 그리스 철학에서 존재를 처음으로 발견한 이후 수천 년 후에
현상세계에서 **존재**가 완전히 드러난다는 것을 알려고 갑자기 돌아본 사람
에게 일어난 일을 매우 정확하게 기술했다. 콜리지의 다음과 같은 구절은
비교적 근대의 색채를 띤다. 따라서 그리스 시대의 어느 원전보다도 개인
적이고 주관적인 정서를 더 강조하는데, 바로 그러한 이유 때문에 심리학
의 세례를 받은 우리에게는 좀 더 설득력 있게 들릴 것이다.

　　당신은 현존재existence 자체를 한낱 존재하는 작용으로서 고려하도록 당신
　　의 정신을 계속 부추기는가? 당신은 그래! 그 순간 그것이 당신 앞의 사람
　　인지, 아니면 꽃인지, 아니면 모래알인지 — 간단히 말해, 존재의 이러저러
　　한 특별한 양태나 형태를 고려하지 않은 채 — 에 대해 무관심했다고 당신

55　　B32.
56　　B108.

자신에게 사려 깊게 말했는가? 당신이 여기에 도달했다면, 당신은 경외와
경이 속에서 당신의 마음을 사로잡았음에 틀림없는 신비의 현전을 느끼게
될 것이다. 바로 이러한 말들 — 아무것도 없다네! 아니면 아무것도 없던 시
간이 있었다네! — 은 자기모순적이다. 이러한 명제는 마치 자체의 영구성
이란 명분으로 사실에 반대되는 증거를 가지고 있는 듯이, 완벽하고 순간적
인 빛으로 이러한 명제를 반박하는 것이 우리의 내부에 존재한다.

따라서 존재하지 않는 것은 불가능하며, 존재하는 것은 포괄될 수 없다. 당
신이 절대적 존재에 대한 이러한 직관을 통달한다면, 당신은 일찍이 일종의
성스러운 공포로 더 고결한 사람들, 즉 선택된 사람들을 사로잡았던 것이
다른 것이 아니라 이것이라는 것을 또한 알게 될 것이다. 형언할 수 없을 정
도로 위대한 것을 그들 마음속에서 느끼도록 그들을 처음으로 고무했던 것
은, 그들 자신의 개별적인 본성이 아니라 이것이었다.[57]

　　1929년 하이데거는 '형이상학이란 무엇인가?'라는 제목의 강의에
서 "왜 어떤 것은 전적으로 존재하지만 무無는 존재하지 않는가?"라는 명
제로 결론짓고 있는데, 그는 이것을 "형이상학의 근본 질문"이라고 규정했
다. 철학자에게 준 최초의 충격인 플라톤의 경이는 우리 시대에 이렇게 되
살아났다.[58]

　　근대의 관점에서 철학자의 충격을 표현하는 질문은 하이데거 이전
에도 제기되었다. 그러한 질문은 라이프니츠의 《자연과 은총의 원리Principes
de la nature et de la grâce》에 나타난다. "무슨 까닭으로 무는 존재하지 않고 오히
려 어떤 것은 존재하는가? 무는 그 어떤 것보다 단순하고 용이하다Pourquoi

57　　The Friend, III, 192. 리드Herbert Read가 《비평가로서의 콜리지Coleridge as Critic》(London,
　　　1949), p. 30에서 인용했다.

58　　Wegmarken, 서론 p. 19와 에필로그 p. 210 두 군데의 설명과 더불어 이러한 지적을 했다.

il y a plutôt quelque chose que rien? le rien est plus simple et plus facile que quelque chose."[59] 따

라서 이 어떤 것은 그의 존재를 위해 충분한 동인을 가져야 하며, 이 동인

은 또한 다른 어떤 것에 의해 형성되어야 한다. 사람들은 이러한 일련의 사

유를 추적할 때 궁극적으로 그 자체의 동인*causa sui*인 어떤 것에 도달하는데,

라이프니츠는 '신'으로 명명된 궁극적 동인에 도달했다. 우리는 이미 아리

스토텔레스의 "부동의 원동자", 즉 철학자들의 신에서 그 대답을 발견했

다. 물론 칸트는 이러한 신에 치명적 타격을 가했다. 우리는 이 주제에 관한

칸트의 언급에서 플라톤이 오직 암시한 것을 명백하게 인식할 수 있다. "우

리의 인과론적 사유가 모든 사물의 마지막 담지자로서 반드시 요구하는 영

원하고 '절대적인 필연성'은 인간의 이성에는 귀중한 심연이다. … 우리는

다음과 같은 생각을 배제할 수 없으며, 역시 이를 유지할 수도 없다. 우리

가 있을 수 있는 모든 존재자들 가운데 최상의 존재자라고 생각하는 존재자

는 사실상 마음속으로 다음과 같이 말한다. '나는 영원에서 영원까지 존재

하며, 나의 외부에는 내 의지를 통해 존재하는 것을 제외하고는 아무것도

없다. 그렇다면 *나는 어디에서 왔는가?*' 여기에서 모든 옹호론은 우리를 실

망시킨다. 그리고 가장 완벽하지 못한 것과 마찬가지로 최고로 완벽한 것

도 단순한 사변적 이성에는 실체적이지 않고 근거가 없다. 사변적 이성은

이것이든 저것이든 유지하려고 결코 노력하지 않으며, 이들을 완전히 소멸

케 하는 것에 실제로 상실감을 느끼지 않는다."[60] 여기에서 특별히 근대적

인 것으로서 우리에게 충격을 주는 것을 지적하자면, 무는 상상하거나 사

유할 수 없다는 파르메니데스의 초기 통찰을 다시 언급하는 과정에서 강조

점은 사실상 무에서 **존재**로 옮겨졌다는 점이다. 칸트는 무의 심연은 생각할

---

59   1714. no. 7. 이 내용의 출처는 다음과 같다. Leibniz, *Philosophical Essays*, "Principle of
Nature and Grace Based on Reason."(옮긴이)

60   *Critique of Pure Reason*, B641.

수 없기에 있지 않다고 어디에서도 말하지 않았다. 그리고 그는 독단으로 인한 수면 상태로부터 그를 일깨워주는 이성의 역설이 그를 사유하게 했다고 말할지라도 이 심연의 경험 — 플라톤의 경이와 반대되는 측면 — 이 그렇게 했다고는 말한 적이 없다.

셸링은 칸트의 말을 명확하게 인용했다. 그는 모든 사유의 '궁극적 질문' — 왜 무는 존재하지 않고 어떤 것은 전적으로 존재하는가? — 에 대한 자신의 반복적인 주장을 라이프니츠가 훨씬 무심히 한 말보다 오히려 칸트의 문장에서 도출했다.[61] 셸링은 이 질문을 "가장 절망적인 질문"이라고 규정했다.[62] 사유 자체에서 발생하는 완전한 절망에 대한 이러한 인용은 셸링의 후기 저서들에 나타난다. 이 주장은 매우 중요하다. 왜냐하면 셸링은 일찍이 젊은 시절에 이러한 생각으로 괴로웠기 때문이다. 당시 그는 '우리 영혼의 본질'인 '절대적 긍정'을 배제할 필요가 없듯이 무를 배제할 필요도 없다는 것을 여전히 믿었다. 이러한 긍정 덕택에 "우리는 비존재가 영원히 불가능하다는, 즉 인식할 수도 없고 이해할 수도 없다는 것을 인정한다." 그리고 청년 셸링은 다음과 같이 언급한다. 심연의 언저리에서 현기증에 시달리는 지성이 제기하는 근원적인 질문 — 왜 무는 존재하지 않고 어떤 것은 전적으로 존재하는가? — 은 "**존재가 필연적이라는 통찰**, 즉 인식에서 존재의 절대적 긍정"에 의해 영원히 부각되지 못한다.[63]

셸링이 "신의 이념의 절대적 규정"만이 절대적 긍정을 보장할 수 있다고 생각하지 않았다면, 이 모든 것은 파르메니데스의 입장으로 단순히 복귀한다고 암시했을 것이다. 셸링에 따르면, 신의 절대적 긍정은 무의 절대적 부정이다. "이성이 **전체**를 긍정한다는 것이나 신이 영구적이라는 것

61   *Werke*, 6. Ergänzungsband, ed. M. Schröter, München, 1954, p. 242.

62   *Ibid.*, p. 7.

63   유고로 출판된 다음 문헌을 참조할 것. *System der gesammten Philosophie of 1804*, in *Sämtliche Werke*, Abt. I, Stuttgart and Augsburg, 1860, vol. VI, p. 155.

이 확실하듯이, 이성은 무를 영원히 부정한다거나 무가 아무것도 아니라는 사실도 확실히다." 따라서 "*'왜 무는 존재하지 않고 어떤 것은 전적.으로 존재하는가?'*라는 질문에 전적으로 타당한 답변을 한다면, 그것은 어떤 것이 아니라 전체All 또는 신God이다."[64] 신의 이념에 지원을 받지 않는 이성은 "자체의 순전한 본성"에 따라 영원한 본질을 '규정할' 수 있다. 그러나 바로 이러한 규정이 이성의 본질에 속한다는 생각과 마주치게 될 때, 이성은 사실상 "벼락에 맞은 듯이*quasi attonita* 마비된 채로 움직일 수 없는" 상태가 된다.[65] 언어 능력과 아울러 논리 정연한 주장이나 합당한 응답 능력을 가져다준 **이리스**와 같은 전령은 철학적 충격을 동반하지 않는다. 그리고 플라톤의 경이에서 존경의 요소에 명백히 해당하는 **존재**의 긍정은 무의 심연에 대한 무언중의 현기증 나는 순간적인 시선으로부터 인간의 이성을 구원하기 위해 창조주인 신에 대한 믿음을 필요로 한다.

일단 이러한 믿음을 단호하게 거부하고 인간의 이성만을 사유 능력으로 상정한다면, 우리는 사르트르의《구토*Nausea*》[66] ─ 그의 철학적 저작 가운데 단연 가장 중요한 저작 ─ 에서 사유의 '근원적인 질문'이 어떻게 되는가를 발견할 수 있다. 이 소설의 주인공은 밤나무의 뿌리를 주시하면서 "'존재한다는 것'이 무엇을 의미하는지, 즉 존재가 자신을 항상 은폐한다는 사실을 자각하며 갑자기 압도된다. 존재는 우리 주위에 있으며, 우리 내부에 있고, 그것은 우리이며, 우리는 존재에 대해 말하지 않고는 두 마디도 말할 수 없으나, 그것을 결코 만질 수 없다." 그러나 "존재는 갑자기 자신을 노출한다. 그것은 추상적 범주에 속하는 자기의 모습을 잃었다. 그것

---

64   *Sämtliche Werke*, Abt. I, vol. VII, p. 174.

65   *Ibid.*, Abt. II, vol. III, p. 163. Karl Jaspers, *Schelling*, München, 1955, pp. 124~130의 내용과 비교할 것.

66   아렌트는 사르트르의《구토》후반부 〈저녁 6시〉에 언급된 내용에서 사르트르의 존재에 대한 입장을 밝히고 있다.(옮긴이)

은 사물들의 뒤범벅이었으며 ⋯ 오히려 뿌리, 정원 문, 의자, 드문드문난 잔디, 사라졌던 모든 것이었다. 사물들의 다양성과 개체성은 단지 현상, 허식이었다." 사르트르가 설정한 영웅의 반발은 존경도 아니고 경이는 더 더욱 아니며, 단지 실존이 지니는 모호함에 대한 혐오, 즉 사실적으로 주어진 것이 드러난 채 거기에 있음에 대한 혐오다. 그런데 어떠한 사유도 실제로 그것을 해명하고 투명하게 밝히는 것은 물론이고 그것에 도달하는 데도 성공하지 못했다. "당신은 어떻게 해서 무가 아니고 세계가 존재하게 되었는가를 의심할 수도 없었다." 이제 모든 놀람은 소멸되었기 때문에, 무런 '생각할 수 없는' 것인데, 이것이야말로 **존재**의 스캔들이 아닐 수 없었다. 그것 이전에 아무것도 없었다. 무 ⋯ 이것이 나를 괴롭혔다. 물론 이렇게 넘쳐나는 미숙하고 어리석은 생각이 존재하는 데는 아무런 *이유가 없었다. 그러나 그것이 존재하지 않았다는 것은 불가능한 일이었다. 무란 생각할 수 없다. 당신이 무를 상상하기 위해서는 이미 거기에 존재해야 했으며, 세계 한복판에 살면서 눈을 크게 뜬 채 있어야 했다.* ⋯ 나는 이해하는 방법을 모른다는 사실이 지루하게 여겨졌다. 아무런 방법이 없다. 그러나 방법은 기다리면서 무를 주시하는 것이었다. 완전히 무의미한 이 타자성은 영웅을 크게 소리치게 했다. "오물! 썩은 오물! ⋯ 그러나 그것은 꿋꿋이 유지되고 있으며, 아주 많은 존재가 무한히 있었다."[67]

　　존재로부터 무로의 이러한 점진적인 이동은 경이나 당혹의 소멸이 아니라 사유 속에서 긍정하려는 의지와 존경의 소멸로 유발되었다. 이 과정에서 철학의 종말, 적어도 플라톤이 출발점을 마련했던 철학의 종말을 찾는 것은 매우 흥미롭다. 분명히, 우리는 존경에서 부정으로의 전환에 대해 쉽게 이해할 수 있다. 어떠한 구체적인 사건이나 사유도 이러한 전환을 유발하기 때문에 우리가 그러한 전환을 쉽게 이해할 수 있는 것은 아니다.

67　　Paris, 1958, pp. 161~171.

칸트가 이미 지적했듯이, 사변적 이성 자체가 문제의 어느 측면에 시선을 돌렸을 때 '상실'과 획득을 자각하지 못하기 때문에, 우리는 그러한 전환을 쉽게 이해할 수 있다. 이러한 이유 때문에 사유한다는 것이 '그렇다'라고 말하는 것을 의미하며 순수한 존재의 사실성을 인정하는 것을 의미한다는 견해는 역시 근대철학사에서 다양한 형태로 발견된다. 우리는 이러한 견해를 스피노자의 다음과 같은 묵시적 동의에서 뚜렷하게 발견한다. 즉 과정 속에서 있는 것은 모두 움직이며, "큰 물고기는 작은 물고기를" 영원히 "잡아먹는다."[68] 이러한 견해는 칸트의《비판》이전의 저작들에 나타난다. 그는 이 저작들에서 "아무것도 존재하지 않는다는 것이 가능한가?"라는 질문을 제기해야 한다고 형이상학자에게 말한다. 이러한 질문은 "존재를 전혀 전제하지 않는다면 사유할 어떤 것도 없을 것이다"라는 결론으로 이어진다. 이는 "절대적으로 필연적인 존재자라는 개념"으로 이어지는 사유다.[69] 그런데 칸트는 비판 시기에는 이러한 결론을 거의 인정하지 않으려 했다.[70] 칸트가 좀 일찍이 '최대한 가능한 세계' 속에서의 삶에 대해 지적한 언급은 더 흥미롭다. 그는 '옛날의'[71] 위안이 되는 사유, 즉 "전체가 최고이며, 모든 것은 전체 자체를 위해 바람직하다"는 주장을 반복하고 있으나, 형이상학이

68 스피노자가《신학정치론Tractatus Theologico-Politicus》제16장 서두에서 밝힌 내용이다. "나는 자연권과 자연의 확립된 실제를 각 개인이 지닌 자연의 규칙이라고 생각한다. 그것은 우리가 존재와 각 사물의 행태를 지배하는 것으로 생각하는 규칙이다. 예컨대 물고기는 자체의 자연 때문에 수영하고, 큰 물고기가 작은 물고기를 잡아먹는다. 이렇듯 물고기는 수영할 최고의 권리를 가지고 있다. 그리고 큰 물고기는 작은 물고기를 잡아먹을 최고의 자연권을 가지고 있다."(옮긴이)

69 다음 문헌을 참조할 것. Über die Deutlichkeit der Grundsätze der natürlichen Theologie und der Moral", 1764, 4th Consideration, no. 1, Werke, vol. I, pp. 768~769.

70 칸트는《순수이성비판》A603/B631~A614/B642, 즉 제3장〈순수이성의 이상〉제5절 '신의 현존에 대한 우주론적 증명의 불가능성에 대하여'에서 우주론적 증명을 세 개의 주요 단계로 구성한다.(옮긴이)

71 전통 종교를 믿던 시대를 말한다.(옮긴이)

고대에서 차지했던 위상*topos*에 대해 확신하지는 않는 듯하다. 왜냐하면 그
는 갑자기 "나는 모든 피조물에게 외친다. … 우리가 존재한다는 것을 축하
하자!*Ich rufe allem Geschöpfe zu … Heil uns, wir sind!*"라고 중간에 삽입했기 때문이
다.[72]

　　이러한 긍정, 즉 사유와 실재를 조화시킬 필요성은 헤겔 저작에서
주요 동기들 가운데 하나다. 이것은 니체의 "운명 사랑*amor fati*"과 "영원회
귀" 개념 — "가장 비중 있는 것"이기 때문에 "도달될 수 있는 최상의 긍정
형태"[73] — 에 활기를 불어넣는다.

　　　　한 악마가 당신에게 다음과 같이 말한다면, "당신이 현재 이러한 삶을 영위
　　　　할 때, 당신은 … 셀 수 없을 만큼 … 영위해야 할 것이다. 그리고 그 삶에는
　　　　새로운 것이 없을 것이며, 모든 고통과 환희, 그리고 모든 사유나 한숨은 당
　　　　신에게로 되돌아와야 한다. 동일한 계기와 연속 속에서 모든 것 … 실존의
　　　　영구적인 모래시계는 반복해서 똑바로 세워지고, 그것을 지니고 있는 당신
　　　　은 먼지가루다." 당신은 그렇게 말하는 악마를 넘어뜨리고 저주하지 않겠
　　　　는가? 아니면 당신은 그에게 다음과 같이 답변하고자 했던 중대한 계기를
　　　　한번 경험했을 것이다. "당신은 신이고, 나는 결코 훨씬 신적인 어떤 것도
　　　　듣지 못했다." … 당신은 이 궁극적인 영구적 확신과 봉인을 *훨씬 열렬하게*
　　　　열망하기 위해 당신 자신과 삶에 얼마나 호의를 가졌는가.[74]

　　이 구절들의 핵심은 니체의 영원회귀라는 개념이 우리의 사변을 규
제한다는 칸트적 의미의 '이념'도 아니고, '이론'과 같은 어떤 것, 말하자면

72　　"Über den Optimismus", *Werke*, vol. I, p. 594.

73　　*Ecce Homo*, "Thus Spoke Zarathustra", I.

74　　*The Gay Science*, bk. IV, no. 341.

순환운동을 내포한 고대 시간 개념으로의 후퇴도 아니라는 점이다. 영원회
귀란 실제로 한낱 사유, 보다 정확히 말하면 사유실험이다. 영원회귀의 날
카로움은 **존재**에 대한 사유와 무에 대한 사유를 결합하는 친근한 연결고리
에 나타난다. 여기에서 확증의 필요성은 특수한 존재자들의 무한한 다양성
을 결합하는 비가시적인 조화와 미에 대한 그리스인의 존경에서 발생하는
것이 아니라, 어느 누구도 무를 생각하지 않고 **존재**를 생각할 수 없다는, 즉
무용, 공허, 무의미함을 생각하지 않고 **의미**를 생각할 수 없다는 단순한 사
실에서 발생한다.

    존재에 대한 원초적 확증이 없을 경우 사유할 어떤 것도, 그리고 사
유할 어느 누구도 존재하지 않는다는 오래된 주장은 이러한 당혹감에서 벗
어나는 길을 암시하는 것 같다. 달리 표현하면, 어떤 사유든 그 사유 활동은
이미 존재를 전제한다. 그러나 이런 단순한 논리적 해결책은 항상 위험하
다. '진리란 없다'라는 견해를 고수하는 사람은 자신이 이 명제가 자기기만
적이라는 것을 지적하는 것인지 결코 확신하지 못할 것이다. 우리는 이러
한 당혹감의 실존적인 순수논리적 해결책을 하이데거에서 발견할 수 있다.
앞에서 고찰했듯이, 하이데거는 '왜 무는 존재하지 않고 오히려 어떤 것은
존재하는가?'라는 질문을 반복하는 과정에서 고대 플라톤의 경이와 같은
것을 환기했다. 하이데거에 따르면, *사유와 감사*感謝는 본질적으로 동일하
다.[75] 이 용어들은 동일한 어의론의 뿌리에서 유래한다. 이것은 분명히 논
의된 어떠한 대답보다도 플라톤의 경외에 더 근접한다. 그 난점은 어의론

---

[75] 하이데거, 《사유란 무엇인가》 제2부 III. 하이데거는 여기에서 "무엇이 우리로 하여금 사유
     하도록 우리에게 명하는가?"라는 물음을 제기하고, "'사유*Denken*', '사유된 것*Gedachtes*', '사
     상*Gedanke*' 등의 말들로 무엇이 호명되고 있는가?"를 질문한다. 이에 따라 "우리는 '사유',
     '게당크*Gedanc*', '기억*Gedächtnis*', '감사*Dank*' 등의 시원적으로 이해되는 말들로부터 … '사
     유'라는 말이 우리에게 언명해주는 것을 자유롭게 논의한다." "모든 감사는 처음부터 끝까
     지 사유의 본질 영역에 속한다."(옮긴이)

의 파생과 논쟁적 증명의 결여에 있는 것이 아니다. 그것은 플라톤에 내재된 오랜 난점이다. 플라톤 자신은《파르메니데스》에서 논의된 이 문제를 잘 이해했던 것 같다.[76]

철학의 출발점으로 상정되는 경외는 부조화, 추악성, 그리고 마지막으로 악의 사실적 존재를 위한 자리를 남기지 않는다. 플라톤의 어떤 대화편도 악에 관한 문제를 다루지 않는다. 그는《파르메니데스》에서만 비열한 것들과 추한 행적의 부정할 수 없는 존재가 그의 이데아론에 영향을 미칠 수밖에 없다는 결론들에 관심을 보인다. 나타나는 것들은 모두 정신의 눈에만 보이는 **이데아**를 부분적으로 공유하고, 인간사의 동굴, 즉 일상적인 감각지각의 세계에서 정신의 눈이 소유할 수 있는 모든 실재를 이 **형상**으로부터 찾아낸다면, 경탄할 만한 것을 제외하고 온전히 나타나기만 하는 모든 것은 이 세계에서 자신의 현존을 분명하게 해주는 초감각적인 실체 덕택에 현상성을 갖게 된다. 그래서 파르메니데스는 어느 누구의 마음에서도 결코 감탄을 불러일으키지 못하는 "머리카락, 흙, 먼지"와 같은 "하찮고 품위 없는 것"의 경우는 어떠한가라고 질문한다. 소크라테스를 통해 언급하고 있는 플라톤은 악과 추함에 대한 이후의 공통된 정당화를 사람들의 제한된 시각에만 악하고 추하게 나타나는 전체의 필요한 부분들로 이용하지 않았다. 대신에 소크라테스는 이념의 근원을 그러한 것들 — "이 경우에 … 사물들은 우리가 본 것들이다" — 에 귀속시키는 것이 정말 어리석다고 반문했으며, "끝없는 무식의 함정으로 빠진다는 두려움 때문에" 이 시점에서 중단하는 것이 낫다고 제안한다. (그러나 대화 속에서 노인인 파르메니

---

76   《파르메니데스》132a~132d에서 사유로서 형상 문제를 놓고 파르메니데스와 소크라테
      스가 대화를 나눈다. "각각의 사유는 하나이지만 무에 대한 사유인가요?" "그건 불가능해
      요." "그렇다면 무엇에 대한 사유인가요." "네." "존재하는 무엇인가에 대한 사유인가요,
      아니면 존재하지 않은 무에 대한 사유인가요?" "존재하는 무엇인가에 대한 사유입니다."
      (옮긴이)

데스는 다음과 같이 지적한다. "그것은 … 소크라테스 당신이 아직 젊기 때문이며, 철학은 언젠가 그러리라고 내가 믿고 있는 깃같이 획고하게 당신을 붙들지 못한 것이오. 따라서 당신은 이러한 것들 가운데 어떠한 것도 멸시하지 않을 것이나, 현재 당신의 젊음은 세계가 사유하려는 것에 여전히 관심을 갖게 한다오."[77] 그러나 난점은 해결되지 않았으며, 플라톤은 이 문제를 결코 다시 제기하지 않는다.) 우리는 여기에서 이데아론에 관심을 갖지 않지만, 다음과 같은 경우에만 관심을 갖는다. 사람들은 이데아론이 아름다운 것들 때문에 플라톤에게 나타났으며, '하찮고 품위 없는 대상들'에만 둘러싸여 있었다면 그에게 결코 나타나지 않았을 것임을 증명할 수 있었을 것이다.

플라톤과 파르메니데스는 신성神性 문제를 탐구하고, 솔론과 소크라테스는 인간사를 구속하고 결정하는 보이지 않는 척도를 겉으로는 훨씬 소박하게 정의하려고 한다. 물론 전자와 후자 사이에는 결정적 차이가 있다. 이러한 차이의 적절성은 사상사와 구별되는 철학사에 있어서 대단히 크다. 우리의 맥락에서 볼 때 중요한 것은 사유가 두 경우에 비가시적인 것과 연관된다는 점이다. 현상들(우리 머리 위에 있는 별들로 가득 찬 하늘이나 사람들의 행적과 운명)은 비가시적인 것을 암시하고, 비가시적인 것들은 접근하는 사람들에게만 보였던 호메로스의 신들과 마찬가지로 가시적인 세계에 현전한다.

로마인의 대답

나는 인지 활동이 아닌 사유의 기본 요소들 가운데 하나를 분리해 검토하면서 경외, 확증, 긍정과 같은 요소들을 강조해왔다. 우리는 그리스

철학 사상과 철학 시대 이전 사상에서 이러한 요소들을 아주 강력하게 마주치고 영향력 문제가 아니라 자주 반복되는 직접 경험 문제로서 이러한 요소들의 흔적을 몇 세기에 걸쳐 확인할 수 있다. 나는 지금까지 기술한 내용이 오늘날의 사유 경험에 어긋난다는 것을 전혀 확신하지 않는다. 그러나 나는 이 내용이 그 주제에 대한 오늘날의 견해에 어긋난다는 것을 확신한다.

그리스인들의 후계자였던 로마인들은 철학에 관한 공통 주장을 내세웠다. 이 공통 주장은 (베르길리우스의 저작에서 가장 순수한 형태로 나타나는) 원래 로마의 정치적인 경험을 오로지 특징직으로 지니고 있지 않고, 로마 공화정 말기의 특징을 띤다. '공적인 것res publica'은 공화정 말기에 이미 그 특성을 상실했다. 즉 공적인 것은 아우구스투스의 복구 노력 이후 황실의 사유재산으로 전락했다. 철학은 예술과 문학, 시와 역사지리학과 마찬가지로 항상 그리스 수입품이었다. 로마에서 문화는 공적인 것이 손상되지 않는 한 상당히 의심스럽게 평가받았으나, 교육자들을 위한 고귀한 취미거리나 영원한 도시(천국)의 미화 수단으로 용인되고 존중되었다. 이러한 업무는 처음에는 공화정이, 다음에는 제국이 쇠퇴하고 몰락하는 세기에만 '중대해졌다.' 철학은 그리스로부터 차용했음에도 불구하고 하나의 '학문', 즉 키케로의 의학 정신animi medicina — 그리스에서 존재했던 것과는 반대의 입장 — 으로 발전했다.[78] 철학의 유용성은 사유를 통해 세계로부터 이탈함으로써 좌절한 정신을 치유하는 방법을 인간들에게 가르치는 것이었다. 플라톤의 경외와 정반대로 거의 공식화된 것처럼 보이는 철학의 유명한 표어는 아무것에도 놀라지 않는다nil admirari였다. 즉 어느 것에도 놀라지 말라, 아무것도 경외하지 말라.[79]

---

[78] *Tusculanae Disputationes*, III, iii, 6.

[79] *Ibid.*, III, xiv, 30. Horace, *Epistolae*, I, vi, 1의 내용과 비교할 것. 플루타르코스는 《정론에 관하여De recta Ratione》 13에서 스토아적 격언을 언급하고, 그것 — 그리스어의 번역으로는 놀라지 않는 것mē thaumazein — 의 근원을 피타고라스로 귀속시킨다. 데모크리토스는 스토

그러나 우리는 매개하는 역할을 한 로마인 덕택에 어느 것으로부터도 영향을 받지 않는 철학자, 즉 현자라는 인물의 대중적 이미지를 갖게 되었다. 철학과 실재의 관계를 밝히는[80] 헤겔의 유명한 주장("미네르바의 부엉이는 땅거미가 질 때 비상한다")도 그리스보다 오히려 로마에서의 경험을 특징으로 한다. 헤겔의 경우에 미네르바의 부엉이는 사실상 플라톤이나 아리스토텔레스가 펠로폰네소스 전쟁의 재앙으로부터 벗어나 부상했다는 것을 예증했다. 플라톤이나 아리스토텔레스의 철학이 아닌 '정치'철학은 폴리스의 쇠퇴, 즉 '만년의 상태'에서 성장했다. 그리고 이러한 정치철학을 기준으로 볼 때 파스칼이 《팡세Pensées》에서 화려하게 제시한 부적절한 표현에도 진리에 대한 상당한 증거가 있다.

우리는 거대한 학문적 복장을 한 플라톤과 아리스토텔레스에 대해서 생각할 수 있을 뿐이다. 그들은 정직한 사람들이었으며, 다른 사람들처럼 친구들과 함께 웃었다. 그리고 그들은 기분을 전환하고 싶을 때 즐거움을 향유하기 위해 《법률》이나 《정치학》을 저술했다. 이들의 삶 가운데 일부는 결코 철학적이지도 않고 진지하지도 않았다. … 그들이 정치에 대해 저술했다면, 그것은 마치 정신병원을 위한 규칙을 설정하는 것과 같았다. 만약에 그들이 중대한 문제를 언급하는 모습을 보였다면, 그들은 자신들과 대화하려는 광인들이 자신들을 왕이나 황제로 생각했다는 것을 알기 때문이었다. 그들은 자신들의 광기를 가능한 한 덜 해롭게 하기 위해 자신들의 원리를 고찰했다.[81]

아적 지혜로 평정athaumastia과 두려워하지 않는 마음atbambia을 찬양한 것으로 생각되나, 기껏해야 '현자'의 평정과 두려워하지 않는 마음을 염두에 두고 있는 것 같다.

80   *Hegel's Philosophy of Right*, p. 13.

81   *L'Oeuvre de Pascal*, Pléiade ed., Bruges, 1950, 294, p. 901.

어쨌든 로마인이 헤겔과 같이 아주 형이상학적인 철학자에게 미친
심대한 영향은 최초로 출간된 그의 저서[82]에 아주 명백하게 나타난다. 그는
이 저서에서 철학과 실재의 관계를 논의한다. "통합의 힘이 인간들의 삶에
서 사라졌을 때, 대립물이 연계성과 상호의존성을 유지하는 과정에서 나타
나는 생생한 긴장을 상실하고 자동화될 때, 철학의 필요성은 발생한다. 사
유는 분열 상태에서 발생한다." 즉 철학은 조화의 필요성("철학의 필요성의
원천은 소외다Entzweiung ist der Quell des Bedüfnisses der Philosophie")에서 발생한다.
헤겔의 철학 개념에서 로마인들이 사유하는 계기는 이성의 필요성이 아니
라 경험을 통해 겪게 된 불행이었다. 즉 대단한 역사 감각을 지닌 헤겔은
《역사철학Philosophy of History》으로 출간된 후기 강의안 가운데 '**로마 세계**'에
대한 연구에서 경험적 뿌리의 전형적인 로마적 특성을 명료하게 인식했다.
"스토아사상, 에피쿠로스사상, 회의주의는 서로 대립되더라도 … 동일한
일반적 의도 — 현실세계가 제공하는 모든 사항에 대해서 관심을 갖지 않으
려는 생각 — 를 가진다."[83] 헤겔은 자신이 로마의 경험을 일반화했던 범위
를 명백히 인식하지 못했다. "**세계 역사**는 행복의 장이 아니다. 행복한 시대
란 조화의 시대이기 때문에 이러한 시대는 백지白紙 상태의 시대다."[84] 따라
서 실재가 해체되고 인간과 세계가 결과적으로 분리되는 과정에서 사유는
발생한다. 더 조화롭고 의미 있는 다른 세계의 필요성은 이러한 과정에서
발생한다.

이것은 매우 설득력 있어 보인다. 최초의 사유 충동은 견디기 어려
웠던 세계를 벗어나려는 충동과 정말로 자주 일치했음에 틀림없다. 하지
만 이러한 탈피 충동이 경외감만큼이나 시간적으로 오래되지 않았다는 것

---

82   *Differenz des Fichte'schen und Schelling'schen Systems der Philosophie*(1801), Meiner ed., 1962, p.
      12와 이후 내용.

83   Hegel, trans. Sibree, *Philosophy of History*, New York, 1956, p. 318.

84   *Ibid*., p. 26.

은 진실이 아닌 듯하다. 루크레티우스와 키케로가 본질적으로 그리스 철학
을 로마의 학문 — 다른 무엇보다도 본질적으로 실천적인 것 — 으로 변형
시킨 이후, 철학은 몇 세기에 걸쳐 쇠퇴하기 시작했다. 그런데 우리는 그 이
전에 사용된 개념어에서 그 표현을 헛되이 찾고 있다.[85] 그리고 이러한 선구
자들이 한낱 재앙의 전조 — 루크레티우스의 말에 따르면,[86] "모든 것은 점
차로 쇠퇴하여 종말에 가까워지고, 만년에 이르러 소멸된다" — 를 직면한
이후, 그러한 사유의 연쇄가 일관된 철학 체계로 발전하는 데는 수백 년이
걸렸다. 그리스 출신 노예이며, 후기 스토아학파 가운데 가장 예리한 정신
의 소유자인 에픽테토스와 더불어 그러한 상황은 발생했다. 그에 따르면,
삶을 유지하기 위해 습득해야 하는 것은 실제로 사유가 아니라 우리가 능력
의 범위 내에서 완전히 가지고 있는 유일한 것인 "상상력의 정확한 사용"이
다. 그는 여전히 현혹시킬 정도로 친숙한 그리스 어휘를 사용했다. 그러나
에픽테토스가 '의지'로 부각한 것은 아리스토텔레스가 말한 선택의 자유
*proairesis*와는 아무런 관계가 없다. 마찬가지로 그가 말하는 '추론 능력*dynamis*
logikē'은 그리스어의 '정신*nous*'이나 '말*logos*'과 전혀 무관하다. 그는 사유 능
력 자체가 "무미건조하다*akarpa*"고 규정했다.[87] 그의 경우, 철학의 주제는
인간 개개인의 삶이며, 철학이 인간에게 가르치는 것은 '삶의 기술', 즉 목
수가 견습공에게 나무를 다루는 방법을 가르치는 것과 같은 방식으로 삶을

---

85   키케로는 인간이 인류에 대해 사유하게 운명지워져 있다고 언급했다. 이어서 '그리고 모방'
        et imitandum"이라고 첨가했을 때와 같이(*De Natura Deorum*, II, xiv, 37), 그리스 철학으로부터
        의 차용이 아주 명료할 때, 이러한 변형은 특별히 두드러진다. 그런데 키케로는 이를 엄격
        한 도덕적 · 정치적 의미로 이해했으며, 몇 세기 후에 베이컨Francis Bacon이 다음과 같이 이
        해하고자 했던 것과 같이 과학적으로 이해하지 않았다. "지배되어야 할 자연을 복종시켜야
        한다. 그리고 관조 속에서 동인으로서 존재하고, 작용 속에서 규칙으로 존재하는 것 …. "
        (*Novum Organon*, Oxford ed., 1889, p. 192)

86   *De Rerum Natura*, bk. II, 1174; *On the Nature of the Universe*, Latham trans., p. 95.

87   *Discourses*, bk. I, chap. 17.

다루는 방식이다.[88] 중요한 것은 추상적인 '이론'이 아니라 이론의 원용과
적용chrēsis tōn theōrēmatōn이다. 사유하고 이해하는 것은 **행위**를 위한 단순한 예
비 작업이다. "단순한 설명 능력 — 로고스, 논증과 사유의 연쇄 자체 — 을
존중하는 것은 사람을 철학자 대신에 문법학자로 바꾸는 것과 비슷하다."[89]

달리 표현하면, 사유는 어쩌면 최상의 능력으로 여겨지는 기술적 지
식technē, 즉 일종의 특수한 기능적 자질 — 사유의 최종 산물이 당신의 삶
을 구성하는 행위이기 때문에 분명히 가장 절실히 요구되는 것 — 이 되었
다. 의도되었던 것은 이론적 삶이나 정치적 삶, 즉 어떤 특정한 활동에 헌신
하는 삶으로 이해되는 삶의 방식이 아니라, 에픽테토스가 언급한 '행위'였
다. 이 행위는 당신이 어느 누구와도 공동으로 행동하지 않는 행위이고, 당
신 자신 이외에 어떤 것도 변경시키지 않는 것으로 상정되는 행위이며, '현
자'의 무관심apatheia과 평정ataraxia, 즉 선이나 악이 자신에게 닥치더라도 모
든 것에 대응하기를 거부하는 데서만 명료화할 수 있는 행위였다. "나는 죽
어야 한다. 그러나 나는 역시 탄식하며 죽어야 하는가? 나는 구속되지 않을
수 없다. 그러나 나는 울지 않을 수 없겠는가? … 당신이 나에게 수갑을 채
우겠다고 위협한다. 인간이여, 당신은 무엇을 말하는가? 당신은 나에게 수
갑을 채울 수 없다. 당신은 내 손에 수갑을 채웠다. 당신은 나를 참수하겠다
고 위협한다. 나는 내가 참수될 수 없다고 언제 말했는가?"[90] 분명히 이러
한 것들은 사유 연습이 아니라 의지력 연습이다. "당신이 의지한 대로 사건
이 발생해야 한다고 요구하지 말고, 사건이 발생할 때 발생해야 한다는 것
이 당신의 의지가 되게 하라. 그러면 당신은 평정을 누릴 것이다"라는 문구
는 이러한 '지혜'의 본질이다. 왜냐하면 "발생한 것이 달리 존재한다는 것

88   *Ibid.*, bk. I, chap. 15.

89   *The Manual*, 49; *The Stoic and Epicurean Philosophers*, Whitney J. Oates ed., New York,
        1940, p. 482.

90   *Discourses*, bk. I, chap. 1.

은 불가능하기 때문이다."[91]

   의지 현상은 사유 능력과 완전히 다른 정신 능력인데, 앞에서 지적한 내용은 의지 현상을 다루게 될 때 우리에게 상당한 관심거리가 될 것이다. 사유 능력과 비교할 때, 의지 능력의 주요 특징은 다음과 같다. 의지는 성찰의 목소리로 말하거나 논쟁을 이용하지 않는다. 의지는 사유, 오히려 상상력을 한낱 억제하고 있을 때라도 명령만을 이용한다. 에픽테토스가 요구하는 대로 실재로부터 완전히 이탈하기 위해서는 부재하는 것을 드러나게 하는 사유 능력의 강조점이 성찰에서 상상력으로 이동하기 때문이다. 여기에서 상상력은 더 바람직한 다른 세계에 대한 유토피아적 상상을 의미하지 않는다. 오히려 실재가 완전히 사라질 정도로 사유의 원초적인 초연함을 강화하는 것이 사유의 목적이다. 사유가 부재하는 것을 드러나게 하는 정상적인 능력이라면, "인상impression을 올바로 다루는" 에픽테토스의 능력은 실제로 현존하는 것을 마법으로 쫓아버리고 부재하게 만드는 데 있다. 현상세계에 살면서도 실존적으로 여러분과 관계되는 모든 것은 여러분에게 영향을 미치는 '인상들'이다. 여러분에게 영향을 미치는 것이 존재하는가, 또는 한낱 환상인가의 문제는 여러분이 그것을 실재적인 것으로 인식할 것인지 여부에 따라 달라진다.

   철학이 정신을 완전히 의식으로 취급하는 '학문'이라고 이해하는 곳이라면 어느 곳이든지 — 그러므로 실재의 문제가 완전히 유보되고 판단이 중지될 수 있는 곳 — 우리는 사실 '초기 스토아학파'[92]의 입장과 대면하게 된다. 사유를 그 주인인 의지의 주문대로 일을 수행하는 단순한 수단으로

---

91   *The Manual*, 8, Oates ed., p. 470; *Fragments*, 8, p. 480.

92   초기 스토아학파의 대표자는 기원전 3세기경 창시자인 제논과 그의 제자 클레안테스와 크리시포스이고, 중기 스토아학파의 대표자는 파나이티오스와 포세이도니오스이다. 후기 스토아학파의 대표자는 1세기 로마제국에서 활동했던 세네카, 에픽테토스, 마르쿠스 아우렐리우스다.(옮긴이)

삼으려는 최초의 동기는 사라질 뿐이다. 우리의 맥락에서 볼 때 핵심은 실재에 대한 판단중지가 의지력의 강제력 때문이 아니라 사유의 본질 때문에 가능하다는 점이다. 사람들이 철학자들 가운데 에픽테토스를 당연히 중요하게 생각한다면, 그것은 에픽테토스가 다음과 같은 사실을 발견했기 때문이다. 그에 따르면, 의식은 정신 활동이 자신에게 복귀하는 것을 가능하게 만든다.

내가 나 자신 밖의 대상을 지각하는 동안에 보이는 대상 대신에 보는 동작, 즉 내 지각에 집중하기로 결정한다면, 그것은 내가 최초의 대상을 망각한 것과 같다. 그렇게 되면 대상은 나에게 미치는 영향력을 상실하기 때문이다. 말하자면, 나는 주체를 변경하고 있다. 즉 나는 지금 나무 대신에 지각된 나무, 즉 에픽테토스의 표현대로 '인상'을 다루고 있다. 이것은 내가 더 이상 지각된 대상, 즉 나 자신 밖의 어떤 것에 몰입하지 않는다는 장점을 가진다. 관찰된 나무는 마치 감각 대상이 아닌 것처럼 내 내부에 존재하고, 외부세계에 드러나지 않는다. 여기에서 핵심은 '관찰된 나무'가 사유-사물이 아니라 '인상'이라는 점이다. 사유에 필요한 정신의 대상을 준비하고, 항상 현상세계에서 경험을 선행적으로 전제하는 탈감각적 과정을 위해 사유 대상을 축적하는 기억을 필요로 하는 것은 부재하는 무엇이 아니다. 관찰된 나무는 완전히 감각적인 현전 상태의 나 '내부에' 있으며, 그 실재성을 상실한 나무 자체이며 이미지이지, 나무에 대한 추후 사유는 아니다. 스토아학파의 철학이 발견한 계책計策은 실재의 소유자가 실재로부터 이탈하지 않을 때라도 실재가 그 소유자에게 영향을 줄 수 없는 방식으로 정신을 이용하는 것이다. 그는 현전하며 가까이 있는 모든 것으로부터 정신적으로 이탈하는 대신에 모든 현상을 자신의 내부로 끌어들였으며, 그의 '의식'은 인상이나 이미지로 표현된 외부세계의 완전한 대체물이 된다.

의식은 이 순간에 결정적인 변화를 겪는다. 침묵을 유지하는 자기의식은 더 이상 나의 모든 행위나 사유를 동반하지 않으며, 순수한 나-인-나

I-am-I, 즉 내 정체성을 보장하지 않는다. (여기에서 기묘한 차이의 문제는 이러한 정체성의 핵심에 개입되지 않는다. 그런데 우리는 재귀성 때문에 니티니는 정신 활동의 특별한 개입, 정체성의 핵심에 대해 이후에 관심을 갖게 될 것이다.) 나는 더 이상 내 감각에 주어진 대상에 의해 흡수되지 않기 때문에, ('본질적' 구조에서 변화되지 않은 이 대상이 비록 의식 대상 — 후설은 "지향적 대상"으로 명명했다 — 으로 여전히 존재한다고 하더라도) 나 자신은 순수한 의식으로서 완전히 새로운 실체로 출현한다. 이 새로운 실체(즉 순수한 의식)는 완전 독립과 주권 상태의 현실세계에서 존재할 수 있으며, 그럼에도 현실세계, 즉 그 순수한 '본질'을 외관상 소유할 수 있고, 그 '실존적' 특성, 즉 나를 감동시키고 압박할 수 있었던 그 실재성을 상실할 수 있다. 나는 '낯선' 실재로서 원래 주어졌던 모든 것을 나 자신 속에서 발견하는 명확한 상태에서 '대자적인 나 I-for-myself(외재화된 나)'가 되어왔다. 겉보기에 안전하고 언제나 존재하는 현실 도피처를 제공하는 것은 정신이라기보다 오히려 의식이다. 이 의식은 몹시 확장되어 있다.

가장 위대한 '직업적인 사상가들' 가운데 한 사람인 헤겔이 사유하는 내 경험 위에 **세계정신**의 철학을 정립할 때까지, 실재에 대한 이러한 판단중지 — 실재를 마치 단순한 '인상'처럼 취급함으로써 실재를 제거하는 것 — 는 이들이 대단히 관심을 갖는 것들 가운데 하나로 남아 있었다. 헤겔은 의식 모형에 입각해 이 '자아'를 재해석할 때 세계가 본질적으로 오직 정신 현상인 듯이 전체 세계를 의식으로 전환했다.

철학자의 경우, 관심의 대상을 세계에서 자기로 바꿀 때 나타나는 효율성은 의문의 여지가 없다. 실존적으로 말할 경우, **존재**만이 사유 속에서 나타나며 사유와 같다는 파르메니데스의 언급은 오류다. 의지가 정신을 통제한다면 우리는 또한 비존재를 사유할 수 있다. 따라서 무가 안도감을 가져다주기 때문에, 의지가 이탈하는 위력force은 소멸시키는 힘power으로 변질되며, 무는 실재의 완전한 대체물이 된다. 물론 안도감은 비실재적이다. 그것은 단순히 심리학적이며, 고뇌와 공포의 완화다. 나는 여전히 의심하는 바이지만, 형벌 도구인 놋쇠 황소 속에서 화형을 당할 때(곤혹스러운 상황에 직면해 있을 때 — 옮긴이) 과연 누가 자신의 '인상'을 제어하는 사람으로 남아 있겠는가?

에픽테토스와 세네카는 모두 네로의 지배 아래, 즉 상당히 처절한 상황에서 살았다. 물론 에픽테토스는 세네카와 달리 거의 박해를 받지 않았다. 이들보다 백 년도 더 전인 공화정 말기에 살았던 키케로는 그리스 철학에 아주 정통했으며, 사람들이 세계로부터 벗어나 자신의 길을 찾을 수 있는 사유의 연쇄를 발견했다. 그는 에픽테토스와 같이 결코 극단적이지 않고 세심하면서도 세련되지 않은 이러한 사유가 당시에 존재했던 (그리고 항상 존재하는) 세계에서 위안과 도움을 제공할 가능성이 있다는 것을 발견했다. 이러한 사유 방법을 가르칠 수 있었던 사람들은 로마 문학계에서 높이 평가받았다. 루크레티우스는 에픽테토스 — 그는 사후 200년 이상이 지난 뒤에 결국 그에게 걸맞은 제자를 얻었다 — 를 '신과 같이 숭배받는 사람'이라고 했다. 그 이유를 들자면 "에픽테토스는 오늘날 지혜로 불리는 삶의 방식을 발명한 첫 번째 사람이며, 자신의 기술을 통해 모든 세파와 어둠으로부터 인생을 구원했다."[93] 그러나 루크레티우스는 우리의 목적을 위한 좋은 예는 아니다. 그는 '사유하기'가 아닌 '인식하기'를 주장했다. 이성을 통해 획득되는 지식은 무지를 퇴치하고 최대의 악 — 공포, 이것의 근원은 미신이다 — 을 붕괴시킬 것이다. 더 적절한 예는 키케로의 유명한 '**스키피오의 꿈**'이다.

키케로의 저서 《국가》의 마무리 장章이 실제로 얼마나 예외적이고 그곳에 소개된 생각이 로마인들에게 얼마나 생소하게 들렸는지를 알기 위해서는 그 책의 일반적인 저술 배경을 간단히 떠올릴 필요가 있다. 기원전

93　*Op. cit.*, V. 7과 이후 내용. 저자의 번역임.

마지막 세기 동안 로마는 철학에 있어서는 일종의 양부모養父母 집과 같았
다. 따라서 철학은 철저한 정치사회인 로마에서 자신이 무엇인가에 유익하
다는 것을 우선 증명해야만 했다.《투스쿨룸 대화Tusculan Disputations》에서 우
리는 키케로의 첫 번째 해답을 찾을 수 있다. 그것은 로마를 더 아름답게 하
고 더 문명화하는 문제였다. 철학은 교육받은 사람들이 공직에서 은퇴하
고 중요한 문제에 대해 걱정할 필요가 없을 때 수행해야 할 적절한 업무였
다. 철학 탐구에 관한 본질적인 것은 없었다. 그것은 신적인 것과 연관성이
없었다. 로마인들에게 정치 공동체의 건설과 보존은 신들의 활동과 유사했
다. 이것은 불멸성과 연계성을 갖지 않았다. 불멸성은 신적일 뿐만 아니라
인간적인 것이지만, 개별 인간들의 특성은 아니다. "이들에게 죽음은 필요
할 뿐만 아니라 종종 바람직하기 때문이다." 이와 반대로, 불멸성은 분명
히 인간 공동체의 잠재적 속성이었다. "공동체가 붕괴되고 소멸되면 그것
은 마치 — 작은 것과 큰 것을 비교하면 — 이 전체 세계가 소멸되고 붕괴되
는 것과 같기 때문이다."[94] 공동체의 경우에 죽음은 필요하지도 바람직하
지도 않다. "공동체는 영구적일 수 있도록 구성되어야 하기" 때문에 공동
체의 소멸은 처벌로서만 나타난다.[95] 이 모든 것은 스키피오의 꿈으로 종결
짓는 논문에 언급된다. 따라서 키케로는 이제는 낡고 실망스럽지만 분명히
그의 마음을 바꾸지 않았다. 사실상 그의《국가》자체에서도 책 말미에 소
개한 스키피오의 꿈에 대해서는 어떠한 준비도 없었다 — 물론 제5권의 다
음과 같은 애가哀歌는 제외된다. "우리는 다른 이유 때문이 아니라 우리의
사악함 때문에 말로만 공적인 것(논문의 주제, 즉 국가)을 준수하고 유지하
지만, 오래전에 국가를 상실했다."[96]

94   *De Republica*, I, 7.

95   *Ibid.*, III, 23.

96   *Ibid.*, V, 1.

그런 다음 꿈이 나타난다.[97] 카르타고 전쟁의 승리자인 스키피오 아프리카누스는 자신이 도시를 함락하기 바로 전에 꾸었던 꿈을 이야기한다. 이 꿈은 그에게 사후세계를 보여준다. 스키피오는 여기에서 선조를 만난다. 선조는 스키피오에게 카르타고를 함락하라고 말하면서, 도시 함락 후에 그가 암살되는 것을 피하려면 — 결국 그는 그렇지 못했다 — 독재관의 최고통치권을 쥠으로써 공적인 것을 부활시켜야 한다고 경고한다. (키케로는 스키피오가 국가를 구원할 수 있었을지도 모른다고 말하려 했다.) 그리고 스키피오는 직분을 충분히 수행하고 필요한 용기를 내려면 다음의 말을 참으로 생각하라*sic habeto*는 말을 들었다. 즉 "조국을 유지했던 사람들은 하늘에서 자신들의 위치를 반드시 발견하고 영원히 축복받을 것이다." "세계를 지배하는 최고의 신은 공동체라고 불리는 집회와 인간적인 상호접촉을 가장 좋아하기 때문이다. 공동체를 통치하고 보존하는 사람들은 이 세계를 떠난 후에 천국에 이른다. 지구에서 이들의 직분은 지구를 수비하는 것이다." 이것은 물론 사후의 부활이란 기독교의 약속을 함의하지는 않는다. 그리고 **'선조의'** 신성한 명령을 언급한다는 것이 로마 전통의 맥락에 여전히 속한다고 하더라도, **'선조들의 명령에'** 불길한 경고가 들린다. 즉 보상의 약속이 실현되지 않았을 경우에, 사람들은 공적인 것이 자신들에게 요구하는 것을 행하려고 하지 않을 수도 있다.

왜냐하면 스키피오의 선조는 현실세계에서의 보상이 결코 스키피오의 공적을 보상하기에는 충분하지 않다는 것을 그에게 알려주고 있기 때문이다. 그리고 보상은 필수적이다. 당신이 올바른 시각에서 보상에 대해 고찰한다면, 그 보상은 실질적이고 실재적이지 못하다. 스키피오는 높은 하

---

97   물론 플라톤의《국가》에 결론으로 언급된 에르Er의 신화를 모델로 하고 있다. 중요한 차이를 이해하기 위해서는 저명한 독일 문헌학자인 리처드 하더Richard Harder의 다음 연구를 참조할 것. "Über Ciceros somnium Scipionis." *Kleine Schriften*, München, 1960, pp. 354~395.

늘에서 지구를 내려다보라는 주문을 받았다. 그의 눈에는 지구가 너무 작게 보였다. 따라서 "그는 우리의 제국이 아주 작은 점에 불과하다는 것을 알고 괴로워했다." 그때 스키피오는 다음과 같은 선조의 말을 들었다. "이곳에서 지구가 너에게 아주 작게 보인다면, 언제나 하늘을 올려다보아라. 그러면 너는 인간사를 무시할 수도 있다."

> 당신은 사람들의 대화에서 어떠한 명예를 얻을 수 있으며, 그들 사이에서 어떠한 영광을 누릴 수 있는가? 당신은 영광이나 명예가 존재하는 영역이 얼마나 좁은가를 알지 못하는가? 그리고 현재의 우리에 대해 말하는 사람들은 얼마나 오랫동안 우리에 대해 말하겠는가? 우리가 전통을 신뢰할 이유나 미래 세대의 기억을 되살릴 이유가 있다고 하더라도, 언젠가는 자연재앙인 홍수나 화재가 있을 것이다. 따라서 우리는 영구적인 명성은커녕 장기간의 명성도 누릴 수 없다. 눈을 떠 위를 본다면, 당신은 이 모든 것이 얼마나 무용한가를 알 것이다. 명성은 결코 영구적이지 않다. 영구성의 망각이 명성을 소멸시킨다.[98]

여기에서 제시된 일련의 사유는 키케로가 학식 높은 다른 로마인들과 마찬가지로 항상 믿었으며, 또한 같은 책에서도 표현했던 자신의 사유와 상당히 모순된다. 나는 이것을 명료하게 밝힐 목적으로 이 구절의 핵심을 명백하게 제시했다. 논의의 맥락을 고려해서 나는 어떤 일련의 사유가 어떤 궁리를 통해 세계로부터 실제로 벗어나려고 하는가에 대한 한 가지 예 (아마도 지성사에 기록된 첫 번째 탁월한 예)를 *상대화*에 의거해 제안하고 싶었다. 지구는 우주와의 관계에서 작은 점일 뿐이다. 그런데 지구에서 발생한 것이 어떻다는 말인가? 시간의 무한성을 고려할 때 몇 세기는 단지 순간일

---

98   키케로, 《국가》 제6권 23.(옮긴이)

뿐이며, 망각은 결국 모든 사물과 모든 사람을 묻어버릴 것이다. 그러니 인간이 행한 것은 어떠하다는 말인가? 죽음과 관련해 모든 것은 똑같다. 특이하고 구별되는 모든 것은 그 비중을 상실한다. 키케로의 경우, 사후의 삶은 믿음의 문제가 아니라 도덕적 가정이다. 그런데 내세가 없다면, 당신이 행하거나 겪게 되는 것은 모두 문제되지 않는다. 여기에서 사유란 당신의 삶 바깥뿐만 아니라 현상세계 바깥의 관점으로 당신을 끌어올리는 일련의 추론을 따라간다는 것을 의미한다. 철학은 정치의 좌절, 더 일반적으로 표현해 삶 자체의 좌절을 보상하기 위해 요청된다.

이러한 생각은 전통의 단순한 시작이다. 이 전통은 철학적으로 에픽테토스에 이르러 정점에 도달하고, 약 500년 후인 로마제국 말기에 최고조에 달했다. 보에티우스의 《철학의 위안On the Consolation of Philosophy》은 오늘날에는 거의 읽히지 않지만, 중세를 통해 가장 많이 읽힌 책 가운데 하나다. 그는 키케로가 예감하지 못했던 극단적 상황에서 이 책을 저술했다. 로마 귀족인 보에티우스는 출세가도의 정점에서 몰락해 투옥된 채 사형 집행을 기다리고 있었다. 이러한 상황 때문에 그의 책은 오히려 이상하게도 《파이돈》에 비유되었다. 소크라테스는 변론에서 충분히 말하도록 허락받았다. 그는 재판이 끝난 이후 편안하고 고통 없는 죽음을 기다리면서 동료들 사이에 있었다. 그러나 보에티우스는 재판을 받지 못한 채 투옥되었다. 모의재판은 보에티우스가 출석하지 않은 채로 진행되었기 때문에 그는 자신을 변호할 기회를 갖지도 못하고 사형 선고를 받는다. 이후 그는 독방에서 홀로 수감되어 지루하면서도 가혹한 고문을 받으며 형 집행을 기다려야 했다. 그는 기독교인이었음에도 하느님이나 예수님으로부터도 위안을 얻지 못했다. 그는 공직에 있는 동안 플라톤과 아리스토텔레스를 연구하고 번역하는 데 자기 "나름대로의 은밀한 여유"를 누렸다. 물론 보에티우스는 키케로나 스토아학파 방식의 전형적인 사유의 연쇄로 위안을 삼았다. 그것 말고도, 스키피오의 꿈에서 존재했던 한낱 상대화(즉 계속 왜소화되었던 것 — 옮긴이)

마저도 이제 거의 소멸 상태로 변화했다. 구금 상태에 있는 당신이 관심을 가져야 할 "영원성이라는 거대한 공간"은 유한자에게 존재하는 실재를 절멸시킨다. 왜냐하면 행운의 가변적 성격은 모든 쾌락을 절멸시키기 때문이다. 공포는 모든 행복을 절멸시킨다. 당신은 행운이 제공한 것(부, 명예, 명성)을 향유할 때도 그것을 잃을까 봐 항상 두려워하기 때문이다. 당신이 무심코 존재한다고 생각하는 모든 것은, 일단 그것에 대해 다시 생각하면 존재하지 않는다. 그것은 위안의 여신인 철학이 그에게 말하는 것이다. 그리고 여기에서 키케로가 거의 다루지 않았던 악의 문제가 부상한다. 보에티우스의 경우 오히려 초보적이지만, 악과 관련된 일련의 사유는 중세 내내 훨씬 세련되고 복잡한 형태를 띠고 있었으며, 우리가 후에 발견한 모든 요소를 이미 포함했다. 이것은 다음과 같이 나타난다. 신은 존재하는 모든 것의 궁극적 동인이다. '최상의 선'인 신은 악의 동인이 될 수 없다. 존재하는 모든 것은 동인을 가져야 한다. 악에는 외양적인 동인만이 존재할 뿐 궁극적인 동인은 존재하지 않는다. 때문에 악은 존재하지 않는다. 그가 철학의 신을 통해 들은 바에 따르면, 사악한 것은 강력하지 않을 뿐만 아니라 존재하지도 않는다. 당신이 무심결에 악이라고 생각한 것은 우주의 질서 속에 존재할 여지가 있다. 그것은 존재하는 한 필연적으로 선하다. 악으로 생각한 것의 나쁜 측면들은 당신이 사유를 통해서 제거할 수 있는 감각적 환상이다. 이것은 오래된 스토아사상의 조언이다. 당신이 사유를 통해 부정하는 것 ─ 그리고 사유는 당신의 힘에 속한다 ─ 은 당신에게 영향을 미칠 수 없다. 사유는 그것을 비실재적인 것으로 만든다. 물론 우리는 에픽테토스가 오늘날 의지력이라고 부르는 것에 대해 찬미한 것을 즉시 떠올릴 수 있다. 그리고 이러한 사유의 형태에는 분명히 의지의 요소가 있다. 이러한 노선에 따라 사유한다는 것은 당신 자신에게 영향을 주는 것을 의미하며, 세계 속에서 행위하는 것이 모두 무용지물이 될 때 남게 되는 유일한 행위다.

고대 말의 이러한 사유와 관련해 매우 인상적인 것은 그것이 전적

으로 자기에 역점을 두고 있다는 점이다. 완전히 혼란스럽지는 않던 시대
에 살았던 애덤스는 이에 대해 다음과 같이 답했다. "임종은 지위의 공허함
을 보여준다고 한다. 그럴 수 있다. 그러나 … 지상에 존재하는 것들을 규제
하는 법과 정부는 죽을 때 시시하게 나타나므로 이것들은 무시되지 않겠는
가?"[99]

나는 사유의 두 가지 근원을 다루고 있다. 역사적으로 볼 때, 그 하나
는 그리스이며, 다른 하나는 로마다. 양자는 대립할 정도로 다르다. 그리스
인들이 말하는 사유의 근원은 장관壯觀에 대한 경외다. 인간은 장관 속에서
태어났으며, 이것을 인식할 만큼 정신과 육체를 아주 훌륭하게 갖추고 있
다. 로마인들이 말하는 사유의 근원은 세계 속에 내던져진다는 두려운 곤
경이다. 세계의 적대감은 대응하기 어려우며, 공포는 세계에서 두드러지
고, 그 때문에 인간은 이 세계로부터 최대한 탈피하려고 노력한다. 로마인
들의 이러한 경험이 그리스인들에게 결코 생소하지 않다는 징후는 무수히
많다. "태어나지 않은 것은 모든 로고스를 초월한다. 차선책은 지금까지 우
리가 온 곳으로 가능한 한 빨리 돌아가는 것이다"[100]라는 소포클레스의 말
은 속담을 변형한 시인의 표현이었던 것 같다. 내가 알고 있는 한, 괄목할
만한 사실은 이 분위기가 어디에서도 그리스 사상의 근원으로 언급되지 않
았다는 것이다. 이것은 어디에서도 위대한 철학을 — 우리가 위대한 사상
가들 가운데 쇼펜하우어를 고려하고 싶지 않다면 — 형성시키지 못했다는
것이다. 그리고 그리스인과 로마인의 사고방식이 전혀 다르고, 교과서적인
철학사의 주요 결점이 이렇게 명백한 차이를 완화한다고 하더라도 — 가령

---

99   "Discourses on Davila", *The Works of John Adams*, Charles Francis Adams, ed., Boston,
         1850~1856, vol. VI, p. 242.

100   *Oedipus at Colonnus*.

모든 사람이 똑같은 것을 좀 모호하게 표현한 것처럼 들릴 때까지 — 두 사고방식이 공통점을 지닌다는 것 또한 사실이다.

양자의 경우에 사유는 현상세계를 떠난다. 사유는 이탈을 함의하기 때문에 도피의 수단으로 사용될 수 있다. 게다가 사유는 이미 강조된 바와 같이 육체와 자신의 무자각을 함의하며, 우리는 다른 모든 욕구를 충족시키기 위해 무엇이나 다른 누구에 의존하기 때문에 사유는 또한 다른 모든 욕구의 충족보다 더욱 만족스러운 — 아리스토텔레스에 따르면 — 순수한 활동의 경험을 육체와 자신 속에 불어넣는다.[101] 사유는 발동을 위해 자신 이외에 아무것도 필요로 하지 않는 유일한 활동이다. "관대한 사람은 관대한 행동을 실행하기 위해 돈을 필요로 하며 … 자제심이 있는 사람은 유혹의 기회를 필요로 한다."[102] 차원이 낮든 높든 다른 모든 활동은 극복해야 할 무엇을 자체 영역 밖에 지닌다. 이것은 플루트 연주와 같은 공연 예술에도 적용되며, 생산적인 작업은 말할 필요도 없다. 이 작업은 자체를 위한 것이 아니라 결과를 위해 맡겨지며, 이러한 직분을 잘 수행함에 따른 충족인 행복은 활동 자체가 종결된 이후에 나타난다. 철학자들의 검약함은 잘 알려져 있다. 아리스토텔레스는 이 점을 다음과 같이 표현한다. "이론적 활동에 참여하는 사람은 필요한 것이 없으며 … 대부분의 것들은 이런 활동에 장애가 될 뿐이다. 그가 인간인 한에서만 … 그는 인간다운 삶anthrōpeuesthai을 위한 그러한 것들 — 신체를 갖고 있으며, 다른 사람들과 공동으로 삶을 영위하는 것 등 — 을 필요로 할 것이다." 데모크리토스는 같은 맥락에서 사유를 위한 자제를 권고한다. 사유는 로고스가 자신의 쾌락을 자신으로부터 어떻게 도출하는가를 가르친다auton ex heautou.[103]

---

101   *Politics*, 1267a12.

102   *Nicomachean Ethics*, 1178a29~30.

103   Frag. 146.

사람들은 활동의 순수한 쾌락과 연계된 사유 경험에서 신체를 의식하지 못한다. 이러한 무의식은 일정한 사유의 연쇄가 고대 말기에 사람들에게 미쳤던 완충과 위안 효과를 무엇보다 더 분명하게 할 뿐만 아니라, 육체에 대한 정신의 지배를 옹호했던 신기할 정도로 극단적인 이론들 — 공동 경험에 의해 분명히 반박되는 이론들 — 을 무엇보다 더 분명하게 설명한다. 에드워드 기번은 보에티우스에 관한 논평에서 다음과 같이 기술한다. "그렇게 명백한, 그렇게 모호한, 혹은 그렇게 난해한 위안의 원리는 인간 본성의 감정을 정복하는 데 비효율적이다." 이러한 철학의 '원리'를 정확한 사실들과 확실한 약속으로 제공하는 기독교정신의 최종적 승리는 기번이 얼마나 옳았는가를 증명한다.[104] 그는 "그러나 불행감은 사유의 노력을 통해 전환될 수도 있다"고 덧붙인다. 그는 실제로 타당한 것, 즉 육체는 '사유의 노력'이 지속된다면 공포가 사라진다고 최소한 암시했다. 사유의 내용이 공포를 극복할 수 있기 때문이 아니라, 사유 활동이 당신에게 육체를 가지고 있다는 것을 의식하지 못하게 함으로써 사소한 불편에 대한 감각을 극복할 수도 있기 때문이다. 이러한 경험의 엄청난 위력은 여느 때 같으면 오히려 생소한 역사적 사실을 다음과 같이 해명할 수도 있을 것이다. 기독교 교의는 육체에 대해 강력한 적의를 나타내는 고대의 육체-영혼 이분법을 실제로 거의 그대로 수용했다. 기독교 교의는 결국 (**말씀**이 살이 된다는) 화신化身 교의와 몸의 부활에 대한 믿음, 즉 육체-영혼 이분법의 종말과 그 해결 불가능한 수수께끼를 매혹했던 교의에 근거를 두었다.

나는 소크라테스에 관심을 갖기 전에 '철학한다'라는 용어, 즉 명사가 아닌 동사가 먼저 출현하게 된 중요한 맥락을 간략하게 언급하고자 한다.

---

104   *The Decline and Fall of the Roman Empire*, Modern Library; New York, 연대미상, vol. II, p. 471.

헤로도토스는 아테네의 법을 구성할 당시, 어느 정도는 정치적 이유로, 어
느 정도는 관광 목적으로 10년간 여행을 한 솔론에 대해 언급했다. 그는 크
로이소스가 권력의 최정점에 있던 사르디스에 도착했다. 크로이소스는 솔
론에게 자신의 모든 재산을 과시한 후에 다음과 같이 언급했다. "이방인이
여, 당신이 관찰한 광경인 당신의 인간성, 지혜, 여행 경험과 관련해 철학하
면서 지구상의 여러 지역을 방문했다는 사실에 관한 위대한 말들이 우리에
게 들리고 있다오. 그러므로 모든 사람 가운데 가장 행복한 사람이라고 생
각한 사람을 보았는지 묻고자 하오."[105] (나머지 이야기는 매우 친숙하다. 지구
상에서 가장 행복한 사람으로 명명되기를 기대하는 크로이소스는, 어느 누구든 그가
아무리 행복하다고 하더라도 죽기 이전에 행복한 사람으로 규정될 수 없다는 이야기
를 들었다.) 크로이소스는 솔론이 아주 많은 지역을 구경했기 때문이 아니
라 관찰한 것을 성찰하는, 즉 철학하는 능력 때문에 솔론에게 말을 걸고 있
다. 그리고 경험에 기반을 두기는 하지만 솔론의 대답은 분명히 경험을 초
월한다. 그는 '유한한 존재에게 행복이란 무엇인가?'라는 질문 대신, '사람
들 가운데 가장 행복한 사람이 누구인가?'라는 질문을 제기했다. 그리고 이
질문에 대한 그의 대답은 철학적 사유philosophoumenon, 즉 인간 문제anthrōpeiōn
pragmatōn와 삶의 길이에 관한 성찰이었다. 삶의 기간에서 "인간은 전적으로
우연적인 존재이기에" 하루가 "다른 날과 같지" 않다. 이러한 조건 아래에
서 "기다리고 끝을 주목하는 것"이 현명하다.[106] 왜냐하면 인간사는 이야기
이며, 모든 것이 완결된 이야기의 종말만이 그 삶이 어떠했는가를 당신에
게 말할 수 있기 때문이다. 인간의 삶은 시작과 끝이 주목받기 때문에 전체,
즉 죽음으로 삶이 끝났을 때만 판단에 영향을 받을 수 있는 실체 자체다. 죽

---

105   I, 30 ; 내가 번역한 원래 문장은 다음과 같다. *hōs philosopheōn gēn pollēn theōriēs heineken
epelēlythas*.

106   I, 32.

음은 삶을 종결시킬 뿐만 아니라 삶에 무언의 완결성을 부여한다. 이 완결
성은 인간적인 모든 것이 영향을 받는 우연적인 유동성으로부터 벗어난 상
태다. 이것은 고대 그리스와 라틴 시대 내내 경구적 표현 — 어느 누구도 죽
기 전에 행복에 대해 말할 수 없다*nemo ante mortem beatus dici potest* — 의 핵심이
되었다.[107]

솔론은 이와 같이 믿지 못할 정도로 단순한 명제들의 난해한 성격을
잘 이해했다. 헤로도토스가 언급한 이야기와 아주 잘 연결되는 토막글에서
그는 다음과 같이 말했다. "판단의 숨겨진 척도를 지각하는 것은 매우 어렵
다. 그런데도(그것이 나타나지 않는다고 하더라도) 이것은 모든 사물의 한계를
간직한다."[108] 여기에서 솔론은 소크라테스의 선구자로 보인다. 소크라테
스는 철학을 하늘에서 지상으로 끌어내리기를 원했으며, 인간 문제를 판단
하는 비가시적 척도를 검토하기 시작했다. 솔론은 '사람들 가운데 가장 행
복한 사람이 누구인가?'라는 질문을 받았을 때, 다음과 같은 질문을 제기함
으로써 대응했다. '도대체 행복이란 무엇인가?' '당신은 그것을 어떻게 측
정하는가?' 이와 같이 그는 소크라테스가 용기, 연민, 우정, 절제*sōphrosynē*,
지식, 정의 등이 무엇인가라는 질문을 했던 것과 같은 방식으로 문제를 제
기했다.

그러나 솔론은 한 가지 형태의 대답을 제시한다. 의미상으로 정확하
게 이해된 이 대답은 현대인들의 표현대로 세계관이란 의미의 완전한 철학
을 포함하고 있다. 미래의 불확실성은 인간의 삶을 고통스럽게 한다. "위험

---

107   그 말의 사유 내용은 《존재와 시간》에서 하이데거의 죽음 분석에만 완전히 설명되어 있다.
이 분석은 인간의 삶 — 사물들이 완벽하고 완성되었을 때 자신들의 세속적인 삶을 시작하
는 '사물'들과 구분된다 — 은 더 이상 존재하지 않을 때만 완성된다는 사실로부터 방법론
적 단서를 택한다. 따라서 오로지 그 자체의 죽음을 기대함으로써 그것은 전체로서 '나타나
며', 분석에 영향을 받을 수 있다.

108   *Anthologia Lyrica Graeca*, E. Diehl ed., Leipzig, 1936, frag. 16.

은 모든 작업과 행적에 내재되어 있으며, 어느 누구도 시작된 일이 어떻게
변할지 모른다. 훌륭하게 활동하는 사람은 어떤 악운이 자신에게 떨어질
것인가를 예측하지 못한다. 반면에 신은 악한에게 매사에 행운을 준다."[109]
그러므로 "어느 누구도 살아 있는 동안에는 행복하다고 할 수 없다"는 말은
실제로 "어느 누구도 행복하지 않으며, 태양이 주시하는 모든 유한한 존재
는 가엾다"는 것을 의미한다.[110] 이러한 말 자체는 소크라테스다운 말은 아
니지만, 성찰 이상의 의미를 지니며, 이미 일종의 교의에 해당한다. 이러한
질문에 직면한 소크라테스는 다음과 같은 말을 통해 완전히 엄격하게 소크
라테스다운 대화로 실제 결론지었다. "나는 그것이 실제 무엇인가를 전혀
발견하지 못했다."[111] 소크라테스다운 사유의 이러한 당혹스러운 성격은
다음과 같은 것을 의미한다. 신체의 눈을 통해 보이는 정의롭고 용기 있는
행적에 대한 경외는 '용기란 무엇인가?', '정의란 무엇인가?'와 같은 질문
을 제기하게 한다. 용기나 정의 자체는 나의 감각지각에 나타나지 않는다.
따라서 이들의 존재는 자명한 실재로서 주어지지 않는다고 하더라도 내가
본 것을 통해 나의 감각에 암시된다. '우리가 나중에 개념으로 표현되는 이
러한 말들을 사용할 때, 우리는 무엇을 *의도하는가?*'라는 소크라테스식의
근본 질문은 그러한 경험에서 발생한다. 그러나 최초의 경이는 이러한 질
문들에서 해결될 수 없을 뿐만 아니라 — 이들은 대답을 가지고 있지 않기
때문에 — 강화되기도 한다. 경이로 시작된 것은 당혹으로 끝나고, 따라서
다시 경이로 이어진다. 사람들이 정의와 용기가 무엇인지 모르고 설명할
수 없다고 할지라도, 그들이 용기 있고 정당한 행적을 수행하는 것은 얼마
나 놀라운가.

---

109   *Ibid.*, frag. 13, II. 63~70.

110   *Ibid.*, frag. 14.

111   *Charmides*, 175b.

소크라테스의 답변

무엇이 우리를 사유하게 하는가? 나는 이 질문과 관련해 직업적인 철학자들이 제시한 대표적인 대답(솔론의 경우를 제외하고)을 역사 순으로 언급했다. 이들의 답변은 바로 그러한 이유 때문에 모호하다. 전문가는 사유하는 동안 자신이 겪은 경험에서 질문을 제기하지 않는다. 이 질문은 경험과 무관하게 제기된다. 경험과 무관한 질문은 사상가로서 자신의 전문적인 관심에 의해 구성되거나 일상의 삶에서 작동되지 않는 활동을 문제 삼는 자기 내면의 공통감에 의해서 구성되기도 한다. 그리고 우리가 이때 수용하는 대답은 항상 너무 일반적이고 모호해서 일상의 삶에는 많은 의미를 제공하지 못한다. 일상의 삶이 사유 활동을 끊임없이 방해하듯이, 일상의 삶에서 부단히 일어나는 사유 활동은 또한 삶의 과정을 부단히 중단시킨다. 우리가 이러한 답변들에서 엄청나게 달라지는 교의적 내용들을 제거한다면, 우리가 얻는 모든 것은 다음과 같이 필요성에 관한 표명들이다. 즉 플라톤의 경이가 지닌 함의를 구체화할 필요성, 인식 가능한 것의 한계를 넘어서는 추론 능력의 필요성(칸트의 경우), 현존하는 것 및 세계 과정과 조화될 필요성 — 헤겔의 경우, 너 자신의 외부에서 일어나는 사건들을 너 자신의 사유로 전환시킬 수 있는 '철학의 필요성'으로 나타난다 — 또는 내가 여기에서 꽤나 일반적이고 모호하게 언급하고 있는 바와 같이 존재하거나 발생하는 모든 것의 의미를 추구할 필요성이다.

사유하는 내가 자신을 설명하는 데 이렇듯 속수무책이기 때문에, 직업적인 사상가인 철학자들은 상대하기 힘든 부류의 사람들이 되고 있다. 우리가 확인했듯이, 난처하게도 사유하는 나 — 물론 모든 사상가에게 존재하는 자기와 다르다 — 는 현상세계에 모습을 드러내려는 충동을 갖고 있지 않기 때문이다. 사유하는 나는 미꾸라지 같은 존재라서 다른 사람들의 눈에 보이지 않을 뿐만 아니라 자기에게도 형태를 드러내지 않으며 포착할 수 없는 상대다. 사유하는 나는 순수한 활동인 것이 그 일부 원인이고, 헤겔이 한때 언급했듯이 "사유하는 내가 추상적 나로서 다른 모든 속성이나 기질 등의 특수성으로부터 해방되어 모든 개개인에게 동일한 것인 일반성과 관련해서만 적극적인 것"[112]이 또한 그 일부 원인이다. 어쨌든 현상세계나 저잣거리의 관점에서 보면, 사유하는 나는 항상 눈에 띄지 않게 살아간다 *lathē biōsas*. 그리고 '무엇이 우리를 사유하게 하는가?'라는 질문은 사유하는 나를 숨은 곳에서 끌어내는, 말하자면 사유하는 나를 현시하도록 졸라대는 수단과 방법에 대해 실제로 묻고 있다.

내가 질문을 파악하기 위해 사유할 수 있는 가장 훌륭하며 사실상 유일한 방법은 한 사상가의 표본을 고찰하는 것이다. 이 표본적인 사상가는 사유와 행위를 위해 외견상 모순되는 두 가지 정념을 개인 자격으로 통합한 전문가는 아니다. 그는 자신의 사상을 적용하거나 행위의 이론적 기준을 확립하고 싶어 하는 사람이라기보다 오히려 우리 자신이 현상세계 속의 경험과 이에 대한 성찰의 필요성 사이를 끊임없이 움직이고 싶듯이 두 영역에서 동일하게 편안함을 느끼고 한 영역에서 다른 영역으로 외견상 최대한 편이하게 이동할 수 있는 사람이다. 이러한 역할을 담당하는 데 가장 적합한 사람은 자신을 소수 또는 다수로 분류하지 않고(피타고라스만큼이나 오래된 구분), 사람들의 지배자가 되려는 열망을 갖고 있지 않으며, 자신의 탁월한 지혜 덕택에 집권자들에게 조언하는 데 적임이라고 주장하지 않는 사람이다. 그러나 그는 굴종적인 지배를 용인하지 않는다. 간단히 말해, 그는 항상 다수 가운데 한 사람으로 존재했고, 저잣거리를 피하지 않았으며, 자신의 관점에서 모든 시민이 갖추어야 할 것과 권리를 제외하고는 아무것

112   Hegel's *Encyclopädie der philosophischen Wissenschaften*, Lasson ed., Leipzig, 1923, 23. "*Das Denken ... sich als abstraktes Ich als von aller Partikularität sonstiger Eigenschaften, Zustände, usf. befreites verhält und nur das Allgemeine tut, in welchem es mit allen Individuen identisch ist.*"

도 주장하지 않는 시민들 가운데 한 사람이었던 사상가다. 이러한 사람을 찾기란 어렵다. 그가 우리를 위해 실제적인 사유 활동을 대변할 수 있다면, 그는 교의 체계를 후세에 남기지 않았을 것이다. 그가 사유하는 것을 끝낸 후에 흑백을 명백히 구분할 수 있을 만큼 충분히 가시적인 어떤 잔재가 존재한다고 하더라도, 그는 자신의 사상을 기록하는 데 관심을 갖지 않았을 것이다. 여러분은 내가 소크라테스를 염두에 두고 있다고 짐작할 것이다. 소크라테스가 플라톤에게 그렇게 엄청나게 영향을 미치지 않았다면, 우리는 우리에게 감명을 주기에 결코 충분하지 않은 그에 대해 많은 것을 알지 못했을 것이다. 그리고 그가 특정한 신념이나 교의를 위해서가 아니라, 다른 사람들의 의견을 계속 검토하고 그들에 대해 사유하며 그의 대화자들에게 같은 것을 행하라고 요청하는 권리를 위해서 자신의 목숨을 포기하기로 결정하지 않았다면, 우리는 그에 대해 어떠한 것도 알지 못했을 뿐만 아니라 심지어 플라톤으로부터도 그러했을 것이다.

나는 여러분이 내가 소크라테스를 임의로 선정했다고 믿지 않기를 바란다. 그러나 나는 다음과 같이 예고하려고 한다. 역사적인 인물인 소크라테스에 대한 논쟁은 수없이 많다. 물론 이것은 학구적인 논쟁의 훨씬 매력적인 주제 가운데 하나다. 그러나 나는 이러한 논쟁을 무시할 것이고,[113] 내친김에 논쟁의 주요 뼈대가 될 성싶은 것 — 진정 소크라테스다운 것과 플라톤이 가르친 철학 사이에 뚜렷한 구분점이 존재한다는 나의 신념 — 만을 언급할 것이다. 다음과 같은 사실은 여기에서 고민거리다. 즉 플라톤은 명백한 '소크라테스' 초기 대화편에서뿐만 아니라 자신이 소크라테스를 전

종종 배웠던 문헌을 검토하는 과정에서, 이 모든 박식함이 인간을 이해하는 데 기여하지 못한다는 사실에 놀라게 된다. 내가 노정할 수 있었던 유일한 예외는 고전주의자이며 철학자인 그레고리 블래스토스Gregory Vlastos의 견해를 반영한 프로필, 즉 '소크라테스의 역설'이다. 그가 세심하게 선정한 저서의 서문을 참조할 것. *The Philosophy of Socrates: A Collection of Critical Essays*, Anchor Books, New York, 1971.

혀 소크라테스답지 않은 이론과 교의의 대변자로 삼았던 후기 대화편에서
도 소크라테스를 최고 철학사로 내우했다. 플라톤은 그러한 차이점을 많은
경우를 들어, 예컨대《향연》가운데 디오티마의 유명한 이야기에서 부각했
다. 이 이야기는 소크라테스가 "훨씬 심오한 비결"[114]에 대해 어떠한 것도
알지 못하며, 그것들에 대해 이해할 수도 없다고 우리에게 분명히 밝히고
있다. 그러나 다른 경우들에서는 그러한 구분이 모호해진다. 왜냐하면 플
라톤은 여러 가지 엄청난 모순된 주장들 — 한 번 나타나는 표현이지만, 소
크라테스답지 않은 진술, 즉 "위대한 철학자들은 … 젊은 시절부터 저잣거
리에 가는 길을 결코 알지 못했다"[115]고《테아이테토스Theaetetus》에서 소크
라테스에게 말하도록 했을 때와 같이 — 을 자각했을 독자들을 여전히 신뢰
할 수 있었기 때문이다. 게다가 설상가상으로, 이것은《테아이테토스》라는
대화편이 실존 인물인 소크라테스에 대해 완전히 명료한 정보를 제공하지
않는다는 것을 결코 의미하지는 않는다.[116]

내 생각에 어느 누구도 내 선택이 역사적으로 타당하다고 진지하게
논쟁하지 않을 것이다. 역사적인 인물을 하나의 전형으로 변형하려는 노력
을 정당화하는 것이 아마도 쉽지는 않을 것이다. 왜냐하면 문제의 인물이
우리가 그에게 부여한 기능을 수행하려면 약간의 변형이 필요하다는 것은
분명하기 때문이다. 단테에 관한 위대한 저서를 남긴 질송이 기록한 바에

---

114   밀의密儀: rites, 종교적 비법, 계시, 신비 등으로 표현되지만, 여기에서는 비결로 표기한
      다.(옮긴이)

115   173d "… 우선 철학자는 아고라로 가는 길을 알지 못하며, 법정이나 의사당이나 공공집회
      를 위한 국가의 부속 건물이 어디 있는지도 모른 채 성장했다오. 그는 또한 법률이나 법령이
      논의되거나 반포되는 것을 알지 못하오. 그는 또한 관직을 차지하려는 정파들의 노력, 집
      회, 만찬, 피리 부는 소녀들이 함께하는 술잔치 같은 것에 끼어들 생각은 꿈에서도 하지 않
      아요."(옮긴이)

116   소크라테스의 문제에 관해 라즐로 베르세니Laszlo Versényi가 다음 저서의 부록으로 제시한
      짧고 합리적인 설명을 참조할 것. Socratic Humanism, New Haven, London, 1963.

따르면,《신곡*Divina Commedia*》에서 "등장인물은 … 단테가 그것(등장인물 —
옮긴이)에 부여한 대표 기능이 요구하는 것과 마찬가지로 역사적 현실의 많
은 부분을 … 유지한다."[117] 시인들에게 이러한 자유를 인정하고 그것을 특
권으로 규정하는 것은 아주 자연스러워 보이지만, 시인 아닌 사람들이 이
러한 것을 할 때는 일을 그르치게 된다. 그러나 이러한 변형은 타당하든 아
니든 바로 우리가 '이상형'을 구성할 때 하는 방식이다. 물론 이상형은 저급
한 시인이나 일부 학자들과 같은 사람들에게서 아주 소중한 비유(알레고리)
와 의인화된 '추상적 관념'으로 완전히 날조된 인물이 아니라 상징적 의미
를 지닌 것 같은 과거나 현재 살아 있는 사람들 무리에서 선정된다.[118] 질송
은 단테가 아퀴나스에게 부여한 대표적인 역할을 논의할 때, 적어도 이러
한 방법(또는 기술)의 진정한 정당화를 암시하고 있다. 질송이 지적한 바와
같이, 실존했던 아퀴나스는 단테가 그에게 행하도록 한 것 — '브라반트의
시제루스'[119]를 칭송한 것 — 을 행하지 않으려고 했을 것이다. 그러나 실존
인물인 아퀴나스가 그러한 찬사를 하지 않으려고 했던 유일한 이유는 어떤
인간적 약점, 성격의 결점, '자기 기질의 일부'였을 것이다. 질송이 지적한
바대로, "그는 천국*paradiso*의 문으로 들어가기 이전에 이 결점을 천국의 문
앞에서 버려야 했다."[120] 크세노파네스의 소크라테스에는 흔적이 많이 남
아 있기 때문에 그의 역사적 신뢰성은 의심받을 필요는 없다. 그런데 소크

---

117   Etienne Gilson, trans. David Moore, *Dante and Philosophy*, Harper Torchbooks: New York,
      Evanston, London, 1963, p. 267.

118   *Ibid*. 질송은 추상적 관념의 예로 탐욕Greed, 정의Justice, 믿음Faith을 들고 있으며, 상징체
      계, 즉 대표적 인물로 베아트리체, 아퀴나스, 브라반트의 시제루스, 베르나르 드 클레르보
      Bernard of Clairvaux를 들고 있다.(옮긴이)

119   아베로에스 철학Averroism의 중요한 옹호자인 13세기 철학자(1240~1284)로, 로마 가톨릭교
      의 보수주의자들에 의해 급진주의자로 평가받았다. 그는 믿음과 이성에 대한 서구인들의
      태도 형성에 중요한 역할을 수행했다고 알려진다.(옮긴이)

120   *Ibid*., p. 273.

라테스는 천국의 문에서 이러한 흔적을 포기해야 했는지도 모른다.

플라톤의 소크라테스를 다룬 대화편들에서 우리에게 충격을 주는
것은 우선 그것들이 모두 당혹스럽다는 것이다. 논쟁은 결국 헛된 일로 끝
나거나 다람쥐 쳇바퀴 돌듯 한다. 당신은 정의가 무엇인가를 인식하기 위
해 지식이 무엇인가를 알아야 하며, 이전에 검토되지 않았던 지식의 개념
을 가지고 있어야 한다.[121] 따라서 "인간은 자신이 이해하는 것이나 이해하
지 못하는 것을 발견하려고 시도할 수 없다. 그가 인식한다면 탐구할 필요
가 없다. 그가 인식하지 못한다면 … 자신이 추구할 것을 인식하지도 못한
다."[122] 《에우티프론Euthyphro》에서 언급하듯이, 당신은 경건해지기 위해서
경건이 무엇인가를 알아야 한다. 신을 기쁘게 하는 것은 경건하다. 그러나
그러한 것들이 신을 기쁘게 하기 때문에 경건한가, 아니면 그러한 것들이
경건하기 때문에 신을 기쁘게 하는가?

어떤 주장logoi도 결코 그대로 유지되지 않고 바뀐다. 그리고 대답을
알지 못하는 질문을 제기한 소크라테스는 진술들이 한 바퀴 돌아 제자리로
돌아오면 항상 다시 시작할 것을 기꺼이 제안하고, 정의나 경건 또는 지식
이나 행복이 무엇인가를 탐구한다.[123] 왜냐하면 이러한 초기 대화편들의 주

---

121   《테아이테토스》와《카르미데스Charmides》를 참조할 것.

122   *Meno*, 80e.

123   소크라테스가 자신이 사전에 확신한 여러 가지 결과들에 대한 질문으로 — 제자들을 거느
리고 있는 명민한 교수같이 — 대화자들을 인도하려고 노력하는 통상적인 개념은 앞에서
언급한 블래스토스의 논문에서 나타나듯 비록 꾸밈없이 한정되었다고 하더라도 나에게는
전적으로 잘못된 것 같다. 그는 여기에서 소크라테스가 "자기 스스로 발견하기 위해" 다른
것을 원하고 있다고 암시한다. 그러나 이것은 《메논Meno》의 경우와 같이 경이적이지는 않
다. 우리가 말할 수 있었던 것은 소크라테스가 자신과 같이 대화 상대자들이 당혹해하기를
원했다는 것이다. 그는 아무것도 가르치지 않았다고 언급했을 때 진지했다. 따라서《카르미
데스》에서 "크리티아스여, 너는 내가 너에게 제기한 질문에 대한 대답을 내가 알고 있다고
공언한 듯이, 그리고 내가 원하기만 하면 너에게 그 대답을 줄 수 있는 듯이 행동하는구나"

제는 사람들이 자신들의 입을 열어 말할 때마다 표출되는 것들, 즉 매우 소박하고 일상적인 개념들을 다루고 있기 때문이다. 서론 부분은 통상 다음과 같이 진행된다. 확실히, 행복한 사람, 정당한 행위, 용기 있는 사람들, 보고 경탄할 아름다운 것들이 존재하는데, 모든 사람은 이러한 것들에 대해 알고 있다. 문제는 우리가 우리에게 나타나는 특별한 사례들에 적용한 형용사로부터 파생된 명사에서 시작된다.(우리는 행복한 사람을 보고, 용기 있는 사람이나 정당한 행위를 지각한다.) 간단히 말하자면, 문제는 솔론의 주장, 즉 "정신이 포착하기에는 매우 어렵지만 모든 사물의 한계를 간직하고 있는 드러나지 않는 척도*aphanes metron*",[124] 이른바 오늘날의 표현인 개념들, 그리고 플라톤이 주장하듯이 정신의 눈을 통해서만 지각 가능한 이념들인 행복, 용기, 정의 등과 같은 용어들에서 시작된다. 이러한 용어들은 일상 언어에 속하지만, 우리는 이들을 설명할 수 없다. 우리가 이러한 것들을 정의하고자 할 때, 이것들은 파악되지 않는다. 우리가 이러한 용어들의 의미에 대해 언급할 때, 어느 것도 더 이상 고정되지 않고 움직이기 시작한다. 우리는 아리스토텔레스로부터 배운 것, 즉 소크라테스가 '개념'을 발견한 사람이라는 것을 반복하는 대신에, 소크라테스가 개념을 발견했을 때 그가 한 것이 무엇인지, 무엇을 했는지 하는 질문을 제기해야 할 것이다. 왜냐하면 소크라테스가 아테네인들이나 그 자신이 의도한 것을 그들과 자신에게 설명하도록 강요받기 이전에 — 물론 어떠한 언어도 그들 없이는 불가능했다는 확고한 신념에서 — 이러한 용어들은 확실히 그리스 언어로서 쓰이고 있었기 때문이다.

　　오늘날 그것은 더 이상 확실하지 않다. 이른바 조어祖語(원시 언어)

라고 크리티아스에게 말했다. "그것은 그렇지 않다. 나는 너와 함께 연구하고 있다. … 나 자신은 지식을 갖고 있지 않기 때문이다."(165b; 166c~d와 비교할 것)

124　　Diehl, frag. 16.

에 대한 우리의 지식은, 공통된 하나의 명칭 아래 수많은 특정 어휘들을 분류하기가 결코 당연하지 않다는 것을 우리에게 알려준다. 이러한 언어들은 상당히 풍부한 어휘를 지니지만, 명료한 가시적 대상들과의 관계에서는 추상 명사를 결여하고 있다. 문제를 단순화하기 위해서 우리에게 더 이상 추상적인 것 같지 않은 명사를 택하자. 우리는 상당히 많은 대상 — 한 부족의 흙집, 왕의 궁전, 도시 거주자의 고향 집, 마을의 움막집, 도시의 아파트 — 에 대해 '집'이라는 용어를 사용할 수 있다. 그러나 우리는 일부 유목민의 이동 가능한 텐트에는 집이라는 용어를 사용할 수 없다. 이 모든 특수하고 매우 다른 건물들에 대해 집이라는 용어를 사용하게 해주는 본래 스스로 존재하는*auto kath' auto* 집은 육체의 눈으로든 정신의 눈으로든 결코 보이지 않는다. 아주 추상적이더라도 인식할 수 있는 최소한의 요건을 지니고 있는 상상된 집은 모두 이미 상세한 모습의 집이다. 우리는 집과 같은 특수한 건물을 인식하기 위해 개념을 가져야 하는데, 이 다른 비가시적인 집은 다른 방식으로 표현되고, 철학사에서 다른 명칭으로 불린다. 우리는 '행복'이나 '정의'와 같은 용어들보다 이러한 것을 규정하기가 더 힘들다는 것을 알고 있지만, 여기에서는 이러한 문제에 관심을 갖지 않는다. 여기에서 핵심은, 집이란 우리의 눈을 통해 지각된 구조보다 훨씬 덜 가시적인 무엇을 함의한다는 것이다. 오늘 세웠다가 내일 해체하는 텐트는 거주 장소로 기여할 수 없기 때문에, 집은 '거주하는 누구'와 '오래 거처하는 것'을 함의한다. '집'이란 용어는 '보이지 않는 척도', 즉 오래 기거하는 것에 해당하는 "모든 사물의 한계를 간직하고 있다." 사람들이 기거하는 것, 오래 묵는 것, 가정을 지니고 있다는 것에 대한 사유를 전제하지 않을 경우에 집이란 용어는 존재할 수 없다. '집'은 하나의 단어로서, 이러한 모든 것들을 위한 간편한 표기인 일종의 속기이며, 사유와 그 특징적인 신속성은 이것 없이는 전적으로 불가능하다. '집'이란 단어는 사유가 최초의 의미를 발견하고 싶을 때마다 *해빙시켜야 하는 응결된 사상과 같은 것이다.* 이러한 사유는 중세철학에서

'명상'이라고 표현되었고, 이 단어는 관조와 다른, 심지어 반대되는 뜻으로 이해되었다. '집'의 의미를 숙고했던 사람이 자신의 모습을 좀 더 훌륭하게 보이게 했다고 하더라도, 이러한 신중한 성찰은 정의定義를 생산하지 못하며, 이러한 의미에서 전적으로 결과를 보이지 못했다.

어쨌든 소크라테스는 미덕에 대한 교육 가능성을 믿었다고 흔히 말한다. 정의나 가치가 인간들의 장래 품행을 인도하기 위해 제시되었다는 사실에도 불구하고, 그는 경건, 정의, 용기 등에 관한 대화나 사유가 인간들을 더 경건하고 더 정의롭고 더 용기 있게 해주리라고 주장하는 것 같았다. 소크라테스는 이러한 문제를 실제로 옳다고 믿었다. 그는 직유를 자신에게 적용함으로써 이러한 문제를 가장 잘 설명할 수 있었다. 그는 자신을 등에 또는 산파로 불렀다. 플라톤의 설명에 따르면, 다른 사람이 그를 '전기가오리' ― 접촉하면 마비시켜 감각을 잃게 하는 물고기 ― 라고 불렀으며, 소크라테스는 사람들이 자신의 이야기를 듣고 다음과 같은 것을 이해했을 경우 그러한 비유가 적절하다고 생각했다고 한다. "전기가오리는 스스로 마비됨으로써만 다른 것들을 마비시킨다. … 나 자신이 대답을 이해하게 되면 다른 사람을 당혹하게 하지 못한다. 진리는 오히려 내가 느꼈던 당혹감을 다른 사람에게 감염시키는 것이다."[125] 이 문장은 사유하는 법을 가르칠 수 있는 유일한 방법을 깔끔하게 요약한다. 물론 소크라테스는 그가 반복적으로 말했듯이 자신이 가르칠 것이 아무것도 없다는 이유를 들며 아무것도 가르치지 않았다고 한다. 즉 그는 출산 연령을 넘긴 그리스의 산파들과 같이 "아무것도 생산하지 않았다." (우리가 기소에 맞서 소크라테스를 변호한 크세노폰으로부터 알게 된 것처럼, 소크라테스는 어떤 것도 가르치지 않았으며 어떤 진리도 제시하지 않았기 때문에, 자신의 견해gnōmē를 결코 드러내지 않았다는 혐의를 받았

125   Meno, 80c. 위에 언급된 문장은 원서 각주, 105 이 책의 각주 123과 비교할 것.

다.)[126] 직업적인 철학자들과 달리, 그는 동료들이 자신의 당혹감에 공감하는지를 알기 위해 동료들과 함께 확인하려는 충동을 느꼈던 것 같다. 그런데 이것은 수수께끼의 해결책을 발견하고 그것을 다른 사람들에게 증명하려는 성향과는 매우 다르다.

세 가지 비유를 간략하게 고찰해보자. 첫째, 소크라테스는 등에다. 그는 어떤 사람이 시민들을 각성하기 위해 나타나지 않는다면 "남은 인생 동안 방해받지 않은 채 수면 상태에 있게" 될 시민들을 자극하는 방법을 알고 있다. 그는 아테네 시민들에게 무엇을 환기했을까? 사유와 고찰에 대해 환기했다. 이러한 활동이 없는 삶은 살 가치가 없을 뿐만 아니라 완전히 살아 있는 것도 아니다. (소크라테스는 다른 대화편에서와 마찬가지로 《변론Apology》에서도 이 주제를 다루고 있다. 그는 '향상된 변론'인 《파이돈》에서 플라톤을 통해 말한 것과 거의 반대되는 내용을 언급하고 있다. 소크라테스는 《변론》에서 그가 왜 살아야 하는가, 그리고 삶이 자신에게 아주 소중함에도 불구하고 왜 죽음을 두려워하지 않는가를 동료 시민들에게 말했다. 그런데 《파이돈》에서는 부담스러운 삶이 어떠하며, 자신이 왜 기꺼이 죽는가를 친구들에게 설명한다.)

둘째, 소크라테스는 산파다. 그는 《테아이테토스》에서 자신이 불임이기 때문에 다른 사람들을 그들의 사상으로부터 해방시키는 방법을 안다고 말한다. 게다가 그는 불임 덕택에 산파에 관한 전문 지식을 갖게 되었고, 자식이 건강한(실한) 자식인지 아니면 임산부가 포기해야만 하는 단지 무정란 같은 자식인지를 판단할 수 있다. 그러나 대화편에서 소크라테스의 대화자들 가운데 어느 누구도 무정란이 아닌 사상, 다시 말해 소크라테스가 유지할 가치가 있다고 생각한 사상을 제시하지 못했다. 오히려 소크라테스는 자신에 대해 확실히 생각하고 있는 플라톤이 《소피스트》에서 소피스트

126   *Memorabilia*, IV, vi, 15 and IV, iv, 9.

들에 대해 언급한 것을 제시했다. 소크라테스는 사람들의 '속견', 즉 사유
를 방해하는 검토되지 않은 예단을 추방하고, 플라톤이 언급했듯이 사람들
의 나쁜 상태, 즉 사람들을 선하게 하고 진리를 제공하지 않는 속견을 제거
할 수 있도록 도와준다.[127]

    셋째, 소크라테스는 우리가 모르는 것을 알면서도 그대로 방치하는
것을 꺼렸기에 여전히 당혹감에 빠져 있으며, 전기가오리같이 자신뿐만 아
니라 만나는 어떠한 사람도 마비시켰다. 언뜻 보면, 전기가오리는 등에와
반대의 경우인 것 같다. 등에는 자극하시만, 선기가오리는 마비시킨다.[128]
그러나 외부의 관점, 즉 일상생활의 관점에서 마비된 것처럼 보이는 것은
최고로 활동적이고 살아 있는 상태로서 느껴진다. 사유 경험에 대한 기록
된 자료의 희소성에도 불구하고, 수 세기 동안 이를 표현하는 사상가들의
언급은 많다.

    따라서 등에, 산파, 전기가오리로 비유되는 소크라테스는 철학자도
아니며(그는 아무것도 가르치지 않고, 가르칠 어떤 것도 갖고 있지 않았다), 소피
스트도 아니다. 왜냐하면 그는 사람들을 현명하게 해준다고 주장하지 않기
때문이다. 그는 사람들이 현명하지 않다는 것, 그리고 어느 누구도 현명하
지 않다는 것만을 지적하고 있으며, 이러한 것을 '추적하고' 있기 때문에 공
적인 문제나 개인적인 문제에 관여할 수 없다는 점을 지적했다.[129] 그리고
그는 젊은이들을 타락시켰다는 기소에 맞서 자신을 강력하게 변호하는 동
안, 어디에서도 그들을 향상시키는 것처럼 행동하지 않았다. 그런데도 그
는 자신에게서 표현되는 사유와 고찰의 발현이 지금까지 아테네에 주어진
최대의 선이었다고 주장한다.[130] 따라서 그는 이러저러한 측면에서 명료한

---

127   *Sophist*, 226~231.

128   이는 사유하는 순간 외적으로 마비된 것같이 행동이 중지된 상태를 의미한다.(옮긴이)

129   *Apology*, 23b.

대답을 제시하지 않았을지라도, '사유가 무엇에 바람직한가?'에 관심을 갖는다. '사유가 무엇에 바람직한가?'라는 질문을 다루고 있는 내화는 나른 모든 질문들과 마찬가지로 당혹감으로 끝날 것이다.

서양 사상에 소크라테스의 전통이 있었다면, 다시 말해 화이트헤드의 말대로 철학사가 플라톤이 아닌 소크라테스에 대한 주석 모음이었다면 (물론 이것은 불가능하지만), 우리는 여기에서 확실한 대답을 찾지는 못하겠지만 적어도 이와 관련된 여러 가지 변형된 대답을 찾을 수 있을 것이다. 소크라테스 자신은 연구 과정에서 비가시적인 것을 다루고 있다는 것을 충분히 자각했으며, 사유 활동을 설명하기 위해 다음과 같이 은유를 사용했다. "바람 자체는 눈에 보이지 않지만, 바람으로 인한 결과는 우리에게 뚜렷이 나타나며, 우리는 어쨌든 바람이 접근하는 것을 느낀다."[131] 우리는 인간들이 혜택을 받거나 저주를 받는 모호하고 "경이를 분기시키는" 것들 가운데 "바람같이 빠른 사유"를 고려한 소포클레스(《안티고네Antigone》)[132]에서 똑같은 은유를 발견한다. 우리 시대에 하이데거는 때때로 "사유의 휘몰아침"에 대해 언급하며, 소크라테스를 직접 언급하는 한 부분에서 유일하게 은유를 다음과 같이 명료하게 사용한다. "소크라테스는 자기 평생을 통해, 그리고 죽을 때까지 이러한 통풍, 즉 [사유의] 흐름 속에 자신을 올려놓고, 이 속에서 자신을 유지하는 일만을 행했다. 이것은 그가 서양인들 가운데 가장 순수한 사람인 까닭이며, 그가 아무것도 저술하지 않은 이유다. 생각 없이 글쓰기를 시작하는 사람은 너무나 강한 바람을 피하기 위해 불가피하게 도피

---

130   *Ibid.*, 30a.

131   Xenophon, *Memorabilia*, IV, iii, 14.

132   *Antigone*, 353.
코러스가 부르는 노래의 일부다. "말하는 것도, **바람같이 날쌘 사유도**, 나라의 기틀이 되는 모든 분별도 스스로 배워 알며, 맑은 하늘 아래에서 모진 서릿발도, 억수 같은 소나기도 피할 줄 안다. … **빠른 사유는** 교묘하고 능하여 사람을 때로는 선으로, 때로는 악으로 이끈다."
(옮긴이)

처를 얻고자 하는 사람과 같다. … 소크라테스 이후 모든 사상가들은 그들
의 위대성에도 불구하고 이러한 도피자들이었다. 사유는 학문이 되었다."
하이데거는 이후의 주註에서 "가장 순수한" 사상가가 된다는 것은 가장 위
대한 사람이 된다는 것을 의미하지는 않는다고 덧붙여 설명했다.[133]

크세노폰은 비속한 혐의에 맞서 비속한 반론으로 스승을 항상 열렬
하게 변호했다. 그가 이러한 은유를 언급하는 맥락에서 볼 때, 그것은 그다
지 사리에 맞지 않는다. 그러나 그는 비가시적인 사유의 바람이 소크라테
스가 검토 과정에서 다룬 개념들, 즉 미덕과 '가치'에 명백히 나타났다고 지
적한다. 문제는 바람이 불 때마다 이 바람이 이전의 노출된 측면을 제거한
다는 특이성을 지니고 있다는 점이다. 때문에 소크라테스는 등에뿐만 아
니라 전기가오리로도 이해될 수 있고, 자신을 이러한 것으로 이해할 수 있
다. 플라톤은 《제7서한》에서 단어들(개념, 문장, 정의, 교의)의 취약성과 비유
연성을 아주 명료하게 비난했는데, 사유의 매개체인 언어가 사유로 응결한
것을 제거하는, 즉 해빙시키는 것은 이러한 비가시적 요소들의 성격에 포
함되어 있다. 결과적으로, 사유는 불가피하게 선악에 관한 기존의 모든 기
준, 가치, 척도, 즉 우리가 윤리와 도덕에서 취급하는 품행의 관습과 규칙을
파괴하고 손상시키는 효과를 미친다. 소크라테스는 이러한 응축된 사유가
아주 손쉽게 나타나기 때문에 수면 상태에서도 이를 사용한다고 말하는 것
같다. 그러나 내가 지금 여러분의 마음에 사유의 바람을 불러일으키고, 이
사유의 바람이 수면 상태의 여러분을 깨우고 완전히 깬 상태로 있게 한다
면, 여러분은 마음속에 단지 당혹감만을 갖고 있다는 것을 알게 될 것이다.

---

133   독일어판 《사유란 무엇인가? *Was Heisst Denken?*》(Tübingen, 1954), p. 52에서는 다음과 같이 언
급한다. "소크라테스는 태어나서 죽을 때까지 외풍 속에서 호흡하고 자신을 유지하는 것 이
외에 다른 어떤 것도 행하지 않았다. 이 때문에 그는 밤의 나라의 순수한 사상가이며, 그는
아무것도 저술하지 않았다. 따라서 사유로 글쓰기를 시작한 사람은 너무나 강한 외풍에서
벗어나 바람이 들지 않는 곳으로 피신하는 사람들을 닮았다. 대가가 그러한 도피자여야 한
다는 것은 아직도 알려지지 않은 역사의 비밀로 남아 있다. 사유는 문학에서 논의된다."

우리가 당혹감에 대응할 수 있는 최선책은 그것을 각기 공유하는 것이다.

사유로 야기된 마비는 두 가지 형태로 나타난다. 이러한 마비는 본래 멈춰 서서 사유하기, 즉 다른 모든 활동의 중단 — 심리학적으로 사람들은 실제로 하나의 "문제를 어떤 이유 때문에 목적에 도달하려는 노력 속에서 유기체를 유지하려는 상황"[134]으로 규정할 수도 있다 — 에 내재되어 있다. 여러분이 마비 상태에서 벗어날 때, 또한 여러분이 하고 있는 일을 무심결에 관여하는 동안에 여러분에게 의심할 여지가 없는 것같이 보이는 것에 확신을 느끼지 못할 때, 사유로 야기된 마비는 망연한 후유증을 초래한다. 여러분이 행하는 것이 일상의 삶에서 발생하는 특수한 사건들에 일반적인 품행 규칙을 적용하는 것이라면, 그러한 규칙이 사유의 바람을 거부할 수 있기 때문에 여러분은 스스로 마비되어 있다는 것을 발견하게 될 것이다. 여러분이 '집'이란 단어에 내재된 응축된 사유의 한 예를 다시 제기하기 위해 그 함의 — 기거하기, 가정 꾸리기, 오래 묵기 — 에 대해 일단 생각했다면, 여러분은 자신들의 가정을 위해 시대의 유행이 처방할 수도 있는 모든 것을 더 이상 수용하지 않을 것 같다. 그러나 이것은 여러분이 '문젯거리'가 되어왔던 것에 대한 수용 가능한 해결책에 대처할 수 있다는 것을 결코 보장하지 못한다.

이것(사유로 야기된 마비 — 옮긴이)은 이렇듯 위험하고 무익한 활동 가운데 마지막이고 아마도 가장 위험한 활동으로 이어진다. 소크라테스학파 내에는 알키비아데스나 크리티아스와 같은 사람들이 있었다. 신은 이들이 그의 제자들 가운데 가장 나쁜 제자들이 결코 아니라는 것을 알고 있다. 그런데 이들은 결과적으로 국가에 실질적인 위험인물이 되었다.[135] 왜냐하

---

134   G. Humphrey, *Thinking: An Introduction to Its Experimental Psychology*, London and New York, 1951, p. 312.

135   소크라테스는 50세가 되기 이전 펠로폰네소스 전쟁이 8년째 되던 해에 델리온 전투에 참여했는데, 아테나이군은 스파르타 동맹 도시인 보이오티아군에 패배하고 귀국했다. 이때 알

면 이들은 전기가오리에 의해 마비된 것이 아니라, 반대로 등에에 의해 자극받았기 때문이다. 이들을 자극했던 것은 방종과 냉소주의였다. 이들은 교의를 배우지 못한 채 사유하는 방법을 배우는 것에 만족하지 않았기 때문에, 소크라테스다운 사유실험의 실효 없는 결과들을 다음과 같이 부정적인 결과들로 대체했다. 즉 우리가 경건이 무엇인가를 규정할 수 없다면 경건해지지 말자는 것이었다. 이는 소크라테스가 경건에 대해 언급함으로써 성취하고자 기대했던 것과는 상당히 반대된다.

　　의미 탐구는 기존의 모든 교의와 규칙들을 철저하게 헤체히고 새롭게 검토한다. 의미 탐구는 어떤 순간에 반대의 결과를 초래하고 기존 가치의 반전反轉을 초래할 수 있으며, 이러한 반전된 가치를 '새로운 가치'라고 선언할 수 있다. 니체와 마르크스가 어느 정도 이를 수행했다. 니체는 (이분법적 계서를 — 옮긴이) 반전시킨 플라톤 같은 사람a reversed Plato이 여전히 플라톤이라는 것을 망각하면서 플라톤주의를 반전시켰다. 마르크스는 엄격히 헤겔적인 과정으로서 역사 체계를 제시하면서 헤겔을 반전시켰다. 따라서 이러한 사유의 부정적 결과들은 이전과 동일한 비사유적 일상의 과정에서 사용될 것이다. 이러한 결과들이 인간 문제의 영역에 적용되는 순간, 그것은 부정적 결과들이 마치 사유 과정을 결코 거치지 않았던 것과 같다. 우리가 흔히 말하는 '니힐리즘' — 우리는 역사적으로 근원을 추적하고 정치적으로 비판하고 싶어 하며, 이른바 '위험한 사상'을 감히 생각하는 사상가들의 탓으로 돌린다 — 은 실제로 사유 활동 자체에 내재된 위험이다. 위험한 사상은 없다. 즉 사유 자체는 위험하지만, 니힐리즘은 사유의 산물이 아

키비아데스도 아테나이군으로 참전했다. 알키비아데스는 전쟁 16년이 끝난 이후 시켈리아 원정을 적극 지지했으며, 장군 자격으로 원정에 참여했다가 비의秘儀 모독과 헤르메스 석주상 훼손과 관련해 불경죄로 재판에 회부되어 귀국 명령을 받았으나 적국인 스파르타로 망명했고, 이후에는 펠로폰네소스 동맹군을 지원하는 많은 조언을 함으로써 아테나이의 패망에 일조했다. 알키비아데스의 행적에 대해서는 투키디데스의 《펠로폰네소스 전쟁사》 제6~7권을 참조할 것.(옮긴이)

니다. 니힐리즘은 인습주의의 다른 측면일 뿐이다. 그 신조는 당대의 이른
바 긍정적 가치들의 부정으로 구성된다. 그 신조는 가치에 제약을 받는다.
모든 비판적 검토는 그 의미와 무언의 가정을 추적함으로써 기존의 의견과
'가치'를 적어도 가설적으로 부정하는 단계를 거쳐야 한다. 이러한 의미에
서 니힐리즘은 사유하는 데 언제나 따르는 위험으로 인정될 수도 있다.

　　그러나 그러한 위험은 검토되지 않은 삶이 영위할 가치가 없다는 소
크라테스다운 확신에서 나오는 것이 아니다. 반대로, 그러한 위험은 그 이
상의 사유를 불필요하게 만드는 결과를 발견하려는 욕구에서 발생한다. 사
유는 공히 모든 교의에 위험하며, 그 스스로 어떤 새로운 교의도 제시하지
않는다. 공통감의 관점에서 볼 때, 사유의 가장 위험한 측면은, 사유하는 동
안 의미 있었던 것을 일상의 삶에 적용하려고 할 때 그것이 해체된다는 것
이다. 공통 의견이 일상 언어를 이용한 사유의 형태화, '개념'을 발견하고
인지의 결과라도 되듯이 개념을 다루기 시작할 때, 그 결과는 어떤 사람도
현명하지 않다는 명백한 증명일 뿐이다. 실천적 관점에서 볼 때, 사유는 여
러분이 삶 속에서 어떠한 어려움에 직면하는 매 순간 마음을 새롭게 결정해
야 한다는 것을 의미한다.

　　'무사유'[136]는 정치 문제와 도덕 문제와 관련하여 추천할 만한 상태
인 것 같지만, 역시 자체의 위험을 지니고 있다. 사람들은 무사유가 일상화
된 곳에서는 고찰을 통해 비판하는 계기를 갖지 못한다. 때문에 무사유는
특정 시기, 특정 사회에 통용되는 규정된 품행 규칙을 지속시키는 데 기여
한다. 따라서 사람들은 항상 당혹감을 야기하는 면밀한 검토나 규칙의 내
용에 익숙해지기보다 특정한 것들을 포괄하는 규칙을 소유하는 데 익숙해

136　아렌트는《예루살렘의 아이히만》에서는 'thoughtlessness'라는 용어를 사용하지만, 여
　　기에서는 'non-thinking' 또는 'non-thought'로 표기한다.《사유일기》제13권 7에서는
　　'Nicht-denken'이라는 용어를 사용한다. "인간의 무사유는 사물의 가능한 비존재와 조응
　　한다."(옮긴이)

져 있다. (무사유가 팽배한 곳에서는 — 옮긴이) 누군가 어떤 목적을 위해서든 구식의 '가치'나 미덕을 폐지하고 싶다면, 그는 새로운 규칙을 제시할 경우에 구식 가치와 미덕을 폐지하기 쉽다는 것을 알게 될 것이다. 또한 그는 그 규칙을 부과하기 위해 비교적 적은 강제력을 사용할 뿐, 설득 — 즉 새로운 가치가 구식의 가치보다 더 훌륭하다는 증거 — 을 필요로 하지 않을 것이다. 사람들이 구식의 규칙을 더 확고하게 고수하면 할수록, 그들은 실제로 더 열렬하게 새로운 규칙에 동화될 것이다. 이러한 주장은 다음과 같은 의미를 담고 있다. 어느 모로 보나 구질서에서 가장 신뢰할 수 없었던 집단에 속했던 사람들은 다루기 쉽지 않은 사람들일 것이지만, 복종할 준비가 가장 잘 되어 있는 사람들은 사회에서 가장 존경받는 핵심층에 속했던 사람들, 즉 위험스러운 사유든 그렇지 않은 사유든 사유를 하려는 가능성이 아주 낮은 사람들일 것이다.[137]

만약 윤리 문제와 도덕 문제가 실제로 낱말의 어원에 대한 설명이 보여주는 정도의 문제라면, 한 민족의 식탁 예법을 변경하는 것이 어렵지 않듯, 그 민족의 습속과 습관을 변경하는 것도 어렵지 않았을 것이다. 이러한 반전은 여러 가지 조건에서 쉽게 일어날 수 있다. 쉽게 바꿀 수 있다는 것은 반전이 있을 때 모든 사람이 실제로 깊은 잠에 빠져 있다는 것을 암시한다. 물론 나는 서양 도덕률의 근본 계율 — "너는 살해해서는 안 된다", "너는 이웃에 불리한 거짓 증언을 해서는 안 된다" — 이 갑작스럽게 반전되었을 때 나치에서 발생했던 것을 언급하고 있으며, 또한 어느 정도는 스탈린 치하의 러시아를 언급하는 중이다. 그리고 반전의 반전, 제3제국의 붕괴 이후 독일인들을 '재교육하는' 것이 마치 자동적인 것처럼 아주 놀랄 정

---

137   《예루살렘의 아이히만》에서도 나타나듯이, 무사유의 모델인 아이히만, 그리고 나치에 동조하는 유대인 경찰을 예로 들 수 있다. 아렌트는 정치적 저항의식이 약하고 순응적인 벼락출세자parvenu와 자의식을 지닌 파리아pariah를 대비시킨다.(옮긴이)

도로 쉬웠다는 사실 등은 우리를 위로하지 못한다. 그것은 실제로 같은 현상이었다.

다시 소크라테스로 돌아가자. 아테네 사람들은 소크라테스에게 다음과 같이 말했다. 사유는 파괴적이다. 그리고 사유의 바람은 사람들이 자신들의 입장을 판단하는 기준인 모든 기존의 표지(간판)들을 휩쓸어 도시를 무질서 상태로 몰아넣고 시민들을 혼란스럽게 만드는 허리케인이다. 소크라테스는 사유가 어느 누구든 타락시킨다는 점을 부인하지만, 그렇다고 사유가 어느 누구든 향상시킨다고 주장하지도 않는다. 사유가 여러분의 잠을 깨운다. 이것은 소크라테스에게는 국가를 위한 훌륭한 선善인 것 같다. 그러나 그는 그러한 위대한 후원자가 되기 위해서 자신의 검토를 시작했다고 말하지 않는다. 그 자신에 관한 한, 사유가 결코 사람들을 현명하게 만들지 못하며, 자신의 질문에 해답을 제공하지 않는다고 하더라도, 사유를 상실한 삶이 무의미하다는 것 이외에 더 이상 언급할 것은 없다. 소크라테스가 수행하던 것의 의미는 활동 자체에 있다. 달리 표현하면, 사유하는 것과 완전히 살아 있다는 것은 동일하다. 이것은 사유가 항상 새로이 시작해야 한다는 것을 함의한다. 아울러 사유는 삶을 동반하는 활동이며, 정의, 행복, 미덕과 같은 개념들과 연관된다. 언어 자체는 삶 속에서 우연히 발생하며, 우리가 살아 있는 동안 일어나는 모든 것의 의미를 표현할 때 그런 개념들을 우리에게 제공한다.

내가 규정한 의미의 '탐구'란 소크라테스의 언어에서 사랑, 즉 기독교적 아가페agapē가 아니라 에로스라는 그리스적 의미의 사랑Erōs으로 나타난다. 에로스로서의 사랑은 일차적으로 무엇인가를 필요로 하는 요구다. 즉 사랑은 자신이 소유하지 않은 것을 욕구한다. 사람들은 현명하지 않기 때문에 지혜를 사랑하고, 이로 인해 철학하기를 시작한다. 그리고 사람들은 아름답지 않기 때문에 아름다움을 사랑하고, 사실상 아름다운 것을 실현한다. 페리클레스는 장례식 연설에서 이를 필로카루멘*philokaloumen*으로 표현했다.[138] 사랑은 소크라테스가 전문적으로 취급하는 것처럼 보이는 유일한 주제이며, 이러한 사랑 기술은 자신의 동료들과 친구들을 선정하는 데 지표가 된다. "나는 다른 문제에서는 쓸모가 없을지 모르지만, 사랑하는 사람과 사랑받는 사람을 쉽게 인식할 수 있는 재능을 부여받았다."[139] 사랑은 자신이 지니고 있지 않은 것을 욕구하면서 현전하지 않는 것과 관계를 정립한다. 인간들은 이러한 관계를 개방하고 노출하기 위해 사랑하는 사람이 자신의 연인에 대해 이야기하고 싶어 하는 것과 같이 사랑에 대해 언급한다. 사유의 탐구는 일종의 바람직한 사랑이기 때문에, 사유의 대상은 미, 지혜, 정의 등 오직 사랑할 수 있는 것일 수 있다. 추함과 악은 정의상 사유하는 관심에서 거의 배제된다. 추함이 미의 결여이고 악*kakia*이 선의 결여이듯, 이것들은 결점으로 나타날 수 있다. 이와 같이 추함이나 악은 자체의 뿌리, 즉 사유가 유지할 수 있었던 본질을 갖지 않는다. 사유가 긍정적 개념들을 개념들의 원래 의미로 분해한다면, 사유 과정은 이러한 '부정적' 개념들을 개념들의 원래 무의미한 것(즉 사유하는 나에게는 무)으로 분해해야 한다.[140] 그것은 어느 누구도 자발적으로 악을 행할 수 없다 — 우리가 언급하는 바와 같이, 그 존재론적 위상 때문에 — 는 것을 소크라테스가 믿었던 이

---

138 Thucydides, II, 40.
관련 연설 내용은 다음과 같다. "왜냐하면 우리는 비용을 많이 들이지 않으면서도 아름다운 것을 사랑하며, 남성다움을 잃지 않으면서도 지혜를 사랑하기 때문입니다. 부富는 우리에게 행위를 위한 수단이지 자랑거리가 아닙니다. 가난을 시인하는 것이 부끄러운 일이 아니라 가난으로부터 벗어나기 위해 실천적인 조치를 취하지 않는 것이 진정 부끄러운 일입니다."(옮긴이)

139 *Lysis*, 204b~c.

140 이 문장에서 '긍정'과 '부정'을 대비시킨다. 문장에서 두 번째 주장은 선험적*a priori*이다. 사유 대상은 긍정적이어야 하고, 악은 정의상 부정negation, 즉 '결여privation'와 연관된다. 이렇듯, 사유와 악은 필히 분리된다.(옮긴이)

유다. 악은 부재, 즉 존재하지 않는 것으로 구성되어 있다. 그리고 그것은 그림자가 모든 실재하는 사물을 동반하는 방식으로 행위를 추적하고, 실재하는 사물과 단순한 가상을 구분했을 때 언어에 대해 언급한 데모크리토스가 사악한 행적의 언급에 대해 조언했던 이유다. 악을 무시하는 것, 다시 말해 언어에서 어떠한 명료화를 제거하는 것은 악을 단순한 가상인 그림자를 지니지 않은 것으로 전환시킬 것이다.[141] 우리는 사유로 노출되는 경이, 즉 플라톤이 상정한 찬미적이고 긍정적인 경이를 추적할 때도 이와 같은 악의 배제를 발견했다. 그것은 거의 모든 서양철학에서 발견된다. 검토하는 것을 사랑해 '철학을 연구하는' 사람들이 악을 행할 수 없다. 마찬가지로, 미, 지혜, 정의를 사랑하지 않는 사람은 사유를 할 수 없다고 말하는 것은 마치 소크라테스가 악과 사유의 결여 사이의 연계성에 대해 말한 것과 같다.

하나 속의 둘

하나 속의 둘, 즉 사유의 경우에 우리의 주요한 문제들 가운데 하나 — 무사유와 악의 가능한 상호연계성 — 와 관련해 우리는 어디에 위치하는 가? 우리는 소크라테스의 에로스, 즉 미, 지혜, 정의에 대한 사랑으로 고무된 사람만이 사유할 수 있고 신뢰받을 수 있다는 결론에 이른다. 달리 표현하면, 우리는 플라톤의 "고결한 성품의 소유자들" 소수를 만나게 된다. 이들 가운데 어느 누구도 "자발적으로 악을 행하지" 않는다는 것은 사실일 것이다. 그러나 "모든 사람은 선행을 하기를 원한다"는 식의 함축적이고 위험스러운 결론은 참이 아닐 수 있다. (선한지 악한지 또는 선행을 할 것인지 악행을 할 것인지를 마음으로 결정할 수 없는 사람 상당수가 악행을 한다는 것이 문제

141   Frag. 145, 190.

의 슬픈 진실이다.) 소크라테스는 플라톤과 다르게 모든 주제에 대해 사유하고 모든 사람과 대화를 나누었다. 그런데 소크라테스는 소수만이 사유할 수 있다는 주장을 믿을 수 없었다. 그는 또한 잘 훈련된 정신의 눈에만 드러나고 대화에서 말로 표현할 수 없는 사유 대상들만이 사유 활동에 권위와 타당성을 부여한다는 주장도 믿을 수 없었다. 인간들의 악행을 금지할 수 있는 어떤 것이 사유에 존재한다면, 그것은 사유 대상과 무관하게 활동 자체에 내재된 속성이어야 한다.

난처한 일들을 사랑하는 사람인 소크라테스는 긍정적인 진술을 거의 하지 않았다. 이 주제를 다루고 있는 긴밀하게 연계된 두 가지 명제가 여기에 포함된다. 두 가지 명제는 다수에게 연설하고 이들을 설득시키는 기술인 수사학에 관한 대화편인 《고르기아스*Gorgias*》에 나타난다. 《고르기아스》는 소크라테스의 초기 대화편에 속하지 않는다. 플라톤은 아카데미아의 원장직을 맡기 직전에 이 대화편을 저술했다. 게다가 《고르기아스》의 진정한 주제는 '난해한aporetic' 요소를 지녔다면 외견상 도무지 몰랐을 담론의 기술이나 양식에 관한 것이다. 플라톤이 이 대화편의 결론에서 모든 어려움을 외견상, 즉 역설적으로 해결하는 사후의 보상과 처벌에 관한 신화들 가운데 하나를 제시했다는 것을 제외하고, 이 대화편은 여전히 난해하다. 이 대화편에 포함된 신화들의 중대성은 완전히 정치적이다. 그 중대성은 대중들에게 전달된다는 점에 있다. 확실히 소크라테스적이지 않은 《고르기아스》의 신화들은 중요하다. 왜냐하면 이 신화들은 비록 비철학적 형태를 취하기는 하지만 인간들이 자발적으로 악행을 한다는 플라톤의 주장을 포함하기 때문이다. 그리고 소크라테스보다 탁월하지는 않지만 플라톤이 그 혼란스러운 사실과 철학적으로 연관되는 것을 알고 있다는 별도의 함축적인 주장을 포함하기 때문이다. 소크라테스는 무지가 악을 초래하고 미덕이 학습될 수 있다는 주장을 믿었을까? 우리는 이에 대해 알 수 없다. 그

러나 우리가 알고 있듯이, 플라톤은 위협에 의존하는 것이 더 현명하다고
생각했다.

소크라테스의 두 가지 긍정적인 명제는 다음과 같이 이해된다. 첫
째, "악행을 하느니 당하는 것이 훨씬 낫다." 모든 그리스인이 대답하고자
했던 것과 같이, 대화편의 대화자인 칼리클레스는 다음과 같이 응수한다.
"나쁜 일을 감수하는 것은 노예의 역할이지 한 인간으로서의 역할은 절대
아니다. 부당한 대우를 받을 때 자기 스스로 극복하지 못하거나 자기가 배
려하고 있는 다른 사람의 도움으로 극복할 수 없는 사람의 경우와 마찬가지
로, 노예로 사느니 죽음의 길을 택하는 게 더 낫다."[142] 둘째, "*하나의 모습
으로 보이는being one* 내가 나 자신과 조화를 이루지 못하고 모순된 말을 하
는 것보다, 오히려 내가 연주하는 리라lyre나 지휘하는 합창단이 조화를 이
루지 못해 불협화음을 낸다든지, 다수가 나와 견해를 달리하는 것이 나에
게는 훨씬 편하다."[143] 칼리클레스는 이 명제를 알게 된 계기로 소크라테스
에게 다음과 같이 말한다. "나는 웅변에 매료되었으며, 내가 철학을 그대로
내버려두는 것이 나 자신과 다른 모든 사람에게 좋았을 것입니다."[144]

그리고 그는 여기에서 핵심을 찌르고 있다. 소크라테스는 철학, 오
히려 사유의 경험 덕택에 이러한 진술을 하게 되었다. 물론 소크라테스는
이러한 진술에 도달하기 위해 자신의 연구를 시작하지 않았다고 하더라도,
"행복하기" 위해 자신들의 진술을 제시한 다른 사상가들보다 더 많이 연구
했다.[145] (나는 이러한 진술들을 도덕성에 관한 사유의 결과로 이해한다는 것이 중대

---

142   *Gorgias*, 474b, 483a, b.

143   *Ibid.*, 482c.

144   *Ibid.*, 482c, 484c, d.

145   아리스토텔레스는 종종 사유가 행복을 '생산한다'고 주장했는데, 그것은 의학이 건강을 생
       산하는 방식이 아닌 건강이 인간을 건강하게 만드는 방식으로 이루어진다. *Nicomachean
       Ethics*, 1144a.

한 오류라고 생각한다. 이것들은 분명히 통찰이지만, 경험의 통찰이다. 사유 과정 자
체에 관한 한, 이것들은 기껏해야 우연적인 부산물이다.)

　　우리는 첫 번째 진술이 제기되었을 때, 그것이 얼마나 역설적으로
들리는가를 인식하는 데 어려움을 겪는다. 선용되기도 하고 악용되기도 하
면서 오랜 시간이 경과한 이후, 그것은 값싼 설교처럼 들린다. 그리고 근대
의 독자들이 두 번째의 요지를 이해하는 것이 얼마나 어려운가에 대한 최
선의 증명은 그 핵심 용어인 *"하나가 된다"*는 표현("나는 다수의 사람들과 불
일치 상태에 있는 것보다 나 자신과 괴리되어 있는 것이 더 불편하다"는 표현에 선행
하는 것)이 종종 번역에서 빠진다는 사실이다. 첫 번째의 경우, 그것은 주관
적 진술이다. 이 진술은 *내가* 나쁜 짓을 행하는 것보다 그것을 감수하는 게
더 낫다는 것을 의미한다. 그리고 이러한 진술은 그것이 언급된 대화편에
서, 훨씬 설득력 있어 보이는 완전히 주관적인 반대 진술로 단순히 반박된
다. 명료해지는 것은 칼리클레스와 소크라테스가 다른 '나'에 대해 언급하
고 있다는 것이다. 즉 하나에 적합한 것은 또 다른 하나에는 나쁘다.

　　다른 한편, 우리가 두 대화자의 세계관과 구별되는 다른 세계관의
관점에서 이 명제를 고찰한다면, 우리는 다음과 같이 말해야 할 것이다. 중
요한 것은 나쁜 짓이 행해졌다는 것이다. 이 경우에 악행자와 고통 감수자
가운데 누가 더 나은 편인가는 무관한 문제다. 악행자, 고통 감수자, 구경꾼
인 우리가 모두 살고 있는 세계는 위험에 놓여 있기 때문에, 우리는 시민으
로서 악행을 방지해야 한다. 즉 국가는 피해를 당해왔다. 우리의 법률은 이
것을 고려한다. 물론 우리의 법률은 기소가 위임되어 있는 범죄, 그리고 개
개인이 고소 여부를 결정하는 사적인 문제들에만 적용되는 범죄를 구별한
다. 우리는 부당한 대우를 받은 사람이 뭐라고 하건 처벌을 요구하는 법률
위반을 거의 범죄로 규정할 수 있었다. 부당한 대우를 받은 사람은 용서하
고 망각하려는 마음을 가질 수 있다. 그리고 악행자가 다시 악행을 행할 가
능성이 전혀 없다고 상정되면, 다른 사람에게는 위험이 존재하지 않을 수

있다. 더욱이 국법은 대안을 허용하지 않는다. 왜냐하면 공동체 전체가 침해받아왔기 때문이다.

달리 말하면, 소크라테스는 여기에서 자기 자신보다 세계(즉 공동체)에 더 많은 관심을 가져야 할 시민의 자격으로 말하지 않고 주로 사유에 헌신하는 사람으로서 말한다. 그것은 마치 소크라테스가 칼리클레스에게 다음과 같이 말하는 것 같다. 당신이 지혜를 사랑하고 모든 것에 대해 사유하고 검토할 필요가 있는 나와 같다면, 당신은 다음과 같은 사실을 알게 될 것이다. 당신이 묘사한 바와 같이, 세계가 강자와 약자로 구분되어 있고, 따라서 "강자는 자신들이 할 수 있는 것을 행하고 약자는 자신들이 행해야 할 것을 감수해야"(투키디데스)[146] 함에 따라 악행을 행하거나 감수해야 하는 것 이외에 대안이 존재하지 않을 경우에, 악행을 행하는 것보다 고통을 감수하는 것이 더 낫다. 물론 이 언급은 '당신이 지혜를 사랑하고 철학하기를 행한다면'과 '당신이 검토하는 것이 무엇을 의미하는가를 안다면'을 전제로 한다.

내가 알기로는 그리스 문헌에 소크라테스가 언급한 것을 거의 같은 용어로 표현한 유일한 문장이 있다. "악행자는 부당한 대우를 받은 사람보다 훨씬 불행하다kakodaimonesteros"[147]라는 문장은 파르메니데스의 강력한 반대자인 데모크리토스 — 이러한 이유 때문에 플라톤은 결코 언급하지 않았을지도 모른다 — 의 토막글 가운데 하나다. 이 우연의 일치는 지적할 만하다. 데모크리토스는 소크라테스와 달리 인간 문제에 특별히 관심을 갖지 않았지만, 사유 경험에 상당히 관심을 가진 것으로 추측된다. 우리가 순수한 도덕적 명제로 이해하려는 것이 마치 실제로 사유 경험 자체에서 발생한

---

146   아테나이는 전쟁 15년 차에 강경한 제국정책을 추구하면서 멜로스섬을 정복하고자 했다. 이때 아테나이는 멜로스에 사절단을 보내 멜로스인들과 대화를 한다. 아테나이 사절단의 연설 내용이다.《펠로폰네소스 전쟁사》제5권 89를 참조할 것.(옮긴이)

147   Diels and Kranz, B45.

듯이 보이기 때문이다.

    그리고 이것은 우리를 두 번째 진술로 인도한다. 이 진술은 사실 첫 번째 진술의 필수요건이다. 이것도 매우 역설적이다. 소크라테스는 하나가 되는 것에 대해 언급하고, 이에 따라 자신과 조화 상태를 벗어나는 모험을 할 수 없다고 언급한다. 자신과 동일한 것, 즉 A는 A일 때, 다시 말해 절대적으로 **하나인 것**은 진정 자신과 조화 상태를 유지할 수 없거나 조화 상태를 벗어날 수 없다. 화음을 만들어내려면 적어도 두 가지 음조가 필요하다. 내가 나타나 다른 사람에 의해 노출될 때, 나는 하나다. 그렇지 않으면 나는 인식될 수 없다. 그리고 내가 다른 사람과 함께 있으면서 나 자신을 거의 자각하지 않는 한, 내가 다른 사람들에게 나타날 때 나는 존재한다. 우리는 어떤 의미에서 내가 나에게 나타나지 않는다고 하더라도 나 역시 혼자 힘으로 존재한다는 신기한 사실을 *의식*(우리가 알고 있는 바와 같이, 글자 그대로 "나 자신과 더불어 알게 된다는 것")[148]으로 규정한다. 그런데 이것은 소크라테스의 표현인 "하나가 되는 것"이 외견상 논란의 여지가 있다는 것을 의미한다. 나는 다른 사람뿐만 아니라 나 자신을 위해 존재하며, 후자의 경우 나는 분명히 하나가 아니다. 나의 **동일성**Oneness에 차이가 삽입된다.

    우리는 다른 측면에서 이 차이를 알고 있다. 수많은 사물 사이에 존재하는 것은 모두 그 정체를 드러나게 하는 고유한 특성을 지닐 뿐만 아니라 다른 것들과 서로 구별된다. 이 다름은 사물들의 본질에 속한다. 사유 과정에서 사물의 본질을 포착하거나 정의하고자 한다면, 이 타자성*altereitas* 또

---

148   이러한 표현은 다음과 같은 어의적 분석에서 가능하다. 'conscious'는 'con(공동의)' + 'sci(*scire*: know)' + 'ous('~ 특성을 지닌'이라는 의미의 접미사)'의 복합어다. 따라서 'consciousness'는 어의적으로 '나 자신과 ~을 공동으로 인식하는 것'이란 의미를 가진다. 의식과 자기의식을 비교하면, '의식'은 나 자신과 무엇을 공동으로 인식한 것이며, '자기의식'은 내가 나 자신을 함께 인식한 것이다. 물론 의식 상태에서 사유로 전환할 때 차이가 나타난다.(옮긴이)

는 차이를 설명해야 한다. 사물의 본질이 무엇인지 언급할 때, 본질이 아닌 것을 언급해야 하거나 동어반복적으로 말하게 된다. 스피노자가 말한 바와 같이, 모든 규정은 부정이다. 이 문제, 즉 동일성과 차이 문제를 언급할 때, 우리는 하이데거가 플라톤의《소피스트》에 대해 지적해왔던 신기한 문장에 주목하게 된다.[149] 이방인은 이 대화편에서 두 가지 범주, 가령 운동과 정지를 언급한다. "이들은〔각기 서로〕상이하나 자기 자신에게는 동일하다 *hekaston heautō tauton*." 하이데거는 이 문장을 해석하면서 '여격與格'[150] '자신에게*heautō*'를 강조한다. 왜냐하면 플라톤은 우리가 기대하듯이 차이가 다수의 사물 가운데서 발생하는 곳, 동어반복적인 것 'A는 A이다'라는 의미에서 "(맥락에서 벗어나) 각각의 자신이 동일하다"고 말하지는 않았기 때문이다. 하이데거에 따르면, 이 여격은 다음과 같은 것을 의미한다. "각각의 사물은 자기 자신으로 되돌아가며, 각각의 자기는 자기 자신과〔함께 있기 때문에〕자기 자신과 동일하다. … 동일성은 '함께'의 관계인 매개, 연합, 종합, 즉 단일체로서의 통합을 함의한다."[151]

---

149   254d.
　　　이 문장의 내용을 이해하기 위해《소피스트》254d의 대화 내용을 첨가한다.(옮긴이)
　　　"이방인: 우리가 방금 논의한 것들 — 존재, 정지, 운동 — 은 매우 중요하다네.
　　　테아이테토스: 분명 그러하지요.
　　　이방인: 현존재는 양자와 조화될 수 있는데, 확실히 이들이 모두 존재하기 때문이라네.
　　　테아이테토스: 물론이지요.
　　　이방인: 그래서 이들은 모두 셋이 되네. 그리고 이들 각자(존재, 운동, 정지)는 다른 둘과는 상이하며, 그 자체로는 동일하다네.
　　　테아이테토스: 그렇군요."

150   체언(명사, 대명사, 수사)이 가지는 일종의 격으로 부사격으로 생각할 수 있으며, 체언으로 하여금 무엇을 받는 자리에 서게 하는 기능을 하며 동작의 상태를 나타내기도 한다. '에게, 께, 한테, 더러, 보고' 등이 있다. 라틴어 명사도 그것이 동사의 주어 또는 목적어로 사용되었는지 또는 소유의 의미를 지시하는지 따위를 보여주는 다양한 의미를 갖는다. 헬라어 명사의 여격은 인격적인 이해관계를 나타내면서 주로 동작의 대상으로 쓰인다. 간접 목적어, 이익과 관심의 여격, 소유의 여격, 수단의 여격 등이 있다.(옮긴이)

151   Heidegger, trans. Joan Stambaugh, *Identity and Difference*, New York, Evanston, London,

하이데거가 검토한 문장은 이데아들의 '공속성koinōnia', 즉 이데아들의 조화와 혼합, 특히 상반되는 요소 같은 **동일성**과 **차이**의 가능한 공속성을 소개한《소피스트》마지막 절에서 나타난다. "색다른 것은 항상 '다른 것들과 관련해pros alla' 그렇게 규정된다."[152] 그런데 서로 반대되는 것들, "스스로 존재하는 것들kath' hauta"은 "자신에게로 복귀하는" 한, 차이의 '**이데아**'를 공유한다. 사물들은 자신들과 더불어 또는 자신들을 위해 동일하다. 따라서 각각의 형상eidos은 서로 다르다. 이들은 자신의 본질 때문이 아니라 **차이**의 속성을 공유하기 때문에 다르다.[153] 달리 표현하면, 각각의 형상은 다른 무엇과 연관성을 맺기 때문이 아니라 수많은 **이데아**에 포함되기 때문에 서로 다르다. 그리고 "모든 실체는 실체로서 다른 무엇과 다른 것으로 간주될 가능성을 지닌다."[154] 우리의 관점에서 볼 때, 수많은 생물, 사물, 이데아가 존재하는 어디에서든 차이가 존재한다. 이러한 차이는 외부에서 발생하지 않고, 이원성 형태의 모든 실체에 내재해 있다. 따라서 통합 상태의 단일체는 이원성으로부터 나타난다.

앞에서 밝혔듯이, 나는 하이데거의 해석뿐만 아니라 플라톤의 암시에도 나타나는 이러한 해석에 오류가 있다고 생각한다. 맥락에서 벗어나는 한낱 어떤 것을 다른 것들과 함께하는 것으로 해석하거나, 그 어떤 것과 자기 자신kath' hauto의 '관계'에서, 즉 동일성의 관점에서만 한낱 어떤 것을 고찰하더라도, 이러한 해석은 차이 혹은 타자성을 드러내지 않는다. 그 어떤 것은 중요한 것과의 관계를 유지하지 않고 자신의 실재성을 상실하며 일종

1969, pp. 24~25.

152   255d.

153   *Sophist*, 255e ; Cornford, *Plato's Theory of Knowledge*, p. 282.

154   Heidegger, *Sophist* 강의 원고 사본, p. 382.

의 미묘한 괴기성에 도달한다. 그 측면에서 어떤 것은 종종 예술 작품, 특히 '카프카의 초기 산문'[155]이나, 하나의 의자나 한 켤레의 구두와 같은 단일한 사물로 묘사되어 있는 반 고흐의 그림에서 나타난다. 그러나 이 예술 작품들은 사유-사물이다. 이것들에게 부여된 의미 — 마치 이것들이 그 자체가 아니고 그 자신을 위해 존재하기라도 하듯이 — 는 사유가 사유-사물로서 포착되었을 때 겪었던 변형물이다.

　　달리 표현하면, 여기에서는 사유하는 나의 경험이 사물 자체로 전이되었다. 어느 것도 그 자체가 될 수 없으며 동시에 그 자체를 위한 것이 될 수 없는 하나 속의 둘이다. 소크라테스는 이것이 사유의 본질이라는 것을 발견했으며, 플라톤은 이를 개념어인 "나와 나 자신 사이의 소리 없는 대화"로 변형했다.[156] 그러나 또한 사유 활동은 단일체를 구성하며, 하나 속의 둘을 통합한다. 반대로 하나 속의 둘은 외부세계가 사유하는 사람에 개입하고 사유 과정을 중단시킬 때 다시 **하나**가 된다. 따라서 그가 호명됨으로써 항상 하나의 형태로 존재하는 현상세계로 복귀할 때, 그것은 마치 사유 과정 자체가 분리했던 그의 두 상대자(즉 나와 나 자신 — 옮긴이)가 동시에 다시 결합되는 것 같다. 실존적으로 표현하면, 사유는 고독하지만 고립되지 않은 일이다. (*자아 존재의*) 고독은 내가 나 자신을 동료로 삼고 있는 인간적 상황이며, (*자아 상실의*) 고립은 내가 하나 속의 둘로 분리되지 않은 채 자신을 동료로 삼을 수 없기 때문에 나만이 외롭게 있을 때 나타난다.[157] 고립

155　아렌트는 카프카의 초기 산문들 가운데 '불행'이란 제목의 글에 포함된 내용을 말하고 있다. 서두의 일인칭 서술은 갑자기 '너Du'의 개입으로 깨진다. 이야기는 이야기하는 사람의 집 안에서 시작된다. 어린이의 환영이 그의 집 안 어두운 복도에서 갑자기 나타난다. 그는 어린이가 실제 인물인지 유령인지를 확신하지 못한다. 작가가 불을 켜는 순간, 어린이는 인사도 하지 않은 채 사라진다. 작가는 어린이가 실제로 유령이었다고 결론을 내린다. 그 어린이는 젊은 시절 자신을 환기하려는 이야기하는 사람의 영혼이다. (옮긴이)

156　*Theaetetus*, 189e; *Sophist*, 263e.

157　아렌트는 고독과 고립의 근본적 차이를 《전체주의의 기원》 제3부 〈이데올로기와 테러〉에서

상황은 야스퍼스가 언급한 바와 같이 "나에게 나 자신이 머물지 않거나*Ich bleibe mir aus*", 달리 표현하면 나 혼자이며 동료가 없는 상태다.

인간이 고독 덕택에 오로지 갖게 되는 자기 자신의 의식 — 우리가 아마도 다른 고등동물과 공유할 수 있는 의식 — 을 사유 활동에 나타나는 이원성(나와 나 자신 — 옮긴이)으로 현실화한다는 사실만큼 인간이 본래 복수로 존재한다는 사실을 더 강력하게 보여주는 것은 없다. 내가 나 자신과 함께 공존하는 이러한 이원성은 사유를 진정한 활동이게 한다. 사유 활동에서 나는 질문하는 사람이며 답변하는 사람이다. 사유는 문답적이고 비판적일 수 있다. 왜냐하면 사유는 이러한 질문과 답변 과정을 거치면서 실제 "대화를 통한 여행*poreuesthai dia tōn logon*",[158] 즉 문답법*dialegesthai*이란 대화를 거치기 때문이다. 우리는 이 과정에서 소크라테스의 근본 질문을 계속해서 다음과 같이 제기한다. 문답법의 말하기*legein*는 소리 없이 아주 빠르게 진행되기 때문에, 그러한 대화 구조를 파악하는 게 약간은 어렵다. 그렇다손 치더라도 당신은 말할 때 무엇을 … 의도하는가?

정신의 대화를 인도하는 기준은 더 이상 진리가 아니다. 왜냐하면 진리는 감각적 증거의 위력으로 강요하는 직관의 양식으로든, 수학적 또는 논리적 추론에 따른 결과들을 고려하는 필연적 결론으로서든 내가 나 자신과 더불어 제기한 질문에 대답하기를 강요하기 때문이다. 소크라테스다운 사유의 유일한 기준은 합의, 즉 자신과 일치하는 것*homologein autos heautō*이다.[159] 반면에 그 합의의 반대, 즉 자신과 대립되는 것(자가당착; *enantia legein autos heautō*)[160]은 실제로 자신의 적이 된다는 것을 의미한다. 따라서 아리스

언급한다.(옮긴이)

158   *Sophist*, 253b.

159   *Protagoras*, 339c.

160   *Ibid.*, 339b, 340b.

토텔레스는 유명한 모순율이란 초기의 표현에서 이것이 공리적이라는 것을 다음과 같이 명백히 밝힌다. "우리는 모순율을 필히 믿어야 한다. 왜냐하면 … 모순율은 외재적 언어(*exō logos*; 즉 친구든 적이든 대화자인 어느 다른 사람에게 표출된 언어)로 노출되지 않고 영혼 *내부에서* 진행되는 정신의 대화에 드러나기 때문이다. 우리가 항상 외재적 언어에 이의를 제기할 수 있다고 하더라도, 여기에서 상대방은 자신이기 때문에, 그리고 나는 나 자신의 적이 되기를 원할 수 없기 때문에 우리는 항상 *내면적 대화*에 이의를 제기할 수 없다.[161] (이 경우에 우리는 사유하는 나의 사실적 경험에서 획득된 그러한 통찰이 철학적 교의 — "A는 동일한 조건과 시간에 B이면서 동시에 A가 될 수 없다" — 로 일반화되었을 때 어떻게 상실되었는가를 알 수 있다. 왜냐하면 우리는 아리스토텔레스가《형이상학》에서 이 문제를 논의할 때 전환을 실현시킨 사실을 발견하기 때문이다.[162])

아리스토텔레스가 초기에 저술한 논리적 논문들을 편집한 모음집《오르가논*Organon*》[163]은 6세기 이후 '도구'로 명명되었는데, 이 저작을 면밀하게 독해하면 다음과 같은 사실이 명백히 드러난다. 이른바 '논리학'은 '영혼의 내부'에서 진행되는 내면적 대화, 즉 '사유의 도구'로 원래 의도된 것이 아니라, 정확하게 대화하고 논의하는 것을 연구하는 학문으로 의도되었다. 우리는 다른 사람을 설득하거나 우리가 언급하는 것을 설명하고자 노력하며, 소크라테스가 그랬듯이 대부분의 사람들 또는 일반적으로 가장 현명하다는 사람들 다수가 합의할 가능성이 높은 전제를 사용하여

---

161   *Posterior Analytics*, 76b22~25.

162   1005b23~1008a2.

163   '*organon*'은 도구 일반, 또는 악기를 의미하며, 그리스어에서는 업무를 수행하는 무엇, 즉 수단을 의미했다. '논리학'에 속하는 여섯 편의 저술이 여기에 포함된다.《범주론*Categoriae*》,《명제론*De Interpretatione*》,《분석론 전서*Analytica Priora*》,《분석론 후서*Analytica Posteriora*》,《변증론*Topica*》, 그리고《소피스트식 논박*Sophistici Elenchi*》이다.(옮긴이)

말을 시작한다. 이때 정확하게 대화하고 논의하는 기술이 요구된다. 따라서 초기의 논문들에서 내면적 대화인 사유에만 결정적이었던 비모순율의 공리는 아직 대화 일반의 가장 기본적인 규칙으로 확립되지 않았다. 이러한 특별한 사례가 모든 사유를 위한 주요 표본이 된 후에야 칸트는《인간학 *Anthropology*》에서 사유를 "자기 자신과 대화하고 … 따라서 내면적으로 자기 자신에게 귀를 기울이는 것"[164]으로 정의하고 "항상 일관되게, 너 자신과 일치되게 사유하라"는 권고 사항을 "사상가들 집단에 불변하는 명령"[165]으로 간주하는 격률에 포함했다.

간단히 말하면, 나와 나 자신 사이의 대화인 사유에서 특별히 인간적인 의식의 실현은 다음의 내용을 암시한다. 즉 차이와 타자성은 수많은 사물 사이의 거주지를 위해 인간에게 제공된 현상세계의 아주 두드러진 특징이며, 인간의 정신적 자아mental ego가 존재하는 데 필요한 바로 그런 조건이다. 왜냐하면 이 자아는 실제로 이원성으로만 존재하기 때문이다. "나-인-나I-am-I", 즉 이 자아는 모습을 드러내는 사물과 연관되지 않고 자기 자신에게 연관될 때만 동일성 속에서 차이를 경험한다. (이 고유한 이원성은 우연하게도 최근 수용되는 동일성 탐구의 공허함을 설명한다. 우리 현대의 정체성 위기는 결코 홀로 있지 않고 사유하지 않으려고 함으로써만 해결될 수 있었다.) 그러한 시원적 분열이 없었다면, 모든 현상에게는 **하나**인 존재자에게 나타나는

---

164   Kant, No. 36, *Werke*, vol. VI, p. 500.
        Robert B. Louden trans., *Anthropology*(Cambridge: Cambridge University, 2006)에는 No. 39에 포함되어 있다.(옮긴이)

165   No. 56, *Ibid.*, p. 549.
        라우든 번역본에는 No. 59에 포함되어 있다. 칸트는 세 가지 격률을 제시한다. "1. 스스로 사유할 것. 2. (인간과의 소통에서) 모든 다른 사람의 입장에서 깊이 사유할 것. 3. 항상 자기 자신과 일관되게 사유할 것. 첫째 원리는 제약으로부터의 자유라는 소극적 원리이고, 두 번째는 다른 사람의 원리에 적응하는 자유주의자들의 원리이며, 세 번째는 일관된 (논리적) 사유 방식의 원리다."(옮긴이)

조화에 대한 소크라테스의 진술은 무의미했을 것이다.

의식은 사유와 동일하지 않다. 의식 활동은 '지향적' 활동이며, 이런 이유로 인지적인 활동이기도 하다. 따라서 의식 활동은 감각 경험과 공통점을 갖고 있다. 반면에 사유하는 나는 무엇을 사유하지 않고 무엇에 *대해* 사유한다.[166] 이러한 활동은 문답적이다. 사유는 소리 없는 대화라는 형태로 진행된다. 자기 자각이란 의미의 의식이 없었다면 사유는 가능하지 않았을 것이다. 사유는 끊임없이 진행되면서, 의식 속에 단순한 원재료로 주어진 차이를 현실화한다. 따라서 의식은 이러한 인간화된 형태 속에서만 신도 동물도 아닌 인간인 어떤 사람의 두드러진 특징이 된다. 은유가 한편으로는 현상세계, 다른 한편으로는 여기에서 진행되는 정신 활동들 사이의 간격을 좁히듯이, 소크라테스의 '하나 속의 둘'은 사유의 고독성을 치유한다. 사유의 본질적인 이원성은 지구의 법칙인 무한한 다원성을 시사한다.

소크라테스에게 하나 속의 둘이란 이원성은 다음과 같은 의미를 함축하고 있다. 여러분은 사유하기를 원할 경우, 대화를 수행하는 두 사람이 훌륭한 형태를 유지해야 한다는, 즉 상대방을 친구로 삼아야 한다는 것을 알아야 한다. 여러분이 주의하면서 혼자 있을 때 나타나는 상대방은 사유

---

166   하이데거는 《사유란 무엇인가》에 수록된 〈연계강의록〉에서 '사유란 무엇인가?'라는 질문에 대한 답변으로 '*legein ti kata tinos*(to say something about something: 무엇인가에 대하여(즉 무엇인가로서) 무엇인가를 말하다)'라고 밝혔다. 코르넬리센Wout Cornelissen은 《사유의 인공물: 아렌트의 사유일기 독해*Artifacts of Thinking: Reading Hannah Arendt's Denktagebuch*》(2017), p. 79에서 이에 대한 아렌트의 입장을 다음과 같이 밝힌다. "아렌트는 '무엇에 대하여 무엇을 진술하다'라는 하이데거의 주장을 받아들이면서 전환을 했다. 아렌트는 이를 《사유일기》 제16권 21, p. 392에서 밝히고 있다. 아렌트의 경우, 그것은 '무엇에 대하여 또는 무엇을 고려하여 다른 사람과 함께 또는 다른 사람에게 말하다'를 의미한다. 아렌트의 용어에서는 여격(다른 사람'과 함께' 또는 다른 사람'에게'speaking with or to others)이 대격(무엇인가를 이야기하다speaking about) 또는 무엇을 고려하여with a view to과 연계되어 있다.(옮긴이)

를 중단하기 전에는 결코 피할 수 없는 존재다. 나쁜 일을 행하는 것보다 그것을 감수하는 편이 더 낫다. 여러분은 고통받는 사람의 친구가 될 수 있기 때문이다. 누가 살인자의 친구가 되기를 원할 것이며, 누가 살인자와 함께 살아야 할 것인가? 다른 살인자도 그렇게 하는 것을 원치 않는다. 결국 칸트의 정언명령이 호소하는 것은 당신과 당신 자신 사이의 합의의 중요성에 대한 단순한 고찰에 있다. "너 자신과 대립하지 말라"는 명령은 "보편적인 법칙이 되어야 하는 것을 동시에 의지하라는 그러한 공리에 따라서만 행동하라"[167]는 명제에 기초한다. 살인자나 도둑은 "너는 살해해야 한다"와 "너는 도둑질해야 한다"를 일반 법칙으로서 의지할 수 없다. 왜냐하면 그는 본성적으로 자신의 생명과 재산을 지키려고 걱정하기 때문이다. 당신이 당신 자신을 기만한다면, 당신은 당신 자신과 모순된다.

《대히피아스*Hippias Major*》는 비록 플라톤이 증언하지 않았다 하더라도 소크라테스에 대해 명백하게 증언하고 있는 논쟁적 대화편들 가운데 하나다. 소크라테스는 이 대화편에서 상황을 단순하고 정확하게 기술한다. 이 상황은 대화의 끝부분으로, 집에 가는 순간 진행된다. 소크라테스는 특별히 자신이 어리석은 상대자라는 것을 제시한 히피아스에게 그가 가난한 소크라테스와 비교해 얼마나 "더없이 행운인가"를 설명한다. 소크라테스를 항상 철저하게 분석하려는 아주 지독한 동료가 집에서 그를 기다리고 있다. "그는 가까운 친척이며, 같은 집에서 살고 있다." 그는 이제 소크라테스가 히피아스의 견해를 언급하는 말을 듣게 될 때, 소크라테스를 철저하게 분석하면서 "소크라테스가 삶의 아름다운 방식에 대해 언급하는 것을 부끄러워하지 않는가?"에 대해 질문할 것이며, "의문을 제기할 때 소크라테스가 '아름다움'이란 낱말의 의미에 대해 알지도 못한다는 것을 명료화했

---

167   "Grundlegung zur Metaphysik der Sitten", *Werke*, vol. 4, pp. 51~55.

다."[168] 히피아스가 집에 들렀을 때, 그 사람은 홀로 살고 있기는 하지만 자신을 동료로 삼지 않았기 때문에 혼자였다. 그는 확실히 의식을 잃지는 않으나 그것을 현실화하는 습관을 갖고 있지는 않다. 소크라테스가 집에 왔을 때, 그는 혼자 있지 않고 자기 자신 옆에 있다. 소크라테스는 자기를 기다리는 그와 함께 어떠한 형태의 합의에 도달해야 한다. 그들은 같은 지붕 밑에 있기 때문이다. 당신은 동료들을 떠났을 때 함께 살 수밖에 없는 유일한 사람과 불화를 일으키는 것보다 전체 세계와 대립 상태에 있는 편이 훨씬 나은 것이다.

소크라테스가 발견했듯이, 우리는 다른 사람뿐만 아니라 우리 자신과도 대화할 수 있는데, 이 두 가지 형태의 대화는 다소간 서로 연관되어 있다. 우정에 대해 언급한 아리스토텔레스는 "친구란 또 하나의 나"[169]라고 했다. 이는 다음과 같은 것을 의미한다. 당신은 당신 자신뿐만 아니라 그와 사유의 대화를 수행할 수 있다. 이것은 소크라테스가 자기 자신이 일종의 친구라는 것을 말하려 했듯이 여전히 그의 전통에 속한다. 이러한 문제에서 주요 경험은 물론 우정이지 자기성은 아니다. 나는 우선 나 자신과 대화를 나누기 전에 공통의 대화를 나누고자 했던 모든 것을 검토하면서 다른 사람과 대화하며, 다음으로 나 자신뿐만 아니라 다른 사람과도 대화를 행할 수 있다는 것을 발견한다. 그러나 공통의 요지는 사유의 대화가 친구 사이에만 수행될 수 있다는 것이며, 그 기본적인 기준인 최상의 법은 사실상 "당신 자신과 모순되지 말라"로 표현된다.

"자신들과 불일치 상태에 있는 것*diapherontai heautois*"은 '비천한 사람들'의 특징이며, 자기 자신의 동료를 피하는 것은 '사악한 사람들'의 특징

---

168   304d.

169   *Nicomachean Ethics*, 1166a30.

이다. 그들의 영혼은 자신에 대해 반기를 든다*stasiazei*.[170] 당신의 영혼이 영혼 자체와 조화 상태에 있지 않고 대립될 때 당신은 당신 자신과 어떠한 형태의 대화를 나눌 수 있는가? 셰익스피어 작품의 등장인물인 리처드 3세가 혼자 있을 때 우리가 몰래 엿들은 대화는 정확히 다음과 같다.

> 내가 무엇을 두려워하는가? 내가 겁이 나는가? 곁에는 아무도 없다네.
> 리처드는 리처드를 사랑하지. 그래 나는 곧 나란 말일세.
> 여기에 자객이 와 있단 말인가? 물론 아니지. 내가 바로 그라네.
> 그럼 도망쳐야 해. 뭐! 내가 나 자신으로부터?
> 그럴 대단한 이유라도 있나?
> 내 복수가 무서워서. 뭐! 내가 나 자신에게 복수를?
> 슬프도다! 나는 나 자신을 사랑한다네. 무엇 때문에?
> 안 되지 안 돼, 난 내가 마음에 든단 말이야.
> 아! 아니, 슬프도다! 나는 오히려 나 자신을 증오한다.
> 나 자신이 행한 증오스러운 행적 때문에
> 나는 악한이라네. 아직도 나는 거짓말을 하니, 나는 아니다.
> 에이, 바보 같으니, 제 이야기를 좋지 않게 말하는 게 어디 있담.
> 집어치워, 아첨 따위는.[171]

한밤이 지나고 리처드가 귀족들 무리를 참여시키기 위해 자기 자신인 동료를 피했을 때, 이 모든 것은 다르게 보인다. 그래서 그는 다음과 같이 언급했다.

170   *Ibid.*, 1166b5~25.

171   《리처드 3세*Richard III*》 제5막 제3장 〈보즈워스 평원〉 180~194.(옮긴이)

양심은 겁쟁이들이 사용하는 말에 지나지 않아.
원래가 강자를 위협하기 위해 꾸며낸 말이야.[172]

저잣거리를 그렇게 사랑했던 소크라테스도 집으로 가야만 했으며,
또 하나의 동료를 만나기 위해 혼자 고독 속에 있을 것이다.

나는 《대히피아스》에서 언급하는 완전히 평이한 문장에 관심을 가
져왔다. 왜냐하면 이 문장은 문제를 단순화하는 데 — 지나친 단순화의 위
험에도 불구하고 — 도움이 되는 은유를 제공하기 때문이다. 문제를 풀기
어려워서 이를 지나치게 단순화하려는 위험은 항상 존재한다. 후세 사람들
은 집에서 소크라테스를 기다리는 동료에게 '양심'이란 명칭을 부여해왔
다. 칸트의 용어로 표현하면, 우리는 우리 자신을 양심의 법정에 출두시켜
우리 자신에 대해 설명해야 한다. 그리고 나는 《리처드 3세》의 문장을 선정
했다. 왜냐하면 셰익스피어는 비록 '양심'이란 용어를 사용하지만 여기에
서는 익숙한 방식으로 이 용어를 사용하지 않기 때문이다. 언어에서 '의식'
이란 용어가 '양심'이란 용어에서 분리되는 데는 많은 시간이 걸렸으며, 일
부의 언어들, 가령 프랑스어에서 이러한 분리는 결코 나타나지 않았다. 그
리고 이 양심은 행하고 회개할 것을 우리에게 말하게 되어 있다. 그것은 자
연의 빛*lumen naturale* 또는 칸트의 실천이성이 되기 전의 신의 목소리였다.
　이렇게 계속해서 출현하는 양심과 달리, 소크라테스가 언급하는 동
료는 집에 남아 있었다. 《리처드 3세》에서 살인자들이 드러나지 않은 양심
을 두려워하듯이, 소크라테스는 그러한 동료를 두려워한다. 여기에서 양심
은 사유 이후의 것으로 나타난다. 그것은 리처드 자신의 경우에서처럼 범
죄에 의해 일어나거나, 소크라테스의 경우처럼 검토되지 않은 의견들에 의

172　*Ibid*., 310~311.(옮긴이)

해 일어난다. 리처드의 고용된 자객들과 관련해 볼 때, 양심은 단지 그러한 추후 사유 이후에 예상되는 공포일 수도 있다. 우리 내면에 존재하는 신의 목소리나 자연의 빛과 달리 이 양심은 긍정적인 처방을 제시하지 않는다. (소크라테스의 다이몬*daimōn*, 즉 그의 신적인 목소리도 행하지 않아야 할 것을 그에게 오직 언급한다.) 셰익스피어의 말로 표현하자면, "그놈(양심)은 온갖 방해를 일삼는다."[173] 인간으로 하여금 양심에 두려움을 갖게 하는 것은 그가 집으로 갈 경우에, 그리고 그러한 때에만 그를 기다리는 목격자가 출현할 것을 예감하는 것이다. 셰익스피어의 자객들은 다음과 같이 말한다. "삶을 즐기려는 자는 그놈(양심)을 몰아내고 살려고 … 하며",[174] 이러한 일은 쉽게 성공한다. 그가 행해야 하는 것은 소리 없는 고독한 대화인 '사유'를 결코 시도하지 않는 것이며, 집에서 모든 것을 고찰하지 않는 일이다. 이것은 지성이나 우매성 문제가 아니듯이 사악함이나 선의 문제도 아니다. (우리가 말하고 행하는 것을 고찰하는) 그 소리 없는 소통을 알지 못하는 사람은 자신과 모순되는 것에 신경을 쓰지 않는데, 이는 그가 자신의 언행을 설명할 능력이나 의사를 결코 가지고 있지 않을 것이라는 점을 의미한다. 그는 다음 순간에 그것이 망각되는 것을 고려할 수 있기에 어떠한 죄를 범하는 것에 신경을 쓰지 않는다. 양심 없는 사람 — 아리스토텔레스가 주장한 것과는 반대임에도 불구하고 — 은 "후회하는 데 열중하지"[175] 않는다.

　　인간의 삶에 나타나는 자연적 필요로서 비인지적 · 비전문적 의미의 사유, 즉 의식에 주어진 차이의 현실화는 소수의 특권이 아니라 모든 사람에게 항상 존재하는 능력이다. 이와 마찬가지로, 사유하지 못하는 것은 지력을 결여한 사람의 결점이 아니라 모든 사람에게 상존하는 가능성이다.

---

173   《리처드 3세》 제1막 제4장 〈런던. 런던탑〉에서 두 번째 자객의 대사다.(옮긴이)

174   *Ibid.*(옮긴이)

175   아리스토텔레스, 《니코마코스 윤리학》 제9권 1166b.(옮긴이)

정신 활동을 하고 있는 과학자, 학자, 그리고 다른 전문가들도 예외는 아니다. 누구나 자신과 사유의 소통을 피할 수 있으며, 소크라테스는 처음으로 이러한 소통의 실행 가능성과 중요성을 발견했다. 사유는 삶을 동반하며 살아 있는 것의 탈물질화된 본질 그 자체다. 삶이 과정인 만큼, 그 본질은 실제적인 사유 과정에 오직 존재할 수 있을 뿐, 어떤 확고한 결과나 특정한 사유에 있지 않다. 사유하지 않는 삶은 분명 가능하다. 하지만 그러한 삶은 자체의 본질을 발전시키지 못한다. 즉 그러한 삶은 무의미할 뿐만 아니라 완전히 살아 있는 것이 아니다. 사유하지 않는 사람들은 몽유병자들과 같다.

"인간에게 장애물을 부과하는" 양심은 사유하는 나와 나의 경험에는 부작용이다. 사유하는 내가 어떠한 사유의 연쇄를 통해 사유하더라도, 우리 모두에게 존재하는 자기는 하나 속의 둘이 친해지고 조화롭게 살아가는 것을 불가능하게 만들 어떤 것을 행하지 않도록 주의해야 한다. 스피노자는 이것을 "자기만족*acquiescentia in seipso*"이란 용어로 표현하고자 했다. 즉 "자기만족은 이성에서 발생할 수 있으며, 이 만족이야말로 존재할 수 있는 최고의 만족이다."[176] 행위를 위한 기준은 다수가 인정하고 사회가 합의한 통상적인 규칙이 되지 않으며, 나의 언행에 대해 사유할 시간이 다가왔을 때 내가 평화롭게 나 자신과 살 수 있는가라는 문제다. 양심은 당신이 집으로 왔을 때 당신을 기다리는 동료에 대한 기대다.

사유하는 사람 자신에게 이 도덕적인 부작용은 중요하지 않은 문제다. 그리고 사유 자체는 사회에 별로 도움이 되지 않으며, 지식에 대한 욕구 — 사유를 다른 목적의 도구로 사용하는 — 에는 더욱 도움이 되지 않는다.

---

176   Spinoza, *Ethics*, IV, 52 ; III, 25. 스피노자는 이것을 다음과 같이 증명한다. "자기만족은 인간이 자기 자신과 자기 활동 능력을 관조하는 데서 생기는 기쁨이다. 그러나 인간의 진정한 활동 능력 또는 덕은 이성 자체이며, 인간은 이 이성을 명료하게 관조한다. 그러므로 자기만족은 이성에서 생길 수 있다."(옮긴이)

사유는 가치를 창조하지 않는다. 사유는 최종적으로 '선'이 무엇인가를 발견하지 않을 것이며, 확증하지 않고 오히려 수용된 품행 규칙을 해체한다. 그리고 특별한 긴급사태가 발생하지 않는 한, 사유는 아무런 정치적 연관성을 갖지 않는다. 내가 살아 있는 동안에 내가 나 자신과 살 수 있어야 한다는 것은 '한계상황'[177]인 경우를 제외하고 정치적으로 발생하지 않는 고려 사항이다.

야스퍼스는 일반적이고 불변적인 인간조건 — "나는 투쟁하지 않고 고통을 겪지 않은 채 살아갈 수 없다는 것, 그리고 죄책감을 피할 수 없다는 것, 나는 죽어야 한다는 것" — 을 표현하기 위해 이 용어를 새롭게 만들었다. 이러한 인간조건은 "초월성을 이미 시사하는 내재적인 무엇"에 대한 경험을 암시한다. 그리고 초월성에 응할 경우에 "*잠재적으로 존재하는 우리가 실존이 되는*" 결과로 귀착되는 내재적인 무엇에 대한 경험을 암시한다.[178] 야스퍼스의 경우, 이 용어는 특이한 경험보다 탄생과 죽음에 의해 제한된 삶 자체가 한계 설정의 문제라는 바로 그 단순한 사실에서 암시적인 설득력을 얻게 된다. 그런데 삶 자체는 한계 설정의 문제가 된다. 왜냐하면 나로 하여금 나의 세계적 실존이 내가 존재하지도 않았던 과거를 설명하도록 강요하며, 더 이상 있지도 않을 미래에 대해 설명하도록 강요하기 때문

---

177   유한한 존재가 초월의 영역에 들어가지 못하더라도 가까이 갈 수 있기에, 두 영역의 경계에 접근할 수 있다는 것을 상징화한 것이 경계적 경험border experience이다. 인간이 죽는다는 것은 내재적 경험이지만 또한 일반적이고 불변적인 것이기에, 내재적 경험과 초월적 경험이 공존한다는 의미를 담고 있다. 기존 형이상학에서는 이를 정당화하기 위해 두 세계(영역)를 상정하는데, 영역의 경계를 동시에 경험할 수 있다는 의미가 담겨 있다. 야스퍼스는 두 세계의 병치로서 '객관적 지식 / 비객관적 사유'라는 이분법에 대한 칸트의 접근법을 비판한다. 그의 경우, 한 세계만이 존재하는데, 그 세계는 사람들이 자신의 객관적 성격을 파악하고자 열망하는가 또는 자신들의 정체를 발견하고 긍정하기 위해 행동하는가에 따라 다른 얼굴을 보인다는 것이다. 실존과 행동의 이러한 연계는 야스퍼스와 아렌트 이론의 중대한 일치를 시사한다.(옮긴이)

178   *Philosophy*(1932), trans. B. Ashton, Chicago, London, 1970, vol. 2, pp. 178~179.

이다. 내가 생존 기간의 한계를 넘어 이 과거를 성찰하고 판단하며, 미래를 성찰하고 의지의 계획을 형성할 때마다 사유는 정치적으로 주변적인 활동이 되지 않는다는 것이 여기에서 문제의 핵심이다. 그리고 이러한 성찰은 불가피하게 정치적 위기 속에서 발생할 것이다.

누구든지 다른 사람들이 행하고 믿는 것에 휩쓸려 부지불식간에 제정신이 아닐 수 있다. 이런 때에 사유하는 사람들은 그러한 일에 참여하는 것을 명백히 거부함으로써 일종의 행위를 하게 되기 때문에 은폐된 상태로부터 벗어나게 된다. 이러한 긴급 상황에서 사유가 지닌 축출 요소(검토되지 않은 의견의 의미를 부각하고 이를 파괴하는 소크라테스의 산파술)는 명백히 정치적 함의를 지닌다. 이 파괴는 다른 능력, 즉 판단 능력을 '해방시키는 효과'[179]가 있기 때문이다. 우리는 어떤 이유로든 이러한 능력을 인간의 정신 능력 가운데 가장 정치적인 능력으로 규정할 수 있다. 이러한 파괴는 다른 습관과 규칙에 의해 대체될 수 있는 습관으로 발전할 때까지 가르침을 받고 배울 수 있는 일반 규칙 아래 특수한 것들을 포함하지 않은 채 그것들을 판단하는 능력이다.

(칸트가 밝힌) 특수한 것들을 판단하는 능력, 즉 '이것은 그르다', '이것은 아름답다' 등을 말하는 능력은 사유하는 능력과 동일하지 않다. 사유는 비가시적인 것, 즉 드러나지 않는 사물들의 표상을 취급하며, 판단은 항상 특수한 것들, 그리고 가까이 있는 사물들과 연관된다. 그러나 의식과 양심이 연관되어 있듯이, 사유와 판단은 상호연계되어 있다. 무언의 대화 속에서 하나 속의 둘, 즉 사유는 의식에 주어진 동일성 내에서 차이를 실재화

---

179   사유에 참여하는 사람의 경우, 양심은 불가피한 부산물이다. 사유의 부산물인 양심은 사유를 외부로 표출하는 **효과로서 판단**에 그 상대역을 갖고 있다. 양심이 우리의 행동을 평가하는 내면적 견제를 상징한다면, 판단은 비판적으로 사유하는 우리의 능력을 외적으로 구체화하는 것을 상징한다. 사유와 판단은 모두 옳고 그름의 문제와 연관된다. 그러나 양심이 자아에 관심을 갖는 반면, 판단은 세계에 관심을 돌린다.(옮긴이)

하며, 따라서 그의 부산물로서 양심을 생산한다면, 사유의 해방적 효과인 부산물, 즉 판단은 내가 결코 혼자 있지 않고 항상 너무 바빠서 사유할 수 없는 현상세계에서 사유를 구체적으로 드러나게 한다. '사유의 바람'의 구체화는 지식이 아니다. 그것은 아름다움과 추함, 옳음과 그름을 말하는 능력이다. 이것이야말로 이해 관계(즉 내기에 건 돈)가 목전에 상정되어 있는 흔치 않은 경우에도 최소한 자기를 위해 파국을 방지할 수도 있다.

4   우리는 사유할 때 어디에 있는가?

"나는 때론 사유하고, 때론 존재한다"(발레리)

: 있을 것 같지 않은 곳!

이러한 고려 대상들을 이제 마무리하려고 한다. 나는 독자가 결론의 요약을 기대하지 않기를 바란다. 나의 이러한 시도는 지금까지 기술되었던 것과 엄청난 대립 상태에 놓이게 될 것이다. 사유가 자체의 목적을 지닌 활동이고, 사유를 적절히 드러내는 유일한 은유가 일상의 감각 경험에서 도출된 것, 즉 살아 있다는 느낌이라면, 삶의 목적에 관한 질문에 답할 수 없듯이 사유의 모든 목적과 관련된 질문들에 대해서도 답할 수 없다. 나는 연구의 마지막 부분에서 '우리는 사유할 때 어디에 있는가?'라는 질문을 제기하려고 한다. 그 대답이 어떤 결론을 제공하기 때문이 아니라, 질문 자체와 질문에 의해 제기된 고려 사항은 이러한 전반적인 접근의 맥락에서만 이해될 수 있기 때문이다. 아래에서 언급할 것은 이전의 성찰에 아주 많이 의존하기 때문에, 나는 독단적인 명제로 보이는(그러나 의도하지 않은) 것들 가운데 몇 가지 성찰을 간략하게 요약하려고 한다.

첫째, 사유는 항상 정상 영역을 벗어나고, 일상의 모든 활동을 중단시키며, 일상의 활동으로 중단된다. 옛날 속담대로, 이를 가장 명확하게 설명하는 범례는 여전히 소크라테스의 습관일 것이다. 즉 소크라테스는 갑작스럽게 "정신을 자기 자신에게로 돌리고", 아울러 모든 동료들과 교제를 끊은 채 자신이 우연히 있게 된 곳마다 자신의 위치를 택하고, 이전에 자신이 수행해왔던 모든 것을 연속적으로 유지하라는 "모든 간청에 무관심했다."[1] 우리가 크세노폰을 통해 들었듯이, 소크라테스는 군대 막사에서 24시간 동안 완전히 움직이지 않은 채 있었다. 우리식으로 표현하면, 그는 사유에 깊이 빠져 있었다.[2]

둘째, 사유하는 나의 순수한 경험을 명백히 드러내는 표현들은 여러 가지다. 이들 가운데 다음과 같은 형이상학적 오류들이 있다. 이원적 세계론, 그리고 더 흥미롭지만 사유가 일종의 죽는 과정이라는 비이론적 기술記述, 또는 반대로 사유하는 동안 우리가 다른 사유세계 — 현실 바로 이곳의 어두움 속에서도 암시를 통해 우리에게 나타나는 — 의 구성원이라는 개념, 또는 관조의 삶이 이방인의 삶bios xenikos이라는 아리스토텔레스의 정의 등을 들 수 있다. 동일한 경험들은 세계라는 실재에 대한 데카르트의 회의, "나는 때론 사유하고, 때론 존재한다Tantôt je pense et tantôt je suis"는 발레리

---

1   *Symposium*, 174~175.
    "혼자 사유에 잠기다"로 번역하며, 이럴 때 동료들과 만나는 것을 잠시 중단하니, 소크라테스를 동행하다 먼저 아가톤 집에 온 아리스토데모스가 소크라테스를 모셔오라는 동료들의 재촉을 만류하면서 때가 되면 올 것이라는 의미로 "그게 그분 버릇이야"라고 한다.(옮긴이)

2   소크라테스는 펠로폰네소스 전쟁 8년 차에 알키비아데스, 라케스, 크세노폰과 함께 델리온 전투에 참여했는데, 전투에 패배해 퇴각하는 가운데 자제력을 유지하며 퇴각하는 병사들을 보호했다. 알키비아데스는 이때 소크라테스의 모습을 《향연》 220에서 다음과 같이 기록하고 있다. "한번은 이른 아침에 그가 깊은 생각에 잠겨 있었어요. 그는 한자리에서 그냥 서서 생각했는데, 해결이 되지 않았는지 그 자리에서 그냥 서서 생각했는데 … 정오가 되었을 때까지도 그 자리를 뜨지 않고 계속 생각하더군요. … 그는 새벽이 될 때까지, 그리고 태양이 떠오를 때까지 서 있었어요. 그리고는 태양을 향해 기도를 드린 후에 어디론가 가버렸습니다."(옮긴이)

의 주장(실재하는 것과 사유하는 것이 마치 대립적인 것 같은 주장),[3] "우리가 존
재한다는 것을 알지 못하는 조건에서만 우리는 진정으로 홀로 존재한다"는
메를로 퐁티의 주장[즉 "바로 이러한 무지는 우리 (철학자들의) 고독이다"]
에 반영되어 있다.[4] 또한 사유하는 내가 무엇을 성취하든, 그것은 진실로 실
재 자체에는 결코 도달할 수 없을 것이며, 어떤 것이 실제로 존재한다는 것,
그리고 인간의 삶이 꿈에 불과하다는 것을 자신에게 결코 확신시킬 수 없을
것이다. (삶이 단순히 꿈이라는 이러한 의혹은 물론 아시아 철학자들의 가장 두드
러진 특성에 속한다. 인도철학에는 이러한 예가 많다. 나는 중국철학의 매우 매혹적
인 사례 하나를 제시하고자 한다. 그것은 도교 철학자인 장자에 관한 이야기다. 장자
는 "한때 자신이 주위를 훨훨 날면서 자족하고 기쁘게 움직이는 나비였다는 꿈을 꾸
었다. 그는 자신이 장자였다는 것을 몰랐다. 문득 그가 잠에서 깨었을 때 거기에 있는
것은 틀림없는 장자였다. 그러나 그는 자신이 나비라고 꿈꾸었던 장자였는지, 아니면
장자라고 꿈꾸고 있는 나비인지를 알 수 없었다. 장자와 나비 사이에는 상당한 차이
가 있음에 틀림없다!")[5]

다른 한편, 사유 경험의 강도는 평정 속에서 나타난다. 사유와 실재
의 대립은 쉽게 반전될 수 있다. 따라서 사유만이 실재적인 것 같고 단순히
존재하는 것은 잠정적인 것 같으며, 그래서 그것은 마치 존재하지 않았던
것 같다. "사유되고 있는 것은 존재하고, 존재하는 것은 그것이 사유인 한
에서만 존재한다."[6] 그러나 여기에서 결정적인 것은 사유하는 사람의 고독
이 갑자기 중단되고, 세계와 우리 동료들의 외침이 하나 속의 둘이라는 내
면적 이원성을 다시 일원성으로 변화시키는 순간, 이러한 모든 회의는 사

---

3   여기에서 '실재하는'이란 '현존하는being' 또는 '살아감living'을 의미한다.(옮긴이)

4   Merleau-Ponty, *Signs*, "The Philosopher and His Shadow", p. 174.

5   Sebastian de Grazia, "About Chuang Tzu", *Dalhousie Review*(Summer 1974)에서 인용.

6   Hegel, *Encyclopädie der philosophischen Wissenschaften*, 465n.

라진다는 사실이다. 따라서 존재하는 모든 것이 한낱 꿈이라는 생각은 사유 경험에서 발생한 백일몽이거나 내가 세계로부터 이탈했을 때가 아니라 세계가 나로부터 이탈하여 비현실적이게 될 때 나타날 수 있는 위안의 사유다.

셋째, 사유 활동의 이러한 기이성은 모든 정신 활동의 고유 속성인 '이탈'이라는 사실에서 발생한다. 사유는 항상 부재 상태와 관련되며, 현존하거나 가까이 존재하는 것으로부터 이탈한다. 물론 사유가 일상의 삶의 일부로서 우리 세계 이외의 다른 세계의 실존을 증명하는 것은 아니다. 그러나 사유한다는 것은 시간과 공간의 관점에서만 생각할 수 있을 뿐이다. 그것은 실재와 실존이 잠정적으로 판단중지되고 그 무게를 상실했음을 의미하며, 아울러 이러한 무게를 유지한 채 사유하는 나에게 필요한 의미가 상실되었음을 함축한다. 사유 활동 과정에서 의미 있는 것은 감각을 제거한 결실인 추출물이다. 이러한 정제된 추출물은 한낱 추상적 개념이 아니다. 그것들은 한때 '본질'이라고 불렸다.

우리는 이 본질을 특정화할 수 없다. 본질을 탐색하는 인간의 사유는 특수성의 세계를 포기하며, 비록 반드시 보편적으로 정당하지 않더라도 일반적으로 有의미한 중요한 것을 찾으러 특수성의 세계 밖으로 벗어난다. 사유는 항상 '일반화하며', 특수한 것들로부터 의미가 포함될 수 있는 것은 무엇이든 끌어낸다. 사유는 감각을 제거하는 덕분에 신속한 조작을 위해 특수한 것들을 압축할 수 있다. 모든 사유가 특수성의 보편적인 우위를 주장하더라도, 일반화는 모든 사유에 내재되어 있다. 달리 표현하면, '본질적인 것'은 어디에서나 적용 가능하며, 사유에 그 특별한 비중을 제공하는 이 '모든 곳'은 공간적으로 말하자면 '있을 것 같지 않은 곳'이다. 보편자들, 즉 비가시적 본질들 사이에서 이동하는 '사유하는 나'는 엄격히 말해서 어디에도 존재하지 않는다. 강조하자면, 사유하는 나에게는 거처가 없다. 이러한 내용은 일찍이 철학자들 사이에 범세계주의 정신의 형성을 설명해줄 수 있다.

내가 아는 바에 따르면, 사유 활동에 자연스러운 것, 즉 머물 일정한
곳이 없음homelessness이라는 조건을 명료하게 자각했던 위대한 사상가는 아
리스토텔레스뿐이었다. 아마도 그는 행위와 사유의 차이(철학적 삶의 방식과
정치적 삶의 방식 사이에 나타나는 결정적인 차이)를 아주 잘 인식했고 아주 명
쾌하게 설명했으며, 명백한 추론을 통해 소크라테스의 "전철을 밟으며" 아
테네인들로 하여금 "철학에 두 번 죄를 범하도록" 방치하려고 하지 않았기
때문이다. 소크라테스에 대해 불경 혐의가 부과되었을 때, 그는 아테네를
떠나 "마케도니아의 영향권에 있는 성채 도시 칼키스로 이주했다."⁷ 아리
스토텔레스는 초기 저서들 가운데 하나인 《철학의 산책Protreptikos》에서 철
학자의 삶의 방식이 지니는 커다란 장점으로 머물 일정한 곳이 없음을 고려
했다. 이 저서는 고대에는 상당히 잘 알려졌지만, 현재는 토막글만 전해지
고 있다. 이 토막글에서 그는 이론적 삶bios theōrētikos이 "거래를 위한 도구나
장소를" 필요로 하지 않는다는 이유로, 그리고 지구상의 어느 누구든 자신
이 사유에 헌신하는 곳마다 진리가 현존하는 것인 양 진리를 획득할 것이라
는 이유로 이론적 삶을 찬양했다. 철학자들은 '있을 것 같지 않은 곳'을 마
치 나라처럼 사랑하며philochōrein, 사유하기 또는 철학하기 자체에 내재된 달
콤함 때문에 다른 모든 활동으로 하여금 무행scholazein(일상적인 의미에서와 같
이 아무것도 행하지 않음) 자체를 지향하게끔 한다고 말한다.⁸ 이 축복받은 독
립성의 근거는 철학kata logon(인지)이 감각에 나타나는 특정한 것들에 관심
을 갖지 않고 보편적인 것들kath' holou, 즉 국지화될 수 없는 것에 관심을 가
지고 있다는 것이다.⁹ 항상 특정한 것들에만 관심을 갖는 실천적·정치적
문제에서 이러한 보편적인 것들을 추구하는 것은 상당한 오류가 된다. 즉

---

7   Ross, *Aristotle*, p. 14.

8   *Protreptikos*, Düring ed., B56.

9   *Physics*, VI, viii, 189a5.

이 영역 모든 곳에 동등하게 적용 가능한 일반적 진술들은 바로 공허한 일
반론이 되어버린다. 행위는 특정성을 취급하고, 특정한 진술만이 윤리 영
역이나 정치 영역에서 정당화될 수 있다.[10]

　달리 말하면, 우리는 사유하는 내가 있는 장소에 대해 질문할 경우,
엉뚱하고 부적절한 의문을 제기하고 있다고 하는 편이 나을 것이다. 일상
적인 현상세계의 관점에서 볼 때, 사유하는 내가 머무는 모든 곳 ― 사유
가 빛의 속도보다 더 빠르게 넘나드는, 시공간의 거리에도 불구하고 사유
가 자유자재로 자신의 면전으로 끌어들이는 ― 은 *어디에도 있을 것 같지*
*않은 곳*이다. 있을 것 같지 않은 이곳은 출생과 더불어 갑자기 출현하고 죽
음으로 거의 갑자기 사라지는 두 가지 형태의 있을 것 같지 않은 곳이 아니
라, 단지 **공백**으로 간주될 수 있다. 그리고 이 절대적인 공백은 제한적인 한
계 개념이 될 수 있다. 분명 무가 틀림없이 존재한다면, 사유하고자 하는 것
이 존재하지 않을 수 있다. 우리가 극복할 수 없는 장벽 내에 사유를 에두르
는 제한적인 한계 개념들을 지니고 있다는 것 ― 그리고 절대적인 시작이나
절대적인 종말의 개념은 이들 중에 포함된다 ― 은 우리가 실제로 *유한한*
존재라는 것 이상을 우리에게 전달하지는 않는다. 이러한 한계가 사유하는
나를 국지화하는 장소 구성에 기여할 수 있다고 주장하는 것은 이원적 세계
론의 변형이 될 수 있다. 과거와 미래로 확장되는 시간의 무한성 속에 설정
된 짧은 수명 때문에 어쩔 수 없이 인간의 유한성은 사실상 모든 정신 활동
의 기본 구조를 형성한다. 인간의 유한성은 유일한 실재로서 자신을 드러
낸다. 그런데 사유하는 내가 현상세계로부터 이탈했을 때, 그리고 이 세계
에서 우리의 위치를 알 수 있게 해주는 공통감에 내재된 감각을 상실했을
때, 사유 자체는 유일한 실재를 자각한다.

　달리 말하면, 실재성에 대한 우리의 감각이 전적으로 우리의 공간적

10　*Nicomachean Ethics*, 1141b24~1142a30. 1147a1~10의 내용과 비교할 것.

실존에 의해 결정된다면, "우리가 사유할 때, 우리는 *존재하지 않는다*"는 발레리의 표현은 옳을 것이다. 사유가 거주하는 모든 곳은 실제로 있을 것 같지 않은 곳이다. 그러나 우리는 더 이상 존재하지 않는 것을 "기억의 위장"에서 끌어내 기억하고 회상하고 재회상하며(아우구스티누스),[11] 아직 존재하지 않는 것을 기대하고 기획하면서 시간과 공간 속에서 존재한다. 아마도, '우리는 사유할 때 어디에 있는가?'라는 질문은 부적합했을지 모른다. 왜냐하면 우리는 "시간이 단지 내감의 한 형태, 즉 우리 자신과 내면 상태의 직관 형태"라는 칸트의 유명한 통찰을 마치 망각한 듯이 완전히 공간적으로 적응해 있었기 때문이다. 칸트의 경우, 이것은 시간이 현상 자체와 아무런 관계도 없다는, 달리 표현하면 우리의 감각에 주어진 "형태나 위치"와 아무런 관계를 갖고 있지 않고, "표상들의 관계"를 결정하는 우리의 "내면 상태"에 영향을 미치는 현상과 관계가 있다는 것을 의미했다.[12] 그리고 이러한 표상 — 우리는 표상을 통해 현상적으로 부재하는 것을 현재화한다 — 은 물론 사유-사물, 즉 탈물질화 작업(조작)을 거치는 경험이나 개념들이다. 정신은 이 작동을 통해 대상화하며, '일반화를 통해' 대상들에서 그 공간적 특성을 제거한다.

시간은 이러한 표상들을 시간적 계기의 순서로 배열함으로써 표상들이 서로 연관되는 방식을 결정하는데, 이러한 계기들을 사유의 연쇄라고 한다. 모든 사유는 논변적이다. 비유하자면 모든 사유는 사유의 연쇄를 추적할 경우에 "무한대로 뻗어 나가는 선線"으로 표현될 수 있다. 모든 사유는 우리가 일반적으로 시간의 연속성을 우리 자신에게 노출하는 방식에 조

---

11   "따라서 기억은 마음을 소화하는 위장이며, 기쁨과 슬픔은 단 음식과 쓴 음식입니다. 그리고 기쁨과 슬픔은 기억에 맡겨질 때, 마치 위장 속에 바꾸어 넣은 듯 거기에 간직될 수 있으나 맛을 볼 수는 없습니다. 기억과 위장 사이에 유사점을 생각한다는 일은 우습지만, 양자는 전혀 비슷한 점이 없지도 않습니다."《고백론》제10권 제14장 21.(옮긴이)

12   *Critique of Pure Reason*, B49~B50.

응한다. 그러나 우리는 이러한 사유의 흐름을 창출하기 위해 경험이 우리에게 부여하는 *병치 상태*를 소리 없는 대화 — 이것은 우리가 사유하는 유일한 수단으로서, 우리의 최초 경험에서 감각적 요소와 공간적 요소를 제거한다는 것을 의미한다 — 의 *계기*로 변형시켜야 한다.

과거와 미래 사이의 틈새: 현재

나는 사유하는 내가 시간 속에서 위치하는 곳을 발견하고, 그 끊임없는 활동이 시간적으로 결정될 수 있는가를 발견하려는 희망을 갖고 카프카의 우화에 관심을 갖고자 한다. 내가 보기에, 카프카의 우화는 이 문제를 정확하게 다루고 있다. 다음은 **그He**라는 제목의 경구 모음의 일부다.[13]

그에게는 두 적대자가 있다. 첫 번째 적대자는 그를 뒤에서, 즉 그 근원에서 압박한다. 두 번째 적대자는 그의 앞에서 길을 가로막고 있다. 그는 두 적대자에게 도전한다. 실제로, 첫 번째 적대자는 두 번째 적대자와의 투쟁에서 그를 지원한다. 왜냐하면 그는 자신을 앞으로 돌진시키기를 원하기 때문이다. 같은 방식으로 두 번째 적대자는 첫 번째 적대자와의 투쟁에서 그를 지원한다. 그는 자신을 역진하도록 부추기기 때문이다. 그러나 이것은 이론적으로만 그러하다. 두 적대자뿐만 아니라 그 자신도 존재하기 때문이며, 누가 그의 의도를 실제로 알고 있단 말인가? 보호되지 않는 운동에서 어느 순간 — 이것은 어느 밤이 이전에 경험했던 어떤 밤보다 더 어두운 밤이라는 것이 인정되어야 한다 — 그는 전선戰線에서 뛰쳐나와 전투에서 자신의 경

---

13   *Gesammelte Schriften*, New York, 1946, vol. V, p. 287. 영어판: Willa and Edwin Muir, *The Great Wall of China*, New York, 1946, p. 276~277.

힘 덕택에 적대자들이 서로 싸울 때 그들을 심판하는 사람의 지위로 부상할 것이다.

내가 보기에 이 우화는 사유하는 나의 시간 감각을 기술하고 있다. 이 우화는 시간과 관련해 우리의 '내면 상태'를 시詩 형식으로 분석했다. 우리는 현상으로부터 이탈해 자신들에게 특징적으로 복귀하는 정신 활동(즉 '사유'란 내가 사유함을 사유함이고, '의지'란 내가 의지함을 의지함이다)을 발견할 때 내면 상태를 자각한다. 우리가 부재하며 비가시적인 것들에 완전히 몰입되지 않고, 활동 자체에 우리의 관심을 인도하기 시작할 때, 내면의 시간 감각은 발생한다. 이 상황에서 과거와 미래는 우리의 감각에서 동시에 벗어나 있기 때문에, 이들은 동시에 사유하는 나에게 현전한다. 따라서 더 이상 존재하지 않음인 과거는 공간적 은유의 덕택에 우리의 이면에 놓여 있는 것으로 변형되며, 아직 존재하지 않음인 미래는 우리 앞에서 접근해오는 무엇으로 전환된다.(독일어의 '미래Zukunft'는 프랑스어의 '미래avenir'와 마찬가지로 말뜻 그대로 '다가오는 것'을 의미한다.) 카프카의 경우, 이 장면은 과거와 미래라는 두 세력이 충돌하는 전장戰場이다. 우리는 이들 사이에서 카프카가 "그"라고 명명한 인간을 만나게 된다. "그"는 자신의 기반을 전적으로 유지하고자 원할 경우에 두 세력과 투쟁해야 한다. 두 세력은 "그"의 적대자다. 그들은 직접적으로 대립하지 않는다. "그"가 그들 사이에 서 있지 않을 경우에 그들은 거의 서로 투쟁하지 않을 것이다. 그리고 비록 그러한 적대감이 두 당사자에게 내재되어 있고, "그" 없이 서로 투쟁할 수 있다고 하더라도, 그들은 오래전부터 서로를 중립화하고 파괴했을 것이다. 왜냐하면 두 당사자는 세력으로서 분명히 거의 동등한 힘을 가지고 있기 때문이다.

달리 표현하면 시간 연속체, 즉 지속적인 변동은 과거, 현재, 미래 시제로 단절된다. 여기에서 과거와 미래는 인간의 현전 때문에 더 이상 존재하지 않음과 아직 존재하지 않음으로서 서로에게 적대적이다. 물론 인간 자신은 '기원', 즉 탄생과 종말(죽음)을 지니고 있으므로, 어느 특정 순간 양자 사이에 서 있다. 이 중간자는 현재로 명명된다. 한정된 수명을 살아야 하는 인간의 개입은 우리가 알고 있는 시간으로의 연속적인 변화라는 유동적 흐름을 변화시킨다. 우리는 절대적 시작과 절대적 끝을 생각할 수 없다고 하더라도 순환 운동뿐만 아니라 직선 운동의 형태로도 이러한 흐름을 생각할 수 있다.

이 우화에서 두 시제인 과거와 미래는 현전하는 **현재**로 뛰어드는 적대 세력으로 이해된다. 따라서 우리가 우연히 어떠한 시간 개념을 가졌을지라도 이 우화는 우리 귀에 매우 생소하게 들린다. 카프카의 언어는 우화에 현실감을 부여하고자 사유세계를 형성할 수 있었던 온갖 사실적인 실재를 극도로 배제한다. 이 때문에 카프카의 우화는 사유 자체가 요구하는 것보다 더 이상하게 보일 수 있다. 그러므로 나는 대단히 우의적 형식을 띠고 있는 《자라투스트라는 이렇게 말했다_Thus Spoke Zarathustra_》의 일부를 인용할 것이다. 이 내용은 신기하게도 우리의 논의와 연관된다. 제목이 언급하듯이, 이 알레고리는 단순히 '환영'이나 '수수께끼'와 연관되기 때문에 이해하기는 훨씬 쉽다.[14] 이야기는 자라투스트라가 성문에 도착하면서 시작된다. 모든 문이 그렇듯이 성문은 입구와 출구가 있어서, 두 길이 만나는 지점으로 여겨질 수 있다.

두 길이 여기에서 만난다. 어느 누구도 아직까지 그 길의 끝에 도착하지 않았다. 이 긴 길은 영원을 향해 뒤쪽으로 이어져 있다. 다른 길은 그곳에서 나가는 길, 즉 또 다른 영원이다. 이 길들은 서로 대립된다. 이들은 서로를 정면으로 공격한다. 여기 문에서 이들은 서로 만난다. 성문 위에는 '현재Now'

---

14   제2부 〈환영과 수수께끼에 관하여On the Vision and the Riddle〉, sect. 2.
원서에서는 제3부로 표기하고 있는데, 제3부가 아니라 제2부에 수록되어 있다.(옮긴이)

라는 이름이 적혀 있다. … 이 현재를 주시하라! 이 성문인 현재로부터 길고
영원한 길이 뒤쪽으로 인도되어 있다. 우리 뒤에는 영원이 놓여 있으며, 〔다
른 길은 영원한 미래로 인도된다〕.

하이데거는 자신의 저서 《니체Nietzsche》[15]에서 이 구절을 해석할 때
이 견해가 주시하는 사람의 입장이 아니라 단지 성문 앞에 서 있는 사람의
입장이라고 말한다. 시간은 구경꾼이 볼 때 하나가 다른 하나의 뒤를 잇는
현재의 연속으로, 즉 우리가 생각하던 방식으로 흘러간다. 만남의 장소는
없다. 길이든 도로든 두 개는 없으며, 하나의 길만이 존재할 뿐이다. "충돌
은 *자신이* 현재로 *존재하는* 사람에게만 야기된다. … **현재**에 서 있는 사람
은 누구나 두 방향으로 눈을 돌린다. 그에게서 **과거**와 **미래**는 서로를 향해
달린다." 그리고 하이데거는 니체의 영원회귀 사상의 맥락에서 다음과 같
이 요약한다. "이것은 영원회귀 사상의 명백한 내용이다. 즉 **영원**은 **현재** 속
에 있으며, **순간**은 그것이 관찰자에게만 존재하는 무용한 현재가 아니라 과
거와 미래의 충돌이다."[16] (당신은 블레이크의 사상에서 동일한 것을 발견한다 —
"너의 손바닥 위에 무한대를 유지하라 / 그리고 시간 속에 영원성을 유지하라.")[17]

논의의 관심을 카프카로 돌렸을 때, 우리는 이러한 사례들이 모두 교
의나 이론을 취급하는 게 아니라 사유하는 나의 경험과 연관된 사상을 다룬
다는 것을 기억해야 한다. 연속적으로 지속되는 영원한 흐름의 관점에서 볼
때, 두 방향에서 투쟁하는 인간의 개입은 분열을 초래한다. 그런데 이 분열
은 두 방향에서 옹호됨으로써 간극, 즉 투사鬪士의 전장으로 보이는 현재로
확장된다. 카프카에서 이 전장은 이 세상에 있는 인간의 고향에 대한 은유

---

15   Vol. I, p. 311과 이후 내용.

16   《니체》제1권 제2부 〈치유되고 있는 자〉에서 인용했다.(옮긴이)

17   영국의 낭만주의 시인인 윌리엄 블레이크William Blake(1757~1827)가 1803년경 쓴 시 〈무지
      의 전조Auguries of Innocence〉 가운데 두 번째와 세 번째 시구다.(옮긴이)

다. 인간의 관점에서 볼 때, *인간의* 과거와 미래의 중간에 개입되어 있으면서 사로잡혀 있는 매 순간에, 전장은 중간 지대로서 인간이 자신의 삶을 영위하는 확장된 **현재**다. 일상의 삶에서 시제들 가운데 가장 덧없고 포착하기 힘든 시제인 현재 — 내가 '현재'라고 말하고 이를 지적할 때, 그것은 이미 지나간다 — 는 더 이상 존재하지 않는 과거와 접근하고 있어 아직 존재하지 않는 미래의 충돌에 불과하다. 인간은 이 중간 지대에 거주한다. 그가 명명하는 현재는 희망 속에서 그를 앞으로 떠미는 과거의 무거운 짐에 대한 평생의 투쟁이며, 그가 확신할 수 있는 실재에 대한 향수와 회상으로 '과거의 적막'을 향해 그를 뒤로 밀치는 미래(그것의 유일한 확신은 죽음인)의 공포에 대한 평생의 투쟁이다.

우리는 이러한 시간 구성이 일상의 삶에서 경험하는 연속적 시간과 전적으로 다르다는 점 때문에 과도하게 놀랄 필요는 없을 것이다. 물론 연속적 시간에서 세 가지 시제는 완만하게 서로를 계승하며, 시간 자체는 달력에 고정된 숫자의 연속에 대한 비유로 이해될 수 있다. 이 달력에 따르면, 현재는 오늘이고, 과거는 어제로 시작되며, 미래는 내일로부터 시작된다. 우리가 태도를 취하는, 즉 뒤를 주시하거나 앞을 내다보는 고정된 지점을 유지하는 한, 현재는 과거와 미래에 의해 포위된다. 우리가 시간 연속체로의 완전한 변화라는 영원한 흐름을 형성할 수 있다는 것은 시간 자체 때문이 아니라 세계 속에서 우리가 어떤 일을 수행하고 활동하는 것에 기인한다. 그런데 우리는 이 세계 속에서 어제 시작한 것을 지속시키고 내일 끝마치기를 기대한다. 달리 표현하면, 시간 연속체는 일상적 삶의 연속에 의존하며, 일상적 삶의 업무는 사유하는 나의 활동과는 대조적으로 — 나를 둘러싸고 있는 공간적 상황과는 항상 무관하다 — 항상 공간적으로 결정되고 조건 지어진다. 일상적 삶의 이런 완전한 공간성 덕택에, 공간 범주에서 과거는 우리 '뒤에' 놓여 있는 것으로 나타날 수 있으며, 미래는 우리 '앞에'

놓여 있는 것으로 나타날 수 있다.

카프카의 시간 우화는 일상사에 묻혀 있는 사람에게 적용되는 것이 아니라, 사유하는 나, 일상적 삶의 업무에서 이탈한 정도에만 적용된다. 과거와 미래 사이의 틈새는 성찰 속에서만 열리며, 성찰의 주제는 부재하는 것, 즉 이미 소멸되었거나 아직 존재하지 않는 것이다. 성찰은 이러한 부재하는 '영역들'을 정신의 현전으로 끌어들인다. 이러한 시각에서 볼 때, 사유 활동은 시간 자체에 대한 투쟁으로 이해될 수 있다. "그"는 사유하며, 그래서 오로지 현상세계에서 영위하는 일상적 삶의 연속에 의해 더 이상 도움을 받지 않기 때문에, 과거와 미래는 자신들을 순수한 실체로서 드러낸다. 따라서 "그"는 자신을 앞으로 몰아치는 더 이상 존재하지 않는 것, 그리고 자신을 뒤로 밀치는 아직 존재하지 않는 것을 의식할 수 있다.

카프카의 이야기는 물론 은유로 표현되며, 일상의 삶에서 도출된 그 이미지는 비유로 의도된다. 이미 암시된 바와 같이 우리는 이러한 비유를 사용하지 않을 경우 정신 현상을 전혀 기술할 수 없다. 그리고 이것은 항상 해석을 어렵게 만든다. 여기서 특별히 어려운 점은 독자가 다음과 같은 사항을 자각해야 한다는 점이다. 즉 '사유하는 나'는 마치 잃어버린 시간을 찾거나*à la recherche du temps perdu* 자신의 미래를 기획하기라도 하듯이 세계에서 모습을 드러내고 활동하며, 자신의 과거 이력을 기억하는 자기self는 아니다. 사유하는 나는 나이를 먹지 않으며 어느 곳에도 존재하지 않기 때문에, 과거와 미래는 사유하는 나 자체에 명백히 나타날 수 있으며, 사실상 자신들의 구체적 내용을 상실하고 모든 공간적 범주를 벗어날 수 있다. 사유하는 내가 자신의 두 적대 세력으로 감지하는 것은 시간 자체다. 시간은 영속적인 변화이며, 모든 **존재**를 그대로 두지 않고 **생성**으로 변형함으로써 자신의 현전을 부단히 파괴하는 운동이다. 이렇듯 시간은 사유하는 나에게 최대의 적이다. 왜냐하면 시간은 — 육체는 내부 운동을 결코 고정할 수는 없지만 그 속에서 정신이 구체화되기에 — 철저하게 규칙적으로 부동 상태의 적막에 개입하기 때문이다. 물론 정신은 이 적막 속에서 어떠한 것도 행하지 않은 채 활동적이다.

이 우화의 최종적 의미는 결론에서 부각된다. 시간의 틈새에 위치한 "그"는 멈춰 선 현재*nunc stans*이며, 시간이 자체의 힘을 소진하게 될 무방비 상태의 순간을 꿈꾸고 있다. 이제 적막은 세계 위에 깔릴 것이다. 물론 이 적막은 영원한 적막이 아니라 전선에서 벗어나 심판 — 삶의 게임에서 벗어나 있는 관찰자 겸 판관 — 의 위치로 부상할 기회를 "그"에게 제공할 정도로 충분히 지속되는 상태다. 그런데 "그"는 삶의 게임에 관여하지 않기 때문에, 삶과 죽음 사이에 존재하는 전체 시간의 의미는 삶의 게임에서 벗어나 있는 구경꾼 겸 판관과 연계될 수 있다.[18]

이러한 꿈과 영역은 파르메니데스에서 헤겔에 이르기까지 서양 형이상학이 정확히 사유의 영역에 대해 생각해왔던 오랜 이상이 아니고 무엇이겠는가? 서양 형이상학은 사유의 영역을 무시간적 영역, 인간의 시계와 달력을 뛰어넘는 완전한 적막 속의 영구적인 현전으로 생각해왔다. '심판의 지위'라는 그 오래된 꿈을 촉진시키는 욕망은 무엇일까? 또한 피타고라스에서 관찰자들 — 이들은 명성과 부를 얻고자 투쟁에 관여하지 않고 초연하며 동요되지 않으며 광경 자체만을 의도하기 때문에 '가장 훌륭한 사람들'이다 — 은 어떠한 지위를 차지할까? 그들은 심판의 지위가 의미하는 바

---

18   카프카의 시간의 우화를 도식화하면 다음과 같다. '그'는 현재를 의미하며, '판관'은 전선을 벗어나 ● 부분에 위치하게 된다. 이 부분은 적막에 해당된다. ● 부분에 위치해 있다는 것은 시간성을 벗어나 있다는 것을 의미한다. '사유하는 나'는 시간 속에 존재하지만, 카프카의 우화에서는 여전히 초시간성을 잠재적으로 깔고 있다. 전선을 벗어난 상태에서 그는 삶의 게임에 관여할 수 없다.(옮긴이)

무한대 ──────────▶ 전선戰線 ◀────── 무한대
　　　　　　과거　　　　　　　현재　　　　　　미래

를 찾아낼 수 있으며, 또한 그러한 실행을 판단할 수 있다.

우리는 카프카의 훌륭한 이야기에 그다지 많은 손상을 입히지 않으면서 한 단계 더 진행할 수 있다. 카프카의 은유가 지닌 난점은 "그"가 전선에서 벗어났기 때문에 현실세계로부터 완전히 벗어나 위에서 언급한 관점은 아닐지라도 외부의 관점에서 관찰한다는 데 있다.[19] 게다가 인간('현재'의 의인화 — 옮긴이)의 개입이 영원한 변화에 투쟁하는 존재인 그 자신에게 하나의 목적을 부여함으로써 그러한 변화의 '중립적인'[20] 흐름을 붕괴시킨다면, 그리고 중립적인 시간 흐름이 그러한 개입을 통해 "그"의 뒤에 있는 과거와 "그"의 앞에 있는 미래, 그리고 투쟁하는 현재인 그 자신으로 세분화된다면, 시간의 흐름은 인간의 현전 때문에 그 원래 방향으로 진행되든 또는 (순환 운동을 가정할 경우) 방향 없이 진행되든 모든 방향에서 비껴가게 된다.[21] 이러한 비껴감은 불가피해 보인다. 왜냐하면 그 인간(즉 현재)은 자신의 머리 위로 휘몰아치는 파도에 흔들리는, 시간의 흐름에 삽입된 수동적 대상이 아니라 자신의 존재를 보호하는 투사이며, 자신에게 무관심할 수도 있을 것들을 적대자들 — 미래의 도움으로 맞서 투쟁할 적대자인 과거, 그리고 과거의 도움을 받아 투쟁할 적대자인 미래 — 로 규정하기 때문이다.

---

19   아렌트는 시간 개념과 관련해서 아르키메데스의 이상을 극복하기 위해 평행사변형으로 도식화하고, 사유하는 내가 이 평행사변형의 영역 안에서 활동한다는 것을 지적한다.(옮긴이)

20   정신 활동 속에서 이해되는 시간의 흐름은 개입적이고 느낌에 따라 변화될 수 있다. 즉 정신 활동에서는 시간이 연대기적으로 진행되지 않는다. 반면에 자연 시간의 흐름에 따른 변화는 중립적이고 항상 일정하다.(옮긴이)

21   이 문장은 다음과 같은 내용의 일부를 비유적으로 표현하고 있다. 정신 속에서 시간의 흐름은 질서 정연하게 또는 연대기적으로 진행되지 않는다. 즉 시간의 흐름이 직선적으로 또는 순환적으로 진행되지 않고, 과거에서 미래로, 미래에서 과거로, 또는 세 시제가 동시에 존재하기 때문에, 시간의 흐름은 '뒤죽박죽' 또는 '무질서한' 상태, 즉 '정상 상태를 벗어나' 있다.(옮긴이)

"그"가 없다면 과거와 미래 사이의 차이는 존재하지 않을 것이며, 단지 영원한 변화만이 존재했을 것이다. 그렇지 않으면 이러한 세력들은 서로 머리를 부딪치며 상대를 절멸시킬 것이다. 그러나 두 세력은 투쟁이 전개되는 현재의 개입으로 사선斜線에서 만난다. 따라서 적절한 도상圖像은 물리학자들의 표현대로 힘의 평행사변형이 되어야 할 것이다. 이러한 도상의 장점은 사유 영역이 더 이상 세계 그리고 인간적 시간의 영역을 뛰어넘는 곳에 위치할 필요가 없다는 것이다. 투사는 사유에 필요한 고요와 적막을 발견하기 위해 더 이상 전선으로부터 벗어날 필요가 없다. 전장 자체는 "그"가 힘을 소진했을 때 휴식을 취할 수 있는 영역을 제공하기 때문에, "그"는 자신의 투쟁이 헛되지 않았다는 것을 인정할 것이다. 달리 표현하면, 사유하는 나의 위치는 과거와 미래 사이의 중간 지대인 현재, 신비하고 파악하기 어려운 지금, 즉 시간 속의 단순한 틈새다. 그럼에도 과거와 미래의 더 계속되는 시제들은 자신들이 더 이상 *존재하지 않는 것*과 아직 *존재하지 않는 것*을 함의하는 한, 현재를 지향한다. 그들(과거와 미래)이 전적으로 존재하는 것은 자신들 사이에 스스로 끼어들어 거기에서 자신의 존재를 확립하는 인간(현재)의 덕택이다. 교정된 도상이 담고 있는 함의를 간략하게 추적해보자.

이상적이지만, 평행사변형을 형성하는 두 세력의 행위는 세 번째 세력, 즉 합성한 대각선을 형성한다. 이 대각선의 원점은 두 세력이 만나고 행동하는 지점일 것이다. 대각선은 동일한 지평에 존재하며 시간인 두 세력의 차원으로부터 벗어나지 않지만, 한 가지 중요한 측면에서 두 세력과 다르다. 대각선은 두 세력의 결과다. 과거와 미래라는 두 적대 세력은 그 기원이 불명확하다. 중간 지대에 있는 현재 관점에서 볼 때, 하나는 무한한 과거에서 오고, 다른 하나는 무한한 미래에서 온다. 그러나 두 세력은 시초를 모른다고 하더라도 종착점, 즉 서로 만나고 충돌하는 지점인 현재를 지니고 있다. 반대로, 대각선에 위치한 세력은 그 출발점이 다른 두 세력의 충돌 지

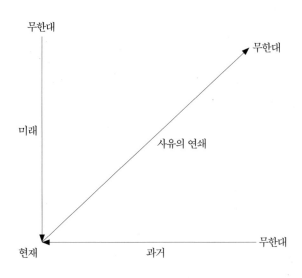

점이기 때문에 뚜렷한 기원을 가지고 있다. 대각선에 위치한 세력은 기원이 무한대인 두 세력의 협조 행위로부터 발생하기 때문에 그 끝부분이 무한대로 뻗어 나간다. 대각선에 위치한 세력의 출발점은 확인되고, 이것의 방향은 과거와 미래에 의해 결정된다. 그러나 대각선에 위치한 세력은 무한대로 확장할 수 있는 듯이 미확인된 목표를 향해 자체의 힘을 행사하며, 사유 활동을 위한 완벽한 은유로 보인다.

　　카프카의 "그"가 과거와 미래라는 두 압박 세력으로부터 완전히 등거리 상태로 이 대각선을 따라 움직일 수 있다면, 우화가 요구하듯이 그는 난투 영역을 벗어나고자 이 전선으로부터 벗어나지 않았을 것이다. 왜냐하면 이 대각선은 무한대를 지향하지만, 과거와 미래의 세력에 의해 제한되고 폐쇄되어 있으며, 공간으로부터 보호를 받기 때문이다. 이 대각선은 현재에 갇혀 있으며, 현재에 뿌리를 두고 있다. 현재는 사유 과정에서만 완전히 실현되고 사유 과정이 지속되는 동안에만 존속하지만, 완전히 인간적인 현재다. 이 대각선(현재 영역 ― 옮긴이)은 시간에 쫓기고 휘둘리는 인간 실존에 나타나는 **현재**의 적막이다. 은유를 바꾸어 표현하면, 이 대각선 영역은 폭풍과 완전히 다르지만 여전히 폭풍권에 속해 있는, 폭풍의 눈에서 나타나는 고요함이다. 우리는 사유할 때 과거와 미래 사이의 이 틈새에서 **사유하는 우리가 머무는** 장소를 발견한다. 즉 우리는 과거와 미래의 의미를 발견하고, 세계 속에서 다양하고 끝이 없는 인간 실존 문제에 대한 중재자, 판단자, '심판'으로서의 위치를 유지하기 위해 과거와 미래로부터 충분한 거리를 유지해야 한다. 수많은 인간적 실존 문제들의 수수께끼에 관한 최종적인 해답에 도달하지는 못하더라도 그 해답이 무엇인지 질문하고 항상 새롭게 대답하려고 할 때, **사유하는 우리가 머무는** 장소를 발견한다.

오해를 피하기 위해 덧붙이자면, 내가 여기에서 은유적으로 그리고 잠정적으로 사유의 위상을 암시하기 위해 사용한 도상들은 정신 현상 영역 내에서만 유효할 수 있다. 이러한 은유들은 역사적 또는 전기적 시간에 적용할 경우에는 이해가 불가능하다. 여기에서는 시간 속의 틈새들이 발생하지 않는다. 인간이 사유하는 한에서만, 다시 말해 그가 존재하지 않는 한에서, 발레리의 표현대로 구체적인 존재의 완벽한 현실태 상태의 인간 — 카프카는 그 인간을 '어떤 사람'이라고 하지 않고 "그"라고 바로 표현한다 — 은 무시간적 현재인 과거와 미래 사이의 틈새에 거주한다.

우리는 "영원한 현재*nunc aeternitatis*"란 형태로 "신적인 영원성"[22]을 위한 모델이나 은유로 활용되고 있는 중세철학에서 그 틈새를 "멈춰 선 현재*nunc stans*"로 표현하는 것을 처음으로 목격하지만, 이 틈새는 역사적 사실은 아니다. 아마도 지구상에 인간의 실존과 동시대적으로 나타났을 것이다. 다른 은유를 사용하자면, 우리는 그것을 정신 영역이라고 부르지만, 어쩌면 사유를 통해 닦인 오솔길, 즉 출생했다가 죽는 인간에게 주어진 시공

---

22   Duns Scotus, *Opus Oxoniense* I, dist. 40, q. 1, n. 3. Walter Hoeres, *Der Wille als reine Vollkommenheit nach Duns Scotus*, München, 1962, p. 111, 각주 72에서 인용.

간 내에서 사유 활동을 통해 잠식되는 아주 작은 비시간적 궤도다. 이 길을 따라갈 때, 사유의 연쇄와 기억과 기대는 그들이 역사적 시간과 전기적 시간의 폐허에서 만난 모든 것을 구제한다. 위대한 모든 사상서思想書가 시간을 은밀하게 주시하기는 하지만, 전통은 우리가 태어난 세계나 문화와 달리 시간의 심장부에 있는 이 미세한 비시간적 공간non-time space을 물려받고 후세에 전할 수 없다. 우리는 헤라클레이토스에서 이런 예를 발견할 수 있다. 헤라클레이토스는 엄청나게 은밀하고 믿기 어려운 델포이 신탁의 비밀 — "델포이 신탁의 주인은 말하지도 않고 숨기지도 않는다. 그는 넌지시 암시할 뿐이다oute legei, oute kryptei alla sēmainei"[23] — 을 언급한다.

각각 새로운 세대, 모든 새로운 인간이 무한한 과거와 무한한 미래 사이를 비집고 들어서는 것을 의식할 때, 그들은 사유의 길을 발견하고 새로이 터벅터벅 걸으면서 그 길을 깔아야 한다. 그리고 수천 년 동안 비교적 항구적으로 묘하게 존속하는 위대한 저작들이 작고 눈에 띄지 않는 비시간의 궤도 속에서 태어난 데 기인한다는 것은 결국 가능한 것 같다. 이 저자들의 사상은 미래와 과거가 자신들로 향하고 자신들 — 자신들의 선조와 후계자, 그리고 그들의 과거와 미래 — 을 목표로 하는 것을 수용하고, 따라서 스스로 현재, 즉 인간이 자신들의 유한성을 극복할, 시대를 뛰어넘는 작품을 창조할 수 있는 일종의 무시간적 시간timeless time을 확립함으로써 무한한 미래와 무한한 과거 사이의 간격을 좁힌 것이다.

확실히, 이 무시간성은 영원성이 아니다. 무시간성은 사실상 과거와 미래의 충돌에서 발생하지만, 영원성은 모든 시간적 차원의 붕괴를 암시하기 때문에 상상하기 힘든 '한계' 개념이다. 사유 활동에서 경험하는 '현재'의 시간적 차원은 부재하는 시제들, 즉 아직 없음과 더 이상 없음을 동시에

---

23   Plutarch, *De Pythiae Oraculis*, 404d. (옮긴이)

자신의 면전으로 끌어모은다. 이곳(현재라는 공간 — 옮긴이)은 칸트가 말하는 "순수 지성의 땅*Land des reinen Verstandes*"[24]이며, "자연 자신 때문에 변경할 수 없는 한계로 둘러싸여 있고, 폭풍우 치는 드넓은 바다", 즉 일상의 삶이 있는 바다에 "둘러싸인 섬이다."[25] 그리고 나는 이 땅이 "진리의 땅"[26]이라고 생각하지 않지만, 이 땅은 확실히 어느 누구도 죽기 전에 행복하다고 할 수 없기*nemo ante mortem beatus esse dici potest*에 죽을 운명인 인간이 자신의 삶과 그 의미 전체를 파악하기 어려운 유일한 영역이다. 인간의 실존은 완결되었을 때 강조하는 의미로 존재하는 다른 모든 사물과 달리, 더 이상 아닐 때 종결된다. 그러므로 이 땅에서 파악할 수 없는 이 전체는 세계의 변화무쌍한 덧없음 가운데에서 '지속하는 현전', 즉 '나는 존재한다I-am'의 순수한 연속성으로서 나타난다. 현상세계에서 시제들 가운데 가장 잠정적인 것, 현재의 우위성은 사유하는 나의 이러한 경험 때문에 철학적 사변의 거의 독단적인 교의가 되었다.

　　이러한 오랜 성찰을 마무리하면서 나의 '방법', '기준' 또는 더 심하게 표현해 나의 '가치'에는 관심을 집중시키지 말자. 나의 방법, 기준, 가치가 독자들이나 학생들에게 아주 명백할 수 있거나 오히려 명백한 것 같지만, 이 모든 것은 이러한 성찰에서 다행히도 저자에게는 숨겨져 있다. 그러므로 이제 내 견해로는 이러한 연구의 기본 가정에 해당되는 것에 관심을 집중해보자. 나는 형이상학의 '오류들'에 대해 언급해왔지만, 발견한 바와 같이 이 오류들은 사유로 명명되는 신기하리만치 무질서한 활동이 어떠한가에 대한 중요한 암시를 담고 있다. 달리 표현하면, 나는 이제 그리스 시대의 철학 형성기부터 현재까지 상당히 오랜 기간 우리가 알고 있던 범주들을

24　　*Critique of Pure Reason*, A235. (옮긴이)

25　　*Ibid.*, B294와 이후 내용.

26　　*Ibid.*, (옮긴이)

유지하고 있는 형이상학과 철학을 해체하고자 시도해왔던 사람들의 반열에 분명히 참여했다. 이러한 해체는 전통의 실마리가 붕괴되고 우리가 그것을 재생할 수 없다는 가정에서만 가능하다. 역사적으로 말하자면, 실제로 상실된 것은 오랜 기간 종교, 권위, 전통을 통합했던 로마의 삼위일체론이다. 이 삼위일체론의 상실은 과거를 파괴하지 않으며, 해체 과정 자체도 파괴적이지 않다. 이 해체 과정은, 하나의 사실이며, 더 이상 '이념사'의 일부가 아니라 우리 정치사의 일부이며 우리 세계의 역사 가운데 일부인 상실로부터 결론을 도출하고 있다.

과거의 연속성은 상실되어왔지만, 그것은 상실되는 과정에 자체의 일관성을 유지한 채 아마도 대대손손 물려받아온 것처럼 여겨졌다. 해체 과정은 자체의 기법을 가지고 있는데, 나는 여기에서 이 문제에 천착하지는 않겠다. 여러분이 남긴 것은 여전히 과거지만 단편화된 과거다. 물론 단편화된 과거는 평가의 확실성을 상실해왔다. 이에 대해 간략하게 언급하기 위해 내가 할 수 있는 것보다 더 훌륭하고 치밀하게 표현한 다음 몇 문구를 인용한다.

> 다섯 길 물 속에 그대의 아버님이 누우셨다.
> 당신의 뼈들은 산호가 되고,
> 당신의 눈은 진주가 되었다네,
> 당신의 육신은 사라지지 않고
> 귀중하고 신비한 것으로 완전히 변했다네.
> —《폭풍The Tempest》제1막 제2장

내가 여기에서 다룬 것들은 과거로부터 전해오지만 엄청난 변화를 겪은 토막글들이다. 우리는 사유가 시간과 공간으로 구성된 세계 속으로 주입하는 무시간적 궤도 덕택에 그것들을 사용할 수 있게 되었다. 여러분

가운데 일부가 해체 기법에 대한 그들의 유혹을 시험하고 싶었다면, 오로지 단편들로 간직할 수 있는 "풍요롭고 신비한 것", 즉 "산호와 진주"를 파괴하지 않아야 한다.[27]

> 오, 네 손을 물속에 담그라.
> 손목이 잠기게 손을 집어넣게.
> 들여다보라. 그 물그릇을 들여다보라.
> 그리고 보지 못한 것이 무엇인가 생각하라.
> 얼음 덩어리는 찬장 안에서 소리를 내고,
> 모래들이 바닥에서 소리를 내며,
> 그리고 찻주전자의 터진 금은
> 죽음의 나라로 향한 오솔길 …
> — 오든[28]

또는 이 동일한 것을 산문으로 표현하자면, "일부의 책들은 당연히 망각되고, 어떤 것도 의당 기억될 수 없다."[29]

---

[27] 아렌트는 자신의 저서 《과거와 미래 사이에서*Between Past and Future*》를 통해 역사의 쓰레기 더미에서 귀중한 것을 발굴하는 태도와 노력을 진주조개를 잡는 잠수부의 노력과 태도에 비유한다. 그녀는 전통이 붕괴되었으나 과거의 역사를 모두 망각해서는 안 된다는 점을 강조한다. 오히려 전통의 붕괴가 역사 속의 귀중한 것을 새롭게 발굴할 수 있는 요인을 제공할 수 있다는 것이다.(옮긴이)

[28] "As I Walked Out One Evening", *Collected Poems*, p. 115.
앞의 단락은 시 35~40연에 해당된다. 여기에서는 다음과 같은 의미를 담고 있다. "일상의 하찮은 행위 때에 사람의 마음은 특정한 목적을 향한 노력이라든가 긴장이라고 하는 무거운 짐에서 풀려나 여러 가지 기억을 되살리게 된다. 그때 또한 우리는 사람을 가장 용서해 주고 싶은 기분에 사로잡히게 된다."[김희보 편저, 《세계의 명시》(종로서적, 1995), 373쪽에서 인용〕 아렌트는 여기에서 새로운 사유를 통해 사소한 것으로 간주되었지만 귀중한 것에 관심을 갖도록 요청하고 있다.(옮긴이)

[29] W. H. Auden, *The Dyer's Hand and Other Essays*, Vintage Books, New York, 1968.

후기

나는《정신의 삶》제2권에서 다른 두 가지 정신 활동인 의지와 판단
을 다루고자 한다. 시간적 사유의 관점에서 볼 때, 이들은 아직 존재하지 않
거나 더 이상 존재하지 않기에 현존하지 않는 문제에 관심을 갖게 만든다.
그러나 모든 경험에서 비가시적인 것들을 다루며 항상 일반화하는 경향을
지닌 사유 활동과 반대로, 의지와 판단은 항상 특수한 것들을 취급하기에
현상세계와 훨씬 가깝다. 우리가 목적 없는 의미 탐구를 할 때 필요한 이성
이 결정적으로 침해당하는 공통감을 진정시키고 싶다면, 사유가 존재할
것을 결정하고, 더는 존재하지 않는 것을 평가하기 위한 필수불가결한 예
비 조건이라는 근거에서만 이성의 필요성을 정당화하는 것은 매력적이다.
지나간 과거는 우리의 판단에 영향을 받으며, 판단은 한낱 의지에 맞대어
일어난다. 사람이 행동하는 존재인 한, 판단은 틀림없이 관점이며, 어느 한
도 내에서는 인간의 정당한 관점에 해당한다.

　　그러나 실천적이지 못하고 무용하다는 비판에 맞서 사유 활동을 옹
호하려는 이 마지막 시도는 작동하지 않는다. 의지가 도달하게 될 결정은
욕망의 기제나 이를 선행하는 지성의 심사숙고로부터 결코 도출될 수 없
다. 의지는 자신을 제약하는 모든 인과적 동인의 고리들을 차단하는 자유
로운 자발성의 한 기관이거나 환상일 뿐이다. 의지는 한편으로는 욕구, 다
른 한편으로는 이성과 관련해 베르그송이 한때 표현한 대로 "일종의 쿠데
타"처럼 움직인다. 물론 이것은 "자유로운 행위가 예외적"이라는 것을 암
시한다. 우리가 우리 자신으로 복귀하려 할 때마다 자유롭다고 하더라도,
우리가 그렇게 의지하는 경우는 좀처럼 발생하지 않는다.[30] 달리 표현하면,

30　Bergson, *Time and Free Will*(1910), trans. F. L. Pogson, Harper Torchbooks, New York,
　　Evanston, 1960, pp. 158, 167. 240.

자유 문제를 언급하지 않은 채 의지 활동을 다루기란 불가능하다. 나는 내적 증거 — 베르그송의 용어로 "직접적인 의식의 자료" — 를 진지하게 고려하기를 제안한다. 그리고 나는 이 주제를 연구한 저자들과 함께 의식의 자료뿐만 아니라 연관된 문제가 모두 고대 그리스인들에게는 알려지지 않았다는 견해에 동의한다. 따라서 이 능력이 '발견되었고', 이 발견의 역사적 시점이 밝혀질 수 있다는 것을 수용해야 할 뿐만 아니라, 이것이 우리 삶의 특정 영역인 인간 '내면'의 발견과 일치한다는 것도 수용해야만 한다. 간략히 말하면, 나는 의지의 역사라는 관점에서 의지 능력을 분석할 것이다.

나는 사람들이 역설적이고 자기모순적인 능력을 다루는 경험들(모든 의지는 명령으로 자신에게 말하기 때문에 자신의 반대 의지를 초래한다)을 연구할 것이다. 따라서 나는 사도 바울이 초기에 발견한 것, 즉 의지의 무기력 — "나는 내가 원하는 것을 행하지 아니하고 도리어 내가 미워하는 것을 행한다"[31] — 그리고 중세가 우리에게 남긴 증언을 계속 검토하되 '투쟁 상태'에 있는 것이 정신과 육체가 아니라 의지로서의 정신 그 자체, 즉 인간의 '내면적 자기'와 자신 사이의 투쟁이라는 아우구스티누스의 통찰력에서 시작한다. 그다음에 진보 개념의 등장과 더불어 다른 시제들보다 현재의 우위성을 강조한 오랜 철학적 전통에서 미래의 우위성을 강조한 근대로 관심을 돌릴 것이다.

사유는 "본질적으로 직접 현재에 존재하는 사물의 부정으로 이해되기" 때문에, 미래는 헤겔이 표현한 대로 "**현재**는 거부할 수 없는 힘이다*in der Tat ist das Denken wesentlich die Negation eines unmittelbar Vorhandenen*."[32] 또는 셸링의 표현대로 "가장 훌륭한 최종 단계에서 **의지** 이외에 다른 **존재**는 없다."[33]

---

31   Romans 7:15.

32   *Encyclopädie*, 12.

이것은 니체의 **'힘에의 의지'**에서 그 최절정에 이른 자멸적 종말을 발견한 태도다.

　　동시에 나는 의지의 역사에서 같은 발전 과정을 추적하려는데, 이것에 따르면 의지 작용은 인간들이 자신이 되고자 하는 '누구'에 대해 결정하는, 또는 그들이 현상세계에 어떠한 형태로 자신들을 드러내고자 하는가를 결정하는 내면적 능력이다. 달리 표현하면, 주제를 대상이 아닌 기투로 삼는 의지는 어떤 의미에서 칭찬받거나 비난받을 수 있고, 자신의 행위뿐만 아니라 그의 전체 **'존재'**, 즉 품성에 대해서도 책임질 수 있는 인간을 창조한다. 20세기 사상에서 아주 중요한 역할을 수행했으며, 인간이 그 자신의 생산자와 제작자인 것처럼 주장하는 마르크스주의 및 실존주의 개념은 바로 이러한 경험에 기반을 둔다. 물론 어느 누구도 자신을 만들지 않으며 자신의 실존을 '생산하지' 않았다는 것은 분명하다. 내 생각에 이것은 형이상학적 오류들 가운데 마지막이며, 사유의 대체물로서 의지를 강조한 근대와 상응한다.

　　나는 판단력 분석으로 제2권을 종결지을 것인데, 여기에서 주요한 난제는 권위의 근원을 제공하는 자료가 신기할 정도로 드물다는 점이다. 판단력이 지닌 이러한 능력은 칸트의《판단력비판》이 출간된 이후 비로소 주요 사상가들의 중요한 주제가 되었다.

　　나는 판단을 우리 정신의 특이한 능력으로 도출하는 과정에서 판단이 연역이나 귀납에 의해 도달되지 않는다는 중요한 가정을 제시할 것이다. 간단히 말하자면, 이들은 다음과 같이 표현되는 논리 작용과 아무런 공통점이 없다. "모든 인간은 죽는다. 소크라테스도 인간이다. 따라서 그는 죽는다." 우리는 '무언의 감각'을 탐구할 것인데, 이것은 ─ 전적으로 취급

33　　*Of Human Freedom*, Gutmann trans., p. 8.

될 때 — 칸트의 경우도 마찬가지지만 '취미'로 생각되며, 그러기에 미학의 영역에 속하는 것으로 이해된다. 실천 문제와 도덕 문제에서 이것은 '양심'이라고 일컬어졌지만, 양심은 판단을 하지 않는다. 양심은 신이나 이성의 신성한 목소리로서 무엇을 행할 것이고 무엇을 행하지 않을 것인지 또는 무엇을 회개할 것인지를 알려줄 뿐이다. 양심의 소리가 무엇이든 간에, 그것은 '침묵을 지킨다'고 할 수 없으며, 그 정당성은 인간적인 법칙과 규칙을 모두 넘어서는 권위에 전적으로 의존한다.

칸트가 주장하듯이, 판단력은 "특수한 재능으로서 배울 수 있는 것이 아니라 단지 숙련될 수 있는 것"[34]이다. 판단은 특수한 것들을 취급하며, 일반성을 따라 이동하는 사유하는 내가 일반성으로부터 이탈해 특이한 현상세계로 복귀할 때, 정신은 이들을 취급할 새로운 '재능'을 필요로 한다. 칸트가 믿는 바에 따르면, "아둔하고 편협한 사람은 교화될 정도로까지 연구를 통해 학습될 수도 있다. 그러나 그러한 사람이 여전히 공통적으로 판단을 하지 못하는 것과 같이, 과학적 지식을 적용할 때 결코 개선될 수 없는 판단력의 결함을 지니고 있는 학식 있는 사람들을 만나는 것도 특이하지는 않다."[35] 칸트의 경우 "규제적 이념"을 지닌 이성은 판단의 도움을 받지만, 그 능력이 다른 정신 능력과 분리되면, 그때 우리는 그것의 원인을 그 자체의 작동 양식, 즉 진행 방식의 탓으로 돌려야 한다.

이것은 근대 사상을 늘 따라다니는 전반적인 문제들, 특별히 이론과 실천 문제, 그리고 반쯤은 설득력 있는 윤리이론에 도달하려는 모든 시도와 어느 정도 연관된다. 헤겔과 마르크스 이후, 사람들은 **역사**의 시각에서, 그리고 인류의 **진보**와 같은 것이 존재한다는 가정에서 이러한 문제들

---

[34]   *Critique of Pure Reason*, A133/B172.(옮긴이)

[35]   *Ibid.*, B172~B173.
        칸트는 각주에서 다음과 같이 기록한다. "판단력의 결여가 사람들이 원래 우둔함과 천치라고 일컫는 것으로, 이러한 결함은 전혀 구제할 수 없다."(옮긴이)

을 취급해왔다. 마지막으로 우리는 이러한 문제들에 존재하는 유일한 대안을 마주치게 된다. 즉 우리는 헤겔과 더불어 다음과 같이 언급할 수 있다. *세계 역사는 성공에 최종 판단을 맡기는 세계정신이다Die Weltgeschichte ist das Weltgericht.* 아니면 우리는 칸트와 더불어 인간 정신의 자율성, 사물 자체 및 생성된 사물들로부터 정신의 가능한 독립성을 주장할 수 있다.

여기에서 우리는 처음은 아니지만 역사의 개념에 관심을 가져야 할 것이다. 그러나 정치 및 철학 언어의 수많은 다른 경우가 그리스어에 기원을 두는 것과 마찬가지로, 원래 '그것이 어떻게 존재했는가를 말하기 위해 조사하다', 즉 *historein* — 헤로도토스의 경우 '*legein ta eonta*' — 이라는 그리스어에서 '역사'라는 용어가 파생되었기 때문에, 우리는 이 용어의 가장 오래된 의미를 성찰할 수 있다. 그러나 이 동사 역시 호메로스의 《일리아드》(제18장)에 처음 등장하며, 여기에서 명사 '역사가*histor*'라는 용어가 나타났다. 호메로스의 역사가는 **판관**이다. 판단이 과거를 취급하기 위한 우리의 능력이라면, 역사가는 과거를 관련시킴으로써 그것에 대해 판단하는 일에 참여하는 탐구자다. 그렇다면 우리는 역사의 중요성을 거부하지 않지만 최종 판관이 되는 권리를 부정하면서 인간의 존엄성을 되찾고, 근대의 **역사** — 흡사 신성으로 표현된 개념 — 로부터 그 존엄성을 다시 찾을 수 있다. 내가 이러한 성찰을 시작하면서 인용한 카토 — "인간은 아무것도 하지 않을 때 가장 활동적이며, 혼자 있을 때 가장 덜 외롭다"[36] — 는 이러한 재천명 작업에 함축된 정치적 원리를 적절하게 요약한 인상 깊은 문구를 우리에

---

[36]   아렌트는 《전체주의의 기원》 제13장 〈이데올로기와 테러〉에서 그 출처를 다음과 같이 밝히고 있다. "한편 붐비는 회의장에서 함께 대화할 상대가 없는 사람들은 다른 어떤 사람이 있지 않을 때라도 자신들과 대화를 나눌 수 있거나 자신들의 발견 결과나 저술로 기쁨을 누리는 학식 높은 사람들의 모임에 참여하는 사람들보다 더 많이 외롭지 않다고 누가 생각할 수 있겠는가?"(키케로, 《국가》 제1권 17 — 옮긴이)

게 남겼다. 그는 다음과 같이 언급했다. "성공한 대의명분은 신들을 기쁘게
하지만, 실패한 대의명분은 카토를 기쁘게 한다*Victrix causa deis placuit, sed victa
Catoni*."[37]

37   앞에서 지적한 카토의 경구는 사유 활동을 함축적으로 표현했다. 반면, 이 문장은 판단 활
        동을 압축적으로 표현한다. 판단은 사유를 외부세계에 구체화하는 능력이다. 양심이 우리
        의 행위를 평가하는 내면적 견제를 상정한다면, 판단은 비판적으로 사유하는 우리의 능력
        을 외적으로 구체화하는 것을 상정한다. 사유와 판단은 옳고 그름의 문제와 모두 연관된다.
        아렌트는 성공의 형태를 취하는 세계 역사가 모든 사건의 궁극적인 중재자라는 헤겔의 전
        통 대신, 살아 있는 관찰자들의 판단이 사건들을 의미 있게 한다는 점을 지적한 카토를 옹호
        한다.(옮긴이)

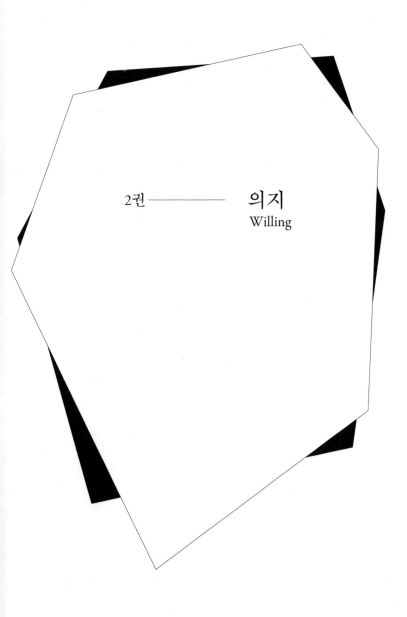

2권 ——————— 의지
Willing

서론

《정신의 삶》 제2권에서는 **의지** 능력을 조명할 것이다. 이 능력은 함축적으로 **자유** 문제와 연관된다. 베르그송이 언급했듯이, "엘레아학파의 역설은 고대인들과 연계되어 있고, **자유** 문제는 근대인들과 연계되어 있다."[1] 우리가 다뤄야 하는 현상은 이상하게도 논쟁적 추론의 외피에 가려져 있다. 논쟁적 추론은 결코 자의적이지 않아서 무시될 수 없으나, 의지하는 나의 실제적 경험과 입장을 달리한다. 의지하는 나는 "현상을 보존하는"[2]

---

[1] 베르그송은 《시간과 자유의지 *Time and Free Will*》 결론의 마지막 단락에서 다음과 같이 언급한다. "따라서 자유 문제는 오해에서 비롯되고 있다. 엘레아학파의 역설이 고대인들과 연관되듯이, 자유 문제는 근대인들과 연관되고 있다. 자유 문제는 이러한 역설과 마찬가지로 환상에 기원을 두고 있다. 우리는 이러한 환상을 통해 계기와 동일성을, 지속과 확장을, 질과 양을 혼동한다."(옮긴이)

[2] "현상을 보존하다 σώζειν τὰ φαινόμνα, *sozein ta phainomena*"라는 문구는 프랑스 물리학자이며 과학사가인 피에르 뒤앙 Pierre Duhem(1861~1916)에 의해 천문학사 논의에 도입되었다. 뒤앙은 저작 제목 'To Save the Phenomena, an Essay on the Idea of Physical Theory from Plato to Galileo'에서 나타나듯이 이 문구를 사용하고 있다. 뒤앙은 이 저작의 제목을 천문학의 목표에 대한 플라톤의 정의, 즉 '현상을 보존하다'에서 차용했다. 플라톤에 따르면, 천문학자의 역할은 우주 상을 성공적으로 기록하고 예측하는 수단을 발견하는 것이었다. 플라톤은 이론적 구성물이 '관찰과 엄격하게 연계성을 유지하고 있는', 즉 '현상을 보존하는' 수단을 제공하는 데 관심을 가졌다.(옮긴이)

데 반드시 관심을 갖지는 않는 교의나 이론을 선호하기 때문이다.

이러한 어려움이 제기되는 이유는 매우 단순하다. **의지** 능력은 고대 그리스에는 알려지지 않았으며, 기원전 1세기 이전에 사람들이 거의 듣지 못했던 경험의 결과로 발견되었다. 이후 몇 세기 동안 의지 능력을 그리스 철학의 주요 교의와 조화시키는 것이 문제였다. 즉 사상가들은 더 이상 철학을 포기하려고 하지 않았다. 그들은 "우리는 십자가에 못 박힌 그리스도를 전하니 유대인에게는 거리끼는 것이요, 이방인에게는 미련한 것이로다"[3]라는 바울의 말씀을 읊조리며 그 이상으로 문제를 삼지 않았다. 우리가 이후 살펴보겠지만, 바울 자신만이 언젠가 이것을 행하려고 준비했다.

그러나 그리스도 시대의 종말은 결코 이러한 난관들의 종말을 의미하지 않는다. 기독교의 주요 난관은 전지전능한 하느님에 대한 믿음과 자유의지의 요구를 어떻게 조화시키는가 하는 문제였다. 이 문제는 다양한 형태로 현대까지도 제기되고 있다. 여기에서 우리는 종종 이전과 똑같은 형태의 논쟁을 마주친다. 자유의지는 인과율과 충돌한다고 알려지거나 나중에 등장한 **역사** 법칙과 조화될 수 없다. 물론 역사 법칙의 유의미성은 진보 또는 **세계정신**의 필연적 발전에 좌우된다. 완전히 전통적인(형이상학적 또는 신학적) 관심사들이 모두 소멸되고 있던 때에도 이러한 난제들은 존속한다. 존 스튜어트 밀은 다음과 같이 말한다. "우리의 **내면** 의식은 우리가 힘을 가지고 있다고 말하지만, 인류의 모든 외적 경험은 우리가 그 힘을 결코 사용하지 않는다고 말한다."[4] 또 가장 극단적인 예를 들면, 니체는 "**의지**에 관한 전반적 교의를 지금까지 … 본질적으로 처벌을 목적으로 정립된 심리학의 가장 숙명적인 위조"[5]라고 여긴다.

---

3   고린도전서(1:23).(옮긴이)

4   《윌리엄 해밀턴 경의 철학에 대한 검토*Examination of Sir William Hamilton's*》 제26장 〈의지의 자유에 대하여〉에서 인용한 내용이다.(옮긴이)

5   《힘에의 의지*The will to Power*》 제3권 〈새로운 가치의 정립〉, 765.(옮긴이)

의지에 관한 모든 논의에서 나타나는 최대의 난제는 정신의 다른 능력은 없다는 단순한 사실이다. 일련의 탁월한 철학자들은 그러한 능력의 존재 자체를 아주 일관되게 의심하고 반박해왔다. 가장 최근의 철학자는 길버트 라일[6]이다. 그에 따르면 의지는 지금까지 존재했던 어떤 것에도 조응하지 않으며, 수많은 형이상학의 오류와 마찬가지로 무용한 수수께끼를 만들어내는 '인위적인 개념'이다. 자신의 탁월한 선구자들을 명료하게 의식하지 못한 라일은 "'**의지**'라는 … **하나의 능력**이 존재한다는 교의, 그래서 그것(삼위일체적 정신이론 — 옮긴이)이 의지 활동volitions으로 기술하는 것에 조응하는 과정이나 작동이 일어난다는 교의"[7]를 반박했다. 라일은 "플라톤과 아리스토텔레스가 영혼의 본성과 행위의 근원을 종종 치밀하게 논의했을 때 [의지 활동]을 결코 언급하지 않았다"[8]는 사실을 깨달았다. 왜냐하면 플라톤과 아리스토텔레스는 "발견이 아닌 영적인 추진력의 기본 전제에 기초해서 수용한 [후세의] 특별한 가정을 여전히 알지 못했기 때문이다."[9]

"직업적인 사상가들"(칸트의 표현에 의하면 *Denker von Gewerbe*)이 의지 능력을 비판적으로 검토해야 한다는 것은 그 본질에 속한다. 그리고 이러한 비판적 검토는 의지를 의식의 단순한 환상으로 비난하고 그 존재 자체를 반박하는 것이 사유하는 나의 경험과 의지하는 나의 경험 사이에 나타나는

---

6   라일Gilbert Ryle(1900~1976)은 옥스퍼드 대학에서 고전학을 공부하고 현상학에 관심을 가졌으나, 후설을 만난 이후 현상학에 비판적 태도를 취하며 논리적 행태주의를 기치로 내건 《마음의 개념》을 출간한다.(옮긴이)

7   Gilbert Ryle, *The Concept of Mind*, New York, 1949, 제3장 〈의지〉, '의지 활동의 신화'에서 언급한 내용이다. "삼위일체적 정신이론은 다음과 같다. 정신 또는 영혼은 세 부분으로 구성된다. 즉 사유, 감정, 그리고 의지다. 좀 더 근엄하게 표현하자면, 정신mind 또는 영혼soul은 각기 환원될 수 없는 세 양태로 기능한다. 인지 양태, 정서emotional 양태, 의욕conative 양태이다."(옮긴이)

8   *Ibid.*, p. 65. 이 책 제1장 각주 19를 참조할 것.(옮긴이)

9   *Ibid.*, 여기에서 라일은 그 원인을 일상적 삶의 요소에 대한 왜곡된 무시라기보다 오히려 역사적 상황으로 규정한다.(옮긴이)

근본 갈등에 기인한다는 의혹을 야기한다. 상당히 다른 가정을 제시하는 철학자들이 거의 동일한 주장을 한다는 점을 고려하면, 우리는 이러한 의혹이 지지를 받고 있다는 사실을 확인할 수 있다.

　동일한 '자기self'가 육체, 영혼, 정신을 통합하듯이, 동일한 정신mind 이 항상 사유하고 의지하더라도, 사유하는 나의 평가가 다른 정신 활동에 도달할 때 편견을 갖지 않거나 '객관적인' 입장을 유지하리라고 믿을 수 있다는 것은 결코 당연하지 않다. 즉 자유의지 개념은 모든 윤리와 법체계의 필요한 가정으로서 기여할 뿐만 아니라, 칸트의 '나는 사유한다' 또는 데카르트의 '코기토'와 마찬가지로 (베르그송의 말로 표현하면) "의식의 직접 자료"이기도 하기 때문이다. 전통 철학은 지금까지 '나는 사유하다' 또는 코기토의 존재에 대해 거의 의심하지 않았다. 예상해보자. 철학자들은 의지 능력이 자유와 불가피하게 연계되어 있다는 사실 때문에 의지 능력을 불신했다. 즉 "내가 필연적으로 의지해야 한다면, 나는 아우구스티누스의 표현대로 왜 전적으로 의지를 말할 필요가 있는가?" 자유로운 행위의 기반은 항상 우리가 실제로 행한 것 — 신체적 필요, 생존 과정의 필수품, 또는 가까이 있는 원하는 것의 엄청난 힘이 의지나 이성의 어떠한 고려 사항도 무시할 수 있는 단순한 욕구나 욕망에는 전혀 적용되지 않은 것 — 을 방치 상태로 내버려둘 수 있었다는 자각이다. 의지는 가장 자유롭고 가장 사변적인 형태로 비모순율을 피할 수 없는 사유보다 무한히 더 큰 자유를 향유하고 있는 것 같다. 이러한 부정할 수 없는 사실은 결코 순수한 축복으로 느껴지지 않았다. 사유하는 사람들은 이러한 사실을 종종 저주라고 생각했다.

　다음으로 나는 '나는 의지한다I-will'의 내적 증거를 현상이란 실재의 충분한 증거로 제시할 것이다. 나는 이러한 현상, 그리고 이와 연관된 다른 모든 문제가 고대 그리스에는 알려지지 않았다는 라일과 다른 많은 사람의 주장에 동의한다. 따라서 나는 라일이 거부하고 있는 것, 즉 이 의지 능력이 실제로 '발견되었기에' 그 발견 시기를 밝힐 수 있다는 주장을 수용해야 한다. 간단히 말하면, 나는 **의지**의 역사라는 관점에서 **의지**를 분석할 것이다. 물론 이러한 시도 자체는 나름대로 어려움을 지니고 있다.

인간의 삶의 조건이나 상황과 다른 인간의 능력은 인간이 지구에 출현함과 동시에 나타나지 않는가? 이것이 타당하지 않다면, 우리는 지나간 시대의 문헌과 사상을 어떻게 이해할 수 있었겠는가? 확실히 '이념의 역사'는 존재하며, **자유** 이념을 역사적으로 추적하는 것은 오히려 쉽다. **자유**는 어떻게 노예가 아닌 자유 시민의 정치적 위상, 그리고 수족이 마비되지 않고 정신에 복종할 수 있는 신체를 지닌 건강한 사람의 물리적 사실을 암시하는 용어에서, 자신이 실제로 노예이며 자신의 수족을 움직일 수 없을 때도 자유롭다고 느낄 수 있는 내적 기질을 시사하는 용어로 바뀌었는가? 이념은 정신의 산물이며, 이념의 역사는 제조자인 인간의 불변하는 정체성을 전제한다. 우리는 이후 이 문제에 관심을 가질 것이다. 어쨌든 인지 능력이 진리와 조응하고, 이성 능력이 인간의 인식을 넘어서는 것, 우리가 여기에서 언급한 것같이 **의미**에 조응하듯이, 기독교의 등장 이전에 우리는 어디에서도 자유의 '이념'에 상응하는 정신 능력의 개념을 발견하지 못했다.

우리는 의지의 발견을 촉발했던 정신의 경험뿐만 아니라 그러한 발견 자체가 초래한 것들 — 바울의 로마서에서 아퀴나스의 입장에 대한 둔스 스코투스의 문제 제기에 이르는 시기에 출간된 문헌 — 을 입증하는 고전 시대 이후와 전근대 문헌들을 검토함으로써 의지의 능력과 기능이 지닌 특징에 대한 연구를 시작할 것이다. 그러나 나는 우선 아리스토텔레스를 간단하게 소개하려고 한다. 아리스토텔레스는 중세사상에 결정적으로 영향을 미친 '철학자'이자, 내 생각에 **의지**의 선행 개념인 그의 자유로운 선택 *proairesis*은 또한 **의지**의 발견 이전에 영혼의 여러 문제들을 어떻게 제기했고 그 해답을 어떻게 제시했는지를 이해하는 데 모범적인 예로 역할을 할 수 있기 때문이다.

그러나 제2장과 제3장을 포괄하는 제1장에서는 17세기 철학의 부활

이후 이러한 명백한 경험 다수를 모호케 했으나 이를 재해석하는 주장이나 이론에 대해 충분하게 예비적으로 고찰할 것이다. 결국 우리는 이러한 이론, 교의, 주장을 염두에 두고 '의지'라는 주제에 접근할 것이다.

마지막 장에서는 의지 능력에 대한 재평가와 반박의 결과로서 고대 철학으로 '개종'한 니체와 하이데거를 검토할 것이다. 따라서 우리는 행동하는 사람이 이 연구의 첫 번째 책에서 다루고 있는 사유하는 사람보다 **의지** 문제를 이해하는 데 더 좋은 위치에 있는가 하는 문제를 제기할 것이다. 여기에서는 "일련의 계기적인 사물이나 상태를 자발적으로 시작하는 능력"(칸트)으로서 **의지**, 즉 행위의 근원을 언급할 것이다. 분명히 모든 사람은 출생으로 새로운 시작을 하며, 그의 시작 능력은 인간조건이라는 이러한 사실과 잘 조응할 수도 있다. **의지**가 때때로 개체화 원리*principium individuationis*의 현실화로 인정되어왔다는 것은 이러한 아우구스티누스의 성찰과 일치한다. 질문은 이러하다. 새로운 것을 촉발하고, 따라서 '세계를 변화시킬' 수 있는 이러한 능력은 어떻게 현상세계에서 기능할 수 있는가?

1 철학자들과 의지

시간과 정신 활동

나는 《정신의 삶》 제1권을 시간에 대한 몇 가지 고찰로 마무리했다. 그것은 플라톤이 제기했으나 해답을 얻지 못한 매우 오래된 질문을 명료하게 설명하려는 시도이기도 했다. 철학자들이 거주하는 정신 영역인 사유 장소topos noētos는 어디인가?[1] 나는 이 질문을 '우리는 사유할 때 어디에 있는가?'로 바꾸었다. 철학 전통의 초기에 활동했던 파르메니데스가 우리에게 그렇게 힘주어 촉구했던 것("비록 (감각에는) 나타나지 않지만 정신에 아주 확실하게 나타나는 것을 고찰하라"[2]), 즉 사유가 시작될 때 우리는 일상의 모든 활동을 중단하고, 내가 속한 모든 현상세계로부터 이탈하게 된다.

공간적 관점에서 보자면 이 질문에 대한 답은 부정적이다. 엄격히 말하자면, 우리는 어느 날 태어난 덕택에 현상세계에 있던 육체가 어느 날

---

1   《소피스트》, pp. 253~254, 그리고 《국가》, p. 517을 참조할 것.

2   Hermann Diels and Walther Kranz, *Die Fragmente der Vorsokratiker*, Berlin, 1950, vol. I, frag. B4.

불현듯 사라지리라는 점을 인식하고 있다. 우리는 우리가 속한 세계에서 육체와 완전히 결합된 상태에서만 사유하는 나를 인식한다. 그렇지만 사유하는 나는 눈에 드러나지 않으며, **어디에도 있지 않은 곳**에 있다. 사유하는 나는 자신의 육체를 포함한 현상세계로부터 이탈한다. 사유하는 나는 또한 더 이상 의식하지 않는 자기 자신으로부터도 이탈한다. 이에 딱 들어맞는 예로 플라톤은 철학자를 역설적이게도 죽음을 사랑하는 사람이라고 언급했으며, 발레리는 "나는 때론 사유하고 때론 존재한다*Tantôt je pense et tantôt je suis*"고 말했다. 이러한 주장은 사유하는 내가 일체의 현실감을 상실한다는 의미를 담는다. 즉 현실에 존재하는 '자기 자신'은 사유하지 않는다는 의미인 셈이다. 이러한 주장에 비추어 볼 때, 사유 경험 밖에서 '우리는 사유할 때 어디에 있는가?'라는 질문을 제기하는 것은 부적절하다.

따라서 사유하는 나의 시간 경험을 탐구하기로 한 결정 자체가 우리의 질문이 더 이상 부적절하지 않다는 것을 말해준다. 엄연히 지나간 일이어서 감각에는 드러나지 않는 것을 재현하는 정신 능력인 기억은 드러나지 않는 것을 현전케 하는 정신 능력 가운데 가장 설득력 있는 모범적 표본이 되어왔다. 정신은 이 능력 덕택에 현실보다 심지어 더 강력하다. 정신은 변화에 영향을 받는 모든 것의 내재적 무용성에 맞서는 위력을 지닌다. 정신은 그렇지 않을 경우 파멸과 망각의 상태에 놓이게 될 것에 집중하고 다시 집중한다. 이러한 구원이 나타나는 시간 영역은 사유하는 나의 현재, 일종의 지속되는 '오늘'[아우구스티누스는 이 "오늘(*hodiernus*)"을 하느님의 영원성으로 표현함[3]), 중세 시대의 성찰에서 '멈춰 선 현재*nunc stans*',[4] 베르

---

3   *Confessions*, bk. IX, chap. 13.

4   '*nunc*'는 '현재'를, '*stans*'는 '*stáre*(응시하다)'의 현재분사로 '고정되어 있음'을 의미한다. 따라서 이 문구는 '멈춰 서 있음', '멈춰 선 현재'로 번역될 수 있으며, 신학적인 관점에서는 하느님의 속성으로서 영원한 존재를 의미한다.(옮긴이)

그송의 "지속하는 현재*présent qui dure*"[5] 또는 카프카의 시간 우화에서 명명된 "과거와 미래 사이의 틈새"다. 그러나 우리는 다만 그러한 시간 경험에 대한 중세의 해석을 신적인 영원성의 암시로 수용하기만 한다면 시간성뿐만 아니라 공간성이 정신 활동에서 잠정적으로 정지된다고 결론을 내려야 한다. 그러한 해석은 신비주의의 분위기 속에 우리의 정신의 삶 전반을 덮어 버리며, 경험 자체의 바로 그 정상 상태를 이상하게 간과한다. "지속하는 현재"를 구성하는 것은 "관례적이고 정상적이며 일상적인 지성의 활동"[6]이며, 그 주제가 일상의 일반적인 사건이든 영원히 눈에 드러나지 않고 인간 능력의 영역 밖에 있는 사물에 관심을 집중하든 모든 형태의 성찰에서 수행된다. 정신 활동은 항상 스스로 "지속하는 현재"인 "과거와 미래 사이의 틈새"를 만든다.

　　(아리스토텔레스는 지속하는 현재에서 이러한 시간운동의 정지를 언급한 첫 번째 철학자인 것 같다. 아주 흥미롭게도 그는 《니코마코스 윤리학》 제10권의 쾌락 *hēdonē*에 대한 논의에서 이를 언급했다. 그는 다음과 같이 말한다. "쾌락은 시간 속에 있지 않다. 현재에 발생하는 것은 전체이기 때문이다." 즉 운동은 없다. 그에 따르면, "순수성과 확실성에서 경이로운" 사유 활동은 모든 활동 가운데 "가장 즐거운 활동"이었기 때문에, 그는 분명히 움직이지 않는 **현재**,[7] 이후의 표현으론 "멈춰 선 현재"에 대해 언급했다. 물론 아리스토텔레스는 격정적인 무절제에 탐닉한 마지막 철학자였을 것이다. 그런데 이것을 제외하면 가장 위대한 사상가들 가운데 가장 온건한 사람이었던 그는 중세 신비주의자 못지않게 이 현재를 황홀의 순간으로 생각했던 것 같다.)

　　내가 이전에 언급했듯이, 현상세계에서 진행되는 우리 활동의 단절

---

5   *La Pensée et le Mouvant*(1934), Paris, 1950, p. 170.

6   *Ibid.*, p. 26.

7   1174b6 and 1177a20. 플라톤의 쾌락 개념에 대한 아리스토텔레스의 반대 입장을 이해하기 위해서는 1173a13~1173b7을 참조할 것.

되지 않는 연속성이란 시각에서 볼 때, 정신 활동, 특히 사유 활동은 항상 "정상 상태에서 벗어나" 있다. 현상세계에서 이어서 나타나는 "현재(이제, 이때)"는 끊임없이 흘러간다. 따라서 현재는 과거와 미래를 불확실하게 결속하는 것으로 이해된다. 우리가 현재를 설명하려고 노력하는 순간, 현재는 '더 이상 아님'이거나 '아직 아님'이다. 그러한 시각에서 볼 때, 지속하는 현재는 용어상 모순이기는 하지만 확장된 '현재'처럼 보인다. 사유하는 나는 마치 그 순간을 확장하고 일종의 공간적 거처를 스스로 만들 수 있는 것 같다. 그러나 **시간Time** 현상의 외견적 공간성은 시간 현상을 다루는 용어에서 전통적으로 사용되는 은유들에 의해 야기되는 오류다. 베르그송이 처음 발견한 바와 같이, 그러한 은유들은 모두 "공간 언어에서 차용된 용어들이다. 우리가 시간에 대해 성찰하기를 원한다면, 공간은 조응한다." 따라서 "지속은 항상 확장으로서 표현되며",[8] 과거는 우리 뒤에, 미래는 우리 앞 어딘가에 놓여 있는 것으로 이해된다. 공간 은유를 선호하는 이유는 명료하다. 사유하는 내가 성찰하면서도 연루되지 않은 세계의 일상 업무와 관련해, 우리는 시간 측정을 필요로 하며, 공간적 거리를 측정함으로써만 시간을 측정할 수 있기 때문이다. 공간적 병렬 배치와 시간적 연속의 공통적인 구별도 확장된 공간을 전제하며, 연속은 이 공간을 통해 나타남에 틀림없다.

시간 개념에 대한 결코 만족스럽지 않은 이러한 예비적 고찰은 의지하는 나에 대한 우리의 논의에 필요한 것 같다. 그 이유는 이러하다. **의지Will**[9]가 전적으로 존재한다면, ─ 이성이나 정신의 존재를 결코 의심하지

---

8   Bergson, *Op.cit.*, p. 5.

9   아렌트는 일반적(또는 추상적) 의미를 지닌 '의지'를 표현할 때는 'Will'로, 개별적 의미를 지
    닌 '의지'를 표현할 때는 'will'로 표현한다. 이를 구분하기 위해서 Will을 볼드체 '의지'로
    표기한다.(옮긴이)

않았던, 감당할 수 없을 정도로 수많은 위대한 철학자들은 **의지**란 단지 환
상이라고 주장했다 — 기억이 과거를 위한 우리의 정신기관이듯이 의지도
분명히 미래를 위한 우리의 정신기관이다. ('의지하다to will'란 본동사가 의지
활동을 나타내지만 조동사로서 'will'이 미래를 지칭하듯이, 영어의 이상한 이중성은
적절하게 말하자면 이러한 문제에서의 우리의 불확실성을 입증한다.) 우리의 맥락
에서 볼 때, **의지**와 관련된 문제는 그것이 감각에 부재하고 정신의 재현 능
력을 통해 현재화될 필요가 있을 뿐만 아니라 결코 전적으로 존재하지 않았
던 가시적이거나 비가시적인 것들을 취급하고 있다는 점이다.

우리는 미래에 정신을 돌리는 순간 '대상들objects'에 더 이상 관심을
갖지 않고 앞에 내던져진 것〔기투(기획투사); *projects*〕에 관심을 갖는다. 그것
들이 자발적으로 형성되는 미래의 상황에 기대된 반응으로서 형성되는가
는 결정적이지 않다. 그리고 과거가 확실성을 가장하고 정신에 항상 재현
되는 것과 같이, 개연성 예측의 정도가 아무리 높다고 하더라도 미래의 주
요 특징은 그 기본적인 불확실성이다. 달리 말하면, 우리는 결코 존재하지
않았으며 아직 존재하지 않고 결코 존재하지 않을 수도 있는 문제들을 다
루고 있다. 우리가 합리적으로 확신할 수 있는 유일한 미래, 즉 우리 자신의
죽음을 대비하는 '유언장Last Will and Testament'은 **의지**의 의지할 필요성이 **이
성**의 사유할 필요성 못지않게 강력하다는 것을 보여준다. 두 경우에 정신은
대답할 수 없는 질문을 제기하거나, 의지하는 주체의 경우에 결코 존재하
지 않을 미래로 자신을 내던짐으로써 자신의 자연적 한계를 초월한다.

아리스토텔레스는 **의지**에 대한 철학의 태도에 필요한 근거들을 정
립했으며, 이 근거들의 복원력은 수세기에 걸쳐 가장 중대한 시험과 도전
을 거부했다. 아리스토텔레스에 따르면,[10] 존재하거나 존재하지 않을 수 있
는 문제들, 발생했으나 발생하지 않을 수도 있는 문제들은 모두 자체로 필

10   《형이상학》제7권 제7~10절을 참조할 것.

연적으로 존재하는 것, 존재하며 동시에 존재할 수 없는 것과 구별되듯이
우연적*kata symbēbekos*이다. 아리스토텔레스가 실체*hypokeimenon*라고 하는 이
두 번째는 우연히 첨가된 것, 즉 본질 자체에 속하지 않는 것 — 색은 대상
에 첨가되며, 대상의 본질은 이러한 '이차적 특성들'과 무관하듯이 — 아래
에 놓인다.[11] 대상들의 기초가 되는 것에 첨가될 수도 있고 그렇지 않을 수
도 있는 속성들 — 실체(*substratum*; 히포케이메논의 라틴어 표현) — 은 우연적
이다.

　　의도된 행위보다 더 우연적인 것은 거의 있을 수 없다. 이러한 행위
는 자유의지라는 가정에서 볼 때, 내가 행하지 않은 채 내버려둘 수 있다는
것을 알고 있는 행위로 정의될 수 있었다. 우리가 의지 능력을 욕구나 이성
이 제안한 모든 것을 위한 단순한 부가적 집행기관으로 이해하지 않는다
면, 자유롭지 않은 의지는 용어상 모순이다. 이러한 범주의 틀에서 볼 때,
인간사의 영역에서 발생하는 것은 모두 우연적이며, "행위에 의해 드러나
는 것은 또한 달리 존재할 수 없었던 것이다*prakton d'esti to endechomenon kai allōs
echein*."[12] 아리스토텔레스의 이러한 말은 그 영역의 낮은 존재론적 위상, 즉
헤겔이 **역사**에서 **의미**와 **필연성**을 발견할 때까지 결코 심각하게 도전받지
않았던 위상을 암시한다.

　　아리스토텔레스는 인간 활동의 영역 내에서 이러한 규칙에 대한 한
가지 중요한 예외, 즉 행위함 또는 실천*prattein*과 구별되는 만듦이나 제작
*poiein*을 인정했다. 아리스토텔레스의 예를 원용하자면, '청동구球'를 만드
는 장인은 작업을 시작하기 전에 이미 존재했던 질료와 형상, 놋쇠와 구를
결합하며, 인위적인 사물들로 구성되거나 인간 활동과 무관하게 존재해왔

11　　실재substance는 라틴어 '아래*sub*; under'와 '서 있다*stare*; stand'라는 용어에서 유래한다. 그리스
　　어 '*ousia*'는 '실재' 또는 '본질'을 의미하며, '실체'는 구체적 사물을 의미한다. (옮긴이)

12　　*De Anima*, 433a30.

던 사물로 구성된 세계에 첨가되는 새로운 대상을 생산한다. 이 '질료와 형
상의 혼합물'인 인공물 — 예컨대, 장인의 정신nous에 이미 존재하는 형상에
따라 나무로 만든 집 — 은 분명히 무에서 만들어진 것은 아니다. 따라서 아
리스토텔레스는 그것을 인간의 손으로 구체화하기 이전에 그것이 '잠재적
으로' 미리 존재하는 것으로 이해했다. 이러한 개념은 살아 있는 생물의 본
질에 특이한 양태로부터 도출되었는데, 여기에서 나타나는 모든 것은 떡갈
나무가 도토리에, 그리고 동물이 정액에 잠재적으로 존재하듯이 완성된 산
물을 잠재적으로 포함하고 있는 무엇인가에서 성장한다.

　　실재하는 모든 것이 그 동인들 가운데 하나인 가능태를 선행해야 한
다는 견해는 확실한 시제로서 미래를 암묵적으로 부정한다. 미래는 단지
과거의 결과일 뿐이다. 그리고 자연적 사물과 인위적 사물 사이의 차이는
가능태에서 현실태로 필연적으로 발전하는 것들과 실재화될 수도 아닐 수
도 있는 것들 사이의 단순한 차이일 뿐이다. 이러한 상황에서 볼 때, 기억이
과거를 위한 기관이듯이 미래를 위한 기관으로서 **의지**라는 개념도 전적으
로 부차적이었다. 아리스토텔레스는 **의지**의 존재를 의식할 필요가 없었다.
그리스인들은 우리가 생각하는 '행위의 근원'에 해당되는 "용어를 갖고 있
지도 않았다." 〔텔라인thelein은 '준비하다' 또는 '무엇에 대비하다'를 의미
하며, 불레스타이boulesthai는 '무엇인가를 (더) 바람직한 것으로 보는 것'이
다. 그러나 이러한 것들보다 행위에 선행해야 하는 어떤 정신 상태라는 우
리의 개념에 더 가까운 프로-아이레시스pro-airesis는 아리스토텔레스의 신
조어로서 두 가지 가능성 가운데 '선택' 또는 오히려 다른 것 대신에 한 행
동을 선택하게 하는 선호다.〕[13] 그리스 문헌을 충분히 읽은 독자들은 이러
한 결함을 항상 의식해왔다. 따라서 질송은 잘 알려져 있듯이 "아리스토텔
레스가 자유나 자유의지에 대해 언급하지 않았고 … 그 용어 자체는 누락되

---

[13]   Bruno Snell, *The Discovery of the Mind*, New York, Evanston, 1960, pp. 182~183.

었다"[14]고 지적했으며, 홉스는 이 점에 대해 이미 아주 명료하게 밝혔다.[15] 알아맞히기란 여전히 매우 어렵다. 그리스인들은 물론 의도적 행위와 비의도적 행위, 자발적hekōn 행위와 비자발적 행위akōn, 즉 법률적으로 말하면 살인과 과실 치사 사이의 차이를 알고 있었고, 아리스토텔레스는 자발적인 행위만이 비난이나 칭찬에 영향을 받는다고 조심스럽게 지적했다.[16] 그러나 그가 이해한 자발적 행위란 우연하게 나타나는 게 아니라 신체적·정신적 능력을 완전히 소유한 행위자 — 운동의 근원은 행위자에 있었다[17] — 가 수행한 활동을 의미했으며, 그 차이는 무지나 불운한 일로 입은 손상 정도를 포함할 뿐이다. 내가 폭력의 위협 상태에 있으나 물리적으로 강요되지 않은 상태에서 한 행위 — 내가 총으로 나를 위협하는 사람에게 내 손으로 주머니에서 돈을 꺼내 주는 경우와 같이 — 는 자발적인 것으로 규정될 수도 있다.

다음과 같은 사실을 지적하는 게 중요하다. 그리스 철학에서 나타나는 이러한 신기한 결함은 시간성을 천체의 순환적 시간운동과 동일시하고 이 세상의 적잖이 순환적인 삶 — 낮과 밤, 여름과 겨울의 여전히 반복되는 변화, 출생과 탄생을 통한 동물 종의 지속적인 재생 — 과 동일시하는 고대의 시간 개념과 완벽하게 일치했다. 즉 "플라톤과 아리스토텔레스는 영

---

14   *The Spirit of Medieval Philosophy*, New York, 1940, p. 307.

15   "우연히 존재하는 모든 것이 필연성에서 발생하는가 또는 우연성에서 나타나는가의 문제는 우리 구세주가 현현하기 오래전에 고대 철학자들 사이에서 논의되었던 문제다. … 그러나 사물을 존재하게 하는 제3의 길 … 즉 자유의지는 이들에 의해서도 결코 언급되지 않은 문제이며, 기독교 초기 기독교인들에 의해서도 제기되지 않은 문제다. … 그러나 시간이 흐르면서 로마 교회의 박사들은 하느님의 의지의 영역에서 인간의 의지를 면제했다. 교의에서 제기된 바와 같이 … [인간의] 의지는 자유로우며, 의지 자체의 능력에 의해 결정된다." "The Question concerning Liberty, Necessity and Chance", *English Works*, London, 1841, vol. V, p. 1.

16   《니코마코스 윤리학》 제5권 제8장을 참조할 것.

17   *Ibid.*, 제3권, 1110a17.

혼의 성격이나 행위의 근원에 대한 빈번하면서도 치밀한 논의에서 의지 활동을 결코 언급하지 않았다."[18] 따라서 우리는 "자유 문제가 소크라테스, 플라톤, 아리스토텔레스 철학에서 여전히 논쟁의 주제였다고 진지하게 주장할 수는 없다."[19] 아리스토텔레스가 "생성은 실재하지는 않지만 잠재적으로 존재하는 무엇인가의 선행적 존재를 포함하고 있다"[20]고 주장할 때, 그는 살아 있는 모든 것이 움직이는 순환운동 — 실제로 모든 끝은 시작이고 모든 시작은 끝이며, 그래서 "사물이 항구적으로 파괴되더라도"[21] 생성은 지속된다 — 을 인간사 영역에 적용하고 있다. 다음 내용은 이에 부합된다. 아리스토텔레스는 "인간들 사이에서 발생하는 사건뿐만 아니라 의견들도 한 번 또는 수차례, 그리고 무한히 종종 반복된다"[22]고 말한다. 인간사에 대한 이러한 견해는 철학적 사유에 특이하지 않았다. '영원한 소유물ktēma es aei'[23] — 역사에서 지금까지 알려진 가장 중대한 사건에 대한 명료한 지식 덕택에 미래를 어떻게 탐구할 것인가와 관련하여 영원히 유용한 모델 — 을 후손들에게 맡기자는 투키디데스의 주장은 인간사의 반복적인 운동에 대한 동일한 확신에 암묵적으로 기반을 두고 있다.

　　우리는 '역사적 순간'의 특이성을 강조하는 직선적 시간 개념의 관점에서 사유하지만, 그리스 철학 시대 이전에는 음유시인들이, 이후에는 역사가들이 위대성을 찬양하고 예외성을 강조했다. 이들은 모든 도덕적 고

18　　Gilbert Ryle, *The Concept of Mind*, New York, 1949, p. 65.

19　　Henry Herbert Williams, article on the Will in *Encyclopedia Britannica*, 11th ed.

20　　*De Generatione*, 제1권 제3장, 317b16~18.

21　　*Ibid.*, 318a25~27 and 319a23~29 ; *The Basic Works of Aristotle*, ed. Richard Mckeon, New York, 1941, p. 483.

22　　*Meteorologica*, 339b27.

23　　투키디데스, 《펠로폰네소스 전쟁사》, Ⅰ.24.3. "이 책은 대중의 취미에 영합하여 일회용으로 들을 거리를 쓴 것이 아니라 영구 장서용으로 쓴 것이기 때문이다."(옮긴이)

찰을 넘어서 "악이든 선이든"(투키디데스)[24] 위대성과 예외성을 망각으로부터 구원하려고 했다. 이렇듯, 우리의 직선적 시간 개념은 그들의 순환적 시간 개념과 양립할 수 없는 것 같다. 그러나 철학자들이 태어나지도 죽지도 않은 영원한 **존재**를 발견했을 때까지, 시간과 시간 속의 변화는 문제가 되지 않았다. 호메로스의 "순환하는 연년(매해)"은 기껏해야 지적할 만한 가치가 있는 이야기가 발생하고 언급되는 배경을 제공했다. 초기의 이러한 비사유적 견해의 흔적들은 그리스 문헌을 통해 발견된다. 따라서 (《니코마코스 윤리학》가운데) '행복eudaimonia'을 논의한 아리스토텔레스 자신도 호메로스의 관점에서 생각하고 있다. 아리스토텔레스는 행복을 논의할 때 "한 사람의 생애에서 여러 번 반복되는" 우연적 상황tychai인 성쇠를 지적한다. 반면에 행복은 활동의 탁월성 때문에 기억할 만한 가치가 있으며, 따라서 '망각하지 않는genesthai' 여러 가지 활동energeiai kat' aretēn에 존재하기 때문에, 아리스토텔레스가 밝힌 행복은 더욱더 지속된다.[25]

우리가 순환적 시간 개념의 역사적 기원이나 영향을 바빌론, 페르시아, 이집트에서 찾을 수 있다고 하더라도, 철학자들이 탄생하지도 죽지도 않는 영원한 **존재**를 일단 발견했을 때 순환적 시간 개념의 출현은 논리적으로 거의 불가피했다. 따라서 철학자들은 이러한 **존재**의 틀 내에서 운동과 변화, 살아 있는 생명체의 탄생과 소멸을 설명해야만 했다. 아리스토텔레스는 "일부 사람들이 주장하듯이, 온 세상whole heaven은 탄생하지도 않았고 파괴될 수도 없으나, 그 전체적인 실존의 시작과 끝이 없을 뿐만 아니라 자체 속에 무한한 시간을 포함하고 포용하고 있기 때문에 단순하면서도 영원하다"[26]는 가정의 우위성에 대해 아주 확실한 입장을 가졌다. 니체가 관

---

24   투키디데스, 《펠로폰네소스 전쟁사》 II. 페리클레스의 연설 내용에 포함되어 있다.(옮긴이)

25   Bk. I, 1100a33~1100b18.

26   *De Caelo*, 283b26~31.

찰했듯이, "모든 것은 반복한다"는 실제로 "생성의 세계를 존재의 세계에
[가능한] 가장 근접하게 한 주장이다."[27] 따라서 그리스인들이 원리상 불확
정적이며 참신성의 가능한 선행 개념, 즉 미래를 위한 정신기관인 의지의
능력이란 개념을 갖고 있지 않았다는 것은 놀라운 일이 아니다. 신성한 시
작에 대한 히브리-기독교 신념("태초에 하느님이 천지를 창조하셨다")이 철학
의 독단적인 가정이 된 이후, **의지**를 환상이나 전적으로 쓸모없는 가설로
무시하려는 강력한 성향을 발견했다는 것은 아주 놀라운 일이다. 특별히
이러한 새로운 신념은 또한 인간이 하느님 자신의 형상으로 만들어져 유사
한 시작 능력을 부여받은 유일한 피조물이라고 주장했다. 그러나 모든 기
독교 사상가들 가운데 아우구스티누스만이 "[시작]이 있었고, 인간은 창조
되었다*Initium ut esset, creatus est homo*"[28]는 결론을 도출하는 것 같다.

　　의지를 개별적이고 자율적인 정신 능력으로 인식하기를 싫어하는
태도는 우리가 이후 좀 더 중요하게 검토할 몇 세기의 기독교 철학에서 쇠
퇴했다. 기독교 철학은 그리스 철학, 특히 아리스토텔레스로부터 아무리
지적 도움을 받았다고 하더라도 고대의 순환적 시간 개념 및 영구적인 반복
개념과 단절하게 되었다. 아담이 낙원에서 추방되는 것으로 시작하며 그리
스도의 죽음과 부활로 종결되는 이야기는 특이하고 반복될 수 없는 사건에
관한 것이다. "그리스도께서 우리의 죄를 위해 죽으시고 죽음에서 탄생하
셨다. 그분은 더 이상 죽으시지 않는다."[29] 이야기의 연속은 직선적 시간 개

27　　*The Will to Power*, ed. Walter Kaufmann, Vintage Books, New York, 1968, no. 617.
　　　달리 번역하면 다음과 같다. "모든 것이 회귀한다는 것은 생성의 세계, 존재의 세계에 대한
　　　극한적인 근접이다."(옮긴이)

28　　*De Civitate Dei*, bk. XII, chap. 20.

29　　*Ibid.*, chap. 13.

넘을 전제한다. 이것은 특정한 시작, 전환점(달력의 원년[30]), 그리고 특정한
끝을 가지고 있다. 이 이야기는 일상의 세속적 사건들의 과정 — 제국을 과
거에도 그랬듯이 생성했다가 쇠퇴하는 것으로 기대될 수 있었다 — 을 거의
다루고 있지 않지만 기독교인들에게는 아주 중요한 것이었다. 게다가, 기
독교인이 "지구상에서 순례자"였던 동안 그의 사후의 삶이 결정되었기 때
문에, 그 자신은 확정되고 필연적인 삶의 종말을 넘어서 미래를 가지고 있
었다. 그리고 바울이 온갖 복잡성 속에서 **의지**와 그 필연적 자유를 처음으
로 발견했다는 사실은 미래의 삶을 위한 준비와 밀접하게 연계되었다.

　　따라서 우리 주제의 난점은 우리가 다루는 문제들이 단절되지 않은
철학 사상의 전통보다 오히려 신학에 그 '역사적 기원'을 둔다는 점이다.[31]
'나는 의지한다I-will'에서 고대 이후 인간적 자유의 위상에 관해 제기한 가
정의 장점이 무엇이든 간에, 그리스도 이전 사상의 틀에서 자유가 '나는 할
수 있다I-can'에 설정되었다는 것은 확실하다. 자유는 신체의 객관적 상태
지 의식이나 정신의 자료는 아니었다. 자유는 사람이 내키는 대로 행할 수
있다는 것을 의미했다. 즉 이는 주인의 명령이나, 신체를 지탱하는 데 필
요한 임금을 필요로 하는 어떤 신체적 필연성이나, 질병 혹은 마비와 같은
어떤 신체적 장애로 강요되지 않는다는 것을 의미했다. 그리스의 어의론,

30　과거와 미래로 시간을 계산하는 전환점을 예수의 탄생으로 잡은 현재의 달력은 8세기 말에
　　소개되었다. 관련 책자들은 개혁이 다른 시간 인식의 미로를 언급할 필요도 없이 고대 역사
　　에서 사건의 날짜를 용이하게 파악할 학문적 필요성 때문에 촉발되었다고 제시한다. 내가
　　알기로는 갑작스러운 괄목할 만한 변화를 고민한 유일한 철학자인 헤겔은 이 사건에서 진
　　정한 기독교적 연대기의 징표를 찾았다. 그리스도의 탄생은 세계 역사의 전환점이기 때문
　　이다. 새로운 구도 속에서 과거가 무한한 과거로 확장되고, 마찬가지로 미래가 무한한 미래
　　로 확장되는 그러한 방식으로 과거를 미래로 계산할 수 있다는 것은 중요하다. 이러한 두 가
　　지 무한성은 지구상에서 잠재적으로 무한한 실재 속에서 인류를 확립하는 시작과 끝의 모
　　든 개념을 제거한다. 인류와 그 세계의 지구적 불멸성이란 개념만큼 기독교 사상에 생소할
　　수 있다는 것은 언급할 필요도 없다.

31　각주 19에서 언급한 《대영백과사전Encyclopaedia Britannica》의 '의지Will'에 관한 부분을 참조
　　할 것.

즉 자기 해석에 따르면, 자유*eleutheria*의 어원은 내가 바라는 대로 가는 것 *eleuthein hopōs erō*이다.[32] 따라서 기본적인 자유는 분명히 운동의 자유로 이해 되었다. 자신이 바라는 대로 이동할 수 있는 사람은 자유로웠다. '나는 의지 한다'가 아니라 '나는 할 수 있다'가 기준이었다.

의지와 근대

우리는 이러한 예비적 고찰의 맥락에서 중세 시대의 복잡한 상황에 대한 고찰을 건너뛰어 우리의 지성사에서 다음으로 중요한 전환점인 근대 의 등장에 대해 간단히 고찰하려고 한다. 우리는 심지어 미래 시대에 대한 더 강력한 관심을 중세 시대보다 근대에서 기대할 자격이 있다. 근대의 아 주 새로운 주요 개념, 즉 인류 역사의 주된 추진력인 **진보** 개념은 전례 없이 미래에 강조점을 두고 있기 때문이다. 그러나 이 주제에 대한 중세 시대의 성찰은 적어도 17~18세기에도 여전히 강력한 영향을 미쳤다. 그리고 의지 능력에 대한 의혹은 아주 강렬했으며, 어떤 신의 섭리나 지도에도 보호를 받지 않는 인간에게 자신의 운명에 대한 절대적 영향력을 인정하기 싫어하 는 기색, 실존 자체가 전적으로 자신에 좌우되는 사물들에 대한 막대한 책 임을 인간에게 부과하기 싫어하는 기색은 아주 심각했다. 칸트의 말을 빌 리자면, 의지의 자유란 문제, 즉 "일련의 계기적인 사물이나 상태들을 자발 적으로 시작하는 능력 ─ 둘 또는 그 이상의 대상 가운데 선택하는 능력(엄

---

32   Dieter Nestle, *Eleutheria. Teil I: Studien zum Wesen der Freiheit bei den Griechen und im Neuen Testament*, Tübingen, 1967, p. 6과 이후 내용을 참조할 것. 현대 어의론은 동일한 종족 단위 에 속하는 사람들만이 동료 인종에 의해서 '자유롭다'고 인정받을 수 있으며, '*eleutheria*'를 민족이나 종족을 의미하는 인도게르만 어원에서 도출하는 성향이 있다는 것은 지적할 만한 가치가 있다. 이러한 지식은 낮의 빛을 처음으로 보였던 19세기 동안 독일 학계의 개념과 오히려 불편할 정도로 근접한 것같이 들리지 않는가?

격히 말하자면, 자유로운 선택 *liberum arbitrium*) — 을 취급하는 데 있어서 사변적 이성"[33]의 당혹감은 상당히 컸기 때문에, **의지**는 근대의 마지막 단계에 이르러 비로소 인간의 최고 정신 능력인 이성을 대체하기 시작했다. 이 시대는 진정한 형이상학적 사유의 마지막 시대와 일치했다. '존재와 사유가 동일하다*to gar auto esti noein te kai einai*'는 파르메니데스에서 시작된 형이상학의 맥락 속에 있던 19세기의 전환기에, 칸트 이후 갑자기 **의지**를 **존재**Being와 동일시하는 것이 유행하게 되었다.

따라서 실러는 "인간의 내면에는 **의지** 이외에 다른 능력은 없다"라고 선언했고, **의지**가 "실재의 근거로서 이성과 감성에 모두 위력을 가지고 있으며", 이러한 대립 — 두 가지 필연성, 즉 진리와 정념의 대립 — 이 자유의 기원을 마련하고 있다고 선언했다.[34] 쇼펜하우어는 칸트의 물자체, 현상 이면의 **존재**, 세계의 "내재적 본질"과 그 "핵" — "객관적 세계는 그 핵의 외재적인 부분일 뿐이다"[35] — 이 곧 **의지**라고 판단했지만, 훨씬 높은 사유 수준에 있는 셸링은 "궁극적인 최고 수준에서 **의지** 이외에 다른 **존재**는 없다"[36]고 명백히 언급했다. 그러나 이러한 발전은 헤겔의 역사철학에서 최고 정점에 도달하며(나는 그러한 이유 때문에 이를 분리하여 취급하길 선호한다), 같은 세기 말에 갑자기 급속히 종말에 이르렀다.

얼핏 보면, 중심을 힘에의 의지에 두고 있는 니체 철학은 이론적 성

---

33   *Critique of Pure Reason*, B476. 이와 다른 인용을 이해하기 위해서는 다음 문헌을 참조할 것. Norman Kemp Smith's translation, *Immanuel Kant's Critique of Pure Reason*, New York, 1963. 저자는 이 책을 종종 인용하고 있다.

34   *Über die ästhetische Erziehung des Menschen in einer Reihe von Briefen*, 1795, 19th letter.

35   *The World as Will and Idea*(1818), trans. R. B. Haldane and J. Kemp, vol. I, pp. 39 and 129. 여기에서는 다음 문헌을 인용했다. Konstantin Kolenda's Introduction to Arthur Schopenhauer, *Essay on the Freedom of the Will*, Library of Liberal Arts, Indianapolis, New York, 1960, p. viii.

36   *Of Human Freedom*(1809), trans. James Gutmann, Chicago, 1936, p. 24.

찰에서 **의지**의 우위를 최고조로 내세운 것같이 보인다. 나는 이러한 니체의 해석이 그의 유작들을 무비판적으로 출간한 초판들을 둘러싸고 있는 오히려 불행한 상황들 때문에 부분적으로 야기된 오해라고 생각한다. 우리는 니체 덕분에 의지 능력과 의지하는 나의 성격 — 이후 관심을 갖고 연구할 주제 — 에 대한 수많은 결정적인 통찰력을 갖게 되었다. 그러나 그의 저작에서 **의지**에 관한 문장들은 대부분 "자유의지의 항구성 덕택에 백 번은 반박되었고 정확히 '반박될 수 있는' 자유의지론"에 대한 노골적인 적대심을 보여주며, "자유의지를 한 번 이상 반박할 만큼 강렬하다고 느끼는 누군가는 항상 나타난다."[37]

　　니체 자신의 최종적인 반박은 "《차라투스트라는 이렇게 말했다》의 기본 개념인 영원회귀 사상"에 포함되어 있는데, 이것은 "가장 높은 수준의 가능한 긍정 형식"을 표현하고 있다.[38] 이렇듯 니체의 주장은 역사적으로 일련의 신정론神政論 형식을 취하고 있으며, 17세기 이후로 줄곧 철학자들의 생각에 인간이 삶을 영위하고 있는 세계, 그리고 인간 정신을 조화시키는 데 필요한 하느님이나 **존재**에 대한 그러한 이상한 정당화다. '영원회귀 사상'은 근대의 직선적 시간 개념과 진보 과정에 대한 무조건적인 부정을 함축하고 있다. 이 사상은 고대의 순환적 시간 개념으로의 명백한 전환일 뿐이다. 영원회귀 사상을 근대적이게 하는 것은 그것이 표현된 감상적인 색조다. 이 색조는 근대인이 소박하게 존경하는 긍정적인 경이*thaumazein*를 다시 확보하는 데 필요한 의지적인 강도의 정도를 예시한다. 이 경이는 한때 플라톤에게는 철학의 출발점이었다. 반대로, 근대철학은 **존재** — 왜 무엇은 존재하지만 무는 오히려 존재하지 않는가? — 가 전적으로 정당화될 수 있었던 데카르트나 라이프니츠의 회의에서 비롯됐다. 니체는 종교적

37　*Beyond Good and Evil*(1885), trans. Marianne Cowan, Chicago, 1955, sect. 18.

38　"Also Sprach Zarathustra", *Ecce Homo*(1889), no. 1.

개종의 색조로 영원회귀에 대해 언급하며, 종교적 개종은 아니지만 어쨌든 개종으로 영원회귀에 도달했다. 그는 이러한 사유와 함께 고대의 **존재** 개념으로 개종하고자 노력했으며, 근대의 철학적 신념을 전적으로 부정했다. 그는 근대를 "의혹의 시대"로 진단한 첫 번째 철학자다. 그는 자신의 사상을 '영감'의 덕택으로 돌리면서 "우리는 '이 또한 나의 경험이야'라고 자신에게 말할 어떤 사람을 발견하기 위해 수천 년 전 과거로 돌아가야 한다"[39]는 것을 의심하지 않았다.

20세기 초반 몇 십 년 동안 유럽 지식인 공동체의 거의 모든 사람들은 니체의 저작을 읽으면서 니체를 곡해했지만, 철학에 대한 그의 영향은 제대로 표현하자면 미미했다. 여전히 칸트주의자들이 있고 헤겔주의자들이 있지만, 니체주의자들은 당시까지도 없었다. 철학자로서 그에 대한 첫 번째 인정은 불행하게도 '실존주의'라는 이름으로 진행된 강단철학에 대한 매우 영향력 있는 저항과 함께 나타났다. 니체 사상에 대한 진지한 연구는 그에 관한 야스퍼스와 하이데거의 저작 이전에는 없었다.[40] 그러나 이러한 사실은 야스퍼스나 하이데거가 니체 학파의 때늦은 설립자로 이해될 수 있다는 것을 의미하지는 않는다. 현재의 맥락에서 더 중요하지만, 야스퍼스나 하이데거는 니체 철학에서 의지를 인간 능력의 중심에 설정하지 않았다.

야스퍼스는 우리가 진리를 소유하지 않았다는 사실로 인간의 자유가 보장된다고 주장한다. 진리는 강요하며, 인간은 궁극적인 질문에 대한 해답을 모르기 때문에 자유로울 수 있다. "나는 모르기 때문에 의지해야 한다. 지식으로 접근할 수 없는 **존재**는 단지 나의 의지 활동을 통해서만 노출

---

39   *Ibid.*, no. 3.

40   다음 문헌을 참조할 것. Karl Jaspers, *Nietzsche: An Introduction to the Understanding of H.. Philosophical Activity*(1935), trans. Charles F. Wallraff and Frederick J. Schmitz Tucson 1965; and Martin Heidegger, *Nietzsche*, 2 vols., Pfullingen, 1961.

될 수 있다. 알지 못함이 의지해야 하는 근원이다."[41]

하이데거는 초기 저작에서 결정적인 시간적 실체 — "미래는 근원적이고 진정한 시간성의 최초 현상이다" — 로서 미래를 강조했으며, 염려(Sorge; 철학 용어로서《존재와 시간》에 처음 등장하며 '미래에 대한 걱정'과 '관심'을 의미하는 독일어 용어)를 인간적 존재의 주요한 실존적 사실로 소개했다. 10년 후 하이데거는 (니체에 관한 자신의 저작에서) 근대 전체의 철학과 결별했다. 그는 그 시대의 이론적 산물은 아니지만 그 시대 자체가 **의지**의 지배에 어느 정도나 바탕을 두고 있는가를 발견했기 때문이다. 그는 자신의 후기 철학을 "의지하지 않을 의지하기willing not-to-will"[42]라는 외견상 역설적인 명제로 결론을 맺었다.

확실히 하이데거는 자신의 초기 철학에서 진보에 대한 근대의 신념을 공유하지 않았다. "의지하지 않을 의지하기"라는 그의 명제는 발생하는 모든 것이 반복해서 발생한다는 것을 의지하기로 제한함으로써 니체의 **의지** 극복과 공통점을 가지고 있지 않다. 그럼에도 하이데거의 잘 알려진 전환, 후기 철학의 전환은 어느 정도 니체의 개종과 유사하다. 그것은 일종의 개종이며, 초기 그리스 사상가들로의 복귀와 동일한 결과를 담고 있다. 근대 사상가들은 비록 끝부분에서이기는 하지만 "사유의 땅"(칸트)[43]으로 도피했으며, 이곳에는 그들 자신의 특별히 근대적인 관심사 — 미래, 미래를 위한 정신기관인 **의지**, 하나의 문제로서 자유 — 는 존재하지 않는다. 달리 표현하면, 사유 능력이 진리와 상응했듯이, 자유에 상응할 수 있는 정신 능력 개념은 없었다.

---

41   *Philosophy*(1932), trans. E. B. Ashton, Chicago, 1970, vol. 2, p. 167.

42   "*Das primäre Phänomen der ursprünglichen und eigentlichen Zeitlichkeit ist die Zukunft*", In *Sein Und Zeit*(1926), Tübingen, 1949, p. 329; *Gelassenheit*, Pfullingen, 1959, English translation; *Discourse on Thinking*, trans. John M. Anderson and E. Hans Freund, New York, 1966.

43   편집자 주: 우리는 이 출처를 찾을 수 없었다.

중세 이후 철학: 의지에 대한 주요 반론

나는 이러한 예비적 비평을 통해 의지하는 나의 복잡한 특징들에 대한 우리의 접근 방법을 용이하게 하는 데 목적을 두고 있다. 우리는 방법론적 관심에서 모든 **의지** 철학이 의지하는 나라기보다 오히려 사유하는 나의 산물이라는 단순한 사실을 간과할 수는 없다. 물론 동일한 정신이 항상 사유하고 의지하지만, 우리는 다른 정신 능력들에 대한 사유하는 나의 평가가 공정할 것이라고 당연시할 수 없다는 것을 알고 있다. 그리고 우리는 전적으로 다른 일반 철학을 수용하는 사상가들이 **의지**에 대해서는 동일한 반론을 제기하고 있다는 사실을 발견했을 때 이들을 불신하게 마련이다. 따라서 나는 헤겔의 입장을 논의하기에 앞서 우리가 중세 이후 철학에서 발견하는 주요 반론을 간단히 개관할 것이다.

첫째, 의지 능력의 존재 자체에 대한 반복적인 불신이 있다. **의지**는 단순한 환상, 의식의 환영幻影, 의식의 구조 자체에 내재된 일종의 기망이라는 의혹을 받고 있다. 홉스의 말에 따르면, "소년들이 팽이채로 쳐서 … 때로는 돌아가다가 때로는 사람의 정강이를 칠 때 자체의 운동을 자각했을 … 나무팽이는 팽이채가 자신을 치고 있다는 것을 느끼지 못한다면 자신이 의지에 따라 운동하고 있다고 상상했을 것이다."[44] 스피노자도 다음과 같은 방식으로 생각했다. 어떤 외부의 힘 때문에 움직이는 돌은 "자신이 자신의 노력을 의식하고 생각할 수 있었다면 자신이 완전히 자유롭다고 믿을 것이며, 자신의 바람(소망) 때문에 오직 계속 움직인다고 생각했을 것이다."[45] 달리 말하자면, "사람들은 자신의 행위를 의식하지만 그러한 행위를

---

44   *English Works*, vol. V, p. 55.

45   Letter to G. H. Schaller, dated October 1674. See Spinoza, *The Chief Works*, ed. R. H. M. Elwes, New York, 1951, vol. II, p. 390.

결정하는 원인을 의식하지 못한다는 이유만으로 자신들이 자유롭다고 믿는다." 따라서 사람들은 주관적으로는 자유롭지만 객관적으로는 제약을 받는다. 스피노자의 서신 교환자들은 명백한 반론을 제기한다. "이것이 인정되었다면", 스피노자의 마음을 조금도 교란하지 않는 "모든 사악함은 변호되었을 것이다." 스피노자는 다음과 같이 답변한다. "사악한 사람들은 필요성 때문에 사악할 때도 두려움의 대상이며 해로운 존재다."[46]

홉스와 스피노자는 주관적으로 느끼는 능력으로서 **의지**의 존재를 인정하면서 **의지**의 자유만을 부정한다. 즉 "나는 이러한 자유, 즉 의지한다면 행할 수 있다는 것을 인정하지만, 내가 의지하면 의지할 수 있다고 말하는 것이 부조리한 말이라고 간주한다."[47] 이유는 이러하다. "'리버티나 프리덤'[48]은 운동하는 데 외적 장애가 … 없다는 것을 당연히 의미한다. … 그러나 운동의 장애가 사물 자체의 구성에 내재되어 있을 때, 우리는 다음과 같이 말해서는 안 된다. 돌이 조용히 놓여 있거나 한 사람이 질병으로 침상에만 있어야 할 때와 같이, 사물은 움직이는 힘인 자유를 원한다." 이러한 성찰은 전적으로 질료에 대한 그리스인들의 입장과 일치한다. 다음과 같은 홉스의 결론은 더 이상 고전 철학의 입장과 일치하지 않는다. "자유와 필연성은 일치한다. 즉 자유뿐만 아니라 관을 따라 흘러내리는 필연성을 지닌 물에서 나타나듯이, 사람들이 자발적으로 수행하는 행위도 마찬가지다. 사람들은 자신의 의지와 자유로 행위를 진행시킨다. 그리고 인간의 의지에 따른 모든 행위는 어떤 원인으로 진행되며, 행위는 연속적 고리에서 어떤

---

46   *Ethics*, pt. III, prop. II, note, in *Ibid.*, vol. II, p. 134 ; Letter to Schaller, in *Ibid.*, p. 392.

47   홉스가《자유와 필연성에 관한 논고*Of Liberty and Necessity*》에서 언급한 말이다.(옮긴이)

48   아렌트의 저서에서는 우리말로 '자유'에 해당하는 다양한 용어들이 사용된다. 예컨대, liberation, liberty, spontaneity, freedom 등을 들 수 있다. 그러나 아렌트는 자신의 저서에서 대부분 사적인 삶과 연관된 자유를 'liberty'로, 공적 또는 정치적 삶과 연관된 자유를 'freedom'으로 표기한다.(옮긴이)

원인으로 필연성에서 작동한다. 마찬가지로, 그러한 원인들의 연계를 볼 수 있는 사람에게도 역시 모든 사람들의 자발적 행위의 필연성은 명백해 보인다."[49]

홉스와 스피노자는 모두 **의지**의 부정을 철학의 확고한 기반으로 삼고 있다. 그러나 우리는 쇼펜하우어 철학에서도 같은 주장을 발견한다. 그의 일반 철학은 거의 반대 입장이며, 그에게 의식이나 주관성은 **존재**의 본질이었다. 그는 홉스와 마찬가지로 **의지**를 부정하지는 않았으나, **의지**가 자유롭다는 점은 부정했다. 내가 의지 활동을 경험할 때 자유에 대한 환상적 감정은 존재한다. 그리고 내가 다음에 행할 것에 대해 숙고하고 수많은 가능성을 거부하며 최종적으로 어떤 명료한 결정에 도달할 때, "그것은 마치 물이 자유의지를 가지고 다음과 같이 자신에게 말하는 것과 같다. '나는 높은 파도를 만들 수 있고 … 언덕을 따라 휩쓸고 내려갈 수 있으며 … 거품을 내고 튀어 오르면서 떨어질 수 있으며 …: 물줄기로서 공중으로 자유롭게 올라갈 수 있으나(… 분수에서) … 이제 이러한 것을 하지 않은 채 성찰하는 웅덩이에서 자발적으로 조용하고 깨끗한 물로 있으리라."[50] 존 스튜어트 밀은 이미 인용한 다음 문장에서 이러한 주장을 가장 잘 요약하고 있다. 즉 "우리의 내면 의식은 우리가 힘을 가지고 있다고 우리에게 말한다. 그리고 인류의 전반적인 외적 경험은 우리가 그 힘을 결코 사용하지 않는다는 점을 우리에게 말한다."[51]

그 능력의 존재 자체에 대해 제기한 이러한 반론들에서 아주 두드러진 점은 무엇보다도 이러한 반론들이 근대의 의식 개념 — **의지** 개념과 같이 고대 철학에는 알려지지 않았던 개념 — 의 관점에서 늘 제기되었다는

49   *Leviathan*, ed. Michael Oakeshott, Oxford, 1948, chap. 21.

50   *Essay on the Freedom of the Will*, p. 43.

51   *An Examination of Sir William Hamilton's Philosophy*(1867), chap. XXVI, quoted from *Free Will*, eds. Sidney Morgenbesser and James Walsh, Englewood Cliffs, 1962, p. 59.

사실이다. 플라톤은 '잔학한 행위에 관한 기억이 살인범을 어떻게 괴롭히는가'라고 언급한 적이 있다.[52] 이때 나타나듯이, 그리스어 '시네시스synesis' — 아무도 증명할 수 없는 사물에 관한 지식을 나 자신과 공유할 수 있는 것syniēmi — 는 의식의 선행 개념이라기보다 오히려 양심의 선행 개념이다.[53]

다음으로 사유 능력의 존재에 대한 똑같은 반론이 쉽게 제기될 수 있었으나 거의 제기되지 않았다. 확실히, 결과에 대한 홉스의 고려는 사유로 이해될 수 있다면 그러한 의혹을 면할 수 있으나, 사전에 상상하고 계산하는 이러한 능력은 오히려 목적을 실현하는 수단에 대한 의지하는 나의 심사숙고와 일치하거나 수수께끼와 수학 문제를 푸는 데 사용되는 능력과 일치한다. (라일은 "'**의지**' … 능력이 존재하며, 이에 따라 정신이론이 '의지 활동'으로 규정하는 것에 상응하는 과정, 즉 활동이 발생한다"는 교의를 반박한다. 그러나 인지 능력과 숙고 능력을 어느 정도 동일시하는 측면은 라일의 이러한 반론 이면에도 분명히 존재한다.[54] 라일은 다음과 같이 말한다. "어느 누구도 … 자신이 정오와 점심시간 사이에 다섯 차례 빠르고 용이하게 의지력을 작동시켰으며, 두 차례 천천히 어렵게 의지력을 작동시켰다는 식으로 결코 말하지 않는다."[55] 우리는 칸트의《순수이성비판》과 헤겔의《정신현상학》과 불멸하는 사유의 산물을 이러한 측면에서 여전히 이해할 수 있었다고 진지하게 주장할 수는 없다.) 내가 알고 있기로 사유 능력의 존재를 과감하게 의심한 철학자들은 니체와 비트겐슈타인뿐이었다. 비트겐슈타인은 초기의 사유실험에서 사유하는 나[쇼펜하우어로부터 차용한 용

---

52   See *Law*, bk. IX, 865e.
아테네인은 대화 가운데 양심과 관련해 다음과 같이 말한다. "그(피살자)는 또한 비참한 최후에 대한 두려움과 공포로 가득 차 있었는데, 자신이 자주 다녔던 바로 그곳에서 살인자가 돌아다니는 것을 보았을 때 겁에 질렸다. 그리고 그는 스스로도 혼란스럽기 때문에 양심을 자신의 동료로 삼으며, 전력을 다해 살인자를 불안하게 한다."(옮긴이)

53   See Martin Kähler, *Das Gewissen*(1878), Darmstadt, 1967, p. 46과 이후 내용.

54   서론의 옮긴이 주 7을 참조할 것.(옮긴이)

55   *Op. cit.*, pp. 63~64.

어로서 상상하는 주체(*vorstellende' Subjekt*)라고 표현함]란 "결국 단순한 미신이고 아마도 텅 빈 환상일 수 있지만, 의지하는 주체는 존재한다"고 주장했다. 비트겐슈타인은 자신의 명제를 정당화하는 과정에서 **의지**를 부정한 스피노자에 대해 17세기에 공통적으로 제기한 반론을 다음과 같이 재치 있게 반복한다. 즉 "**의지**가 존재하지 않았다면, 윤리의 담지자도 … 존재하지 않았을 것이다."[56] 니체로서는 의지와 사유에 대해 모두 의심했다고 이야기하는 게 분명하다.

홉스와 같이 의지의 힘을 전적으로 확신하는 철학자들 가운데 이른바 자원론자들voluntarists도 그렇게 쉽게 의지 자체의 존재를 의심할 수 있다는 당혹스러운 사실은 되풀이하여 발생하는 어려운 일들 가운데 두 번째를 검토함으로써 다소간 명백하게 해명될 수도 있다. 철학자들의 불신을 자극했던 것은 정확히 **의지**가 불가피하게 **자유**와 연계되어 있다는 점이었다. 반복하자면, 자유롭지 않은 의지라는 개념은 용어상 모순이다. 즉 "내가 필히 의지해야 한다면, 나는 왜 의지에 대해 전적으로 말해야 하는가? … 우리의 의지가 우리의 수중에 있지 않다면, 그것은 의지가 아닐 것이다. 의지는 우리의 수중에 있기 때문에 자유롭다."[57] 우리가 자원론자로 평가할 수 있는 데카르트를 인용하자면, "어느 누구라도 자신만을 고려할 때 의지하는 것과 자유로운 것이 동일하다는 사실을 경험한다."[58]

내가 앞서 언급했듯이, 자유로운 행위 — 우리가 아침에 침대에서 일어나거나 오후에 산책하겠다는 결정으로부터 미래를 위해 맹세하는 최

---

56 *Notebooks 1914~1916*. bilingual ed., trans. G. E. M. Anscombe, New York, 1961, entry under date of August 5, 1916, p. 80e; cf. also pp. 86e~88e.

57 Augustine, *On Free Choice of the Will*(*De Libero Arbitrio*), bk. III, sect. 3.

58 In the Reply to Objection XII against the First Meditation; "that the freedom of the will has been assumed without proof." See *The Philosophical Works of Descartes*, trans. Elizabeth S Haldane and G. R. T. Ross, Cambridge, 1970, vol. II, pp. 74~75.

상의 결단까지 — 의 시금석은 우리가 실제로 행한 것을 우리가 또한 방치했을 수 있다는 점을 안다는 것이다. 의지는 사유에 비해 훨씬 큰 자유를 누린다는 것이 특징이다. 반복하자면, 이 부정할 수 없는 사실은 결코 순수한 축복으로 느껴지지 않는다. 따라서 우리는 데카르트로부터 다음과 같은 말을 듣는다. "나는 의지가 어떠한 한계에도 제약받지 않을 만큼 확장된다는 것을 의식한다. … 나는 … 자유의지만이 내면에서 아주 크기 때문에 어떠한 관념이 더 크다고 생각하지 않는다. 이 의지는 … 내가 하느님의 형상과 유사함을 지니고 있다는 것을 깨닫도록 부추긴다." 그리고 그는 곧바로 다음과 같이 덧붙인다. 이 경험은 "오로지 다음과 같은 사실로 이루어진다. 즉 … 우리는 어떠한 외부의 강제력도 어떤 것을 행하기로 선택하거나 선택하지 않는 능력을 지닌 우리 자신을 제약한다고 결코 의식하지 않은 그러한 방식으로 행위한다."[59]

데카르트는 이렇게 말하는 과정에서 한편으로는 자기 계승자들의 의혹에, 다른 한편으로는 "〔하느님의〕 예정 결정을 우리 의지의 자유에 조화될 수 있게 하려는"[60] 시도에 문을 활짝 열어두고 있다. "우리가 하느님의 선견지명과 전능을 인간의 자유와 조화시키려 시도했다면 결과로 일어났을 중대한 어려움에 연관되기를" 꺼린 데카르트는 우리 사유의 유익한 한계에 명백히 호소한다. "우리의 사유는 '유한하며,' 따라서 여러 가지 규칙, 예컨대 비모순율의 공리, 자명한 진리의 강력한 '필연성'에 영향을 받는다."[61]

칸트도 의지가 향유하는 것 같은 "제어할 수 없는" 자유 때문에 자유가 어쩌면 "단순한 사유 산물, 두뇌의 환영(망상)"[62]에 불과하다고 때론

---

59   *Meditation* IV, in *Ibid.*, 1972, vol. I, pp. 174~175. 저자의 번역임.

60   *Principles of Philosophy*, in *Ibid.*, pt. I, prin. XL, p. 235.

61   *Ibid.*, prin. XLI, p. 235.

말했다. 다른 철학자들도 쇼펜하우어와 마찬가지로 다음과 같이 소박하게 선언함으로써 **자유**와 **필연성**을 조화시켜 인간이 사유하는 존재이자 의지하는 존재 — 가장 중대한 결과들로 충만한 우연의 일치 — 라는 단순한 사실에 내재된 난관을 회피하기 더 용이하다는 것을 알았다. "인간은 항상 자신이 의지(뜻)하는 것만을 행하며, 그는 이를 필히 행한다. 그러나 이것은 그가 … 자신이 뜻하는 것이라는 … 사실에 기인한다. 주관적으로 … 모든 사람은 자신들이 뜻하는 것을 항상 행할 뿐이라고 느낀다. 그러나 이것은 그들의 활동이 자기 자신들의 존재에 대한 순수한 표현이라는 것을 의미할 뿐이다. 모든 자연적 존재, 심지어 가장 낮은 수준의 존재도 느낄 수 있다면 동일하게 느꼈을 것이다."[63]

우리의 세 번째 난제는 그 딜레마와 연계된다. '사유하는 나'의 이름으로 언급한 철학자들이 보는 바로는, 그 난제는 항상 단순한 인간사 영역에서 존재론적 계서의 오히려 낮은 지위를 부여한 우연성의 저주였다. 그러나 근대 이전에 철학자들을 위해 잘 다져진 길이 많지는 않아도 약간의 길은 적어도 존재했다. 고대에는 이론적 삶*bios theōrētikos*이 있었다. 사유하는 사람은 필요하고 영속적인 생물들의 근처에서 살았으며, 이것이 사멸하는 인간에게 가능할 경우에 **존재**에 참여했다. 기독교 철학 시대에 수도원이나 대학에는 관조적 삶*vita contemplativa*이 있었다. 그러나 이 세상에서 우연적이고 무의미해 보였던 것이 맑고 투명해졌을 때, 즉 "우리가 거울로 보는 것같이 희미하나 대신에 얼굴과 얼굴을 대하여 볼 것이며, 내가 지금 '부분적으로' 알지만 그때에는 주께서 나를 아신 것같이 내가 온전히 알게 될 때",[64] 사후의 삶에 대한 기대와 연계된, 신의 섭리에 관한 위안적인 사유 또한 존

62   *Critique of Pure Reason*, A543/B571, 원서에는 B751로 표기되어 있다.(옮긴이)

63   *Op. cit.*, pp. 98~99. 쇼펜하우어가 《의지의 자유에 관한 에세이*Essay on the Freedom of the Will*》 제5장 〈결론과 차원 높은 견해〉에서 언급한 내용이다.(옮긴이)

64   고린도전서(13:12).(옮긴이)

재했다. 사후에 대한 그러한 희망이 없었다면, 칸트도 여전히 인간의 삶을 견뎌내기에 너무나 힘들고 의미를 갖지 못할 것이라고 생각했을 것이다.

미래, 진보와 더불어 필연적이거나 영구적이지 않은 사물들을 완전히 새롭게 강조하는 것과 연결되어 있는 근대 세계의 점진적 세속화, 달리 표현하면 탈기독교화는 분명히 사유하는 사람들에게 인간적인 사물들 전체의 우연성을 이전보다 더 근본적이고 냉혹하게 드러냈을 것이다. "고대 말 이후 '자유 문제'였던 것은 이제 역사의 우연성, 즉 '소란과 분노로 가득 찬', '아무것도 전달하지 않는 백치의 이야기'에 수용되었다."[65] 이성이나 욕망에 의해 인도되지 않은 자유의지에서 비롯된 개인적 결정의 임의적 성격은 역사의 우연성과 조응한다. 그리고 (진보가 지구상의 인간조건에 의해 제시된 한계에 갑자기 가까워질 때) 우리 자신의 시대인 현재에만 종말에 도달하고 있는 진보의 시대, 즉 새로운 시대를 치장하고 다시 출현하는 이 오랜 문제는 19세기 역사철학에서 그 유사한 해결책을 찾았다. 그 가장 위대한 대변자는 세계 사건의 과정에서 인간들이 결코 의도하지 않은 궁극적인 목적을 향해 완전히 우연성을 담지한 인간들의 의지를 인도하는, 숨겨진 이성과 의미에 관한 독창적인 이론을 확립했다. 이 이야기가 일단 완결되면 ─ 그리고 헤겔은 이야기의 끝의 시작이 프랑스 혁명과 시대를 같이한다고 믿고 있는 것 같다 ─ 철학자의 회고적 시선은 사유하는 나의 순수한 노력을 통해 전개되는 운동의 유의미성과 필연성을 내재화하고 회상할 수 있다. 따라서 철학자는 있는 것과 있지 않을 수 없는 것과 함께 다시 살 수 있다. 마지막으로 달리 말하자면 사유 과정은 다시 한 번 진정한 **존재**와 일치한다. 즉 사유는 실재에서 단순한 비본질성을 추방했다.

---

65 ⋅ 셰익스피어의 4대 비극 가운데 하나인 《맥베스*Macbeth*》 제5막 제5장 가운데 맥베스가 전령을 향해 하는 말이다.(옮긴이)

새로운 것의 문제

철학자들은 **의지** — 의지 능력의 존재, 의지에 내재된 인간 자유 가
념, 자유의지에 집착하는, 즉 정의상 방치할 수 있는 행위에 집착하는 우연
성 — 에 대해 반대 이유들을 제기해왔다. 우리가 이러한 반대 이유를 고려
한다면, 반대 이유들은 명백하게도 전통에서 선택의 자유*liberum arbitrium*로
이해하고 있는 것, 즉 둘 또는 그 이상의 대상이나 행위 방식 사이의 선택의
자유보다는 오히려 미래를 위한 기관이며 새로운 것을 시작하는 능력과 동
일시되는 기관으로서 **의지**에 더 적용된다. 자유로운 선택은 사실 단순한 가
능태로서 발생 상태*statu nascendi* 그대로 가능하며, 우리에게 주어진 사물들
가운데 어느 하나를 결정한다. 반면에, 실제로 새로운 것을 시작하는 능력
은 완성된 행위의 원인들 가운데 하나로 통하는 어떤 가능태에 의해서도 선
취될 수 없다.

나는 "일련의 연속적인 사물이나 상태를 자발적으로 시작하는 능력
을 … 다루는 과정에서" 칸트의 당혹스러움을 이전에 언급했다. 예컨대, 만
약 "내가 이 순간 의자에서 일어선다면 … 시간상으로 볼 때 이 사건은 단
지 선행하는 계열의 계속이지만, 새로운 계기는 … 이 사건에 그 절대적 시
작을 갖는다."[66] 아주 까다로운 것은 절대적 시작이란 관념이다. "세계 속
에서 발생하는 계기는 어떤 다른 사물의 상태를 항상 앞세우기에 단지 상
대적인 첫 번째 시작일 수 있기" 때문이다. 내가 정신적으로 현상으로부터
성공리에 이탈할 수 있다고 하더라도, 사유하는 내가 현상들 가운데 하나
의 현상인 한, 이러한 사실은 사유하는 사람의 인격에도 역시 타당하다. 절
대적 시작이란 바로 이 가정은 분명히 선행하는 힘들이 발전하여 세계로 펼

---

[66]   *Critique of Pure Reason*, B478.

쳐진다는 동양의 "발산發散; emanation"이론[67]과 구분되는 성경의 창조론으로 거슬러 올라간다. 그러나 이 교의는 하느님이 무에서*ex nihilo* 창조했다는 말을 첨가할 경우에만 우리의 맥락에서 충분한 논거인데, 히브리(구약) 성경은 이러한 창조에 대해서는 아무것도 언급하고 있지 않다. 이 교의는 이후 성찰을 통해 첨가한 것이다.[68]

이러한 성찰은 교부教父들이 그리스 철학의 관점에서 기독교 신앙을 설명하기 시작했을 때 이미 나타났다. 이때 교부들은 히브리어에는 해당하는 용어가 없는 **존재** 개념에 직면했다. 논리적으로 말하자면 오히려 명백한 것 같은데, 보편자를 **존재**와 동일시하는 것은 그 반대 개념으로서 '무'를 포함해야 한다. 그래도 우리는 무에서 유로 전환하는 것을 논리적으로 이해하기 어렵다. 따라서 우리는 교의나 신념과 무관하게 계획을 수립하는 자체의 경험에 어울리는 절대적 시작이란 관념을 발견한 주체가 새로운 '의지하는 나'였다는 것을 잠정적으로 의심할 수도 있다. 칸트의 예증example에는 근본적으로 잘못된 무엇인가가 있기 때문이다. 의자에서 일어선 그가 마음속에 행하고 싶어 하는 무엇인가를 지니고 있을 경우에만, 이 '사건'은 새로운 계기'를 시작한다. 그가 이 시간에 습관적으로 일어나거나 자신의 당면한 업무 때문에 필요한 무엇인가에 접근하고자 일어난다면, 이 사건 자체는 '선행하는 계기의 연속'이다.

그러나 이것은 착오였다고 가정하자. 그리고 칸트는 분명히 "자발적으로 시작하는 능력"을 생각했고, 그래서 "일련의 새로운 행위와 사태"

7　라틴어 '*emanare*(흘러나오다)'에서 유래한 용어다. 발산은 모든 사물이 통상 절대자로 불리는 제1의 실재 또는 원리로부터 도출되는 양태다. 고대 발산이론의 옹호자는 플로티노스다. 그는《엔네아데스*Ennéades*》에서 모든 사물이 유일자*hen*로부터의 발산이라고 주장했다.(옮긴이)

8　See Hans Jonas, "Jewish and Christian Elements in Philosophy", in *Philosophical Essays: From Ancient Creed to Technological Man*, Englewood Cliffs, 1974.

를 이 "새로운 계기"가 중단시키는 시간 연속체와 가능한 조화시키려는 데
관심을 가졌다고 가정해보자. '새로운 계기'가 '선행하는 계기'에 잠재적으
로 포함되었다고 상정함으로써 시간 개념의 통일성을 확보하듯이, 그 당시
에도 문제의 전통적 해결책은 여전히 가능태와 현실태라는 아리스토텔레스
의 구분이었을 것이다. 그러나 아리스토텔레스식의 설명은 명백히 충분하
지 않다. 우리가 '가능성'을 기껏해야 분명히 불가능하지 않은 것 정도로 이
해하지 않는다면, 누구든지 음악가가 작곡한 "교향곡이 실재적이기 이전에
가능했다"[69]고 진지하게 주장할 수 있을까? 여기에서 교향곡의 가능성은
물론 그것이 가능태의 상태로 존재하고 있는 것, 즉 그 교향곡을 실재하도
록 수고를 아끼지 않았을 어떤 음악가를 기다리는 것과 완전히 다르다.

　　베르그송이 명백히 알고 있듯이, 문제의 다른 측면이 있다. 회고적
으로 고찰해보면, 자유로이 수행된 행위는 이제 실현된 사실이며 우리가
살고 있는 현실의 중요 부분이 되고 있다는 충격 아래에서 우연성의 분위
기를 상실한다. 현실의 효과는 우리가 '뭘 생각해도 그것을 잊을' 수 없을
정도로 압도적이다. 이제 행위는 결코 의식의 단순한 환상이 아니며, 가능
한 대안을 상상하는 제한적인 능력에만 기인하는 필연성을 가장하고 우리
에게 나타난다. 이것은 어떠한 행위도 안전하게 본래 상태로 복구될 수 없
는 행위 영역에서 매우 명백하지만, 비록 가장 덜 강압적인 방식이라도 인
간의 작업으로 세계와 그 문명에 항구적으로 첨가되는 수없이 많은 새로운
대상들, 즉 사용 대상뿐만 아니라 예술 대상에도 역시 타당하다. 우리의 현
실이란 바로 그 구조를 결정해왔던 양차 세계대전의 발발이나 그 밖의 다
른 사건들을 잊는 것이 거의 불가능하듯이, 우리의 문화유산 가운데 위대
한 예술 작품을 잊는 것도 거의 불가능하다. 베르그송은 다음과 같이 말한
다. "실재는 완수되었다는 사실 하나만으로 자기 그림자를 자신 뒤의 무한

69　　Henri Bergson, *Op. cit.*, p. 13.

히 먼 과거에까지 드리우고 있다. 따라서 실재는 자기 자신의 실현에 앞서 가능태의 양태로 존재한 듯이 보이는 것이다*Par le seul fait de s'accomplir, la réalité projette derrière son ombre dans le passé indéfiniment lointain; elle paraît ainsi avoir préexisté, sous forme de possible à sa propre réalisation.*"[70]

의지하는 나의 이러한 시각에서 볼 때, 자유가 아닌 필연성은 의식의 기만으로 나타난다. 베르그송의 통찰력은 내가 보기에 기본적이고 매우 중요한 것 같다. 그러나 이러한 관찰이 그 단순한 설득력에도 불구하고 필연성 대 자유에 관한 무한한 논쟁에서 결코 어떤 역할도 하지 못했던 사실에 역시 함의는 없는가? 내가 알고 있는 한, 베르그송 이전에 단 한 번의 언급이 있었다. 지성에 대한 **의지**의 우위성, 아니, 거기에서 더 나아가, 존재하는 모든 것에 있는 우연성이란 요소의 우위성을 외롭게 옹호한 둔스 스코투스가 그것을 언급했다. 기독교 철학과 같은 그런 것이 있다면, 스코투스는 "중세 기독교 시대 가장 중요한 사상가"[71]로서뿐만 아니라 아마도 기독교 신앙과 그리스 철학 사이의 타협을 추구하지 않고 감히 "하느님이 우연스럽게 행동한다고 말하는 것을 진정한 기독교인"의 표지로 만들고자 한 특이한 사람으로서 인정받았을 것이다. 스코투스가 말하기를, "어떤 존재가 우연적이라는 것을 거부하는 사람들은 자신들이 고문당하지 않는 게 가능하다는 점을 인정할 때까지 고통당해야 한다."[72]

고전 철학에서는 무의미성의 최종 단계로 규정한 우연성이 초기 기독교 시대 몇 세기에 성서의 교의 — "우연성과 필연성을, 특수성과 보편성을, 의지와 지성을 겨루게 하고, 이에 따라 후자(필연성, 보편성, 지성)에 대

---

70   *Ibid.*, p. 15.

71   Thus wrote Wilhelm Windelband in his famous *History of Philosophy* (1892), New York, 1960, p. 314. 그는 또한 스코투스를 "가장 위대한 스콜라 학자"라고 한다(P. 425).

72   John Duns Scotus, *Philosophical Writings: A Selection*, trans. Allan Wolter, Library of Liberal Arts, Indianapolis, New York, 1962, pp. 84 and 10.

한 원래의 편견에 대항해 철학 내에서 '우연성'을 위한 자리를"73 확보한 —
때문에 실재로서 갑자기 나타나는지, 아니면 이러한 초기 몇 세기의 엄청
나게 충격적인 정치적 경험이 고대적 사유의 경구와 설득력을 충분히 끌어
냈는지에 대해서는 의심의 여지가 있을 수 있다. 의문의 여지가 없지만, 우
연성, 특수성, **의지**에 대한 원래의 편견 — 그리고 필연성, 보편성, 지성에
부여된 우위성은 수많은 도전에도 불구하고 근대 후기까지 존속했다. 종교
적인 중세철학은 세속적인 근대철학과 마찬가지로 자유와 미래의 기관인
의지를 사물의 옛 질서와 동화시키는 다른 여러 방식을 발견했다. 우리가
아무리 이러한 문제들을 살펴봐도, 베르그송이 사실상 다음과 같이 말하는
것은 당연하기 때문이다. "대부분의 철학자들은 ⋯ 근본적인 참신함과 예
측 불가능성을 ⋯ 생각할 수 없다. ⋯ 자유로운 선택*liberum arbitrium*을 믿은
소수의 철학자들도 이러한 선택이 마치 '있음직한 일'이라도 되는 듯이 자
유로운 선택을 둘 또는 몇 가지 대안 사이의 선택으로 환원시켜 왔다 ⋯ 그
리고 **의지**는 그들 가운데 하나를 '실현하는 것'으로 제한되었다. 따라서 그
들은 여전히 모든 것이 주어진 것이라고 ⋯ 주장했다. 그들은 전적으로 새
로운 활동에 대해 결코 조금도 생각하지 않았던 것 같다. ⋯ 그리고 그러한
활동은 결국 자유로운 행위다."74 분명히 오늘날 우리가 결정론을 옹호하는
철학자와 자유를 옹호하는 다른 철학자 사이의 논쟁에 귀를 기울이더라도,
"언제나 옳은 듯이 보이는 쪽은 결정론자일 것이다. ⋯ [독자는] 항상 그가
꾸밈없고 명료하며 참되다는 점에 동의할 것이다."75

이론적으로 보자면, 문젯거리는 항상 있었다. 즉 선택의 자유로 이
해되든 예측할 수 없을 만큼 새로운 것을 시작하는 자유로 이해되든, 자유

73   Hans Jonas, *Op. cit.*, p. 29.

74   *Op. cit.*, p. 10.

75   *Ibid.*, p. 33.

의지는 신성한 **섭리**뿐만 아니라 인과율의 법칙과 전적으로 양립할 수 없는 것 같다. **의지**의 자유는 내부 경험의 위력; 오히려 약점에서 상정될 수 있지만 입증될 수 없다. **자유** 이념 또는 가정의 납득 불가능함은 사실상 칸트의 주장에도 불구하고 우리가 일련의 새로운 것을 거의 시작할 수 없는 현상세계의 외부 경험에 기인한다. "우리가 각기 자신의 자유로운 자발성에 대한 … 직접적인 지식을 갖고 있다는 확신에 기반을 두고 있는"[76] 철학을 정립한 베르그송도 "우리가 자신으로 복귀하려고 할 때마다 자유롭다고 하더라도, 우리는 의지하고 있는 것 같지는 않다"는 것을 인정한다. 그리고 "자유로운 행위는 예외적이다."[77] (편견이 우리의 일상적 판단들 가운데 대부분을 소중히 다루듯이, 습관은 우리의 행위들 가운데 대부분을 다룬다.)

자유의지의 납득 불가능함과 맞붙어 싸우는 것을 의식적이며 신중하게 거부한 첫 번째 철학자는 데카르트였다. "우리가 본성상 파악할 수 없는 어떤 것 하나를 파악하지 못한다는 이유 때문에, 우리가 우리 내면에 존재하는 것으로 내적으로 경험하며 지각한 것조차 의심한다는 것은 불합리한 일일 것이다."[78] 이유를 들자면 이러하다. "이러한 문제들은 어느 누구든 자신 내면에서 경험해야 하는 것이다. 그러나 당신은 … 정신이 자체 내에서 상호작용하는 것에 주의를 기울이지 않는 것 같다. *자유가 당신을 기쁘게 하지 않는다면, 자유롭기를 거부하라.*"[79] 사람들은 데카르트의 코기토*cogito*가 단지 "정신 자체 내의 거래"라는 것에 응답하고 싶어 하지만, 사유*cogitare*를 단순한 의식 자료인 증거 없이 상정된 어떤 것이라고 말하는 것은 데카르트나 그의 철학에 이의를 제기하는 사람들에게 결코 나타나지 않

6   *Time and Free Will: An Essay on the Immediate Data of Consciousness* (1889), trans. F. L. Pogson, Harper Torchbooks, New York, 1960, p. 142.

7   *Ibid.*, pp. 240 and 167.

8   *Principles of Philosophy*, prin. XLI, in *The Philosophical Works of Descartes*, p. 235.

9   Reply to Objections to Meditation V, *Op. cit.*, p. 225.

왔다. 그렇다면 '자원론자'인 데카르트에게서도 의지(*volo me velle*; 나는 내가
의지함을 의지한다)보다 사유(*cogito me cogitare*; 나는 내가 사유함을 사유한다)에
우위를 부여하는 것은 무엇인가? *사변의 근거를 사유하는 나의 경험에 두*
고 있는 직업적인 사상가들은 자유보다 필연성을 더 기뻐할 수 있는가? 우
리가 기록에 실려 있는 이상한 이론들의 집합, 즉 '우리 내부의' 자유의 경
험을 정면으로 거부하거나 어떠한 경험에도 호소할 수 없다는 점에서 전적
으로 '사변적인' 변증법적 사유를 통해 자유와 필연성을 조화시킴으로써
자유를 약화하려는 이론들을 고려할 때 이러한 의혹은 불가피하다. 모든
자유의지론이 악의 문제와 어떻게 긴밀하게 연계되는가를 고려할 때, 그러
한 의혹은 더 강화된다. 따라서 아우구스티누스는 "하느님이 악의 동인이
아닌지 저에게 기꺼이 말씀해주십시오"라는 말로《자유의지론*The Free Choice*
of the Will》을 시작한다. 이는 바울이 로마서에서 처음으로 제기한 의문이며
파괴적 본능으로 야기된 물리적 손상과 인간들에 의해 야기된 신중한 악
의 존재와 관련한 여러 가지 다양한 양상을 지니고 있는 질문, 즉 '악의 동
인은 무엇인가?'로 일반화한 것이다.

　　모든 문제가 철학자들을 괴롭혀왔다. 이 문제를 풀려는 그들의 시도
는 결코 흡족할 만큼 성공적이지 못했다. 그들의 주장은 대개 명백히 단순
한 쟁점을 회피하고 있다. 악은 진정한 실재라는 것(그것은 선의 결여적인 양
태로만 존재한다)을 거부당하거나 일종의 착시(결점은 어떤 특수한 것을 정당화
하는 포괄적인 전체에 특수한 것을 적절히 일치시키지 못하는 우리의 제한된 이성에
있다)로 설명된다. 헤겔의 말에 따르면, 이 모든 것은 "전체만이 현실적으
로 실재한다*nur das Ganze hat eigentliche Wirklichkeit*"는 논의되지 않은 가정에 기
반을 둔다. 악도 자유와 다르지 않게 "매우 학식 있고 독창적인 사람들도
거의 알 수 없는 것들"[80]에 속하는 것 같다.

80　　Duns Scotus, *Op. cit.*, p. 171.

사유와 의지 사이의 충돌: 정신 활동의 주요 특성

사람들이 종교적이든 세속적이든 이론에 의해 가려지지 않은 눈으로 이러한 기록을 고찰한다면, 철학자들은 본질적으로 여러 정신 현상들뿐만 아니라 세계에서 차지하는 정신의 위상을 받아들이려고 애쓸 수 없는 것 같다는 결론을 회피하기 어려우며, 우리는 **의지**에 대한 공정한 평가에 도달하리라고 사상가들을 신뢰할 수 없듯이 신체에 대한 공정한 평가에 도달하리라고 그들을 신뢰할 수도 없었다는 결론을 회피하기도 어렵다. 그러나 신체에 대한 철학자들의 적대감은 아주 잘 알려져 있으며, 적어도 플라톤 이후에도 마찬가지다. 그러한 적대감은 감각 경험의 신뢰 불가능성 — 이러한 오류는 교정될 수 있기 때문이다 — 이나 열정의 다루기 어려움 — 이러한 것은 이성에 의해 길들여질 수 있기 때문이다 — 에 의해 일차적으로 촉진되는 게 아니라 우리의 신체적 필요나 욕구의 단순하고 교정 불가능한 성격에 의해 촉진된다. 플라톤이 정확히 강조하듯이, 신체는 항상 "배려받기를 원하며", 최상의 상황 — 한편으로는 건강과 여가, 다른 한편으로는 제대로 규제되는 공동체 — 에서도 반복되는 주장과 함께 사유하는 나의 활동을 중단시킨다. 동굴 우화의 관점에서 볼 때, 신체는 이데아의 하늘에서 인간사의 동굴로 복귀하도록 철학자들을 강요할 것이다. (육신에 대한 기독교의 반대에서 이러한 적의를 비판하는 것은 통상적이다. 그러한 적대감은 훨씬 오래되었다. 사람들은 중요한 기독교 교의 가운데 하나, 영혼의 불멸에 대한 오랜 사유와 구분되는 육신의 부활이 공통된 영지적 신념뿐만 아니라 고전 철학의 공통 개념에도 예리하게 대립된다고 여전히 주장할 수 있었다.)

의지에 대한 사유하는 나의 적의敵意는 물론 매우 다른 형태의 적의다. 여기에서 외형상으로 공존할 수 없는 두 가지 정신 활동 사이에 충돌이 발생한다. 우리가 의지 작용을 형성할 때, 즉 우리가 어떤 미래의 기획에 관심의 초점을 맞출 때, 우리는 사유의 연쇄를 따를 때와 마찬가지로 현상세

계로부터 이탈한다. 사유와 의지는 우리의 영혼 상태에 영향을 미치는 한
에서만 적대자다. 양자는 진정 실제로 눈에 드러나지 않는 것을 우리 정신
에 현재화한다. 그런데 사유는 현존하거나 적어도 현존하고 있는 것을 '지
속하는 현재'로 끌어들이지만, 미래로 확장되는 의지는 그러한 확실성이
존재하지 않는 영역에서 움직인다. 우리의 영혼기관 — 정신과 구분되는
영혼 — 은 희망과 공포를 주요 양태로 하는 기대를 통해 이러한 미지의 영
역에서 자신에게 접근하는 것을 확실히 다룰 채비를 한다. 두 가지 양태의
감정은 각기 외견상 대립물로 바뀌는 성향이 있다는 점에서 밀접하게 연계
되어 있으며, 이러한 이동은 그 영역의 불확실성 때문에 거의 자동적이다.
모든 희망은 자체 내에 공포를 지니고 있으며, 모든 공포는 자신에 상응하
는 희망으로 전환함으로써 자신을 치유한다. 고대에는 이러한 유동적이고
불안정하며 불안한 성격 때문에 희망과 공포를 악의 근원인 판도라 상자로
간주했다.

영혼이 이런 난처한 상황에 있는 정신에게 요구하는 것은 미래를 예
측할 수 있고 그래서 희망이나 두려움을 확인할 수 있는 예언 능력이 아니
다. 현재에 있거나 미래에 있을 어떤 것이든 "과거에 존재했던 것"(라일이
잘 표현하는 문구)을 입증한다고 주장하는 이론은 적잖이 부당하지만, 이런
이론은 예언자들 — 복점관, 점성가 등 — 의 부당한 게임보다는 훨씬 위안
을 준다.[81] 실제로 "일류 또는 이류 철학자들 어느 누구도 옹호하거나 … 반
박하려고 열렬히 애쓰지 않았던" 숙명론은 그럼에도 수 세기에 걸쳐 대중
적 사유에서 놀라울 정도로 성공적인 이력을 갖고 있다. 라일이 말하듯이,
"우리는 모두 숙명론적인 계기를 갖고 있다."[82] 왜냐하면 다른 어떤 이론도

---

81   숙명론적 주장에 대한 라일의 포괄적인 주장을 고찰하기 위해서는 《난관Dilemmas》
        (Cambridge, 1969) 가운데 "과거에 존재했던 것It Was to Be", pp.15~35를 참조할 것.

82   *Ibid.*, p. 28.

행위하려는 어떠한 욕구, 즉 기획을 하려는 충동, 간단히 말해 '나는 의지한
다'의 형태도 그렇게 효율적으로 진정시킬 수 없기 때문이다. 키케로는 그
런 사례의 고전적 주장을 담고 있는 자신의 저서 《운명에 관하여On Fate》에
서 숙명론의 이러한 실존적 이점을 명료하게 묘사하고 있다. 그는 "모든 것
의 운명은 이미 결정된다"는 명제를 위해 다음과 같은 예를 사용한다. 당신
이 아플 때 "의사를 방문하든 그렇지 않든 회복할 것인지 아닌지는 이미 결
정된다."[83] 물론 당신이 의사의 왕진을 부탁할 것인가 아닌가의 여부도 미
리 결정된다. 따라서 주장은 "무한한 회귀"[84]로 이어진다. 이러한 주장은
"무의미한 논쟁"이란 이름 아래 거부된다. 이 주장은 분명히 "삶으로부터
행위의 전적인 폐지로 이어질 것이기" 때문이다. "정신은 운동의 완전한
필연성으로부터 해방된다"[85]는 것이 그 논쟁의 중대한 유인이다. 우리의 맥
락에서 볼 때, 이 명제의 관심은 이 명제가 미래 시제를 과거에 동화함으로써
미래 시제를 전적으로 폐지하는 데 성공했다는 사실에 있다. 미래에 있거
나 현재에 있는 것은 "존재했어야 한다." 라이프니츠가 주장하듯이, "미래
에 있을 것은 모두 실제로 존재하려면 존재하지 않는 것으로 간주될 수 없
기 *quicquid futurum est, id intelligi non potest, si futurum sit, non futurum esse*"[86] 때문이다.
이 문구가 담고 있는 진정한 특성은 헤겔이 말하는 "과거의 정적*die Ruhe der
Vergangenheit*",[87] 즉 지나간 것이 원상회복될 수 없으며, **의지**가 "옛날을 의도
할 수 없다"[88]는 사실에 의해 보장되는 정적에서 차용되었다.

---

83   *De Fato*, xiii, 30~14, 31.

84   *Ibid.*, V, 35.

85   크리시포스가 이미 지적한 바와 같이, *Ibid.*, xx, 48을 참조할 것.

86   Leibniz, *Confessio Philosophi*, bilingual ed., ed. Otto Saame, Frankfurt, 1967, p. 66.

87   *Jenenser Logik, Metaphysik und Naturphilosophie*, Lasson ed., Leipzig, 1923, p. 204, in
      "*Naturphilosophie I A:Begriff der Bewegung.*"

88   다음 문헌을 참조할 것. Friedrich Nietzsche, *Thus Spoke Zarathustra*, pt. II, "On
      Redemption": "의지는 과거를 원할 수 없다. … 의지의 시간은 역행하지 않으며, 그것은 그

주어진 것을 부정하는 것은 미래 자체가 아니라 **의지**의 기투로서 미래다. 헤겔과 마르크스의 경우 역사를 앞으로 떠미는 원동력인 부정의 힘은 기투를 실재화하려는 **의지** 능력에서 비롯된다. 기투는 과거뿐만 아니라 현재도 부정하며, 사유하는 나의 '지속하는 현재'도 위협한다. 현상세계로부터 이탈한 정신이 눈앞에 없는 것 — 아직 없는 것과 더 이상 없는 것 — 을 자체의 현존으로 끌어들이는 한, 과거와 미래는 마치 공통 척도 아래 통합되고 시간의 흐름으로부터 구제될 수 있는 것같이 보인다. 그러나 우리가 사유하는 나의 위치를 국한시키는 멈춰 선 현재(nunc stans), 즉 과거와 미래 사이의 틈새는 외부세계로부터의 교란 없이 더 이상 있지 않은 것을 흡수할 수 있으나, 미래를 위한 의지에 의해 형성된 계획에 같은 정도로 차분하게 반응할 수 없다. 모든 의지 활동은 정신 활동이지만, 계획이 실현되는 현상세계와 연계된다. 의지는 사유와 현저히 다르게 자체를 위해 실행되거나 행위 자체에서 그 결실을 찾지 않는다. 모든 의지 활동은 개별자와 연관될 뿐만 아니라 — 그리고 이것은 대단히 중요하다 — 무엇인가를 의지하는 것이 행하는 것으로 바뀔 때 자체의 목적을 기대한다. 달리 말하면, 의지하는 나의 정상적인 감정은 조바심, 불안, 염려Sorge다. 영혼은 희망과 불안으로 미래에 대응하며, 의지의 기투는 결코 보장되지 않는 '나는 할 수 있다'도 전제하기 때문이다. 의지의 애타는 불안은 '나는 할 수 있으며 실행한다'를 통해서, 즉 자체 활동의 중단이나 활동의 지배로부터 정신을 해방시킴으로써 오로지 진정될 수 있다.

간단히 말하면, 의지는 항상 무엇인가를 하려고 하며 '아무것도 행하지 않음'에 좌우되는 모든 활동인 순수한 사유를 은연중에 업신여긴다.

의 분노다. '있었던' 것은 그가 움직일 수 없는 돌의 이름이다." *The Portable Nietzsche*, trans. Walter Kaufmann, New York, 1954. p. 251.

우리는 **의지**의 역사를 검토할 때 철학자들이 사유하는 나의 경험의 '달콤함'을 찬양했듯이, 신학자나 철학자가 의지하는 나의 그 달콤함을 여전히 찬양하지 않았다는 것을 알 것이다. 〔거기에는 중요한 예외가 있다. 스코투스와 니체는 모두 **의지**를 일종의 힘으로 이해했다(*voluntas est potentia quia ipsa aliquid potest*). 즉 '나는 의지한다'가 '나는 할 수 있다'를 기대하는 한, 의지하는 나는 '스스로 기뻐한다(*condelectari sibi*).' 내가 의지하고 할 수 있음은 **의지**의 환희다.[89]〕

　　이러한 측면에서 환희를 정신 활동의 '색조'라고 하자. 아직 아님을 현재화하는 의지의 능력은 기억과 정반대의 능력이다. 기억은 사유와 자연적 친화성을 지닌다. 내가 언급한 바와 같이, 모든 사유는 추후 사유다. 사유의 연쇄는 어떠한 단절도 없이 자연스럽게, 거의 자동적으로 기억에서 발생한다. 이러한 이유 때문에 회상*anamnēsis*은 플라톤의 경우 인간의 학습 능력을 위한 설득력 있는 가정이 될 수 있었으며, 아우구스티누스는 정신과 기억*memoria*을 아주 설득력 있게 동일시할 수 있었다. 기억은 과거를 갈망하는 영혼에 영향을 미칠 수 있으나, 이러한 향수는 비애를 유지하면서 정신의 평정을 전도시키지 않는다. 기억은 변화하는 능력을 넘어서는 것들과 연관되기 때문이다. 반대로, 뒤를 주시하지 않고 앞을 주시하는 의지하는 나는 우리의 능력에 속하나 성취를 결코 확신할 수 없는 것을 다룬다. 결과적으로 나타나는 긴장은 문제 해결 활동을 동반할 수 있는 오히려 고무적인 흥분과 달리 아마도 소요와 같은 일종의 영혼의 불안, 아우구스티누스의 표현에 따르면 의지하는 것*velle*과 수행할 수 있는 것*posse*이 동일하지 않다는 것을 발견할 때 견디기 어려운 희망과 불안의 혼합 감정을 야기한다. 이러한 긴장은 행위를 통해서, 즉 정신 활동을 완전히 포기함으로써만 극복될 수 있다. 사유에서 의지로의 전환이 사유하는 나에 의해 사유 활동의

See chap. III, p. 142 and n. 89.

잠정적인 마비로 느껴지듯이, 의지에서 사유로의 전환은 기껏해야 의지의 잠정적인 마비를 일으킨다.

　　정신이 영혼에 영향을 미치고 외부 사건에 관계없이 그 *분위기*를 생기게 하며 이에 따라 일종의 정신의 *삶*을 형성하는 방식이라는 관점, 즉 정신의 주요 분위기란 관점에서 볼 때, 사유하는 나의 지배적인 분위기는 평온, 즉 사태의 저항을 결코 극복할 필요가 없는 활동의 단순한 향유다. 이런 활동이 기억과 밀접하게 연계되어 있는 한, 그 분위기는 칸트와 아리스토텔레스에 따르면 철학자에게 특징적으로 나타나는 애수에 가깝다. **의지**의 지배적인 분위기는 "정신의 평온(라이프니츠의 *animi tranquillitas*)"을 깨트리는 긴박함이다. 라이프니츠는 모든 "진지한 철학자들"이 정신의 평온을 주장한다고 말하며,[90] 현존하는 세계가 "최선의 세계"라는 것을 입증하는 사유의 연쇄에서 정신의 평온을 발견했다.[91] 이러한 시각에서 볼 때, **의지**에 남겨진 유일한 임무는 실제로 "의지하지 않는 것을 의지하는" 것이다. 모든 의지 활동은 "존재하고 있는 모든 것이 전체의 관점에서 볼 때 최선"인 세계의 "보편적 조화"[92]에 단지 개입할 수 있기 때문이다.

---

[90]　　*Op. cit.*, p. 110.
　　　　라이프니츠는《철학자의 고백*Confessio Philosophi*》142에서 다음과 같이 언급한다. "과거에 만족하고 미래를 가능한 최선으로 만들고자 노력하는 것은 하느님을 사랑하는 사람의 특징이다. 이러한 성향을 지니고 있는 사람만이 엄격한 철학자들이 촉구하는 정신의 평화를 획득해왔다."(옮긴이)

[91]　　라이프니츠는 1710년에 출간한《변신론*Theodicy*》제2장 168에서 이 교의를 제기한다. 이 교의의 내용은 다음과 같다. "하느님은 전능하고 전지하며 전적으로 선하다. 하느님은 현존하는 세계를 창조했다. 하느님은 다른 세계를 창조할 수 있었다. 하느님은 전능하고 전지하기 때문에 어떤 세계가 최선의 세계인지를 알고 있다. 하느님은 전적으로 선하기 때문에 그 세계를 창조했다. 그러므로 하느님이 창조한 현존하는 세계는 최선의 세계다."(옮긴이)

[92]　　*Ibid.*, p. 122.
　　　　라이프니츠는《변신론》51에서 보편적 조화를 다음과 같이 언급한다. "질서, 균형, 조화는 우리를 기쁘게 한다. 그림과 음악은 이러한 것의 표본들이다. 하느님은 완벽한 질서다. 그

따라서 라이프니츠는 감탄스러울 정도로 일관성을 유지한 채 유다
의 원죄가 예수에 대한 배반이 아닌 자살에 있다는 것을 발견한다. 유다는
자신을 책망하면서 하느님의 창조 전체를 은연중에 책망했으며, 자신을 증
오함으로써 창조주를 증오했다.[93] 우리는 마이스터(대가) 에크하르트의 주
장들 가운데 대주교 법정의 수사가 이단으로 판정한 한 주장에서 가장 근본
적인 형태의 동일한 사유를 발견한다. "누군가 수많은 대죄를 범했음에 틀
림없지만 올바른 성품을 지녔다면 그는 죄를 범하지 않겠다고 의지할 필요
는 없었을 것이다*Wenn jemand tausend Todsünden begangen hätte, dürfte er, wäre es recht um
ihn bestellt, nicht wollen, sie nicht begangen zu haben.*"[94] 에크하르트의 저작에서 언급
한 두 기독교 사상가들이 놀랍게도 회개를 거부했는데, 우리는 이런 거부
가 믿음의 과잉 — 죄인이 "하루에 일곱 번" 용서하라고 요청받았을 때 그
를 용서해야 한다고 예수님과 같이 주장하는 것 — 에서 우러나왔다고 추측
해도 될 것이다. 왜냐하면 그 대안은 그 죄인뿐만 아니라 창조물 전체가 결
코 태어나지 않는 게("목에 맷돌을 걸어 그를 바다 속에 빠뜨리는 게"[95]) 더 좋다
고 선언하는 것이었기 때문이다. 반면에, 우리는 라이프니츠를 통해 정신
의 평온을 의지하는 나에 대한 사유하는 나의 궁극적 승리로 간주할 수 있
다. 의지하는 나는 성공했다면 있는 모든 것의 절멸로 끝날 수 있었을 뿐인

분은 균형의 진리를 항상 지키며, 보편적 조화를 이룬다."(옮긴이)

93   *Ibid*., pp. 42, 44, 76, 92, 98, 100.
    라이프니츠는《철학자의 고백》1377에서 자신의 견해를 다음과 같이 제시한다. "유다가 존
    재하기 이전 유다의 미래 원죄의 필연성은 존재했다. 유다의 원죄는 그의 의지에서 나오지
    않았다. 하느님은 유다가 죄를 범하리라는 것을 예견했다. … 유다는 신적인 지성을 지니고
    있지 않으나 죄를 저지를 유다와 같은 사람이란 이념은 존재했다. 죄를 저지를 유다와 같은
    사람이란 이념은 유다로부터 나오지 않았다. 유다는 아직 존재하지 않았기 때문이다."(옮
    긴이)

94   독일어 저작 선집《마이스터 에크하르크*Meister Eckhart*》(Göttingen. 1919) 서문에 소개된 문장
    15에 대한 발터 레만Walter Lehmann의 인용. p. 16.

95   누가복음(17:2).(옮긴이)

거꾸로 의지하기를 헛되이 시도하기 때문이다.

헤겔의 해결책: 역사철학

어느 철학자도 헤겔만큼 사상사를 위해 더 많은 공감, 통찰력, 위엄을 지닌 채 '사유하는 나'와 충돌하는 '의지하는 나'를 기술하지 못했다. 이러한 기술은 좀 복잡한 문제다. 왜냐하면 헤겔은 비의적秘儀的이고 상당히 특유한 용어를 사용했을 뿐만 아니라 시간을 성찰하는 과정에서 전반적인 문제를 취급하고 있기 때문이다. 물론 헤겔은《정신현상학》,《법철학》,《엔치클로페디아》,《역사철학》 가운데 의지를 직접 언급하고 있는 문장들, 즉 결코 무의미하지는 않지만 오히려 불충분한 문장들에서는 전반적인 문제를 취급하고 있지 않다. 알렉상드르 쿠아레는 시간에 관한 헤겔의 중요 저작들 —《예나 초기 논리학》과《예나 시대 실재철학》에서《현상학》,《엔치클로페디아》, 그리고《역사철학》에 포함되는 다양한 수고에 이르기까지 — 을 주제로 집필한, 잘 알려지지 않은 매우 중요한 논문('*Hegel à Iéna*'라는 그릇된 인상을 주는 제목으로 1934년 출간)[96]에서 이러한 문장들을 취합해서 해석하고 있다. 쿠아레의 번역과 주석은《정신현상학》에 대한 알렉상드르 코제브의 상당히 영향력 있는 해석의 '근거와 기초'가 되었다.[97]

코제브의 핵심 명제는 헤겔의 "최대 독창성이 과거에 대한 미래의 우위성, 미래에 대한 주장"[98]에 있다는 것이다. 우리는 헤겔에 관한 언급이

---

96   이 논문은 현재《사유 철학의 역사에 대한 연구*Etudes d' Histoire de la Pensée Philosophique*》(Paris, 1961)에 수록되어 있다.

97   앨런 블룸Allan Bloom이《헤겔 선집 입문*Introduction to the Readings of Hegel*》(New York, 1969), p. 134에 영어로 수록했다.

98   *Op. cit.*, p. 177.

없었다면 이 주장에 놀라지 않았을 것이다. 17~18세기 및 헤겔 당대 선구자들의 진보에 대한 확신을 공유하는 19세기 사상가들이 적절한 추론을 하고 과거에 대한 우위성을 미래에 귀속시켜서는 안 될 이유가 어디 있겠는가? 결국 헤겔 자신은 "모든 사람은 자기 시대의 자식이며, 따라서 철학은 *사유 속에서 이해된 자신의 시대*"라고 말했다. 그러나 그는 또한 동일한 맥락에서 "현존하는 것이 이성이며, 사유된 것은 있고, 있는 것은 사유되는 한에서 오로지 현존하기 때문에 현존하는 것을 이해하는 게 철학의 임무"라고 언급했다.[99] 그리고 철학에 대한 가장 중요하고 영향력 있는 헤겔의 공헌은 이러한 전제에 기반을 두고 있다. 헤겔은 무엇보다도 역사철학, 즉 과거의 철학을 생각한 첫 번째 사상가이기 때문이다. 역사철학은 사유하고 기억하는 나의 회고적 시선을 통해 다시 수집되면서 "기억되고*er-innert*" 개념의 긴장된 노력"[100]을 통해 정신의 중요 부분이 되며, 이러한 내면화 방식으로 정신과 세계의 "*조화*"를 이룩한다. 이러한 구도에서 표상되는 것보다 사유하는 나의 더 큰 승리가 이전에 있었는가? 사유하는 나는 현상세계로부터 이탈하는 과정에서 "무심"[101]과 세계 소외라는 대가를 더 이상 지출할 필요가 없다. 헤겔에 따르면, 정신은 성찰의 순수한 위력으로 모든 현상을 자신에 동화시킬 — 사실 자신에 끌어들일 — 수는 없지만, 역사 과정이나 논변적 사유의 연쇄에 영향을 미치지 않고, 동화시킬 수 없는 것을 모두 무관한 우연적 사건으로 고려하지 않을 때 현상 가운데 의미 있었던 것을 모두 자신에 동화시킬 수 있다.

　　그러나 쿠아레가 발견한 바와 같이 과거의 우위성은 헤겔이 **시간**을

99　《법철학》 서문: 《엔치클로페디아》 제2판, 각주 465.

100　이 책 제1권 제1장 옮긴이 주 11을 참조할 것.(옮긴이)

101　헤겔은 여러 가지 형태의 정신 혼란으로 허약*Blödsinn*, 두서없는 정신 상태*die Faselei*, 어리석은 생각*die Narrheit*, 무심*die Zerstreutheit*, 세계에 대한 염증*der Lebensüberdruß*, 우울증, 정신이상을 들고 있다. 무심은 외부 환경에 부주의하거나 이를 등한시하는 상태다.(옮긴이)

논의하면서 완전히 사라진다. 헤겔에 따르면, 인간은 자신이 외부 사건의 의미를 우연히 성찰할 때까지 "인간의 시간"[102]의 흐름을 생각 없이 단순한 운동으로 경험한다. 따라서 정신은 일차적으로 미래, 즉 우리를 향해 오는 과정에 있는 시간[내가 언급하고 있듯이, 프랑스어 '앞으로 다가올à venir'에서 유래한 미래avenir와 마찬가지로 독일어 '~에서 오다zu kommen'에서 유래한 미래Zukunft에 나타나는데]에 관심이 있으며, 이렇게 기대된 미래는 정신의 '지속하는 현재'를 부정하고, 이 현재를 기대된 '더 이상 아님'으로 변화시킨다. 이러한 맥락에서 "시간의 지배적인 차원은 과거보다 우위를 차지하는 미래다." "시간은 미래에서 그 진실을 찾는다. 미래는 존재를 완결하고 성취하기 때문이다. 그러나 완성되고 성취된 존재는 그 자체로 과거에 속한다."[103] 이 일상적인 시간 순서인 과거-현재-미래의 역전은 인간이 자신의 현재를 부정함으로써 초래된다. 즉 그는 "자신의 **현재**Now를 거부하고" 이리하여 미래를 창조한다.[104] 헤겔 자신은 이러한 맥락에서 의지를 언급하지 않았고 쿠아레도 그렇다. 그러나 정신의 부정 이면에 있는 능력은 사유가 아니라 의지라는 것은 분명한 것 같고, 경험한 인간의 시간에 대한 헤겔의 기술은 의지하는 나에 어울리는 시간 순서와 연관되는 것도 분명한 것 같다.

의지하는 나는 자신의 기투를 형성할 때 실제로 미래를 위해 살기 때문에 헤겔의 기술은 의지하는 나에 어울린다. 헤겔의 유명한 말처럼, "현재(지금)가 미래를 거부할 수 없는" 이유는 결코 냉혹한 것이 아니지만, 내일은 냉혹하게 모든 오늘을 뒤따른다(이 내일이 **의지**에 의해 기획되고 제어되지 않는다면 — 실제로 종종 그러하듯이 — 이전에 진행되었던 것의 단순한 반복이라고

---

102   *Op. cit.*, *loc. cit.*

103   *Ibid.*, pp. 177 and 185, note.

104   *Ibid.*, p. 188

하는 편이 나을 것이기 때문이다). 오늘은 본질적으로 자신을 부정하는 정신의 개입을 통해서만 위협을 받으며, **의지** 덕택에 현존하지 않는 '아직 아님(미래)'을 호출하고, 정신적으로 현재를 은폐하면서 오히려 있지 않음을 본질로 하는 짧은 시간 간격으로서 현재를 주시한다. "지금은 공허하며 … 미래에 자신을 성취한다. 미래는 현재의 실재이다."[105] 의지하는 나의 시각에서 볼 때, "미래는 바로 현재 속에 있다. 미래는 현재의 부정적 사실로서 포함되기 때문이다. 현재는 **존재**로 … 전환된 비존재인 만큼 사라지는 존재자이기도 하다."[106]

자기가 자신을 의지하는 나와 동일시하는 한 — 그리고 우리는 개체화 원리를 의지 능력으로부터 도출하는 자원론자들 일부가 이러한 동일화를 제안했다는 것을 알아야 한다 — 자기는 "자신의 미래가 **현재**로 계속 변형되는 과정에 존재하며, 미래가 있지 않은 날, 여전히 두드러진 아무것도 없는 날le jour où il n'y a plus d'avenir, où rien n'est plus à venir, 모든 것이 성공하고 '성취된' 날에 있지 않는다."[107] 의지의 시각에서 볼 때, 노년은 미래 차원의 수축이며, 인간의 죽음은 그가 현상세계로부터 소멸한다는 것을 의미하기보다 오히려 그가 미래를 최종적으로 상실했다는 것을 의미한다. 그러나 이러한 상실은 개인의 삶의 궁극적 성취와 일치하는데, (노년에 이른) 개인의 삶은 시간의 무단한 변화와 미래의 불확실성을 피하는 삶의 끝에서 '과거의 평온'에, 그리고 점검하고 성찰하며 의미를 탐구하고 있는 사유하는 나의 회고적 시선에 자신을 개방한다. 따라서 사유하는 나의 관점에서 볼 때 노년은 하이데거의 말처럼 명상의 시간이거나 소포클레스의 말처럼 "평화

---

05 《예나 시대 논리학》, p. 204.

06 Koyré, *Op. cit.*, p. 183, quoting Hegel, *Jeneser Realphilosophie*, ed. Johannes Hoffmeister, Leipzig, 1932, vol. II, p. 10과 이후 내용.

07 Koyré, *Op. cit.*, p. 177.

와 자유"[108]의 시간이다. 평화와 자유는 신체의 정념뿐만 아니라 정신이 영
혼에 가하는 강렬한 정념, 즉 '야망'이라 불리는 의지의 정념에 예속된 상태
에서 벗어남을 의미한다.

달리 말하면, 과거는 미래의 소멸로 시작하며, 사유하는 나는 그러
한 평온 속에서 자신을 주장한다. 그러나 모든 것이 그 끝에 도달했을 때만
즉 생성이 정지되었을 때만 이것은 발생한다. **존재**는 **생성** 과정에서 노출되
고 전개된다. "쉬지 않음(불안함; restlessness)은 **존재**의 근거"[109]이기 때문이
다. 죽음, 오히려 죽음의 기대가 평온을 위해 치르는 대가이듯이, 쉬지 않음
은 삶을 위해 치르는 대가다. 그리고 삶의 쉬지 않음은 우주나 역사를 관조
하는 데서 오지 않는다. 그것은 영원한 운동의 결과 ─ 자연적 사물의 끊임
없는 운동이나 인간 운명의 끊임없는 기복 ─ 가 아니다. 그것은 인간 정신
속에서 나타나며, 인간 정신에 의해 형성된다. 우리는 최근 실존 사상에서
인간 정신의 자동 생산이라는 개념이 된 것을 헤겔에서는 "**시간**의 자동적
구성"[110]으로서 발견한다. 인간은 시간적일 뿐만 아니라 **시간**이다.

인간이 없었다면 운동과 활동은 있었겠지만 **시간**은 없었을 것이다.
인간 정신이 주어진 것, 즉 현재 있으며 달리 있을 수 없는 것을 성찰하고
사유하는 데 필요한 능력만을 갖추고 있었다면, 시간은 존재할 수 없었을
것이다. 그 경우 인간은 정신적으로 영원한 현재에서 삶을 영위했을 것이
다. 그는 자신이 한때 있지 않았으며 어느 날엔 더 이상 있지 않으리라는 것

---

108   Plato, *Republic*, 329b~c.
        "어떤 사람이 소포클레스에게 '선생님은 아직도 여인과 관계를 가지실 수 있는지요?'라고
        물었다. 그러자 그분은 '쉿, 이 사람! 그것으로부터 벗어났다는 것이 정말 더없는 기쁨이지
        마치 광포한 사람으로부터 도망쳐 나온 것 같네'라고 대답했다."(옮긴이)

109   Koyré, *Op. cit.*, p. 166.

110   *Ibid.*, p. 174.

을 깨달을 수 없을 것이며, 즉 자신의 존재가 무엇을 의미하는지를 이해할
수 없었을 것이다. (인간 정신이 시간을 창조했다는 헤겔의 견해 때문에 논리와 역
사를 더 명백히 동일시하는 그의 주장이 등장했으며, 이러한 동일화는 레온 브랑슈비
크가 오래전에 지적했듯이 "그의 체계에서 본질적인 기둥들 가운데 하나"[111]다.)

　　그러나 헤겔의 경우, 정신은 미래를 위한 기관인 의지를 통해서만
시간을 생산하며, 미래 또한 이 관점에서 보면 과거의 근원이다. 물론 미
래는 시간적으로 아주 가까운 '있게 될 나I-shall-be'가 '있게 되어 있을 나
I-shall-have-been'로 바뀌게 될 제2의 미래에 대한 정신의 기대를 통해 정신
적으로 형성되어 있는 한, 과거의 근원이다. 이 구도 속에서 과거는 미래
를 통해서 생성되며, 과거를 관조하는 사유는 의지의 결과다. 결국 의지는
자신의 기투의 궁극적 좌절인 죽음을 기대한다. 의지의 기투는 어느 날 있
게 되어 있을 것이다. 〔하이데거가 언급한 "과거, '있어왔던' 것이 어떤 의
미에서 미래에 그 근원을 두고 있다*Die Gewesenheit entspringt in gewisser Weise der
Zukunft*"[112]는 지적은 흥미로울 수 있다.〕

　　헤겔의 경우, 인간은 합리적 동물이라서가 아니라 자신의 죽음에 대
해 아는 유일한 살아 있는 피조물이라서 다른 동물 종과 구분된다. 사유하
는 나는 의지하는 나의 기대라는 이 최종 지점에서 자신을 형성한다. 의지
의 기투는 죽음에 대한 기대에서 기대된 과거의 양태를 띠며, 그 자체로 성
찰의 대상이 될 수 있다. 이런 의미에서 헤겔은 죽음을 무시하지 않는 정신
만이 사람들에게 "죽음을 극복하게" 할 수 있고 "그것을 견뎌내며 죽음 내
에서 자신을 유지하게" 할 수 있다고 주장한다.[113] 이를 쿠아레의 말로 표현

111　Koyré, "La terminologie hégélienne", in *Op. cit.*, p. 213.

112　Martin Heidegger, *Sein Und Zeit*, no. 65, p. 326.

113　Koyré, *Op. cit.*, p. 188, quoting *Phänomenologie des Geistes*.

하자면 다음과 같다. 정신이 자신의 목적과 대면하는 순간에 "시간 변증법의 무단한 운동은 정지되고 시간은 자신을 '완료한다.' 이 '완료된' 시간은 자연스럽고 전체적으로 과거로 떨어지는데", 이것은 "미래가 과거에 대한 위력을 상실해왔으며 사유하는 나의 지속하는 현재를 대비해왔다는 것을 의미한다. 따라서 미래의 진정한 **존재**는 결국 **현재**여야 한다."[114] 그러나 헤겔의 경우, 이 현재*nunc stans*는 더 이상 시간적이지 않다. 영원 또한 시간의 본질적 속성이고, 플라톤의 "영원의 이미지"가 "정신의 영원한 운동"으로 간주되듯이,[115] 현재는 "영원한 현재"다. **시간** 자체는 "**미래**, **현재**, **과거**의 결합 속"에서 영원하다.[116]

아주 단순하게 설명하자. 정신의 '**삶**'과 같은 그러한 것이 존재한다는 것은 미래를 위한 정신기관, 그리고 결과로 나타나는 정신의 '부단한 활동'에 기인한다. '**정신**'의 삶과 같은 그러한 것이 존재한다는 것은 절대적 끝으로 예견되듯이 의지를 중단시키고 미래를 기대된 과거로 변화시키며, 의지의 기투projects를 사유의 대상objects으로 바꾸고 영혼의 기대를 기대된 기억으로 바꾸는 죽음에 기인한다. 따라서 아주 단순하게 압축해 설명하자면, 헤겔의 교의는 아주 근대적인 것 같다. 왜냐하면 헤겔이 시간에 관한 사유에서 미래의 우위성을 강조한 것은 진보에 대한 헤겔 당대의 독단적 신념에 아주 잘 어울리며, 사유에서 의지로, 다시 사유로 그 우위성을 변화시킨 것은 근대에 수용할 수 있는 양태로 전통과 어떻게 타협하는가라는 근대철학자의 질문, 즉 사람들이 헤겔의 구성 개념을 의지하는 나의 문제들을 조명한 진정한 공헌으로 거부하는 경향이 있는 문제에 대한 아주 독창적인 해결책이기 때문이다. 그런데도 시간 사유를 확립한 헤겔에게는 예상 밖의

---

114   Koyré, *Op. cit.*, p. 183, quoting *Jeneser Realphilosophie*.

115   Koyré, "Hegel à Iéna", *Op.cit.*, p. 188.

116   Koyré, *Op. cit.*, p. 185, quoting *Jeneser Realphilosophie*.

선구자가 있다. 그 선구자는 진보 개념에 아주 생소했으며, 역사적 사건을 지배한 법칙을 발견하는 데 거의 관심을 갖지 않았다.

그 사람은 플로티노스다. 그 역시 인간 정신, 인간 '영혼*psychē*'이 시간의 창시자라고 주장한다. 시간은 영혼의 '과도하게 활동하는 속성(과도하게 참견하는 일 또는 사람을 암시하는 용어인 *polypragmōn*)'에 의해 형성된다. 영혼은 미래 불멸성을 갈망함으로써 "현 단계보다 더 많은 것을 추구하며", 따라서 항상 "'다음'과 '이후'로 이동하고, 동일한 것이 아니라 이어서 다시 다른 것으로 이동한다. 우리는 그렇게 이동하면서 〔미래의 영원을 향한〕 여정의 긴 행보를 하고 시간, 영원의 이미지를 구성했다." 따라서 "시간은 영혼의 삶이다." "삶의 펼침은 시간을 포함하기" 때문에, 영혼은 '논변적 사유' 형태의 "활동과 더불어 〔시간의〕 계기를 생산하는데", 사유의 논변성은 "하나의 존재 방식에서 다른 존재 방식으로 이동하는 영혼의 운동"에 조응한다. 따라서 시간은 "**영혼**의 부속물이 아니라 영혼 안에 있고 영혼과 함께 있는 … 중요한 것이다."[117] 달리 말하면, 헤겔과 마찬가지로 플로티노스에게 시간은 본질적으로 분주하게 활동하고 미래로 뻗으며 앞으로 내던지고 "현재 상태"를 부정하는 영혼에 의해 생성된다.[118] 그리고 두 사례에서 시간의 진정한 실현은 영원이며, 세속적인 관점에서 실존적으로 말하자면 정신이 의지에서 사유로 전환한 것이다.

---

[117] 플로티노스의 저작에 소개된 문장은 플라톤의 《티마이오스》 37c~38b에 관한 논평이다. 이 문장은 《엔네아드*Ennead*》 제3권 7, 11 〈시간과 영원에 대하여〉에 나타난다. 나는 Loeb Classical Library(London, 1967)의 암스트롱 번역본, 그리고 《엔네아데스》(파리, 1924~1938)의 두 개 언어 번역본에서 에밀 브레이에Emile Bréhier의 프랑스 번역본을 사용하고 있다.

[118] 아렌트는 이 문장에서 'mind'로 표기하고 있지만, 플로티노스가 영혼과 시간의 관계를 언급하고 있기에 '정신'을 '영혼'으로 표기했다.(옮긴이)

헤겔 철학은 그에 앞서 살았던 사람들뿐만 아니라 이후에 살았던 사람들, 즉 고대 이후 거의 모든 철학자들의 학문 체계와 달리 선구자들의 저작들로부터 영감을 얻지 않았으며, 그들의 의견에 대응하고 형이상학 문제를 '해결하려는' 시도로 이루어진 결실이 아니다. 간단히 말해 헤겔 철학은 '책에만 의존하고' 있지 않다. 헤겔의 저작에는 이러한 특성을 드러내는 문장들이 많다. 최근에 이러한 특성은 종종 인정되어 왔다.[119] 헤겔은 사실적인 정치사 — 그의 이전에는 전혀 알려지지 않은 것 — 와 일치하는 일련의 철학사를 구성함으로써 실제로 전통과 단절했다.[120] 그는 역사가 진리를 생산한다고 진지하게 고려한 첫 번째 위대한 사상가이기 때문이다.

철학자는 한 사람 또는 사람들이 존재하는 모든 것을 생기게 했던 인간사 영역을 결코 그렇게 주목하지 않았다. 그리고 변화는 프랑스 혁명이란 사건에 기인했다. 헤겔이 주장하듯이, "혁명은 철학으로부터 그 첫 번째 충동을 얻었을지도 모르지만", 혁명의 "세계 역사적 의미"는 인간이 처음으로 감히 자신을 뒤집고, 즉 "거꾸로 서서 사유를 주장하고, 그에 따라 현실을 구성했다"는 데 있다. "태양이 하늘에 있고 혹성이 그 둘레를 돌게 된 이래로 인간의 실존이 머리, 즉 사상을 중심으로 전개된다고 이해된 적이 결코 없었다. … 이것은 영광스러운 정신의 여명이었다. 마치 신과 세계

---

119 헤겔 연구 논문에 대한 탁월한 세부적인 보고는 이제 다음 자료를 통해 이용 가능하다. Michael Theunissen, *Die Verwirklichung der Vernunft. Zur Theorie-Praxis-Diskussion im Anschluss an Hegel*, Beiheft 6 of *the Philosophische Rundschau*, Tübingen, 1970. 우리의 맥락에 필요한 주요 저작은 다음과 같다. Franz Rosenzweig, *Hegel und der Staat*, 2 vols.(1920), Aalen, 1962 ; Joachim Ritter, *Hegel und die französische Revolution*, Frankfurt/Main, 1965 ; Manfred Riedel, *Theorie und Praxis im Denken Hegels*, Stuttgart, 1965.

120 "헤겔은 전통에 대한 도전의 문지방에 서 있다. 그는 세계사 전체를 하나의 연속적 발전으로, 과거의 철학사를 변증법적으로 발전된 총체로 이해했다."(홍원표, 《한나 아렌트의 정치철학》, 169쪽) 반면에 《과거와 미래 사이》에서 밝히고 있듯이 "고대인들은 위대한 행적이나 작업을 포괄적인 전체나 과정으로 이해하지 않고 오히려 항상 단일의 사례나 행위에 주목했다."(옮긴이)

가 비로소 처음으로 화해라도 한 듯이, 사유하는 사람들은 모두 이 시대의 환희를 나누었고, … 정신의 열정은 전 세계를 흥분시켰다."[121] 사건이 보여 주었던 것은 결과적으로 인간의 새로운 존엄성이었다. "어떤 것이 어떻게 있어야 하는가라는 생각을 공개하는 것은 항상 모든 것을 있는 그대로 수용 하는 점잖은 체하는 사람들*die gesetzten Leute*의 권태를 〔사라지게끔 할〕 것이 다."[122]

헤겔은 그러한 초기의 경험을 결코 망각하지 않았다. 헤겔은 1829~ 1830년에 들어서서 자신의 제자들에게 다음과 같이 말했다. "그러한 정치적 전환의 시대에 철학은 자기 자리를 발견한다. 이때는 사유가 현실을 선행 하고 형성하는 때다. 정신의 한 형태가 더 이상 만족을 주지 못할 때, 철학 은 이 불만족을 이해하기 위해 그 형태를 예리하게 주목하기 때문이다."[123] 간단히 말하자면, 헤겔은 《법철학》 서문에서 미네르바의 부엉이에 대한 자 신의 유명한 진술을 거의 명료하게 반박했다. 그의 젊은 시절에 "영광스러 운 정신의 여명"은 최종 순간까지 그의 저술 활동 전체를 고무했으며, 그것 에 형태를 부여했다. 프랑스 혁명에서 원리와 사유는 *실현되었으며*, 인간 이 사유하는 동안 시간을 함께 지낼 "신적인 것"과 "세속적인 것"인 인간 사 사이의 *화해*가 일어났다.

이러한 화해는 헤겔의 철학 체계 전체의 중심에 있다. 특정 시대와 민족의 역사가 아닌 **세계 역사**를 단일한 일련의 사건 — 이러한 연속의 궁 극적 결과는 "정신의 왕국이 … 외적 존재에서 자신을 드러내고 세속적인 삶"[124]에서 구현되는 순간일 것이다 — 으로 이해하는 것이 가능하다면, 역

---

121   *The Philosophy of History*, trans. J. Sibree, New York, 1956, pp. 446~447 ; *Philosophie der Weltgeschichte*, Hälfte II, "Die Germanische Welt", Lasson ed., Leipzig, 1923, p. 926.

122   In a letter to Schelling of April 16, 1975, *Briefe*, Leipzig, 1887, vol. I, p. 15.

123   Quoted from Theunissen, *Op. cit.*

124   *The Philosophy of History*, p. 442.

사의 과정은 더 이상 우연적이지 않으며, 인간사 영역은 더 이상 의미를 결여하지 않는다. 프랑스 혁명은 "살아 있는 형태의 **진리**가 세계정세에서 현시될 수 [있었다]"[125]는 것을 이미 증명했다. 이제 우리는 세계의 역사적 연속에서 모든 순간을 "있었던 것"으로 실제 고려할 수 있으며, "이 계획을 이해하는" 임무를 그 시작, 즉 시간의 자궁에서 … 그 "숨겨진 원천 또는 생성 원리"인 그 시작으로부터 그 현상적인 현존하는 존재에 이르기까지 철학에 맡길 수 있었다.[126] 헤겔은 정신의 왕국을 "**의지**의 왕국"[127]과 동일시한다. 사람들의 의지는 정신 영역을 형성케 하는 데 필요하기 때문이다. 이러한 이유 때문에 헤겔은 다음과 같이 주장한다. "**의지** 자체의 자유(즉 **의지**가 필연적으로 의지한다는 자유)는 … 절대적이며 … 정신의 기본 원리이다. **인간**은 의지의 자유로 **인간**이 된다."[128] 사실상 세계정세에서 **세계정신**의 전개라는 궁극적 목적이 **자유**여야 한다는 유일한 보장 — 그것이 그렇다면 — 은 **의지**에 잠재된 자유에 있다.

　　"따라서 철학이 … 우리를 인도하는 통찰력은 현실세계가 있어야 하는 대로 있다는 것이며",[129] 헤겔에게 철학은 "영원히 참인 것에 관계하기에 어제도 아니고 내일도 아니라 현재 자체, 즉 절대적 현존이라는 의미의 '**현재**'에 관계하기 때문에",[130] 그리고 사유하는 나에 의해 지각된 정신은 '현재 자체'이기 때문에, 철학은 사유하는 나와 의지하는 나 사이의 갈등을 화해시켜야 한다. 철학은 한편으로는 **의지**의 관점 및 미래에 대한 **의지**의 집중에 어울리는 시간 성찰, 다른 한편으로는 **사유** 및 **사유**의 지속하는 현

125　　*Ibid.*, p. 446.

126　　*Ibid.*, pp. 30~36.

127　　*Ibid.*, p. 442.

128　　*Ibid.*, p. 443. 저자의 번역임.

129　　*Ibid.*, p. 36.

재의 관점을 결합해야 한다.

　　그러한 시도는 결코 성공하지 못한다. 쿠아레가 자신의 논문 가운데 결론 문장에서 밝히고 있듯이, 헤겔의 '체계' 개념은 그가 미래 시제에 부여한 우위성과 충돌한다. 헤겔은 인간이 지구상에 존재하는 한 시간이 결코 종결되지 않을 것이라고 주장하지만, 헤겔적 의미의 철학 — 땅거미가 질 때 비상하는 미네르바의 부엉이 — 은 사유하는 나의 활동 기간 중 시간의 정지가 아니라 실제 시간의 중단을 요구한다. 달리 말하면, 헤겔 철학은 역사가 실제로 끝에 있다는 조건, 즉 인류가 더 이상 미래를 갖고 있지 않고 새로운 것을 가져올 어떤 것도 여전히 발생할 수 없다는 조건에서만 객관적 진리를 주장할 수 있었다. 쿠아레는 다음과 같이 덧붙인다. "헤겔이 이것을 믿었다는 것 … 그가 … 〔역사철학을 위한〕 이 본질적 조건이 이미 현실태였다는 것 … 그리고 이것이 그가 현실태를 완성시킬 수 있었던 이유라고 심지어 믿기까지 했다는 것은 가능하다."[131] (그것은 사실 코제브의 확신인데, 그에게 헤겔의 체계는 진리이며, 역사뿐만 아니라 철학의 명료한 목적이다.)

　　헤겔은 결과적으로 두 가지 정신 활동인 사유와 의지, 그리고 두 가지 대립된 시간 개념을 조화시키는 데 실패했다. 이 점은 나에게 명료해 보인다. 그러나 헤겔 자신은 사변적 사유가 정확히 "사유와 시간의 통일"[132]이라는 점을 들어 나의 주장에 동의하지 않았을 것이다. 사변적 사유는 **존재**가 아닌 **생성**을 취급하며, 사유하는 정신의 대상은 **존재**가 아니라 "직관된 **생성**"[133]이다. 직관될 수 있는 유일한 운동은 "자신으로 복귀하는 주기"를 형성하는 원에서 회전하는 "시작을 전제하는 끝에서만 시작에 도달하

130　　*Ibid.*, p. 79. 저자의 번역본과 대조하라. *Werke*, Berlin, 1840, vol. IX, p. 98.

131　　*Op. cit.*, p. 189.

132　　*The Phenomenology of Mind*, trans. J. B. Baillie(1910), New York, 1964, p. 803.

133　　Koyré, *Op. cit.*, p. 164, quoting *Encyclopedia*, no. 258.

는" 운동이다. 우리가 알고 있듯이, 이 순환적 시간 개념은 고대 그리스 철
학과 완벽히 일치하지만, 행위의 정신적인 주요 동인인 **의지**의 발견을 따르
는 고전 시대 이후의 철학은 직선적 시간을 요구한다. 직선적 시간을 고려
하지 않을 경우 **진보**는 생각할 수 없었을 것이다. 헤겔은 다음과 같은 주장
을 통해 이 문제의 해답, 즉 원을 어떻게 전진하는 선으로 변경하는가를 발
견한다. 즉 어떤 것은 인간 종의 개별적 구성원 전체의 이면에 존재하며, 인
류라고 불리는 이 어떤 것은 실제로 그가 말하는 "세계정신"인 일종의 어
떤 사람인데, 그에게는 한낱 사유-사물이 아니라 인간 정신이 육체에 구현
되듯이 인류에 구현된 현전이다. 개별적인 사람들이나 특정한 민족과 구별
되는 인류에 구현된 이 **세계정신**은 세대의 연속에 내재된 직선적 운동을 추
구한다. 각각의 새로운 세대는 "새로운 실존 단계, 즉 새로운 세계"를 형성
하며, 이에 따라 "반복해서 새로 시작해야" 하지만 "*높은 수준에서 시작한
다.*" 각각의 새로운 세대는 인간으로서 정신, 즉 회상 능력을 부여받았으므
로 "[이전의] 경험을 보존하고 있기" 때문이다.[134]

순환적 시간과 직선적 시간 개념이 나선형을 형성함으로써 조화되
거나 통합되는 그러한 운동은 사유하는 나의 경험이나 의지하는 나의 경험
에 기반을 두고 있지 않다. 이 운동은 헤겔의 정신 영역*Geisterreich*을 구성하
는 **세계정신**의 비경험적 운동이며, 이 "정신 영역은 연속의 [덕택에] 실존
상태의 명료한 형태를 띠는데, 하나는 분리되고 다른 것을 해방시키며 각
자는 선구자로부터 정신세계의 제국을 물려받는다."[135] 이 주장은 분명히
의지 문제에 대한 가장 독창적인 해답이며 순수한 사유와 의지의 조화지만,
지속하는 현재에 대한 사유하는 나의 경험과 미래의 우위성에 대한 의지하
는 나의 주장을 희생시키는 대가로 이루어진다. 달리 말하면, 그것은 가설

---

134   Hegel, *The Phenomenology of Mind*, pp. 801, 807~808.

135   *Ibid.*, p. 808.

에 불과하다.

게다가 그런 가설의 설득력은 *하나의* **세계정신**의 존재라는 가설에 전적으로 좌우된다. 이 **세계정신**은 인간 의지의 다원성을 지배하고 이것들을 이성의 필요에서 발생하는, 즉 심리학적으로 말하자면 있어야 하는 것으로 있는 세계에서 살고 싶어 하는 그런 인간적 소망에서 발생하는 "유의미성"으로 향하게 한다. 우리는 하이데거에서 비슷한 해결책을 만난다. 의지의 특성에 대한 하이데거의 통찰력은 비교할 수 없을 정도로 심오하며, 의지 능력에 대한 그의 공감의 결여는 노골적이며 후기 하이데거의 실제적 전환을 구성한다. "인간의 의지는 의지할 의지의 기원이" 아니라 "인간은 이 **의지**가 어떤 것인가를 경험하지 못하면서 의지할 **의지**에 의해 의지된다."[136]

충분한 자질을 갖춘 일부 사상가들이 지난 몇 십 년 동안 헤겔의 부활에 일조했는데, 일부의 전문적인 비평은 헤겔의 부활이란 관점에서 어울리는 것일 수 있다. 세 단계 변증법 운동 — 정에서 반을 거쳐 종합으로의 운동 — 의 독창성은 근대의 진보 개념에 적용할 때 특별히 인상적이다. 헤겔 자신이 비록 시간의 정지, 즉 생성의 전체 순환을 직관하고 개념화하도록 정신에 허용하는 역사의 종말을 대개는 믿었다고 하더라도, 정에서 반으로의 최초의 운동이 곧 새로운 정으로서 자신을 확립하는 종합을 초래하는 한, 자체에 드러나는 이 변증법 운동은 무한한 진보를 보장하는 것 같다. 최초의 운동이 비록 결코 전진하지 않고 뒤로 이동하고 자신으로 복귀하지만, 정에서 반으로의 운동은 이러한 순환 이면에서 자신을 정립하고 직선적인 진보의 선을 구성한다. 운동 형태를 시각화하면 다음의 그림과 같다.

---

136   "Uberwindung der Metaphysik", in *Vorträge und Aufsätze*, Pfullingen, 1954, vol. I, sect. xxii, p. 89.

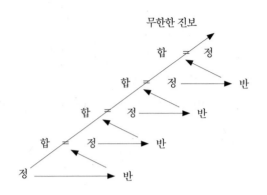

이 도식의 이점은 도식이 진보를 보증하고 시간의 연속성을 단절시키지 않은 채 문명의 흥망이란 부정할 수 없는 역사적 사실을 여전히 설명할 수 있다는 점이다. 특별히 순환적 요소의 장점은 순환적 요소가 우리로 하여금 새로운 시작으로서 각각의 끝을 관찰하도록 허용한다는 점이다. 존재와 무는 "동일한 것, 즉 생성이며 … 한 방향은 사라짐이고, 존재는 무로 바뀌지만, 마찬가지로 무는 그 반대인 존재로의 이전, 즉 부상이다."[137] 게다가 운동의 무한성은 비록 헤겔의 다른 주장들과 다소 충돌되기는 하지만, 의지하는 나의 시간 개념과 의지하는 내가 현재나 과거보다 미래에 부여한 시제의 우위성과 완벽하게 일치한다. 현재가 의지 자체의 기획을 현실화하면서 의지를 대면할 때도, 이성 및 이성의 사유 필요성으로 길들여지지 않은 의지는 현재(그리고 과거)를 부정한다. 니체가 주장하듯이, 자체에 맡겨지는 인간의 의지는 "의지하지 않기보다 오히려 무를 의지하고자 하며",[138] 무한한 진보의 개념은 암묵적으로 "모든 목표를 부정하고 자신을 속이는 수단으로서만 목적을 인정한다."[139] 달리 말하면, 의지에 내재되어

137　Hegel, *Science of Logic*, trans. W. H. Johnston and L. G. Struthers, London, New York, 1966, vol. I, p. 118.

138　*Toward a Genealogy of Morals*(1887), no. 28.

139　Heidegger, "Uberwindung der Metaphysik", *Op. cit.*, sect. xxii, p. 89.

있고 역사의 동인으로서 간주되는(마르크스뿐만 아니라 의미상 이미 헤겔에서) 그 유명한 부정의 힘은 무한한 진보와 더불어 영구적인 절멸의 과정을 초래할 수도 있는 절멸하는 세력이다.

헤겔이 활동하는 사람들의 등 뒤에서 작동하는 "이성의 간지"로 추적되는 상향선의 관점에서 **세계 역사**의 운동을 해석할 수 있었던 이유는, 내 견해에 따르면 변증법 과정 자체가 **존재**에서 시작하여, **존재**를 **비존재**와 **생성**을 향한 운동에서 당연한 것으로 간주하는(무에서의 창조Creatio ex nihilo와 대립되는) 결코 의문시되지 않는 가정에서 발견될 수 있다. 최초의 **존재**는 활동하는 사람들의 현실, 그들의 실존적 성격에 계속적인 이전을 부여하며, 그들이 **비존재**의 심연으로 빠지지 않게 한다. **비존재**는 존재를 따른다는 이유만으로 "존재와의 관계를 포함하고 있으며, **존재**와 **존재**의 부정은 동시에 주장되며, 이 주장은 생성에서 존재할 때 무이다." 헤겔은 파르메니데스와 철학의 시작을 환기함으로써(즉 "논리와 역사를 동일시함으로써") 자신의 출발점을 정당화하고, 따라서 무언중에 '기독교 형이상학'을 거부했다. 그러나 우리는 **생성**이 비존재에서 여전히 발생할 수 없다는 것을 자각하기 위해서 비존재에서 시작하는 변증법 운동에 대한 사유로 단지 실험을 할 필요가 있다. 최초에 **비존재**는 생성된 모든 것을 절멸시킬 것이다. 헤겔은 이것을 완전히 의식한다. 그는 "하늘과 땅에는 **존재**와 **비존재**를 포함하지 않은 어떤 것도 없다"는 자신의 명백한 주장이 존재의 우위성에 대한 확고한 가정에 기반을 두고 있다는 것을 알고 있다. 이어서 이러한 가정은 완전한 무, 즉 특수하거나 특별한 어떤 것을 부정하지 않는 부정은 생각할 수 없다는 사실에 상응한다. 우리가 생각할 수 있는 것은 모두 "**무**이며, **중요한 것**은 여기서 발생할 수 있다. 그래서 **존재**는 이미 **시작**에 포함되어 있다."[140]

---

140   *Science of Logic*, vol. I, pp. 95, 97, 85.

2   내면적 인간의 발견

선택 능력: 의지의 선행 개념

나는 사유에 관한 논의에서 "형이상학적 오류"[1]라는 용어를 사용했으나, 논리적 오류나 과학적 오류의 단순한 결과인 듯이 형이상학적 오류를 반박하려고 시도하지는 않았다. 대신에 나는 현상세계와 충돌하는 '사유하는 나'의 실제 경험으로부터 형이상학적 오류를 도출함으로써 이러한 오류의 진위 여부를 증명하고자 했다. 우리가 확인한 바와 같이, 사유하는 나는 현상들 가운데 하나의 현상으로서 신체적 자기self에 포함되어 있기 때문에 결코 그 세계로부터 완전히 이탈할 수는 없더라도 잠정적으로 이탈한다. **의지**에 관한 어떠한 논의에나 따라다니는 난제들은 우리가 이러한 오류에 해당한다고 생각하는 것과 명백히 유사성을 지니고 있다. 즉 그러한 오

---

[1] 형이상학적 편견은 활동적 삶과 연관되는 편견이며 형이상학자들의 삶의 방식을 정치적인 것에 부과하는 것으로서 행위와 제작의 동일시, 정치와 지배의 동일시가 대표적인 예다. 반면에 형이상학적 오류는 사유 경험을 경험에 대한 사유로 해석하는 오류로서 논리적 또는 과학적 오류의 결과는 아니다. 이원적 세계론, 진리와 의미를 동일시하는 신념, 사유와 공통감이 대립된다는 신념이 이에 해당한다. '착오錯誤'나 '배리背理' 등으로 표기할 수 있으나, 여기에서는 '오류'로 표기한다.(옮긴이)

류는 **의지** 능력 자체의 속성으로 야기된다. 그러나 이성과 그 특이성의 발견은 정신의 발견 및 철학의 시작과 일치했지만, **의지** 능력은 훨씬 이후에 분명히 밝혀졌다. 그러므로 우리의 주요 질문은 다음과 같을 것이다. 사람들은 어떤 경험 때문에 자신들이 의지 활동을 형성할 수 있었다는 사실을 자각하게 되었는가?

한 능력의 역사를 추적하는 것은 한 이념의 역사를 따르려는 노력으로 쉽게 오해될 수 있다. 예컨대, 이러한 착오는 우리가 마치 여기에서 **자유** 이념의 역사에 관심을 갖고 있는 것 같고, 다시 말하면 우리가 **의지**를 한낱 '이념'으로 착각하고 있는 것과 같다. 그렇다면 **의지**는 실제로 인위적 문제를 해결하고자 창안한 "인위적 개념"(라일)이 될 수 있었다.[2] 그러나 이념은 사유-사물, 즉 고안자의 정체성을 전제하는 정신적 인공물이다. 정신의 산물과 구별되는 정신 능력의 역사가 있다고 가정하는 것은 우리가 손으로 재구성한 환경이 새로운 도구와 기구의 발명으로 변화되듯이 도구 제작자와 사용자의 신체(최초의 도구는 인간의 손이다)인 인간의 신체도 마찬가지로 변화된다고 주장하는 것과 흡사한 것 같다. 우리는 이것이 적절한 예는 아니라는 것을 알고 있다. 사유 대상이 우리의 정신 능력과 다를 수 있었는가? 정신은 역사의 과정에서 새로운 능력을 획득할 수 있었는가?

이러한 질문들의 기저를 이루는 오류는 정신과 두뇌를 거의 당연하게 동일시하는 데 있다. 정신은 사용 대상과 사유-사물의 존재를 결정한다. 사용 대상 제작자의 정신이 도구 제작자의 정신, 즉 태어나면서 손을 지닌 신체의 정신이듯이, 사유를 시작하고 이들을 사유-사물이나 이념으로 구체화하는 정신은 태어나면서 두뇌와 지력을 부여받은 피조물의 정신이다. 정신의 도구인 두뇌가 실제로 새로운 정신 능력의 발전으로 변화되지 않는 것과 마찬가지로 인간의 손도 새로운 기구의 발명이나 새로운 기구들

---

2   *Concept of the Mind*, p. 62와 이후 내용.

이 환경에 초래하는 엄청난 가시적인 변화에도 불구하고 변화되지 않는 것 같다. 인간의 정신, 즉 정신의 관심과 능력은 세계의 변화 — 정신은 세계의 유의미성을 여전히 더욱 결정적으로 검토한다 — 뿐만 아니라 그 활동에 의해 영향을 받는다. 이러한 활동들은 모두 재귀적 속성을 지닌다. 앞으로 검토하겠지만, 의지하는 나의 활동만큼 재귀적 속성을 많이 지닌 활동도 없다. 그런데 의지하는 나의 활동은 지력이라는 결코 변하지 않는 능력, 즉 신체가 인간이라는 동물에게 부여해왔던 가장 귀중한 재능 없이 결코 제대로 작동할 수 없었다.

우리가 직면하는 문제는 예술사에서 잘 알려졌다. 예술사에서 "형식의 수수께끼"라고 불리는 문제는 "시대와 민족에 따라 다른 방식으로 가시적인 세계를 표상해왔다"는 단순한 사실이다. 놀랍게도, 이러한 일은 어떠한 물질적 차이의 부재 속에서도 발생할 수 있었다. 더욱 놀랍지만, 우리가 스스로 채택한 표상 '습관'이 완전히 다른 때도 우리는 그것들이 가리키는 실재를 인식하는 데 조그마한 어려움도 느끼지 않는다.[3] 달리 말하면, 수 세기에 걸쳐 변화하는 것은 인간의 정신이며, 이러한 변화가 매우 현저하다고 하더라도, 우리는 형식과 민족적 기원에 따라 제품의 연대를 상당히 정확하게 확인할 수 있으며, 이러한 변화는 또한 인간의 신체가 태어나며 부여받은 도구들의 불변하는 특성에 의해 엄격하게 제한된다.

우리는 이러한 성찰의 흐름 속에서 다음과 같은 질문으로 시작할 것이다. 그리스 철학은 고전 시대 이후 우리의 '관습'이 행위의 근원인 **의지**의 결과라고 간주하는 데 익숙했던 인간 경험이란 현상과 자료를 어떻게 취급했는가? 우리는 이 목적 때문에, 즉 두 가지 이유 때문에 아리스토텔레스에 관심을 갖는다. 첫째, 영혼에 대한 아리스토텔레스의 분석이 모든 의지 철

---

3   경이로울 만큼 계몽적인 연구를 위해 다음 자료를 참조할 것. E. H. Gombrich, *Art and Illusion*, New York, 1960.

학에 미친 결정적 영향 — 앞으로 살펴보겠지만, 순수한 기술에 만족하면
서 자신의 경험에 대해 '철학적으로 논하기'를 거부한 바울의 경우를 제외
하고 — 이란 단순한 역사적 사실이 있다. 둘째, 다른 그리스 철학자는 이상
한 사유의 빈틈을 거의 인지하지 못했다는 적잖이 명료한 현상이 있다. 우
리는 그리스 언어와 사상에 나타나는 이러한 사유의 빈틈을 언급해왔다.
따라서 이러한 사유의 빈틈은 **의지**가 정신의 개별적 능력으로 발견되기 이
전에 여러 가지 심리학적 문제를 어떻게 해결할 수 있었는가를 보여주는 탁
월한 예로서 기여할 수 있다.

이 주제에 대한 아리스토텔레스의 성찰에서 출발점은 이성이 스스
로 어떠한 것도 움직이지 않는다는 반플라톤적인 통찰이다.[4] 따라서 그의
실험을 인도하는 질문은 다음과 같다. "영혼에서 운동을 유발하는 것은 무
엇인가?"[5] 아리스토텔레스는 사람들이 무엇을 추구해야 하고 무엇을 회피
해야 하는가를 이성이 알고 있기 때문에 이성이 명령해야*keleuei* 한다는 플라
톤의 생각을 인정하지만, 사람들이 이성의 명령에 필연적으로 복종해야 한
다는 것을 부정한다. 제어할 수 없는 사람(그가 이러한 탐구에서 제시한 모범적
인 예)은 이성의 명령에 관계없이 자신의 욕구를 따른다. 다른 한편, 이러한
욕구는 이성의 권고로 저지될 수 있다. 이러한 욕구는 스스로 운동을 유발
하지 않는다. 여기에서 아리스토텔레스는 **의지**의 발견 이후 의지와 성향 사
이의 차이로서 드러나는 현상을 다루고 있다. 그 차이는 칸트 윤리의 핵심
이 되고 있으나, 중세철학에서 처음으로 나타난다. 예컨대 악의 문제를 전
혀 고려하지 않는 "성향은 죄가 아니므로" "죄를 저지르려는 성향과 죄를
저지르려는 의지" 사이의 차이에 대한 에크하르트의 구분에서 그 차이는

---

4   *De Anima*, 433a21~24; *Nicomachean Ethics*, 1139a35.

5   이 내용과 다음 내용을 위해서는 *De Anima*, bk. III, chaps. 9~10을 참조할 것.

나타난다. "내가 악을 결코 행하지 않지만 악행을 할 의지를 가지고 있다면 … 그것은 내가 아무것도 행하지 않았다고 하더라도 모든 사람을 살해했던 것같이 중대한 범죄다."[6]

게다가 아리스토텔레스의 경우, 욕구는 운동을 시작하는 데 우위를 유지하고 있는데, 이 운동은 이성과 욕구의 공동 협력을 통해 발생한다. 눈 앞에 있지 않은 대상에 대한 욕구는 그 대상을 획득하는 최선의 방법을 찾 아서 평가하도록 이성을 자극한다. 아리스토텔레스는 이 계산 능력을 성 찰적 이성 혹은 순수이성인 "이론이성*nous theōrētikos*"과 구분되는 "실천이성 *nous praktikos*"이라고 부른다. 실천이성은 전적으로 인간들에 달려 있는 것 *eph' hēmin*, 즉 인간들의 수중에 있기에 우연적인(있을 수 있거나 아닌) 문제들 에만 연관되지만, 순수이성은 변화시키는 인간 능력을 벗어나 있는 문제들 에만 연관된다.

실천이성은 여러 가지 조건 아래에서 욕구의 도움을 받을 필요가 있 다. "욕구는 바로 가까이 있는 것에 영향을 받으며," 따라서 쉽게 획득될 수 있다. 욕구나 욕망에 해당하는 용어인 'orexis'는 동사 'oregō'에서 파생한 명 사로서 가까이 있는 것에 도달하기 위해 손을 뻗는다는 의미를 지닌다. 욕 구의 성취가 미래에 있어서 시간 요소를 고려해야 할 때만, 실천이성은 필 요하고 욕구에 의해 자극된다. 가까이 있는 것에 대한 욕망의 힘은 무절제 로 이어지는데, 이때에 실천이성은 미래 결과에 대한 관심으로 개입할 것 이다. 그러나 사람들은 가까이 있는 것을 욕구할 뿐만 아니라 자신들이 적 절한 수단을 계산할 필요가 있는 획득할 욕구 대상을 상상할 수도 있다. 이 러한 상상하는 미래의 욕구 대상은 실천이성을 자극한다. 결과적으로 나타 나는 운동, 즉 행위 자체에 관한 한, 욕구 대상은 시작이다. 반면에 계산 과 정의 경우에 욕구된 대상은 운동의 끝이다.

---

6   *Meister Eckhart*, ed. Franz Pfeiffer, Göttingen, 1914, pp. 551~552.

　　아리스토텔레스 자신은 이성과 욕구 사이의 관계에 대한 이러한 개요가 인간 행위에 대한 적절한 설명으로서 불만족스럽다고 생각했던 것 같다. 이러한 개요는 수정을 거치기는 했지만 여전히 이성과 욕구에 대한 플라톤의 이분법에 의존하고 있다. 따라서 아리스토텔레스는 초기 저작인 《철학에의 권유*Protreptikos*》에서 다음과 같이 해석했었다. "영혼의 한 부분은 **이성**이다. **이성**은 우리와 연관된 사물들의 자연적 지배자이며 판관이다. 다른 부분의 본질은 그것을 따르고 그 규칙에 복종하는 것이다."[7] 우리는 명령을 내리는 것이 **의지**의 주요 특징에 속한다는 것을 이후에 살펴볼 것이다. 플라톤의 경우에 이성이 진리와 연관되고 진리가 실제로 강압적이라는 가정 때문에 이성은 이러한 기능을 맡을 수 있었다. 그러나 이성 자체는 진리에 이른다고 하더라도 나와 나 자신 사이의 소리 없는 대화에서 명령하지 않고 설득한다. 사유할 수 없는 사람들만이 강제당할 필요가 있다.

　　이성은 인간의 영혼 내에서 욕구 때문에만 '지배하고' 명령하는 원리가 된다. 욕구는 맹목적이며 이성을 결여하고 있기에 맹목적으로 복종하게 되어 있다. 이런 복종은 비모순율의 공리 — '자기모순을 초래하지 말라', '당신 자신의 친구가 돼라' — 에 의해 보장되는 하나 속의 둘 사이의 방해받지 않는 조화, 즉 정신의 평온에 필요하다. "다른 사람들에 대한 우호적인 감정은 모두 한 개인이 자신에 대해 갖는 우호적인 감정의 확장이다."[8] 아리스토텔레스가 언급하고 있듯이, 만일 욕구가 이성의 명령에 복종하지 않을 경우, 그 사람은 결과적으로 자기모순을 초래하고 "자신과 사이가 나빠지는*diapherein* 천박한 사람"이다. 사악한 사람들은 "삶을 버리고 자신을 포기하여" 자신을 동료로 유지할 수 없거나 "일생을 함께 보낼 다른 사람들 일행을 찾는다." 그러나 그들은 동료로서 자신을 피한다. 그들은 혼

7　　다음 자료에서 인용함. Andreas Graeser, *Plotinus and Stoics*, Leiden, 1972. p. 119.

8　　*Nichomachean Ethics*, 1168b6.

자 있을 때 자신들을 불편하게 하는 많은 사건을 기억하지만 … 다른 사람
들과 있을 때 망각할 수 있기 때문이다. … 자기 자신에 대한 관계는 우호적
이지 않다. … 그들의 영혼은 내분이 있다. … 개인을 마치 부분으로 분열시
키기라도 하듯이 한 부분은 이 방향으로, 다른 부분은 저 방향으로 이끈다.
… 나쁜 사람은 회한으로 가득 차 있다."[9]

이성과 욕구 사이의 내적 갈등에 대한 이러한 서술은 행위 — 이 경
우에 무절제한 사람의 행실, 특히 비행 — 를 설명하는 데 적절하다. 이러한
서술은 아리스토텔레스 윤리학의 주제인 행위를 설명하지 않는다. 행위는
이성의 명령을 단순히 집행하지 않기 때문이다. 행위 자체는 '이론이성'의
활동이 아니라《영혼에 관하여》라는 저술에서 명명하고 있는 실천이성의
활동이기는 하지만 합당한 활동이다. 윤리학 저술에서 실천이성은 인간들
에게 좋거나 나쁜 문제들에 대한 일종의 통찰과 이해인 실천적 지혜*phronēsis*
라고 불린다. 이 실천적 지혜는 공통의 용례를 따르는 소포클레스가 노년[10]
에 속하는 것으로 생각했고, 아리스토텔레스가 개념화했던 인간사에 필요
한 일종의 현명함(지혜나 명민함이 아니다)이다.

그러한 실천적 감각은 또한 제품과 예술 작품을 인도한다. 그러나
이러한 것들은 "그 자체가 아닌 다른 것에 목적을 가지고 있다. 반면에 행
위는 그 자체가 목적이다."[11] (그 차이는 다음과 같다. 플루트 연주자의 연주는 자
체에 목적을 지니고 있지만, 플루트 제작자의 활동은 생산된 플루트란 목적에 이르는
수단이다.) 바르게 수행한 행위*eupraxia*와 같은 그런 것은 있다. 따라서 그 결
과에 관계없이 무엇인가를 잘 수행한 것은 아리스토텔레스의 탁월성*aretai*

---

9   *Ibid.*, 1166b5~25.

10   《안티고네》의 마지막 문장을 참조할 것. "지혜는 최고의 행복. 신들에 대한 존경심을 버려
서는 안 된다. 오만한 자의 호언장담은 언제나 큰 타격을 받고, 벌을 받은 자는 늙어서 비로
소 현명해진다."

11   *Nichomachean Ethics*, 1139b1~4.

에 속한다. 이성이 아닌 욕구가 이러한 종류의 행위를 또한 자극하지만, 욕
구는 하나의 대상, 즉 내가 다른 목적에 이르는 수단으로서 파악하고 포착
하며 다시 사용할 수 있는 하나의 '무엇what'을 목표로 하지 않는다. 욕구는
타당한 인간사 영역인 공동체에서 현상의 탁월성을 수행하는 길, 즉 하나
의 '방법how'을 목표로 한다. 플로티노스는 훨씬 이후지만 아리스토텔레스
의 의미에 부합되게 이에 대해 말하고 있다. 최근의 해석자는 다음과 같이
바꾸어 말한다. "전적으로 인간에 의존한다는 의미에서 실제로 인간의 힘
에 속하는 것은 … 행실의 특성인 아름다운 것*to kalōs*이다. 사람은 싸워야 한
다면 여전히 용기 있는 또는 비겁한 방식으로 자유로이 싸운다."[12]

     '사람들이 어떻게 보이게 되길 원하는가'라는 의미에서 행위는 신중
한 사전 계획을 필요로 한다. 아리스토텔레스는 신중한 사전 계획이란 용
어 대신에 대안들 — 다른 게 아니라 이것 — 사이의 선호라는 의미의 선택
에 해당하는 신조어 '*proairesis*'를 만든다. 이러한 선택의 시작과 원리*archai*
는 욕구와 이성이다. 이성은 우리가 행위를 하는 목적 자체를 우리에게 제
공하며, 선택은 행위 자체의 출발점이 된다.[13] 선택은 사실상 이성과 욕구
라는 이전의 이분법에 개입하는 매개 능력이며, 그 주요 기능은 이성과 욕
구를 매개하는 것이다.

     우리가 말하고자 하는 바와 같이, 신중한 선택 또는 선호의 대립은
우리가 겪는 무엇인가에 의해 자극을 받는다는 의미에서 파토스*pathos*, 즉
정념이나 감정이다. (따라서 인간은 정념 때문에 부정을 저지르며, 청순보다 부정
을 신중하게 선호하기 때문에 부정을 저지르지는 않는다. 그는 "절도를 했다고 해서
곧 도둑이라고 할 수는 없다."[14]) 수단이 선정되어야 하는 한, 사람들이 하나의

12   다음 자료에서 인용함. Andreas Graeser, *Plotinus and the Stoics*, Leiden, 1972, p. 119.

13   *Nichomachean Ethics*, 1139a31~33, 1139b4~5.

14   *Ibid.*, 1134a21.

목적을 얻고자*heneka tinos* 행위를 할 때마다 선택 능력은 필요하다. 그러나 애초에 착수된 행위 자체의 궁극적 목적은 선택에 영향을 받지 않는다. 인간 행위의 궁극적 목적은 모든 사람이 욕구하는 '잘 사는 것'이란 의미의 행복*eudaimonia*이다. 모든 활동은 그것에 도달하기 위한 다른 수단일 뿐이다. (수단과 목적의 관계는 행위에서나 제작에서나 모든 수단이 그 목적에 의해 동등하게 정당화된다는 점이다. 아리스토텔레스는 목적-수단 관계의 특별한 도덕적 문제 — 목적이 모든 수단을 정당화할 수 있는가 — 를 결코 언급하지 않았다.) 선택에서 이성의 요소는 '심의'라고 불리며, 우리는 목적에 대해 결코 심의하지 않고 그것을 획득하는 수단에 대해 심의한다.[15] "어느 누구도 행복하기를 선택하지 않고, 행복이라는 목적을 위해 돈을 벌거나 모험을 한다."[16]

아리스토텔레스는《에우데모스 윤리학*Eudemian Ethics*》에서 더 구체적인 방식으로 자신이 과거의 이분법에 새로운 능력을 삽입하고 이에 따라 이성과 욕구 사이의 오랜 투쟁을 해결하는 게 필요하다는 것을 발견한다. 그는 무절제라는 예를 제시한다. 모든 사람들은 무절제가 나쁘며 욕구되는 것이 아니라는 데 동의한다. 절제*sō-phrosynē*는 실천이성*phronēsis*을 구원하는 *sōzein* 것을 의미하며, 자연적으로 주어진 모든 행위의 기준이다. 사람이 미래의 결과를 알지 못하는 자신의 욕구를 따른다면, 그 사람은 "동시에 자발적으로(즉 의도적으로) 그리고 비자발적으로(즉 자신의 의도와 반대로) 행동해야만 한다. 아리스토텔레스는 이게 불가능하다고 지적한다."[17]

선택 능력은 모순에서 빠져나오는 방법이다. 이성과 욕구가 매개 없이 순수한 자연적 적대 상태에 있다면, 우리는 다음과 같은 결론을 내려야

---

15   *Ibid.*, 1112b12.

16   *Eudemian Ethics*, 1226a10.

17   *Ibid.*, 1223b10.

한다. 즉 두 능력의 갈등적 충동에 포위된 사람은 절제할 때 "자신의 욕구로부터 강제로 벗어나야 하며", 욕구가 자신을 압도할 때 "자신의 이성으로부터 강제로 벗어나야 한다." 그러나 그러한 강제 상태는 어느 경우에나 발생하지 않는다. 두 행위는 의도적으로 수행되며, "원리가 내부에서 나타날 때, 강제는 없다."[18] 이성과 욕구가 갈등 상태에 있기 때문에 양자 사이의 결정이 선호, 즉 신중한 선택의 문제라는 점은 실제로 발생한다. 개입하는 것은 영원하며 현재 그대로 이외에는 달리 존재할 수 없는 것에 관계하는 이성*nous*이 아니라 우리가 신이 되거나 불멸하기를 원할 때와 같이 결코 성취할 수 없는 것에 도달할 수도 있는 욕구나 상상력과 구분되는 것으로서, 우리의 능력 안에 있는 것을 다루는 실천적 지혜*dianoia, phronēsis*다.

　　우리는 선택 능력이 **의지**의 선행 개념이라고 결론을 내리고 싶어 한다. 이 능력은 인간 정신을 위한 첫 번째 작지만 제한된 공간을 개방한다. 인간 정신은 선택 능력 없이 두 대립된 강제력에 맡겨졌다. 한편에는 우리가 자유롭게 동의하거나 반대하지 못하는 자명한 진리의 강제력이 있고, 다른 한편에는 이성이 우리를 강제로 쫓지 않으면 자연이 마치 우리를 압도하기라도 하듯이 작용하는 정념과 욕정의 강제력이 있다. 그러나 자유에 맡겨진 공간은 매우 작다. 우리는 우리가 당연한 것으로 인정하고, 선택할 수 없는 목적에 이르는 수단에 대해서만 심의한다. 우리가 건강이나 행복에 대해 생각하더라도 어느 누구도 건강이나 행복을 자신의 목적으로 심의하고 선택하지 않는다. 목적은 인간 본성에 내재해 있으며 동일하다.[19] 우리는 수단과 관련하여 "때론 [그것들이] 무엇인가를 발견해야 하며, 때론 그것들을 어떻게 이용하고 누구를 통해 획득할 수 있는가를 발견해야 한

18　　　*Ibid.*, 1224a31~1224b15.

19　　　*Ibid.*, 1226b10.

다."[20] 따라서 목적이 아닌 수단 역시 주어지며, 우리의 자유로운 선택은 단지 이들 사이의 '합리적' 선택에만 연관된다. 선택 능력은 여러 가지 있음직한 일 사이의 중재자다.

아리스토텔레스의 선택 능력은 라틴어로 '*liberum arbitrium*(자유로운 선택)'이다. 우리는 의지에 관한 중세 시대의 논의에서 이 용어를 우연히 발견한다. 이때마다 우리는 자체의 본질에 의해 결정되며 자체의 법칙에 복종하는, 새로운 것을 시작하는 자발적 능력이나 자율적 능력을 다루고 있지 않다. 이와 연관된 가장 우스꽝스러운 예는 뷔리당Buridan의 당나귀다. 어떤 심의도 저것보다 이것을 선호할 이유를 이 불쌍한 동물에게 제공하지 않았기 때문에, 불쌍한 동물은 같은 거리에 있으며 똑같이 향기로운 두 건초 더미 사이에서 굶어 죽었을 것이다. 당나귀는 자유로운 선택을 보류하고 자신의 욕구를 신뢰하고 자신의 영역 내에 있는 것을 포착할 만큼 눈치 빠르기 때문에 생존할 뿐이었다.

자유로운 선택은 자발적이거나 자율적이지 않다. 우리는 칸트에게 여전히 존재하는 이성과 욕구 사이의 중재자라는 마지막 흔적을 발견하는데, 그의 '선의good will'는 이상한 난관에 빠진다. 때로는 완전한 자율성을 누리면서도 선택권을 지니지 못하기도 하고, 때로는 자체의 법칙인 정언명령을 실천이성으로부터 수용한다. 실천이성은 의지에 무엇을 할 것인가를 말하거나 다음과 같이 덧붙인다. '스스로 예외를 만들지 말라', '소크라테스 이후 사유라는 소리 없는 대화를 지배해 온 비모순율의 격률에 복종하라'. 칸트의 경우, **의지**는 사실 아리스토텔레스의 *nous praktikos*에 상당히 흡사한 "실천이성"[21]이다. 이 의지는 자명한 진리나 논리적 추론에 의해 정

---

20   *Ibid.*, 1226b11~12. Cf. *Nichomachean Ethics*, 1112b11~18.

21   칸트의 의지와 자유에 관한 탁월한 논의를 위해서는 다음 문헌을 참조할 것. Lewis White

신에 작용하는 강제력으로부터 의무적인 힘을 차용한다. 이러한 이유로 칸트는 외부에서 오지 않고 정신 자체에서 발생하는 "당신은 해야 한다Thou-shalt"는 모든 표현이 "당신은 할 수 있다Thou-canst"를 함의하고 있다고 반복해 주장했다. 중요한 것은 분명히 우리에게 좌우되고 단지 우리 자신에게만 연관된 모든 것이 우리의 능력 안에 있다는 확신이며, 이러한 확신은 아리스토텔레스와 칸트가 인간사 영역의 중요성에 대한 평가에서 상당한 차이를 보이고 있기는 하지만 기본적으로 공통된 견해를 갖고 있는 점이다. 사람들이 '나에게만 연관된 것들이 나의 능력 범위에 있는가?'라는 질문에 직면하여 '당신은 해야 한다'와 '나는 할 수 있다'의 우연한 일치를 의심하기 시작할 때만 자유는 문제가 되며, 독립된 자율적 능력으로서 **의지**는 발견된다.

사도 바울과 의지의 무기력

나는 이 장의 서두에서 '사람들은 어떤 경험 때문에 의지 활동을 형성할 수 있는 자신들의 능력을 자각했는가?'라는 질문을 제기했다. 이에 대한 첫 번째 기본적인 대답에 따르면, 히브리가 기원인 이러한 경험은 인간 자체 내에서 전적으로 발견되었지 정치적이지 않으며, 세계와 연관되지 않았다. 이 세계란 현상세계와 인간이 이곳에서 차지하는 장소나 인간사 영역이다. 이런 영역의 존재는 언행에 좌우된다. 우리는 **의지**와 연관된 경험을 다룰 때 사람들이 자신들에 대해 경험한 것뿐만 아니라 자신들 내면(즉 마음속)에서 경험한 것을 다루고 있다.

Beck, *A Commentary on Kant's Critique of Practical Reason*, Chicago, London, 1960. chap. XI.

이러한 경험은 고대 그리스 시대에는 결코 알려지지 않았다. 내가 제1권에서 상당히 길게 언급했듯이,[22] 소크라테스가 발견한 하나 속의 둘은 오늘날 이른바 '의식'이라고 할 수 있는 '양심'의 기능을 원래 가지고 있다. 우리는 의식이란 단순한 사실로서 이러한 하나 속의 둘이 어떻게 플라톤 이래 '사유'라고 명명되는 '소리 없는 대화'에서 현실화되고 뚜렷하게 표현되는가를 보았다. 나와 나 자신 사이의 이러한 사유의 대화는 고독할 때, 즉 현상세계로부터 이탈했을 때만 발생한다. 물론 우리는 현상세계에서 기본적으로 다른 사람들과 함께 있으며, 그들뿐만 아니라 우리 자신에게도 하나로 나타난다. 그러나 헤겔의 "고독한 업무"를 철학으로 이해하는 사유하는 대화의 내면성(비록 내면성은 자신을 의식하지만 — 데카르트의 '나는 내가 사유함을 사유한다cogito me cogitare', 칸트의 '나는 사유한다Ich denke'는 내가 행하는 모든 것을 무언중에 동반한다)은 주제상으로 자기Self와 연관되지 않고, 그 반대로 현상들 가운데 하나인 이 자기가 느끼기에 검토를 필요로 하는 경험이나 의문과 연관된다. 주어진 모든 것에 대한 이러한 성찰적 검토는 생활필수품, 다른 사람의 현존, 온갖 종류의 긴급한 활동에 의해 방해를 받을 수 있다. 그러나 정신 활동을 방해하는 요소들 가운데 어느 것도 정신 자체로부터 벗어나지 않는다. 하나 속의 둘은 친구이고 동료이며, 이러한 '조화'를 유지하는 게 사유하는 나의 최대 관심사이기 때문이다.

사도 바울이 (기원후 54년과 58년 사이에 쓴) 로마서에서 상당히 세밀하게 서술하고 있는 발견은 다시 하나 속의 둘과 연관된다. 그러나 이 둘은 친구나 동료가 아니다. 그들은 끊임없이 서로 투쟁한다. 바울은 "선을 행하기를to kalon" 원할 때에 "나에게 악이 함께 있다"(7:21)는 것을 발견한다. "율법이 '너는 탐내지 말라' 하지 않았다면 바울은 탐욕이 무엇인가를 알

지 못했을 것이기"(7:7) 때문이다. 따라서 계명으로 말미암아 "모든 종류의 탐욕스러움이 생기게 되었으니, 이는 법이 없으면 죄가 죽은 것이다."(7:7~8)

율법의 기능은 모호하다. 율법은 "죄가 죄로 드러나기 위하여 선한데", 율법은 명령의 소리로 말하기 때문에 "열정을 야기하고 죄를 부활시킨다." "생명을 약속한 바로 그 계명이 도리어 사람에 이르게 되었다."(7:9~10) 결과적으로 "나는 나 자신의 행위를 알지 못한다. 〔나는 나 자신에게 하나의 문제가 되어왔다.〕[23] 나는 내가 원하는 것을 행하지 않고, 내가 미워하는 바로 그것을 행하고 있다."(7:15) 그리고 문제의 핵심은 이 내면적 갈등이 율법에 대한 복종이나 죄에 굴복하는 것의 입장에서 결코 해결될 수 없다는 점이다. 바울에 따르면, 이 내면적 '불행'은 은총을 통해서만 치유될 수 있다. 바울이 언급했듯이, 이 통찰력은 "우리 종교의 가장 엄격한 파"(사도행전 26: 4)에 속하는 "지극히 열광적인"(갈라디아서 1: 14) 바리새인이었던 사울이라는 타르수스 사람 주위를 번쩍 비췄다. 그가 원한 것은 의로움dikaiosynē이었으나, "율법 책에 기록된 대로 온갖 일을 준수하고 행하는 의로움"(갈라디아서 3:10)은 불가능하다. 이것은 "율법의 저주이며", 그리고 "의로움이 율법으로 말미암았다면 그리스도께서 헛되이 죽으셨도다."(갈라디아서 2:21)

그러나 그것은 문제의 한 측면일 뿐이다. 바울은 기독교의 설립자가 되었다. 바울은 선언을 통해 "할례를 받지 않은 사람에게 복음 전파를 맡겼으며"(갈라디아서 2:7), 설교를 할 때마다 "죽은 자의 부활"(사도행전 24: 21)을 설교했기 때문이다. 다른 복음서의 관심과 명백히 다른 바울의 중심적 관심은 나사렛 예수, 그분의 설교와 행적이 아니라 십자가에 못 박혀 죽었다가 부활한 예수 그리스도이다. 바울은 이 근거에서 "유대인에게는 걸림

---

23 '내가 행하는 것을 내가 알지 못하노니'에 해당하는 문구다. (옮긴이)

돌이고 이방인에게는 미련한 것(고린도전서 1:23)"이 된 새로운 교리의 유래를 찾았다.

그 당시 로마제국 도처에서 나타났던 영원한 삶에 대한 관심은 고대와 새로운 시대를 아주 뚜렷이 가르고 다수의 새로운 동방 종파를 혼합적 방식으로 통합했던 공동의 연결고리가 된다. 개인의 부활에 대한 바울의 관심은 기원상 유대적이었기 때문이 아니다. 히브리 사람들은 불멸성이 자기 민족을 위해서만 필요하며 자기 민족에게만 인정된다고 생각했다. 개인은 후손을 통해 생존하는 것에 만족하고, 늙어서 죽고 '나이를 실컷 먹는' 것에 만족했다. 그리고 고대 그리스나 로마 세계에서 요청하거나 추구하는 유일한 불멸성은 위대한 이름과 행적을 망각하지 않고, 따라서 기억의 연속성을 보장할 수 있었던 제도[폴리스*polis*나 키비타스*civitas*]를 망각하지 않은 것이었다. 바울이 "죄의 대가는 죽음이다"(로마서 6:23)라고 말했을 때, 그는 사람들이 죽어야 하지만 공동체들이 영구적이고 죄의 결과로서만 소멸될 운명이라는 키케로의 말을 환기하고 있었을 것이다. 쇠퇴하는 세계, 아마도 소멸하는 세계에 대한 공통 경험은 분명히 많은 새로운 신념의 원인이 되고 있다. 종말론적 관점에서 기독교의 "새로운 소식"은 꽤 명백하게 다음과 같이 밝혔다. 사람들이 죽지만 세계가 영원하다고 믿어왔던 여러분은 세계는 종말에 도달하지만 당신 자신은 영원한 삶을 누린다는 신념으로 전환하기만 하면 된다. 따라서 '의로움', 즉 이 영원한 삶을 누릴 만한 가치가 있음의 문제는 완전히 새로운 개인적 의미를 지닌다.

개인의 불멸성에 대한 관심은 1세기 후반 30년 사이에 쓰인 복음서에 나타난다. 예수는 "내가 무엇을 해야 영생을 누리나요?"(예, 누가복음 10:25)라는 질문을 공통으로 받지만, 부활을 설교하고 있지는 않은 것 같다. 대신에 예수는 자신이 사람들에게 말하는 — "가서 똑같이 하라" 또는 "나를 따르라" — 바와 같이 사람들이 행한다면, "하느님의 나라가 너희 안에 있다"(누가복음 17:21) 또는 "너희에게 임했다"(마태복음 12:28)고 말했다.

사람들이 예수에게 계속 의견을 요구하더라도, 예수는 항상 똑같이 대답했다. "너희가 알고 있는 계율을 실행하라", 그리고 "네가 가지고 있는 것을 다 팔라", 그리고 "가난한 자들에게 나눠 주라."(누가복음 18:22) 예수의 가르침의 요지는 잘 알려지고 수용된 계율을 그 내재적 극단으로 이끌었던 이 '그리고'에 포함된다. 이것은 예수가 "나는 〔율법〕을 폐지하러 온 게 아니라 〔그것을〕 완전케 하려고 왔다"(마태복음 5:17)고 말할 때 생각했음에 틀림없는 것이다. 따라서 "너희 이웃을 사랑하라"가 아니라 "너희 원수를 사랑하라", "네 이 뺨을 때린 자에게 다른 뺨도 돌려 대라", "네 겉옷을 빼앗는 자에게 속옷도 금하지 말라." 간략하게 말하자면, "당신이 당신에게 행해지기를 원하지 않는 것을 다른 사람에게 행하지 말라"가 아니라 "사람들이 당신에게 행하고자 원하는 바와 같이 그들에게 그렇게 행하라."(누가복음 6:27~31) 확실히 이러한 말씀은 "네 이웃을 너 자신과 같이 사랑하라"에 대한 가장 근본적으로 가능한 해석이다.

바울은 율법을 완전케 하라는 옛 명령이 나사렛 예수의 가르침에서 취했던 근본적 전환을 확실히 자각했다. 그리고 예수는 율법의 오직 참된 실행이 이 속에 있다는 것을 순간 깨달았을 수도 있으며, 그런 다음 그러한 실행이 인간의 힘을 벗어난다는 것을 발견했을 수도 있다. 예수는 몸소 제자들이 행하려고 하는 것을 할 수 없다고 어느 누구에게도 결코 말하지 않은 것 같다고 하더라도, 바울의 근본적 전환은 '나는 의지하지만 할 수 없다 I-will-but-*cannot*'로 이어졌다. 게다가 예수에게는 내면적 삶에 대한 새로운 강조가 있다. 예수는 천 년을 훨씬 넘긴 이후에 살았던 에크하르트만큼 성공적으로 주장하지는 않았지만, 행할 의지를 갖는 게 "영생을 획득할"만큼 충분하다고 주장했다. "하느님 앞에서 나의 능력에 따라 행하려는 것과 행하고 있는 것은 동일하기 때문이다." 예수는 내면적 삶과 연관된 십계명 가운데 유일한 것인 "탐하지 말라"를 강조했다. 이러한 강조는 다음의 내용을 환기한다. "한 여성을 탐욕스럽게 보는 사람들은 모두 … 마음속으로 이미 간통을 하고 있다."(마태복음 5:28) 에크하르트도 비슷한 말을 했듯이, 어떤 사람을 살해하지 않더라도 살해할 의지를 갖는 사람은 전 인류를 학살하려는 죄 못지않게 죄를 범하고 있다.[24]

바리새인들의 죄인 위선에 대한 예수의 설교와 외모에 대한 예수의 의혹은 아마도 훨씬 연관성이 있다. "어찌하여 형제의 눈 속에 있는 티는 보고 네 눈 속에 있는 들보는 깨닫지 못하느냐."(누가복음 6:41) 그리고 그들은 "긴 옷을 입고 다니는 것을 좋아하며 시장에서 문안 받는 것을 좋아한다."(누가복음 20:46) 이것은 사람들에게 친숙한 율법의 문제를 제기한다. 당신이 행하는 선한 일은 모두 다른 사람이나 당신 자신에게 나타난다는 바로 그 사실을 통해서 자기회의에 속하게 된다는 게 문제다.[25] 예수는 이를 잘 알고 있었다. "네 오른손이 행하는 것을 왼손이 모르게 하라."(마태복음 6:3) 즉 숨기며 살아라. 너 자신으로부터도 숨기며 살아라. 선하려고 괴로워하지 마라 — "하느님 한 분 외에 선한 이가 없다."(누가복음 18:19) 선행을 하고 선해지는 것이 죽음을 극복하고 영생을 인정받기 위한 필요조건이 될 때 이러한 순결한 무관심함은 거의 유지될 수 없다.

따라서 우리가 바울을 생각할 때, 강조점은 전적으로 행위에서 믿음으로, 현상세계에 살고 있는 현세적인 사람(그 자신은 현상들 가운데 하나의 현상이며, 따라서 외양이나 환상의 영향을 받는다)에서 '내면'으로 바뀐다. 결코 자신을 명료하게 드러내지 않고, 뚜렷하게 나타나지 않는 하느님만이 이 영성을 면밀하게 파악할 수 있다. 이러한 하느님의 방식은 헤아리기 어렵다. 이방인들에게 그분의 주요 특성은 비가시성이다. 바울 자신이 가장 헤아리

---

24   Op. cit., p. 551.

25   Hans Jonas, *Augustin und das paulinische Freiheitsproblem*, 2nd ed., Göttingen, 1965. 특별히 다음 문헌을 참조할 것. app. III, published as "Philosophical Meditation on the Seventh Chapter of Paul's Epistle to the Romans" in *The Future of Our Religious Past*, ed. James M. Robinson, London, New York, 1971, pp. 333~350.

기 어려운 것은 "율법이 제시되기 이전에 죄는 실제로 세계 속에 있었지만 죄는 율법이 없는 곳에서 고려되지 않는다"는 점이므로, "의로움을 좇지 아니한 이방인들은 의로움을 얻었으나 … 법에 기초한 의로움을 좇은 이스라엘은 법을 얻는 데 성공하지 못했다."(로마서 9: 30~31) 바울은 로마서에서 법이 성취될 수 없다는 것, 법을 성취하려는 의지가 다른 의지, 죄를 저지르려는 의지를 작동시킨다는 것, 그리고 하나의 의지는 다른 의지 없이 있을 수 없다는 것을 주제로 다루었다.

바울은 사실 이 주제를 두 가지 의지의 관점이 아니라 두 가지 법의 관점에서 다룬다. 두 가지 법이란 "바울의 마음 깊은 곳인 자아에 있는" 하느님의 법으로 그를 기쁘게 하는 정신의 법, 그리고 그가 증오하는, 마음 깊은 자아에 있는 것을 행하라고 말하는 자기 '신자들'의 법이다. 법 자체는 복종을 명령하는 주인의 목소리로 이해된다. 법에 명시된 '당신은 해야 한다Thou-shalt'는 자발적 복종 행위, 즉 합의에서 나타나는 '나는 의지한다 I-will'를 요구하고 기대한다. 구약에서는 당신은 행해야 한다고 하지만, 신약에서는 당신은 의지해야 한다고 한다. 자발적 복종을 요구하는 명령의 경험은 **의지**의 발견으로 이어지며, 자유라는 경이로운 사실은 이 경험에 내재되어 있다. 고대인들(그리스인, 로마인, 히브리인) 어느 누구도 인간에 내재된 능력을 자각하지 못했다. 즉 고대인들은 인간이 이 능력 덕택에 필연성이나 강제성과 무관하게 자기 자신과 실존을 포함해 사실적으로 주어진 것에 동의하거나 반대할 수 있다는 것, 이 능력이 자신이 행하고 있는 것을 결정할 수도 있다는 것을 자각하지 못했다.

그러나 이 능력은 묘하게도 역설적인 속성을 지닌다. 이 능력은 "당신은 해야 한다" — 정신이 육체에 말하고, 아우구스티누스가 이후 언급했듯이 육체가 즉시, 사실상 정신없게 복종할 때와 같이 — 와 "당신은 의지해야 한다"라고 말하는 명령법에 의해 현실화된다. 이 주장은 내가 결국 행하는 모든 것에 대답할 수 있다 — 나는 의지한다, 또는 나는 안 하기로 의지한다 — 는 것을 함의한다. '당신은 해야 한다'는 명령 자체는 '나는 의지한다'와 '나는 안 하기로 의지한다', 즉 신학적으로 말하면 복종과 불복종 사이의 선택 앞에 나를 세운다. [불복종은 이후에 특별히 대죄가 되고, 복종은 기독교 윤리의 기초, "모든 미덕 위에 있는 미덕".[26] 말하자면 빈곤이나 순결과 달리 나사렛 예수의 가르침과 설교로부터 거의 유래할 수 없는 미덕이 되는 것으로 기억될 것이다.] 의지가 '아니요'라고 말하는 선택을 배제한다면, 그것은 더 이상 의지가 아닐 것이다. 그리고 '당신은 해야 한다'는 바로 그 명령에 의해 촉발되는 내 내면의 반대 의지가 없었다면, 바울의 용어로 말하여 '죄'가 나의 내면에 존재하지 않는다면(로마서 7: 20), 나는 전혀 의지를 필요로 하지 않을 것이다.

나는 일찍이 정신 활동의 재귀적 성격에 대해 '내가 사유함을 사유함*cogito me cogitare*', '내가 의지함을 의지함*volo me velle*(세 정신 활동 가운데 가장 덜 반성적인 판단도 자신에게 되돌아온다)'을 언급해왔다. 이후 우리는 이 재귀성이 의지하는 나에서 가장 강하다는 것을 알게 될 것이다. 핵심은 모든 형태의 '나는 의지한다'가 자유에 대한 자연적 성향, 즉 어떤 사람의 명령에 대한 자유로운 사람의 자연적 불쾌감에서 발생한다는 점이다. 의지는 항상 자신에게 청원한다. 명령이 당신은 해야 한다고 말할 때, 의지는 명령이 말하는 바와 같이 의도해야 한다고 응답하면서 무심결에 명령을 집행하지 않는다. 내적 긴장이 시작되는 순간이다. 왜냐하면 촉발된 반대 의지는 비슷한 명령의 힘을 가지기 때문이다. 따라서 "율법 행위에 속하는 자들은 모두 저주 아래에 있다"(갈라디아서 3:10)는 근거는 '나는 의지하지만 할 수 없다'는 사실뿐만 아니라 '나는 의지한다'가 불가피하게 '나는 반대로 의지한다'에 직면하며, 따라서 율법이 준수되고 수행되더라도 이러한 내적 저항은 남아 있다는 사실이기도 하다.

　　'나는 의지한다-will'와 '나는 반대로 의지한다I-nill' 사이의 투쟁에서 결과는 단지 행위에 좌우된다. 의로운 행위work가 더 이상 중요하지 않다면, **의지**는 속수무책이다. 그리고 갈등은 의지하기*velle*와 반대로 의지하기*nolle* 사이에 발생하기 때문에 이성과 욕정 사이의 갈등이 나타날 때와 마찬가지로 설득은 어디에도 개입할 여지가 없다. "내가 원하는 선을 행하지 않고 원치 않은 악을 행한다"(로마서 7:19)라는 현상 자체는 물론 새로운 것은 아니다. 우리는 오비디우스에게서 거의 같은 말을 발견한다. "나는 더 좋은 것을 알고 그것을 인정하며, 나는 더 나쁜 것을 따른다."[27] 그리고 이 문장은 아마도 에우리피데스의 《메데이아*Medea*》 1078～1080행에 있는 다음의 유명한 문장을 번역한 것이다. "나는 실제로 내가 행하고자 의도한 것을 알고 있지만, 사멸적인 존재들 사이에서 최대 악의 동인인 격정(*thymos*; 나를 움직이게 하는 것)은 심의*boulemata*보다 더 강력하다." 에우리피데스와 오비디우스는 욕구의 열정적인 충동에 직면했을 때 이성의 취약함을 통탄했을 것이며, 아리스토텔레스는 "천박한 사람"에 대한 정의와 함께 자신에게 제공한 행위, 악한 것의 선정에서 나타나는 자기모순을 탐색했다. 그러나 이들 가운데 어느 누구도 그 현상을 **의지**의 자유로운 선택의 탓으로 돌리지 않았을 것이다.

　　의지는 분열되어 자동적으로 반대 의지를 형성하기 때문에 치유되는, 즉 다시 하나가 되는 것을 필요로 한다. 의지는 사유와 마찬가지로 하나를 하나 속의 둘로 분열시켰다. 그러나 이러한 분열의 '치유'는 사유하는 나

27　　*Metamorphoses*, bk. VII, ll. 20～21: "Video meliora proboque / deteriora sequor." 여기에 인용한 문장은 "나는 할 수만 있다면 더 건강해졌으면 좋겠어. 그러나 어떤 이상한 힘이 싫다는 나를 끌어당기고 있어. 욕망은 이래라 하고, 이성은 저래라 하는구나"라는 문장 뒤에 나오는 문장이다. (옮긴이)

에게는 발생할 수 있는 최악의 일이었을 것이다. 이때 의지는 사유를 완전히 중단시키기 때문이다. 이를 다음과 같이 결론 내리는 것은 매우 매혹적일 것이다. **의지**의 비참함을 극복하는 바울의 해결책인 하느님의 자비는 **의지**에서 반대 의지를 경이롭게 박탈함으로써 실제로 **의지**를 폐기한다. 그러나 자비가 얻으려고 노력하는 대상이 아니기에, 그것은 더 이상 의지 활동의 문제는 아니다. 구원은 "인간의 의지나 노력에 좌우되지 않고 하느님의 자비에 의존한다." 하느님은 "자신이 의도하는 사람이면 누구에게나 자비를 베풀며, 자신이 의도하는 모든 사람의 마음을 강하게 한다."(로마서 9:16, 18) 게다가 "율법이" 죄를 알아볼 수 있게 할 뿐만 아니라 "죄를 증가시키기" 위해 생긴 것과 같이, 은총은 "죄가 증대한 곳에서 가득하다" ─ 실제로 복된 탓*felix culpa*이다. 그 이유는 이러하다. 사람들은 비참함을 알지 못했다면 영광을 어떻게 알 수 있었을까? 즉 우리는 밤이 없었다면 낮이 어떤 것인가를 어떻게 알 수 있었을까?

간단히 말하면, 의지는 무기력하다. 왜냐하면 외부의 무엇인가가 의지의 실현을 방해하는 게 아니라 의지가 자신을 방해하기 때문이다. 그리고 예수에게서 나타나듯이, 의지가 자신을 방해하지 않는 곳에서는 의지는 아직 존재하지 않는다. 바울의 경우, 설명은 비교적 단순하다. 갈등은 육신과 영靈; spirit 사이에서 나타나는데, 문제는 사람들이 육체적이고 영적이라는 점이다. 육신은 죽을 것이며, 따라서 육신에 따라 산다는 것은 어떤 죽음을 의미한다. 영의 주요 임무는 육신을 복종케 하는 욕정을 지배하는 것일 뿐만 아니라 육신의 금욕을 초래하는 것이다. "육신의 열정과 욕구"(갈라디아서 5:24)와 함께 육신을 십자가에 못 박는 것이며, 이것은 실제로 인간의 능력을 벗어나는 일이다. 우리는 사유하는 나의 시각에서 육신에 대한 어떤 의혹이 단지 자연적이라는 것을 알았다. 인간의 육신성은 비록 필연적으로 죄의 근원은 아니더라도 정신의 사유 활동을 방해하며, 정신의 자기 자신과의·이야기 나눔, 즉 소리 없는 신속한 대화를 거부한다. 이런 이야기

나눔의 "달콤함"이야말로 물질적 요소가 개입하지 않는 영성靈性에 있다. 이것은 우리가 바울에게서 발견한 육체에 대한 공격적 적대감, 육신에 대한 편견, 더욱이 **의지**의 본질에서 발생하는 적대감과 큰 차이가 있다. **의지** 는 자신의 정신적 기원에도 불구하고 저항을 극복함으로써만 자신을 점점 더 자각하게 되고, (이후 '성향'을 구실로 하듯이) 바울의 추론에서 '육신'은 내적 저항을 드러내는 은유가 된다. 따라서 이런 지극히 단순한 구도에서도, 바울 자신이 알고 있었으면서도 이후부터 어처구니없는 일들로 어떠한 엄격한 기독교 철학이든 괴롭혔던, 대답할 수 없는 질문들이 담긴 귀중한 판도라 상자는 **의지**의 발견으로 이미 열렸다.

바울이 교회를 보호하기 위해 '용감하게 죄를 범하라*pecca fortiter*'에 대항해 얼마나 많은 규율과 교의의 엄격성이 요구되는가를 거의 예견하지 못했다고 하더라도, 그는 우리가 "은혜를 가득하게 하고자 죄에 계속 거하라"(로마서 6:1)라는 자신의 주장〔"어떤 이들은 이런 말을 한다고 우리를 비방하고 있듯이"(로마서 3:8), 선을 행하기 위하여 악을 행하자 하지 않겠느냐?〕으로부터 추론하기가 얼마나 쉬운가를 알았다. 바울은 기독교 철학의 최대 걸림돌, 즉 전지전능하신 하느님과 (아우구스티누스가 이후에 명명한) 의지의 "끔찍한 행위" 사이의 명백한 모순을 또한 명백히 인식했다. 하느님은 인간의 이러한 비참함을 허락할 수 있는가? 무엇보다도, 어느 누구도 "그 뜻을 대적할" 수 없는데, 하느님은 "어찌하여 흠을 잡을" 수 있겠느냐.(로마서 9:19) 바울은 로마 시민이었으며, 표준koine 그리스어로 말하고 글을 썼으며 로마법과 그리스 사상에 분명히 정통했다. 그런데 (교회가 아닌) 기독교의 설립자는 유대인이었고, 자신의 신념과 내면성에 대한 새로운 발견으로 제기된, 대답할 수 없는 질문에 대한 답변보다 기독교의 더 강력한 증거는 아마도 있을 수 없었다.

이 답변은 욥이 히브리 하느님의 불가사의한 행동에 의문을 갖게 되었을 때 욥이 정확히 그대로 제시한 대답이었다. 바울의 대답은 욥의 대답과 마찬가지로 매우 간단하고 전적으로 비철학적이다. "그러나 이 사람아, 당신이 누구이기에 하느님에게 힐문하는가? 만들어진 물건이 만든 자에게 '당신은 어찌 나를 이렇게 만들었는가?'라고 말할 것인가? 토기장이는 진흙 한 덩이로 하나는 귀히 쓸 것을, 하나는 천히 쓸 것을 만들 권한을 갖지 않는가? 만약 하느님이 … 자신의 능력을 알게 하고자 … 영광을 미리 준비하신 궁휼의 그릇을 위해 영광의 풍요함을 알게 하고자 … 파멸시키고자 만드신 진노의 그릇을 … 참으시지 않는가?"(로마서 9:20~23, 욥기 10) 모든 질문을 차단하는 하느님은 같은 맥락에서 당신께 감히 힐문하는 욥에게 다음과 같이 말씀하셨다. "내가 너에게 질문할 것이니 너는 나에게 선언해야 한다. 내가 땅을 창조할 때 너는 어디에 있었느냐? … 탓하는 사람아, 전능한 자와 경쟁해야 하는가?" 이 질문에 대한 욥의 대답은 실제로 다음과 같다. "제가 너무나 경이로운 것을 이해하지 못하고 알지 못하는 것을 말씀드리고 있습니다."(욥기 42:3)

'질문하는 자인 당신은 누구인가?'와 더불어 모든 질문을 압축하고 있는 바울의 대인논증對人論證: *argumentum ad hominem*은 사자의 부활에 대한 교의와 달리 사실상 기독교 초기 단계에는 유지되지 못했다. 역사적으로 말하자면, 이후 우리는 물론 오랜 세월 예수를 따르는*imitatio Christi* 얼마나 많은 기독교인들이 창조주 하느님에 대한 히브리인들의 절대적 믿음과 그리스 철학을 조화시키려는 반복된 시도에 영향을 받지 않았는가를 알 수는 없다. 유대인 공동체는 일종의 성찰로 경고를 받았다. 영지주의에 의해 촉발된 탈무드는 유대인 공동체에 다음과 같이 밝히고 있다. "네 가지 문제, 즉 위에 있는 것, 아래에 있는 것, 이전에 있던 것과 이후 있을 것을 생각하는 사람은 결코 태어나지 않는 게 더 좋았다."[28]

---

[28]　Chagigah II, 1. 다음 문헌에서 인용했다. Hans Blumenberg, *Paradigmen zu einer Metaphorologie*, Bonn, 1960, p. 26, n. 38.

우리는 모든 **존재**의 신비 앞에서 들리는 이 충실한 경외의 희미한 메아리와 같이 수 세기 이후 당시 잘 알려진 농담이었음에 틀림없는 것을 아우구스티누스가 반복해 말하는 것을 듣는다. "나는 다음과 같이 말하는 사람에게 답변한다. 하느님이 천지를 창조하기 이전에 그분은 무엇을 행하셨는가? … 하느님은 그러한 심오한 문제를 캐고 있는 사람들을 위해 지옥을 준비하고 있었다."[29] 그러나 아우구스티누스는 이 문제와 관련한 언급을 중단하지 않았다.《고백록》가운데 몇 개의 장에서 그러한 질문을 제기하는 사람들을 "유지할 수 있는 것보다 더 많은 것을 갈망하게 하는 범죄적 질병에" 걸린 사람들이라고 농담 없이 비난한 이후, 논리적으로 정확하지만 실존적으로 불만족스러운 대답을 다음과 같이 제시한다. 창조주 하느님은 영원하기 때문에, 그분은 천지를 창조했을 때 시간을 창조했음에 틀림없다. 그래서 창조 이전에는 '이전'이란 있을 수 없었다. "창조된 존재 없이 시간이 있을 수 없었다는 것을 그들이 알게 하자."[30]

에픽테토스와 의지의 전능

바울은 로마서에서 '나는 의지하지만 할 수 없다'는 내적 경험을 기록하고 있다. 하느님의 은총이란 경험에 선행하는 이 경험은 너무도 강력하다. 바울은 자신에게 발생한 사건을 설명하고, 두 사건이 어떻게 그리고 왜 상호연계되었는가를 우리에게 말한다. 바울은 이를 설명하는 과정에서 '역사란 무엇인가?'라는 첫 번째의 포괄적인 역사이론을 발전시키며 기독

---

29 아우구스티누스,《고백록》제11권 제12장〈하느님은 세계 창조 이전에 무엇을 하셨는가〉.(옮긴이)

30 *Confessions*. Bk. XI, chaps. xii and xxx.

교 교의의 기초를 마련한다. 그러나 바울은 사실의 관점에서 기초를 마련
한다. 바울은 '논쟁하지' 않는다. 이 때문에 바울과 에픽테토스는 아주 명
료하게 대비된다. 그렇지 않았다면 바울은 에픽테토스와 많은 공통점을 지
녔을 것이다.

두 사람은 거의 동시대에 살았고, 근동의 거의 같은 지역 출신으로
그리스화된 로마제국에 살았으며, 같은 언어인 표준 그리스어로 말했다.
물론 한 사람은 로마 시민이었고 다른 사람은 자유인이지만 과거에는 노
예였고, 한 사람은 유대인이고 다른 사람은 스토아 철학자였다. 그들은 또
한 주변 환경과 자신들을 분리하는 도덕적 엄격성을 공유한다. 그들은 모
두 이웃의 부인을 탐하는 것이 간음하는 것과 같은 의미라고 선언한다. 그
들은 거의 똑같은 말로 당시 지식인 집단 — 바울의 언어로는 바리새인, 에
픽테토스의 말로는 철학자(스토아학파와 아카데미아학파) — 을 자신들의 가
르침에 따라 처신하지 않는 위선자들이라고 비난한다. 에픽테토스는 "네가
할 수 있다면 나에게 스토아 학자를 보여라!"라고 외친다. "아프지만 여전
히 행복하고, 위험에 처해 있지만 여전히 행복하고, 죽어가고 있지만 여전
히 행복한 사람을 나에게 보여라. … 나는 신들을 통해서 스토아 학자를 기
꺼이 볼 것이다."[31] 이러한 경멸은 훨씬 노골적이며, 바울보다 에픽테토스
에서 더 큰 역할을 한다. 마지막으로, 그들은 모두 신체 — 에픽테토스의 말
로는 '내가 매일 가득 채우지만 텅 비는 이 자루'. "무엇이 더 피곤할 수 있
는가?"[32] — 를 거의 본능적으로 멸시하며 "내면의 자아"(바울)와 "외계"[33]
사이의 차이를 주장했다.

바울과 에픽테토스는 각기 전적으로 **의지**의 고취라는 측면에서 내

31   *Discourses*, bk. II, chap. xix.

32   *Fragments*, 23.

33   *The Manual*, 23 and 33.

면의 실질적 내용을 기술한다. 바울은 **의지**가 무기력하다고 믿었고, 에픽테토스는 **의지**가 전능하다고 선언했다. "선은 어디에 있는가? 의지에 있다. 악은 어디에 있는가? 의지에 있다. 어느 쪽도 아닌 것은 어디에 있는가? 의지의 통제에 있지 않은 것에 있다."[34] 얼핏 보면, 이것은 초기 스토아학파의 교의지만, 초기 스토아학파의 어떤 철학적 기반도 지니고 있지 않다. 우리는 에픽테토스로부터 자연의 내재적 선에 대해 듣지 못하는데, 사람들은 자연에 의거해*kata physin* 살면서 사유해야 하며, 사유에 몰두하여 완벽한 선의 필요 요소인 모든 명백한 악을 잊어야 한다. 우리의 맥락에서 볼 때, 에픽테토스는 정확히 자신의 가르침 가운데 그러한 형이상학적 교의가 존재하지 않음에 관심을 갖고 있다.

에픽테토스는 주로 선생이었다. 그는 가르쳤으나 글을 쓰지 않았기 때문에[35] 명백히 자신을 소크라테스의 추종자로 생각했으며, 대부분의 소크라테스 추종자들과 마찬가지로 소크라테스가 가르칠 것이 없다는 것을 망각했다. 어쨌든 에픽테토스는 자신을 철학자로 생각했고, 철학의 주제를 "삶을 영위하는 기술"[36]로 정의했다. 이러한 기술은 주로 모든 긴급 상황, 즉 심각한 고통을 겪는 모든 상황에 대비하는 주장을 하는 데 있다. 그의 출

---

34   *Discourses*, bk. II, chap. 16.
이 《담화록》에서는 '의지'가 아니라 '도덕적 목적'으로 표기된다. 그러나 에픽테토스의 경우 도덕적 목적의 행위가 곧 자유의지이기 때문에, 아렌트는 '도덕적 목적'이란 문구 대신에 '의지'로 사용했다. 올드파더Oldfather는 번역본(1956년 재판) 서문에서 다음과 같이 언급한다. "판단 영역에서 외적 인상의 진위는 결정될 수 있다. 여기에서 우리의 관심은 참된 인상에 동의하며, 거짓을 거부하고 불확실한 것과 관련된 판단은 정지하는 것이다. 이것은 도덕적 목적의 행위, 즉 자유의지다."(옮긴이)

35   《담화록》을 포함해 우리가 알고 있는 모든 저작들은 "분명히 그의 제자들 가운데 한 사람인 아리안Arrian이 기록하여 편집한 강의록 및 비공식적인 논의를 거의 속기록으로 기록한 것"이다. Whitney J. Oates, General Introduction to his *The Stoic and Epicurean Philosophers*, Modern Library, New York, 1940. 나는 종종 이 번역본을 따른다.

36   *Discourses*, bk. I, chap. xv.

발점은 '모든 사람은 행복하기를 원한다*omnes homines beati esse volunt*'는 고대인
의 말이었으며, 철학의 유일한 질문은 이 당연한 목표에 어떻게 도달하는
가를 발견하는 것이었다. 그것을 제외하고, 그 시대의 분위기에 동의하면
서 예수 이전 시대를 반대한 에픽테토스는 지구에서 영위되며 불가피하게
죽음으로 끝나기에 두려움과 전율로 포위된 삶이 인간의 의지라는 특별한
노력 없이 실질적인 행복을 제공할 수 없다는 것을 확신했다. 따라서 '행복'
의 의미는 바뀌었다. 행복은 더 이상 좋은 삶*eu zēn*이란 활동, 즉 에우다이
모니아*eudaimonia*가 아니라 폭풍이나 태풍, 즉 장애로 방해를 받지 않고 자
유로이 흐르는 삶을 의미하는 스토아 철학자의 은유인 "삶의 순조로운 흐
름*euroia biou*"[37]으로 이해되었다. 행복의 특징은 평온, 무풍*galēnē*, 폭풍 이후
의 적막, 평정, 맑은 날씨*eudia*[38]였다. 이러한 은유들은 고전 고대에는 알려
지지 않았다. 행복의 특징은 소극적 의미로 가장 잘 기술되고 있는 영혼의
분위기(마음의 평정; *ataraxia*)이며, 실로 전적으로 소극적인 어떤 것에 있다.
'행복'은 이제 일차적으로 "비참하지 않은 것"을 의미했다. 철학은 "이성의
과정", 즉 실제적 삶의 비참함에 초점을 맞춘 "정비하여 사용할 수 있는 무
기와 같은"[39] 논쟁을 가르칠 수 있었다.

　이성이 발견했듯이, 당신을 비참하게 하는 것은 외부로부터 위협하
는 죽음이 아니라 당신 내면에서 나타나는 죽음에 대한 두려움이며, 고통
이 아니라 고통에 대한 두려움이다. 즉 "두려운 것은 죽음이나 고통이 아니
라 죽음이나 고통에 대한 두려움이다."[40] 따라서 제대로 두려워할 것은 오
직 두려움 자체다. 사람들은 죽음이나 고통으로부터 피할 수 없지만, 두려

37　　*The Manual*, 8.(옮긴이)

38　　*Discourses*, bk. II, chap. xviii.

39　　*Ibid.*, bk. I, chap. xxvii.

40　　*Ibid.*, bk. II, chap. i.

운 것들이 자신들의 정신에 각인시켜 왔던 인상들을 제거함으로써 내면에 있는 두려움으로부터 벗어난다고 주장할 수 있다. "우리가 죽음 또는 추방이 아니라 두려움 자체에 대한 두려움을 유지한다면, 우리는 우리가 악이라고 생각하는 것을 피하는 연습을 해야 한다."[41] (우리는 무엇인가를 두려워함에 대한 저항할 수 없는 두려움으로 인해 영혼의 장막에서 수행되는 역할을 입증하는 여러 가지 사례들만을 환기할 필요가 있다. 또는 체험한 고통이 이러한 명백히 견강부회적인 이론의 실제적인 심리학적 가치를 인식하기 위해서 아무런 기억 ― 에픽테토스의 '인상들*phantasiai*' ― 도 남기지 않는다면, 우리는 인간의 용기가 얼마나 무모한가를 상상할 필요가 있다.)

사람은 외부 사물의 사실적 존재가 아니라 외부 사물이 정신에 형성한 '인상'에 직면한다. 일단 이성이 인상을 통해서만 마주하는 이 내면 영역을 발견해왔다면, 이성은 자신의 임무를 성취하고 있다. 철학자는 이제 자신에게 닥칠 수 있는 모든 것을 검토하는 사상가가 아니라 자신이 우연히 어떠한 상황에 있더라도 '외부 사물에 눈을 돌리게' 하지 않으려고 자신을 훈련해 왔던 사람이다. 에픽테토스는 그런 태도의 명쾌한 본보기를 제시한다. 그는 다른 사람들과 마찬가지로 철학자에게 경기에 참여하게 한다. 그러나 그는 다른 관찰자들의 '세속적인' 무리와 달리 거기에서 자신과 자신의 '행복'에만 '관여한다.' 따라서 그는 스스로 "우연히 나타난 것만이 나타나기를 소망하고, 승리한 사람만이 승리하기를 소망해야"[42] 한다. 이렇듯 여전히 현실의 한가운데 있으면서도 현실을 외면하는 것은 사유하는 내가 나와 나 자신 사이의 소리 없는 대화(모든 사유는 의미상 추후 사유다)의 고독으로 이탈하는 것보다 훨씬 큰 영향을 미친다. 예컨대 현실을 외면한다는 것은 사람이 어딘가를 갈 때 목표에 관심을 갖지 않고 걷기라는 "자신의 활

41   *Ibid.*, bk. II, chap. xvi.

42   *The Manual*, 23 and 33.

동"에만 관심을 갖는 것, 즉 "심의할 때는 심의 활동에만 관심을 갖지 자신
이 기획하고 있는 것에 관심을 갖지 않는"[43] 것과 같은 의미를 갖는다. 경기
우화의 관점에서 볼 때, 먼눈으로 보고 있는 이러한 관찰자들은 한낱 현상
세계의 단순한 허깨비 유령과 같았다.

이러한 태도를 올림픽 경기에 관한 피타고라스의 옛 우화에 등장하
는 철학자의 태도와 비교하는 것은 도움이 된다. 가장 훌륭한 사람은 명성
이나 이득을 얻기 위한 투쟁에 참여하지 않고 경기 자체를 위해 경기에 관
심을 갖는 단순한 구경꾼이다. 그러한 사심 없는 관심의 흔적은 여기에 남
아 있지 않다. 자기만이 관심의 대상이며, 논박할 수 없는 자기의 통치자는
논쟁적인 이성이다. 이것은 가시적 세계에서 비가시적인 것으로 향해 있는
비가시적인 정신의 눈, 즉 진리를 담당하는 내부기관인 '사려 깊은 이성old
nous'이 아니라 합리적인 능력dynamis logikē이다. 이 능력의 가장 두드러진 특
징은 이 능력이 "자신뿐만 아니라 다른 모든 것을 인지하고 자신의 행위를
인정하거나 부인하는 능력을 가지고 있다는 것이다."[44] 얼핏 보면, 이것은
사유 과정에서 실현되는 하나 속의 둘(소크라테스)과 같을 수 있으나, 오늘
날 우리가 말하는 의식에 훨씬 가깝다.

에픽테토스는 정신이 외부 '인상'을 유지할 수 있기 때문에 우리가
말하고자 하는 단순한 '의식의 자료'로서 모든 '외부 사물들'을 다룰 수 있
다는 것을 발견했다. 합리적인 능력은 자신과 정신에 각인된 '인상'을 검토
한다. 철학은 어떻게 '인상을 제대로 취급하는가'를 우리에게 가르친다. 철
학은 인상들을 검사하고 "구별하지만 검사하지 않은 것은 어느 것도 이용
하지 않는다." 우리는 탁자에 시선을 집중할 때 그 탁자가 좋은지 나쁜지를

---

[43]   *Discourses*, bk. II, chap. xvi.

[44]   *Ibid*., bk. I, chap. i.

결정할 수 없다. 시선은 우리에게 말하지 않으며, 우리의 다른 어느 감각도 말하지 않는다. 현존하는 탁자가 아닌 탁자의 인상을 다루는 정신만이 우리에게 말할 수 있다. ("무엇이 우리에게 금이 좋은 사물이라고 말하는가? 금은 우리에게 말하지 않기 때문이다. 분명히 그것은 인상을 다루는 능력이다."[45]) 요지는 이러하다. 즉 당신의 관심이 전적으로 자기 자신에 대한 것이라면, 당신은 당신 자신 밖으로 나갈 필요가 없다. 정신이 사물을 자신으로 끌어들이는 한에서만 사물들은 가치를 지닌다.

정신이 외부 사물로부터 자신의 인상, 즉 자기성찰로 일단 이탈하면, 정신은 한 가지 측면에서 자신이 모든 외부 사물과 완전히 무관하다는 것을 발견한다. "어느 누가 네가 참된 것에 동의하지 못하게 하는가? 어느 누구도 그렇게 하지 못한다. 당신은 이 영역에서 당신의 능력이 방해와 제약과 강제로부터 자유롭다는 것을 알고 있는가?"[46] 정신을 '필요로 하는' 것이 진리의 본질에 속한다는 것은 오래된 통찰이다. 아리스토텔레스가 특별한 추론을 필요로 하지 않는 자명한 이론들에 대해 언급할 때 말하듯이, 그는 이를 "사실 진리 자체에 의해 부득이 필요하게 되는*hōsper hyp' autēs tēs alētheias anagkasthentes*" 것으로 표현한다.[47] 그러나 에픽테토스의 경우, 이 진리와 진리의 합리적 능력*dynamis logikē*은 지식이나 인식과 아무런 관계가 없다. 지식이나 인식이라는 점에서는 "논리 과정은 헛되다"[48] — 글자 그대로 아무짝에도 쓸모없다*akarpa*. 지식과 인식은 인간과 독립되어 그의 능력 범위를 넘어서는 '외부 사물'과 연관된다. 따라서 지식과 인식은 인간에게 중요하지 않거나, 중요하게 여겨지지 않아야 한다.

45   *Ibid.*

46   *Ibid.*, bk. I, chap. xvii.

47   *Physics*, 188b30.

48   *Discourses*, bk. I, chap. xvii.

철학의 시작은 "삶에 실질적으로 중요한 사태와 관련하여 나타나는 인간의 취약성이나 무력감에 대한 의식*synaisthēsis*이다."[49] 우리는 우리가 알아야 하는 사물의 '생득 관념', 즉 '정삼각형'과 같은 관념을 갖고 있지 않지만, 알고 있는 사람들로부터 교육을 받을 수 있다. 그리고 아직 알지 못하는 사람들은 그들이 모른다는 것을 알고 있다. 실제로 우리와 연관되는 사물과 우리가 영위하는 삶의 형태를 좌우하는 것들은 아주 다르다. 이러한 영역에서 모든 사람은 속견it-seems-to-me; *dokei moi*; opinion을 가진 채 태어나며, 여기에서 우리의 어려움은 시작된다. "우리가 무게를 다는 저울을 발견하고 곧은 것과 굽은 것을 재는 자를 발견한 것과 마찬가지로, 인간들의 정신의 상호관계에서 갈등을 발견하고 기준을 발견하려는 시도에서 어려움은 시작된다. 이것이 철학의 시작이다."[50]

게다가 철학은 기준과 규범을 세우며 감각 능력의 사용 방법, "인상들을 제대로 다루는" 법, 그리고 "인상들을 검사하고 그들의 가치를 계산하는" 법을 사람에게 가르친다. 따라서 모든 철학의 기준은 고통으로부터 자유로운 삶을 영위하는 일에서의 유용성이다. 좀 더 특별하게 말하자면, 철학의 기준은 사람들의 내적 무기력을 좌절시킬 수 있는 여러 가지 사유의 방향을 알려준다. 이런 일반 철학의 틀에서 그 기준은 모든 인간의 정신 능력보다 우선시되는 이성, 즉 논쟁적 추론이어야 한다. 그러나 이것은 적절한 예는 아니다. 에픽테토스는 "말만 앞세우는 철학자들"에 대한 격렬한 비난에서 사람의 가르침과 그의 실제 행위 사이의 현격한 차이를 지적하며, 이성 자체가 어떤 것을 작동시키거나 성취하지 못한다는 옛 통찰을 넌지시 암시한다. 위대한 성취자는 이성이 아니라 **의지**다. "네가 누구인가를 고려하라"는 말은 이성에게 행해진 권고인 듯하다. 그러나 발견된 것은 다

---

49   *Discourses*, bk. II, chap. xi. "철학의 시작은 무엇인가?"(옮긴이)

50   *Ibid*., bk. II, chap. xi.

음과 같다. "사람은 의지*proairesis*보다 훨씬 강력한*kyriōteros* 것을 갖고 있지
않으며 … 다른 모든 것은 이것에 예속된다. 그리고 의지 자체는 예속과 복
종으로부터 자유롭다."[51] 인간을 다른 동물과 구분 짓는 것은 진정 이성*logos*
이다. 그러므로 동물은 봉사를 하게끔 정해져 있지만, 인간은 "명령을 하는
데 적합하다."[52] 그런데 명령을 할 수 있는 기관은 이성이 아니라 **의지**다. 철
학이 "당신 자신의 삶을 영위하는 기술"[53]을 다루고 있다면, 그리고 철학의
최고 기준이 이러한 측면에서 유용성이라면, "철학은 이것 이외에 다른 것
을 거의 의미하지 않는다. 즉 철학은 얻으려는 의지와 방해받지 않고 회피
하려는 의지를 연습하는 것이 어떻게 실천 가능한가를 탐색한다."[54]

　　이성이 의지에 가르칠 수 있는 첫 번째 일은 인간에 의존하며 그의
능력 범위 내에 있는(아리스토텔레스의 표현에 따르면, *eph' hēmin*) 사물들과 그
렇지 않은 사물들의 구분이다. 의지의 힘은 인간의 능력에만 관계하려는
최고의 결정에 좌우되며, 이러한 것은 전적으로 인간의 내면에 존재한다.[55]
따라서 의지의 첫 번째 결정은 자신이 얻을 수 없는 것을 의지하지 않는 것
이고, 자신이 피할 수 없는 것을 계속 의지하는 것이다. 간단히 말하자면,
자신의 힘을 벗어나는 것에 관계하지 않는 것이다. ("세계가 원자나 무한소 또
는 불이나 흙, 어느 것으로 이루어졌든 무엇이 문제인가? 얻고 회피하는 의지의 한계
를 … 알고 우리의 능력 밖에 있는 것들을 무시하는 것으로 충분하지 않은가?"[56]) 그
리고 "우연히 나타난 것이 현재 있는 것과 다른 것이어야 한다는 게 불가능

51　*Ibid.*, bk. II, chap. x. "인간이 지닌 자격에서 의무를 발견하는 게 어떻게 가능한가?"(옮긴이)

52　*Ibid.*, bk. II, chap. x.

53　*Ibid.*, bk. I, chap. xv. "철학은 무엇을 공언하는가?"(옮긴이)

54　*Ibid.*, bk. III, chap. xiv.

55　*The Manual*, 1.

56　*Fragments*, 1.

하기"[57] 때문에, 달리 말하면 인간이 실제 세계에서 전적으로 무기력하기 때문에, 그는 모두가 인정하는 주인이고 자신의 정신 내에서 외부 — 충만하지만 실재를 결여하고 있다 — 를 재생하도록 인간에게 허용하는 경이로운 이성과 의지 능력을 부여받았다. 정신 영역 내에서 그는 자신과 자신의 관심 대상을 지배한다. 의지는 자신에 의해서만 방해를 받을 수 있기 때문이다. 현실적인 것 같은 모든 것, 현상세계는 실제로 나에게 현실적이기 위해서는 나의 동의를 필요로 한다. 그리고 이러한 동의는 나에게 강요될 수 없다. 내가 그것을 거부한다면, 세계의 실재는 마치 단순한 환영처럼 사라진다.

외부에서 난공불락의 내부로 전환하는 이러한 능력은 분명히 '훈련 *gymnazein*'과 항구적인 논쟁을 필요로 한다. 사람은 현존하는 세계에서 일상의 삶을 영위할 뿐만 아니라, 그의 내면 자체도 그가 살아 있는 한 어떤 외부, 즉 그의 능력 내에 있지 않으나 '외부 사물'에 속해 있는 신체 내에 위치해 있기 때문이다. 당신의 의지가, 외재하며 위협적인 사물로부터 당신의 관심을 딴 데로 돌리게 할 뿐만 아니라 고통과 불행의 실제적인 현전에서 다른 '인상들'에 당신의 상상력을 고정시킬 만큼 충분히 강한가의 여부는 지속적으로 제기되는 의문이다. 동의를 철회하거나 실재를 괄호로 묶는 것은 결코 순수한 사유연습은 아니다. 사유는 실제의 사실에서 자신을 입증해야 한다. "나는 죽어야 한다. 나는 투옥되어야 한다. 나는 추방을 감내해야 한다. 그러나 나는 신음하며 죽어야 하는가? 나는 푸념도 해야 하는가? 어느 누가 미소를 지으며 추방당하는 나를 방해할 수 있는가?" 주인은 사슬로 나를 매겠다고 위협한다. "당신은 무엇을 말하는가? 나를 사슬로 매는가? 당신은 나의 다리를 사슬로 맬 것이다. 그렇지만 나의 의지는 그렇게

---

57   *Ibid.*, 8.

못 한다. 아니다. 제우스도 그것을 정복할 수 없다."[58]

에픽테토스는 우리가 여기서 설명할 필요가 없는 여러 예들을 제시한다. 그러한 예들은 교과서 복습과 마찬가지로 지루한 읽을거리다. 결과는 항상 같다. 사람들을 괴롭히는 것은 그들에게 우연히 실제로 일어나는 것이 아니라 그들 자신의 '판단(신념이나 의견이란 의미의 신조dogma)'이다. 즉 "당신이 해를 입었다고 생각할 때만 당신은 해를 입을 것이다. 어느 누구도 당신의 동의 없이 해를 끼칠 수 없다."[59] "예컨대, 비방당한다는 것이 무엇을 의미하는가? 돌 옆에 서서 그것을 비방하라. 당신은 어떠한 효과를 만들어낼 것인가?"[60] 돌처럼 되어라, 그러면 당신은 설득 불능일 것이다. 현실 자체가 자신을 그렇게 인정하겠다는 당신의 동의에 좌우된다는 것을 발견했다면, 당신이 자유로움을 느끼기 위해서 필요로 하는 것은 전적으로 마음의 평정이나 침착이다.

에픽테토스는 거의 모든 스토아 철학자들과 마찬가지로 신체의 취약성이 이러한 내적 자유에 여러 제한을 가한다는 것을 인정했다. 그러므로 그들은 우리를 부자유스럽게 하는 것이 단순한 소망이나 욕망이 아니라 "신체의 형태로 우리에게 부착된 족쇄들"[61]이라는 것을 부인할 수 없었기 때문에 이러한 족쇄들은 깨부술 수 없는 것이 아니라는 것을 증명해야 했다. '무엇이 우리가 자살을 삼가게 하는가?'라는 질문에 대한 대답은 이러한 저작들의 필요한 주제가 된다. 에픽테토스는 이러한 무제한적인 내적 자유가 다음과 같이 전제한다는 것을 아주 명료하게 깨달았던 것 같다. 즉 "사람은 이것을 기억하고 확고하게 고수해야 하며, *문은 열린다*."[62] 전면적

---

58   *Discourses*, bk. I, chap. i.

59   *The Manual*, 30.

60   *Discourses*, bk. I, chap. xxv.

61   *Ibid.*, bk. I, chap. ix.

62   *Ibid.*, bk. I, chap. xxv.

인 세계 소외를 조명한 철학의 입장에서 볼 때, 카뮈가 그의 첫 저작에서 언급한 주목할 만한 문장에 상당한 진실이 있다. "참으로 진지한 철학 문제는 하나뿐이다. 그것은 바로 자살이다*Il n'y a qu'un problème philosophique vraiment sérieux: c'est le suicide*."[63]

     얼핏 보면, 침착이나 무관심*apatheia*에 관한 이러한 교의 — 현실로부터 자신을 어떻게 보호하는가? 좋든 나쁘든 기쁨에서든 비애에서든 현실에 영향을 받는 능력을 어떻게 상실하는가? — 는 스토아 철학이 서구인들 가운데 가장 훌륭한 사람들에게 미친 정서적 영향뿐만 아니라 엄청난 논쟁적 영향이 거의 무한한 것 같기 때문에 반박에 분명히 노출되어 있는 듯하다. 우리는 아우구스티누스에서 가장 짧지만 매우 설득력 있는 반박을 발견한다. 그의 말에 따르면, 스토아 철학자들은 행복한 척하는 법의 계략을 발견해왔다. "사람은 자신이 원하는 것을 획득할 수 없기 때문에 자신이 획득할 수 있는 것을 원한다*Ideo igitur id vult quod potest, quoniam quod vult non potest*."[64] 그는 덧붙인다. 스토아 철학자들은 "모든 사람은 본질적으로 행복해지기를 원한다"고 주장하지만, 그들은 불멸성을 믿지 않으며, 신체적 부활, 즉 미래의 죽음 없는 삶을 조금도 믿지 않는다. 이것은 용어상 모순이다. "모든 사람이 실제로 행복하기를 원한다면 그들은 또한 필히 불멸적이기를 원해야 할 것이다. … 당신은 행복하게 살기 위해서 우선 살아 있어야 하기 때문이다*Cum ergo beati esse omnes homines velint, si vere volunt, profecto et esse immortales volunt … Ut enim homo beate vivat, oportet ut vivat*."[65] 달리 말하면, 사멸하는 인간들은 행복할 수 없으며, 불행의 주요 근원인 죽음의 두려움에 대한 스토아 철학자들의 주장은 이를 입증한다. 그들이 성취할 수 있는 것은 '정념으로부터 벗어

---

[63]   *Le Mythe de Sisyphe*, Paris, 1942.

[64]   *De Trinitate*, bk. XIII, vii, 10.

[65]   *Ibid*., viii, 11.

나는' 것, 삶이나 죽음에 의해 영향을 받지 않는 것이다.

그러나 이러한 설득력 있는 논박은 오히려 중요한 요지를 상당 부분 놓치고 있다. 첫째, 의지가 의지하지 않기 위해서 왜 필연적이어야 하는가라는 질문, 올바른 추론의 탁월한 통찰력의 영향 아래 그 능력을 잃어버리는 것이 왜 가능하지 않아야 하는가라는 질문이 있다. 우리는 모두 사유 능력이 아니라 하더라도 적어도 사유 습관을 잊어버리는 것이 상대적으로 얼마나 쉬운가를 알고 있지 않은가? 지속적인 정신 이완 속에서 살면서 다른 사람들의 무리를 결코 떠나지 않는 것만큼 더 필요한 것은 없다. 사람들이 사유 습관을 고치는 것보다 자신들의 능력 밖에 있는 것을 원하는 습관을 고치는 것이 더 어렵다고 말할 수도 있으나, 충분히 '훈련받은' 사람들의 경우 반대로 의지하기not-willing를 몇 번이고 반복하는 것은 필요하지 않다. 당신이 예방할 수 없는 곳에서 '의지하지 않는 것*mē thele*'은 적어도 의지 능력에 대한 단순한 호소와 마찬가지로 이러한 가르침에 중요하기 때문이다.

에픽테토스가 의지하지 않을 의지 능력에 결코 만족하지 않았다는 사실은 앞서 말한 것과 밀접하게 연계되어 있고, 심지어 더 당혹스럽다. 그는 우리의 능력 범위 내에 있지 않은 모든 것에 대한 무관심을 설교하지 않는다. 그는 사람이 우연히 생긴 것을 원한다고 일관되게 주장한다. 나는 이미 경기 우화를 인용했다. 이 우화에서 자기의 좋은 기분에만 관심을 갖고 있는 사람은 "우연히 생긴 것이 우연히 생기기를 원하고, 승리한 사람만이 승리하기를 원하도록" 권고한다. 다른 맥락에서 볼 때, 에픽테토스는 "만약 선한 사람이 사전에 앞으로 다가올 사건들을 알았다면, 그는 질병이나 불구, 사망에 이르게 될 때에도 자연을 지지하기 위해 활동했을 것이다"[66]라고 언급한 (익명의) '철학자들'을 한 걸음 더 나아가 찬양한다. 확실히 에픽테토스는 자신의 주장을 통해 모든 것이 우주의 자연과 조화 속에서 발생

---

66   *Discourses*, bk. II, chap. x.

하며, 인간이나 동물, 식물이나 돌 등 모든 특정한 사물이 전체를 통해 자체에 할당된 임무를 가지고 있으며 임무에 의해 정당화된다는 운명론, 즉 하이마르메네(*heimarmenē*; 정해진 운명)라는 익숙한 스토아 개념에 의존한다. 그러나 에픽테토스는 자연이나 우주에 연관된 어떠한 질문에도 분명히 무관심했을 뿐만 아니라, 옛 교의 가운데 어느 것도 정의상 전적으로 비효과적인 인간의 의지가 "우주의 질서 형성"에서 유용했을 것이라는 점을 암시하고 있지 않다. 에픽테토스는 자신에게 생기는 것에 관심을 갖고 있다. "나는 하나를 의도하지만 그것은 생기지 않는다. 무엇이 나보다 더 비참한가? 나는 그것을 의도하지 않았는데 그것은 생긴다. 무엇이 나보다 더 비참한가?"[67] 간단히 말하면, "잘 살기" 위해서 "당신이 원하는 대로 사건이 일어나야 한다고 요구하지 않는 것으로" 충분치 않다. 당신은 "일어나는 일들이 실로 일어나는 대로 일어나기를 바라라."[68]

　　의지 능력은 자신이 있는 것을 의지할 수 있으며, 따라서 결코 '외부 사물과 불일치하지' 않을 수 있는 이러한 최고 정점에 도달할 때만 전능하다고 할 수 있다. 나를 위한 실재가 나의 동의로부터 실재성을 획득한다는 당연한 가정은 그러한 전능에 대한 모든 주장의 기저를 이룬다. 나는 삶이 진정 견디기 어려울 때 자살을 할 수 있다 ― "문은 항상 열려 있다" ― 는 단순한 사실은 앞의 가정을 강조하며, 그 실천적 효과성을 보장한다. 그리고 여기에서 이러한 해결책은 예컨대 카뮈가 주장하는, 인간조건에 대한 일종의 보편적 저항을 함의하지 않는다. 그러한 저항은 에픽테토스에게는 전적으로 적절하지 못했을 것이다. "일어나는 것이 현재 있는 것이 아닌 다

---

67   *Ibid.*, bk. II, chap. xvii.

68   *The Manual*, 8.

른 것이어야 한다는 것은 불가능하기"[69] 때문이다. 절대적 부정도 나 자신을 포함해 있는 모든 것의 완전히 설명할 수 없는 구체적 현존성thereness에 의존하기 때문에 그러한 저항은 생각할 수 없다. 그리고 에픽테토스는 설명할 수 없는 것의 설명이나 정당화를 어디에서도 요구하지 않는다. 따라서 아우구스티누스가 이후 논의하겠지만,[70] 자신들이 자살을 할 때 비존재를 선택한다고 믿는 사람들은 오류에 빠진다. 그들은 어느 날 발생할 존재의 형태를 선택하며, 물론 단지 존재의 한 형태인 평화를 선택한다.

의지가 제공한 이러한 기본적이고 적극적인 동의를 방해할 수 있는 유일한 힘은 의지 자체다. 따라서 "자기에 대해 스스로 만족하기를 바라라 thelēson aresai autos seautō"는 올바른 행위 기준이다. 그리고 에픽테토스는 이 말에 "신에게 고귀하게 보이기를 의지하라thelēson kalos phanēnai tō theō"[71]라고 덧붙이지만, 덧붙인 말은 실제로 불필요하다. 에픽테토스는 신을 믿지 않고, 영혼이 신과 같으며 신이 "네 안에 있고, 그러니 네가 신의 한 조각"[72]이라고 주장하기 때문이다. 의지하는 나는 결국 플라톤의 사유의 대화와 같은 소크라테스의 하나 속의 둘 못지않게 둘로 분열된다. 그러나 에픽테토스의 경우, 의지하는 나의 둘 사이의 노골적인 적대 관계가 우리가 바울의 비탄에서 그렇게 많이 듣고 있는 좌절의 극단에 자기를 예속시키지 않는다고 하더라도, 우리가 바울에서 본 바와 같이 의지하는 나의 둘은 결코 서로 우호적이고 조화로운 관계를 유지하지 않고 있다. 에픽테토스는 그러한 관계의 특징을 지속적인 '투쟁agōn', 즉 스스로 나 자신에 대한 여전히 세심한 의혹

---

69   *Fragments*, 8.

70   *De Libero Arbitrio*, bk. III, v-viii. 아우구스티누스는 여기에서 다음과 같이 언급한다. "비참한 사람들도 정말 죽고 싶어 하지 않는다. 어떤 종류의 실존도 그 자체로 선하다. 자살은 존재하지 않음을 원하지 않고 쉼을 구하는 것이다."(옮긴이)

71   *Discourses*, bk. II, chap. xviii.

72   *Ibid.*, bk. II, chap. viii.

을 요구하는 올림픽 경기로 묘사한다. "한마디로 말해서 [이익과 손해 때
문에 항상 자신을 주목하는 철학자]는 숨어서 자신을 기다리는 적*hōs echthron
heautou*으로서 자신을 주시하고 감시한다."[73] 우리는 인간 정신이 고대 이래
로 여행해왔던 거리를 측정하기 위해 아리스토텔레스의 통찰("다른 사람들
에 대한 우호적인 감정은 모두 한 개인이 자신에 대해 갖는 우호적인 감정의 확장이
다")을 상기하기만 하면 된다.

　　의지하는 나는 철학자의 '자기self'를 지배한다. 의지하는 나는 철학
자에게 다음과 같이 말한다. 즉 어느 것도 의지 자체를 제외하고 의지하는
나를 방해하거나 제약할 수 없다. 철학자의 '자기'는 정확히 자신의 의지에
형성된 반대 의지와의 끊임없는 투쟁에 관여한다. **의지**의 무기력 때문에 치
르는 대가는 대단히 크다. 사유하는 나의 관점에서 볼 때, 하나 속의 둘에
발생할 수 있는, 즉 '너 자신과 불일치하는' 최악의 상황은 인간조건의 중요
부분이 되어왔다. 그리고 이러한 운명이 더 이상 아리스토텔레스의 "비천
한 사람"에 부여되지 않고, 그 반대로 어떠한 외부 상황에서도 자신의 삶을
영위하는 법을 배운 훌륭하고 현명한 사람에게 부여된다는 사실은 사람들
로 하여금 이러한 인간적 고통의 '치료'가 질병보다 더 나쁘지 않았는가를
의심케 할 수도 있다.

　　게다가 이러한 통탄할 일에는 어떠한 주장도 제거할 수 없는, 한 가
지 결정적인 발견이 있다. 그리고 이는 인간의 자유뿐만 아니라 전능한 힘
에 대한 감정이 왜 의지하는 나의 경험에서 발생할 수 있었는가를 적어도
설명한다. 모든 복종이 복종하지 않으려는 힘을 전제한다는 것은 우리가
바울에 대한 논의에서 미미하게나마 언급한 주장이다. 이는 에픽테토스의
주장에서 핵심에 속한다. 나 자신에 관한 한, **의지** 능력은 동의하거나 반대
하는, 즉 긍정하거나 부정하는 능력이라는 게 이 주장에서 문제의 핵심이

---

73   *The Manual*, 51, 48.

다. 외부 사물의 '인상'인 순수한 실존에서 나에게만 좌우되는 것들은 역시 나의 능력 내에 있기 때문이다. 나는 세계를 변경시키고자 의지할 수도 있고(이 명제가 비록 개별 주체가 처해 있는 세계로부터 전적으로 소외된 그에게는 불확실하게도 흥밋거리이기는 하지만), 반대로 의지한 덕분에 어떤 것이나 모든 것을 부정할 수도 있다. 이런 능력은 인간 정신에 경이롭고 진정 압도적인 무엇인가를 지녔음에 틀림없다. 우리는 세네카를 통해 그 이유를 확인할 수 있다(옮긴이). 왜냐하면 사람에게 조언하는 세네카는 모든 **긍정**에 함축된 **부정**에 충분히 주목한 이후에 "자신이 모든 사건을 욕구했고 이들을 요청하기라도 한 듯이 모든 사건을 수용하라"고 말하면서 입장을 바꾸어 단호한 동의를 요구하지 않았기 때문이다. 이러한 입장을 주장한 신학자나 철학자는 이전에는 없었다. 이러한 연유로 에크하르트는 세네카의 주장을 대단히 찬양하며 인용했다. 확실히, 만약에 누군가 이 보편적인 합의에서 의지하는 내가 현존하는 세계 속의 실존적 무기력에 대해 드러내는 마지막 뿌리 깊은 분노를 본다면, 그는 또한 여기에서 그 능력의 환상적 특성에 대한 또 다른 주장, 즉 그 능력이 '인위적인 개념'이라는 최종적인 확신만을 보게 될 것이다. 그러한 경우에 있는 사람은 진정 '가공할' 능력(아우구스티누스)을 얻었을 것이다. 그는 또한 그 능력이 환영으로 가득 찬 완전한 환상 영역 — 절대적 평온을 처절하게 탐구하는 과정에서 자신을 모든 외부 현상으로부터 성공적으로 분리하는 정신의 내면 — 에서만 작동시킬 수 있는 힘을 요구했을 것이다. 그리고 그 능력은 이토록 많은 노력에 대해 최후의 역설적 보상으로서 데모크리토스의 말처럼 "악의 고통스러운 보고이며 보물"과 친밀하게 대면했거나, 아니면 아우구스티누스의 말마따나 "좋은 마음과 악한 마음에" 숨겨 있는 "심연"을 불편할 정도로 친밀하게 대면했을 것이다.[74]

74   Frag. 149 ; *Enarrationes in Psalmos, Patrologiae Latina*, J.-P. Migne, Paris, 1854~1866, vol.

아우구스티누스, 첫 번째 의지 철학자

기독교 철학이 있다는 것이
성경에 기인한다면,
기독교가 철학을 갖게 된 것은
그리스의 전통에 기인한다.
— 질송[75]

아우구스티누스, 그는 첫 번째 기독교 철학자다. 사람들은 당시 로마인들에게 있었던 유일한 철학자[76]가 또한 철학적 난관 때문에 종교에 관심을 가진 첫 번째 사상가라고 덧붙여 말하고 싶어 한다. 그는 당시 교육을 받은 많은 사람들과 마찬가지로 기독교인으로서 교육을 받았다. 그럼에도 그 자신이 궁극적으로 개종 —《고백록》의 주제 — 으로 기술한 것은 지극히 열광적인 바리새인 사울을 기독교 사도이자 나사렛 예수의 제자인 바울로 바꾼 경험과 전적으로 다르다.

아우구스티누스는《고백록》에서 자신의 마음이 어떻게 철학에 대한 권유를 포함하고 있는 (현재 소실된) 책인 키케로의《호르텐시우스 *Hortensius*》[77]를 읽고 처음으로 '자극을' 받게 되었는가를 말한다. 아우구스티

---

37. CXXXIV. 16.

75   *The Spirit of Medieval Philosophy*, p. 207. (옮긴이)

76   폴 오스카 크리스텔러Paul Oskar Kristeller는 약간 조심스럽게 아우구스티누스는 "아마도 고전 고대의 가장 위대한 라틴 철학자"라고 말한다. 다음 문헌을 참고할 것. *Renaissance Concepts of Man*, Harper Torchbooks, New York, 1972. p. 149.

77   이 저작은 대화 형식과 전통적인 권고 형식을 취하며, 순수한 인간의 행복이 철학을 선용하고 포용함으로써 발견될 수 있다는 것을 가르친다. 호르텐시우스는 키케로의 친구로서 연설가이며 정치가다. 그는 시각 예술이 자유로운 시간의 선용, 즉 여가의 선용에 적합하다는 것을 강조했으며, 예술 가운데 가장 훌륭한 것으로서 연설을 옹호했다. 아우구스티누스는 "이 책이 나의 감정을 변화시켰으며, 나에게 다른 가치와 우선순위를 제공했다"고 주장했다. (옮긴이)

누스는 자신의 생애 마지막까지 이 책을 계속 인용했다. 그는 생애 동안 철학을 고수했기 때문에 첫 번째 기독교 철학자가 되었다. 기독교 교회의 중요한 신념을 옹호한 저작인《삼위일체론On the Trinity》은 동시에 그 자신의 매우 독창적인 철학적 입장을 가장 심오하고 가장 치밀하게 전개한 결실이다. 그러나 그 출발점은 로마인과 스토아 철학의 행복 추구였다 — "키케로가 말하기를, 우리는 모두 분명히 행복하기를 원한다."[78] 젊은 시절 아우구스티누스는 내면의 불행함 때문에 철학에 관심을 가졌고, 한 인간으로서 철학이 자신을 실망시켰기 때문에 종교에 관심을 가졌다. 이러한 실용적 태도, 즉 철학이 "삶의 지도자"(키케로)[79]여야 한다는 주장은 전형적으로 로마의 정조情操를 드러낸다. 플로티노스와 신플라톤주의자들이 아우구스티누스 사상의 형성에 영향을 미쳤지만, 로마의 실용적 태도는 그에게 훨씬 지속적인 영향을 미쳤다. 물론 아우구스티누스는 자신이 그리스 철학에 대해 알게 된 모든 것을 이들의 덕택으로 돌린다. 행복해지려는 일반적인 인간의 소원은 그리스인들의 관심 — 로마 격언은 그리스 격언을 번역한 것 같다 — 을 벗어났기 때문은 아니다. 이러한 욕구가 그들에게 철학을 연구하게 한 것은 아니었다. 단지 로마인들만이 "사람은 행복하기 위해서가 아니면 철학을 연구할 이유가 없다"[80]고 확신했다.

우리는 중세 시대를 통해서 개인의 행복에 대한 이러한 실용적 관심을 발견한다. 이러한 관심은 영원한 구원에 대한 희망과 영원한 저주에 대한 두려움의 기저를 이루며, 달리 보면 오히려 난해한 여러 가지 성찰을 명료하게 한다. 물론 이러한 성찰의 기원을 로마에서 발견하는 것은 어렵다. 로마 가톨릭 교회가 그리스 철학의 결정적인 유입에도 불구하고 그렇게 철

---

78 On the Trinity, bk. 13, iv, 7; "Beati certe, inquit [Cicero] omnes esse volumus."

79 "O vitae philosophia dux", Tusculanae Disputationes, bk. V, chap. 2.

80 다음 문헌에서 로마 작가(바로)를 칭찬하며 인용했다. The City of God, bk. XIX, i, 3; "Nulla est homini causa philosophandi nisi ut beatus sit."

저하게 로마의 정조를 유지했던 것은 로마의 가장 영향력 있는 철학자가 또
한 로마의 원천 자료와 경험으로부터 자신의 심오한 영감을 끌어낸 첫 번째
사상가였음에 틀림없는 이상한 우연의 일치에 상당 부분 기인했다. 최고
선 *summum bonum* 으로서 영원한 삶을 추구하고 영원한 죽음을 최고 악 *summum*
malum 으로 해석하는 것은 아우구스티누스의 저작에서 최고 수준의 명백한
표현에 도달했다. 그가 이들을 새로운 시대의 내면적 삶의 발견과 결합했
기 때문이다. 그는 이 내면의 자기에 대한 전적인 관심이 "나는 나 자신에
게 문제가 되고 있다 *quaestio mihi factus sum* "는 것을 의미하는 것으로 이해했
다. 이 문제는 당시 철학이 가르치고 학습했으나 제기하거나 대답하지 않
았던 문제다.[81] 《고백록》 제11권에서 밝힌 **시간** 개념에 대한 유명한 분석은
새로우며 논쟁거리가 되는 것에 대한 도전을 보여주는 모범적인 설명이다.
어느 누구도 "시간이란 대체 무엇인가요?"라고 질문하지 않는 한, 시간은
전적으로 친숙하고 평범한 것이다. 그러나 이런 질문을 하는 순간, 시간은
"미묘한 수수께끼"로 바뀐다.[82] 이에 대한 도전은 시간이 전적으로 일반적
이면서도 전적으로 "은폐된다"는 점을 의미한다.[83]

　　아우구스티누스는 분명 위대하고 독창적인 사상가에 속하지만 '체

81　이 질문의 중요성과 깊이를 이해하기 위해서는 특별히 다음 문헌을 참조할 것. *On the*
Trinity, bk. X, chaps. iii and viii. "정신이 자신을 어떻게 추구하고 발견하는가는 주목할 만
한 질문이다. 정신은 추구하기 위해 어디로 가야 하나? 정신은 발견하기 위해 어떤 곳에서
나오는가?"

82　미묘한 수수께끼라는 표현은 다음 내용과 연관된다. "그렇다면 시간이란 무엇입니까? 아무
도 내게 묻지 않는다면 나는 알고 있습니다. 그러나 누가 물을 때 설명하려면, 나는 알지 못
합니다."《고백록》 제11권 제14장 〈시간의 세 가지 차이〉를 참조할 것.(옮긴이)

83　*Confessions*, bk. XI, 특히 제14장과 제22장을 참조할 것.
　　이 부분을 이해하려면 제22장의 마지막 부분을 참조할 것. "그래서 우리는 다른 사람에게
이해되고, 우리도 다른 사람을 이해하게 됩니다. 이러한 시간에 대한 말들은 예사로우며 매
일매일 반복되지만, 이 동일한 일이 아직도 깊숙하게 숨겨져 그 참된 모습은 아직 발견되지
않습니다."(옮긴이)

계적인 사상가'는 아니었다. 그리고 저작의 주요 부분은 사실 "결론에까지 이르지 못하는 사유 경향과 자유분방한 문학적 기획 — 반복된 말이 그득하다는 것 이외에 — 으로 가득하다."[84] 그렇게 볼 때 주목할 만한 것은 주요 주제의 연속성이다. 교회의 주교와 추기경이 자신의 종교 재판관이라도 되는 듯이, 그는 만년에 주요 주제를 "개론改論; *Retractationes*"이란 표제 아래 면밀한 규명糾明에 부쳤다. 그가 비록 "의지의 자유로운 선택*liberum arbitrium voluntatis*"이라는 주제 아래 단지 하나의 논고에서 이 능력을 전반적으로 조명했지만, 아마도 계속 반복되는 이러한 주제들 가운데 가장 중요한 것은 '의지의 자유로운 선택'이 욕구나 이성과 다른 능력이라는 지적이었다. 이 저작은 초기 저작이었다. 그러나 제1부는 그의 개종과 세례라는 극적인 사건 이후에 집필되었음에도 불구하고 철학적 내용을 담은 다른 초기 저작의 맥락을 여전히 유지하고 있다.

　　내 생각에《고백록》은 오히려 인간과 사상가의 특성을 언급하고 있다. 그는 10년에 걸쳐서 자신의 생애 가운데 가장 중대한 사건을 세밀하게 기록했다. 이 저작은 기억이나 경건 자체뿐만 아니라 그의 삶에서 가장 중대한 사건이 담고 있는 정신적 함의 자체를 기록한 것이다. 피터 브라운은 아우구스티누스 전기를 가장 최근에 출간한 작가로서 아우구스티누스의 삶에서 가장 중대한 사건을 다음과 같이 극히 단순화해 기술했다. 즉 "그는 자신의 시대 이전에 고대 라틴 세계에서 교육 받은 사람들 가운데 공통적인 그러한 부류의 전형적인 신자*type croyant*는 분명히 아니었다."[85] 아우구스티누스의 경우, 그 중대한 사건은 계시된 진리의 입장에서 철학의 불확실성을 포기하는 문제가 아니라 자신의 새로운 믿음이 지닌 철학적 함의를 발견하는 문제였다. 아우구스티누스는 그런 엄청난 노력 속에서 무엇보다도

---

[84]　　Peter Brown, *Augustine of Hippo*, Berkeley and Los Angeles, 1967, p. 123.

[85]　　*Ibid.*, p. 112.

사도 바울의 서한에 전적으로 의존했다. 그리고 아우구스티누스의 성공 척
도는 그의 권위가 이후 수 세기 동안 기독교 철학을 통해 아리스토텔레스의
권위(중세 시대의 경우 '철학자')와 동등해졌다는 사실로 아마도 가장 잘 평가
될 수 있을 것이다.

초기 논고의 첫 번째 부분에서 자세히 언급되고 있는 **의지** 능력에 대
한 아우구스티누스의 초기 관심을 중심으로 검토하자. 다른 결론 두 부분
은 대략《고백록》과 같은 시기에 해당되는 거의 10년 후에 집필되었다. 저
작에서 주로 논의한 문제는 악의 원인에 관한 탐구다. "악은 원인 없이 존
재할 수 없었고, 하느님은 선하기" 때문에, 그분은 악의 원인이 될 수 없다.
그 당시에도 유행했던 이 문제는 "아우구스티누스의 젊은 시절 이후에도
〔그를〕 과도하게 혼란케 했으며 … 실제로 그를 이단으로, 즉 마니교의 가
르침을 추종하도록 부추겼다."[86] 이어지는 내용은 우리가 에픽테토스에서
발견한 (비록 대화 형식이기는 하지만) 엄격한 논증적 추론이다. 때늦은 시기
에 밝힌 명확한 요지는 결론에 이를 때까지 교육 목적을 위한 요약처럼 들
린다. 이때 제자가 질문한다. "저는 우리를 만드신 그분이 (우리가 죄를 범할
능력의 근원이라고 하는 바로 그 — 옮긴이) 자유의지를 우리에게 주셨어야 했
는지에 대해 질문합니다. 우리는 자유의지를 가지고 있지 않았다면 분명히
죄를 범하지 않았을 것이기 때문입니다. 이렇게 되면, 우리는 하느님이 우
리가 범하는 악행의 장본인이 된다는 주장도 할 수 있다는 것을 두려워해야
할 것입니다."[87] 아우구스티누스는 이 부분에서 질문자를 안심시키며 논의
를 연기한다.[88] 그는 30년 후에 집필한《신의 도성City of God》에서 '**의지**의 목

---

[86]   *On Free Choice of the Will*, bk. I, chaps. i~ii.

[87]   *Ibid.* 여기에서 제자인 에보디우스는 질문하면서 우려를 표시한다.(옮긴이)

[88]   *Ibid.*, chap. xvi, 117~118.
        "그건 겁내지 말게. 그러나 그 질문에 철저하게 몰두할 수 있는 시간을 얻어야만 하네. 우리

적'이란 문제를 '**인간**의 목적'으로 방식을 바꾸어 제기한다.

아우구스티누스는 그렇게 여러 해 동안 질문에 대한 답변을 미뤘다. 이 질문은 그의 **의지** 철학의 출발점이다. 그러나 바울의 로마서에 대한 면밀한 해석은 아우구스티누스가 **의지** 철학의 틀을 짜는 독창적인 기회였다. 그는《자유의지론》마지막 두 절뿐만 아니라《고백록》에서도 철학적 추론을 도출하고, 바울이 적대적인 법의 관점에서 기술했던 생소한 현상의 결과(의지하는 게 가능하지만 어떤 외적 장애의 부재 속에서 여전히 수행할 수 없다)를 명료하게 표현한다. 그러나 아우구스티누스는 두 가지 법이 아니라 "두 의지 가운데 하나는 새로운 것이고 다른 것은 옛것이며, 하나는 육감적인 것이고 다른 하나는 영적인 것"이라고 언급하며, 바울의 경우에 "이러한 의지들이 그의 '내부에서' 어떻게 투쟁했으며, 그들의 부조화가 어떻게 〔그의〕 영혼을 실패하게 만들었는가"[89]를 언급한다. 달리 말하면, 그는 두 적대적 원리가 세계를 지배한다는 교의, 즉 하나는 선이고 다른 하나는 악이며, 하나는 육신적인 것이고 다른 하나는 영적인 것이라는 초기 마니교의 이단을 피하고자 조심한다. 이제 그에게는 단 하나의 법이 있다. 따라서 그의 첫 번째 통찰은 가장 명백한 것이지만 또한 가장 놀라운 것이다. "의지하는 것과 할 수 있는 것은 동일하지 않다*Non hoc est velle quod posse*."[90]

이러한 주장은 놀랍다. 의지하기와 수행하기라는 두 능력은 아주 밀

가 중요하고 심오한 어떤 일들을 탐구하는 문을 두드렸다는 것을 자네가 깨닫기 바란다는 것으로 이 대화를 마치겠네."(옮긴이)

89   *Confessions*, bk. VIII, chap. v.

90   *Ibid*., chap. viii.
독자의 이해를 돕고자 관련 부분을 인용한다. "… 나는 하려고 마음먹으면 곧 어떤 일이 있어도 하고야 말았기 때문입니다. 이것은 할 수 있는 능력과 하려는 의지가 일치한 경우입니다. 그러나 이런 일은 나에게는 없었습니다. 신체는 영혼의 미약한 의지에도 잘 따라 사지를 즐겁게 움직였지만, 영혼은 좀처럼 그 자신에게 따라주지 않았습니다. 최고의 희망은 절대적으로 의지에 의해서만 이루어지기 마련입니다."(옮긴이)

접하게 연계되어 있기 때문이다. "의지는 힘이 작용하기 위해 존재해야 한
다." 그리고 힘은 말할 필요도 없이 의지가 요구하기 위해 존재해야 한다.
"네가 행위를 한다면 … 네가 비록 강요를 받아 마지못해 행위를 하더라
도 행위는 의지 없이 결코 있을 수 없다." 행위를 하지 않을 때 너는 "의지
가 박약하거나" "힘이 부족할지도" 모른다.[91] 이러한 주장은 무척 놀랍다.
아우구스티누스가 **의지**는 충분하다고 믿지 않는다는 것을 제외하면, 그는
의지의 우위성을 인정하는 스토아 철학자들의 주요 주장에 동의하기 때문
이다. 주요 주장은 이러하다. 즉 "**의지** 자체만큼 우리의 힘이 미치는 범위
에 있는 것은 없다. 우리가 의지하는 순간, 즉 간격은 없기 때문이다 — 그
렇다."[92] "의지가 없었다면 법은 명령하지 않았을 것이며, 의지가 충분하지
않았다면 은총은 돕지 않았을 것이다." 여기에서 핵심은 어떤 경우에 단순
히 계시하지만 명령하지 않는 **율법**은 정신에 말을 하지 않는다는 점이다.
그러나 "정신이 감동받기 원할 때까지 감동받지 않기" 때문에 **율법**은 **의지**
에 말을 한다. 그리고 이것은 이성이나 욕정, 욕구가 아니라 **의지**만이 "우
리의 힘이 미치는 범위에" 있는 이유다. "의지는 자유롭다."[93]

　　의지의 자유를 납득시킬 만한 확증은 실제적인 '할 수 있음*posse*'이나
'능력*potestas*' — **의지**의 명령을 실행하는 데 필요한 능력 — 과 아무런 관계
가 없는 긍정 또는 부정의 내적 힘에 전적으로 좌우된다. 그런 확증은 한편
으로는 의지와 이성의 비교, 다른 한편 어떤 것도 자유롭다고 할 수 없는 욕
구와의 비교를 통해 설득력을 확보한다. (우리가 알고 있듯이, 아리스토텔레스

91　의지*voluntas*는 원하다*velle*에서 파생했고, 능력*potestas*은 할 수 있다*posse*에서 파생했다는 자세
　　한 설명은《영과 문자*The Spirit and the Letter*》, 52~58에 있다. "믿음은 우리의 능력에 위치하
　　는가?"라는 질문과 관련된 최근 저작이다. Morgenbesser and Walsh, *Op. cit.*, p. 22.

92　*On Free Choice of the Will*, bk. III, chap. iii, 27; cf. *ibid.*, bk. I, chap. xii, 86 and
　　Retractationes, bk. I, chap. ix, 3.

93　*Epistolae*, 177, 5; *On Free Choice of the Will*, bk. III, chap. i, 8~10; chap. iii, 33.

는 "좋은 사람"이 자신의 욕정으로부터 억지로 벗어난다고 말하거나 "천박한 사람"이 자신의 이성으로부터 억지로 벗어나야 한다고 말하는 난관을 피하기 위해 자유로운 선택*proairesis*이라는 말을 제시했다.) 이성과 관련해서는, 이성이 나에게 말하는 것은 무엇이든 강압적이다. 나는 나에게 노출된 진리에 '아니요'라고 말할 수 있으나, 어쩌면 합리적인 근거에서는 이것을 할 수 없다. 욕정은 나의 신체에서 자동적으로 발생하며, 나의 욕구는 나 자신 밖의 대상에 의해 유발된다. 나는 이성이나 법에 의해 주어진 조언으로 그것들에 대해 '아니요'라고 말할 수 있으나, 이성 자체는 나를 저항하도록 감동시키지는 않는다. (아우구스티누스로부터 상당히 많은 영향을 받은 둔스 스코투스는 이후 그 주장을 상세하게 설명한다. 바울이 이해한 의미의 육감적인 사람은 확실히 자유로울 수 없지만, 영적인 사람도 자유롭지 못하다. 지성이 정신에 대해 행사할 수 있는 모든 힘은 부득이 필요한 힘이다. 지성이 결코 정신에 입증할 수 없는 것은 지성이 정신에 자신을 복종시켜야 할 뿐만 아니라 그렇게 하려고 한다는 것이다.[94])

*자유로운 선택*에 아주 결정적인 **선택** 능력은 여기에서 목적을 실현하는 수단의 신중한 선택에 적용되지 않으나, 일차적으로 — 아우구스티누스의 경우 전적으로 — 정방향의 의지하기willing; *velle*와 반대 방향의 의지하기nilling; *nolle* 사이의 선택에 적용된다. 이 반대 의지는 '의지하지 않을 의지will-not-to-will'와 무관하다. 반대 의지는 '의지하지 않음'으로 번역될 수 없다. 의지하지 않음은 의지의 부재를 암시하기 때문이다. 반대 의지는 의지 못지않게 적극적으로 이행적이며, 이 역시 의지 능력이다. 나는 내가 욕구하지 않는 것을 의도한다면, 욕구를 반대로 원한다. 그리고 마찬가지 방식으로 나는 이성이 나에게 옳다고 말하는 것을 반대로 의도할 수 있다. '나는 의지한다'와 '나는 반대로 의지한다'는 모든 의지 활동에서 연관된다. 이들

94　다음 문헌을 참조할 것. Etienne Gilson, *Jean Duns Scot: Introduction à ses positions fondamentales*, Paris, 1952, p. 657.

은 두 가지 의지다. 아우구스티누스는 의지의 부조화가 "자신의 영혼을 원
상태로 돌린다"고 언급했다. 확실히 "의지하는 사람은 무엇인가를 의지하
며", 이 무엇은 "신체 감각을 통해 외부에서 그에게 나타나거나 은폐된 방
식으로 정신에 나타나지만", 핵심은 이러한 대상 어느 것도 의지를 결정하
지 않는다는 점이다.[95]

　　그렇다면 무엇이 의지를 의지하도록 촉발하는가? 무엇이 의지를
작동시키는가? 질문은 불가피하지만, 대답은 결국 무한한 회귀로 이어진
다. 질문에 대답하려면, 다음과 같은 질문을 제기해야 하기 때문이다. "너
는 동인을 발견한다면 그 동인의 동인을 다시 탐구하려고 의지하지 않을 것
인가?" 너는 "의지 이전에 의지의 동인을" 알기 원하지 않을 것인가? 이러
한 의미에서 동인을 갖지 않는 것은 **의지**에 내재될 수 있지 않은가? "**의지**
가 자체의 동인이거나 동인은 의지가 아니기도 하기 때문이다."[96] **의지**는
그 완전한 우연적 사실성에서 인과 관계의 관점으로 설명될 수 없는 사실
이다. 혹은 하이데거의 최근 제안을 기대하는데, **의지**는 그렇지 않으면 생
기지 않았을 사물들이 생기도록 촉발하는 것으로 자신을 경험하기 때문에,
배우고 알고자 할 뿐만 아니라 정보를 배우고자 하는 잠재적인 소망이 존재
하는 모든 이유 이면에 있기는 하지만 동인들에 대한 우리의 탐구 이면에
숨어 있는 것은 지성이나 지식에 대한 우리의 갈망(직접적인 정보를 통해 가라
앉게 될 수 있는 것)이 아니라 바로 의지일 수 있지 않은가?

　　마지막으로 아우구스티누스는 로마서에 기술되어 있으나 설명하지
않은 난제들을 추적하면서 바울의 은총론 가운데 악평이 자자한 측면을 해
석한다. "율법은 위반을 증대시키기 위해 도입된다. 그러나 죄가 증대되었

95　　*On Free Choice of the Will*, bk. III, chap. xxv.

96　　*Ibid.*, chap. xvii.

을 때, 은총은 더욱더 충만해졌다." 이 주장에서 다음과 같이 결론을 내리
지 않기란 어렵다. "선이 나타날 수 있도록 악을 행하자." 혹은 좀 더 부드
럽게 설명하자면, 아우구스티누스가 한때 언급한 바와 같이, 은총은 엄청
난 환희이기 때문에, 선을 행할 수 없는 것이 더 값지다.[97] 아우구스티누스
는 《고백록》에서 특별히 어떤 종교적 경험도 하지 않은 영혼의 색다른 습
관을 지적하고 있다. 영혼은 "자신이 사랑하는 것들을 발견하고 되찾는 것
을 더욱 기뻐한다. … 성공한 지휘관은 승리하며 … 전투에서의 위험이 크
면 클수록 승리의 기쁨은 더 크다. … 앓던 친구가 … 병에서 회복되었으나
과거 건강할 때처럼 힘차게 걷지는 못하더라도 그는 그때 못지않게 걸을 수
있는 것에 대해 기뻐할 것이다."[98] 그리고 이러한 기쁨은 모든 일에도 마찬
가지다. 인간의 삶은 기쁨에 대한 "증언으로 가득 차 있다." "가장 큰 기쁨
은 가장 큰 고통으로 예고된다." 이것은 "천사에서 벌레에 이르기까지" 모
든 생물의 "지정된 존재 방식"이다. 하느님도 살아 있는 신이므로 "회개를
필요로 하지 않는 99명의 의인보다도 회개하는 한 명의 죄인을 더 기뻐하
신다."[99] 이러한 존재 방식은 비천한 사물과 고귀한 사물에게, 가멸적인 것
과 신적인 것에게 똑같이 타당하다.

　　기쁨은 확실히 바울이 말해야만 했던 것의 본질이지만, 비기술적이
고 개념적인 방식으로 표현된다. 그것은 순수한 신학적 해석에 호소하지
않은 채 바울의 통탄과 잠재적인 비난의 통렬함을 지운다. "그러한 질문을
하고 그러한 반대 입장을 제기하는 너는 누구냐"라는 욥 방식의 질문, 즉

97　　*On Grace and Free Will*, chap. xliv.

98　　*Confessions*, bk. VIII, chap. iii, 7. 아우구스티누스는 32세 때의 일에 관한 기록 가운데 "하
　　　느님은 죄인의 뉘우침을 특히 기뻐하신다"라는 제목 아래 기쁨의 증거를 제시하고 있다.(옮
　　　긴이)

99　　*Confessions*, bk. VIII, chap. iii, 6~8.
　　　누가복음(15:7).(옮긴이)

대인논증만이 그를 구원할 수 있었다.

　　우리는 스토아 철학에 대한 아우구스티누스의 반박에서 개념적 사
유라는 수단을 통해 제기된 비슷한 변신과 응결을 목격할 수 있다. 인간이
실재에 '아니요'라고 말할 수 없었다는 것이 아니라 이 '아니요'가 충분치
않다는 것은 그의 교의에서 실제로 언어도단이었다. 인간은 평정을 찾기
위해서 '예'라고 말하려는 의지를 훈련해야 하거나 "네 의지가 사건이 일
어난 대로 일어나게" 해야 한다는 말을 듣는다. 아우구스티누스는 이 의도
된 복종이 의지 능력 자체의 심각한 제한을 전제한다고 이해한다. 그의 관
점에서 모든 의지*velle*가 반대 의지*nolle*를 동반한다고 하더라도, 창조된 존재
는 창조에 거슬러 의지할 수 없기 때문에 그 능력의 자유는 제한된다. 왜냐
하면 모든 의지 — 자살의 경우에도 — 는 반대 의지뿐만 아니라 의지하거
나 반대로 의지하는 주체의 실존 그 자체를 향한 의지이기 때문이다. 살아
있는 존재의 능력인 의지는 "나는 오히려 있지 않고자 한다" 또는 "나는 무
자체를 선호한다"라고 말할 수 없다. "내가 불행하게 존재하기보다 오히려
존재하지 않고자 한다"고 말하는 사람은 어느 누구도 신뢰를 얻을 수 없다.
그는 이러한 말을 하는 동안에도 여전히 살아 있기 때문이다.

　　그런데 이러한 사실은 살아 있음이 계속 있으려는 바람을 항상 함축
하고 있기 때문에만 그럴 수 있다. 그러므로 대부분의 사람들은 "전혀 존
재하지 않기보다는 불행하게 존재하는 것"을 선호한다. 그러나 "내가 만일
존재하기 이전에 질문을 받았다면, 나는 불행하게 존재하기보다 오히려 존
재하지 않기를 선호했을 것이다"[100]라고 말하는 사람들은 어떤가? 그들은
이러한 명제도 **존재**의 확고한 기반 위에서 언급된다는 것을 고려하지 않았
다. 그들이 그 문제를 적절하게 고려하고자 했다면, 그들은 자신들의 바로
그 불행이 사실상 욕구하는 것보다 덜 그들을 존재하게 만들었다는 것을 발

100　　*On Free Choice of the Will*, bk. III, vii, 20.(옮긴이)

견했을 것이다. 불행은 그들로부터 어떤 존재를 박탈한다. "그들의 불행의
정도는 가장 높은 수준에*quod summe est* 있어서" 비실존으로 가득 찬 시간적
질서의 밖에 있는 것만큼 떨어져 있다. "잠정적인 것들은 존재하기 이전에
비존재 상태에 있다. 그들은 존재하는 동안 사라지고 있다. 일단 사라진 그
들은 결코 다시 존재하지 않을 것이다." 사람들은 모두 죽음을 두려워하며,
이러한 감정은 "네가 존재하지 않기를 원해야 한다는 사유"로 너를 인도
할 수 있는 어떠한 견해보다도 "더 참되다." "존재하기 시작한 것이 비존재
를 향해 진행하는 것과 같다"는 것은 사실이기 때문이다. 간단히 말하자면,
"모든 사물은 존재한다는 사실 그 자체가 좋다." 악과 죄도 포함된다. 그리
고 이것은 모든 사물의 신적 기원과 창조주 하느님에 대한 믿음 때문에 그
렇고, 너 자신의 존재가 절대적 비존재를 사유하거나 의지하지 못하게 하
기 때문에 그렇다. 이러한 맥락에서 볼 때, 다음과 같은 점은 지적되어야 한
다. (내가 인용하는 내용의 대부분은《자유의지론》마지막 부분에서 가져온 것이지
만) 아우구스티누스는 에크하르트가 이후 주장하듯이 "훌륭한 사람은 자신
의 의지를 신의 의지에 따르게 해야 하며, 그 결과로 그는 하느님이 원하는
것을 원한다. 따라서 하느님이 내가 죄를 범하기를 원한다면, 나는 죄를 범
하지 않겠다고 원하지 않아야 한다. 이것은 나의 진정한 회개이다"[101]라고
어디에서도 요구하지 않는다.

아우구스티누스는 이 **존재**이론으로부터 **의지**가 아닌 **찬양**을 추론
한다. "네가 있다는 것에 감사하라." "모든 사물이 있다는 바로 그 사실에
대해 찬양하라." "죄인들이 존재하지 않았다면 더 나을 뻔했다"고 말하는
것뿐만 아니라 "그들은 다르게 만들어졌어야 한다"고 말하지 않도록 하
라. 그리고 "모든 것은 적절한 질서 속에서 창조되었기" 때문에, 모든 것에

101   *Ibid.*, bk. III, chaps. vi~viii; Lehmann, *Op. cit.*, sent. 14, p. 16.

도 마찬가지이며, 네가 "감히 사막을 탓한다면" 네가 그것을 "더 좋은 것"
과 비교할 때만 그렇게 하라. 이성을 통해 완벽함을 파악한 사람은 자연에
서 그것을 발견할 수 없었기 때문에 "그것은 그가 마치 역겨워하는 것과 같
다." 그는 완벽함의 관념을 가진 것에 감사해야 한다.[102]

나는 제1권에서 모든 현상이 나타나는 경우에 현상을 감지할 수 있
는 지각력 있는 피조물의 현전을 암시할 뿐만 아니라 인정과 찬양을 요구
한다는 고대 그리스인의 관념에 대해 언급했다. 이 관념은 시와 예술에 대
한 일종의 철학적 정당화였다. 스토아 사상과 기독교 사상의 형성보다 앞
서 존재한 세계 소외는 시인들의 성찰에서는 결코 이 관념을 제거하지 않았
지만, 우리의 철학 전통에서 이 관념을 제거하는 데 성공했다. (우리는 오든
의 시에서 매우 강조하여 표현한 이 관념을 발견한다. 그 내용은 다음과 같다. "그 단
일한 명령 / 나는 이해하지 못하네 / 존재를 위해 있는 것을 축복하라 / 준수되어야 하
는 / 나는 다른 무엇을 위해 도움이 되고 / 동의하는가 또는 반대하는가?"[103] 러시아
시인 오시프 만델슈탐과 라이너 마리아 릴케의 시에서도 나타난다.) 우리가 엄격
한 기독교적 맥락에서 그 관념을 발견하는 곳에서, 그것이 마치 창조주 하
느님에 대한 명백한 믿음으로부터 필요한 추론인 것처럼, 또 기독교인들이
천지창조 이후 하느님의 말씀을 반복해야 할 — "그리고 하느님은 모든 것
을 보시고 … 그리고 … 그것은 매우 좋았다" — 의무가 있는 것처럼, 그 관
념은 이미 불편할 정도로 논쟁적인 정취를 지니고 있다. 네가 싫어하는 동
안 너 자신의 존재를 싫어할 수 없기 때문에 — 따라서 자살을 통해서라도
절대적으로 싫어할 수 없다 — 절대적으로 싫어하는 게 불가능하다는 아우
구스티누스의 관찰은 스토아 철학자들이 세계 속에 살면서도 세계로부터
이탈할 수 있도록 권고했던 정신적 계략에 대한 효과적인 반박이다.

---

102   *Ibid.*, III, chap. v.

103   "Precious Five", *Collected Poems*, New York, 1976, p. 450.

우리는 오늘날 이른바 '현상학적인' 기술에서 거의 완전히 논쟁 없이 많이 논의되는《고백록》의 **의지** 문제에 관심을 갖는다. 왜냐하면 아우구스티누스는 바울의 입장을 개념화하기 시작하지만, 그는 바울의 입장을 훨씬 넘어서고, 또한 다음과 같이 자신의 첫 번째 개념적 결론도 훨씬 넘어서기 때문이다. 즉 "의지하는 것과 수행할 수 있다는 것은 동일하지 않고, 의지가 없었다면 법은 명령하지 않았을 것이며, 의지가 충분했다면 은총은 도움이 되지 않았을 것이다." 낮이 밤이 되고 밤이 낮이 되는 반대의 연속을 통해서만 지각하는 것이 우리 정신의 주어진 존재 양태이며, 우리는 부정의를 통해서만 정의에 대해, 비겁을 통해서만 용기에 대해 배운다. 아우구스티누스는 개종 이전 "자기 자신과 벌였던 열띤 논쟁" 기간에 실제로 발생했던 것을 성찰하면서 육신과 영혼 사이의 투쟁에 대한 바울의 해석이 틀렸다는 것을 발견했다. "내 영혼이 의지에서만 행해질 수 있었던 이 위대한 의지를 수행하는 과정에서 자신에게 복종했는데, 내 신체는 사지를 움직이는 과정에도 영혼의 가장 약한 의지에 이것 이상으로 더 용이하게 복종하기"[104] 때문이다. 따라서 문제는 반은 육감적이고 반은 영적인 인간의 이중적 특성이 아니라 **의지** 자체의 능력에서 발견될 수 있었다.

"이 기이한 상황은 무엇에서 비롯되나요?[105] 그리고 무엇 때문에 일어나는지요? … 정신이 육체에 명령하면 육체는 순간 복종하는데, 정신이 자신에게 명령하면 정신은 복종하기를 거부하는지요?*Unde hoc monstrum, et quare istud? Imperat animus corpori, et paretur statim; imperat animus sibi et resistitur?*"[106] 육체는 그 자체로 의지를 갖고 있지 않으며 정신과 다르지만 정신에 복종한다.

---

104   *Confessions*, bk. VIII, chap. viii.

105   앞 단락에서 육신과 영혼 사이의 투쟁에 대한 바울의 입장에서 벗어나는, 의지 자체 내의 갈등이라는 기이한 현상을 언급하고 있기 때문에, 이 단락에서 영혼이 아니라 정신이 핵심어가 된다. 따라서 'mind'를 '영혼'이 아닌 '정신'으로 번역해야 할 것이다.(옮긴이)

106   Confessions, bk. VIII, chap. ix.(옮긴이)

그러나 "정신이 자기 자신에게 의지하라고 명령하는" 순간에, "정신(명령하는 자와 명령을 받는 자 — 옮긴이)은 서로 다르지 않음에도 불구하고 행하려고(의지하려고) 하지 않습니다. 이 기이한 상황은 무엇에서 비롯되며 어째서 일어나는가요? 나는 말합니다. 정신은 어떤 일을 의지하라고 자신에게 명령하며, 자신이 원하지 않는다면 명령하지도, 명령받은 것을 행하지도 않습니다."[107] 아마도 그는 이러한 까닭을 의지박약, 신념 부족으로 설명할 수 있다고 계속 말할지도 모른다. 정신이 아마도 "완전히 의지하지 않아서 완전히 명령하지 않으면 … 정신은 자신이 명령한 것을 행하지도 않을 것입니다." 그러나 여기에서 누가 명령하는가? 정신인가 아니면 의지인가? 정신 *animus*은 의지에 명령하는가? 정신이 주저하기 때문에, 의지는 명료한 명령을 수용하지 않으려하는가? 그 대답은 '아니요'다. 왜냐하면 "의지는 (정신이 마치 대립하는 의지들로 분열된 경우인 것 같은) 다른 의지가 아니라 바로 같은 의지, 즉 하나의 의지가 있어야 한다고 명령하기 때문입니다."[108]

　　분열은 의지 자체에서 나타난다. 갈등(다툼)은 정신과 **의지** 사이의 분열에서 발생하지도 않고, 육체와 정신 사이의 분열에서 발생하지도 않는다. 이것은 의지가 항상 명령문으로 말한다는 바로 그 사실을 통해 증명된다. **의지**는 "너는 의지해야 한다"고 자신에게 말한다. **의지** 자체만이 그러한 명령을 내릴 힘을 가진다. "의지는 '온전(穩全: *tota*)'했다면 자신이 있으라고 명령하지 않았을 것이다." 자신을 이중으로 하는 게 **의지**의 본질에 속한다. 이러한 의미에서 하나의 의지가 있는 어디에서나 항상 "어느 것도 온전하지 않은 두 가지 의지가 있고, 그들 가운데 하나에 나타난 것은 다른 것에 나타나지 않는다." 이러한 이유 때문에 너는 항상 의지하는 두 적대적 의지를 필요로 한다. "그러므로 부분적으로 좋아하고will 부분적으로 싫어

107　*Ibid*.(옮긴이)

108　*Ibid*., chap. ix.

하는nill 것은 기이하지 않다*Et ideo sunt duae voluntates, quia una earum tota non est* ⋯ *Non igitur monstrum partim velle, partim nolle.*"[109] 동일한 '의지하는 나'가 동시에 좋아하고 싫어한다는 게 문제다. "좋아한 사람도 나고, 싫어한 사람도 나, 즉 나 자신이다. 나는 전적으로 좋아하지도 않고 온전히 싫어하지도 않는다." 그리고 이것은 내가 "하나는 선이고 다른 하나는 악이라는 두 가지 정신"을 갖고 있다는 것을 의미하지 않으나, 하나의 동일한 정신에서 두 의지의 대소동大騷動이 "나를 분열시킨다"[110]는 것을 의미한다.

　　마니교도들은 두 가지 상반된 본성, 즉 하나는 선이고 다른 하나는 악이라는 가정으로 갈등을 설명했다. 그러나 "만일 자신을 거부하는 의지들이 있는 만큼 대립하는 많은 본성들이 있다면, 두 가지 본성이 아니라 많은 본성이 있을 것입니다."[111] 선과 악 사이의 선택이 중대하지 않은 곳, 두 가지 의지가 악이라고 불리거나 선이라고 불리는 곳에서 우리는 의지들의 동일한 갈등을 발견하기 때문이다. 한 사람이 그러한 문제에서 결론에 도달하고자 노력할 때마다 "너는 다양한 의지 사이에서 시시때때로 변화하는 하나의 영혼을 발견한다." 다음과 같은 상황에서 누군가 자신의 정신을 결정한다고 가정해보자. 즉 "서커스와 극장이 같은 날 열린다면 서커스에 갈 것인지 극장에 갈 것인지, 그도 아니면 다른 사람의 집을 털 것인지 ⋯ 또는 간음을 할 것인지 ⋯ 똑같은 시간에 이 모든 일을 동시에 욕구한다면, 이들을 동시에 이룰 수 없다." 여기에서 네 가지 의지가 생긴다. 이들은 모두 나쁘고 서로 충돌하며 의지하는 나를 '분열시킨다.' "선한 의지"[112]에도 똑같은 상황이 발생한다.

109　　*Ibid.*,(옮긴이)

110　　*Ibid.*, chaps. ix and x.

111　　*Ibid.*, chap. x.(옮긴이)

112　　*Ibid.*

아우구스티누스는 하나의 목표가 선정된 어떤 순간에 "이전에는 많은 의지로 분열된 하나의 온전한 의지가 발생한다고 인정하는 것 외에 이러한 갈등이 어떻게 해결되는가를 여기에서 언급하지 않는다. 그러나 의지의 치유는 결정적인데, 신의 은총으로 이루어지지 않는다. 그는 《고백록》 말미에서 다시 한 번 이 문제에 관심을 가졌으며, (400년에서 416년까지 15년간 집필한) 《삼위일체론》에서 명백히 논의된 매우 다른 여러 가지 고려 사항에 의존하면서 결과적으로 **사랑**으로서 인간의 행위를 결정하는 궁극적인 통합 의지를 진단한다.

사랑은 "영혼의 무게", 즉 영혼의 운동을 쉽게 하는 중력의 법칙이다. 아리스토텔레스 자연학으로부터 어느 정도 영향을 받은 아우구스티누스는 모든 운동의 끝이 휴식이라고 주장하며, 이제는 자연세계의 운동에 대한 비유로 정서(영혼의 운동)를 이해한다. "물체들이 그들의 무게에 의해 자신의 장소를 얻으려고 하듯이, 영혼은 사랑에 의해 이끌리기 때문이다." 따라서 《고백록》에서 이렇게 말한다. "나의 무게는 나의 사랑이며, 내가 어디로 이끌려 간다 하더라도 나는 그것에 이끌린다."[113] 인간의 눈으로 측정할 수 없는 영혼의 무게, 어떤 사람이 누구인가의 본질은 이 사랑으로 명백해진다.

다음 내용을 기억하자. 첫째, **의지** 내의 분열은 대화가 아닌 갈등이며, 의도된 내용과 무관하다. 나쁜 의지는 선한 의지 못지않게 분열되며, 선한 의지도 마찬가지다. 둘째, 육체의 명령자로서 의지는 정신의 집행기관일 뿐이며, 여기에 논란의 여지는 없다. 육체는 불복종을 가능케 하려는 기관을 소유하고 있지 않기에 정신에 복종한다. 자신에게 말하는 의지는 의견 교환이 전적으로 정신적이기에 반대 의지를 촉발한다. 경쟁은 동일한

---

[113]   *Epistolae*, 157, 2, 9 : 55, 10, 18 : *Confessions*, bk. XIII, chap. ix.

것들 사이에서만 가능하다. 반대 의지가 없는, 즉 '온전'한 의지는 제대로 말하자면 더 이상 의지가 될 수 없다. 셋째, 복종을 명령하고 요구하는 것이 의지의 본질에 속하기 때문에, 거부하는 것도 의지의 본질에 속한다. 마지막으로, 《고백록》의 기본 구도 내에는 이 '기이한' 능력의 수수께끼를 푸는 해결책은 제공되지 않는다. 자신을 거부하여 분열된 의지가 어떻게 '온전' 해지는 순간에 도달하는가는 신비로 남아 있다. 이것이 의지가 기능하는 방식이라면, 의지는 어떻게 나를 행동하도록 부추기는데 — 예컨대 간통보다 강도질을 선호하는 — 도달하는가? 여러 가지 같은 바람직한 목적 사이에서 작동하는 "영혼의 부침"(아우구스티누스)은 목적이 아니라 인간 본성에 의해 주어진 목적에 이르는 수단과 관련되는 아리스토텔레스의 심의와 전혀 같지 않다. 그러한 궁극적인 중재자는 《고백록》 끝부분을 제외하고 아우구스티누스의 주요 분석에는 나타나지 않는다. 그는 《고백록》 끝부분에서 **의지**를 일종의 **사랑**, "영혼의 무게"라고 말하지만, 이 이상한 등식에 대한 어떠한 설명도 제시하지 않는다.

우리는 의지하는 나의 이러한 갈등이 최종적으로 해결된다는 것을 알고 있기 때문에, 그러한 해결책이 명백히 요구된다. 이후 검토하겠지만, 《고백록》에서 기계신*deus ex machina*과 같이 보이는 것은 실제로 다른 **의지**이론에서 유래된다. 그러나 우리는 《삼위일체론》에 관심을 돌리기 이전에 한 근대 사상가가 의식의 관점에서 동일한 문제를 어떻게 취급하는가를 알기 위해 잠시 중단하는 게 유용할 수도 있다.

자유의지 문제를 검토한 존 스튜어트 밀은 이 철학 영역에서 나타나는 "관념의 혼란은 … 인간 정신에 매우 자연스러움에 틀림없다"[114]고 제안

---

114 이 구절과 다음 구절의 인용문은 모두 〈의지의 자유에 대하여On the Freedom of the Will〉에서 인용한 것임.(옮긴이)

한다. 그런데 그는 의지하는 내가 겪게 되는 갈등을 — 별로 선명하지 않고 정확하지는 않지만 이상하게도 우리가 지금까지 들어왔던 것들과 비슷한 말로 — 기술한다. 그의 주장에 따르면, 갈등을 "내가 정복하거나 나를 압도하는 어떤 생경한 힘과 나 사이에서 발생하는 것으로 기술하는 것은 잘못이다. '나'는 분명히 경쟁의 두 당사자이기 때문이다. 갈등은 나와 나 자신 사이에 발생한다. … **나 자신Me**, 또는 괜찮다면 내 **의지**로 하여금 다른 쪽보다 오히려 이쪽을 지지하게 하는 것은 **나 자신Me**의 이쪽이 다른 쪽보다 나의 더 항구적인 감정 상태를 나타내고 있다는 것이다."[115]

밀은 "우리가 가장 강력한 욕구나 혐오에 반대하여 행동할 수 있다고 의식하는 것을 전적으로 반박했기" 때문에 이 "항구성"을 필요로 했다. 그러므로 그는 후회 현상을 설명해야 했다. 그 다음에 그는 "[바로 지금 가장 강력한] 욕구의 유혹에 굴복한 후, 욕구하는 '나'는 죽지만, 양심에 시달리는 '나'는 삶의 끝까지 견딜 수 있다"는 것을 발견한다. 이 양심에 시달리며 견디는 "나"는 밀의 이후 고찰에서 아무런 역할을 하지 못하지만, 여기에서 나는 모든 시간적으로 제한되는 개별적 의지나 욕구에도 생존하는 이른바 '양심' 또는 '품성'이라 불리는 무엇인가의 개입을 암시한다. 밀에 따르면, 의지력이 종결된 이후에만 분명해지는 "견디는 나"는 똑같이 향기 좋은 두 개의 건초 더미 사이에서 뷔리당의 당나귀가 굶어죽지 못하게 하는 것과 유사했을 것이다. 그 동물은 "배고픔이란 감각과 결합된 … 단순한 무기력으로부터 경쟁 대상에 대해 사유하는 것을 전적으로 중단했을 것이다." 그러나 "견디는 나"는 물론 "경쟁 상대자들" 가운데 한 사람이기 때문에, 밀은 이것을 거의 인정할 수 없었다. 그는 "도덕 교육의 대상이 의지를

---

115   첫 번째 문장은 밀이 다음 문헌에서 인용한 문장이다. Phillipps, *The Battle of the Two Philoso-phies*, pp. 43~44. 'Me'는 영어 고어에서는 '나 자신에게(을)'로 사용했기에, 여기에서는 '나 자신'으로 표기한다.(옮긴이)

교육시키는 것이라고 말할 때에 두 상대방에게 승리하는 것을 가르치는 게 가능하다고 인정하고 있다. 여기에서 교육은 절망적인 상황을 해결해주는 일종의 *기계신*으로 등장한다. 즉 밀의 명제는 검토되지 않은 가정 — 도덕 철학자들이 종종 상당히 자신감 있게 인정하고 실제로 인정되거나 부정될 수 없는 그러한 것 — 에 의존하고 있다.[116]

우리는 그러한 이상한 확신을 아우구스티누스로부터 기대할 수 없다. 그러한 확신은 내 생각에, 니체가 명명한 "의혹의 시대"인 근대를 특징 짓는 보편적 의혹을 중립화하기 위해 훨씬 이후 적어도 윤리 영역에서, 그리고 사실상 의지의 결단으로 등장했다. 사람들이 더 이상 찬양할 수 없었을 때, 그들은 신정론에서 하느님과 그분의 창조를 정당화하는 데 자신들의 가장 위대한 개념적 노력을 선용했다. 그러나 아우구스티누스는 물론 **의지**를 위한 여러 가지 구원 수단을 필요로 했다. 일단 그가 **의지**의 좌절이 악의 경우나 선의 경우에도 동일하다는 것을 발견하기만 했다면, 신의 은총은 도움이 되지 않았을 것이다. 내가 극장에 갈 것인지 간통을 할 것인지를 결정할 때, 하느님의 쓸데없는 은총을 상상하기란 오히려 어렵다. 아우구스티누스는 그 문제에 대한 완전히 새로운 접근법에서 자신의 해결책을 찾는다. 이제 그는 다른 정신 능력과 분리되지 않고 상호 연계 상태에서 **의지**를 탐구하고자 한다. 주요 문제는 이러하다. 의지는 정신의 삶 전체에서 어떠한 기능을 하는가? 그러나 그것이 발견되고 그 윤곽이 적절히 밝혀지기 이전에도 대답을 암시하는 현상적 자료는 기묘하게도 밀의 "견디는 **나**"와 같다. 아우구스티누스의 말에 따르면, 그것은 "나의 내면에 나의 자기보다 훨씬 더 나 자신인 **한 분**이 있다는 것이다."[117]

116　In *An Examination of Sir William Hamilton's Philosophy*, "On the Free of the Will"(1867), quoted from Morgenbesser and Walsh, *Op. cit.*, pp. 57~69.

《삼위일체론》에 드러난 지배적인 통찰력은 기독교 삼위일체의 신비에서 유래한다. 성부, 성자, 성령이란 세 본체(위격)는 서로 연계될 때 동시에 한 분을 형성할 수 있다. 따라서 그 신념은 일신교와의 단절을 의미하지 않는다는 점을 확인시킨다. 세 본체는 모두 "자신의 본체에서" 자체의 실존을 상실하지 않은 채 각기 "상호관계적 속성을 지니고 있기" 때문에 동시에 일종의 하나(유일자; a One)를 형성한다. (이것은 예컨대 색과 색깔 있는 대상이 상호관계에서 '상호 내포되어' 있을 때는 타당하지 않다. 색깔은 어떤 적절한 실체를 갖고 있지 않다. 색깔이 있는 물체란 하나의 실체지만, 색깔은 이 실체 안에 있기 때문이다."[118]

'독립적인 실체들'의 상호 연관된 관계를 위한 패러다임은 우정이다. 친구 사이인 두 사람은 자신들과 관계되는 한 "독립적인 실체들"이라고 할 수 있다. 그들은 서로 관계적으로만 친구다. 친구 한 쌍은 그들이 친구인 한에서만 통일체인 일종의 하나를 형성한다. 우정이 중단되는 순간에 그들은 다시 서로 독립적인 두 '실체'다. 이것은 어떤 사람들이나 어떤 것들이 자체에만 연결되고 여전히 다른 것과 연관되며, 그래서 다른 것과 함께 친밀하게 묶여 있을 때 일종의 하나가 될 수 있고, 둘이 자신들의 '실체'를 바꾸지 않은 채 하나로 나타난다는 것을 증명한다. 이것은 성 삼위일체의 방식이다. 하느님은 그분에게만 연관되는 동안 하나지만, 그분은 성자와 성령과 일체에서 셋이다.

여기에서 핵심은 그러한 상호관계가 동일한 사람들 사이에서만 발

---

117   *Confessions*, bk. III, chap. vi, 11.
독자의 이해를 돕기 위해 다음 내용을 첨가한다. "나는 이 사실을 고백합니다. 나는 인간이 짐승들보다 위에 설 수 있도록 주께서 우리에게 주신 정신 능력이 아니라, 육체의 감각으로 주님을 찾아 헤매고 있었습니다. 그러나 **주님은 내 가장 깊은 곳보다 더 깊은 곳에 계셨고**, 내 가장 높은 곳보다 더 높은 곳에 계셨습니다."(옮긴이)

118   *Ibid.*, IX, chap. iv.

생할 수 있다는 것이다. 따라서 육체와 영혼, 육감적 인간과 영적 인간이 함께 나타난다고 하더라도, 우리는 이러한 관계를 동일한 존재 사이의 상호 관계에 적용할 수 없다. 여기에서 영혼은 분명히 지배적 원리이기 때문이다. 그러나 아우구스티누스의 경우, 신비스러운 하나 속의 셋은 하느님이 당신의 형상으로 인간을 창조했기 때문에 인간 본성 어디에선가 발견되어야 하며, 인간은 자신의 정신으로 다른 동물과 구별되기 때문에, 하나 속의 셋은 정신 구조 속에서 발견될 것 같다.

우리는 아우구스티누스가《삼위일체론》보다 약간 먼저 집필한《고백록》의 끝부분에서 이 새로운 탐구의 첫 번째 암시를 발견한다. 이 저작에서 아우구스티누스는 일반 철학 원리로서 하나 속의 셋이란 신학적 신념을 사용하고 있다. 그는 독자에게 다음 내용을 고려하라고 요청한다. "그들 자신 속에 있는 세 가지는 … 삼위일체와 전혀 다르며 … 내가 말하는 세 가지는 **존재하는 것, 인식하는 것, 의지하는 것**입니다. 〔세 가지는 상호 연계되어 있습니다.〕 나는 존재하고 인식하고 의지하기 때문입니다. 나는 인식하고 의지하면서 존재합니다. 나는 존재하고 의지하는 것을 인식합니다. 그리고 나는 존재하고 인식하는 것을 의지합니다. 이 세 가지를 식별할 수 있는 사람에게 생각하게 하소서. 하나의 생명, 하나의 정신, 하나의 본질이 어떻게 분리 불가능한가를. 그럼에도 구별은 있습니다."[119] 물론 이 비유는 존재가 성부이고, **인식**이 성자이며, **의지**가 성령이라는 것을 의미하지는 않는다. 아우구스티누스의 관심을 끄는 것은 단지 정신적인 '내'가 분리 불가능하면서도 구별되는 세 가지 완전히 다른 것들을 포함하고 있다는 것이다.

존재, 의지, 인식이란 이 세 쌍은《고백록》가운데 오히려 잠정적인 문구에서만 나타난다. **존재**는 분명히 정신 능력이 아니기 때문에 세 쌍에

---

119   *Ibid.*, bk. XIII, chap. xi.

속하지 않는다.《삼위일체론》에서 가장 중요한 정신의 세 쌍은 **기억, 지성, 의지**다. 이 세 정신 능력은 "세 종류의 정신이 아니라 하나의 정신입니다. … 이들은 서로 상호연계되며 … 각자는 다른 두 능력에 의해 이해되며 다시 자신과 관계합니다." 즉 "나는 내가 기억하고 이해하고 의지한다는 것을 기억하며, 나는 내가 이해하고 의지하고 기억한다는 것을 이해하며, 나는 내가 의지하고 기억하고 이해한다는 것을 의지합니다."[120] 이러한 세 능력은 동일한 지위를 유지하며, 이들의 **일원성**은 의지에 기인한다.

의지는 유지하고 망각하는 것을 **기억**에게 말한다. **의지**는 이해를 위해 선택하는 것을 지성에게 말한다. 기억과 지성은 모두 관조적이며, 동시에 수동적이다. **의지**는 그들이 기능하게 하며 궁극적으로 '그들을 결합시킨다.' 이들 가운데 하나, 즉 의지 덕택에 이 셋이 '어쩔 수 없이 하나가 될' 때에만 우리는 '사유'에 대해 말한다. 어원을 여러모로 활용하는 아우구스티누스는 *cogitatio*(사유)의 어원을 *cogere*(*coactum*: 억지로 결합하다)에서 도출한다. ("그래서 삼위일체는 기억, 내적인 봄, 그리고 이들을 결합하는 의지에서 형성된다. 그리고 이러한 세 가지는 하나로 결합되고, 이러한 결합 자체로 그것들은 개념이라 불린다*Atque ita fit illa trinitas ex memoria, et interna visione, et quae utrumque copulat voluntate. Quia tria [in unum] coguntur, ab ipso coactu cogitatio dicitur.*"[121]

의지의 결합력은 순수한 정신 활동에서 기능할 뿐만 아니라 감각지각에도 나타난다. 이 정신의 요소는 감각을 의미 있게 하는 것이다. 아우구

---

120   *Ibid.*, bk. X, chap. xi, 18.

121   *Ibid.*, bk. XI, chap. iii, 6.
아우구스티누스의《삼위일체론》제9권 〈정신과 지식과 사랑의 삼위일체〉 제3장의 내용이다. 독자의 이해를 돕기 위해 원문 번역을 소개한다. "이 두 가지 '삼위일체'에서 주의할 점은 의지의 기능이 둘을 연결하는 것이라는 사실이다. 즉 외적인 대상물을 감각적 형상에, 그리고 기억 형상memory-image을 사고의 봄thought-vision에 연합시키는 것이다. 그래서 이 넷 각각은 선행先行하는 것의 소산 혹은 '자식'이다." 아우구스티누스, 이형기 · 정원래 옮김,《아우구스티누스: 후기 저서들》(두란노아카데미, 2011), 130쪽.(옮긴이)

스티누스가 말하고 있듯이, 우리는 "모든 시각 활동에서 다음 세 가지를 구별해야 한다. … 첫째, 우리가 보는 대상 … 이것은 보이기 이전에 자연적으로 존재할 수 있다. 둘째, 우리가 대상을 지각하기 이전에 있지 않았던 시각이며 … 셋째, 대상에 시각의 감각을 고정시키는 능력 … 정신의 집중이다."[122] 우리는 이 후자, 즉 **의지**의 기능이 없을 경우 인상을 실제로 지각하지 못한 채 감각 '인상'만을 갖게 된다. 우리가 정신을 지각에 집중할 때만 대상은 보인다. 우리가 딴 데 정신이 팔려 있을 때 종종 일어나는 일이지만, 우리는 지각하지 않은 채 볼 수 있고 귀 기울이지 않은 채 들을 수 있다. '정신의 집중'은 감각을 지각으로 전환하는 데 필요하다. "우리가 보는 그 사물에 감각을 고정하고 이 양자를 결합하는" **의지**는 본질적으로 보고 있는 눈이나 보이는 대상과 다른데, 그것은 육체가 아니라 바로 정신이다.[123]

게다가 우리는 우리가 보거나 들은 것에 정신을 집중함으로써 기억할 것을 기억에게 말하고, 지식 추구에서 어떤 대상을 탐구할 것인가, 즉 이해하는 것을 지성에게 말한다. 기억과 지성은 외부 현상으로부터 이탈했으며, 이러한 것들 자체(현존하는 나무)가 아니라 상(보인 나무)을 취급한다. 이러한 상들은 분명히 우리 내부에 있다. 달리 말하면, **의지**는 집중 덕택에 우리의 감각기관을 의미 있는 방식으로 현실세계와 결합하고, 이어서 이 외부세계를 사실상 우리 자신으로 끌어들이며, 이것을 그 이상의 정신 작용, 즉 기억하는 것, 이해하는 것, 긍정하거나 부정하는 것을 위해 대비하게 한다. 내면의 상들은 결코 단순한 환상이 아니기 때문이다. 우리는 "내면의 환상에 완전히 집중하고 우리의 감각을 둘러싸고 있는 물체로부터 정신의 눈을 완전히 외면할 때", 우리가 보고 있는 것인지 단지 상상하고 있는 것인지 구분하기 어려울 정도로 "기억에 나타난 구체적인 물체의 두드러진

---

122   《삼위일체론》, 제2장 2. 아우구스티누스는 여기에서 감각지각에 대해 언급한다.(옮긴이)

123   *Ibid.*, chap. ii, 2.

닮음을" 우연히 발견하게 된다. 신체에 대한 정신의 힘은 아주 크기 때문에 단순한 상상도 "생식기관을 자극할 수 있다."[124] 그리고 이 정신의 힘은 **지성**과 **기억**에 기인하지 않고 정신의 내면과 외부세계를 결합하는 **의지**에만 기인한다. 창조물과 외부세계에서 인간이 차지하는 특권적 위치는 "내부에서 상상하고, 외부에 있는 사물들도 상상하는" 정신에 기인한다. "지각할 수 있는 사물의 상이 기억에 유지되지 못했다면 … 동일한 의지가 외부의 물체와 이에 대한 내부의 상에 적용되지 못했다면 … 어느 누구도 [외부세계의] 이러한 사물을 사용할 수 없었기 때문이다."[125]

이 **의지**는 인간의 감각기관과 외부세계를 묶고 인간의 다른 정신 능력을 결합하는 통합력으로서 우리가 지금까지 **의지**에 대해 지적한 매우 다양한 기술에 전적으로 빠진 두 가지 특징을 지니고 있다. 이 **의지**는 실제로 '행위의 근원'으로 이해될 수 있었다. 의지는 감각의 관심을 인도하고 기억에 각인된 상을 주관하며 이해를 위한 자료를 지성에 제공함으로써 행위가 발생하는 근거를 제공한다. 사람들은 이 **의지**가 아주 바쁘게 행위를 준비하고 있기에 반대 의지와 논쟁에 사로잡힐 시간이 거의 없다고 말하고 싶어 한다. "그리고 남자와 여자의 경우와 마찬가지로 둘로 구성된 하나의 육신이 있듯이 정신의 한 본질(**의지**)은 우리의 지성과 행위, 우리의 평의와 집행을 포함하며 … 그래서 이러한 것들을 그렇게 말할 수 있다. 즉 '그것들은 하나의 육신에 있는 둘일 것이다.' 그래서 우리는 이러한 것들[내적 인간과 외적 인간]도 하나의 정신에 있는 둘이라고 언급할 수 있다."[126]

이 점은 둔스 스코투스가 훨씬 이후 아우구스티누스의 자원론으로

124   *Ibid.*, chap. iv, 7.

125   *Ibid.*, chap. v, 8.

126   *Ibid.*, bk. VII, chap. iii, 3.
      'inward man'은 우리말 성경에서는 '속사람'으로 번역하고 있다. 이는 영혼이나 양심 또는 인간의 비물질적 부분인 정신을 의미하기도 한다.(옮긴이)

부터 끌어낼 여러 가지 결과들에 대한 첫 번째 암시다. **의지**의 구원은 정
신적일 수도 없고, 신의 개입으로 나타날 수도 없다. 구원은 '의지하다'와
'반대로 의지하다' 사이의 갈등을 중단시키는 행위 — 베르그송이 절묘하
게 어울리는 문구로 쿠데타와 같다고 표현한 — 에서 발생한다. 우리가 알
게 되겠지만, 구원의 대가는 *자유*다. 둔스 스코투스가 표현한 바와 같이(근
대 연구자들의 요약에서), "이 순간 내가 글을 쓰지 않는 것이 가능하듯이, 글
을 쓰는 것도 가능하다." 나는 여전히 전적으로 자유로우며, **의지**가 '의지
하다'와 '반대로 의지하다(싫어하다)'는 묘한 사실을 통해 이 자유로 대가를
치른다. 그 경우 정신 활동은 반대를 배제하지 않는다. "나의 글 쓰는 활동
은 그 반대를 배제한다. 나는 의지 활동을 통해 글을 쓰겠다고 결정할 수 있
고, 다른 의지를 통해 글을 쓰지 않기로 결정할 수 있지만, 두 가지 일과 관
련하여 동시에 행동할 수 없다."[127] 달리 말하면, 의지는 원하는 것을 중단하
고 활동을 시작함으로써 만회될 수 있지만, 중단은 '의지하지 않을 의지'라
는 활동에서 시작될 수 없다. 이것은 단지 또 다른 의지 활동이기 때문이다.

아우구스티누스뿐만 아니라 이후 둔스 스코투스도 **의지**의 내적 갈
등이 **의지** 자체의 변형, **사랑**Love으로의 변형을 통해 해결된다고 주장했
다. 기능적 작동의 측면에서 짝짓고 결합하는 행위자인 **의지**는 또한 **사랑**
voluntas: amor seu dilectio[128]으로 정의될 수 있다. **사랑**은 분명 가장 성공적인 중
매쟁이이기 때문이다. 사랑 속에는 다시 "세 가지가 있다. 즉 사랑하는 사
람, 사랑받는 사람, 그리고 사랑 자체다. … [사랑] 자체는 두 가지, 즉 사랑
하는 사람과 사랑받는 사람을 함께 … 결합하는 어떤 삶이다."[129] 그렇게 볼
때, 관심으로서의 **의지**는 눈으로 보는 사람과 가시적인 것을 함께 결합함

---

127   Efrem Bettoni, *Duns Scotus: The Basic Principles of His Philosophy*, trans. Bernardine Bonansea,
       Washington, 1961, p. 158.

128   *On the Trinity*, bk. XV, chap. xxi, 41.

129   *Ibid.*, bk. VIII, chap. x.

으로써 지각을 실현하는 데 필요했다. 단지 사랑의 결합력은 더 강력하다.
사랑이 결합하는 것은 "경이롭게 함께 붙여지므로, 사랑하는 사람과 사랑
받는 사람 사이의 접착제가 있다*cohaerunt enim mirabiliter glutino amoris*."[130] 변형
의 큰 장점은 **사랑**이 분리되어 있는 것을 결합하는 데 더 큰 힘이라는 점 ―
"보이는 물체 형태와 감각, 즉 시각에 나타나는 물체의 상을 결합시키는 **의
지**는 격렬하기 때문에 일단 형성되면 감각을 시각에 고정시킨다. 이때 그
의지는 사랑, 욕망, 열정으로 불릴 수 있다"[131] ― 뿐만 아니라 의지 및 욕망
과 구별되는 사랑이 그 목표에 도달하고 정신에게 그것을 "향유하기 위해
변함없이 있게" 할 수 있을 때 소멸되지 않는다.

　　의지는 사랑을 향유하기 위해 변함없이 지속되어야 한다. 의지는 하
나의 정신 능력으로 부여된다. 왜냐하면 정신은 "그 자체로 충분하지 않고,
필요와 욕구에서 자신의 활동에 과도하게 열중하기"[132] 때문이다. 의지는
기억과 지성을 어떻게 이용할 것인가를 결정하며, "이들을 다른 어떤 것과
연계시키지만, 희망이 아닌 실제적인 사물의 향유로 이들을 어떻게 이용하
는가"[133]를 알지 못한다. 그것은 의지가 결코 만족하지 못하는 이유다. 왜
냐하면 "만족은 의지가 작동하지 않는다는 것을 의미하며",[134] "인내력 말
고는" 그 어느 것도 ― 확실히 희망은 아님 ― 의지의 쉬지 않음, 즉 현전하
는 어떤 것에 대한 조용하고 지속적인 향유를 중단시킬 수 없기 때문이다.
오로지 "사랑의 힘은 아주 크므로 정신은 자신이 오랫동안 사랑으로 성찰
해왔던 그러한 것들을 스스로 끌어들인다."[135] 온 정신은 "자신이 사랑으로

130　　*Ibid.*, bk. X, chap. viii, 11.

131　　*Ibid.*, bk. XII, chap. ii, 5.

132　　*Ibid.*, bk. X, chap. v, 7.

133　　*Ibid.*, chap. xi, 17.

134　　*Ibid.*, bk. XI, chap. v, 9.

135　　*Ibid.*, bk. X, chap. v, 7.

사유하는 그러한 사물들 속에 있으며," 이러한 사물들이 없을 경우 "정신
은 자연히 사유할 수 없다.¹³⁶

　　여기서는 스스로 사유하는 정신을 강조한다. 의지의 '소란과 쉼 없
음'을 중단시키는 사랑은 가시적인 사물에 대한 사랑이 아니라 '감각적인
사물'이 정신의 내면에 남긴 '발자국'에 대한 사랑이다. (아우구스티누스는
논문을 통해 사유와 인지, 지혜와 지식을 조심스럽게 구별한다. "자기 자신을 알지
못하는 것과 자기 자신에 대해 사유하지 못하는 것은 서로 다르다."¹³⁷) **사랑**의 경우
에 정신이 가지적인 사물로 바꾸었던 영속적인 '발자국'은 사랑하는 사람
이나 사랑받는 사람이 아니라 세 번째 요소, 즉 **사랑** 자체다. 이는 연인들이
서로 사랑할 때 함께하는 사랑이다.

　　그러한 '가지적인 사물들'이 지닌 어려움은 "가촉적인 사물들이 육
체의 감각에 … 현전하듯이, 가지적인 사물들이 정신의 시선에 현전한다"
고 하더라도, "〔그것들에〕 도달한 사람은 그것들에 머무르지 않고 … 따라
서 잠정적인 사유는 잠정적이지 않은 사물로 형성된다는 점이다. 그리고
이 잠정적인 사유는 기억에 전념하며 … 따라서 사유가 다시 복귀할 수 있
는 한 장소가 있을 수 있다."¹³⁸ (그는 인간의 잠정성 가운데서 나타나는 지속성의
예를 음악에서 도출한다. 마치 "사람은 어떤 은밀하고 심층적인 침묵 속에서 시간과
분리되어 있으면서 시간 간격을 관통하는 〔한 멜로디〕를 포착할 수 있는 듯하다." 일
련의 소리를 기록하는 기억이 없다면, 우리는 결코 "그 노래를 듣는 동안 그 멜로디를
생각할 수" 없다.)¹³⁹ 사랑이 유발하는 것은 정신이 달리 할 수 없는 것 같은
지속성이다. 아우구스티누스는 고린도전서에서 바울의 말씀을 개념화한

136　　　*Ibid.*, chap. viii, 11.

137　　　*Ibid.*, chap. v, 7. Cf. bk. XII, chap. xii, xiv, xv.

138　　　《삼위일체론》 제12권 14절.(옮긴이)

139　　　*Ibid.*, bk. XII, chap. xiv, 23.

다. "사랑은 결코 중단하지 않는다." "지켜야" 할 세 가지 — **믿음, 소망, 사랑** — 가운데 "가장 고결한 것〔사실, 가장 지속 가능한 것〕은 사랑이다."(고린도전서 13:8)

요약하자면, 아우구스티누스는 이러한 **의지**를 개별적으로만 존재하는 능력이 아니라 모두 개별적이면서도(기억, 지성 그리고 의지) "상호연계되어 있는"[140] 정신 전체 속에서 작동하는 능력으로 이해하며, **사랑**으로 변형된 상태에서 **의지**의 구원을 발견한다. 일종의 지속적이고 갈등 없는 **의지**로서 사랑은 밀의 "견디는 나"와 명백히 유사성을 지니고 있으며, 의지의 결정에서 최종적으로 효과를 나타낸다. 아우구스티누스의 사랑은 "무게" — "의지는 무게와 유사하다"[141] — 를 통해 그 영향력을 행사한다. **사랑**은 영혼에 무게를 첨가하여 그의 동요를 중단시킨다. 사람들은 정의로운 것을 앎으로써 정의로워지는 게 아니라 정의를 사랑함으로써 정의로워진다. **사랑**은 영혼의 중력이다. 다른 말로 에둘러 말하면, "물체의 중력이 사실상 그들의 사랑이다."[142] 게다가 아우구스티누스의 초기 개념의 이러한 변형에서 보존된 것은 **의지**가 지니는 주장과 부정의 힘이다. 어떤 것 또는 어떤 사람을 사랑하는 것보다 그에 대한 더 중대한 주장은 없다. 즉 나는 당신을 사랑한다. 나는 당신이 존재하기를 바란다*Amo: Volo ut sis.*

우리는 지금까지 모든 순전한 신학 문제, 아울러 자유의지가 모든 순전한 기독교 철학에 제기한 주요 문제를 한쪽으로 제쳐 놓았다. 기원후 첫 수 세기 동안 사람들은 우주의 존재를 신성한 힘과 신성을 거부하는 힘의 유출인 발산으로 설명한 적도 있었다. 이들은 그 이면에 인격적 신의 존

---

140   *Ibid.*, bk. X, chap. xi, 18.
141   *Ibid.*, bk. XI, chap. xi, 18.
142   *The City of God*, bk. XI, chap. xxviii.

재를 요구하지 않았다. 말하자면 히브리 전통에서 나타나듯이, 사람들은 발산을 창조주로서 신성한 인물을 필요로 하는 창조로 설명했다. 신성한 창조주는 **그분** 자신의 자유의지로 무에서 세계를 창조했다. 그리고 **그분**은 당신의 모습을 따라 자유의지를 지닌 인간을 역시 창조했다. 이후부터 발산이론은 필연적인 숙명론과 결정론에 부응했다. 창조론은 세계를 창조하고 하느님의 자유와 피조물인 인간의 자유를 조화시키기로 결정한 **분**, 즉 하느님의 **자유의지**를 신학적으로 취급해야 했다. 하느님이 전능하고(**그분**은 인간의 의지를 압도할 수 있다) 선견지명이 있는 한, 인간의 자유는 이중으로 취소될 수 없는 것 같다. 따라서 모범적인 주장은 이러하다. 즉 하느님만이 선견지명이 있으며 강요하지 않으신다. 여러분은 아우구스티누스에서도 그러한 주장을 역시 발견한다. 그러나 그는 한창때에 매우 다른 사유의 흐름을 제안한다.

일찍이 우리는 고대 세계, 특히 고대 로마의 사고방식에 대단히 중요하기 때문에 결정론과 운명론을 옹호한 기본 주장을 채택했다. 그리고 우리는 키케로를 연구하면서 이러한 추론이 어째서 항상 모순과 역설로 끝났는가를 알았다. 여러분은 다음과 같은 근거 없는 주장을 기억한다. 즉 여러분이 아플 때 병에서 회복될 것인지 아닌지는 결정되어 있는데 왜 의사를 부르는가? 달리 말하면, 여러분이 속이지 않은 채 이러한 방향에 따라 일단 사유한다면 여러분의 능력은 무의미해진다. 추론은 선행하는 원인에 좌우된다. 즉 그것은 과거에 좌우된다. 그러나 여러분이 실제로 관심을 가지고 있는 것은 물론 미래다. 여러분이 미래를 예측하고 — "있는 것이 있었다" — 싶다면 이러한 방향에 따라 논의를 시작하는 순간 또 다른 역설에 직면한다. 즉 "내가 내일 비행기 사고로 죽게 될 것이라고 예측할 수 있다면, 나는 내일 병상에서 나가지 않을 것이다. 그렇다면 나는 내일 죽지 않을 것이다. 그런데 나는 미래를 정확히 예측하지 못할 것이다."[143] 하나는 과거와 연계되어 있고, 다른 하나는 미래와 연계되어 있다는 이 두 주장에 나타나는 결점은 동일하다. 첫 번째 주장은 과거를 토대로 현재를 추론하고 두 번째 주장은 미래를 토대로 현재를 추론하므로, 두 주장은 추론의 토대가 실제 사건이 발생하는 영역 밖에 있으며, 외부 관찰자인 그가 행동할 힘을 전혀 갖고 있지 않다 — 그 자신이 원인이 아니다 — 고 상정한다. 달리 말하면, 인간은 시간적 과정의 중요 요소, 즉 과거를 경험하는 존재이고, 과거에 필요한 특별 능력인 기억을 지닌 존재이며, 현재에 살고 미래를 내다보기 때문에, 시간의 질서에서 벗어날 수 없다.

　　나는 시간의 질서 밖에 서 있으며 영원성의 시각에서 발생하고 있는 것을 고찰하는 **선지자**가 소개될 경우에만 결정론에 대한 주장이 그 실제적인 통렬함을 수용한다고 일찍이 지적했다. 아우구스티누스는 그러한 **선지자**를 소개함으로써 자신의 가르침 가운데 가장 모호하며 또한 가장 끔찍한 운명' 예정설에 도달할 수 있었다. 우리는 여기에서 바울의 가르침을 괴팍하게 급진화한 이 교의에 관심을 갖고 있지 않다. 바울의 가르침에 따르면, 구원은 노동이 아닌 믿음에 있고, 하느님의 은총에 의해 주어지며, 이에 따라 믿음도 인간의 능력 안에 있지 않다. 여러분은 '펠라기우스주의자들'[144]에 반대하여 집필한 마지막 저서들 가운데 하나인《은총과 자유의지On Grace and Free Will》에서 이 교의를 발견한다. 펠라기우스주의자들은 의지에 관한 아우구스티누스의 주장을 정확히 언급하면서 죄의 사함 속에서만 전적으로 보답으로 주어진 은총의 수용을 위해 "선행하는 호의의 장점"을 강조했다.[145]

143　William H. Davis, *The Freewill Question*, The Hague, 1971, p. 29.

144　펠라기우스(360?~420)는 영국의 수도사로 로마에 가서 엄격한 수도 생활을 한 철학자이며 신학자로서 인간의 자유의지를 강조했으며, 신의 은총이 단순한 외적인 것에 불과하다며 모든 사람에게 원죄가 있다는 설, 그리스도의 구원, 세례를 부정했다.(옮긴이)

145　아우구스티누스가 만년에 극단적인 형태로 제시한 교의에 따르면, 어린이들이 세례를 받기 전에 죽는다면 그들은 영원히 저주받는다. 세례를 받지 못한 어린이들은 믿음을 아직 알 수 없기 때문에, 이 교의는 바울을 언급함으로써 정당화될 수 없다. 은총이 교회에 의해 부여

운명 예정이 아니라 하느님의 전능과 인간의 자유의지의 가능한 공
존을 지지하는 철학적 주장은 플라톤의《티마이오스》에 관한 논의에 나타
난다. 인간의 지식은 "다양한 형태"로 구성된다. 인간들은 알고 있다.

인간들은 아직 없는 것, 지금 있는 것, 존재했던 것들을 다른 방식으로 알고
있다. 〔그러나〕 하느님은 미래를 내다보시고 현재에 있는 것을 보시며 과거
를 돌아보시되 우리의 사유 방식과는 전혀 달리 심오한 방식으로 보신다.
까닭은 이러하다. 하느님은 〔과거에서 현재를 거쳐 미래로 바뀌게 된 것을
사유 속에서 따르면서〕 이것에서 저것으로 이동하지 않으시고 변하지 않게
완전히 보시며, 그래서 〔우리에게〕 시간적으로 — 이미 있는 현재와 더 이
상 없는 과거와 아직 없는 미래 — 나타나는 모든 사물들은 안정되고 반영
구적인 현전 속에서 **그분**에 의해 이해된다. **그분**은 신체의 눈과 정신의 눈으
로 다르게 보시지 않는다. **그분**은 육체와 정신으로 구성되어 있지 않기 때
문이다. **그분**은 현재, 과거, 미래를 다른 방식으로 보시지 않는다. **그분**의 지
식은 우리와 달라서 세 가지 시제인 현재, 과거 그리고 미래에 관한 지식은
아니다. 반면에 우리의 지식은 시제의 변화에 영향을 받는다. … 생각에 따
라 변화하는 어떠한 관심도 없으시며, **그분**이 알고 있으신 모든 것은 사유
의 비물질적인 직관 속에서 동시에 현전한다. **그분**은 시간 운동 없이 모든
시간적 사물을 움직이시듯이, 시간 개념을 갖지 않은 채 모든 시간을 알고
계시기 때문이다.[146]

된 세례를 통해 구체화된 이후에만, 그리고 믿음이 제도화되었을 때, 운명 예정에 대한 이
러한 견해는 정당화될 수 있다. 제도화된 은총은 더 이상 의식 — 내면적 인간의 경험 — 의
자료가 아니며, 따라서 철학의 관심거리가 아니다. 엄격하게 말하자면, 그것은 믿음 문제가
아니다. 분명히 이것은 기독교 교리에서 가장 정치적인 요소들에 속한다. 우리는 여기에서
이 문제에 관심을 갖지 않는다.

146   *The City of God*, bk. XI, chap. xxi.

이러한 맥락에서 우리는 더 이상 하느님의 **선견지명**에 대해서 언급할 수 없다. 그분에게 과거와 미래는 존재하지 않는다. 인간의 관점에서 볼 때, 영원은 '영원히 계속되는' 현재다. "현재가 항상 현존했다면 … 그것은 더 이상 시간이 아니고 영원이다."[147]

나는 이 주장을 어느 정도 충분하게 인용해왔다. 어떤 사람에게 시간적 질서가 존재하지 않는다고 가정한다면, 하느님의 전능과 인간의 자유의지의 공존은 해결할 수 없는 문제는 아니기 때문이다. 우리는 적어도 인간의 시간성이란 문제의 일부로서, 즉 시간과 연관된 우리의 모든 능력에 대한 고려에서 양자의 공존 문제에 접근할 수 있다. 《신의 도성》에서 설명된 이 새로운 견해는 우리가 이제 관심을 갖게 될 《고백록》의 그 유명한 제1권에서 마련된다.

시간의 범주에서 고려할 때, "지나간 것(과거)의 현재는 기억에, 현존하는 것의 현재는 정신적 직관(contuitus; 사물들을 함께 모으고 그들에 관심을 집중하는 시선)에, 그리고 아직 있지 않은 것(미래)은 기대 속에 있다."[148] 그러나 이러한 정신의 세 가지 현재는 그 자체 시간을 구성하지 않는다. 이러한 세 가지 형태의 현재는 "미래에서 미래가 지나가는 현재를 거쳐 과거로 사라지기" 때문에만 시간을 구성한다. 그리고 현재는 자체의 '공간'을 갖고 있지 않기 때문에 셋 가운데 가장 적게 지속된다. 따라서 시간은 "아직 존재하지 않으며 공간을 갖지 않는 것으로부터 더 이상 존재하지 않는 것으로"[149] 사라진다. 따라서 시간은 '천체의 운동'으로 구성될 수 없다. 천체의 운동은 시작과 끝을 갖고 있을 때만 '시간 속에' 있다. 측정될 수 있는 시간은 정신 자체 속에, 즉 "내가 보기 시작한 시간에서 내가 보지 않을 때까지"

---

147   *Confessions*, bk. XI, chap. xiv.

148   *Ibid.*, chaps. xx and xxviii.

149   *Ibid.*, chap. xxi.

에 있다. "우리는 사실 어떤 시작에서 끝까지의 간격"을 측정할 수 있으며, 이것은 정신이 자체의 현재 속에 아직 존재하지 않는 것에 대한 기대, 즉 "시간이 통과할 때 정신이 주목하고 기억하는 것"에 대한 기대를 유지하기 때문에만 가능하다.

정신은 각각의 일상 활동에서 이러한 시간화 행위를 수행한다. 즉 "나는 시편을 암송하려고 한다. … 나의 이러한 행위의 삶은 내가 이미 암송하고 있는 부분과 관련한 기억으로, 그리고 내가 암송하려는 부분과 관련한 기대로 확장된다. 관심은 현존하며, 미래는 관심을 통해 있었던 것에 전달되어*traiiciatur* 과거가 된다." 우리가 보아왔듯이, 관심은 **의지**, 즉 위대한 통합자의 주요 기능 가운데 하나다. 이 통합자는 아우구스티누스가 말하는 "정신의 확장"으로 시간의 시제를 정신의 현재로 함께 묶는다. "관심은 지속되고, 현전할 것은 관심을 통해 부재하는 것", 즉 과거가 되기 시작한다. 그리고 같은 상황은 인간의 삶 전체에도 적용된다. 인간의 삶은 정신의 확장 없이 결코 전체가 되지 못한다. "같은 상황은 [또한] 인류 후예들의 전 시대에도 해당된다. 이 시대가 일관된 연속적인 이야기로 설명될 수 있는 한, 인간의 모든 활동은 시대의 일부에 지나지 않는다."[150]

따라서 인간 능력의 시간성이란 시각에서 볼 때, 아우구스티누스는 자신의 위대한 저서들 가운데 마지막인 《신의 도성》에서 다시 한 번 **의지** 문제에 관심을 갖는다.[151] 그는 주요 난점을 언급한다. "하느님은 영원하시고 시작이 없지만, **그분**은 시간으로 하여금 시작하게 했고, 인간을 이전에 만드시지 않았다. **그분**은 시간 속에서 만드셨다."[152] 세계와 시간은 동시에 창조되었다. "세계는 시간 속에서 창조된 것이 아니라 시간과 함께 창조

---

150   *Ibid.*, chaps. xxiv, xxvi and xxviii.
151   특히 《신의 도성》 제11권에서 제13권을 참조할 것.
152   *Ibid.*, bk. XII, chap. xiv.

되었다." 창조 자체는 시작을 내포하고 있을 뿐만 아니라 살아 있는 피조물은 인간의 창조 이전에 만들어졌기 때문이다. "변화하는 운동의 계승을 인정하는 피조물이 없는 곳에서는 시간은 전혀 있을 수 없다. … 시간은 피조물이 없을 경우 성립되지 않기 때문이다."[153] 따라서 아우구스티누스는 인간을 창조한 하느님의 목적이 무엇인가를 질문한다. 왜 **그분**은 당신이 이전에 결코 만들지 않았던 인간을 시간 속에서 창조하려고 했는가?" 아우구스티누스는 이 질문을 "실제로 심오함"이라고 부르며 "시간적 존재*hominem temporalem*"를 창조한 "이 목적의 파악할 수 없는 심연"에 대해 언급하는데, "이전에는 결코 존재하지 않았던 시간적 존재"는 "시간 속에서" 살고 있을 뿐만 아니라 본질적으로 시간적인 피조물, 사실상 시간의 본질이다.[154]

아우구스티누스는 "새로운 사물을 창조하는 영원한 하느님이란 바로 이 어려운 질문"에 대답하기 위해 새로운 일이 순환 속에서 발생할 수 없는 한, 철학자들의 순환적 시간 개념을 반박하는 게 필요하다는 것을 처음으로 발견한다. 따라서 그는 '다른 모든 생물과 별도로, 그리고 이것들 위에 있는 **인간**Man을 창조하는 게 왜 필요한가?'란 질문에 대해 매우 놀라운 해답을 제시한다. 그가 말하기를, 새로운 일이 있기 위해서는 시작이 존재해야 한다. "그리고 이 시작은 이전에 결코 있지 않았으며, 인간의 창조 이전에 없었다." 따라서 그러한 시작이 있었고 인간이 창조되었으며, 그 이전에는 아무도 없었다*quod initium eo modo antea nunquam fuit. Hoc ergo ut esset, creatus est homo, ante quem nullus fuit*.[155] 그리고 아우구스티누스는 **인간**의 창조에 해당하는 말로 이니티움(*initium*: 상대적 시작)을 사용하고 하늘과 땅의 창조에 해당하는 말로 프린키피움(*principium*: 절대적 시작, 즉 태초)을 사용함으로써 인간

---

153   *Ibid.*, bk. XI, chap. vi.

154   *Ibid.*, bk. XII, chap. xiv.

155   *Ibid.*, chaps. xxi and xx.

의 시작과 세상의 창조를 구분한다.[156] **인간** 이전에 만들어진, 살아 있는 생
물들은 유적 존재로서 "다수로" 창조되었지만, 이와 달리 **인간**은 단수로 창
조되어 계속 "개개인으로부터 번식되었다."[157]

　　개체성이란 **인간**의 특성은 그가 존재하기 이전에 한 '사람'이라고
부를 수 있는 '아무도' 없었다는 아우구스티누스의 말을 설명한다. 이 개체
성은 의지에 나타난다. 아우구스티누스는 일란성 쌍생아, 즉 "육체와 영혼
의 유사한 기질"을 지닌 쌍둥이 사례를 제안한다. 우리는 어떻게 이들을 따
로 말할 수 있는가? 이들이 서로 구별되는 유일한 자질은 의지다. 그런데
"쌍둥이가 똑같이 유혹을 받았을 때 하나는 유혹에 복종하고 동의하지만
다른 하나는 유혹되지 않는다면 … 기질이 동일한 … 경우에 그들 자신의
의지 이외에 무엇이 이것을 야기하는가?"[158]

　　이러한 성찰을 다른 말로 좀 더 자세하게 설명하자. **인간**은 자신이
시작하고 끝을 맺을 것이라는 점을 알고 있기 때문에 변화와 운동의 세계에
새로운 시작으로 등장한다. 그는 자신의 시작이 끝의 시작이라는 것을 안
다. "우리의 전반적인 삶 자체는 단지 죽음을 향한 경주다."[159] 이러한 의미
에서 어떤 동물, 유적 존재는 시작이나 끝을 가지고 있지 않다. 하느님의 형
상에 따라 창조된 인간과 함께, 존재는 끝을 향해 달리는 시작이기 때문에,
의지하거나 반대로 의지하는 능력을 부여받을 수 있었던 존재는 세계에 등
장했다.

　　이러한 면에서 인간은 창조주 하느님의 형상이었다. 그러나 인간은
영원하지 않고 잠정적이었기 때문에 능력은 전적으로 미래에 집중되었다.

156　　*Ibid*., bk. XI, chap. xxxii.

157　　*Ibid*., bk. XII, chaps. xxi and xxii.

158　　*Ibid*., chap. vi.

159　　*Ibid*., bk. XIII, chap. x.

(아우구스티누스가 세 시제를 말하는 곳마다, 그는 우리가 보았듯이 헤겔과 같이 미래의 우위성을 강조한다.) 단독자로 태어난 모든 인간은 자신의 출생 덕택에 새로운 시작이다. 아우구스티누스가 이러한 성찰의 결과를 도출했다면, 그는 그리스인과 같이 인간들을 유한한 존재가 아닌 "태어날 존재"라고 정의했을 것이며, 그는 **의지**의 자유를 선택의 자유, 즉 의지하기와 반대로 의지하기의 자유로운 선택으로 정의하지 않고 칸트가《순수이성비판》에서 언급한 자유로 정의했을 것이다.

"시간 속에서 일련의 계기를 자발적으로 시작하는 능력"은 "세계 속에서 발생할 때 비교적 첫 번째 시작"만을 가지는 능력이고 "시간 속에서가 아니라 인과율에서 절대적으로 새로운 시작"으로서 이후 다시 한 번 환기되어야 한다. 예컨대 "내가 이 순간 완전히 자유롭게 의자에서 일어난다면 … 전적으로 무한히 자연적인 결과를 지니고 있는 새로운 연속은 이 사건에 그 절대적 시작을 갖는다."[160] '절대적' 시작과 '상대적' 시작의 차이는 우리가 천지창조의 시작인 *principium*과 인간의 탄생인 *initium*에 대한 아우구스티누스의 구분에서 발견한 것과 같은 현상이다. 그리고 칸트가 아우구스티누스의의 탄생 철학에 대해 알았다면 그는 비교적 절대적인 자발성의 자유가 인간이 태어났다는 사실, 즉 시간상으로 인간들에 선행하는 세계에 반복해서 새로운 사람이라는 사실 못지않게 인간 이성에 당혹스럽다는 점에 동의했을 것이다. 자발성의 자유는 인간조건의 중요 부분이며, 그 정신 기관은 **의지**다.

---

160   B478.

3 의지와 지성

토마스 아퀴나스와 지성의 우위성

기독교 철학의 위대한 복원자인 에티엔 질송은 40년도 더 전에 이미 애버딘대학교 기포드 강의 연사로서 그리스 사상이 13세기에 엄청나게 부활했다고 언급했다. 내 생각에 "중세의 모든 성찰의 기본 원리"에 대한 지속적인 고전적 진술을 담고 있는 《중세 철학의 정신*The Spirit of Medieval Philosophy*》은 이 강의의 결실이다.[1] 그는 안셀무스의 "지성에 도움을 청하는 믿음*fides quaerens intellectum*"[2]을 언급했으며, 그로 인해 철학을 신학의 시

---

[1]   질송은 1931년과 1932년 두 차례에 걸친 강의 원고를 저서로 출간했다. 20장으로 구성되어 있으며, 제15장에서는 '자유의지와 기독교의 자유' 문제를 논하고 있다. (옮긴이)

[2]   질송은 《기독교 철학사*History of Christian Philosophy*》에서 다음과 같이 밝힌다. "*fides quaerens intellectum*은 지복직관 앞에서 소멸되지 않는 한 믿음이다. *intellectus fidei*는 계시에 의해 제안된 지성적인 대상들의 이해다. 그러나 지성이 이해한 것은 귀중하다고 하더라도 결코 초자연적인 실재에 침투하지 못한다." 안셀무스는 《프로슬로기움*Proslogium*》에서 "믿기 위해서 알려고 하지 않고 알기 위해서 나는 믿기 때문이다. 나는 또 믿지 않는다면 알 수도 없다는 것을 믿고 있기 때문이다." 코플스톤, 박영도 옮김, 《중세철학사》(서광사, 1988), 212쪽에서 인용함. (옮긴이)

녀*ancilla theologiae*로 삼았다. 교황 그레고리 9세가 이미 200년도 더 전에 이러한 어리석음*tultitia*에 대한 루터의 격렬한 공격을 예기하면서 파리대학교에 경고했을 때, 시녀가 '여주인'이 될 수도 있는 위험성은 항상 존재했다. 나는 종이 표지의 책에서도 질송의 이름을 언급한다. 이러한 언급은 분명히 나 자신에게 결정적이었을 비교를 요청하는 게 아니라 오히려 감사하는 마음에서 한 행동이며, 그리고 내가 오래전에 그러한 대가大家다운 방식으로 취급되었고, 유용한 결과를 산출하는 문제에 대한 논의를 왜 피하는가를 설명하려는 데 목적을 두기 때문이다.

아우구스티누스와 아퀴나스 사이에는 800년의 시간차가 있다. 히포의 주교에서 성인과 교부가 될 뿐만 아니라 아리스토텔레스와 동일하고 사도 바울과 거의 동일한 권위를 아퀴나스에게 부여할 만큼의 충분한 시간이 지났다. 중세 시대 그러한 권위는 대단히 중요하다. 그러한 권위가 새로웠다는 솔직한 고백만큼 새로운 교의에 더 많이 손상을 줄 수 있는 것은 없다. 질송이 말하는 "독단적인 주장*ipsedixitism*"은 결코 더 지배적이지 않았다. 아퀴나스가 한 의견에 견해를 분명히 달리했을 때도, 그는 자신이 당시 반박할 교의를 확립하기 위한 권위적 인용을 필요로 했다. 확실히 이것은 구약성경과 신약성경에 기록된 하느님 말씀의 절대적 권위와 연관되었으나, 여기에서 핵심은 당시 알려진 거의 모든 저자 ─ 기독교인, 유대교인, 회교도인 ─ 의 말이 진리를 위해서든 어느 정도 중요한 비진리를 위해서든 '권위'로 인용되었다는 점이다.

달리 말하면, 우리는 중세의 저작들을 연구할 때 그 저자들이 수도원 ─ 이것이 없었다면 서양 세계의 '사상사'와 같은 것은 존재하지 않았을 것이다 ─ 에 살았다는 점을 기억해야 하며, 이러한 저작들이 책 세상에서 등장했다는 것도 기억해야 한다. 이와 반대로, 아우구스티누스의 성찰은 그의 경험과 긴밀하게 연계되어 있었다. 그 경험을 자세히 기술하는 게 그에게는 중요했다. 왜냐하면 그는 (초기의 대화편인 《자유의지론》에서) 악의 기원과 같은 성찰적인 문제들을 취급했을 때도 그 주제와 관련해 현학적이고 훌륭한 사람들의 견해를 거의 인용하지 않았기 때문이다.

스콜라학파의 저자들은 자신들의 주장을 지지하는 충분한 예를 제시하기 위해서만 경험을 이용했다. 경험 자체가 주장을 불러일으키지는 않는다. 사례들로부터 실제로 나타나는 것은 일종의 결의법決疑法, 즉 특별한 사례에 관계되는 일반 원칙을 제시하는 기법이다. 전적으로 현학적인 관심사에 현혹되지 않은 채 정신이나 영혼의 당혹스러운 문제들을 여전히 명료하게 집필한 마지막 저자는 아퀴나스보다 200년 전에 활동했던 켄터베리의 안셀무스였다. 이것은 물론 스콜라 학파의 저자들이 실제 문제에 무관심했고 단지 주장에만 고무되었다고 말하는 게 아니라, 우리가 이제 어떤 활자화된 권위에 항상 인도되는 사유를 하는 "주석자들의 시대"(질송)로 들어가고 있다고 말하는 것이다. 그리고 이러한 권위가 필히 또는 일차적으로도 기독교적이거나 성서의 취지에 입각한다고 믿는 것은 중대한 오류일 것이다. 그런데도 질송은 자신의 중대한 주제가 제기하는 요구 조건에 훌륭하게 대응하는 사고방식으로, "기독교가 철학을 갖게 된 게 그리스 전통에 기인하듯이 기독교 철학이 있는 것은 성서에 기인한다"[3]는 것을 인식했다. 질송은 플라톤과 아리스토텔레스가 궁극적 진리를 천착하는 데 실패한 이유를 다음과 같은 불행한 사실에서 발견할 수 있다고 진지하게 제안했다. 즉 그들은 "창세기 첫째 줄을 읽을 수 있는 이점을 갖지 못했는데 … 그들이 읽었다면 철학사 전체는 달라졌을 수도 있다."[4]

아퀴나스의 《신학대전Summa Theologica》은 위대한 미완의 걸작이다. 아퀴나스는 원래 새로운 대학들에서 교재로 사용할 교육학적 목적으로 이 책을 집필했다. 그는 《신학대전》에서 엄격히 체계적인 방식으로 온갖 질

---

[3]   *The Spirit of Medieval Philosophy*, p. 207.

[4]   *Ibid.*, p. 70.

문과 주장을 설명하고 이들에 대해 각기 최종 해답을 제시하려고 했다. 내가 알고 있는 이후의 체계는 추정컨대 기존의 진리에 대한 이러한 집대성, 일관된 지식의 총체에 필적할 수는 없다. 모든 철학 체계는 쉼 없는 정신에 일종의 정신적 거주지, 즉 안전한 고향을 제공하는 데 목표를 둔다. 그러나 어떤 철학 체계도 그렇게 훌륭하게 성공하지 못했으며, 내 생각에 모순으로부터도 그렇게 자유롭지 못했다. 안전한 고향에 들어가고자 정신적으로 상당히 분투하는 사람은 누구나 그 수많은 대저택(정신적 거주지)에서 자신이 결코 당혹스럽거나 소외당하고 있지 않다는 확신을 통해 보상을 받았다.

아퀴나스의 저작을 읽는다는 것은 그러한 거주지들을 어떻게 구성하는가를 배우는 것이다. 첫째, 질문들은 가장 추상적이지만 비성찰적인 방식으로 제기된다. 다음으로 각 질문에 필요한 탐구 요지는 분류되며, 가능한 모든 답변에 제기될 수 있는 반론을 수반한다. 그 때문에 "반면에"로 시작하는 부분에서는 반대 입장을 내놓는다. 아퀴나스는 이러한 기반이 제기되었을 때만 자신의 답변을 제시했으며, 여기에는 반론에 부응하는 특별한 답변이 포함되어 있다. 이 도식적인 질서는 결코 변경되지 않는다. 각각의 반론과 반대 입장을 고려하면서 연쇄적인 질문과 대답을 충실히 따를 만큼 충분히 인내하는 독자는 이러한 것을 전적으로 알고 있는 것 같은 지성의 방대함으로 인해 자신이 넋을 잃게 된다는 것을 발견할 것이다. 모든 사례에서 어떤 권위에 대한 호소는 이루어진다. 반박되고 있는 주장이 권위적인 인용으로 지지를 받은 채 처음으로 제기되었을 때 이러한 호소는 특별히 매우 인상적이다.

권위의 인용은 유일하거나 심지어 지배적인 논증 방식은 아니다. 그것은 항상 일종의 순수한 합리적 논증, 통상적으로 어길 수 없는 것을 동반한다. 어떤 수사학, 즉 설득 형식도 사용되지 않는다. 진리만이 강요할 수 있듯이 독자는 거역하지 못한다. 중세철학에서 아주 일반적으로 거역할 수 없는 진리에 대한 신뢰는 아퀴나스의 경우 무한하다. 그는 세 가지 형태의 필연성을 구별한다. 그것들은 합리적인 절대적 필연성(예컨대 삼각형의 세 각은 두 개의 직각과 같다), 유용한 상대적 필연성(예컨대 음식은 삶에 필요하고 말은 여행에 필요하다), 그리고 외부 행위자에 의해 부과되는 강제다. 이것들 가운데 세 번째만이 "의지에 맞지 않는다."[5] 진리는 강요한다. 의지가 명령하듯이 진리는 명령하지 않는다. 진리는 둔스 스코투스가 이후 언급한 "이성의 명령*dictamen rationis*"이다. 이것은 말하기*dicere* 형식으로 규정하는 힘이며, 그 강제력은 합리적인 상호작용의 한계 내에서 한계를 드러낸다.

아퀴나스는 다른 사람의 추종을 불허할 만큼 명료하게 두 가지 '이해' 능력, 즉 지성과 이성을 구별한다. 두 능력은 각기 조응하는 지적 욕구 능력, 즉 의지와 자유로운 선택이다. 지성과 이성은 진리를 취급한다. '보편 이성'이라 불리는 지성은 수학적 또는 자명한 진리, 즉 동의를 얻는 논증을 필요로 하지 않는 제1원리들을 취급하지만, 이성 또는 특수 이성은 삼단 논법의 경우와 같이 보편적 명제로부터 특수한 결론을 도출하는 능력이다. 보편 이성은 본질적으로 관조적이지만, 특수 이성은 "하나에서 다른 것의 지식에 도달하며, 따라서 우리는 결론, 즉 원리로부터 인식된 것에 대해 추론한다."[6] 이 논변적인 추론 과정은 그의 모든 저작에서 우세를 보인다. (계몽주의 시대를 이성의 시대라고 불러왔는데, 이는 적절한 기술일 수도 있고 아닐 수도 있다. 중세는 확실히 추론의 시대로 불리는 게 좋다.) 지성을 통해서만 지각하는 진리가 정신에 드러나고 정신의 부분에서 어떠한 활동도 없이 정신을 강요하지만, 정신은 논변적인 추론 과정에서 자신을 강요한다.

합리적 피조물은 믿음을 통해 논증적인 추론 과정을 수행한다. 합리적 피조물의 지성은 "나의 자연적 이성의 능력 내에 있을 수 있듯이" **그분**

5　　*Summa Theologica*, I, qu. 82, a. 1.

6　　*Ibid.*, qu. 81, a. 3, and qu. 83, a. 4.

이 있으시다는 "진정한 존재에 관한 지식"을 추구하는 과정에서 도움을 얻고자 자신의 창조주에게 자연스럽게 관심을 갖는다.[7] 성서에서 믿음에 계시된 것이 어떠한 회의에도 영향을 받지 않았듯이 그리스 철학도 제1원리의 자명성에 의혹을 품지 않았다. 진리는 강제적이다. 아퀴나스의 이 강제력과 그리스어 *alētheia*(노출, 진리)의 강제력은 구별된다. 결정적인 계시가 외부에서 나타나는 게 아니라 "내부의 이성의 빛이 계시로 외부에서 널리 퍼진 진리에 대응했다. 들음으로써 갖는 믿음(*fides ex auditu*; 예컨대 신의 소리에 귀를 기울이는 모세)은 동시에 응답하는 마음을 일깨웠다."[8]

우리가 아우구스티누스로부터 아퀴나스와 둔스 스코투스에 이르면서, 가장 두드러진 특징은 이들 어느 누구도 고립된 능력으로 인정된 **의지**의 불확실한 구조에 관심을 갖지 않는다는 점이다. 그들에게 중요한 것은 **의지**와 **이성**이나 **지성** 사이의 관계이며, 지배적인 의문은 이러한 정신 능력 가운데 어느 것이 '더 고귀하며', 따라서 다른 것보다 더 우위를 누릴 자격이 있는가 하는 것이다. 아우구스티누스가 구분한 세 가지 능력 — **기억**, **지성**, **의지** — 가운데 가장 명백한 로마적 특성을 지닌 능력, 사람들을 과거와 묶는 능력인 **기억**이 빠진다는 것은 아우구스티누스가 두 사상가에 미친 엄청난 영향이라는 관점에서 볼 때 특별히 더욱 중요한 의미를 지닌다. 이러한 손실은 결정적이다. **기억**은 우리의 철학 전통 어디에서도 **지성**이나 **의지**와 같은 지위를 다시 확보하지 못한다. 모든 순전한 정치철학의 경우에 이러한 상실의 결과를 완전히 별도로 하더라도,[9] 기억과 함께 사라진 것*sedes animi est in memoria*은 분명히 아우구스티누스의 시간적 존재*homo temporalis*에

7   Duns Scotus as quoted by Gilson, *The Spirit of Medieval Philosophy*, p. 52.

8   Gilson, *The Spirit of Medieval Philosophy*, p. 437.

9   나는 《과거와 미래 사이》에서 정치에 대한 엄격한 로마식의 이해를 위해 과거의 중요성을 제시하고자 노력했다. 특별히 로마식의 세 쌍인 권위*auctoritas*, 종교*religio*, 전통*traditio*에 관한 설명을 참조할 것.

나타난, 인간 본성과 인간적 실존에 포함된 완전한 시간적 특성의 의미였다.[10]

아우구스티누스가 정신에 이미 나타난 모든 것과 관계가 있다고 생각한 지성은 아퀴나스에게는 제1원리, 즉 다른 어느 것보다 우선하는 것에 연관된다. 개별자를 취급하는 추론 과정은 제1원리로부터 출발한다.[11] 의지의 적절한 대상은 목적이지만, 이 목적이 미래가 아니듯이, "제1원리"도 과거가 아니다. 원리와 목적은 논리적인 범주이지 시간적 범주가 아니다. **의지**에 관한 한,《니코마코스 윤리학》을 면밀히 따르는 아퀴나스는 주로 목적-수단 범주를 주장한다. 아리스토텔레스의 경우와 마찬가지로 의지의 대상이기는 하지만 목적은 이해 능력인 지성에 의해 **의지**에 주어진다. 따라서 적절한 '행위 질서'는 이러하다. 즉 "우선 목적에 대한 이해가 있고 … 다음에 수단에 대한 조언(심의)이 있으며, 마지막으로 수단에 대한 욕구가 있다.[12] 각 단계에서 이해 능력은 욕구 운동을 선행하며, 이것에 대해 우위성을 지닌다.

이러한 모든 구분의 개념적 근거는 '선과 **존재**'가 사유 속에서만 다르지 '동일한 실재realiter'라는 것이다. 그런데 이러한 주장은 선과 **존재**가 '전환 가능하다'고 말해도 좋을 정도까지만 타당하다. "〔인간〕이 존재인 한 그는 선도 갖고 있지만, 중요한 것이 존재의 완전에서 결여된다면, 이것은 선을 결여한다고 볼 수 있으며, 악이라고 할 수 있다."[13] 존재자는 그것이 있는 한에 있어서 악이라고 할 수 없고 "**존재**를 결여하는 한에서만" 악이라고 할 수 있다. 이 모든 주장은 물론 아우구스티누스의 입장을 정교하게 설

10   *De Civitate Dei*, bk. XII, chap. xiv.

11   *Op. cit.*, I, qu. 5, a. 4.

12   *Ibid.*, I~II, qu. 15, a. 3.

13   *Ibid.*, I, qu. 5, a. 1, I~II, qu. 18, a. 1.

명한 것에 불과하지만, 그 입장은 확장되고 개념적으로 선명해졌다. 이해 능력이란 시각에서 볼 때, 존재는 진리의 측면 아래 나타난다. 그런데 목적 이 선인 **의지**의 시각에서 볼 때, **존재**는 "존재가 표현하지 않는 바람직함의 측면 아래" 나타난다. 악은 원리가 아니다. 악은 단순한 결여*absence*이기 때 문이다. 결여는 "사적이고 부정적인 의미로 기술될 수 있다. 부정적으로 표 현하자면 선의 결여는 악이 아니다. … 예컨대, 사람이 말의 신속함을 결여 한다면, 결여는 악이 아니다. 악은 어떤 것이 그것에 본질적으로 속하는 선 을 상실한 곳에서 결여다. 예컨대 시각을 상실한 맹인을 들 수 있다."[14] 절 대적 또는 근본적 악은 그 결여의 특성 때문에 존재할 수 없다. "선의 완전 한 결여"를 발견할 수 있는 곳에서 악은 존재하지 않는다. "완전한 악이 있 다면, 악은 자체를 파괴하기 때문이다."[15]

아퀴나스는 악을 단지 "결여", 즉 일종의 시각적 착시라고 생각한 첫 번째 사람은 아니었다. 악이 전체의 부분에 불과한데 그 전체를 고려하 지 않을 경우 시각적 착시는 발생한다. 아리스토텔레스는 이미 우주의 개 념을 가지고 있었는데, "이 우주에서 모든 부분은 자체의 완벽하게 질서 잡 힌 장소"를 가지고 있으며, 불의 본질적 선 때문에 우연히 "악은 물을 생성 케 한다."[16] 그리고 이 주장은 악의 실질적 존재에 대한 가장 탄력적이고 반 복적인 반론이 되고 있다. "근본적 악"[17]이란 개념을 만들어낸 칸트도 "연 인을 증명할 수 없는" 사람이 그 이유 때문에 "악한을 증명하기로 마음먹었 다"는 것, 아우구스티누스의 말을 인용하자면 의지하는 것과 싫어하는 것

14   *Ibid.*, I, qu. 48, a. 3.
15   *Ibid.*, qu. 5, a. 5 ; qu. 49, a. 3.
16   *Ibid.*, qu. 49, a. 3.
17   칸트는 《이성의 한계 안에서의 종교》 철학적 종교론 제1논고, 〈III. 인간은 자연본성적으로 악하다〉에서 근본적 악에 대해 밝히고 있다. 《전체주의의 기원》 제3부 〈총체적 지배〉를 참 조할 것.(옮긴이)

이 상호연계되어 있다는 것, **의지**의 자유로운 선택이 의지하기와 반대로 의지하기라는 것을 결코 믿지 않았다. 지금까지 이어지는 철학의 오래된 이 논점*topos*은 대부분의 다른 체계에서보다 아퀴나스에게서 더 잘 이해된다. 아퀴나스의 체계에서 핵심인 "제1원리"는 **존재**이기 때문이다. 질송이 지적한 바와 같이, 아퀴나스 철학의 맥락에서 보자면 "하느님이 세계뿐만 아니라 세계 속에서 악도 창조했다고 말하는 것은 하느님이 무를 창조했다고 말하는 것과 같다."[18]

있다는 것이 주요 특징인 모든 피조물은 "자체의 방식으로 [각자] **존재**를" 갈망한다. 그러나 **지성**만이 존재 전체에 대한 '지식'을 가지며, 감각은 "이곳과 현재라는 조건 아래인 경우를 제외하고 존재를 알지 못한다."[19] 지성은 "존재를 전적으로 항상 이해하며", 인간은 이러한 능력을 부여받은 한 '항상 존재하기'를 욕구하지 않을 수 없다. 이것은 **의지**의 '자연적 성향'이며, 진리가 지성에 강렬하듯이 의지의 궁극적 목적은 의지에 '필요하다.' 정확히 말하자면, **의지**는 '특정한 재화'와 관련해서만 자유롭다. 욕정은 특정한 재화에 의해 작동될 수도 있지만, **의지**는 이를 통해 '필연적으로' 작동되지는 않는다. 궁극적 목적, 즉 영원히 존재하려는 **지성**의 욕구는 욕정을 통제한다. 따라서 인간과 동물 사이의 구체적인 차이는 인간이 "[다른 생물과 공유하고 있는 욕망에 의해] 자극을 받지 않고 … 우월한 욕망인 **의지**의 명령을 기다리며 … 그래서 높은 욕망이 동의하지 않으며 낮은 욕구가 운동을 촉발하는 데 충분하지 않다"[20]는 사실에서 명백해진다.

아퀴나스의 제1원리인 **존재**가 단지 **삶** 및 삶의 본능 — 모든 생물은 본능적으로 삶을 보존하고 죽음을 피한다는 사실 — 의 개념화라는 것은 명

18   *History of Christian Philosophy in the Middle Ages*, New York, 1955, p. 375.

19   *Summa Theologica*, I, qu. 75, a. 6.

20   *Ibid.*, qu. 81, a. 3.

백하다. 이것 역시 우리가 아우구스티누스가 말한 상당히 시험적이고 정교한 문구들에서 발견한 사상이지만, 그 내적 결과, 즉 **의지**와 (영원한 삶과 어떠한 관계도 갖고 있지 않은) 삶의 본능의 등식화는 19세기에만 공통적으로 제기된다. 진리 자체는 쇼펜하우어에서 명백히 언급되며, 니체의 힘에의 의지에서는 삶의 과정의 한 기능으로 이해된다. 우리가 말하는 진리란 없이는 살아갈 수 없는 그러한 명제들이다. 이성이 아닌 우리의 삶에의 의지는 진리를 강압적이게 한다.

우리는 이제 '두 가지 정신 능력 가운데 어떤 것이 절대적으로 더 높고 더 고귀한가?'라는 질문에 관심을 가질 수 있다. 얼핏 보면 이 질문은 이해하기가 어렵다. 궁극적인 대상은 동일하기 때문이다. **존재**는 **의지**에 선하며 바람직하게 보이며 **지성**에 참인 것 같다. 그리고 아퀴나스는 다음과 같이 동의한다. 즉 이 두 능력은 "자신의 활동에서 서로를 포함한다. **지성**은 **의지**가 의지하는 것을 이해하고, **의지**는 **지성**이 이해하는 것을 의지하기"[21] 때문이다. 우리가 정신의 다른 능력에 조응하는 것으로서 '**좋음**'과 '**참**'을 구별하더라도, 그들은 모두 영역에서 보편적이기 때문에 매우 비슷하다. **지성**이 "보편적인 존재와 진리를 이해하듯이" **의지**는 "보편적 선을 욕구하며", **지성**이 개별자를 다루기 위해 그 하위 능력으로 추론을 갖고 있듯이, **의지**는 보편적 목적에 이르는 적절한 특별 수단을 분류하는 과정에서 그 부차적인 조력자로 자유로운 선택 능력을 갖는다. 게다가 두 능력은 궁극적인 대상 — 참이나 좋음으로 위장한 채 — 으로서 **존재**를 갖고 있기 때문에, 그들은 동등한 것같이 보이며, 각기 단순한 개별자를 취급하기 위해 적절한 하인의 지원을 받는다.

따라서 상위 능력과 하위 능력을 실제로 구별하는 선은 '우월한' 능

---

21   *Ibid.*, qu. 82, a. 4.

력과 '부차적' 능력을 구분하는 선(경계)인 것 같다. 그러한 구분은 결코 의
문시되지 않는다. 아퀴나스의 경우 — 철학 분야 거의 모든 그의 후계자들
(이들 가운데 공언한 사람들보다 더 많은 아퀴나스주의자들이 있음)의 경우 — 에
보편자가 개별자보다 "지위 면에서 더 고귀하고 높다"는 것은 실제로 개별
학문으로서 철학의 바로 핵심, 즉 당연한 것이다. 그리고 이것이 필요로 했
던 유일한 증거는 전체가 그 부분들의 합보다 항상 더 크다는 사려 깊은 아
리스토텔레스의 진술이다.

　　둔스 스코투스의 훌륭하지만 오히려 별난 구별은 그런 가정을 탐구
하고 의심해왔다는 것이다. 보편성 형식의 **존재**는 단지 사유이며, **존재**가
지니고 있지 않은 것은 실재다. "이것임(개별성: *haecceity*)"을 특징으로 하는
특정한 사물들*res*만이 사람에게 실재적이라고 할 수 있다. 둔스 스코투스는
"현존하는 것으로 지각되는 현존하는 개별자, 적절한 대상에 대한 직관적
인식과 인지된 사물의 본질*quiddity*인 적절한 대상에 대한 추상적 인식"[22]을
선명하게 대조했다. 그러므로 이것은 결정적이다. 정신의 상(이미지: 보이는
나무)은 그 실제적 현존을 상실했기 때문에 실제의 나무보다 아주 낮은 존
재론적 지위를 지닌다. 한 사물의 본질에 대한 지식이 정신의 상 없이 가능
하지 않다고 하더라도 그렇다. 이러한 반전의 결과는 예컨대 살아 있는 존
재 형태의 이 특수한 사람이 종이나 인류에 대한 단순한 사유보다 지위상
높으며 이를 선행한다는 점이다. (키르케고르는 이후 헤겔에 대해 매우 비슷한
반론을 제기했다.)

　　이러한 반전은 성서, 즉 창조주 하느님으로부터 그 영감을 도출한
철학에 있어서는 당연한 결과로 보인다. 창조주 하느님은 그분 자신의 모
습으로, 필히 위격으로 사람을 창조한 분이다. 그리고 아퀴나스는 "위격이
본성 전체에서 가장 완벽한 것을 의미한다*persona significat id quod est perfectissimum*

---

in tota natura "[23]고 주장할 만큼 충분히 기독교적이다. 아우구스티누스가 제시한 바와 같이, 성서의 기초는 모든 자연적 종이 복수로 창조되었다는 창세기에 있다. 〔"그분은 그들에게 동시에 다수가 되라고 명령했다(*plura simul iussit exsistere.*")〕 인간만이 단수로 창조되었고, 따라서 (동물 종으로 간주된) 인간 종은 한 분에서 배가되었다*ex uno ⋯ multiplicavit genus humanum*.[24] 아퀴나스가 아니라 아우구스티누스와 둔스 스코투스의 경우, **의지**는 이 단일성을 현실화하는 정신기관이며 개체화 원리다.

　　아퀴나스는 자신으로 돌아가기 위해 다음과 같이 주장한다. "**지성**과 **의지**가 각 대상의 보편성에 따라 서로 비유된다면 ⋯ **지성**은 **의지**보다 전적으로 더 높고 더 고귀하다."[25] 그리고 이 명제는 **존재**에 관한 그의 일반철학에서 도출되는 게 아니기 때문에 더욱 중요하다. 아퀴나스 자신은 이것을 어느 정도는 인정한다. 그의 경우 **의지**에 대한 지성의 우위성은 각 대상의 우위성 — **좋음**에 대한 **진리**의 우위성 — 에 있다기보다 오히려 두 능력이 인간 정신 내에서 '의견을 같이하는' 방식에 있다. 즉 "모든 의지운동 movement은 이해 뒤에 이루어지지만 — 어느 누구도 자신이 알지 못하는 것을 의지할 수 없다 — ⋯ 이해는 의지 활동 뒤에 이루어지지 않는다."[26] (여기에서 그는 물론 감각지각 활동에도 필요한 배려로서 **의지**의 우위성을 주장한 아우구스티누스와 결별한다.) 이러한 형태의 우선순위는 모든 의지 활동에서 드러난다. 예컨대 목적에 대한 수단이 "결정되는 자유로운 선택"에서 두 힘은 의견을 같이한다. "우리는 인지 능력을 통해 하나가 다른 것보다 선호된다는 것을 판단하며 ⋯ 욕구 능력이 작동되는 곳에서 욕구는 조언자의 판단을

23　　*Summa Theologica*, I, qu. 29, a. 3. Resp.

24　　Augustine, *De Civitate Dei*, bk. XII, chap. xxi.

25　　아퀴나스, 《신학대전》제1권 제1부 질문 82 '의지에 대하여', 제3항 '의지는 지성보다 더 고귀한 힘인가?'(옮긴이)

26　　*Summa Theologica*, I, qu. 82, a. 4.

수용해야 한다."²⁷

　　아우구스티누스와 아퀴나스의 저자들이 그들의 주장을 제시하고자 종종 사용했듯이, 우리가 아우구스티누스와 아퀴나스의 입장을 순수한 심리학적 관점에서 고찰한다면, 우리는 그들의 주장이 똑같이 설득력을 갖기 때문에 그들의 반대 입장이 다소간 비논리적이라는 것을 인정해야 한다. 자신이 잘 알지 못한다는 것을 의지할 수 없거나 반대로 어떤 의지 활동이 우리가 지식을 원하는 방향 또는 우리의 지식 탐구가 진행되는 방향을 선행하거나 이를 결정한다는 것을 누가 부정하겠는가? 아우구스티누스가 **의지**의 우위성을 선정하는 최종 이유와 마찬가지로 아퀴나스가 **지성**의 우위성을 인정하는 진정한 이유는 모든 중세 사상가의 궁극적인 질문에 대한 증명하기 어려운 대답에 있다. "인간의 최종 목적과 행복은 무엇에 있는가?"²⁸ 우리는 아우구스티누스의 대답이 사랑이었다는 것을 안다. 그는 피조물과 조물주의 욕구하지 않고 결코 분산되지 않는 결합으로 사후의 삶을 영위하고자 했다. (비록 중세 사상가들을 언급하지 않았지만) 아우구스티누스와 아우구스티누스주의자들에게 명백히 대응한 아퀴나스는 다음과 같이 답변한다. 어떤 사람은 인간의 최종 목적과 행복이 하느님을 아는 데 있지 않고 그분을 사랑하는, 즉 그분에 대한 어떤 다른 의지 활동에 있다고 생각할 수 있다고 하더라도, "우리의 목적인 선을 소유하는 것과 그것을 사랑하는 것은 다르다고 주장한다. 사랑은 우리가 목적을 소유하기 이전에 불완전했고, 소유물을 획득한 이후 완벽하기 때문이다." 아퀴나스의 경우, 욕구가 없는 사랑은 생각할 수 없으며, 따라서 대답은 정언적이다. "인간의 궁극적 행복은 본질적으로 **지성**을 통해 하느님을 아는 것이다. 그것은 **의지** 활동은 아니다." 여기에서 아퀴나스는 "**지성**이 관조 상태에서 자신을 발견할 때 최

---

27   *Ibid.*, qu. 83, a. 3.

28   아퀴나스가 다음 저작에서 제기했다. *Summa contra Gentiles*, III, 26.

고의 축복이 나타난다"[29]고 선언했던 자신의 스승 알베르투스 마그누스[30]를 따르고 있다. 완전히 일치하고 있는 단테의 작품을 보는 것은 지적할 만하다.

> 그 결과로 천상의 축복이 보일 수 있다.
> 어떻게 이것의 뒤를 잇는, 사랑하는 것에 있지 않고
> 하느님을 보는 행위에 기반을 두고 있는지.[31]

나는 이러한 고찰을 시작하면서 **의지**와 욕구의 차이를 강조하고 아우구스티누스의 **의지** 철학에서 밝힌 **사랑** 개념을 《향연》의 플라톤적 에로스와 의미상 구분하고자 했다. 《향연》에서 에로스는 사랑하는 사람에 내재된 결핍을 암시하고, 그가 결여할 수 있는 모든 것의 소유에 대한 갈망을 나타낸다. 내가 아퀴나스로부터 바로 인용해왔던 것은 욕구 능력이란 그의 개념이 어느 정도 현세의 삶에서 결핍할 수 있는 모든 것을 사후에 소유하려는 욕구란 개념에 여전히 신세를 지고 있다는 것을 보여준다. 기본적으로 욕구로 이해된 **의지**는 욕구 대상이 소유될 때 중단되며, "**의지**는 자신이 바라는 것을 소유할 때 축복받는다"[32]는 개념은 전혀 참이 아니다. 이때는

---

29 다음 자료에서 인용함. Wilhelm Kahl, *Die Lehre vom Primat des Willens bei Augustin, Duns Scotus und Descartes*, Strassburg, 1886, p. 61n.

30 마그누스Albertus Magnus(1206~1280)는 슈바벤 지방 라우잉겐에서 태어나 도미니크회에 입회했으며, 파리에서 박사학위를 받고 아리스토텔레스의 주요 저작에 대한 주석을 저술했다. 그는 신학적 추론에 변증론을 이용했고, 철학 자체를 하나의 독립된 학문으로 인정했다. 주요 저작으로 《지성의 단일성에 대하여De unitate intellectus》, 미완의 저작인 《신학대전 Summa theologieae》, 《식물론De vegetalibus》, 《동물론De animalibus》 등이 있다. (옮긴이)

31 *The Divine Comedy,* Paradisco, Canto xviii, line 109f., trans. Laurence Binyon, New York, 1949.

32 다음 자료에서 인용함. Gustav Siewerth, *Thomas von Aquin, Die menschliche Willensfreiheit. Texte ··· ausgewählt & mit einer Einleitung versehen*, Düsseldorf, 1954, p. 62.

의지가 의도하는 것을 중단한 바로 그 순간이다. 아퀴나스에 따르면, "수동
적 능력"[33]인 **지성**은 **의지**에 대한 우위성을 확신한다. **지성**은 "욕정에 대상
을 드러내며", 이에 따라 **의지**보다 우선하기 때문이며, 또한 사실상 대상이
획득되었을 때 소멸되는 **의지**보다 오래 존속하기 때문이다. 아우구스티누
스뿐만 아니라 둔스 스코투스의 경우 **의지**의 **사랑**으로의 변형은 "인간의 최
종 목적이며 행복"이란 다른 개념을 통해서뿐만 아니라 **의지**와 욕정 및 욕
구로부터의 더 근본적인 분리에 의해 부분적으로 촉진된다. 사후에도 인간
은 여전히 인간으로 존재하며, 그의 '궁극적 행복'은 완전한 '비활동'일 수
는 없다. **사랑**은 목적을 추구하지 않거나 그것의 상실을 두려워하면서 부단
히 활동하지 않는다고 하더라도 여전히 적극적이기 때문에 **의지**를 복원시
키도록 고무될 수 있었다.

　　목적 자체를 지니고 있으며 이에 따라 목적-수단 범주 밖에서 이해
될 수 있는 활동이 있을 수 있다는 것은 결코 아퀴나스의 고려 사항에 포함
되지 않는다. 아퀴나스의 경우, "모든 행위자는 목적을 위해 활동하며 …
이러한 작동 원리는 목적에 있다. 따라서 항해 기술이 조선 기술을 명령하
는 것과 마찬가지로, 목적과 연관된 기술은 자신의 명령에 따라 수단과 연
관된 기술을 작동시킨다."[34] 확실히 이것은 다음의 경우를 제외하고《니코
마코스 윤리학》에서 바로 나온다. 즉 아리스토텔레스의 경우, 그것은 오직
한 가지 형태의 활동, 즉 생산 기술인 제작*poiēsis*에 참인데, 생산기술은 목적
이 활동 자체 ― 플루트 제작에 대비되는 플루트 연주, 미리 정해진 목적지
에 도달하기 위해 걷는 것과 대비되는 산책 ― 에 있는 공연예술과 구분된
다. 아리스토텔레스의 경우 실천*praxis*은 공연예술과 유사한 것으로 이해되
어야 하며, 목적-수단 범주의 관점에서 이해될 수 없다. 철학자의 가르침,

33　　*Summa Theologica*, I, qu. 79, a. 2.

34　　*Ibid.*, I~II, qu. 9, a. 1.

특히 《니코마코스 윤리학》에 아주 과중하게 의지한 아퀴나스가 제작과 실천의 차이를 무시했다는 것은 아주 충격적이다.

　이러한 차이의 장점이 무엇이든 ─ 내 생각에 그 장점은 어떤 행위 이론에는 중요하다 ─ 그 장점은 아퀴나스의 궁극적 행복이란 개념과 별로 연관성이 없다. 아퀴나스는 **관조**와 어떤 형태의 활동을 대비시키며, 여기에서 아리스토텔레스와 같은 입장을 유지한다. 아리스토텔레스의 경우, 생산뿐만 아니라 행위도 "보잘것없고 신에게는 어울리지 않기" 때문에, 신의 활동은 관조적이다. ("만약 우리가 생산은 말할 것도 없고 행위를 살아 있는 존재로부터 제거한다면 관조 이외에 무엇이 남는가?") 따라서 인간적으로 말하자면, 관조는 단순한 직관으로 축복받고 축복스럽게 휴식하는 '어떤 것도 하지 않음'이다. 아리스토텔레스가 말했듯이, "행복은 여가에 의존한다. (행위를 하든 제작하든) 분주함의 목적은 여가를 갖는 것이며, 우리는 평화를 누리기 위해 전쟁을 한다."[35] 아퀴나스의 경우, 이 마지막 목적(관조의 축복)만이 필연적으로 "의지를 작동시킨다." "의지는 목적을 원하지 않을 수 없다." 따라서 "**의지**는 행위자가 작동하는 방식으로 **지성**을 적극적이게 부추긴다. 그러나 **지성**은 목적이 작동하는 방식으로, 즉 아리스토텔레스의 "부동의 원동자"를 작동시키는 방식으로 **의지**를 작동시킨다."[36] 그런데 부동의 원동자는, 사랑하는 사람이 사랑받는 사람에 의해 작동될 때와 같이 "사랑받는 것"의 덕택인 경우를 제외하고 어떻게 작동할 수 있었는가?[37]

　아리스토텔레스가 주장했던 "모든 쾌락 가운데 가장 연속적인 것"은 이제 영원한 축복으로 기대되는데, 의지 활동에 유의하는 쾌락이 아니라 의지를 중단케 하는 환희다. 따라서 자체와 관련하여 보이는 **의지**의 궁

35　　　*Nichomachen Ethics*, bk. X, 1178b18~21; 1177b5~6.

36　　　*Summa Theologica*, I~II, qu. 10, a. 2; *Summa contra Gentiles*, *loc.cit.*

37　　　*Metaphysics*, 1072b3.

극적 목적은 의지하기를 중지시키는 것, 간단히 말해 자체의 비존재를 확보하는 것이다. 그리고 아퀴나스 사상의 맥락에서 이것은 모든 활동의 목적이 여전히 작동하는 동안 결코 도달될 수 없기 때문에 궁극적으로 자체의 파괴를 목적으로 한다는 것을 내포하고 있다. 목적이 도달되었을 때 수단은 사라진다. (그것은 마치 사람들이 책을 집필하는 동안 그것을 완성시켜 글쓰기를 제거하려는 욕구로 영원히 이끌리는 것과 같다.) 단순한 봄과 비활동으로서 관조를 한결같이 편애하는 아퀴나스가 어떤 극단으로 가고자 했던 것은 두 사람 사이의 인간적인 사랑을 다룬 바울의 저서를 해석할 때 누락하는 오히려 인과적인 부연설명에서 명백해진다. 그가 질문하듯이, 누군가를 사랑하는 '환희'는 **의지**의 궁극적 '목적'이 인간에 설정되어 있었다는 것을 의미하는가? 그 대답은 '아니요'다. 아퀴나스에 따르면, 바울이 결과적으로 언급한 것은 "그가 하느님의 향유를 향한 수단으로서 형제를 향유했다"[38]는 것이기 때문이다. 우리가 알고 있듯이, 인간은 자신의 **의지**나 **사랑**을 통해서가 아니라 자신의 **지성**을 통해서만 하느님에게 도달할 수 있다.

이러한 환희는 물론 사랑받는 자의 사랑을 사랑하는 아우구스티누스의 **사랑**은 결코 아니다. 그리고 이것은 칸트의 가르침을 받아서 "우리 자신의 인격에서든 어느 다른 사람의 인격에서든 인간을 … 결코 수단으로서가 아니라 목적 자체로"[39] 취급해야 한다는 것을 충분히 확신하고 있는 사람들의 귀에는 오히려 거슬리는 말이다.

---

38   *Summa Theologica*, I~II, qu. 11, a. 3 ; Cf. *Commentary on St. Paul's Epistle to the Galatians*, chap. 5, lec. 3.

39   *Grundlegung zur Metaphysik des Sitten*, Akademie Ausgabe, vol. IV, 1911, p. 429.

둔스 스코투스와 의지의 우위

우리가 이제 둔스 스코투스를 만나게 될 때, 역사가를 의심하게 만
드는 불가피한 불연속성과 불일치를 유지한 채 수 세기를 뛰어넘는 도약
은 연관되지 않을 것이다. 그는 토마스 아퀴나스보다 한 세대 더 젊은 사람
이 아니라 거의 동시대 사람이었다. 우리는 여전히 스콜라주의 한가운데
에 있다. 여러분은 저작들에서 권위로서 인정되는 고대의 인용문과 논쟁적
이성의 똑같은 신기한 혼합을 발견할 것이다. 둔스 스코투스는 일종의《대
전*Summa*》을 집필하지 않았지만, 아퀴나스와 같은 방식으로 진행한다. 첫
째, **질문** 부분은 탐구하고 있는 것을 진술한다.(예컨대, 일신론: "나는 하느님
한 분만 있는지 묻는다.") 다음으로, 권위 있는 인용문에 근거한 **찬반 주장**이
논의된다. 그다음으로, 다른 사상가들의 주장이 제기된다. 마지막으로, 둔
스 스코투스는 **대답***Respondeo*이라는 제목 아래 자신의 견해, 자신이 명명하
듯이 올바른 주장과 함께 사유의 연쇄를 위해 여행할 '길*viae*'을 진술한다.[40]
분명히 얼핏 보면 아퀴나스의 스콜라주의와의 유일한 차이점이 마치 **의지**
의 우위성 문제인 것 같은데, 둔스 스코투스는 아퀴나스가 지성의 우위성
을 증명하는 과정에서 전개했던 것보다 적잖이 논증적인 설득력을 유지하
되 아리스토텔레스를 거의 인용하지 않은 채 **의지**의 우위성을 '증명한다.'
대립되는 주장을 잘라 말하자면 다음과 같다. 아퀴나스는 **의지**가 **지성**의 통
찰력을 실행하는 데 필요한 집행기관, "한낱 보조 능력"이라고 주장했다
면, 둔스 스코투스는 "**지성**은 … 의지에 기여하는 원인이다*Intellectus … est causa
subserviens voluntatis*"라고 주장한다. **지성**은 **의지**에 필요한 지식뿐만 아니라 그
대상을 제공함으로써 **의지**에 기여한다. 즉 **지성**은 이제 단지 기여하는 능력

---

40   다음을 참조할 것. sect. IV of the bilingual edition of *Duns Scotus: Philosophical Writings*, ed.
        and trans. Allan Wolter, Edinburgh, London, 1962, p. 83과 이후 내용.

이 된다. **지성**은 자체의 관심을 인도하기 위해 **의지**를 필요로 하며, 그 대상이 **의지**에 의해 '확증될' 때만 적절히 기능할 수 있다.[41]

학자들은 "둔스 스코투스가 아퀴나스 못지않게 아리스토텔레스의 제자"[42]라고 지금까지 주장해왔는데, 여기에서 둔스 스코투스가 아리스토텔레스주의자인가 아우구스티누스주의자인가에 대한 오랜 논쟁에 참여하는 것은 다소간 논점을 벗어날 것이다. 둔스 스코투스는 실제로 어디에도 속하지 않기 때문이다. 그러나 논쟁이 타당한 한, 이탈리아 출신 둔스 스코투스 연구자인 베토니의 다음과 같은 주장은 옳은 것 같다. "스코투스는 실재에 관한 자신의 형이상학적 안목을 형성하는 사고와 교의에 대한 설명에서 아리스토텔레스의 방법으로부터 최대한 이익을 본 아우구스티누스주의자다."[43]

이러한 비슷한 평가는 표피적인 반응이다. 그러나 불행하게도 우리의 관심에 대한 정묘精妙 박사doctor subtilis의 주요 주장이 마치 미묘함, 즉 표현의 특이한 복합성과 복잡성인 것처럼, 이러한 평가는 인간의 독창성과 사고의 의미를 상당한 정도로 제거하는 데 성공하고 있다. 둔스 스코투스는 프란치스코회 수도사였다. 프란치스코회의 저작들은 도미니크회 수도사인 아퀴나스가 초기의 난관에도 불구하고 교회로부터 성자로 인정되었고, 그의 《신학대전》이 모든 가톨릭 학교에서 철학과 신학 연구를 위한 교재로 처음으로 사용되고 최종적으로 지정되었다는 사실로 항상 상당한 영향을 받았다. 달리 말하면, 둔스 스코투스 자신의 논쟁이 아퀴나스를 대상

---

41   다음 자료에서 인용함. Kahl, *Op. cit.*, pp. 97 and 99.

42   다음 자료를 참조할 것. Efrem Bettoni, "The Originality of the Scotistic Synthesis", in John K. Ryan and Bernardine M. Bonansea, *John Duns Scotus, 1265~1965*, Washington, 1965, p. 34.

43   *Duns Scotus*, p. 191. 그러나 같은 책이기는(p. 144) 하지만 다른 맥락에서 베토니는 "어느 정도 … [신의 존재에 대한] 둔스 스코투스 학파의 증명의 독창성은 토마스 아퀴나스와 성 안셀무스의 종합에 있다"고 주장한다.

으로 하기보다 오히려 겐트의 앙리를 대상으로 하더라도, 프란치스코회의 저작들은 변호적이고 항상 세심할 정도로 방어적이다.[44]

저작들을 세심하게 읽으면, 그러한 첫 번째 인상들 가운데 하나에 대한 오해는 곧 바로잡힐 것이다. 둔스 스코투스가 스콜라주의의 규칙을 완전히 따르는 것같이 보일 때 뛰어난 인물의 차이와 특징은 아주 명료하게 드러난다. 요컨대 둔스 스코투스는 아리스토텔레스의 저작에 대한 장황한 해석에서 '**철학자**의 추론'을 강화하자고 갑자기 제안한다. 그리고 그는 신의 존재에 대한 안셀무스의 '증명'을 논의하는 과정에서 그 증명을 약간, 실제로 아주 상당히 수정하려는 성향을 무심코 따를 것이다. 핵심은 그가 권위에 기초한 주장을 "이성으로 확증하자"[45]고 주장했다는 것이다.

스코투스는 중세가 르네상스 시대로 바뀌고 있던 14세기 초 전환점에 서 있었는데, 피코 델라 미란돌라가 르네상스 시대 중기인 15세기 말에 다음과 같이 언급한 것을 실제로 언급할 수 있었다. "나는 어떤 사람의 교의에도 맹세하지 않은 채 철학의 스승들을 섭렵했고, 모든 책을 검토했으며, 모든 학파를 알게 되었다."[46] 그것을 제외하면, 둔스 스코투스는 이성의

---

44   나는 위에서 인용한 항목과 별도로 주로 다음의 자료를 사용한다. Ernst Stadter, *Psychologie und Metaphysik der menschlichen Freiheit*, München, Paderborn, Wien, 1971; Ludwig Walter, *Das Glaubensverständnis bei Johannes Scotus*, München, Paderborn, Wien, 1968; Etienne Gilson, *Jean Duns Scot; Johannes Auer, Die menschliche Willensfreiheit im Lehrsystem des Thomas von Aquin und Johannes Duns Scotus*, München, 1938; Walter Hoeres, *Der Wille als reine Vollkommenheit nach Duns Scotus*, München, 1962; Robert Prentice, "The Voluntarism of Duns Scotus", in *Franciscan Studies*, vol. 28, Annaul Ⅵ, 1968; Berard Vogt, "The Metaphysics of Human Liberty in Duns Scotus", in *Proceedings of the American Catholic Philosophical Association*, vol. XVI, 1940.

45   다음 자료에서 인용함. Wolter, *Op. cit.*, pp. 64, 73, and 57.

46   다음 자료에서 인용함. Kristeller, *Op. cit.*, p. 58.
      신플라톤주의 사상가인 피코(1463~1494)의 주요 저작 가운데 《900명제Nine Hundred Theories》 와 《인간의 존엄성에 관한 연설Orations on The Dignity of Man》이 있다. 인용문은 두 번째 저작에 있는 내용이다.(옮긴이)

설득력에 대한 후기 철학자들의 조야한 신념을 공유하지 않았을 것이다. "우리의 목적과 영원한 불멸에 속하는" 질문에 관여할 때 "학식이 있고 독창적인 사람들이 자연적 이성을 통해 거의 아무것도 알지 못할 수 있다는 확고한 확신"은 둔스 스코투스의 성찰과 신앙심에 표현되어 있다.[47] 왜냐하면 "올바른 이성은 이성 본연의 조건이 신체와 영혼에서 모두 가멸적일 수 있다는 것을 믿음이 없는 사람들에게 보여주기 때문이다."[48]

스코투스는 속견에 집착하지 않았지만, 이에 대한 검토와 해석으로 자기 저서의 몸체를 구성했다. 독자는 이에 대한 그의 면밀한 관심 때문에 잘못된 길로 빠지기 쉽다. 둔스 스코투스는 고대와 근대식의 회의론자는 아니었으나 비판적 기품(매우 진기하고 항상 그랬던 중요한 것)을 지녔다. 이 관점에서 볼 때, 그의 저작들 가운데 상당 부분은 입증될 수 없다고 의심했던 것을 단순한 논증으로 입증하려는 집요한 시도로 읽힌다. 만약 둔스 스코투스가 모든 주장을 연구하면서 이들을 "자기실험experimentum suitatis"에 부치지 않았다면, 그는 거의 모든 다른 사람들에 맞서 옳음을 어떻게 확신할 수 있었는가? 페트루스 올리비는 정신이 자기 자신으로 실험하는 것을 "자기실험"이라고 말했다. 그것은 그가 오래된 주장을 보강하거나 '이것을 약간 수정하는' 게 필요하다는 것을 발견한 이유였다. 그는 자신이 행하고 있는 것을 잘 알았다. 그는 다음과 같이 말했다. "나는 가능한 (다른 사상가들의) 말에 가장 합리적인 해석을 제시하고 싶다."[49] 주장의 내재적 취약성은 본질적으로 비논쟁적인 이러한 방식으로만 증명될 수 있었다.

스코투스 자신의 신중한 사상에서 자연적 이성의 이런 명백한 취약성은 비합리적 능력의 우위를 옹호하는 주장으로 결코 사용될 수 없다. 그

---

47   다음 자료에서 인용함. Wolter, *Op. cit.*, p. 162. 저자의 번역임.

48   *Ibid.*, p. 161. 저자의 번역임.

49   *Ibid.*, n. 25 to sect. V, p. 184.

는 신비주의자는 아니었다. 따라서 그는 "인간이 비합리적이다"라는 개념을 "생각할 수 없었다*incogitabile*."⁵⁰ 그에 따르면 우리는 본질적으로 유한한 피조물의 자연적 한계를 다루고 있는데, 이 피조물의 유한성은 절대적이며, "다른 본질과 갖게 되는 어떠한 관계에 선행한다." 육체가 어떤 다른 것과 관련하여 제한되기 이전에 자기 자신의 경계로 인해 우선 제한되는 것과 같이 "유한한 형상은 자신이 질료와 관련하여 제한되기 이전에 우선 스스로 제한되기"⁵¹ 때문이다. 인간 지성의 이러한 유한성 — 아우구스티누스의 '시간적 인간*homo temporalis*'의 유한성과 매우 흡사하다 — 은 인간이 다른 동물 종과 마찬가지로 증식할 수 있다고 하더라도 인간으로서 자신을 창조하지 않았다는 단순한 사실에 기인한다. 따라서 둔스 스코투스의 경우, 의문은 신적인 무한성으로부터 유한성을 어떻게 도출하는가의 문제가 아니라 전적으로 유한한 존재가 무한한 것을 생각하고 그것을 '하느님'이라 부르는 것을 어떻게 설명하는가의 문제다. "지성은 무한한 것이란 개념이 모순된다는 것을 왜 발견하지 못하는가?"⁵²

　　달리 표현하자. "인간 정신에 있는 무엇이 인간 정신 자체의 한계, 즉 절대적 유한성을 초월할 수 있게 하는가?" 아퀴나스와 달리 둔스 스코투스의 경우, 이 질문에 대한 대답은 **의지**다. 확실히 어떤 철학도 기독교인이 믿고 있는 증언의 장점을 살려 수용하는 신성한 계시의 대체물이 결코 될 수 없다. 창조와 부활은 믿음의 요소들로서 자연적 이성에 의해 입증되거나 반박될 수 없다. 이렇듯 창조와 부활은 우연적이며 사실적인 진실인데, 이의 반대도 생각할 수 있다. 이것들은 발생하지 않았을 수도 있는 사건

50　　*Ibid.*, p. 73.

51　　*Ibid.*, p. 75.

52　　*Ibid.*, p. 72. 질송은 무한자 개념 그 자체가 기원상 기독교적이라고 주장한다. "기독교 시대 이전 그리스인들은 불완전성을 제외하고 무한성을 결코 생각하지 않았다." *The Spirit of Medieval Philosophy*, p. 55.

들과 연계된다. 기독교의 믿음 속에서 성장한 사람들의 경우, 창조와 부활은 우리가 목격자의 증언을 신뢰하기 때문에만 알고 있는 다른 사건들과 같은 정당성을 지닌다. 예컨대, 우리가 태어나기 이전에 세계가 존재했다거나 우리가 결코 있지 않았던 지구에 공간이 있다거나 어떤 사람들이 우리부모라는 사실을 들 수 있다.[53]

목격자들의 증언을 거부하고 오직 이성에 의존하는 근본적 회의는 생각할 수 없다. 그것은 유아론의 단순한 수사학적 장치로서 회의하는 사람 자신의 존재에 의해 항구적으로 반박된다. 모든 사람은 자신들이 공유하는 획득된 믿음 *fides acquisita*의 확고한 기초 위에 함께 산다. 우리가 항상 당연한 것으로 생각하는 진실성을 지니고 있는 수많은 사실들의 시금석은 그 사실들이 형성되었듯이 사람들에게 이해되어야 한다는 것이다. 그리고 이러한 관점에서 부활의 교의는 영혼의 불멸성이란 철학자들의 개념보다 훨씬 잘 이해된다. 육체와 영혼을 부여받은 피조물은 내세에서만 의미를 발견할 수 있으며, 그는 내세에서 자신이 있으며 있다는 것을 알기 때문에 죽음에서 부활한다. 영혼의 불멸성에 대한 철학자들의 입증은 논리적으로 옳다고 하더라도 무의미하다. 내세는 '나그네', 지구상의 여행자나 순례자에게 본질적으로 유의미하기 위해서 육체에서 분리된 실체로서 전적으로 다른 존재 양태가 아닌 '제2의 삶'이어야 한다.

그런데 철학자들의 자연적 이성이 신적 계시를 통해 천명된 '진리'를 결코 획득하지 못했다는 것이 둔스 스코투스에게는 명백한 것 같지만, 신성 개념이 어떤 기독교 계시보다 시간적으로 선행하며, 그것은 인간이 자신에게 주어진 모든 것, 즉 **존재**의 바로 그 사실성을 초월할 수 있는, 자신에 내재된 인간적 능력이 있다는 것을 의미한다. 그는 자신을 초월할 수 있는 것 같다. 둔스 스코투스에 따르면 인간은 **존재**와 함께, 그리고 그것의

---

53   다음 자료를 참조할 것. Walter, *Op. cit.*, p. 130.

본질적인 부분으로 창조되었기 때문이다. 아우구스티누스에 따르면 인간은 마치 시간 속에서 창조되지 않고 시간과 함께 창조된 것 같다. 인간의 감각이 현상의 지각에 적합하듯이 인간의 지성은 이 존재에 적응한다. 인간의 지성은 "자연적이다*cadit sub natura*."[54] "인간은 지성이 인간에 제안한 모든 것을 수용해야 하며 대상의 증거를 통해 강요된다*Non habet in potestate sua intelligere et non intelligere*."[55]

"지성은 **의지**와 다르다. **의지**는 이성이 명령하는 것을 수용하지 않기 어렵다는 것을 발견할 수도 있지만, **의지**가 강력한 자연적 욕구를 거부하는 게 불가능하지 않듯이 중요한 일은 불가능하지 않다*Difficile est, voluntatem non inclinari ad id, quod est dictatum a ratione practica ultimatim, non tamen est impossibile, sicut voluntas naturaliter inclinatur, sibi dismissa, ad condelectandum appetitui sensitivo, non tamen impossibile, ut frequenter resistat, ut patet in virtuosis et sanctis*."[56] 인간의 자유를 형성하는 것은 한편으로는 욕구의 필요에 대한 저항의 가능성이고, 다른 한편으로는 이성과 지성의 명령이다.

의지의 자율성은 의지가 현존하는 사물과 완전히 독립되어 있다는 것을 의미한다. 스콜라 학자들은 이를 "무관심"이라고 부른다. 그들은 의지가 자신에게 드러낸 어떤 대상에 의해서도 "결정되지 않는다*indeterminata*"는 것을 무관심으로 생각한다. 의지의 자율성은 오직 하나의 한계만을 가지고 있다. 즉 **의지**는 **존재**를 완전히 부정할 수 없다. 의지 능력을 포함한 인간 정신이 믿음의 한 요소로서 하느님은 존재를 무에서*ex nihilo* 창조했으며 그럼에도 불구하고 '무'를 생각할 수 없다는 사실에서만큼 인간의 한계가 더 명백히 드러나는 곳은 없다. 따라서 **의지**의 무관심은 반박론과 연관된다

---

54   다음 자료에서 인용함. Stadter, *Op. cit.*, p. 315.

55   다음 자료에서 인용함. Auer, *Op. cit.*, p. 86.

56   다음 자료에서 인용함. Vogt, *Op. cit.*, p. 34.

voluntas autem sola habet indifferentiam ad contradictoria. 의지하는 나만이 "실제로 내린 결정이 내려질 필요가 있는가를 알고 있고, 실제로 이루어진 결정 이외에 다른 결정이 이루어질 수도 있다"[57]는 것을 안다.

이것은 자유가 증명되는 시금석이다. 욕구나 지성은 그것에 도달할 수 없다. 욕구에 드러난 대상은 단지 마음을 끌거나 혐오감을 느끼게 할 수 있을 뿐이며, 지성에 드러난 문제는 단지 긍정되거나 부정될 수 있을 뿐이다. 그러나 우리가 이성이나 욕구에 드러난 대상을 의지하거나 거부할 수 있다는 것은 우리 의지의 기본 속성이다. 즉 "똑같은 대상과 관련하여 상반된 것, 원하고 싫어하는 것은 우리의 의지 능력에 속한다*in potestate voluntatis nostrae est habere nolle et velle, quae sunt contraria, respectu unius obiecti.*"[58] 물론 둔스 스코투스는 이를 언급하는 과정에서 두 가지 계속적인 의지 작용이 동일한 대상을 원하거나 거부하는 데 필요하다는 것을 부정하지는 않았다. 그러나 그는 이들 가운데 하나를 수행하는 과정에서 의지하는 내가 또한 그 반대를 수행하지 않는다는 것을 의식한다고 주장한다. "의지 활동의 본질적 특성은 … 대립적인 사물 사이에서 선택하는 능력이며, **그것이 일단 이루어지면** 선택을 폐지할 수 있는 능력이다.[59] 정확히 말하자면, 정신 활동으로서만 명백한 이러한 자유는 — **의지**가 실행되면 폐지 능력은 사라진다 — 우리가 일찍이 의지의 깨짐이란 관점에서 언급한 것이다.

의지는 반대 의지에 공개되어 있다는 것 이외에도 자신(의 활동)을 정지시킬 수 있다. 그리고 이러한 정지가 다른 의지 활동의 결과 — 우리가 이후 논의할, 니체와 하이데거의 의지하지 않을 **의지**와 정반대로 — 일 수 있지만, '무관심'이 직접 결정되는 이 두 번째 의지 활동은 인간의 자유, 외

---

57   *Ibid.*

58   다음 자료에서 인용함. Karl, *Op. cit.*, pp. 86~87.

59   Bettoni, *Duns Scotus*, p. 76.

부의 모든 강제적 결정을 회피하는 정신 능력의 중요한 증거다. 사람들은 자신들의 자유 때문에 창조된 **존재**의 본질적인 부분이지만 하느님의 창조를 찬양할 수 있다. 그러한 찬양이 그들의 이성에서 유래했다면 그것은 다만 우주의 다른 모든 부분과 우리 사이의 일정한 조화로 인해 발생한 자연적 반응이었기 때문이다. 그러나 사람들은 또한 같은 이유로 그러한 찬양을 철회할 수 있으며, 심지어 "하느님을 증오하고 그러한 증오에서 만족감을 발견하거나" 또는 적어도 **그분**에 대한 사랑을 거부할 수 있다.

스코투스는 하느님에 대한 있음직한 증오를 논의하는 과정에서 이러한 거부를 직접 언급하지 않고, "모든 사람은 행복하기를 원한다"는 옛말에 대한 자신의 반대와 비슷하게 이러한 거부를 긍정적으로 가정한다. 그는 물론 (행복에 대한 합의가 없다고 하더라도) 모든 사람이 본질적으로 행복하기를 원한다고 주장하지만, **의지**(이게 중요한 핵심이다)는 본연을 초월할 수 있으며, 이 경우에 본연을 거부할 수 있다. 즉 행복에 대한 인간의 자연적 성향과 심사숙고하여 선정한 삶의 목표인 행복 사이에 차이는 있다. 인간은 자신이 원하는 기투를 제기하는 과정에서 행복을 완전히 무시하는 것이 결코 불가능하지는 않다. 자연적 성향에 관한 한, 그리고 자연이 **의지**의 힘에 한계를 설정하는 한, 긍정될 수 있는 모든 것은 어떤 사람도 "비참해지기를 의지하지" 않는다는 것이다.[60] 둔스 스코투스는 하느님에 대한 증오 문제와 악 문제 사이의 밀접한 관계 때문에 하느님에 대한 증오가 가능한지 아닌지에 대한 질문에 명료한 해답을 제시하기를 꺼렸다. 그는 자신의 선행자들이나 후계자들과 같이 인간이 악 자체를 원할 수 있다는 주장을 역시 거부하지만, 반대 견해의 가능성에 대한 어떤 의혹을 제기하지 않은 채 그

---

60   다음 자료를 참조할 것. Bernardine M. Bonansea, "Duns Scotus's Voluntarism", in Ryan and Bonansea, *Op. cit.*, p. 92. *"Non possum velle esse miserum; ··· sed ex hoc non sequitur, ergo necessario volo beatitudinem, quia nullum velle necessario elicitur a volunatte"*, p. 93, no. 38.

런 주장을 거부하지는 않았다.[61]

"의지 이외의 어떤 것도 의지 활동의 전적인 원인이 아니다*nihil aliud a voluntate est causa totalis volitionis in voluntate*."[62] **의지**의 자율성은 이성의 힘을 결정적으로 제한하는데, 이성의 명령은 절대적이지 않다. 그러나 의지의 자율성은 '성향'이라 명명되는, 내면적 인간inner man의 본성이든, 또는 외부 상황의 본성이든 제한하지 않는다. 의지는 실제적인 효과성에 있어서 결코 전능하지 않다. 의지의 위력은 오로지 그것이 의지하라고 강요당할 수는 없다는 점에 있다. 둔스 스코투스는 이러한 정신적 자유를 설명하는 과정에서 "높은 곳에서 뛰어내리는" 한 사람을 예로 든다.[63] 그가 이제 필히 추락하기 때문에 이러한 행위는 자신의 자유를 중단시키지 않는가? 둔스 스코투스에 따르면, 그것은 그렇지 않다. 인간은 중력 법칙 때문에 어쩔 수 없이 필히 추락하지만, 그는 자유롭게 지속적으로 '떨어지고 싶어' 할 것이며, 또한 자신의 마음을 변경할 수 있지만, 어떤 경우에 자신이 자발적으로 시작한 것을 중단시킬 수 없고, 자신이 필연성의 지배 아래 있다는 것을 발견할 것이다. 우리는 굴러가는 돌에 관한 스피노자의 범례를 기억한다. 그 돌은 의식을 부여받았다면 스스로 굴렀었고, 이제 자신의 자유의지로 굴러가고 있다는 환상에 필히 희생될 것이다.[64] 그러한 비교는 유용하다. 왜냐하면 우리는 그럴듯한 주장의 형태로 위장된 그런 전제나 설명이 자명한 사실로서 필연성이나 자유에 관한 예비적 주장에 어느 정도 좌우된다는 것을

---

61   *Ibid.*, pp. 89~90, n. 28. 보난시는 "의지가 악 자체를 추구할 가능성을 시사하는 것 같은" 문장을 열거한다.

62   다음 자료에서 인용함. Vogt. *Op. cit.*, p. 31.

63   Bonansea. *Op. cit.*, p. 94, n. 44.

64   스피노자가 1674년 10월 헤이그에서 슐러G. H. Schuller에게 보낸 서한에 밝힌 내용이다. Spinoza, *Spinoza: Complete Works*, Indianapolis; Hacketting Publishining Company, Inc., 2002, p. 909.(옮긴이)

인식할 수 있기 때문이다. 현재의 주장에 머무른다면, 어떤 중력 법칙도 내적 경험에 의해 보장된 자유를 지배할 수 없다. 즉 내적 경험은 외적 경험과 지성의 정확한 추론에 따라 실제로 그리고 필연적으로 존재하는 세계에서 어떤 직접적인 정당성을 갖지 못한다.

둔스 스코투스는 두 가지 형태의 의지를 구분한다. 하나는 자연적 성향을 따르고 욕망뿐만 아니라 이성에 의해 촉발될 수 있는 "자연적 의지*ut natura*"이며, 다른 하나는 정확히 말하자면 "자유의지*ut libera*"다.[65] 그는 선을 지향하는 게 인간 본성에 속한다고 주장하는 거의 모든 철학자들의 입장에 동의하며, 악한 의지를 인간적 취약성, 즉 "무에서 창조되어*creatio ex nihilo*" "다시 무로 돌아가는 어떤 성향을 가지고 있는 피조물의 흠*omnis creatura potest tendere in nihil et in non esse, eo quod de nihilo est*"[66]으로 해석한다. 자연적 의지는 물체의 중력같이 작동한다. 그는 자연적 의지를 "편리한 감정*affectio commodi*"이라고 부른다. 우리는 적절하고 편이적인 것에 영향을 받기 때문이다. 사람이 자연적 의지만을 갖고 있다면, 그는 기껏해야 일종의 개화된 동물*bonum animal*이며, 그의 합리성은 인간 본성에 의해 주어진 목적에 적절한 수단을 선정하는 그를 지원할 것이다. 이미 의도된 목적에 이르는 수단을 자유롭게 선택하는 능력인 *liberum arbitrium*은 자유의지와 구별된다. 자유의지는 그 자체를 위해 추구되는 목적을 자유로이 의도하며, **의지**만이 이를 추구할 수 있다〔*voluntas*〕 *enim est productiiva actum*. "**의지**는 자체의 활동을 발현시키기 때문이다."[67] 문제는 둔스 스코투스가 자유로이 의도하는 활동을 의지의 실제적인 완성으로 이해하는 것 같지만, 그가 이 자유로이 의도된

---

65   Vogt, *Op. cit.*, p. 29, and Bonansea, *Op. cit.*, p. 86, n. 13 : "*Voluntas naturalis non est voluntas, nec velle naturale est velle*."

66   다음 자료에서 인용함. Hoeres, *Op. cit.*, pp. 113~114.

67   *Ibid.*, p. 151. 다음 자료에서 인용함. Auer, *Op. cit.*, p. 149.

목적이 실제로 무엇인가를 어디에서도 말하지 않은 것 같다는 점이다.[68]

나는 여기에서 둔스 스코투스 사상의 독창성, 특별히 "그의 친필 저작(진본) 전체에 스며든 건설적인 사유에 대한 열정"[69]을 제대로 보여줄 수 없다는 점(그런 곳이었다면 나는 제한을 받지 않았을 것이라는 점)을 상당히 유감스럽게 인정한다. 그는 너무 일찍 죽었기에 철학자가 되기에는 너무 젊었고, 저작을 집필할 시간을 갖지 못했으며, 체계적으로 제시할 성향도 갖지 못했다. 아직도 "우리의 관심과 이해를 통해 [아주 많이] 발견되고 도움을 받을 필요가 있는"[70] 위대한 사상가들 — 다수는 아니지만 — 가운데 어떤 한 사람, 위대한 철학자를 생각하기란 어렵다.

이념사 연구의 선구자들과 계승자들 사이에서 그에게 안락한 영역을 발견하는 게 가능하지 않다는 좋은 이유 때문에, 그러한 도움을 제공하는 게 더욱더 환영할 만하지만 더욱더 어렵다. "성 아퀴나스의 체계적인 반대자"의 상투적인 문구를 피하는 것은 충분하지 않을 것이다. 그리고 둔스 스코투스는 **지성**과 비교할 때 더 고귀한 능력인 **의지**에 관한 주장에서 스콜라학파 가운데 많은 선구자를 갖고 있다. 가장 중요한 사람은 페트루스 올리비였다.[71] 빈델반트가 70년도 더 전에 언급했듯이, "스콜라학파 가운데

---

68   Hoeres, *Op. cit.*, p. 120. 둔스 스코투스 저작의 명료한 판이 완성되지 않는 한, 이러한 문제들에 대한 그의 가르침과 관련한 수많은 문제는 여전히 남는다.

69   Bettoni, *Duns Scotus*, p. 187.

70   *Ibid.*, p. 188.

71   다음 자료를 참조할 것. Stadter, *Op. cit.*, 특별히 페트루스 올리비에 관한 부분, pp. 144~167을 참조할 것.
올리비(1248~1298)는 프랑스 남부에서 태어났으며 프란치스코회 신학자로 활동했다. 그의 심리학 이론, 특히 자원론적 자유의지 개념은 잘 알려져 있다. 그는 자유의지의 존재를 증명하는 7가지 상반된 태도를 제시한다. 즉 열의와 자비, 우정과 적대, 수치와 영광, 감사와 배은망덕, 예속과 지배, 희망과 불신, 신중과 부주의다. 올리비는 이러한 태도들은 자유의지의 존재를 전제할 경우에만 이해 가능하다고 주장한다. 올리비의 의지 개념은 둔스 스코

가장 위대한 사람, 그리고 라이프니츠와 데카르트 사이의 연계성에 대해서는 마땅히 관심을 갖고 연구해야 하는데 불행하게도 이에 대한 연구가 발견되지 않는다"[72]는 게 여전히 진실이라고 하더라도, 올리비가 라이프니츠와 데카르트에게 미친 분명히 중대한 영향을 세부적으로 설명하고 부각하는 것은 충분하지 않을 것이다. 확실히 그의 저작에 아우구스티누스의 유산이 은밀하게 존재한다는 지적은 피하기 어렵다 — 더 많은 공감과 깊은 이해를 갖고 아우구스티누스의 저작을 읽은 사람은 없다 — 올리비는 아마도 아퀴나스 못지않게 아리스토텔레스로부터 훨씬 많은 도움을 받았을 것이다. 그런데 단순한 진실은 올리비가 자신의 본질적인 사유 — 자유를 위해 기꺼이 지불하는 대가인 우연성 — 에서 선구자들이나 계승자들을 갖고 있지 않다는 점이다. 그의 방법론에 있어서는 그렇지는 않다. 정신이 "자기 자신과 자기 자신 내에서*experimur in nobis, experientia interna*" 진행하는 거래 과정에서 비판적인 검토를 확인하는 궁극적인 시금석으로서 구성된 사유실험에서 올리비의 자기실험에 대한 세심한 설명을 들 수 있다.[73]

　　나는 지금부터 빼어나게 독창적이고 매우 유의미한 일련의 사유(즉 사유실험)를 요약할 것이다. 이러한 사유는 스콜라주의 방식으로 표현되고 스코틀랜드풍의 논증이 지니는 복잡한 과정에 쉽게 함몰된다. 따라서 이러한 사유는 우리의 철학 전통과 신학 전통의 결(흐름)에 분명히 맞지 않지만 쉽사리 간과된다. 나는 빼어난 통찰 가운데 일부를 이미 언급해왔다. 첫째, 둔스 스코투스는 "모든 사람은 행복하기를 원한다"(기껏해야 "어느 사람

투스의 공시적인 우연성 이론의 근원이다.(옮긴이)

72　　다음 자료를 참조할 것. *Duns Scotus*, p. 193, n.

73　　그러한 문구는 여기저기에서 나타난다. 이러한 종류의 성찰에 대한 논의를 살펴보기 위해서는 다음 자료를 참조할 것. Béraud de Saint-Maurice, "The Contemporary Significance of Duns Scotus' Philosophy", in Ryan and Bonansea, *Op. cit.*, p. 354, and Ephrem Longpré, "The Psychology of Duns Scotus and Its Modernity", in *The Franciscan Educational Conference*, vol. XII, 1931.

도 비참해지길 원할 수 없다"(보다 더 나은 것은 없다)는 진부한 옛 표현을 반박했다. 둘째, 그는 우연성의 존재에 대한 적잖이 놀라운 증거("고문당하는 게 가능하다는 것을 인정할 때까지 우연성을 부정하는 모든 사람을 고문당하게 내버려두라"[74])를 제시했다. 사람들은 주위의 박식한 사람들 사이에서 그러한 현실적인 말들을 우연히 발견할 때 그 말들을 단순한 재담으로 해석하고 싶어한다. 둔스 스코투스에 따르면, 그러한 말의 정당성은 정신의 경험인 내적 체험*experientia interna*에 좌우되며, 경험을 결여한 사람들은 맹인이 색에 대한 경험을 부정하듯이 그러한 정신의 증거를 부정할 수 있다. 그러한 말이 지니는 적나라하고 격하기 쉬운 속성은 일련의 사유보다 통찰의 번득임을 암시할 수 있을 것이다. 그러나 이러한 갑작스러운 번득임은 대개 이전의 오랜 비판적 검토의 결과인 간결하나 함축적인 문장, 사유-사물에서만 나타난다. 둔스 스코투스는 "건설적인 사유에 대한 열정"에도 불구하고 체계 구축자는 아니었다. 그의 가장 놀라운 통찰력은 종종 우연히 나타나며, 사실상 맥락에서 벗어난다. 그는 이것의 단점을 잘 알고 있음에 틀림없다. 왜냐하면 그는 '내적 체험'을 결여하고 있으면서 논쟁에서 승리하고 싶어 하지만, 성패가 갈려 있는 쟁점에 실패하는 '논쟁적인' 반대자들과 논쟁에 참여하는 것에 대해 우리에게 명백히 경고하고 있기 때문이다.[75]

---

74   둔스 스코투스는 우연성의 '증거' 때문에 자신의 《형이상학》을 인용하면서 아비센나의 권위를 환기한다. "제1원리(즉 어떤 존재는 우연적이다)를 부정하는 사람들은 불에 덴 것과 아닌 것, 또는 매를 맞은 것과 아닌 것이 동일한 게 아니라는 것을 인정할 때까지 매를 맞거나 불에 데어야 한다." Arthur Hyman and James J. Walsh, *Philosophy in the Middle Ages*, New York, 1967, p. 592.

75   스콜라학파 사이의 중세 논쟁을 알고 있는 사람은 여전히 그들의 논쟁 정신, 다른 어느 것보다도 단명한 승리를 목표로 하는 일종의 "논쟁적 학습"(프랜시스 베이컨)에 충격을 받는다. 베이컨의 공격과 더불어 에라스무스와 라블레의 풍자는 가장 진지하게 철학을 연구했던 사람들에게 아주 짜증스러웠음에 틀림없는 학파 내의 분위기를 증명한다. 둔스 스코투스를 이해하기 위해 다음 자료를 참조할 것. Saint-Maurice in Ryan and Bonansea, *Op. cit.*, pp. 354~358.

자유를 위해 치르는 대가인 **우연성**에 대한 논의를 시작하자. 둔스 스코투스는 '우연적'이란 말에 경멸적인 연상을 부여하지 않은 유일한 사상가다. "나는 우연성이 단지 원죄인 … 결함과 같이 **존재**의 결여 또는 약점이 아니라고 주장한다. 오히려 필연성이 다른 양태이듯이, 우연성은 **존재**의 적극적 양태다."[76] 우리는 자유를 구하고 싶다면 이러한 입장, 즉 지적 순수성 문제를 피할 수 없는 것 같다. 우리는 **의지**에 대한 지성의 우위를 거부해야 한다. "왜냐하면 지성은 어떠한 방식으로도 자유를 구할 수 없기 때문이다*quia hoc nullo modo salvat libertatem*."[77] 둔스 스코투스의 경우, 기독교인들과 이교도인들 사이의 주요 차이는 우주의 기원에 대한 성서의 개념에 있다. 창세기의 우주는 미리 결정된 필연적인 힘의 방출을 통해 형성되지 않았다. 그래서 우주의 존재는 또한 필연적이겠지만, 창조주 하느님의 결정에 의해 무에서 창조되었다. 우리는 **그분**이 수학적 진리나 도덕적 명령이 정당하지 않았을 다른 세계를 전적으로 자유롭게 창조했다고 가정해야 한다. 따라서 이 주장에서 존재하는 모든 것이 아마도 하느님 **그분**을 제외하고 있지 않았을 수 있다. **그분**의 존재는 **그분**이 자유로이 '기획한' 비필연적인 세계의 시각에서 볼 때 필연적이지만, 그분의 창조에서 그분을 강요하거나 촉진한 필연성이 이전에 있었다는 의미에서 볼 때 필연적이지 않다. **그분**을 통해서 작동되는 그러한 필연성은 하느님의 우월성뿐만 아니라 **그분**의 전지전능에 명백히 대립될 것이다.

인간들men은 이러한 창조의 중요 부분이다. 그리고 지성을 포함한 인간들의 모든 능력은 창조주 하느님의 **의지**Fiat에 의해 부여된 법칙을 자연적으로 따른다. 그런데도 **인간**Man은 다른 모든 창조물과 달리 자유롭게 고안되지 않았다. 즉 인간은 하느님 자신의 형상으로 창조되었다. 하느님

---

76   다음 자료에서 인용함. Hyman and Walsh, *Op. cit.*, p. 597.

77   Bonansea, *Op. cit.*, p. 109, n. 90.

은 마치 어떤 초자연적인 세계에서 천사를 필요로 할 뿐만 아니라 당신의
친구가 되도록 현세의 자연 속에서 당신의 형상을 모방한 피조물을 필요로
하기라도 한 것 같다. 어느 다른 것보다 하느님에 분명히 더 가까운 이 피조
물의 특징은 결코 창조성은 아니다. 그 경우에 피조물은 실제로 "죽어야 하
는 신"과 같은 것이었을 것이다.(그리고 내 생각에 그 이유는 다음과 같다. 즉 둔
스 스코투스가 비록 "진정한 완성"으로서 그러한 "자유로이 고안하는 공허한 능력"
을 생각한 것 같다고 하더라도, 그는 "**의지**의 자유로이 고안된 목표"란 개념을 따르지
않았다.)⁷⁸ 오히려 하느님의 피조물은 욕구나 추론에 의해 강요받지 않은 채
자유로이 긍정하거나 부정하는 정신 능력으로 구별된다. 마치 실존하는 **존**
재는 자신의 실현을 위해 하느님의 최종 판단을 필요로 했던 것 같다. "그리
고 하느님은 당신이 만드신 모든 것을 보시고 바라보니 심히 좋았다."⁷⁹ 그
리고 이 판단은 또한 **그분**의 형상으로 창조된 죽어야 할 존재로부터 도출
된다.

어쨌든 **의지**의 자유가 치르는 대가는 모든 대상과 관련하여 자유로
운 것이다. 어떤 만족*dilectio*도 모든 의지 활동을 동반하기 때문에, 인간은
"하느님을 증오하고 그러한 증오에서 만족을 발견할 수 있다."⁸⁰ **의지**의 자
유는 미리 결정된 목적 ── 행복*eudaimonia, beatitudo, blessedness* ── 을 위한 수단
의 선택에 있지 않다. 이 목적은 정확히 인간 본성에 의해 주어졌기 때문이
다. **의지**의 자유는 자신과 대면하는 모든 것을 자유로이 긍정하거나 부정하
거나 증오하는 데 있다. 인간을 다른 피조물과 분리시키는 입장을 정신적
으로 취하는 게 이러한 의지의 자유다. 인간은 의지의 자유가 없을 경우 기
껏해야 일종의 개화된 동물이거나, 올리비가 일찍이 언급했듯이 지적인 야

---

78   Hoerews, *Op. cit.*, p. 121.

79   창세기(1:30).(옮긴이)

80   Bonansea, *Op. cit.*, p. 89.

수*bestia intellectualis*에 불과하다.[81] 인간 정신은 의지의 덕택에 올리비의 언급
대로 "모든 것을 초월할 수 있다*voluntas transcendit omne creatum*."[82] 이것은 인간
정신의 기적이며 인간이 하느님의 형상으로 만들어졌다는 표지다. 하느님
이 당신의 손으로 만든 모든 것에 대한 지배권을 인간에게 줌으로써 당신
의 선호를 인간에게 보여주었다는 성서의 개념(시편 8: 6)[83]은 오로지 인간
을 창조된 모든 피조물 가운데 가장 높은 것으로 만들게 하고자 한다. 이 개
념은 인간을 다른 피조물로부터 절대적으로 분리케 하지 않았을 것이다.
의지하는 나는 가장 고결한 표현으로 다음과 같이 말한다. 즉 "나는 당신
을 사랑한다. 나는 당신이 존재하기를 바란다*Amo: Volo ut sis*." 이는 "나는 당
신을 소유하기를 원한다거나 나는 당신을 지배하기를 바란다"는 말과 같지
않다. 이때 의지하는 나는 하느님이 인간들을 사랑하는 것과 같이 자신이
사랑을 할 수 있다는 것을 보여준다. 하느님은 인간들이 존재하기를 원하
고 이들을 욕구하지 않은 채 사랑하기 때문에만 인간을 창조했다.

그렇게 해서 문제는 기독교인에게 나타났다. 그것이 바로 "기독교
인들은 하느님이 우연하게 … 자유롭고 우연하게 행동한다고 … 말하는"
이유다.[84] 그러나 둔스 스코투스에 따르면, 철학을 통해 우연성에 대한 동
일한 평가에 도달하는 것 또한 가능하다. 결국 **철학자**(아리스토텔레스 — 옮
긴이)는 우연적인 것과 우유적偶有的인 것*to symbēbekos*을 "역시 있을 수 없었던
endechomenon mē einai"[85] 것으로 정의했다. 그리고 의지하는 나는 자신이 또한

81 Stadter, *Op. cit.*, p. 193.
82 *Ibid*.
83 우리말 성경의 다음 번역을 참조할 것. "주의 손으로 만드신 것을 다스리게 하시고 만물을
그 발아래 두셨으니."(옮긴이)
84 Wolter, *Op. cit.*, p. 80.
85 Aristotle, *Physics*, 256b10.
사물의 성질 가운데 어떤 성질을 제거해도 그 사물의 존재에는 영향을 주지 않는 것, 즉 비
본질적인 것을 가리키는 말이다.(옮긴이)

원할 수 없었던 것보다 모든 의지 활동에서 무엇을 더 잘 의식했는가*experitur enim qui vult se posse non velle*?[86] 인간은 틀림없는 내적 체험 없이 자유로운 의지 활동과 아주 강력한 욕구를 어떻게 항상 구분할 수 있었겠는가?

원하거나 싫어하는 **의지**의 자유에 명백히 반대한 것은 인과율이었다. 둔스 스코투스 역시 아리스토텔레스 방식으로 이를 알았다. 인과율이란 운동을 인식하게 하고 모든 운동의 부동의 근원, "부동의 원동자(자체가 촉발되지 않는 동인)"로 궁극적으로 이어지는 인과 관계상의 연쇄다. 주장의 위력, 오히려 주장의 설명력은 왜 비존재보다 오히려 어떤 것이 존재해야 하는가를 설명하는데, 즉 운동과 변화를 설명하는 데 기껏해야 한 가지 동인이면 충분하다는 가정에 있다. 둔스 스코투스는 일련의 필요하고 충분한 동인을 통해 단절되지 않는 선(끈)으로 이어지는 인과 관계상의 연쇄라는 생각뿐만 아니라 무한한 회귀를 피하기 위해 자존自存하는 제1의 동인에 최종적으로 도달해야 하는 인과율의 연쇄라는 생각에 모두 도전한다.

스코투스는 "의지 행위가 의지를 유발하는 대상에 의해 의지 내에서 유발되는가, 아니면 자신을 유발하는 의지에 의해 의지 내에서 유발하는가"라는 질문을 통해 논의를 시작하고, 그것이 "어떤 방식으로도 자유를 구원하지 못하기 때문에*quia hoc nullo modo salvat libertatem*"의지가 자신 밖의 대상에 의해 움직인다는 대답을 거부한다. 그는 의지가 전능하다는 반대의 대답도 거부한다. 그런 대답은 "모든 의지 활동에 따르는 모든 결과를 설명할 수 없기 때문이다*quia tunc non possunt salvari omnes conditiones quae consequuntur actum volendi*." 따라서 그는 '중간적 입장', 즉 실제로 자유와 필연성이란 두 현상을 모두 구하는 유일한 입장에 도달한다. 이렇게 볼 때, 그 입장은 스콜라학파의 통상적인 논리연습 가운데 하나, 즉 추상적인 개념을 오히려 여러모로 공허하게 활용하는 것처럼 보인다. 그러나 둔스 스코투스는 즉시

---

86   Auer, *Op. cit.*, p. 169.

그러한 탐구를 더 추구하고 "동등한 기초에서 서로 독립적으로 발생할 수 있는 … 부분적인 동인"을 인정하는 이론에 도달한다.

그는 남성과 여성이란 두 독립적 실체가 아기를 얻기 위해 결합해야 하는 출산을 예로 들고 있는데, 수많은 동인이 우연히 일치하기 때문에 모든 변화가 발생하며, 그러한 일치가 인간사에서 실재의 엮음을 발생시킨다는 이론에 도달한다.[87] 그러므로 문제의 정점은 세계를 창조하는 과정에서 하느님의 최초의 자유, 그리고 그분이 전적으로 다른 세계를 창조할 수도 있었을 가능성을 주장하는 것뿐만 아니라 변화와 운동 자체, 즉 아리스토텔레스의 경우 인과율로 이어졌던 현상인 동인*aitiai*과 원리*archai*가 우연성에 의해 지배된다는 것을 보이는 것이다.

둔스 스코투스는 다음과 같이 말했다. "내 생각에 '우연적'이란 필연적이지 않거나 항상 존재하지 않는 어떤 것을 의미하는 게 아니라 이것이 실제로 발생한 시간에 그 반대의 경우도 발생할 수 있었다는 것을 의미한다. 그것은 내가 무엇인가 우연적이라고 말하지 않고 무엇인가 우연적으로 촉발되었다고 말하는 이유다."[88] 달리 말하면, 인간사의 원인이 되는 요소는 정확히 인간사에 우연성과 예측 불가능성을 부여한다. 과정의 우연적 성격에 대한 이러한 주장만큼 모든 철학적 전통에 더 모순되는 것은 실제로 없었을 것이다. (아마도 최종적으로 하나 이상의 부가적인 동인으로 작동되는 동인들의 우연한 일치가 두 차례의 대재앙을 "우연히 야기했다"는 주장만큼 진실로 설득력 있게 보이는 게 없을 때, 우리는 다른 개별 동인을 선택하는 이론 때문에 지난 두 차례 전쟁 발발의 필연성을 설명하고자 생산해왔던 장서들을 생각할 필요가 있다.)

---

[87] "동시에 발생하는 원인"에 관한 이론을 살펴보기 위해서는 다음 내용을 참조할 것. Bonansea, *Op. cit.*, pp. 109~110. 다음 자료에서 주로 인용 내용을 발췌했다. P. Ch. Balie, "Une question inédite de J. Duns Scotus sur la volonté", in *Recherches de théologie ancienne et médiévale*, vol. 3, 1931.

[88] Wolter, *Op. cit.*, p. 55.

이 우연성 개념이 비록 의지 활동에서 스스로 자유롭다는 것, 즉 목적 추구에서 행동하거나 행동하지 않으려는 목적으로 제약받지 않는다는 것을 깨달은 의지하는 나의 경험에 조응한다고 하더라도, 이 개념은 동시에 우리가 실제로 필연성의 사실적인 세계에서 살고 있다고 말하는 정신과 공통감의 똑같은 정당한 다른 경험과 외견상 해결 불가능하게 대립 상태에 있다. 사건이 아주 임의로 발생할 수도 있다. 그러나 그것은 일단 존재하고 실재의 형태를 띠면, 우연성의 측면을 상실하고 필연성을 가장하여 우리에게 나타난다. 그리고 사건이 비록 우리가 만들어낸 결과이거나 적어도 우리가 그것에 기여하는 동인들 가운데 하나(계약 결혼이나 범죄 행위에서와 같이)라고 하더라도, (어떤 이유든) 생성되어왔듯이 현재의 상태로 있다는 단순한 실존적 사실은 최초의 임의성에 대한 모든 성찰을 거부하기 쉽다. 우연적인 것이 일단 발생했다면, 우리는 그것이 사건이 될 때까지 — 그것이 여전히 존재하거나 존재하지 않는 것과 같이 — 그것을 연루시킨 흐름을 더이상 풀 수 없다.[89]

자유 문제와 연계된 수많은 역설의 근저에 있는 시각을 이렇게 이상하게 교환하는 이유는 실존 자체의 실제적이거나 가상적인 대체물이 없기 때문이다. 확실히 시간과 변화의 흐름은 사실과 사건을 해체시킬 수 있지만, 이러한 각각의 해체, 심지어 가장 근본적인 변화도 이미 그것을 선행하는 실재를 전제한다. 둔스 스코투스의 말에 따르면, "지나간 모든 것은 전적으로 필연적이다."[90] 모든 것은 나 자신의 실존에 필연적인 조건이 되어왔으며, 나는 정신적으로나 또는 달리 **존재**의 중요 부분이기 때문에 나 자신의 비실존을 상상할 수 없다. 내가 무에서의 창조creatio ex nihilo 이전에 하

---

89   Cf. Bergson's insight cited in chap. I of this volume, p. 31.

90   다음 자료에서 인용했다. Hoeres, *Op. cit.*, p. 111. 호에레스는 불행하게도 이 문장의 라틴어 어원을 제시하지 않았다. "*Denn alles Vergangene ist schlechtin notwendig.*"

느님이 아니라 **존재**의 창조주로서 하느님을 생각하듯이, 나는 무를 생각할
수 없다.

달리 말하면, 선행하는 가능태로부터 필연적으로 성장하는 것인 현
실태에 대한 아리스토텔레스의 이해는 적어도 정신적으로 현실태에서 가
능태로 복귀하는 과정을 선회하는 게 가능할 경우에만 정당화될 것이다.
그러나 이것은 이루어질 수 없다. 우리가 현실적인 것에 대해 말할 수 있는
모든 것은 그것이 분명히 불가능하지 않았다는 것이다. 현실적인 것이 발
생하지 않았던 문제의 상태를 상상하는 게 우리로서는 결국 불가능해졌기
때문에, 우리는 이제 그것이 필연적이라는 것을 결코 증명할 수 없다.

이러한 이유 때문에 존 스튜어트 밀은 다음과 같이 말했다. "우리
의 내면 의식은 우리가 힘(즉, 자유)을 가지고 있다고 말하지만, 인류의 외
적 경험 전반은 모두 우리가 그 힘을 결코 사용하지 않는다고 우리에게 말
한다."[91] 이러한 '인류의 외적 경험'은 과거를 주시하는 시선이 존재하고 있
는 것*factum est*, 이에 따라 이미 필연적이게 된 것을 주시하는 역사가들의 기
록 이외에 무엇 때문에 구성되는가? 그러나 이 순간에 '외적 경험'은 '내면
의식'을 파괴하지 않은 채 그 확실성을 대체하며, 결과는 '내면 의식'과 '외
적 경험'을 조정하고 이들의 균형을 유지하고 싶어 하는 정신의 경우 필연
성 자체의 기반은 마치 우연성에 좌우되는 것같이 보인다는 점이다.

다른 한편, 자신이 직면하고 있는 외형상의 모순 때문에 불편함 상
태에 있는 정신은 자신의 위치를 전적으로 내면에서 확인하기로 결정하고
과거에 대한 성찰 상태에 참여한다면, **생성**의 결과인 과거가 여기에서 역
시 사실적으로 필연성의 양태로 진행되는 과정을 이미 재정비하고 이 과정
에서 임의성을 제거하고 있다는 것을 발견할 것이다. 과거는 생성되어 왔
고 현재에도 있는 것의 의미를 성찰하는 사유하는 나의 실존적 현존의 필요

91   《윌리엄 해밀턴 경의 철학에 대한 검토》 "제26장 〈의지의 자유에 대하여〉"(옮긴이)

조건이다. 우연적이지 않고 필연적으로 촉발되어 왔던 사건의 어떤 단선적 연속에 관한 선험적 가정이 없을 경우, 우리는 다소나마 일관성을 지닌 사건도 설명할 수 없을 것이다. 이야기를 준비하고 말하는 명백한 길, 명백하고 심지어 가능한 길은 실제 발생한 것으로부터 '우유적인' 요소들을 제거하는 것, 즉 컴퓨터화된 두뇌에도 불가능할 수 있는 것에 대한 충실한 계산이다.

기록에 따르면, 둔스 스코투스는 "자유와 필연성을 조화시킬 수 있는 방법에 관한 질문의 실질적인 해답은 없다"[92]고 기꺼이 인정했다고 한다. 그는 여전히 필연성의 과정이 자유를 발현시킬 수 있다는 헤겔 변증법을 모르고 있었다. 그러나 헤겔의 변증법적 화해는 그의 사유 방식에 필요하지 않았다. 자유와 필연성은 정신의 완전히 다른 두 차원이었기 때문이다. 갈등이 전적으로 있었다면, 이러한 갈등은 의지하는 나와 사유하는 나 사이의 내적 갈등에 해당되었을 것이다. 의지는 이러한 갈등 속에서 지성을 인도하며, 인간에게 '왜?'라는 질문을 제기하게 한다. 그 이유는 단순하다. 니체가 이후 발견했듯이, 의지는 '거꾸로 의도할' 수 없다. 그러니 지성으로 하여금 잘못된 것을 발견하게 하자. 의지는 왜? ― 동인은 무엇인가? ― 라는 질문을 제안한다. 의지는 자신을 '원인이 되는causative' 행위자로 경험하기 때문이다.

우리는 다음과 같은 말을 통해 앞에서 언급한 **의지**의 이러한 측면을 강조한다. 즉 "**의지**는 행위의 근원이다." 스콜라학자들의 언어로 말하자면, "우리의 의지는 ⋯ 행위를 생기게 하며, 그 소유자가 공식적으로 의지하는 과정에서 작동시키는 것이다."[93] 인과 관계의 관점에서 말하자면, 의지는 먼저 의지 활동을 유발하며, 이어서 이러한 의지 활동은 어떤 의지도

92   다음 자료를 참조할 것. Bonansea, *Op. cit.*, p. 95.
93   다음 자료에서 인용했다. Hyman and Walsh, *Op. cit.*, p. 596.

폐지할 수 없는 여러 효과를 유발한다. 지성은 의지에게 자체의 무기력에 대한 분노를 잠재우기 위한 설명 근거를 제공하려고 시도하며, 동시에 자료를 분명히 이해시키는 이야기를 만들고자 한다. 이야기는 필연성이란 가정이 없을 경우 모든 일관성을 잃었을 것이다.

달리 말하면, 과거는 정확히 "전적으로 필연적인 것"이기 때문에 **의지** 영역을 넘어선다. 둔스 스코투스 자신에게 문제는 더 단순하게 드러난다. 결정적인 대립은 자유와 필연성이 아니라 자유와 자연, 즉 자연적 **의지** Will *ut natura*와 자유의지Will *ut libera* 사이의 대립이다.[94] **의지**가 지성과 달리 성공적으로 이러한 성향에 저항할 수 있다는 것을 제외하고, **의지**는 지성과 같이 자연스럽게 필연성을 지향하는 경향을 지닌다.

자유 문제가 의지 능력 자체에서 발생하는 한, 둔스 스코투스가 아주 오래된 자유 문제를 해결하려고 제시한 놀라울 정도로 단순한 해답은 이러한 우연성 이론과 밀접하게 연계된다. 우리는 의지의 묘한 분열성을 어느 정도 충분히 논의했다. 사실은 이러하다. 즉 소크라테스와 플라톤이 사유 과정에서 처음 발견했고 모든 정신 과정의 특징인 하나 속의 둘의 분열은 '나는 의지한다I-will'와 '나는 반대로 의지한다I-nill' — *velle*와 *nolle* — 사이의 처절한 투쟁으로 바뀐다. 두 가지 형태의 의지는 모두 자유를 보장하기 위해 존재해야 한다. "의지 활동을 경험한 사람은 또한 원하지 않을 수 있다는 것을 경험한다*Experitur enim qui vult se posse non velle*."[95] 사도 바울과 아우구스티누스의 **의지** 철학을 따르는 스콜라학자들은 신의 은총이 의지의 고통을 치유하는 데 필요하다는 점을 인정했다. 아마도 그들 가운데 가장 경건한 사람인 둔스 스코투스는 이러한 견해를 반대했을 것이다. 신의 개입은 의지하는 나를 구원하는 데 필요하지 않다.

---

94   다음 자료를 참조할 것. Vogt, *Op. cit.*, p. 29.

95   Auer, *Op. cit.*, p. 152.

의지하는 나는 인간의 자유라는 귀중하면서도 대단히 의심스러운
능력이 야기하는 결과를 어떻게 스스로 치유하는가를 매우 잘 알고 있다.
이 능력은 의심스럽다. 왜냐하면 의지가 자유로우며, 외부 대상이나 내적
으로 주어진 대상에 의해 확정되지 않고 제한되지 않는다는 사실은 인간
이 인간으로서 무제한적인 자유를 향유하고 있다는 것을 의미하지 않기 때
문이다. 인간이 자신의 자유로부터 도피하는 정상적인 방법은 단지 의지의
명제에 따라 행동하는 것이다. "예컨대 내가 이 순간에 글을 쓰지 않는 게
가능하듯이, 글을 쓰는 것도 가능하다. 그러나 글을 쓰는 나의 활동은 그 반
대 활동을 배제한다. 나는 의지 활동을 통해 글을 쓰겠다고 스스로 결정할
수 있고, 다른 의지를 통해 글을 쓰지 않기로 결정할 수 있지만, 두 가지 일
과 관련해 동시에 행동할 수 없다."[96] 달리 말하면, 인간의 의지가 불확정적
이고 반대 상황에 개방되어 있으므로, 그의 유일한 활동은 의지 작용을 구
성하는 한에서만 단절된다. 의지가 의지하기를 중단하고 의지의 명제들 가
운데 하나에 따라 행동하기 시작하는 순간, 의지는 자유를 상실한다. 뷔리
당의 당나귀가 자신의 본능, 즉 선택하고 먹기 시작하는 것을 따름으로써
두 건초 더미 가운데 하나를 선택하는 문제를 해결할 수 있어서 기쁘듯이,
의지하는 나의 담지자인 인간은 상실을 기뻐한다.

처음에는 지극히 단순해 보이는 이러한 해결책의 기초가 되는 구분
이 있기 때문에, 둔스 스코투스는 아마도 아리스토텔레스로부터 영향을 받
아서 활동*activum*과 제작*factivum*을 구분했을 것이다. 아리스토텔레스는 자체
내에 목적*ergon*을 지닌 활동*energia*, 즉 순수한 활동과 "어떤 외부 대상을 생
산하거나 형성하는" 제작*facere*을 구분한다. 이는 다음과 같은 함의를 지닌
다. "작업은 잠정적이며, 작업자 밖에 종말을 가지고 있다. 인간의 인공물

은 잠정적인 활동에 의해 생산된다."[97] 사유나 의지와 같은 정신 활동은 첫
번째 유형의 활동들이다. 둔스 스코투스는 이러한 활동들이 근본적으로 잠
정적이지 않기 때문에 현실세계에서는 비록 결과를 남기지 않지만 차원 높
은 '완성'을 형성한다고 생각했다. 이러한 활동이 자체의 목적에 도달하기
때문이 아니라 제한적이고 조건에 제약을 받는 피조물로서 인간이 이러한
활동을 무한히 할 수 없기 때문에만 정신 활동은 중단된다.

　　스코투스는 이러한 정신 활동을 빛의 '활동'과 비유한다. 빛은 "그
근원에서 항구적으로 재생되며, 그에 따라 그 내적 항구성을 보존하고 변
함없이 남는다."[98] 자유의지라는 선물은 피조물*ens creatum*에게 부여되었기
때문에, 이러한 피조물은 자신을 구원하려고 순수한 활동인 행위에서 제
작, 즉 생산물의 출현과 함께 그 명사(名辭: term)를 자연스럽게 발견하는 무
엇인가의 형성으로 전환하지 않을 수 없다. 이러한 전환은 가능하다. 모든
'나는 의지한다'에 내재된 '나는 할 수 있다'가 있으며, 이 '나는 할 수 있다'
는 의지 활동 자체 외부에 있지 않은 '나는 의지한다'에 제한을 가할 수 있
기 때문이다. "**의지**는 무엇인가를 성취할 수 있기 때문에 힘이다*Voluntas est
potentia quia ipsa aliquid petest*." 그리고 **의지**에 내재된 이 잠재력은 실제로 아리
스토텔레스주의자들의 수동적 가능태*potentia passiva*의 대립 개념이다. **의지**
는 "내가 경험하는 ⋯ 적극적인 ⋯ 강력한 '나는 할 수 있다'이다."[99]

　　에픽테토스가 밝혔듯이, 정신적 잠재력의 힘은 정신을 현실로부터
보호하는 데 있지 않고 반대로 현실을 촉진하며 그것에 자신감을 부여하는
데 있다. 정신적 잠재력으로서 의지에 대한 이러한 경험과 더불어, 우리는
마치 역사의 종말에 도달한 것 같다. 물론 역사의 시작은 '의지하는 것*velle*'

97　　　Wolter, *Op. cit.*, pp. 57, 177.

98　　　Hoeres, *Op. cit.*, p. 191.

99　　　Stadter, *Op. cit.*, pp. 288~289.

과 '할 수 있다는 것posse'이 일치하지 않는다는 사도 바울의 발견이었다. 기
독교 이전 고대에는 양자는 일치하는 것으로 당연히 인정되었다. 둔스 스
코투스는 그런 현상의 절멸적(니힐리즘적) 측면, 즉 부정에 의해 창출된 힘
을 여전히 의식하지 못했다는 것을 예외로 하면, 정신 능력으로서 **의지**에
대한 둔스 스코투스의 마지막 말은 수많은 세기가 지난 후 **의지**와 힘을 동
일시하는 니체와 하이데거를 통해 더욱 충실하게 설명된 동일한 현상과 연
관된다. 둔스 스코투스는 여전히 미래를 현재의 기대된 부정으로 간주하
지 않거나 또는 아마도 모든 단순한 세상 사건의 내재적 무용성을 지각한다
는 일반적 의미로만 미래를 현재의 기대된 부정으로 간주했을 것이다.(아우
구스티누스는 다음과 같이 말했다. "미래에 있는 것은 있게 될 무엇인가로 기대된다
quod futurum est, transiturum expectatur."[100]

　　인간은 공동 존재Being together; *Mit-sein*의 세계를 초월할 수 있다. 인
간은 이 세계와 함께 창조되었으며, 이 세계는 자신이 죽을 때까지 거주지
로 남아 있다. 그런데 그의 정신 활동도 감각에 주어진 세계와 결코 무관
하지는 않다. 따라서 지성은 "감각과 밀접한 관련이 있고, 지성의 내적 기
능은 감각 자료를 이해하는 것이다." 비슷한 방법으로 의지는 "감각적 욕
구와 밀접한 관련이 있고, 의지의 내적 기능은 자신을 향유하는 것이다
Voluntas conjuncta appetitui sensitivo nata est condelectari sibi, sicut intellectus conjunctus sensui
natus est intelligere sensibilia."[101] 여기에서 결정적인 말은 잠정적인 욕구 대상을
소유하는 데서 나타나는 욕구의 환희와 다른 의지 활동 자체에 내재된 환
희condelectari sibi다. 소유는 욕구와 환희를 소멸시킨다. 정신의 환희는 욕구
와의 친화성으로부터 그 환희를 차용한다. 둔스 스코투스는 정신의 환희가
욕구 자체와 같이 거의 잠정적이라는 것을 제외하고 감각적 욕구의 성취로

100　　다음 자료에서 인용했다. Heidegger, *Was Heisst Denken?*, Tübingen, 1954, p. 41.

101　　다음 자료에서 인용했다. Vogt, *Op. cit.*, p. 93.

부터 발생하는 환희와 경합할 수 없다고 명백히 말했다.[102] 따라서 의지만
이 잠정적이지 않기 때문에, 그는 욕구와 의지를 분명히 구분한다. 이해와
인지가 지성에 자연적이듯이, 의지 자체의 내재적 환희는 의지에 자연적이
며, 증오에서도 탐색될 수 있다. 그러나 의지의 생득적 완성, 즉 하나 속의
둘 사이의 최종적 평화는 의지가 사랑으로 변형될 때만 나타날 수 있다. 의
지가 소유하려는 단순한 욕구였다면, 그것은 일단 대상을 소유하는 순간
존재하지 않았을 것이다. 나는 내가 소유한 것을 욕구하지 않는다.

　　스코투스가 인간 자신에게 '이상적' 실존인 내세에 대해 사유할 정
도로, 의지가 그 내재적 기쁨delectatio을 지닌 사랑으로의 기대되는 변화는
결정적이다. 의지에서 사랑으로의 변형은 사랑이 자체 내에 목적을 지닌
활동이 아니라는 것을 의미하지 않는다. 따라서 내세에 향유되는 지복인
미래의 축복은 휴식이나 관조가 될 수 없다. 그러므로 하느님과 같은(ergo,
God) 최상의 '것', 최고 선summum bonum에 대한 관조는 지성의 이상일 것이
다. 지성은 현세에서 불완전한 '개별화(thisness, haecceitas)'[103] 상태의 사물에
대한 파악인 직관에 항상 기반을 두고 있다. 여기에서 최상의 것은 여전히
인지되지 않았을 뿐만 아니라 불완전하기 때문이다. "직관은 … 개별적 상
태를 파악할 수 없기 때문에 보편적 개념에 의존한다."[104] '영구 평화', 또는
영면이란 개념은 쉼 없음이란 경험에서 발생한다. 즉 이것은 욕구나 욕정을
완전히 피할 수도 없으면서 정신 활동에서 그들을 초월할 수 있는 필요한
것에 대한 욕구나 욕정의 경험에서 발생한다. 축복 상태인 내세에서의 의

---

[102]　　Hoeres, *Op. cit.*, p. 197.

[103]　　"개별(체)화에 대한 둔스 스코투스의 입장은 그 적극적인 측면으로 인해 애매하다. … 그렇
다면 개별화의 원리란 무엇인가? 그것은 '개별적 존재성entitas individualis'이다. 질료, 형상,
합성체 그 어느 것도 본성인한, 이 존재성은 그 가운데 어느 것도 아니며, 그것은 질료이든
가 형상이든가 합성체인 존재자의 궁극적 실재성이다." 코플스톤, 박영도 옮김,《중세철학
사》(서광사, 1988), 648~9쪽에서 인용함.(옮긴이)

[104]　　Bettoni, Duns Scotus, p. 122.

지는 거부나 증오를 더 이상 필요로 하지 않거나 할 수 없다. 그러나 이것은
축복 상태의 인간이 '예'라고 말할 수 있는 능력을 상실했다는 것을 의미하
지는 않는다.

둔스 스코투스는 그러한 무조건적인 수용을 '**사랑**'이라고 부른다.
"나는 당신을 사랑한다. 나는 당신이 존재하기를 바란다*Amo: volo ut sis*." "그
러므로 지복은 의지가 지성을 통해 자신에게 나타난 대상과 접촉하고 그
것을 사랑하며, 이에 따라 대상에 대한 자연적 욕구를 충족시키는 활동이
다."[105] 사랑의 대상은 더 이상 감각에 부재하지 않고 더 이상 지성에 불완
전하게 인식되지도 않듯이, 여기에서 다시 사랑은 더 이상 정신 활동으로
이해되지 않고 실제적 활동으로 이해된다. 왜냐하면 "지복은 … 단순히 정
신에 있는 게 아니라, 있는 그대로의 대상을 충만하고 완벽하게 성취하는
데 있기 때문이다."[106] 지구상의 순례자인 "도보 여행자"의 실존적 조건을
초월하는 정신은 순수한 활동의 경험에서, 즉 의지의 사랑으로의 변형에서
그러한 미래의 축복을 암시한다. 둔스 스코투스는 다른 무엇을 위해 무엇
인가를 사용하는 것과 그 자체를 위해 향유하는 것, 즉 사용과 향유라는 아
우구스티누스의 구분에 의존하면서 지복의 본질이 하느님 자체를 위한 하
느님의 완전한 사랑, "향유*fruitio*"에 있으며, 자신을 위한 하느님의 사랑과
구분된다고 말한다. 자신을 위한 하느님의 사랑이 자신의 영혼의 구원을
위한 사랑이라면, 그것은 여전히 욕정적인 사랑*amor concupiscentiae*이다.[107] 우
리는 이미 아우구스티누스를 통해 사랑으로 변형된 의지를 발견했다. "완
벽한 것이 나타나고 다른 모든 것이 사라졌을"(고린도전서 13:8~13) 때가 아
니더라도, 두 사상가의 성찰이 "결코 끝나지 않는 사랑"에 대한 바울의 말

---

105   Bonansea, *Op. cit.*, p. 120.

106   *Ibid.*, p. 119.

107   *Ibid.*, p. 120.

씀을 통해 인도되고 있다고 말하는 게 더욱 그럴 듯하다. 아우구스티누스의 경우, 그 변형은 의지의 결속력 때문에 나타난다. 연인들의 사랑보다 더 강력한 결속력을 가진 것은 없다.[108] 그러나 둔스 스코투스는 사랑의 영원함이 지니는 경험적인 기반을 다음과 같이 생각한다. 사랑은 사실상 욕구나 필요를 비우고 정화시키며, 바로 그 **의지** 능력은 사랑 속에서 순수한 활동으로 변형된다.

인간이 지구적 조건을 적어도 정신적으로나 잠정적으로 초월할 수 있고 목적 자체를 지니고 있는 활동의 순수한 현실을 향유할 수 있는 것이 현세에서 인간 정신의 기적이라면, 완전한 실존 상태의 인간이 영성靈性을 부여받는 것은 내세의 기대된 기적이다. 둔스 스코투스는 사물의 제작과 형성에 의해서나 빈궁한 피조물의 욕구 — 이러한 활동은 현세의 모든 활동(정신 활동도 제외되지 않음)을 잠정적이게 한다 — 에 의해 중단되는 활동에 더 이상 좌우되지 않는 "영광체"[109]에 대해 언급한다. 사랑으로 변형된 의지의 쉼 없음은 잠잠한 상태이지만 소멸되지 않는다. 사랑의 지속 능력은 운동의 정지 — 전쟁의 광포의 종말이 평화의 정적으로 느껴지듯이 — 로서 느껴지는 게 아니라 자립적이고 자족적이며 영구적인 운동의 평온으로 느껴진다. 이곳은 완벽한 작업을 수반하는 정적과 환희가 아니라 종결에 쉬는 활동의 정적이 있다. 우리는 이 현세에서 우리의 내적 경험experientia interna 속의 그러한 행위에 대해 알고 있다. 그리고 둔스 스코투스에 따르면, 우리는 그러한 내적 경험이 지속될 때 그것을 불확실한 미래의 암시로 이해할 수 있어야 한다. 따라서 "활동 능력은 자신이 성취하는 완벽한 활동(사랑)을 통해 그 대상에서 자신이 평온하다는 것을 발견한다."[110]

---

108   *On the Trinity*, bk. X, chap. viii, 11.

109   Bettoni, *Duns Scotus*, p. 40

110   나는 해석을 위해 다음 라틴어 원전을 이용하고 있다. *Opus Oxoniense* IV, dist. 49, qu. 4, nn. 5~9.

스코투스가 필연적인 것에 대한 우연적인 것, 그리고 보편적인 것에 대한 현존하는 특수한 것을 존재론적으로 선호하듯이, 자체 내에 휴식을 발견하는 활동이 있을 수 있다는 이념은 놀라울 정도로 독창적이다. 서양 사상사에서 이러한 전례나 후속적인 예는 없다. 나는 우리가 둔스 스코투스를 통해 단순한 개념적 반전이 아니라 순수한 새로운 통찰력을 만나게 된다는 것을 보이고자 노력하고 있다. 이 모든 새로운 통찰력은 아마도 자유의 철학을 성찰하는 조건으로서 설명될 수 있었다. 우리가 알고 있는 한, 철학사에서 칸트만이 자유의 무제한적인 확신에서 둔스 스코투스와 필적할 수 있다. 그럼에도 칸트는 확실히 둔스 스코투스에 대해 알고 있지 못했다. 그러므로 나는 **의지**의 **자유**에 대한 언급은 없다고 하더라도 똑같은 문제를 밝힌《순수이성비판》의 이상한 문구로 끝을 맺을 것이다.

만약 사람들이 무엇인가가 실존한다는 것을 전제한다면, 무엇인가가 또한 반드시 실존한다고 추론하지 않을 수 없다고 하는 것은 매우 기이한 일이다. … 다른 한편, 나는 내가 어떤 사물이든 한 사물의 개념을 받아들일지라도, 그것의 현존이 결코 나에 의해 단적으로 필연적인 것이라고 표상될 수 없음을 발견한다. 그리고 무엇인가가 실존한다고 할지라도 그것의 비존재에 대한 나의 생각을 방해하는 것은 아무것도 없다. 따라서 내가 비록 실존

"*Si enim accipiatur quietatio pro … consequente operationem perfectam, concedo quod illam quietationem praecedit perfecta consecutio finis; si autem accipiatur quietatio pro actu quietativo in fine, dico quod actus amandi, qui naturaliter praecedit delectationemn, quietat illo modo, quia protentia operativa non quietatur in obiecto, nisi per operationem perfectam, per quam attingit obiectum.*"
나는 다음 번역을 제안한다. "정적이 완벽한 작업을 수반하는 것으로 수용된다면, 나는 목적의 완벽한 성취가 이러한 정적을 선행한다고 인정한다. 그러나 정적이 그 종말에 쉬는 행위로 수용된다면, 나는 자연적으로 환희를 선행하는 사랑 행위가, 그 대상을 획득하는 완벽한 작업을 통한 경우를 제외하고, 행위 능력이 대상에서 멈추는 그러한 방식으로 정적을 가져온다고 말한다."

하는 것 일반의 조건으로서 필연적인 것을 가정할 수밖에 없기는 하지만,
그리고 단 하나의 사물도 그 자체로 필연적인 것인 존재자를 가정하지 않고
서는 실존하는 것의 조건들을 거슬러 올라가는 일을 완성할 수 없지만, 결
코 이 필연적인 존재자에서 시작할 수는 없을 것이다. 〔그리고 몇 쪽 이후
이러한 성찰을 결론짓는다.〕 … 그러한 존재를 수용하기 위해 이성을 단적
으로 묶는 것은 아무것도 없고, 이성은 그러한 것을 항상 모순 없이 사유 속
에서 폐기할 수 있으니 말이다. 그러나 사유 속에서만 절대적인 필연성이
발견될 수 있다.[111]

우리는 절대적 무가 사유 속에서 발견될 수 없다는 둔스 스코투스의
가르침을 칸트의 주장에 첨가할 수 있다. 우리는 이후 근대 말 의지 능력의
불확실한 미래를 논의할 때 이러한 이념으로 돌아갈 기회를 가질 것이다.

111   B643~B645, Smith trans., pp. 515~516.

4 결론

독일 관념론과 개념의 무지개다리

우리가 이러한 고찰의 마지막 부분에 도달하기 전에, 나는 주제넘게 의지의 역사로서 선언했던 이 개략적이고 단편적인 설명에서 수 세기에 걸친 최대의 마지막 도약을 정당화하고자 시도한다. 나는 이념들이 시간적 계기 속에서 서로 다른 이념을 따르고 형성한다는 가정에 의존하고 있는 '이념사*Geistesgeschichte*'가 정당하게 있을 수 있는가에 대한 나의 의혹을 이미 언급해왔다. 그러한 가정은 단지 헤겔 변증법 체계 속에서만 이해된다. 그러나 어떤 이론과 별도로 위대한 사상가들의 사유에 관한 기록은 존재하며, 실제의 역사에서 이들의 위치는 도전받을 수 없다. 여기에서 우리는 의지를 긍정하거나 부정하는 그들의 증언을 단지 지나가는 말로 — 데카르트와 라이프니츠에서 홉스와 스피노자까지 — 간단히 언급한다.

이러한 몇 세기 동안에 우리의 맥락에 진정 무관했을 위대한 사상가는 칸트뿐이다. 그의 의지는 사유와 다른 특별한 정신 능력이 아니라 실천이성*Vernunftwille*이며 아리스토텔레스의 *nous praktikos*와 다르지 않다. "순수이성이 실천적일 수 있다는 주장이 칸트 도덕철학의 주요 명제다"[1]라는 주장은 완벽히 옳다. 칸트의 의지는 선택의 자유*liberum arbitrium*도 아니고 그 자체의 원인도 아니다. 칸트의 경우 순수한 자율성 — 그는 종종 "절대적 자율성"이라고 부른다 — 은 사유 속에서만 존재한다. 칸트의 의지는 이성을 통해 모든 행위 문제와 관련한 집행기관으로 선정된다.

우리는 칸트 이후 전개된 독일 관념론의 발전 과정을 연구에서 제외한다. 즉 여기에서는 사변적인 방식으로 근대 수 세기를 압축해 개관한 피히테, 셸링, 헤겔에 대한 논의를 생략한다. 이러한 생략 또는 비약은 당혹스러우며 그러기에 정당화를 필요로 한다. 왜냐하면 근대의 흥망은 "이념사"의 가공물이 아니라 날짜를 확인할 수 있는 사실적 사건이기 때문이다. 기독교 권위의 쇠퇴, 세속화와 계몽을 수반하는 지구 전체와 우주 일부의 발견, 근대과학과 기술의 발생은 사실적인 사건이다.

과거에 발생한 이러한 중대한 변화는 여러 가지 다양하면서도 정당한 관점에서 특징화되고 해석되어왔다. 우리의 맥락에서 볼 때, 이러한 세기 동안 발생한 가장 결정적인 발전은 형이상학적 사유뿐만 아니라 인지적 사유의 주관화였다. 인간은 이러한 세기 동안만 철학뿐만 아니라 과학에도 관심의 중심이 되었다. 우리가 알고 있듯이, 인간이 '자신에게 문제'가 되어왔던 순간에 의지의 발견이 '내면적 인간'의 발견과 일치했더라도, 인간이 철학과 과학에 중심이 되었던 사건은 일찍이 일어나지 않았다. 과학을 통해 인간의 감각은 오류 — '진리'를 노출하기 위해 새로운 증거의 관점에서 교정될 수 있었던 — 를 범할 수 있으며 인간의 감각기관이 영원히 확실할 수 없다는 사실을 입증했을 때 비로소 전적으로 자기 자신에게만 집중하는 인간의 정신은 근대를 연 데카르트의 사상과 더불어, 과학이 입증할 수 있는 의식의 순수한 자료를 통해서 시작되었다. 니체는 근대를 "의혹의 시

---

1   Lewis White Beck, *Op. cit.*, p. 41.

대"라고 불렀다. 이때 니체는 인간이 적어도 데카르트를 기점으로 하여 어떠한 것도 더 이상 확신하지 못하며 심지어 실재적인 것도 확신하지 못하게 됐다고 생각했다. 데카르트는 신의 존재뿐만 아니라 자기 자신의 존재마저도 증명을 필요로 했다. 나는 존재한다I-am에 대한 확실성은 데카르트가 자신의 *cogito me cogitare*(사유하는 나를 사유한다), 즉 우리 자신과 외부세계라는 실재를 우리에게 제공하는 감각들 어느 것도 필요하지 않다는 정신 경험에서 발견한 것이다.

확실히, 이러한 확실성은 매우 의심스럽다. 데카르트로부터 영향을 받은 파스칼은 이미 이러한 의식이 꿈과 현실을 구분하는 데 거의 충분하지 않다고 이의를 제기했다. 매일 밤 12시간씩 자신이 왕이라는 꿈을 꾸고 있는 가난한 기능인은 자신이 단지 가난한 기능인이라고 매일 밤 꿈꾸고 있는 왕과 같은 삶을 영위했을 (그리고 같은 분량의 "행복"을 향유했을) 것이다. 게다가 "사람들은 자신이 꿈꾸고 있다는 것을 종종 꿈꾸기" 때문에, 그 어떤 것도 우리가 삶이라고 부르는 것이 우리가 죽음에서 자각해야 할 꿈이 결코 아니라는 것을 보장할 수 없다. "모든 것을 의심한다는 것*de omnibus dubitandum est*"과 "모든 것을 의심하는 새로운 철학"[2]이 요구한 바로 그 의혹에서 확실성을 발견한다는 것은 도움이 되지 않는다. 의심하는 사람은 자신이 의심하고 있다는 것을 의심할 필요는 없다. 진정, 어느 누구도 그 이상 나가지 못하지만, 그것은 이성이 그를 강화했기 때문이 아니라고 하더라도 "어느 누구도 완벽한 회의론자(파스칼; *pyrrhonien*)가 아니었다"는 것을 의미할 뿐이다. 그는 "무기력한 이성을 지원한 자연"에 의해 제약을 받았으며, 그래서 데카르트주의도 "돈키호테의 이야기와 같은 것"이었다.[3]

---

2   존 던(1573~1631)은 성공회 사제이자 시인이다. 그는 로마 가톨릭 가정에서 태어나 영국 성공회로 전향하여 성공회 성직자가 되었고, 1621년 세인트 폴 대성당의 수석 사제로 임명되었다. 그는 형이상학적 시인의 대표자로 인정되었다.(옮긴이)

3   For Pascal, see *Pensées*, no. 81, Pantheon ed.; no. 438[257], Pléiade ed.; and "Sayings

몇 세기 이후 여전히 같은 맥락에서 생각한 니체는 "실재의 원인을 사물 일반으로 … 돌리게 [만든 것은] 유일한 실재로서 … [사유하는] 나에 대한 우리의 데카르트적 신념"[4]이라는 점을 알아챘다. 이러한 종류의 형세 역전보다 형이상학의 마지막 단계를 더 많이 특징짓는 것은 아무것도 없다. 니체는 냉정하게 정직한 사유실험을 수행한 이러한 역전의 가장 위대한 스승이다. 그러나 그러한 게임은 언어 게임이라기보다 오히려 사유 게임이며, 독일 관념론의 등장과 함께 "개념의 무지개다리를 제외하고"[5] 모든 다리가 붕괴될 때까지 가능하지 않았다. 가장 덜 시적으로 표현하면, 철학자들은 다음과 같은 사실을 깨달은 후에야 언어 게임을 할 수 있었다. "철학에서 우리의 현대적 위상의 참신성은 우리 앞의 어느 시대도 갖지 않았던 확신, 우리가 진리를 소유하지 않는다는 확신에 있다. 이전의 모든 세대는 '진리를 소유했으며', 심지어 회의론자도 그랬다."[6]

내 생각에 니체와 하이데거는 그러한 근대적 확신의 출현 시기를 잘못 추정했다. 실제로 그런 확신은 근대과학의 발생을 동반했으며, 이후 진리의 대체물로서 데카르트의 '확실성'에 의해 약화되었다. 이러한 확실성은 논리 연습의 형태와 '학파'의 독단론 때문에 완전한 학식의 오히려 덧없는 존속을 초래했던 스콜라주의의 유물과 더불어 칸트에 의해 붕괴되었다. 그러나 19세기 말에만(여기에서 하이데거는 옳다) 진리를 소유하지 않는다는 확신은 식자층의 공통된 견해가 되었으며, 시대정신과 같은 것으로 정리된다. 니체는 아마도 시대정신을 가장 두려워하지 않는 대표자였을 것이다.

수 세기 동안 이러한 반응을 지체시킨 강력한 요인은 사유하는 사람

Attributed to Pascal" in *Pensées*, Penguin ed., p. 356. For Donne, see "An Anatomy of the World: The First Anniversary."

4   *The Will to Power*, no. 487, p. 269.

5   *Ibid.*, no. 419, p. 225.

6   Heidegger, in "Uberwindung der Metaphysik," *Op. cit.*, p. 83.

들이 모두 인간 지식의 엄청나고 지극히 **빠른** 진전에 자연스럽게 반응한 결과로서 과학의 등장과 함께 갑자기 발생했다. 이러한 진전 때문에 고대 이후 몇 세기는 상대적으로 완전한 정체의 시기로 보였다. 지식 자체에 대한 관심으로 촉진된 거대한 협동적 운동인 진보의 개념은 "프랜시스 베이컨의 저작에서, 과거, 현재, 미래의 모든 과학자가 역할을 하는 … 완전히 발전된 형태로 처음 등장했다."[7] 이와 함께 시간의 이해에 대한 중대한 변화가 있었다. 즉 이러한 변화의 초기에 **미래**는 **현재**나 **과거**가 이전에 점유했던 지위로 거의 자동으로 등장했다. 이후의 각 세대가 앞선 세대보다 필히 더 많은 것을 알 것이라는 생각, 그리고 이러한 진보가 결코 완결되지 않으리라는 생각 — 우리 시대에만 도전자를 발견했다는 확신 — 은 아주 중요했다. 그러나 우리의 맥락에서 볼 때, "과학적 지식이 선행 탐구자들의 발견 결과를 기반으로 삼아 이를 점진적으로 수정하는 여러 세대 탐구자들의 공헌을 통해 단계별로" 성취될 수 있었고 그럴 수 있다는 단순하고 당연한 인식은 더욱 중요했다.

과학의 부상은 천문학자인 과학자들의 새로운 발견과 함께 시작되었다. 이들은 선행자들의 발견 결과를 "매우 체계적으로 이용했다." 그러나 이들은 과거 세대의 기록, 그것도 신뢰할만한 기록이 없었을 경우 어떤 '진전'도 이룰 수 없었을 것이다. 왜냐하면 한 인간 또는 한 세대의 수명이 발견 결과를 검증하고 과학적 가설을 정당화하기에는 분명히 너무 짧기 때문이다. 그러나 "천문학자들은 미래 과학자들이 이용할 행성 목록을 작성했으며", 과학적 진보를 위한 기반을 마련했다. 〔천문학은 물론 진보를 가동시키는 데 전적으로 외톨이는 아니었다. 토마스 아퀴나스는 학문을 처음 발견한 사람들에게서 나타나는 지식의 부족을 수정하는 과정에서 "학문적

---

7   이것과 다음 내용을 위해서 특별히 다음 자료를 참조할 것. Edgar Zilsel, "The Genesis of the Concept of Scientific Progress," in *Journal of the History of Ideas*, 1945, vol. VI, p. 3.

지식의 발전*augmentum factum est*"을 이루었다고 설명한다.[8] 시행착오법을 사용했던 장인들도 자신들의 기예가 확실히 증대되는 것을 예리하게 의식했다. 게다가 동업자 조합들(길드: guilds)은 "장인 기술의 진보보다 오히려 연속성을 강조했으며", "지식, 아니 기술적 기예의 점진적 진보라는 이념을 명백히 표현하는, 현존하는 문헌에 있는 유일한 문장은 대포에 관한 논문에 나타난다."[9] 그럼에도 불구하고 천문학에서 발생한 추동력을 근대과학에 제공한 결정적 돌파구, 진보가 똑같이 근대 역사 개념의 지배적인 생각이 될 때까지 이후 다른 모든 과학을 지배했던 진보 이념은 본래 자료의 통합, 지식의 교환, 그리고 천문학적 진보의 필수 요건이었던 기록의 완만한 축적에 기반을 두고 있었다. 일반적인 인간조건에 관심을 가졌던 사람들은 16세기와 17세기의 획기적인 발견 이후에 비로소 천문학 분야에서 수행되었던 것에 관심을 가졌다.

따라서 우리 감각의 불충분함을 증명하는 "새로운 철학이 모든 것을 회의하고" 의혹과 절망을 불러일으켰던 동안 지식의 명백한 진보 운동도 똑같이 사람이 배우고 학습할 수 있는 것에 대한 강렬한 낙관론을 불러일으켰다. 이것을 제외하면, 이 낙관론은 개개의 사람들, 심지어 비교적 소규모의 과학 공동체에도 적용되지 않았다. 이 낙관론은 일련의 세대, 즉 인류 전체에만 적용되었다. **진보** 이념이 인류 이념의 필요한 보완물이라는 것을 탐색한 첫 번째 사람인 파스칼의 말에 따르면, "각각의 인간이 매일 지식의 진보를 이룰 수 있을 뿐만 아니라 우주의 나이가 더해 감에 따라 모든 사람이 함께 지속적으로 진보할 수 있다는 것은 특별히 [인간과 동물을 구별하는 인간적] 특권이며 … 따라서 수 세기에 걸쳐 존재했던 일련의 인간들 전

---

8   《신학대전》 제2권 제2부 질문 1, 제7항. *Praeterea, in scientiis humanitus ordinatis per successionem temporum augmentum factum est propter defectum cognitionis in primis qui scientias invenerunt, ut patet per Philosophum.*(옮긴이)

9   따라서 질젤은 '탁월한 장인들'의 경험과 '지적인 태도'에서 진보 개념의 기원을 발견한다.

체가 *영원히 삶을 영위하고 지속적으로 학습하는 동일한 인간으로 고려되어야 했다.*"[10]

이러한 공식적 표현에서 결정적인 것은 물론 실재가 아닌 생각인 "함께 하는 인간들"이란 개념이 동사로 표현되는 온갖 종류의 활동에 해당하는 명사로 기여할 수 있었던 '인간', 즉 '주체'의 모델에 기초해 직접 해석되었다는 점이다. 제대로 표현하자면, 이 개념은 은유가 아니라 완전한 의인화, 즉 르네상스 시대에 서사의 알레고리에서 발견할 수 있는 그런 것이었다. 달리 말하면, *진보는 현존하는 인간들의 등 뒤에서 활동하는 인류의 기획* — 애덤 스미스의 "보이지 않는 손", 칸트의 "자연의 계략", 헤겔의 "이성의 간지", 그리고 마르크스의 "변증법적 유물론"에서 우리가 다소 늦게나마 발견하는 의인화된 세력 — *이 되었다.* 확실히, 이념사가들은 이러한 개념에서 단지 신의 섭리의 세속화, 즉 확실히 세계의 진정한 지배자인 하느님의 세속적인 대체물을 욕구한 마지막 사람인 파스칼에서 **인류**의 의인화를 발견한 이후 더욱더 의심스러워지는 해석을 단지 목격할 것이다.

아무리 그렇다 하더라도 상호연계된 이념인 **인류**와 **진보**는 프랑스 혁명 이후에만 철학적 사유의 전면에 나타났다. 프랑스 혁명은 가장 사려 깊은 관찰자들의 마음에 자유, 평등, 박애와 같은 비가시적인 것의 가능한 현실화를 보여주었으며, 따라서 사유하는 사람들의 가장 오래된 확신에 대한 명백한 반박, 더 정확히 말해 역사의 성쇠와 영원히 변화하는 인간사가 진지하게 고려할 만한 가치가 없다는 것을 형성하는 듯하다. (플라톤의 《법률》에 있는 유명한 경구, 즉 진지한 사람은 진지한 것들 때문에 진지함을 유지하지만, 인간사와 같은 그러한 "사소한 것들에는 진지함을 보이지 않는다"[11]는 것은 현대인들의 귀에는 지극히 이상하게 들릴 수도 있다. 사실 이 경구는 비코 이전에는 도전

---

10   *Préface pour le Traité du Vide*, Pléiade ed., p. 310.

11   VII, 803c.

을 받지 않았는데, 비코는 19세기까지 영향을 미치거나 반향을 일으키지 않았다.) 여러 가지 측면에서 근대의 정점인 프랑스 혁명이란 사건은 거의 1세기 동안 '사유의 엷은 색조'를 바꾸었다. 사람들 가운데 지독히도 '우울한 족속'[12]인 철학자들은 유쾌하고 낙관적으로 바뀌었다. 그들은 이제 미래를 믿고 세계의 도정에 대한 오래된 비탄을 역사가들에게 맡겼다. 거대한 사업에 참여하는 사람들만이 완전히 파악하고 그럼에도 철학자의 일반적인 이해를 결코 넘어서지 않는 과학적 진보의 세기가 성취할 수 없었던 것은 몇 십 년간 고민했던 문제에서 이제 실현되었다. 철학자들은 지식뿐만 아니라 일반적으로 인간사의 진보에 대한 신념을 갖게 되었다.

그리고 철학자들이 이전에는 결코 입증되지 않은 방침을 유지한 채 **역사** 과정을 성찰하기 시작했지만, 그들은 이 새로운 주제가 자신들에게 제기한 최대의 난제라는 것을 거의 즉시 알 수 있었다. 어떠한 행위도 결코 그 의도한 목표에 도달하지 못하고, **진보**(또는 역사 과정의 다른 확고한 유의미성)가 무의미한 "오류와 폭력의 뒤범벅"[13]에서 발생하며, "인간사의 무의미한 과정"에 팽배한 "우울한 우연*das trostlose Ungefähr*"[14]에서 발생한다는 단순한 사실은 최대의 난제였다. 사람들이 더 이상 행위를 하지 않고 발생한 것을 이야기로 말하기 시작할 때, 그들은 뒤늦게 깨달은 지혜를 통해서만 무슨

---

12   칸트는 《도덕철학》에서 우울한 족속을 다음과 같이 언급하고 있다. "염세가는 모든 사람들
      이 나쁘다고 생각한다. 그는 사람들에게서 자신이 찾고 있던 것을 발견하지 못한다. 그는
      그들을 증오하지 않고 모두에게 좋은 것을 원하지만 단지 그들을 좋아하지 않는다. 그러한
      사람들은 인류의 개념을 형성할 수 없는 우울한 족속이다."(27 : 242)(옮긴이)

13   아렌트는 "교회의 역사 전체는 오류와 폭력의 뒤범벅이다"에서 이 문구를 차용했다. 괴테
      의 온건한 풍자시Zahme Xenien; mild epigram Ⅸ에 포함되어 있다. "*Glaubt nicht, daß ich fasele,
      daß ich dichte; Seht hin und findet mir andre Gestalt! Es ist die ganze Kirchgeschicte Mischmasch von
      Irrtum und von Gewalt.*" (옮긴이)

14   칸트, 〈보편사의 이념Idea for a Universal History with a Cosmopolitan Purpose〉 앞 문구는 서론에,
      뒷 문구는 제1명제 부분에 있다. 아렌트는 'trostlose Ungefähr'(절망적인 우연 또는 운명)을
      '우울한 우연'으로 표기하고 있다.

의미가 있는가를 탐색할 수 있다. 따라서 그것은 마치 "자연의 의도", "이성의 길잡이 끈"이 분별없이 서로 엇갈린 목적을 추구하는 사람들을 인도했던 것 같다.[15] 내가 인용한 칸트와 괴테는 사실 모두 새로운 세대, 독일 관념론 세대의 초기에 서 있었다. 프랑스 혁명이란 사건은 그들의 삶에서 결정적인 경험이었다. 그러나 그들이 택한 "알려진 역사라는 사실이 공통 기만이나 연속성이나 일관성을 지니지 않았다"는 것은 비코와 헤겔에게는 이미 알려졌다. 헤겔은 오랜 시간이 지난 후에도 여전히 "열정, 사적인 목적, 이기적 욕구의 충족이 … 행위의 가장 유력한 근원"[16]이라고 주장했다. 따라서 과거 사건의 기록이 아닌 이야기만이 이해된다. 칸트는 만년에 다음과 같이 아주 매력적인 주장을 했다. 그는 **역사** 행위의 주체는 인간이나 입증 가능한 인간 공동체라기보다 오히려 **인류**가 되어야 한다는 것을 곧 이해했다. 그가 **역사**의 기획에 나타나는 중대한 결점을 인식할 수 있었다는 사실은 역시 두드러진다. "앞선 세대가 이후 세대를 위해서만 자신들의 부담스러운 업무를 수행하는 것 같고 … 마지막 세대만이 [완성된] 건물에 거주할 행운을 누려야 한다는 것은 항상 당혹스러울 것이다."[17]

칸트는 사유를 해방시키고 이성의 자기비판을 도입함으로써 독단론과 회의론 사이의 오랜 난관을 해결했다. 18세기 혁명의 충격 아래 칸트의 이러한 노력이 성숙한 세대를 정신적으로 형성했다는 것은 아마도 순전한 우연의 일치였을 것이다. 그리고 혁명이 진보 개념을 과학적 발전에서 이성 영역으로 이전하고 그것을 역사의 진보로 이행하도록 그들을 격려했을

---

15   다음 자료를 참조할 것. Kant, *Idea for a Universal History from a Cosmopolitan Point of View*(1784), Introduction, in *Kant on History*, ed. Lewis White Beck, Library of Liberal Arts, Indianapolis, New York, 1963, pp. 11~12.

16   헤겔, 《역사철학강의》, 서론, B 역사의 이성과 그 실현, (b) 정의의 이념을 실현하는 수단, 앞부분에서 밝히고 있다.(옮긴이)

17   *Ibid.*, 〈보편사의 이념〉 제3명제. 저자의 번역임.

때, 그들이 행위의 근원과 미래의 기관으로서 의지에 관심을 갖게 되었던
것은 당연했다. 그 결과는 이러했다. 즉 "자유를 철학의 정점과 실체로 삼
으려는 사유가 모든 관계에서 인간 정신을 해방시켰으며, 사유의 연쇄에서
자유로운 사유를 위해 사유하는 나를 해방시켰는데, 사유하는 나의 궁극적
목표는 "나는 모든 것일 뿐만 아니라 반대로 모든 것이 나라는 것을 … 입
증하는"[18] 것이었다.

파스칼의 의인화한 개념인 인류에서 제한적이고 실험적인 방식으
로 나타났던 것은 이제 믿기 어려울 정도로 확산되기 시작했다. 인간들의
활동은 사유 활동이든 행위든 의인화한 개념의 활동으로 변형되었다. 이것
은 철학을 무한히 더욱 어렵게 만들며(헤겔 철학의 주요 난제는 철학의 추상화
이며, 그의 철학은 그가 마음에 담고 있는 실제 자료나 현상에 대한 오직 빈번한 암시
다.) 동시에 믿기 어려울 정도로 철학을 더 활기 있게 했다. 순수한 사변의
진정한 열정은 칸트의 비판이성과 극명하게 대조되고, 변장한 근본적 추상
화 상태의 역사적 자료가 넘치도록 가득하다. 의인화한 개념 자체가 활동
을 하게 되어 있기 때문에, (셸링의 말에 따르면) 철학은 마치 "더 높은 관점
으로, 더 높은 실재론으로" 발돋움해왔던 것처럼 보인다. 한낱 사유-사물,
칸트의 누메나(물자체; *noumena*), 실제 자료에 대한 사유하는 나의 성찰로
형성된 탈물질화된 산물 — 헤겔의 경우 역사적 자료, 셸링의 경우 신화적
이거나 종교적인 것 — 은 이러한 실재론에서 이성의 어떤 이념에 의해서도
규제되거나 제한되지 않는 보폭과 리듬을 유지하는 이상한 육신 없는 유령
의 춤을 시작한다.

의지는 독일 관념론이 유행하던 짧은 시기 동안에 이러한 순수한 사
변 영역에서 나타났다. 셸링은 다음과 같이 선언했다. "가장 높은 최종 단
계에서 **의지** 이외에 다른 **존재**는 없다. **의지**는 시원적 **존재**이며, 모든 술어

18   Schelling, *of Human Freedom*, p. 351.

는 그것 — 무근거성, 영원, 시간의 독립, 자기긍정! — 에만 적용된다. 철학은 모두 이러한 최고의 표현을 발견하고자 단지 노력한다."[19] 하이데거는 한때 《사유란 무엇인가》에서 이 문장을 인용하면서 다음과 같은 말을 덧붙였다. "따라서 셸링은 형이상학적 사유가 고대 이후 존재에 귀속시킨 술어를 의지하기의 그 최종적인 최고 … 가장 완성된 형태에서 발견한다. 그러나 이러한 의지하기의 **의지**는 여기에서 인간 영혼의 능력을 의미하지 않는다. 여기에서 '의지하기'란 말은 존재자 전체의 **존재**를 지칭한다."[20] 분명히 하이데거는 옳다. 셸링의 **의지**는 형이상학적 실체이나 훨씬 공통적이고 더 오래된 형이상학적 오류와 달리 의인화된다. 다른 맥락에서 더 정확히 말하자면, 하이데거 자신은 의인화한 개념의 의미를 압축해서 묘사한다. "인간의 의지가 의지할 의지의 기원이며, 반대로 인간이 그러한 의지 활동의 본질을 경험하지도 않은 채 의지할 의지에 의해 의도당한다는 거짓된 의견은 〔쉽게〕 나타난다."[21]

　　하이데거는 이러한 말과 함께 의식 속에 주어진 것으로서 "현상을 구제하는"게 항상 주요 목적이었던 현상학적 분석뿐만 아니라 근대의 주관주의에 단호하게 등을 돌린다. 그리고 그는 '개념의 무지개다리'를 연구 대상으로 삼으면서 의인화한 개념을 선호하며 인간과 인간 능력을 순진하게 배제시킨 독일 관념론에 관심을 갖는다.

　　니체는 칸트 이후 독일 철학의 이면에 있는 영감을 놀라울 정도로 명료하게 진단했다. 그는 자신의 철학이 다른 독일 철학들과 비슷하면서도 심지어 더 극단적인 길로 갔다는 것을 알았다.

　　〔니체가 말하기를, 철학은〕 언제나 있던 향수의 … 가장 근본적인 형태다.

19　　*Ibid.*, p. 350.

20　　Heidegger, trans., F. D. Wieck and J. G. Gray, *What is Called Thinking?*, New York, Evanston, London, 1968, p. 91.

21　　*Vorträge und Aufsätze*, p. 89.

지금까지 존재했던 최선에 대한 열망이다. 사람은 더 이상 어디에서도 편안하지 않다. 사람들은 마침내 자신이 편안할 수 있는 그러한 장소를 다시 동경한다. 그리스 세계! 그러나 정확히 그러한 방향에서 개념의 무지개다리를 제외하고 모든 다리는 끊겨 있다. … 확실히 사람들은 이러한 다리를 건너기 위해 매우 가볍고, 매우 세심하고, 매우 여위어야 한다! 그러나 거의 유령적인 것*Geisterhaftigkeit*인 정신성에의 이러한 의지에 이미 어떤 행복이 있는가! … 사람들은 교부敎父를 통해 그리스로 복귀하고자 한다. … 독일 철학은 … 르네상스에의 의지의 일부이며, 고대의 발견, 고대 철학, 무엇보다도 소크라테스 이전의 철학 — 모든 그리스 사원에 가장 깊숙이 묻힌 것 — 의 발굴을 지속하려는 의지다! 따라서 몇 세기 후에 아마도 사람들은 모든 독일 철학이 그 현실적인 품위를 고대 토양의 점진적인 개간이라는 것으로부터 도출한다고 판단할 것이다. … 우리는 날마다 더 그리스적으로 성장하고 있다. 처음에는 그리스화의 유령으로서 개념이나 가치 평가에서 사실상 … 오직 타당하다.[22]

의인화한 개념은 분명히 검증할 수 있는 경험에 그 뿌리를 둔다. 그러나 사람들의 등 뒤에서 활동하는, 육신에서 분리된 영혼들의 유사 왕국은 사람의 영혼이 편안함을 느낄 수 있었던 다른 세계에 대한 향수 때문에 만들어졌다.

따라서 이것은 형이상학 영역의 순전한 사변이 아마도 그 목적과 함께 정점에 도달한 독일 관념론, 그 사상 체계를 고려할 때 생략했던 것에 대한 내 정당화다. 나는 "개념의 무지개다리"를 넘어서고 싶지 않았다. 왜냐하면 나는 아마도 충분히 향수적이지 않기 때문일 것이며, 아무튼 나는 과거 세계든 미래 세계든 한 세계를 믿지 않기 때문이다. 이 세계에서 인간 정

22   *The Will to Power*, no. 419, pp. 225~226.

신은 현상세계로부터 이탈하기 위해 무장한 채 안락하게 여전히 편안함을 느낄 수 있으며 그래야 한다. 게다가 적어도 니체와 하이데거에 대해 말하자면, 그들은 의지하는 나와 대립하여 사유하는 나에 의해 그렇게 명백하게 '형성되고' 치장된 의인화한 개념의 이 유령의 고향을 신뢰하기 위해 존재론적 범주가 아닌 인간 능력으로 **의지**에 정면 도전함으로써 처음에는 그 능력을 거부하고 이어서 등을 돌렸다.

니체: 의지에 대한 거부

나는 **의지**에 관한 논의에서 이 능력을 이해하는 완전히 다른 두 가지 방식을 반복적으로 언급했다. 하나는 대상들이나 목표들 가운데 선택하는 능력, 즉 주어진 목적의 결정권자로 행위하고 그들에 도달하는 수단을 자유롭게 심의하는 능력*liberum arbitrium*이며, 다른 하나는 "시간 속에서 일련의 계기를 자발적으로 시작하는 능력"[23]이나 "인간 자신이 새로운 시작이기에 갖게 된 인간의 시작 능력*initium ut esset homo creatus est*"(아우구스티누스)이다. 근대가 **진보** 개념을 수용하고 미래를 우리에게 접근하는 것으로 이해하는 입장에서 우리가 의지의 기투로 결정하는 것으로 본질적으로 변경하자 의지의 추동력은 전면에 부각되지 않을 수 없었다. 그리고 우리가 시간에 대한 공통 의견으로 알 수 있는 한, 그것은 실제로 그랬다.

다른 한편, 뭔가 그러한 낙관적 색조의 부족은 다른 무엇보다도 오늘날 이른바 '실존주의' 초창기에 나타나는 가장 두드러진 특징이다. 니체에 따르면, 그러한 낙관론만이 "역사 인식의 결핍", 즉 "모든 철학자의 시

---

23 *Critique of Pure Reason*, B478.

원적 오류"[24]인 결핍을 설명할 수 있다. "기만당하지 말자! 시간은 앞으로 진행한다. 우리는 시간 속에 있는 모든 것이 역시 앞으로 진행한다고 믿고 싶고, 발전이란 앞으로 진행하는 것이라고 믿고 싶다." 그리고 **진보**와 상관이 있는 인류의 이념에 대해서는 다음과 같이 주장한다. "'**인류**'는 진보하지 않으며, 심지어 현존하지도 않는다."[25]

달리 말하면, 근대의 시작에 대한 보편적 의혹이 처음엔 바로 그 **진보** 개념 때문에, 그다음에는 프랑스 혁명에서 외견상 나타난 진보의 구체화와 절정 때문에 대단히 불식되고 억제되었지만, 이것은 결과적으로 자체의 힘을 소진시키는 지체 행위의 원인일 뿐이었다. 우리가 이러한 전개 과정을 역사적으로 고찰하고 싶다면, 우리는 니체의 사유실험 — "내가 체험한 그러한 실험 철학은 가장 근본적인 니힐리즘의 가능성마저도 실험적으로 예상한다"[26] — 이 17세기 데카르트와 파스칼과 함께 시작한 것을 마침내 완성시켰다고 말할 수 있을 뿐이다.

컴퓨터 또는 점성술의 도움을 받거나 제물로 바쳐진 동물의 창자를 이용해 미래의 장막을 여전히 제거하고 싶어 하는 사람들은 어떤 다른 과학적 노력보다 이러한 '과학'에서 훨씬 빈약한 기록을 보여주고 있다. 그럼에도 불구하고 그게 우리 자신의 시대와 관련해 미래학자들 사이의 정직한 경쟁의 문제라면, 어떠한 과학적 야망도 갖지 않은 시인인 존 던은 상을 받을 수도 있을 것이다. 1611년 그는 자신이 알기에 과학에서 진행되고 있던 것 (오랜 동안 '자연철학'이란 이름 아래 여전히 작동되었을 것)에 대한 직접적인 반응으로 시를 썼다.[27] 그는 모든 결론을 자신이 지각한 것으로부터 끌어내고

---

24   *Human All Too Human*, no. 2, in *The Portable Nietzsche*, p. 51.

25   *The Will to Power*, no. 90, p. 55.

26   *Ibid.*, no. 1041, p. 536.

27   〈세상의 해부*An Anatomy of the World*〉는 존 던이 자신의 후원자인 로버트 드루리 경의 어린 딸 엘리자베스 드루리의 죽음을 추념하여 바친 시다. "그는 엘리자베스의 죽음을 인간의 타락

자 데카르트나 파스칼을 기다릴 필요가 없었다.

그리고 새로운 철학은 모든 것을 회의하네,

불의 요소는 완전히 꺼지고,

태양은 사라지고, 그리고 지구, 어떤 사람도 알고 있지 못하네,

그것을 찾는 곳으로 그를 인도할 수도 있다는 것을 …

이것은 모두 조각이며, 일관성은 모두 사라지고;

그냥 좀 제공하니, 모든 관계:

군주, 신하, 아버지, 아들은 잊힌 것이니 …

존 던은 대략 3세기나 지나서야 다시 들을 수 있는 탄식의 소리로 다음과 같이 끝을 맺는다. "당신은 이것을 알고 있을 때, 괴물이 얼마나 추하고 … 유령이 얼마나 창백하고 … 이 세상이 얼마나 메마른 재인지 알고 있네."[28]

우리는 이러한 역사를 배경으로 하여 **의지**에서 정신의 중요한 능력 가운데 하나를 인식하기 위해 서양 역사의 유산에 여전히 아주 가까운 마지막 두 사상가를 고려해야 한다. 우리는 니체와 함께 시작하며 다음의 내용을 기억한다. 그는 '힘에의 의지'라는 제목이 붙은 어떠한 책도 결코 쓰

과 우주 붕괴의 상징으로 사용하면서 그녀의 죽음을 애통해하고 있다." 그는 현실세계의 유약성과 쇠퇴, 인간적 완성의 이념으로서 드루리에 대한 찬사, 그리고 현재를 상실한 세계에 대한 희망의 근원으로 성찰하고 있다. 그는 원자론을 수용할 기회를 가졌으며, 쇠퇴와 소멸에 대한 인식에 직면하여 항구성에 대한 관심에서 유래하는 새로운 원자 논쟁에 관심을 가졌다. 17세기 고대 원자론의 부활은 그에게 대단히 논쟁적인 본질이론을 제공했다. Hirsch, "Donne's Atomies and Anatomies: De-constructed Bodies and the Resurrection of Atomic Theory," *SEL*, 31(1991)을 참조할 것.(옮긴이)

28   "Anatomy of the World: The First Anniversary."
〈세상의 해부〉 제325~326연.(옮긴이)

지 않았음에도 이러한 표제를 달고 있는 단편, 수기, 경구 모음집이 유고로 출판되었고, 그 모음집 안에는 서로 연관되지 않은 데다 종종 모순되기까지 한 격언들이 산만하게 한데 묶여 있다. 이들은 모두 완숙기의 니체가 실제로 집필한 것들로서, 우리의 기록된 역사에서 놀라울 정도로 진귀한 문학 장르인 사유실험이다. 가장 명백하게 유사한 작품은 파스칼의《팡세》다. 이 책은 니체의《힘에의 의지》와 더불어 무작위로 배열되어 있다. 따라서 후세의 편집자들은 독자가 단편, 수기, 경구들을 확인하고 날짜를 확인하는 데 상당한 어려움이 있다는 것을 고려해 이것들을 재배열했다.

　　우리는 우선 형이상학적 함의나 일반 철학이 지닌 뜻을 다수의 단순한 서술적인 진술들을 통해 고려할 것이다. 이것들은 대부분 오히려 잘 알려진 것처럼 보일 것이다. 그러나 우리가 여기에서 현학적인 영향에 직면할 수 있다고 속단하지 않는 게 더 좋을 것이다. 그러한 추론을 도출하는 것은 하이데거와 관련해 한편으로는 중세철학에 대한 그의 심오한 지식, 다른 한편 (내가 이미 언급했듯이)《존재와 시간》에서 미래 시제의 우위성에 대한 그의 주장 때문에 특별히 매혹적이다. 하이데거가 니체에 대한 해석의 형식을 주로 취하는 **의지**에 관한 논의에서《고백록》에 나타나는 아우구스티누스의 발견 결과들을 어디에서도 언급하지 않았다는 것은 더욱 지적할 만한 가치가 있다. 따라서 다음과 같이 잘 알려진 것처럼 보이는 이유는 의지 능력의 독특한 특징 덕택이다. 우리는 상당한 양심의 가책을 느끼지 않은 채 청년 니체에게 미친 쇼펜하우어의 영향도 무시할 수 있다. 니체가 알기로 "쇼펜하우어는 '의지'에 대해 언급했으나, 완전히 순수한 의지를 결여하고 있다는 것보다 더 그의 철학을 특징짓는 것은 아무것도 없었다."[29] 니체가 제대로 알고 있듯이, 이러한 의지 부재의 이유는 "(갈망, 본능, 충동이 마치 의지의 본질인 듯이) 의지에 대한 기본적인 오해에 있다." 왜냐하면 "의

29　　*The Will to Power*, no. 95, p. 59.

지는 정확히 갈망을 자신의 주인으로 취급하고 이것들(갈망, 본능, 충동)에 자체의 방식과 한도를 지시하기 때문이다."[30]

"의지하는 것은 욕구하고, 얻으려고 애쓰며, 원하는 것과 같지 않기 때문이다. 의지하는 것은 명령이라는 요소를 통해서 이러한 것들과 구별된다. … 무엇인가 명령을 받는 이것은 의지하기에 내재되어 있다."[31] 하이데거는 다음과 같이 견해를 밝힌다. "니체의 저작에서 … 의지하는 게 명령하는 것이란 독특한 문구만큼 빈번히 나타나는 문구는 없다. 명령하는 사상은 의지에 내재되어 있다."[32] 이러한 명령하는 사상이 단지 극히 드물게 다른 사람을 지배하는 것으로 향해 있다는 것 또한 특징적이다. 명령과 복종은 모두 니체가 알지 못했던 아우구스티누스의 정신의 개념에도 이상하리만치 유사한 방식으로 나타난다.

니체는《선악의 저편》에서 조금 길게 설명한다.[33]

의지하는 어떤 사람은 자신의 내면에 있는 무엇인가에 복종하라는 명령을 내린다. … 우리가 '**의지**'라고 부르는 이러한 다양한 현상의 가장 이상한 측면은 우리가 그것에 대해 단 한 단어, 특별히 우리가 동시에 모든 주어진 상황에서 *명령을 내리는 사람과 그것에 복종하는 사람*이라는 사실에 오직 한 단어만을 가지고 있다는 것이다. 우리가 복종하는 한, 우리는 의지 행위 직후 자신을 통상적으로 드러내기 시작하는 강제, 충동, 압박, 저항의 감정을 경험한다. 그러나 … 우리가 명령하는 상태에 있는 한 … 우리는 쾌락 감각을 경험하며, 우리가 **나**, 즉 **나**라는 개념을 통해 이분법을 극복하곤 할 때 쾌

---

30   *Ibid.*, no. 84. p. 52.

31   *Ibid.*, no. 668, p. 353. 저자의 번역임.

32   *Nietzsche*, vol. I, p. 70.

33   *Beyond Good and Evil*, no. 19.(옮긴이)

락 감각은 더욱 강렬해진다. 이것은 우리가 복종을 당연시하고 이에 따라 의지하기와 수행하기를, 의지하기와 행위하기를 동일시하는 그러한 방식으로 이루어진다.

우리의 정신 속에서만 존재하는 이러한 의지 작용은 명령하는 사람, 그리고 전체로서 '나'를 명령하는 부분과 동일시하고 다른 저항하는 부분이 언급된 바와 같이 복종하기를 기대함으로써 복종하기로 되어 있는 사람 사이의 전투가 되어왔던 하나 속의 둘이라는 정신의 이중성을 극복한다. "'의지의 자유'로 불리는 것은 본질적으로 복종해야 하는 사람들에 대한 열정적인 우월성이다. '나는 자유로우며 그는 복종해야 한다'는 이 의식이 바로 의지하기다."[34]

우리는 니체가 **의지**의 이중성을 극복하는 데 필요한 치유력으로서 신의 은총을 믿었다고 기대하지 않는다. 우리가 앞의 서술에서 기대하지 않은 것은 다음과 같다. 즉 니체는 투쟁의식에서 나를 명령하는 부분과 동일시함으로써 의지에게 갈등을 피할 수 있도록 하고, 사실상 강요당하고 이에 따라 항상 저항하려는 찰나에 있다는 불유쾌하고 괴로운 감정을 사실상 간과할 수 있게 하는 '**나**'의 일종의 계략을 탐색했다. 니체는 종종 이러한 우월 감정을 비록 건전한 것이긴 하지만 환상이라고 맹렬히 비난했다. 그는 다른 문장에서 전체 현상을 긍정과 부정 사이 [의지의] 규칙적인 진동이라고 부름으로써 전체 현상의 '생소함'을 설명하지만, 규칙적인 진동을 쾌락과 고통 사이의 일종의 흔들기와 동일시함으로써 '**나**'의 우월 감정을 고수한다. 이러저러한 측면에서 둔스 스코투스의 딜렉타티오(즐거움; *delectatio*)와 다른 쾌락은 분명히 연기와 무관하게, 즉 우리가 연기를 잘할 때 칭찬이나 청중과 관계없이 알게 되는 승리의 감정과 무관하게 의지 행

---

34   No. 19.

위 자체에 내재된 '나는 할 수 있다I-can'의 예기된 기쁨이다. 니체의 경우 핵심은 그가 필요한 장애들 — 이것이 없었다면 **의지**는 자체의 힘을 알지도 못했을 것이다 — 사이에서 강요당하고 저항하거나 분노하는 수동적인 노예 감정을 계산한다는 점이다. **의지**는 내부의 저항을 극복함으로써만 자신의 발생을 의식한다. 의지는 힘을 갑자기 획득하지 않았다. 힘은 **의지**의 근원이다. 《선악의 저편》에서 그는 다시 다음과 같이 언급한다. "'의지의 자유'란 명령하면서 동시에 자신을 명령 집행자로 고려하는 의지하는 사람 — 이렇듯 저항에 대한 승리를 향유하지만, 저항을 극복하는 게 자신의 의지 자체라는 판단을 내리는 사람 — 의 그러한 여러 가지 유쾌한 조건에 해당하는 말이다. 의지하는 사람은 이러한 식으로 명령한다는 유쾌한 감정을 … **명령자**로서 자신의 유쾌한 감정에 첨가한다."[35]

의지의 하나 속의 둘, 저항하는 '**나**'와 승리하는 '**나**'를 **의지**의 힘의 근원으로 인정하는 이러한 기술은 "쾌락과 불쾌를 기본적 사실로 설정하는"[36] 논의에 고통과 쾌락 원리를 예기치 않게 끌어들임으로써 설득력을 갖는다. 고통의 단순한 부재가 쾌락을 결코 불러일으킬 수 없는 것과 마찬가지로, **의지**는 저항을 극복할 필요가 없을 경우 결코 힘을 획득할 수 없다. 여기에서 니체는 자신도 모르게 현대의 쾌락-고통 계산보다 오히려 고대 쾌락주의 철학을 따르기 때문에 자신의 기술에서 고통으로부터의 해방이란 경험 — 고통의 단순한 부재나 쾌락의 단순한 현존이 아니라 — 에 의존하게 된다. 해방 감정의 강도는 고통 감정의 강도로 오로지 견주어지며, 항상 고통과 연계되지 않은 어떠한 쾌락보다도 더 강렬하다. 가장 좋은 와인을 마시는 쾌락은 한 모금의 물을 처음 마시는 심각한 갈증 상태의 사람이 느끼는 쾌락과 강도의 측면에서 비유될 수 없다. 이러한 의미에서 필요

---

35   *Ibid.*

36   *The Will to Power*, no. 693, p. 369.

나 욕구와 무관하고 연관되지 않은 환희, 그리고 소유하고 있지 않은 무엇인가를 필요로 할 정도로 신체가 활기를 지닌 피조물의 감각적 탐욕인 쾌락 사이에는 명백한 차이가 있다.

사람들은 고통이나 욕구로부터 전적으로 자유로울 때 오롯이 환희를 경험할 것이다. 즉 환희는 고통-쾌락 계산법의 영역 밖에 있다. 니체는 본질적으로 공리주의를 특성으로 하는 고통-쾌락 계산법을 멸시했다. 니체가 디오니소스적 원리라고 부른 환희는 풍요에서 나타나며, 모든 환희는 진정 일종의 사치다. 환희는 우리를 극복하며, 우리는 삶의 필요를 충족시킨 이후에만 그것에 탐닉할 수 있다. 그러나 이것은 환희 속에 있는 감각적 요소를 부정하는 것이 아니다. 풍요는 여전히 생의 풍요이며, 감각적 탐욕 속에서 디오니소스적 원리는 파괴로 바뀐다. 풍요는 정확하게 파괴를 제공하기 때문이다. 이러한 측면에서 **의지**는 영원히 생산하고 파괴하는 삶의 원리와 가장 근접한 상태에 있지 않은가? 따라서 니체는 디오니소스적인 것을 "(순교자의 환희를 포함해) 삶의 원리와 잠정적으로 동일시하는 것으로, 절멸에서 느끼는 환희 … 그리고 점진적인 파멸의 시야에서 … 현존하는 훌륭한 것에 대해 승리하는, 다가오고 있으며 미래에 있는 것에서 느끼는 환희로 정의한다."[37]

'나는 의지한다'에서 기대된 '나는 할 수 있다'로의 니체적 전환은 나는 의지하지만 할 수 없다는 바울의 주장을 부정하고 이에 따라 모든 기독교 윤리를 부정한다. 이러한 전환은 **삶**에 대한 무조건적인 긍정으로, 즉 모든 정신 활동 밖에서 경험한 **생**을 다른 모든 것을 평가할 수 있는 최고 가치의 반열로 고양시키는 데 기반을 둔다. 우리가 둔스 스코투스에 대한 논의(**의지**는 무엇인가를 성취할 수 있기 때문에 힘이다 *Voluntas est potentia quia ipsa alquid potest*)[38]에서 볼 수 있는 바와 같이 모든 '나의 의지하기'에 내재된 '나

37   *Ibid.*, no. 417, p. 224.

의 할 수 있음'이 있기 때문에 니체의 전환은 가능하며 설득력이 있다. 그러나 니체의 **의지**는 자체에 내재하는 '나는 할 수 있다'에 의해 제한되지 않는다. 예컨대 그것은 영원을 의지할 수 있으며, 니체는 영원회귀 사상으로 살 수 있을 만큼 충분히 강한 새로운 인간 종인 "초인"을 배출할 미래를 고대한다. "우리는 가장 무게 있는 사유 — 이제 그것이 용이하고 축복받을 존재를 생산하자! 과거가 아닌 미래를 찬양하자. 미래의 신화를 노래하자 *dichten* — 를 생산했다."[39]

최고의 가치로서 **생**은 물론 증명될 수 없다. 이것은 단순한 가설, 즉 반복해서 언급되어온 바와 같이 그러한 가정이 없을 경우 도덕적·종교적·법률적 성격을 띤 어떠한 계율도 아마도 이해될 수 없었기 때문에 의지가 자유롭다는 상식에 의해 이루어진 가정이다. 칸트가 뚜렷이 지적한 바와 같이 이러한 가정은 모든 행위가 세계에 참여하는 순간에 자신이 원인의 연결망에 빠지며, 이에 따라 인과율의 맥락에서만 설명할 수 있는 일련의 사건 속에서 나타난다는 "과학적 가설"과 충돌된다. 니체의 경우가 결정적인데, 공통감 가설은 "과학의 가설은 증명되었다고 하더라도 우리가 해방될 수 없는 지배적인 감정"[40]을 구성한다. 그러나 의지하기와 살기의 동일화, 즉 살고자 하는 충동과 의지하는 우리의 의지가 궁극적으로 동일한 것이라는 개념은 니체의 힘 개념과 관련해 아마도 더 중대한 다른 결과를 지닌다.

우리가《즐거운 학문*Die fröhliiche Wissenschaft*》에 나타나는 두 가지 주요 은유, 즉 하나는 생과 연관된 것이고 다른 하나는 '영원회귀'라는 주제의 도입과 연관된 것 — 그가《이 사람을 보라*Ecce Homo*》에서 명명한 "자라투스트라의 기본 이념", 그리고《힘에의 의지》라는 잘못된 비非니체적인 주제

---

39   *In Aufzeichnung zum IV, Teil von* "Also Sprach Zarathustra," quoted from Heidegger, *Was Heisst Denken?*, p. 46.

40   *The Will to Power*, no. 667, p. 352. 저자의 번역임.

아래 사후 수집된 경구의 기본 이념 — 에 관심을 가졌을 때 의지하기와 살기가 동일하다는 생각은 명백해질 수 있다. 첫 번째는 "**의지**와 **파도**Wille und Welle"라는 주제 아래 나타난다.

이 파도는 마치 어떤 것을 쫓기라도 하듯이 얼마나 탐욕스럽게 접근하는가! 파도는 미로 같은 절벽의 내밀한 구석으로 얼마나 무시무시할 정도로 성급하게 기어들어 가는가! … 가치가 있는, 가장 높은 가치가 있는 것은 거기에 틀림없이 숨겨진 것 같다. 그리고 이제 파도는 다시 좀 더 천천히 나오지만 흥분한 채 흰 거품을 낸다. 그것은 실망했는가? 그것은 자신이 찾는 것을 발견했는가? 그것은 실망한 체하는가? 그러나 다른 파도가 이미 접근하고 있고, 첫 번째 파도보다 여전히 더 탐욕스럽고 사납게 접근하고 있으며, 그 영혼은 역시 비밀과 보물을 파내려는 탐욕으로 가득 차 있는 것 같다. 이렇게 파도는 산다 — **이렇게 의지하는 우리는 산다** … 네가 좋은 대로 지나친 쾌락과 적의로 포효하며 수행하라, 아니면 다시 물속으로 들어가 — … 당신의 무한히 흰 거품의 갈기를 던져 그들 위에 뿌려라. 모든 것이 당신에게도 아주 잘 어울리기 때문에, 모든 것이 나에게 어울리며, 모든 것을 위해 **나는 당신에게도 호의적이다.** … 왜냐하면 … 나는 당신과 당신의 비밀을 알기 때문에, 나는 네 본성을 안다! 당신과 나 — 우리는 한 종류가 아닌가? 당신과 나 — 우리는 같은 비밀을 갖고 있지 않은가?.[41]

여기에서 언뜻 보기에 우리는 마치 완벽한 은유, "전적으로 다른 두 사물 사이의 완벽한 유사 관계"[42]를 다루는 것 같다. 의도와 목적 없이 분

41   *The Gay Science*, trans. Walter Kaufmann, Vintage Books, New York, 1974, bk. IV, no. 310, pp. 247~248.

42   See *Thinking*, chap. II, pp. 98~110.

출하는, 엄청난 흥분을 야기하는 바다와 파도의 관계는 비슷하다. 이로 인

해 의지가 영혼이란 가정家庭에서 야기하는 소요 — 그것이 조용해질 때까

지 무엇인가를 항상 외견상 탐구하지만 결코 소멸되지 않고 항상 새로운 공

격을 할 준비 태세에 있는 — 를 조명한다. 바다가 파도를 향유하듯이 "**의지**

는 의지하기를 향유한다. 인간은 무를 의지하지 않기보다 오히려 의지하기

도 하기"[43] 때문이다. 그러나 면밀하게 검토해보면, 아주 결정적인 무엇인

가는 전형적인 호메로스의 은유에서 나타난다. 우리가 알기로 그러한 은유

는 철회할 수 없다. 바다의 폭풍을 주시하는 당신은 내면의 감정을 기억했

다. 그러나 그러한 감정은 당신에게 바다에 관한 어떤 것도 말하지 않는다.

니체의 은유에서 은유가 결합하는 두 가지 다른 사물은 서로 유사하지만 니

체와 관련하여 동일하다. 그리고 그가 그렇게 자랑하는 '비밀'은 정확히 이

러한 정체성에 대한 그의 인식을 보여준다. **의지**와 **파도**는 동일하며, 사람

들은 심지어 의지하는 내 경험이 바다의 소요를 니체로 하여금 발견하게 했

다고 주장하고 싶어 한다.

　　달리 말하면, 세계 현상은 사유하거나 의지하는 나와 현상세계 사이

의 균열을 연결시키려고 끌어들인 은유의 힘이 약화되는 결과와 함께 내적

경험을 나타내는 한낱 상징이 되어왔다. 이러한 약화는 인간의 삶과 대면

하는 '대상'에 부여된 우세한 무게 때문이 아니라 경험이 절대적인 우위성

을 지닌다고 이해된 인간의 영혼 기구를 위한 제휴 때문에 발생한다. 니체

의 저작에는 이러한 근본적인 의인화를 지적하는 문장들이 많다. 한 가지

예만 인용하자. "〔니체의 경우 '과학적 가설'과 동일한〕 모든 기계이론의

전제 — 질료, 원자, 중력, 압력, 압박 — 는 '사실 자체'가 아니라 심리적 허

구의 도움을 받아 얻은 해석이다."[44] 근대과학은 자체의 결과에 대한 사변

---

43   *Toward a Genealogy of Morals*, no. 28.

44   *The Will to Power*, no. 689, p. 368.

적 성찰에서 이상하게 비슷한 의혹에 도달한다. 오늘날의 "천체물리학자들은 … 자신들의 외부세계가 전도된 우리의 내부세계일 뿐일 가능성을 … 고려해야 한다."(루이스 멈퍼드)

우리는 이제 두 번째 이야기로 관심을 돌린다. 이것은 실제로 은유나 상징이 아니고 우화, 즉 니체가 "최대의 무게Das grösste Schwerwicht"라는 제목을 붙인 사유실험에 관한 이야기다.

어느 날 낮이든 밤이든 한 악마가 슬며시 당신의 가장 외로운 고독으로 숨어들어 가 당신에게 다음과 같이 말한다면 어떨까? "당신은 현재 영위하고 있는 생을 다시 한 번 무한히 반복해서 살아야 할 것이다. 거기에는 새로운 것이라고는 아무것도 없고, 모든 고통과 모든 환희, 모든 생각과 한숨, 그리고 당신의 삶에서 표현할 수 없는 작고 큰 모든 것들은 당신에게 모두 같은 계기와 연속으로 — 이 거미, 나무 사이에 있는 달빛, 심지어 이 순간 나 자신도 — 다시 돌아올 것이다. 이 영원한 실존의 모래시계는 반복적으로 뒤집히고, 그것을 가지고 있는 당신은 먼지 자국이다!

당신은 드러누워 이를 갈며 그렇게 말한 악마를 저주하지 않겠는가? 혹은 당신은 당신이 그에게 대답하고자 하는 엄청난 순간을 한때 경험했다. "당신은 신이며, 나는 더 이상 신성한 어떤 것도 듣지 못했다." 이러한 생각이 당신을 사로잡으면, 그 생각은 현재의 당신을 바꾸거나 아마도 짓밟을 것이다. "당신은 이것을 한 번 더 그리고 무한히 욕구하는가?"라는 각각의 모든 일에서 제기되는 질문은 가장 무거운 무게로서 당신의 행동을 압박할 것이다. 혹은 당신은 이 궁극적인 확인과 확증보다 더 열정적인 어느 것도 갈망하지 않기 위해서 자신과 삶에 어울리고자 어떻게 잘할 생각인가?[45]

니체는 이후에 영원회귀 개념에 대해 명백하게 제시하지는 않는다. 영원회귀 개념의 주요 특징, 즉 그게 이론도 교의도 아니며 심지어 가설도 아니라 사유실험이라는 것 말이다. 이러한 견해는 고대의 순환적 시간 개념으로의 실험적 복귀를 함의하기 때문에, 의지의 기투가 알려지지 않았다. 이로 인해 변화에 개방적인 직선적 시간과 미래를 항상 상정하고 있어서 **의지**의 어떤 가능한 개념과 정면으로 충돌되는 것 같다. **의지**에 대한 니체 자신의 진술 맥락, 그리고 그가 상정한 '나는 의지한다'에서 예견된 '나는 할 수 있다'로의 변화라는 맥락에서 볼 때, 두 이야기 사이의 유일한 관련성은 각각의 경우 분명히 사유를 잉태하는 넘쳐흐르는 "자비" — 생에 "잘 적응하려는" 것 — 의 "중대한 순간"에 있는 것 같을 것이다.

그의 **의지** 개념의 관점에서 본다면, 이 중대한 순간은 나는 할 수 있다란 감정이 정점에 있고 일반적인 "힘의 감정Kraftgefühl"[46]을 확산시키는 순간일 것이다. 니체가 관찰한 바에 따르면, 그러한 감정은 종종 "(우리가 동등하다고 느끼는 적敵이나 장애물을 보는 순간에 나타나듯이) 이루어질 수 있는 것의 이념으로 야기되는 '행위 이전에도' 우리 내부에서 나타난다. 이러한 감정은 작동되는 의지에게 별로 중요하지 않다. 그러한 감정은 항상 우리가 '행위의 힘', 즉 원인이 되는 행위자의 특성 탓으로 잘못 귀속시키는 '동반하는 감정'이다. "인과율에 대한 우리의 믿음은 힘과 결과에 대한 신념, 즉 힘과 힘의 감정을 동일시하는 우리 경험으로부터의 이동이다."[47] 인과 관계가 지식이 아니라 습관과 연상에 의해 형성된 신념에 기반을 두고 있다는 흄의 유명한 발견은 참신해졌으며, 선구자가 있다는 것을 의식하지 못한 니체를 통해 많은 변형된 형태로 제기되었다.

---

[46]   아렌트는 여기에서 'Kraft'를 'strength' 또는 'force'로 교환하여 사용하고 있으므로 모두 '힘'으로 번역했다. 카우프만의 1967년 번역본에서는 'Kraft'를 모두 'force'로 번역했다. 《폭력론On Violence》에서는 내구력strength과 강제력force을 구분하고 있다.(옮긴이)

[47]   *The Will to Power*, no. 664, p. 350.

니체는 흄의 공리성 계산과 '도덕 감정' 대신에 결과를 수반하는 '나
는 의지하다'라는 경험을 설정하고, 즉 인간이 어떤 것을 수행하기 이전에
도 자신을 인과적 작인으로 의식한다는 사실을 이용하기 때문에 그의 검토
는 훨씬 면밀하고 비판적이다. 그러나 니체는 이러한 검토가 **의지**를 훨씬
덜 상관없게 만든다고 믿지 않았다. 흄뿐만 아니라 니체의 경우에도 자유
의지는 인간 본성에 내재된 환상, 즉 우리 능력의 비판적 검토인 철학이 우
리를 치유할 환상이다. 그것을 제외하면 니체의 경우 치유의 도덕적 결과
는 확실히 더 중대하다.

만약 우리가 "행위의 가치를 … 행동하거나 삶을 영위하는 목적",
즉 의도에 속하는 것으로 더 이상 생각할 수 없다면 … "[만약] 사건에서 의
도와 목적의 부재가 의식의 전면에 점점 더 나타난다면", "무가 어떤 의미
를 가진다"는 결론은 불가피해 보인다. 왜냐하면 "이 우울한 문장은 '모든
의미가 의도에 있으며, 의도가 전적으로 결여되었다면 의미 역시 전적으로
결여된다'는 것을 의미하기" 때문이다. 따라서 "왜 '목적'은 합목적적 행위
를 형성하는 효과적인 힘의 연속적인 변화에서 주변적 현상 — 의식에서 흐
릿한 이미지 … 원인이 아닌 사건의 징후 — 이 아닌가? 그러나 우리는 이
와 함께 의지 자체를 비판해왔다. 의지 활동으로서 의식에 나타나는 것을
원인으로 간주하는 것은 환상이 아닌가?"[48]

이 문장이 '영원회귀'에 관한 문장과 같은 시대에 등장했다는 사실
은 이러한 두 가지 사유가 조화되지 않는다면 정면으로 충돌하지 않고 함께
고려될 수 있는지, 그리고 어떻게 고려될 수 있는지에 대해 질문할 수밖에
없게 한다. 우선 니체가 **의지**에 대해 제기한 몇 가지 비성찰적이지만 오히
려 기술적인 중요한 진술에 대해 간단히 논평해보자.

첫째, 명백한 듯 보이지만 전에는 결코 지적되지 않은 것, 즉 **"의지**

---

48   *Ibid.*, no. 666, pp. 351~352. 저자의 번역임.

는 뒤쪽으로 의지할 수 없다"는 주장이 있다. **의지**는 시간의 수레바퀴를 중단시킬 수 없다. 이것은 '나는 의지하지만 할 수 없다'에 대한 니체식 주장이다. **의지**는 정확히 거꾸로 의지하기를 뜻하고 의도하기 때문이다. 니체는 이러한 무기력에서 인간의 모든 악 — 분노, 복수에 대한 갈망(우리는 행해진 것을 무효화할 수 없기 때문에 처벌한다), 다른 사람을 지배하려는 권력에 대한 갈망 — 을 도출한다. 우리는 있는 모든 것이 뒤돌아봄에 필요한 것처럼 보이기 때문에 의지의 무기력이 사람들로 하여금 되돌아보고, 기억하며 사유하도록 설득한다는 것을 이 '도덕계보학'에 첨가할 수 있었다. 의지하기의 거부는 행해진 어느 것도 무효화될 수 없을 경우 견딜 수 없을 책임으로부터 인간을 해방시킨다. 어쨌든 니체는 **의지**와 과거의 충돌 때문에 아마도 영원회귀의 실험을 했을 것이다.

둘째, "힘에의 의지"개념은 이중적이다. **의지**는 의지하기를 통해 힘을 창출하며, 따라서 겸손을 대상으로 하는 의지는 다른 사람을 지배하려는 의지보다 강력하다. 의지하기 활동 자체는 이미 가능태의 활동이며, 일상적 삶의 필요와 요구를 충족시키는 데 요청되는 것을 넘어서는 힘(힘의 감정)의 암시다. 니체의 사유실험에 단순한 모순이 있다면, 그 모순은 **의지**의 사실적 무기력(**의지는** 의도하지만 거꾸로 의도할 수 없다)과 이 힘의 감정 사이의 모순이다.

셋째, **의지**는 뒤쪽으로 의지하면서 무기력감을 느끼든 앞으로 의지하면서 그 힘을 느끼든 세계의 순전한 소여성을 초월한다. 이 초월성은 불필요하고 **생**의 거대한 과잉에 대응한다. 따라서 **의지**의 진정한 목표는 풍요다. "우리는 '**의지**의 자유'라는 용어를 힘의 잉여라는 이 감정으로 이해하며, 이 감정은 의식의 단순한 환상 이상의 의미를 지닌다. 그것은 삶 자체의 과잉에 대응하기 때문이다." 따라서 사람들은 **생**의 모든 것을 힘에의 의지로 이해할 수 있었다. "삶이 있는 곳에서는 의지 또한 있다. 그것은 삶에의

의지가 아니라 … 힘에의 의지다."[49] 왜냐하면 우리는 "'영양'을 만족할 줄
모르는 전용의 결과, 즉 힘에의 의지에 따른 결과로, 그리고 '생식'을 지배
적인 세포가 전용되어왔던 것을 조직할 수 없을 때 발생하는 붕괴로 충분히
설명할 수 있었기" 때문이다.[50]

　　니체는 의지하기에 내재된 이러한 초월하기를 "극복"이라고 부른
다. 극복은 풍요 때문에 가능하다. 활동 자체는 창조성으로 이해되며, 이 전
체적인 이념의 복합체에 부응하는 "미덕"은 복수에 대한 갈망의 극복인 너
그러움이다. 넘쳐흐르고 낭비적인 의지의 사치스러움과 무분별함*Übermut*
은 모든 과거와 현재를 넘어서 미래를 가능하게 한다. 마르크스와 니체에
따르면(개인적 삶과 종의 보존에 필요한 요구조건이 충족된 이후 남는 노동력 잉여
라는 사실만), 잉여는 모든 문화의 충분조건*condition per quam*이다. 이른바 초
인은 자신을 초월하고 '극복할' 수 있는 한 인간이다. 그러나 우리는 이러한
극복이 단순한 정신 활동이 아니라는 것을 망각하지 않아야 한다. 즉 "나는
'있었던' 모든 것을 '따라서 내가 의지하는 것'으로 재창조하는 것, 그것만
을 구원이라고 불러야 한다."[51] 왜냐하면 "인간은 … 자기모순적이지 않고
기만적이지 않으며 변화하지 않는 세계, 즉 진정한 세계를 … 추구하기 때
문이다." 정직한 현재 상태의 인간은 니힐리스트다. 즉 그는 "있을 필요가
없는 세계를 그대로 판단하고, 존재하지 않는 세계를 있어야 할 세계로 판
단하는 사람이다. … [사람은 니힐리즘을 극복하기 위해] 가치를 전도시키
고 외형적인 세계를 유일한 세계로 … 신격화하고 그것들을 좋다고 부르는
힘을 필요로 한다."[52]

49　　*Thus Sprach Zarathustra*, pt. II, "On Self-Overcoming", in *The Portable Nietzsche*, pp. 227.

50　　*The Will to Power*, no. 660, p. 349.

51　　*Thus Sprach Zarathustra*, pt. II, "On Redemption", in *The Portable Nietzsche*, pp. 251.

52　　*The Will to Power*, no. 585 A, pp. 316~319.

분명히 필요한 것은 세계나 인간을 바꾸는 것이 아니라 그것을 '평
가하는' 방식, 달리 말하면 그것에 대해 사유하고 성찰하는 방식을 바꾸는
것이다. 니체의 말에 따르면, 극복되어야 하는 것은 "인지실험을 삶으로 삼
고 있는"[53] 철학자들이다. 그들은 어떻게 대적해야 하는가를 배워야 한다.
니체가 이러한 사상을 체계적인 철학으로 발전시켰다면, 그는 대단히 풍부
해진 에픽테토스 교리를 형성했을 것이며, 다시 한 번 "삶을 영위하는 기
술"을 가르쳤을 것인데, 심리학적으로 강력한 그 계략은 하여튼 발생한 것
을 발생하도록 *의지하는* 데 있다.[54]

그러나 핵심은 에픽테토스를 알았고 아주 높이 평가한 니체가 **의지**
의 정신적 전지전능을 발견하려고 계속 노력했다는 점이다. 그는 이해되었
을 현존하는 세계의 구성에 착수했다. 이 세계는 "사물 속에서 의미 없이도
지낼 수 있을 만큼 충분한 의지의 힘을 가졌으며, 무의미한 세계에서 삶을
영위할 정도로 견뎌낼 수 있는"[55] 피조물을 위한 적절한 거처이다. "영원회
귀"가 "모든 생성의 순수성 *die Unschuld des Werdens*"을 선언하고 아울러 자신의
내재적 목적 없음, 무목적성, 죄책감과 책임으로부터의 자유를 선언하는
한, 그것은 이러한 최종의 보완적 사유에 해당하는 용어다.

'**생성의 무죄**'와 '**영원회귀**'는 정신 능력에서 도출되지 않는다. 이것
들은 우리가 실제로 세계 속에 "던져진다"는 엄연한 사실(하이데거), 아무
도 우리가 여기에 있기를 원하는지 현재대로 있기를 원하는지 우리에게 질
문하지 않는다는 엄연한 사실에 뿌리를 두고 있다. 잘 모르긴 해도 우리가
알고 있거나 여전히 알 수 있기에, "인간이 전적으로 있고, 그가 그렇고 그
런 존재라는데, 그가 이러한 상황이나 환경에 있게 된 데 대해 어느 누구도

---

53   *The Gay Science*, bk. IV, no. 324. 저자의 번역임.

54   See chap. II, pp. 73~84.

55   *The Will to Power*, no. 585 A, p. 318.

책임을 지지 않는다." 따라서 **존재**의 본질에 대한 기본적 통찰은 "전적으로 도덕적 사실은 없다"는 것이며, 니체는 자신이 언급했듯이 그러한 통찰을 "공식적으로 표현한 첫 번째 사람"이다. 그 결과는 매우 중대하다. 기독교 정신과 기독교의 "'도덕적 세계 질서' 개념은 '처벌'과 '죄책'을 통해 생성의 무죄를 감염시키고 [그리고 교수형 집행인의 형이상학]으로 인식될 수 있기" 때문일 뿐만 아니라 의도와 목적의 제거 그리고 "책임질 수 있는" 어떤 사람의 제거와 함께, 인과율 자체가 제거되었기 때문이다. 일단 '일차적인 원인'이 제거되자 어떤 것의 원인도 '추적할' 수 없게 되었다.[56]

원인과 결과가 제거되면 단선적 시간 구조에서 어떠한 의미도 더 이상 존재하지 않는다. 이러한 구조 속에서 과거는 항상 현재의 원인으로 이해되며, 현재는 미래를 위한 우리 기획의 의도와 준비를 나타내는 시제이고, 미래는 양자의 극복이다. 이외에도, 그러한 시간 사유는 "모든 것이 사라진다"는 사실적 통찰, 즉 미래가 있었을 것만을 가져온다. 그러므로 있는 모든 것이 "마땅히 사라진다"는 적잖이 사실적인 통찰의 무게를 이기지 못하고 무너진다.[57] 하나 속의 둘의 명령 부분과 동일화 속에서 모든 나의 의지하기가 성공적으로 나의 할 수 있음, 즉 예상을 기대하는 것과 같이, **의지**가 영혼에 미치는 분위기는 자체 내에 '그리고 이 역시 있었을 것and-this-too-will-have-been'의 우울감, 즉 과거를 시간의 지배적인 시제로 다시 주장하는 미래의 과거에 대한 예측을 포함한다. 모든 것을 잠식하는 과거로부터의 유일한 구원은 사라지는 모든 것이 복귀한다는 사유, 즉 **존재**를 자체 내에서 움직이게 하는 순환적 시간의 사유다.

그리고 영원한 동일성 속에서 반복을 통해 하루가 다음 날로 이어지

---

56   See *Twilight of the Idols*, especially "The Four Great Errors," in *The Portable Nietzsche*, pp. 500~501.

57   *Thus Sprach Zarathustra*, pt. II, in *The Portable Nietzsche*, p. 252.

고 한 계절이 다른 계절로 이어지듯이 **생** 자체도 그렇게 해석되지 않는가?
이러한 세계관은 철학자들의 세계관보다 우리가 알고 있는 현실에 훨씬
'충실하지' 않은가? "세계의 운동이 최종 상태를 목표로 한다면, 그 상태에
도달했을 것이다. 그러나 그 유일한 근본적 사실은 세계의 운동이 최종 상
태를 목표로 하지 않는다는 것이며, 그러한 최종 상태를 필요로 하는 … 모
든 철학과 과학적 가설은 이 근본적 사실에 의해 반박된다. 나는 이 사실을
설명하는 세계 개념을 추구한다. 생성은 궁극적 의도에 관계없이 설명되어
야 한다. **생성**은 최종적인 의도에 의존하지 않은 채 설명되어야 한다. **생성**
은 모든 순간에 정당한 것같이 보여야 한다(평가될 수 없고, 동일한 것이 된다).
현재는 미래와의 관계에서 전적으로 정당화되지 않아야 하며, 과거는 현재
와의 관계에서 정당화되지 않아야 한다." 따라서 니체는 다음과 같이 요약
한다. "1. **생성**은 최종 상태를 목표로 하지 않으며, '존재' 속으로 흐르지 않
는다. 2. **생성**은 아무런 가상 상태도 아니며, 아마도 존재의 세계는 가상일
것이다. 3. **생성**은 모든 순간 [동등한 가치를 지니며] … 달리 말하면 그것
을 측정하는 어느 것이 … 결여되어 있기에 그것은 가치를 전혀 갖지 않는
다. *세계의 총체적 가치는 평가될 수 없다.*"[58]

《힘에의 의지》라는 제목이 붙은 유고 모음집을 구성하는 경구, 논평
그리고 사유실험의 소요 속에서 내가 길게 인용한 이 마지막 단락의 중요성
은 발견하기 어렵다. 나는 그것을 이 주제에 대한 니체의 마지막 말로 생각
하고 싶다. 이 마지막 말은 분명히 의지와 의지하는 나에 대한 거부를 설명
한다. 의지하는 나의 내적 경험은 원인과 결과, 의도와 목표와 같은 그러한
것들이 현실에 있다고 주장하도록 사람들을 잘못 인도해왔다. 초인은 이러
한 오류를 극복해온 사람이며, 의지의 선동을 저지하거나 자신의 의지를
전환시키는, 모든 동요로부터 의지를 구제하고 "눈길을 돌리는 게 유일한

부정인"[59] 곳에서 그러한 정적으로 의지를 잠재우기에 충분히 강력한 통찰력을 지닌 사람이다. "예라고 말하는 욕구", 존재를 위해 있는 모든 것을 축복하려는, "축복하고 아멘이라고 말하려는" 욕구 이외에 아무것도 남아 있지 않기 때문이다.[60]

하이데거: 의지하지 않을 의지

'의지하기'나 '사유하기'란 말은 1930년대 중반의 전환*Kehre* 이전 하이데거의 초기 저작에는 등장하지 않는다. 그리고 니체의 이름은《존재와 시간》 어디에도 나타나지 않는다.[61] 따라서 **의지**의 능력에 대한 하이데거의 입장은 '의지하지 않을' 의지하기 — 물론 '의지하기'와 '반대로 의지하기' 사이에서의 **의지**의 오락가락함과 아무런 관계가 없다 — 에 대한 그의 열정적인 주장에서 정점에 도달하며, 1940년 이후 그가 되풀이해서 관심을 가졌던 니체의 저작에 대한 지극히 세심한 검토에서 직접적으로 나타난다. 1961년에 출간된 그의 저서《니체》 두 권은 여전히 몇 가지 측면에서 효과적이다. 두 권은 1936년부터 1940년까지, 즉 '전환'이 있었고, 이에 따라 하이데거 자신의 해석에 아직은 예속되지 않았던 몇 해의 강의를 포함한다.

59   *The Gay Science*, bk. IV, no. 276, p. 223.

60   *Thus Sprach Zarathustra*, pt. III, "Before Sunrise," also "The Seven Seals (or: The Yes and Amen Song)", In *The Portable Nietzsche*, pp. 276~279 and 340~343.

61   힐데가르트 파이크가 편집을 맡은 제2판《이정표*Wegmarken*》(Tübingen, 1968)를 포함한 하이데거 저작 전체의 탁월한 색인을 참조할 것. 색인은 "*Wille Wollen*"이란 제목 아래 독자에게 "*Sorge, Subjekt*"를 찾게 하며,《존재와 시간》의 한 문장("의지하기와 소망은 염려로서 현존재에 뿌리를 두고 있다")을 인용한다. 나는 지배적인 시제로서 미래에 대한 강조가 인간적 실존에 대한 하이데거의 초기 분석에서 지배적인 실존자로서 염려를 선정한 것에 드러난다는 것을 언급하고 있다.《존재와 시간》(특별히 41번)에서 관련 절을 다시 해석한다면, 그가 이후 의지에 대한 분석을 위해 몇 가지 염려의 특징을 이용했다는 것을 잘 알 수 있다.

우리가 이 두 권을 읽는 과정에서 (《니체》 이전에 나타났던) 하이데거의 후기
의 재해석을 무시한다면, 우리는 '전환'의 시기를 제1권과 제2권 사이의 자
서전적 사건으로 기록하고자 할 것이다. 좀 직설적으로 표현하자면, 제1권
은 니체에 동의함으로써 니체를 설명하지만, 제2권은 억제되었지만 분명
히 논쟁적인 분위기로 쓰였기 때문이다. 내가 알고 있는 한, 메타는 《마르
틴 하이데거의 철학*The Philosophy of Martin Heidegger*》[62]이란 그의 탁월한 저서에
서 이러한 중대한 분위기 변화를 관찰했고, 발터 슐츠도 이를 정확하게 관
찰했다. 이러한 날짜의 연계성은 명백한 것 같다. 전환이 원래 등을 돌린 것
은 일차적으로 힘에의 의지다. 하이데거의 이해에서 지배하고 통치하려는
의지는 일종의 원죄이며, 그는 나치 운동에 잠시 협조하고자 노력했을 때
이러한 원죄를 깨달았다.

　　하이데거가 큰 의미에서 사실 몇 년 동안 "전환"이 있었다는 것을
《인간주의에 관한 서한*Brief Über den 'Humanismus'*》(1949)[63]에서 처음 공개적으
로 공표했을 때, 그는 그리스 시대부터 현재까지의 역사 전체에 대한 견해
를 개주했고, **의지**가 아니라 **존재**와 **인간** 사이의 관계에 일차적으로 초점을
맞추고 있었다. 원래 그 몇 년 동안 '전환'은 (그가 1933년 프라이부르크대학교
총장[64]이 되었을 때 수행한 유명한 연설에서 천명된 바와 같이) 자신의 저서 어디
에서도 언급하지 않은 인물, '제1 철학자'인 프로메테우스에서 상징적으로
구현된 인간의 자기주장에 대한 배반이었다. 이제 전환은 《존재와 시간》의
이른바 주관주의와 인간의 실존, 존재 양태를 연구한 책의 일차적인 관심
에 등을 들리고 있다.

　　문제를 대략적이고 단순한 방식으로 설명하자면 다음과 같다. 하이

62　　New York, 1971, p. 112.

63　　First edition, Frankfurt, 1949, p. 17.

64　　*Die Selbstbehauptung der deutschen Universität*(The Self-Assertion of the German University).

데거가 "존재의 의미 문제"에 항상 관심을 가지고 있는 동안, 그의 일차적이며 '잠정적인' 목표는 이것이 자신의 존재에 영향을 미치기 때문에 문제를 제기할 수 있는 유일한 실체로서 인간의 존재를 분석하는 것이었다. 따라서 '인간이 존재란 무엇인가?'라는 질문을 제기할 때, 그는 자기 자신으로 되돌아간다. 그러나 그가 자기 자신에게로 되돌아가 '**인간**Man이 누구인가?'라는 질문을 제기할 때, **존재**는 반대로 전면으로 이동한다. 이제 등장한 **존재**는 인간에게 사유하도록 요청한다. ("하이데거는《존재와 시간》의 원래 접근에서 벗어나야 했다. 그는 인간에 내재된 개방성과 초월성을 통해 존재에 접근하고자 노력하는 대신에 이제 **존재**의 관점에서 인간을 정의하고자 노력한다."[65]) 그리고 **존재**가 인간에게 제기한 첫 번째 요구는 "존재론적 차이", 즉 존재자의 단순한 있음과 이 있음 자체의 존재, 즉 **존재**의 존재Being of Being 사이의 차이를 사유하는 것이다. 하이데거 자신은《인간주의에 관한 서한》에서 그것을 다음과 같이 언급한다. "그것을 단순히 설명하자면, 사유는 **존재**의 사유이며, 여기에서 '~의'는 이중적 의미를 갖는다. 사유가 존재에 의해 통과되기에 존재에 속하는 한, 사유는 **존재**의 사유다. 동시에 **존재**에 귀속되어 있기에 사유가 **존재**에 귀를 기울이는 한, 사유는 **존재**의 사유다."[66] 인간의 귀 기울임은 존재의 소리 없는 요구를 말로 변형시키며, "구름이 하늘의 구름이듯이, 언어는 **존재**의 언어다."[67]

이러한 의미에서 '전환'은 **의지**의 거부와 거의 아무런 관계도 없는 두 가지 중요한 결과를 지닌다. 첫째, 사유는 더 이상 '주관적'이지 않다. 인간이 **존재**를 사유하지 않을 경우, 그것은 결코 드러나지 않는다. **존재**는 자신에게 거처를 제공하는 인간에 좌우된다. "언어는 **존재**의 거처다." 그러

---

65   Mehta, *Op. cit.*, p. 43.

66   "Brief über den 'Humanism us'", p. 57. *Platons Lehre von der Wahrheit*, Bern, 1947, p. 57; translation quoted from Mehta, *Op. cit.*, p. 114.

67   "Brief über den 'Humanism us'", p. 47.

나 인간이 사유하는 것은 자신의 자발성이나 창조성에서 나타나지 않는다. 그것은 존재의 명령에 대한 복종적 반응이다. 둘째, 현상세계에서 인간에게 주어진 실체는 실체 뒤에 숨어 있는 **존재**로부터 인간을 다른 데로 돌린다. 나무는 숲을 은폐하지만, 외부에서 볼 때 숲은 나무들에 의해 구성된다. 달리 말하자면, "**존재**의 망각*Seinsvergessenheit*"은 인간과 **존재** 사이의 관계의 본질에 속한다. 하이데거는 이제 사유하는 나의 입장에서 — 예컨대 그가《니체》에서 여전히 제시하고 있는 바와 같이 미래에 대한 **의지**의 주장이 사람을 과거에 대한 망각으로 몰아넣고, 사유로부터 기억*an-denken* 이란 가장 중요한 활동을 박탈한다고 주장하면서 — 의지하는 나를 제거하는 데 더 이상 만족하지 않는다. "**의지**는 결코 시작을 소유하지 않았으며, 망각을 통해서 본질적으로 그것을 버리고 포기하고 있다."[68] 이제 하이데거는 사유 자체를 탈주관화하고 사유로부터 그 주체, 사유하는 **존재**로서 인간을 박탈하고, 그것을 **존재**의 기능으로 변형시키는데, 여기에서 모든 "효능은 ⋯ 그것으로부터 나와 존재자*das Seiende*로 향하며", 이에 따라 세계의 실제적인 과정을 결정한다. "결과적으로 사유는 **존재**의 진리를 말하기 위해서 **존재**(그것은 존재자를 통해서 발생한 것의 실제적 의미다)에 의해 요구되게 방기한다."[69] 전환 자체보다 오히려 '전환'에 대한 이러한 재해석은 하이데거 후기 철학의 전반적인 발전을 결정한다. "전환"의 필요한 기대와 대비로서《존재와 시간》을 해석하는《인간주의에 관한 서한》에 아주 분명히 포함되어 있는데, 이 책은 사유하는 것, 즉 "**존재**의 소리 없는 말하기"가 인간의 진정한 "행위*Tun*"라는 개념에 중심을 둔다. 이 책에서 모든 단순한 인간 행위를 초월하며 이것보다 우월한 "**존재**의 역사*Seinsgeschichte*"는 실제로 발생한다. 이러한 사유는 과거의 위대한 철학자들의 발언에서 **존재**의 소리를 들

---

68   Vol. II, p. 468.

69   "Brief über den 'Humanism us'", p. 53 ; translation quoted from Mehta, *Op. cit.*, p. 114.

고 있는 추억에 잠긴다. 그러나 과거는 반대 방향에서 사유에 접근하며, 따라서 "과거로의 하강*Abstieg*"은 미래, 즉 "다가오는 것*avenant*"의 도착에 대한 인내심 있고 숙고한 기대와 일치한다.[70]

우리는 최초의 전환으로 시작한다. 하이데거는 자신이 의지를 서술적으로 특징화한 니체를 따르고 있는《니체》제1권에서 이후 "존재론적 차이", 즉 **존재의 존재**와 실체의 존재자성 사이의 차이로 나타나는 것을 이용한다. 이러한 해석에 따르면, 의지는 삶의 과정의 단순한 기능 — "세계는 삶의 과정을 수행함으로써 존재한다"[71] — 으로서 이해되며, 반면에 "영원회귀"는 **존재의 존재**에 해당하는 니체의 용어로서 이해된다. 시간의 잠정적 성격은 이를 통해 제거되며, 힘에의 의지를 지닌 합목적성의 매개체인 생성은 **존재**의 봉인(확증 표시)을 수용한다. "영원회귀"는 부정의 부정이기에 가장 긍정적인 사유다. 그런 시각에서 볼 때, 힘에의 의지는 바퀴를 계속 돌게 하며 **생**에 대한 "긍정"을 언급하는 과정에서 단순한 삶의 본능을 넘어서는 **의지**에 의해 극복되는 생물학적 충동에 불과하다. 우리가 본 바와 같이, 니체의 관점에서 볼 때 "**생성**은 목표를 가지고 있지 않으며, '**존재**'에서 끝나지 않는다. … **생성**은 모든 순간에 동일한 가치를 갖는다. … 달리 말하면, 가치를 측정할 수 있고, '가치'라는 용어를 이해하는 데 연관되는 어느 것도 없기에 생성은 가치를 갖지 않는다."[72]

하이데거가 알고 있는 바와 같이, 니체에 나타나는 실제적인 모순은 목표 지향적이기에 직선적 시간 개념을 전제하는 힘에의 의지와 순환적 시간 개념을 지닌 영원회귀 사이의 외형적 대립에 기인하지 않는다. 모순은 오히려 니체의 "가치의 재평가"에 있다. 니체 자신에 따르면, 가치의 재평

---

70   "Brief über den 'Humanism us'", pp. 46~47.

71   *Nietzsche*, vol. I, p. 624.

72   *The Will to Power*, no. 708. 저자의 번역임.

가는 힘에의 의지라는 틀 내에서만 이해될 수 있었다. 그런데도 그는 가치
의 재평가를 "영원회귀" 사상의 궁극적 결과로서 이해했다. 달리 말하면,
힘에의 의지, 즉 "가치 정립 자체"는 니체의 **의지** 철학을 결정했다. 힘에
의 의지는 최종적으로 삶과 세계의 무의미성으로부터 벗어나는 유일한 방
법으로서 영원히 되풀이하는 생성을 '평가하며', 이러한 전위가 "가치평가
적 사유가 독특한 특징으로 하는 주관성"[73]으로의 복귀일 뿐만 아니라 니체
의 전도된 플라톤주의를 특징으로 하는 근본주의와 같은 결점으로 어려움
을 겪는다. 전도된 플라톤주의는 사물을 위에서 아래로, 아래에서 위로 뒤
집음으로써 그러한 전환이 작동할 수 있는 범주적 틀을 여전히 그대로 유지
한다.

하이데거는《니체》제1권에서 **의지**에 대한 엄격한 현상학적 분석을
통해 **의지**가 초기 저작에서 배려에 부여한 위치를 택하고 있다는 점을 제외
하고, 자기에 대한 자신의 초기 분석을 면밀하게 따른다. 우리는 다음과 같
이 해석한다. "자기 관찰과 검토는 결코 자기를 드러내지 않으며, 우리가
어떻게 우리 자신인가를 보여주지 않는다. 그러나 우리는 의지하거나 반
대로 의지하기를 통해서 바로 그것을 행한다. 즉 우리는 자신이 의지 활동
을 통해서 조명되는 빛에 나타난다. 의지한다는 것은 항상 다음과 같은 것
을 의미한다. 즉 자신을 자신의 나로 끌어들이는 것은 … 의지하기이며, 우
리는 우리가 진정 누구인가로서 우리 자신을 대면한다…."[74] 따라서 "의지
하는 것은 본질적으로 자신의 자기를 의지하는 것이지만 현재의 상태로 있
는 단순히 주어진 자기가 아니라 본질what it is이 되기를 원하는 자기다. …
자기로부터 벗어나려는 의지는 실제로 반대로 의지하는 행위다."[75] 우리는

73   *Nietzsche*, vol. II, p. 272. in Mehta, *Op.cit.*, p. 179.

74   *Nietzsche*, vol. I, pp. 63~64.

75   *Ibid.*, p. 161.

《존재와 시간》에서 자기 개념으로의 이러한 복귀가 제2권에 명백히 나타나는 '반전', 즉 "분위기의 변화"에 중요하다는 것을 이후에 알게 될 것이다.

제2권에서 강조점은 "영원회귀" 사상에서 **의지**를 삶의 본능이라는 표현보다 오히려 지배하고 군림하려는 의지라는 특별한 의미를 지닌, 힘에의 의지로 거의 대부분 해석하려는 입장으로 결정적으로 바뀐다. 명령이라는 것 때문에 의지하기의 모든 활동이 반대 의지*Widerwillen* ─ 즉 우선 비의지를 극복해야 하는 모든 의지하기 활동에서 필요한 장애란 개념 ─ 를 창출한다는 제1권의 구상은 이제 모든 제작 활동의 내재적 특징으로 일반화된다. 예컨대, 목수의 경우 목재는 그가 목재를 탁자로 만들고자 힘을 가할 때 작업 과정에 부딪치는 장애가 된다.[76] 이것은 다시 다음과 같이 일반화된다. 모든 대상은 하나의 "대상" ─ 인간의 가치 평가, 계산, 제작과 무관한 사물이 아님 ─ 이 됨으로 인해 주체로부터 극복될 수 있다. 힘에의 의지는 근대의 주관화의 정점이며, 모든 인간의 능력은 **의지**의 명령 아래 나타난다. "**의지**는 주인이 되고자 의지하는 것이다. … [그것]은 근본적이며 배타적으로 명령이다. … 명령을 내리는 사람은 명령에서 … 자신에게 복종한다. 따라서 명령하는 [자기]는 자신보다 우월한 존재다."[77]

여기에서 **의지**의 개념은 **의지**가 한낱 삶의 본능의 징후라는 니체의 해석에서 중요한 역할을 하는 생물학적 특징을 실제로 상실한다. 확산하고 팽창하는 것은 힘의 본성에 속하지 더 이상 과잉과 잉여의 속성에 속하지 않는다. "힘은 의지의 힘이 증대하고 [힘에의 의지]가 이러한 증대를 명령하는 한에서만 존재한다." 의지는 명령을 내림으로써 자신을 재촉한다. 삶이 아니라 "힘에의 의지가 힘의 본질이다. **의지**가 힘과의 관계에서만 존재할 수 있다는 점을 고려하면, 힘의 제한된 양이 결코 아닌 이 본질은 **의지**의

---

76   *Ibid.*, vol. II, p. 462.

77   *Ibid.*, p. 265.

목표가 된다. 이것은 **의지**가 필히 이 목표를 필요로 하는 이유다. 이것은 또한 공허감의 공포가 본질적으로 모든 의지하기에 스며드는 이유다. ⋯ **의지**의 시각에서 볼 때 ⋯ 〔무〕는 의지하지 않기에서 **의지**의 소멸이다. ⋯ 따라서 ⋯ 〔니체를 인용하자면〕 우리의 의지는 '의지하지 않기보다 오히려 무를 의지할 것이다.' ⋯ 여기에서 '무를 의지하는 것'은 부정, 파괴, 황폐화를 ⋯ 의지한다는 것을 의미한다."[78]

니체의 마지막 언급이 **의지**의 "창조성"이나 과다와 연관되듯이, 이 능력에 대한 하이데거의 마지막 언급은 **의지**의 파괴성과 연관된다. 이 파괴성은 사람들을 망각으로 몰아넣는 미래에 대한 **의지** 자체의 집착에서 드러난다. 사람들은 미래의 주인이라는 의미에서 미래를 의지하기 위해서 과거를 망각하고 결국 파괴해야 한다. **의지**가 "뒤로 의지할" 수 없다는 니체의 발견으로부터 좌절과 분노뿐만 아니라 있었던 것을 절멸시키는 능동적이고 적극적인 의지가 따른다. 그리고 현실적인 모든 것이 '생성되고', 즉 과거를 흡수하기 때문에, 이 파괴성은 궁극적으로 있는 모든 것과 연관된다.

하이데거는《사유란 무엇인가》에서 그것을 다음과 같이 요약했다. "의지는 '존재했던it was' 것에 직면하여 더 이상 말할 어느 것도 갖고 있지 않다. ⋯ '존재했던 그것'은 **의지**의 의지하기를 거부하며 ⋯ '존재했던 것'은 **의지**에 저항하고 반대한다. ⋯ 그러나 반대는 이 공포감의 도움으로 의지 자체 내에서 뿌리를 내렸다. 의지는 그것 때문에 고통을 겪는다. 즉 **의지**는 자기 자신 때문에 ⋯ 지나간 것인 과거 때문에 고통을 겪는다. ⋯ 그러나 지나간 것은 소멸하는 것에서 비롯된다. ⋯ 따라서 **의지** 자체는 소멸하는 것을 의지한다. ⋯ 모든 '존재했던 것'에 대한 **의지**의 적대감은 모든 것을 사라지게 하는 의지로 나타나며, 여기에서 모든 것이 마땅히 사라지는 것을 의지하는 것으로 나타난다. 따라서 **의지** 속에서 솟아나는 이러한 적대감

---

78   *Ibid.*, p. 267.

은 사라지는 모든 것 — 존재에서 벗어나게 되고 **유지되는 모든 것** — 에 대
한 의지다."[79]

니체에 대한 이러한 근본적인 이해에서 **의지**는 본질적으로 파괴적
이다. 하이데거의 최초의 전환은 그러한 파괴성과 대결한다. 이러한 해석
을 따를 경우, 기술의 본질은 의지할 의지, 즉 자연적 목적이 단지 완전한
파괴일 수 있는 의지의 지배와 통치에 전 세계를 예속시키는 의지다. 그러
한 통치의 대안은 "내맡김"이며, 활동으로서 내맡김은 **존재**의 요청에 복종
하는 사유다. 사유의 내맡김에 스며든 분위기는 의지에 드러나는 합목적성
의 분위기와 대립된다. 이후 하이데거는 "전환"에 대한 자신의 재해석에서
그것을 "내맡김*Gelassenheit*"이라 부르고, 내맡김에 대응하며 "우리에게 의지
가 아닌 사유를 준비하게 하는 평온"이라고 부른다.[80] 이러한 사유는 "활동
과 비활동 사이의 차이를 넘어선다." 왜냐하면 그것은 '**의지**의 영역', 즉 인
과율의 범주를 넘어서기 때문이다. 니체에 동의하고 있는 하이데거는 효과
를 유발하는 의지하는 나의 경험, 그리고 이에 따라 의식에 의해 형성된 환
상으로부터 인과율의 범주를 도출한다.

사유와 의지가 '인간'이라 불리는 수수께끼 같은 존재의 다른 두 능
력일 뿐만 아니라 대립적인 능력이라는 통찰은 니체와 하이데거 두 사람에
게 나타났다. 그것은 나와 나 자신 사이의 소리 없는 대화에서 실현되는 의
식의 하나 속의 둘이 그 최초의 조화와 우정을 의지와 반대 의지, 명령과 저
항 사이의 지속적인 갈등으로 변화시킬 때 나타나는 처절한 갈등에 대한 그

---

79   Pp. 92~93. 저자의 번역임.
제1부 제9강의에서 언급한 내용임. 하이데거는 여기에서 의지의 과거에 대한 적대감을 다
음과 같이 밝힌다. "이것, 바로 이것만이 복수 자체다. 즉 시간과 시간 속에 '존재했던 그것'
에 대한 의지의 적대감이다." 하이데거, 권순홍 옮김, 《사유란 무엇인가?》(도서출판 길, 1997)
를 참조할 것.(옮긴이)

80   *Gelassenheit*, p. 33 ; *Discourse on Thinking*, p. 60.

들의 견해다. 그러나 우리는 그 능력의 역사를 통해 이러한 갈등의 증거를 발견하고 있다.

하이데거의 선구자들과 하이데거 사이의 입장 차이는 여기에 있다. 즉 **존재**가 존재의 진리를 언어로 전환하려고 요구한 인간의 정신은 **존재의 역사**에 예속된다. 그리고 이 **역사**는 사람들이 의지의 관점에서 **존재**에 대응하는지 사유의 관점에서 **존재**에 대응하는지를 결정한다. 활동하는 사람들의 등 뒤에서 작동하는 **존재의 역사**는 헤겔의 **세계정신**과 같이 인간의 운명을 결정하고 사유하는 내가 의지하기를 극복할 수 있고 내맡김을 실현할 수 있다면 사유하는 나에게 자신을 노정한다.

얼핏 보면, 이것은 다른 것으로 보일 수 있다. 좀 더 세련되게 표현하면, 그것은 헤겔의 이성의 간지, 칸트의 자연의 계략, 애덤 스미스의 보이지 않는 손, 신성한 섭리에 관한 견해 같아 보일 수 있다. 이러한 힘은 모두 인간사의 흥망을 미리 결정된 목표에 보이지 않게 인도한다. 그 목표란 헤겔의 경우 자유, 칸트의 경우 평화, 애덤 스미스의 경우 시장경제에서 나타나는 대립된 이익 사이의 조화, 기독교 신학의 경우 궁극적인 구원이다. 인간들의 행위가 스스로 설명될 수 없고 어떤 숨겨진 목적이나 행위자의 활동으로만 이해될 수 있다는 생각 자체는 훨씬 오래전에 있었다. 플라톤은 이미 "살아 있는 피조물인 우리 각자를 신들에 의해 아마도 놀잇감으로, 아마도 어떤 진지한 목적으로 만들어진 꼭두각시로 상상할" 수 있었으며, 우리가 원인으로 간주하는 것, 쾌락의 추구와 고통의 회피가 단지 "우리를 작동시키는 끈"이라고 상상할 수 있었다.[81]

우리는 플라톤의 공허한 허구로부터 헤겔의 정신적 구성에 이르기까지 이념의 강렬한 탄성을 이해하기 위해 역사적으로 영향을 미치는 것에 대한 증명을 거의 필요로 하지 않는다. 그 이념은 사실적인 기록으로부터

---

[81]   *Laws*, I, 644.

우연적이고 결과가 없는 '단순히' 사실적인 모든 것을 신중하게 제거한 세계역사에 대한 전례 없는 재사유의 결과였다. 행위의 동기들이 자신의 어떤 의도, 욕망, 열정, 목표일 수 있다고 하더라도, 인간이 혼자 행동할 수 없다는 점은 단순한 진리다. (우리는 집정관*archōn*으로서 선도하고 시작하면서 우리의 조력자들과 추종자들이 우리가 행하고 있는 것을 집행할 것이라고 희망한다. 그럴 때에도) 우리는 결코 계획에 따라 어떤 것을 좀처럼 성취할 수 없다. 그리고 이것은 실제적인 성과가 인간적 다원성으로 방해받지 않은 채 최종 결과를 대비해온 어떤 생소하고 초자연적인 힘 때문에 필히 발생하리라는 생각을 형성하는 효과를 유발할 수 있다는 우리의 의식과 결합된다. 이 오류는 니체가 **인류**의 필연적 '진보'라는 개념에서 탐색한 오류와 비슷하다. 반복하자면, "**인류**'는 진전하지 않으며 현존하지도 않는다. … [그러나] 시간은 앞으로 진행하기 때문에, 우리는 시간 속에 있는 모든 것이 앞으로 나간다고 믿고 싶어 한다. 발전은 전진하는 것이다."[82]

확실히, 하이데거의 **존재의 역사**는 우리에게 헤겔의 **세계정신**을 환기하지 않을 리가 없다. 그러나 차이는 결정적이다. 헤겔은 예나 시대 나폴레옹에게서 "말을 타고 있는 **세계정신**"을 목격했다. 이때 헤겔은 나폴레옹 자신이 정신의 구현이라는 것을 의식하지 못하고 통상적으로 인간이 지니고 있는 단기적인 목표, 욕망, 열정으로 활동하고 있다는 것을 알았다. 그러나 하이데거의 경우, **존재** 자체는 영원히 변화하면서 행위자의 사유 속에서 자신을 드러낸다. 행위와 사유가 일치하기에 "행위하는 것이 **존재**의 본질에 도움을 주는 것을 의미한다면, 사유하기는 실제로 행위하는 것, 즉 실체들 가운데 **존재**의 본질을 대비하는(거처를 구성하는) 것이며, 존재는 이를 통해 자신과 그 본질을 언어로 전환한다. 말이 없을 경우, 단순한 활동은 자신이 효과적일 수 있고 방향을 추구할 수 있는 차원을 결여한다. 그러나 말은

사유, 감정, 또는 의지의 단순한 표현은 결코 아니다. 말은 인간이 **존재**의
요구에 대응할 수 있고, 대응하면서 그것에 속해 있는 원초적 차원이다. 사
유는 그 원초적 교신의 현실화다."[83]

　관점의 단순한 전환이란 측면에서 볼 때, 우리는 데카르트의 주장에
대한 발레리의 경구적 반전을 하이데거의 입장에서 찾고 싶어 할 것이다.
즉 "우주가 말하기를, 인간은 생각한다. 그러므로 나는 존재한다."[84] 하이
데거는 "사건은 단지 사물들의 거품이다"라는 발레리의 주장에 확실히 동
의하기 때문에 이러한 해석은 매혹적이다. 그러나 하이데거는 실제로 있는
것 — 표피가 단순한 거품인 기본적인 실재 — 이 실체적이며 궁극적으로
변화하지 않는 존재의 안정된 실재라는 발레리의 가정에 동의하지 않는다.
하이데거는 "전환" 이전이나 이후에나 "새로운 것은 정의상 사물들 가운데
사라질 수 있는 부분Le nouveau est, par définition, la partie périssable des choses"이라는
데 동의하지 않았을 것이다.[85]

　하이데거는 전환을 재해석한 이후에도《존재와 시간》이 후기 저작
의 주요 방향을 잠정적인 방식으로 이미 유지한 필연적 대비였다는 의미에
서 자기 사상의 연속성을 주장하고 있다. 그리고 그의 사유의 연속성이 철
학의 미래를 위해 이후 전환과 이에 명백히 내재된 결과를 탈근본화하기 쉽
다고 하더라도, 그의 주장은 큰 범위에서는 타당하다. 후기 저작 자체에서
발견되는 놀랄 만한 결과, 더 정확히 말해 첫째로 고독한 사유 자체가 역사
의 사실적 기록에서 유일하게 연계된 행위를 구성한다는 개념, 둘째로 사
유하기가 감사하기(어의론적 이유 때문은 아님)와 같다는 개념으로 시작해야
할 것이다. (그런데) 우리는 이것을 이미 (제1권 3장-옮긴이) 검토했다. 따라

83　*Die Technik und die Kehre*, Pfullingen, 1962, p. 40.

84　다음 자료에서 인용함. Jean Beaufret, *Dialogue avec Heidegger*, Paris, 1974, vol. III, p. 204.

85　Valéry, Tel quel, in *Oeuvres des Paul Valéry*, Pléiade ed., Dijon, 1960, vol. II, p. 560.

서 우리는《존재와 시간》의 몇 가지 핵심 용어의 발전을 추적하고자 노력해
야 하며, 어떤 일이 나타나는가를 보아야 한다. 나는 세 가지 주요 용어, 즉
염려, 죽음, 자기를 제안한다.

　《존재와 시간》에서 인간 자신의 존재에 대한 그의 실존적 관심의 근
본 양태인 염려는 **의지**를 위해 단순히 사라지지 않는데, 염려는 그의 **의지**
와 함께 분명히 얼마간의 특징을 공유한다. 염려는 그 기능을 근본적으로
바꾼다. 염려는 자신에 대한 연관성, 즉 인간 자신의 존재에 대한 관심을 거
의 상실하며, 그와 더불어 인간이 내던져진 세계가 자체의 사멸성 — 세계
의 무無 속에 있는 적나라한 '그것(있음의 사실)' — 을 알고 있는 존재에게
'무'로서 자신을 드러낼 때 유발된 '고뇌'의 분위기를 거의 상실한다.[86]

　강조점은 우려 또는 자체에 대한 관심인 염려Sorge에서 배려인 염려
로 바뀌며, 이 염려는 자체가 아니라 **존재**의 염려다. **무**의 자리를 지키는
자Platzhalter였으며 이제는 존재의 노출에 개방적인 인간은 존재의 '수호자
Hüter'나 '목자Hirte'다.[87] 그의 말은 **존재**에게 그 거처를 제공한다.

　다른 한편, 오직 최고의 가능성으로서 인간에게 원래 실제적이었던
죽음 — "죽음이 〔예컨대〕 자살로 현실화된다면, 인간은 분명히 죽음에 직
면해 존재하는 가능성을 상실했을 것이다"[88] — 은 이제 사멸하는 존재의
본질을 "수집하고" "보호하며" "구제하는" "성지"가 되며, 인간들은 자신
들의 삶이 끝을 가지고 있기 때문이 아니라 죽음이 여전히 자신들의 가장

86　　*Sein Und Zeit*, no. 57, pp. 276~277.

87　　하이데거는 〈아낙시만드로스 잠언Der Spruch des Anaximander〉에서 다음과 같이 밝히고 있다.
　　　"고대 독일어 'war'는 보호Hut를 의미한다. 우리는 이것을 '지각하다wahrnemen', 즉 '보존하
　　　다'에서 아직도 확인한다. … 언젠가 우리는 진리Wahrheit라는 진부한 말을 보존의 관점에서
　　　사유하는 법을 배워야 할 것이다. … 존재는 이러한 보존에 속한다. 존재의 보호와 관련하
　　　여 보존은 … 목자에게 속한다. 그는 무의 자리를 계속 지킬 경우에만 존재의 목자일 수 있
　　　다. 양자는 동일하다. 인간은 현존재의 열림 내에서만 두 역할을 할 수 있다."(옮긴이)

88　　*Ibid.*, no. 53, p. 261.

사적인 존재에 속하기 때문에 사멸하는 존재다.[89] (이러한 이상하게 들리는 기술은 예컨대 "죽은 자에 대해 좋은 것이 아니면 말할 수 없다*de mortuis nil nisi bonum*라는 옛 격언에 의해 증명된 잘 알려진 경험과 연관된다. 죽은 자의 인격에 불시에 엄습하는 것은 우리를 놀라게 하는 죽음 자체의 존엄성이 아니라 오히려 삶에서 죽음으로의 신기한 변화다. 회상, 즉 살아 있는 사람이 자신들의 죽음에 대해 생각하는 방식에서 모든 비본질적인 속성들은 마치 그것들이 구현된 육체의 소멸과 함께 사라지는 것과 같다. 죽은 사람은 그들 자신의 귀중한 유품과 같이 기억 속에 소중히 간직된다.)

마지막으로, **자기**의 개념이 있다. "전환"에서 이 개념의 변화는 가장 기대되지 않은 것이지만 가장 중요한 것이다. 《존재와 시간》에서 "자기"라는 용어는 '인간의 본질이 무엇인가?'라는 질문과 다른 "'누가 〔인간〕인가?'라는 질문에 대한 해답"이다. 즉 **자기**는 인간이 지닐 수 있는 모든 속성과 구별되는 인간의 실존에 해당하는 용어다. 이 실존, "진정한 자기 자신임"은 "그들"에서 논쟁적으로 유래된다. ("우리는 '자기'라는 표현과 함께 … 현존재의 누구라는 질문에 대답했다. … 현존재의 자기성은 객관적으로 현재 있는 존재로서가 아니라 현존 방식으로서 공식적으로 정의되었다.")[90] 인간적 실존은 일상적 삶의 "그들"을 "자신임"으로 수정함으로써 "유아*solus ipse*"를 생산한다. 하이데거는 이러한 맥락에서 '실존적 유아론', 개체화 원리의 실재화에 대해 언급하고 있는데, 우리는 **의지**의 본질적 기능들 가운데 하나로서 다른 철학자들에서 실재화를 대면하고 있다. 하이데거는 원래 그것을 미래를 위

---

89   *Vorträge und Aufsätze*, pp. 177 and 256.

90   No. 54, p. 267.
     병기한 독일어 원문 내용은 다음과 같다. "*Mit dem Ausddruck Selbst'antoworten wir auf die Frage nach dem Wer des Daseins ··· Das eigentliche Selbstsein bestimmt wich als eine existenzielle Modifikation des Man.*"(옮긴이)

한 인간의 기관에 해당하는 초기 언어, 염려의 탓으로 돌렸다.[91]

우리는 근대 환경에서 ("전환" 이전의) **염려**와 **의지** 사이의 유사성을 강조하기 위해 베르그송에 관심을 돌린다. 베르그송은 확실히 이전의 사상가들로부터 영향을 받지 않은 채 의식의 직접적인 증거를 연구했으며, 하이데거보다 단지 몇 십 년 앞서 두 가지 유형의 자기, 즉 사회적 자기(하이데거의 "그들")와 근본적 자기(하이데거의 "진정한 자기")의 공존을 상정했다. **의지**의 기능은 "일반적으로 사회적 삶 그리고 특별히 언어 — 즉 모든 말이 이미 사회적 의미를 갖는 일상적으로 언급되는 언어 — 의 요구 조건"으로부터 "이러한 근본적 자기를 회복하는 것"이다.[92] "[우리 자신]과 아주 다른 외부세계"의 다른 사람과 소통하는 데 필요한, 진부한 표현을 담은 언어는 모든 의식적 존재의 공동 재산이다. 다른 사람과 공유하는 삶은 "제1의 자기를 흐리게 하는 … 제2의 자기"를 형성하는 데 기여하는 자체의 언어 형태를 창조해왔다. 철학의 임무는 이 사회적 자기를 "현실적이고 구체적인 자기로 되돌리는 것이고 … 이러한 자기의 활동은 어느 다른 위력을 지닌 활동과 비교될 수 없다." 왜냐하면 이러한 위력은 순수한 자발성이기 때문이다. '우리는' 각기 자신에 대한 직접적인 관찰을 통해서만 획득된 순수한 자발성에 관한 "직접적인 지식"을 지닌다.[93] 그리고 니체와 아주 긴밀히 연결되고 사실 하이데거와 조화되는 베르그송은 예술적 창조성이란 사실에서 이러한 자발성의 '증거'를 목격한다. 예술 작품의 형성은 현재 실재하는 것이 마치 외적 원인이나 내적 동기의 형태로든 이전에 잠복해 있거나 잠재하고 있는 듯이 선행하는 원인으로 설명될 수 없다. "음악가가 교향곡을 작

91   *Ibid.*, no. 41, p. 187 and no. 53, p. 263.

92   Bergson, *Time and Free Will*, pp. 128~130, 133.

93   *Ibid.*, pp. 138~143 ; cf. p. 183.

곡할 때, 그의 작품은 실재가 되기 이전에 가능했는가?"[94] 하이데거는《니체》제1권을 집필할 때(즉 "전환" 이전에) 일반적인 입장을 유지한다. 즉 "의지하는 것은 항상 다음과 같은 의미를 지닌다. 그것은 자기에 도달하는 것이다. … 우리는 의지할 때 진정 우리로서 … 우리 자신을 대면한다."[95]

그래도 우리는 이러한 지적을 통해 하이데거의 직접적인 선구자들과 하이데거 사이에 유사성이 많다는 점을 주장할 수 있다. "실존의 가능한 노출로서"[96] 시적 언어에 대한 주변적인 언급 이외에《존재와 시간》어디에서도 예술적 창조성을 언급하지 않는다.《니체》제1권에서 시와 철학, 시인과 철학자 사이의 긴장과 긴밀한 관계는 두 번 지적되지만, 니체와 베르그송이 생각하는 순전한 창조성의 의미로 언급되지 않는다.[97] 그와 반대로《존재와 시간》에서 자기는 "양심의 소리"로 나타나며, 양심의 소리는 "세인(man; '세상 사람' 또는 '그들')"에 연루되어 있는 상태로부터 그(**현존재의 자기**)를 다시 불러내며, 양심이 자신의 호소로 독일어에서 어떤 행위에 탓이 있음(책임이 있음)을 의미하고, 누군가의 덕택에 무엇을 소유한다는 점에서 신세를 지고 있다는 것을 의미하는 용어인 '죄책감*Schuld*'으로 노출시킨 것으로부터 그(**현존재의 자기**)를 다시 불러낸다.[98]

인간적 실존은 자신이 "사실적으로 존재하는" 정도까지 빚을 지고 있다는 게 하이데거의 "죄책감 이념"의 주요 요지다. "인간적 실존은 실수나 수행으로 어떤 것에 죄책감을 가질 필요는 없다. 즉 어떻든 '탓 있음'을

---

94   Bergson, *Creative Mind*, trans. Mabelle L. Andison, New York, 1946, pp. 27 and 22.

95   Pp. 63~64.

96   No. 34, p. 162.

97   Pp. 329 and 470~471.

98   Nos. 54~59. 특별히 p. 268과 이후 내용을 참조할 것.
       '현존재의 자기'는 옮긴이가 첨가한 것이다. 아렌트는 이를 'man'으로 표기했으며, 그들을 "man"으로 표기했기에 이에 따른 오해를 피하기 위해 "현존재의 자기"라는 표현을 첨가했다.《존재와 시간》제57절 〈양심은 곧 염려의 부름〉 첫 문장을 참조할 것.(옮긴이)

진실로 실재화하는 것이 요청될 뿐이다."[99] (하이데거가 '양심의 소리'에 귀를 기울이는 모든 사람에게 똑같이 죄책감을 갖게 함으로써 보편적 무구를 실제로 선언했다는 것은 외견상 그에게 결코 나타나지 않았다. 모든 사람이 유죄인 곳에서는 어느 누구도 죄가 없다.) 이러한 실존적 죄책감은 인간적 실존에 의해 주어지며, 두 가지 방식으로 성립된다. 하이데거는 모든 행위가 단일의 가능성을 실재화함으로써 선택해야만 했던 다른 모든 것을 일격에 불식시킨다는 것을 제시한다. 모든 확신은 수많은 결점을 수반한다. 더 중요한 것은, "세계 속에 던져짐"이란 개념은 인간적 실존이 그 실존을 자체가 아닌 다른 어떤 것의 도움을 받고 있다는 것을 이미 함의한다는 것이다. 인간적 실존은 그 실존 때문에 빚을 지고 있다. 현존재는 인간적 실존인 한 내던져졌다. 현존재는 "거기에 있으나 스스로 거기에 던져지지 않는다."[100]

양심은 인간이 그 "빚을 지고 있음"을 수용하라고 요구하며, 공적인 삶의 '시끄럽고' 가시적인 활동의 반대 개념(진정한 것의 단순한 거품)인 수용이란 자기가 논쟁적으로 이해되는 일종의 '행위'에 도달한다는 것을 의미한다. 이러한 행위는 조용하며, "신세를 지고 있음으로 자기 자신으로 하여금 행동하게 하는 것", 그리고 인간이 내던져짐이란 진정한 현실태에 드러내는 완전히 내적인 '행위'[101]는 사유 활동에서만 존재할 수 있다. 그것은 하이데거가 아마도 자신의 저작 전체를 통해 행위를 다루면서 "일부러 회피했던"[102] 이유일 것이다. 양심에 관한 그의 해석에서 가장 놀라운 것은 항상 일종의 독백, 즉 "나와 나 자신 사이의 소리 없는 대화"로 이해해왔던 "양심에 대한 일반적 해석"에 대한 격렬한 비난이다. 하이데거는 그러한 대화

99   *Ibid.*, no. 58, p. 287.

100   *Ibid.*, p. 284.

101   *Ibid.*, nos. 59~60, pp. 294~295.

102   *Ibid.*, no. 60, p. 300.

가 '그들'의 주장에 대한 자기 정당화의 진정하지 못한 시도로서만 설명될 수 있다고 주장한다. 이것은 더욱더 놀랍다. 왜냐하면 하이데거는 다른 맥락에서 — 진정 한계적으로만 — "모든 현존재(인간적 실존)가 지니는 친구의 목소리"[103]에 대해 언급하기 때문이다.

하이데거의 양심에 대한 분석이 아무리 생소하고 결국에 현상학적 증거로 설명되지 않는다고 하더라도, 원초적인 빚지고 있음이란 개념에 내재된 인간적 실존이란 순전한 사실과의 연계는 확실히 이후 사유와 감사를 동일시하는 첫 번째 암시를 포함한다. 양심의 소리가 성취하는 것은 기록된 역사의 과정*l'écume des choses*뿐만 아니라 인간들의 일상적 활동을 결정하는 사건에 연루되는 것으로부터 개별화된*vereinzeltes* 나의 회복이다. 자기는 다시 호출되었을 때 "적나라한 그것(있음의 사실)"이 전적으로 부여받는 감사를 표현하는 사유로 관심을 갖는다. **존재**에 직면한 인간의 태도가 감사여야 한다는 것은 철학의 시작 원리인 플라톤의 경이*thaumazein*의 변형으로 인정될 수 있다. 우리는 그 경이를 취급해왔으며, 근대의 맥락에서 그것을 발견하는 것은 두드러지거나 놀랍지 않다. 우리는 니체의 "삶의 긍정자"에 대한 찬사를 생각하거나 학문적 성찰에서 이 세기의 위대한 시인들 가운데 일부에 관심을 돌리기만 하면 된다. 그들은 적어도 그러한 긍정이 전적으로 세속화된 세계의 명백한 무의미성을 극복하는 해결책으로서 얼마나 암시적인가를 보여준다. 여기에 러시아 시인 오시프 만델슈탐이 1918년에 쓴 두 줄의 시구가 있다.[104]

---

103   *Ibid.*, no. 34, p. 163.

104   이 시구는 만델슈탐의 두 번째 시집《트리스티아*Tristia*》에 수록된 〈자유의 황혼Dusk of Freedom〉에 있다. "But we will try: A giant, clumsy, / A screeching turning of the wheel. / ⋯ / As with a plow part the ocean. Kneel, / We will remember in Lethean frenzy That earth has cost us a thousand heavens still."(옮긴이)

우리는 레테의 차가운 강에서 기억할 것이니
우리에게 그 땅은 하늘보다 천 배나 값졌다고.

이러한 시구들은 라이너 마리아 릴케가 거의 같은 시기에 출간한
《두이노의 비가*Duino Elegies*》에 있는 수많은 시구들과 쉽게 연계될 수 있다.
나는 여기에서 몇 줄 인용할 것이다.

지구여, 사랑하는 그대, 나는 의지하오. 오, 나를 믿으오. 당신은
나를 이기기 위해 봄 시간을 더 이상 필요치 않소. 한 번,
꼭 한 번 이미 나의 피가 견딜 수 있는 것보다 더 많소.
나는 오랫동안 말할 수 없을 정도로 당신이었소.
당신은 항상 옳다오 …
— 제9 비가

그리고 나는 오든이 20년 후에 쓴 시구를 상기하는 것으로서 다시
인용한다.

그 단일한 명령을
나는 이해하지 못하네,
준수되어야 하는 것,
당분간 있는 것을 축복하자,
내가 다른 무엇에 도움이 되는 것,
찬성하는가 또는 반대하는가?

아마도 근대의 마지막 단계에 나타났던 난관들을 비학문적으로 증
언한 이러한 몇 가지 사례들은 《존재와 시간》의 출간 이후에도 대학들에서

하이데거의 저서가 야기한 거의 이구동성의 적대감에도 불구하고 하이데거의 저서에 대한 지식인 공동체의 엘리트에게 준 엄청난 호소력을 설명할 수 있다.

그러나 사유와 감사의 일치에 해당되는 것은 행위와 사유의 어우러짐에는 거의 해당되지 않는다. 이것은 하이데거와 더불어 데카르트적 나를 탈주관화하기 위한 주체-대상 분리의 제거일 뿐만 아니라 사상가들의 사유 활동과 '**존재의 역사**'에서 나타나는 변화의 실제적인 융합이다. "**존재의 역사**"는 "그들"로부터 보호되고 은폐된 사상가들이 존재에 대응하고 실재화하는 동안 표면에 우연히 나타난 것을 은밀하게 촉진하고 인도한다. 의인화한 개념의 유령 같은 실존은 독일 관념론에서 철학의 마지막 위대한 활성화를 초래했는데, 이 개념은 완전히 구현되어 왔다. 즉 **존재의 숨겨진 의미**를 실연해 보이고 사건의 파괴적인 과정에 신중한 역류를 제공하는 대단한 사람Somebody이 있다.

이 대단한 사람은 의지하기로부터 "내맡김"으로 이전하고 있는 사상가로서 이제 양심의 소리 대신 **존재의 소리**에 귀를 기울이고 있는, 실제로 《존재와 시간》의 '진정한 **자기**'다. 이 사상가는 자신의 **자기**와 달리 자신에 의해 그의 자기 자신에 호출되지 않는다. 그래도 "그런 소리(부름)를 진정으로 듣는다는 것은 자기 자신을 다시 한 번 사실적인 행위로 데려온다는 것을 의미한다."[105] 이러한 맥락에서 볼 때, "전환"은 자기 자신이 더 이상 스스로 행위를 하지 않지만(지금까지 내맡겨졌던 것은 가장 고유한 자기 자신으로 하여금 자신 안에서 행위를 하게 하는 것이다*In-sich-handeln-lassen des eigensten Selbst*[106]) 존재에 복종하여 존재자의 '거품' — 힘에의 의지에 의해 흐름이 진행되는 단순한 현상 — 밑에 있는 **존재의 역류**를 순전한 사유로 실행한다는

---

105   *Ibid.*, no. 59, p. 294.

106   *Ibid.*, nos. 59~60, p. 295.

것을 의미한다.

'그들'은 여기에서 다시 나타난다. 그러나 그들의 주요 특징은 더 이상 '한담*Gerede*'이 아니다. 그것은 의지하기에 내재된 파괴성이다.

이러한 변화를 초래하고 있는 것은 사유와 의지 사이의 오랜 긴장(의지하지 않을 **의지**에 의해 해결되는 것)과 의인화한 개념 모두의 결정적인 급진화다. 의인화된 개념은 헤겔의 "**세계정신**", 즉 자체로 무의미하고 우연적이지만 사실적으로 존재하는 것에 의미를 부여하는 유령 같은 무명인에서 가장 명료한 형태로 나타난다. 하이데거의 경우 행위를 하는 인간들의 등 뒤에서 이른바 행위를 하는 이 **무명인**은 이제 아무것도 하지 않는 동안 행위를 하는 사상가thinker, 분명히 한 인물의 존재에서, 심지어 "대사상가Thinker"로 식별되는 존재에서 인간성의 화신을 발견해왔다. 그러나 이것은 현상세계로의 복귀를 의미하지 않는다. 그는 **존재의 역사**, 세계의 운명이 이제 자신에게 의존하게 되었다는 것을 제외하고 '실존적 유아론'의 '유아 *solus ipse*'로 있다.

하이데거는 1930년대 중반에 있었던 "전환"에도 불구하고 《존재와 시간》 이후에도 자신이 실현한 사유의 지속적인 발전에 적절한 관심을 가지라고 반복적으로 주장했는데, 우리는 지금까지 이러한 주장을 탐구했다. 우리 역시 1930년대 후반과 1940년대 초반 동안 전환에 대한 그 자신의 해석 ― 1950년대와 1960년대 그의 수많은 저서 출간으로 치밀하고 일관되게 제시된 해석 ― 에 의존하고 있다. 그러나 내가 알고 있는 한, 하이데거를 포함해 어느 누구도 공개적으로 관심을 갖지 않았던 것으로 그의 사상과 더불어 아마도 그의 삶에서 훨씬 근본적인 다른 단절도 있다.

이 단절은 나치 독일의 파국적인 패배, 학문 공동체와 하이데거 자신 사이의 중대한 갈등, 그리고 종전 직후 점령 당국과의 갈등과 일치했다. 대략 5년 동안 그는 사실상 침묵을 지켰기 때문에 그의 출판된 저작들 가운데 단지 분량이 많은 두 권만이 있다. 1946년 집필했고 1947년 독일과 프랑스에서 출간된《인간주의에 관한 서한》, 또한 1946년 집필하여 1950년《숲길》에 수록한 마지막 논문 〈아낙시만드로스 잠언〉 이다.

이들 가운데 《인간주의에 대한 서한》은 하이데거가 독창적인 반전에 제공했던 해석적 전환을 설득력 있게 개괄하고 매우 명백하게 설명하고 있다. 그러나 〈아낙시만드로스 잠언〉은 다른 특성을 지니고 있으며, 즉 **존재** 문제를 전반적으로 상정하는 것에 대한 완전히 새롭고 예상치 못한 견해를 제시한다. 내가 이제 개요를 제시하려는 이 논문의 주요 논제는 그의 후기 저서에서 결코 추가로 제기되지 않았거나 완전히 해명되지 않았다. 그는 1946년에 집필했으나 불행하게도 결코 출간하지 않았던 "학술논문 *Abhandlung*"에서 이 논문을 발췌했다고 《숲길》 출판을 소개하는 기록에서 밝히고 있다.

내가 보기에 다음과 같은 점은 명백한 것 같다. 그의 사상 가운데 다른 부분과 아주 분리된 이 새로운 견해는 니체에 관한 저서 제1권과 제2권 사이에 나타났던 변화 못지않게 중요한 또 다른 "분위기" 변화 ─ 의지할 의지로서 "힘에의 의지"에서 새로운 평온함, 즉 "내맡김"의 평온, 그리고 역설적인 "의지하지 않을 의지"로의 전환 ─ 에서 나타났음에 틀림없다. 변화된 분위기는 독일의 패배, 수년 동안 새로운 시작을 약속하는 것 같았던 (윙어가 명명했듯이) "영점point zero"을 반영했다. 이를 하이데거의 견해로 소개하면 다음과 같다. "우리는 우리의 행성(지구)이 이전에 경험했던 … 가장 기이한 변혁의 바로 그 여명에 서 있는가? [또는] 우리는 다른 새벽을 알리는 밤의 저녁을 응시하는가? … 우리는 계승자인가 … 동시에 우리는 역사에 대한 현대의 역사주의적 설명을 이미 남기고 있는 전혀 다른 시대의 여명을 알리는 선구자인가?"[107]

---

107   나는 크렐David Farrell Krell 번역본으로 처음 출간된 《아리온*Arion*》 새 시리즈 제1권 제4호 (1975), pp. 580~581을 사용하고 완전히 인용한다.

야스퍼스도 같은 해에 비엔나에서 개최된 유명한 학술회의에서 같은 분위기를 다음과 같이 표현했다. "우리는 아직 닫혀 있는 문 앞에서 문을 두드리고 있는 듯이 살고 있다. … 오늘 발생한 것은 아마도 언젠가는 세계를 형성하고 성립할 것이다."[108] 이 희망의 분위기는 독일 경제와 정치가 "영점"에서 급속도로 회복되는 과정에 사라졌다. 하이데거나 야스퍼스는 아데나워 정부 아래 독일의 현실에 직면하여 새로운 시대에 대한 완전한 오역으로 자신들에게 곧 나타났음에 틀림없는 것을 체계적으로 설명하지 못했다.

그래도 하이데거의 경우에서 우리는 (오히려 모호하고 아마도 변질된) 그리스 시대의 저서에 대한 고도로 기술적인 문헌학적 고찰에 반쯤은 숨겨진 암시, 존재론적 성찰의 다른 가능성에 잊을 수 없는 암시를 담은 아낙시만드로스 단편을 가지고 있으며, 나는 이들로부터 하이데거 철학의 이러한 매혹적인 변형에 대한 주해를 감히 시도할 것이다. 짧은 그리스 원전에 대한 하이데거의 잠정적인 직역 번역본 내용은 다음과 같다. "그러나 사물이 발생하는 근원genesis은 필연적인 것에 따라 사물의 소멸phthora을 잉태한다. 왜냐하면 사물들은 정의를 실천하고diken didonai 시간의 좌표에 따라 자신이 저지른 부정adikia에 대해 서로 대가(벌: tisin)를 치르기(받기) 때문이다."[109] 따라서 주제는 있는 모든 것의 생성과 소멸이다. 있는 것은 모두 있지만, 그것은 '두 가지 형태의 부재', 즉 도착과 출발 사이인 현재에 '머문다.' 부재 사이에서 그것은 은폐된다. 그것은 현상의 짧은 기간 동안만 노출된다. 우

108 나 자신의 번역으로 인용한 전체 인용문은 다음과 같다. "*Wir leben … als ob wir pochend vor den Toren ständen, die noch geschlossen sind. Bis heute geschieht vielleicht im ganz Intimen, was so noch keine Welt begründet, sondern nur dem Einzelnen sich schenkt, was aber vielleicht eine Welt begründen wird, wenn es aus der Zerstreuung sich begegne*t." 나는 제네바에서의 연설이 잡지 《변화Wandlung》에 출판되었지만 1940년대에 집필한 논문 모음집인 《여섯 편의 논문Sechs Essays》(Heidelberg, 1948)에 의존하고 있다고 상정한다.

109 "The Anaximander Fragment", *Arion*, p. 584.

리가 알고 있거나 알 수 있는 모든 것은 현상세계에 생존할 때 "새로이 등
장하는 모든 존재가 은폐를 포기하게 하고 비은폐로 진행하게 하는 운동이
며, 그것이 이어서 노출을 포기하고 출발하여 은폐로 이탈할 때까지"[110] 잠
정적으로 그곳에서 배회한다.

사변적이지 않으며 엄격히 현상학적인 이러한 기술도 존재론적 차
이에 대한 하이데거의 가르침과 분명히 불일치한다. 그의 가르침에 따르
면, 숨기지 않음이나 은폐하지 않음의 뜻으로 해석되는 진리, 즉 알레테이
아(감춤에서 벗어남; *a-lētheia*)는 항상 **존재**의 편이다. **존재**는 언어에 의하여
인간의 사유에 호응해서만 자신을 노출한다.《인간주의에 관한 서한》에 따
르면, "언어는 **존재**의 집이다. (언어는 특히 존재의 집이며 인간 존재의 거처다
Die Sprache [ist] zumal das Haus des Seins und die Behausung des Menschenwesens.)"[111] 아낙
시만드로스 단편에 대한 해석에서 노출은 진리가 아니라 은폐된 **존재**에서
도착하여 그것으로 출발하는 존재자에게 속한다. 이러한 전환을 거의 야기
하지는 못했으나 확실히 촉진할 수 있었던 것은 그리스인, 특히 소크라테
스 이전의 학자들이 **존재**를 종종 자연*physis*으로 생각했다는 사실이다. 자연
의 원래 의미는 성장하다*phyein*라는 말, 즉 어둠에서 빛으로 나타난다는 말
에서 유래한다. 하이데거의 말에 따르면, 아낙시만드로스는 "빛이 발하고
사라지는 방식을"[112] 자연의 특유한 말인 생성과 쇠퇴로 생각했다. 그리고
많이 인용되는 헤라클레이토스 단편에 따르면, 자연은 "숨기는 것을 좋아
한다."[113]

하이데거가 비록 아낙시만드로스 잠언에서 헤라클레이토스 단편

---

110   *Ibid.*, p. 596.

111   "Brief über den 'Humanismus'", now in *Wegmarken*, Frankfurt, 1967, p. 191.

112   "The Anaximander Fragment", *Arion*, p. 595.

113   Frag. 123.

에 대해 언급하지 않았지만, 마치 아낙시만드로스보다 오히려 헤라클레이토스가 잠언의 주요 논제를 참안한 듯이, 주요 논제는 해석된다. 사변적인 내용이 핵심적으로 중요하다. 이 논문에서 존재론적 차이와의 관계는 역전되며, 이것은 다음 문장들에서 자세히 언급된다. "존재자들의 노출, 즉 〔존재에 의해〕 부여된 밝음은 **존재**의 빛을 희미하게 한다. 존재는 존재자에서 자신을 드러낼 때 자신을 철회하기 때문이다*Das Sein entzieht sich indem es sich in das Seiende entbirgt*.[114] 내가 이탤릭체로 표시한 문장은 단연코 반복됨으로써 원전에서 강조된다. 독일어 원전에서 그것의 직접적인 타당성은 전적으로 '*verbergen*(숨기다, 은폐하다)'과 '*bergen*(가리다, 보호하다)', 그리고 '*entbergen*(노출하다)'의 어원과 동일한 언어학적 관계에 전적으로 의존한다. 우리는 하이데거가 해석한 그 동일 어원의 사변적 내용을 설명하고자 노력할 경우 그것을 다음과 같이 해석할 수 있다. 존재자의 생성과 소멸, 나타남과 소멸함은 항상 존재에 의해 인정되었던 원래 보호처의 상실인 노출로 시작한다. 따라서 **존재**는 노출의 '밝음' 속에서 '한동안 머물며' 은폐 상태의 존재의 보호막으로 복귀함으로써 끝난다. 즉 "추정컨대, 아낙시만드로스는 생성과 쇠퇴 … 〔즉〕 '생성하는 것*genesis estin*'과 '소멸하는 것*phthora ginetai*'이 존재한다는 것에 대해 언급했다."[115]

　달리 말하면, 생성과 같은 것은 분명히 있다. 우리가 알고 있는 모든 것은 생성되어 왔고, 이전의 어떤 어둠으로부터 낮의 빛으로 나왔다. 이 생성은 지속되는 동안 자체의 법칙으로 존재한다. 그 지속됨은 동시에 그것의 사라짐이다. 존재자를 지배하는 법칙인 생성은 이제 **존재**의 반대다. 즉 생성은 소멸할 때 다시 그 **존재**로 바뀌며, **존재**의 보호하고 은폐하는 어둠으로부터 본래 나왔다. 이러한 사변적 맥락에서 볼 때, 존재론적 차이는 강렬

114　　P. 591.

115　　*Ibid.*, p. 596.

한 지속을 나타내는 의미의 **존재**와 생성 사이의 차이로 구성된다. "**존재는**"
이탈을 통해 "자신의 진리를 유지하고" 보호한다. **존재**는 본래 존재자의 밝
음을 인정했다고 하더라도 "**존재**의 빛을 희미하게 하는" 존재자의 "밝음"
으로부터 자신을 보호한다. 이것은 "[**존재**]가 존재자의 노출을 제공할 때
존재의 은폐를 [확립한다]는 외형적으로 역설적인 진술로 이어진다."[116]

　　이러한 사변 과정에서 "**존재**의 탐구"와 "**존재**의 망각"에 대한 하
이데거의 공통 접근법은 명백한 전환을 보이고 있다. "man(세인; 世人, '그
들')에 대한 포기에서 인간들에게 존재를 '망각하게' 하는 것은 더 이상 인
간적 실존의 순수한 비진실성이나 어느 다른 특수성은 아니다. 하이데거는
단순한 실체들의 순전한 과다에 의해 자신의 정신을 딴 데로 돌렸기 때문
에 그렇게 하지 않았다. "**존재**의 망각은 **존재**의 자기 은폐적 본질에 속하며
… [일반적으로 철학에서 또는 특별히 형이상학에서 인간들의 역사가 아니
라] **존재**의 역사는 **존재**의 망각에서 시작된다. **존재** ― 자신의 본질과 더불
어, 존재자와의 차이 ― 는 자신을 고수한다."[117] **존재**에 의해 야기된 노출
의 이러한 실체들은 존재자의 영역으로 **존재**의 이탈을 통해서 실수로 표류
하며, 이러한 표류는 "오류의 영역을 … 즉 역사가 전개되는 … 공간을" 구
성한다. … "오류가 없다면 운명과 운명의 연계는 없을 것이다. 즉 역사도
없을 것이다."[118]

　　요약한다. 우리는 여전히 존재론적 차이, 즉 **존재**와 존재자의 범주
적 구분에 직면하지만, 이러한 분리는 사실상 시작과 끝을 지닌 일종의 역
사를 획득해왔다. 시초에 **존재**는 존재자에서 자신을 노출하며, 그 노출은
두 가지 반대 운동을 시작한다. **존재**는 자신으로 이탈하며, 존재자는 "(군주

116　　*Ibid.*, p. 591.

117　　*Ibid.*, p. 618.

118　　*Ibid.*, p. 591.

의 영역이란 의미에서) 오류의 영역"을 구성하고자 표류한다. 이 오류의 영역
은 공통된 인간 역사의 영역이며, 여기에서 사실적인 운명들은 '오류'를 통
해 연계되고 일관된 형태를 형성한다. 그 구도에서 행동하는 사람들의 등
뒤에서 작동되는 "**존재의 역사**"를 위한 장소는 없다. 은폐로 보호를 받는 존
재는 역사를 갖지 않으며, "세계 역사의 모든 시대는 오류의 시대다." 그러
나 역사 영역에서 시간 연속체가 다른 시대로 인해 붕괴된다는 사실은 실체
들의 표류가 시대 속에서 또한 발생한다는 것을 암시한다. 그리고 하이데
거의 구도에서 진리로서 존재가 오류의 연속체로 몰래 잠입하고, "**존재의**
시대적 본질이 현존재의 황홀한 성격에 대한 관할권을 주장할"[119] 때, 한 시
대에서 다른 시대로, 그리고 운명에서 운명으로의 특권적이며 잠정적인 계
기가 존재하는 것 같다. 사유는 이러한 주장에 응답할 수 있으며, '운명에
대한 주장'을 인정할 수 있다. 즉 전체 시대의 정신은 인간의 일상사의 오류
를 현혹하는 특수한 것들에 함몰되는 대신에 "운명 지워진 것에 괘념할" 수
있다.

하이데거는 이러한 맥락에서 사유와 감사의 연계성을 어디에서도
언급하지 않으며, 가장 심오한 수준에서 그리스의 경험에 대한 부르크하
르트와 니체의 이해에 아주 잘 부합되는 해석에서 도출되는, "니힐리즘적
은 아니더라도" 상당히 염세주의적인 결론을 아주 잘 의식하고 있다.[120] 또
한 그가 여기에서 철학과 시의 매우 밀접한 관계의 긴장을 강조하는 데 전
혀 관심을 갖고 있지 않았다는 것은 지적할 만한 가치가 있다. 대신에 그는
자신이 어디에서도 언급하지 않은 중요한 것으로 논문을 다음과 같이 결론
짓는다. "인간의 본질이 **존재**[주의, 이제 이탈하여 자신을 가리고 은폐하는
존재]의 진리를 사유하는 데 있다면, 사유는 **존재**의 수수께끼를 시화해야

---

119   *Ibid*., p. 592.
120   *Ibid*., p. 609.

한다*am Rätsel des Seins dichten*."[121]

나는 지나가는 말로 죽음의 개념이 하이데거의 후기 저작에서 보였던 근본적인 변화를 언급하고 있다. 후기 저작에서 죽음은 인간 본질의 궁극적인 구원자, "세계의 활동에서 **존재**의 주거지*Gebirg des Seins in dem Spiel der Welt*"[122]로서 나타난다. 그리고 나는 내가 알고 있는 한 결코 개념화되지 않았던 몇 가지 친숙한 경험에 대한 잘 알려진 증언을 통해 이것의 생소함을 설명하고 어떤 면에서 정당화하고자 노력해왔다. 아낙시만드로스의 잠언에서 '죽음'이라는 용어는 나타나지 않지만, 그 개념은 물론 두 가지 형태의 부재, 즉 그것이 출생으로 도착하기 전과 그것이 죽음으로 사라진 후 사이의 삶이란 개념에 명백히 나타난다. 그리고 우리는 여기에서 인간적 실존의 본질을 위한 거주지로서 죽음을 개념적으로 명료화하는데, 인간적 실존의 시간적·잠정적 현존은 두 가지 형태의 부재 사이의 머무름, 그리고 오류 영역에서의 체제로 이해된다. 이러한 '오류'의 근원 — 그리고 우리는 여기에서 이러한 변형이 어느 정도 하이데거의 기본적이고 지속적인 철학적 확신의 단순한 변형이라는 것을 알 수 있다 — 은 두 가지 형태의 부재 사이에 "현전의 상태로 잠시 머물며", 그 자체의 현전을 초월할 능력을 가지고 있는 존재가 "비현전에 속하는 한에서 〔오직〕 실제로 현전한다"[123]고 말할 수 있다는 사실이다.

역사적 운명이 변하는 시대들 사이 전환의 시대적 계기를 포착하고 다음 오류의 시대의 기저를 이루는 진리가 사유에 명백히 나타난다면 죽음은 개념적 명료화를 성취할 기회를 갖는다. 파괴자로서 **의지**는 명칭을 통해서는 아니지만 여기에서도 나타난다. 즉 의지는 '지속하려는 열망', '고수

---

121   *Ibid.*, p. 626.

122   1950년경 쓴 미출간 시.

123   "The Anaximander Fragment", *Arion*, p. 611.

하려는 것', 인간들이 '자신을 고수해야' 하는 과도한 욕망이다. 이러한 측면에서 인간들은 오류보다 더 많은 것을 행한다. "지속함으로써 머무름은 … 순전한 지속을 대신하는 반란이다."[124] 반란은 질서*dikē*에 역행하며, 오류의 영역에 스며드는 '무질서*adikia*'를 잉태한다.

　우리가 무질서란 '비극적'이고 인간이 책임질 수 있는 것이 아니라고 해석할 때 명료해지듯이, 이러한 진술 때문에 우리는 다시 친숙한 영역으로 관심을 돌린다. 확실히, 인간적 실존이 세계 속에 내던져진 후에 자신이 '신세진' 빚이 있기 때문에 그가 무엇을 하거나 범했다고 하더라도 이미 죄책감을 갖고 있다는 통찰력, 그리고 자신의 진정한 자기에 다시 호출하는 어떠한 '양심의 소리'도 더 이상 없다. 그러나《존재와 시간》에서 이 "죄가 있는" 자기가 그의 죽음을 예견함으로써 자신을 구원할 수 있듯이, 여기에서 오류의 현재 영역에 "잠시 머무는" 동안 "오류를 범하는" 현존재는 사유 활동을 통해 부재하는 것에 가담할 수 있다. 여기에서 부재하는 것(지속적인 이탈 상태의 **존재**)이 오류의 영역에서 역사를 가지고 있지 않으며, 사유하는 것과 행위를 하는 것이 일치하지 않는다는 것, 즉 차이는 있다. 행위를 하는 것은 오류를 범하고 빗나가는 것이다. 우리는 역시 어느 특정한 행위와 관계없이 현존재의 일차적 특성으로서 유죄에 대한 초기의 정의가 어떻게 모든 인간 역사의 결정적인 징표로서 '오류'로 대체되어 왔는가를 고려해야 한다. (독일 독자들에게 두 가지 공식적인 표현은 우연하게도 괴테의 주장을 신기하게도 연상시킨다. 즉 "행위에 참여하는 사람은 항상 죄책감을 갖는다*Der Handelnde wird immer schuldig.*"[125] 그리고 "인간은 노력하는 한 실수를 하기 마련이다 *Es irrt der Mensch solang er strebt*"[126])

124　　*Ibid.*, p. 609.

125　　괴테,《격언과 성찰》(Penguin, 1998). (옮긴이)

126　　오해를 피하자. 두 인용문은 아주 잘 알려져 있으며, 이들은 독일어의 일부다. 독일어를 사용하는 사람들은 모두 괴테에 필히 영향을 받지 않은 채 이러한 노선을 따라 자발적으로

따라서 우리는 아낙시만드로스 잠언에 나오는 다음 문장을 이러한 특이한 자기 공명에 첨가시킬 수 있다. "모든 사상가는 존재의 권고에 의존한다. 이러한 의존 정도는 상관없는 영향력으로부터 벗어나는 자유를 결정한다."[127] 하이데거는 이것이 분명 오류를 범하는 인간들이 야기한 사실적인 일상의 사건이라고 생각한다. 우리가 이러한 상응 사례들을 모았을 때, 그것은 우리가 마치 여기에서 하이데거의 기본적 가르침을 단순히 변형시켜 다루고 있는 것같이 보인다.

그것이 그렇다고 하더라도 나의 현재의 해석이 극단적으로 잠정적인 것은 명백하다. 그것은 원래 아낙시만드로스 잠언의 일부였던 미출간 논문의 대체물일 수는 없다. 전반적인 사항은 우리의 현재의 원전에 대한 지식에서 매우 의심스럽다. 창조 자체의 '질서'에 대한 고집스런 저항으로서 (모든 살아 있는 생물에 공통적인) 자기보존 본능에 대한 하이데거의 맹렬한 비판은 이념사에서 아주 희소하기 때문에 나는 내가 의식하고 있는 단지 친숙한 발언만을 여기에서 인용하고 싶다. "하나이며 모든 것*Eins und Alles*"이라는 제목으로 괴테가 1821년경 쓴 시에서 세 가지 잘 알려지지 않은 시구다.

영원한 것은 모든 것에 작동하고 나타난다.
모든 것은 무로 떨어져야 하기 때문에
그것이 **존재**에서 존속하려면.

사유할 것이다. 이 문구는《파우스트》비극 제1부 〈천상의 서곡〉에서 등장인물 주님의 대사이다. 메피스토펠레스가 주님과 내기를 하자고 하면서 파우스트를 유혹할 수 있도록 주님의 허락을 얻을 수 있느냐고 묻는다. 그러자 주님은 다음과 같이 답변한다. "그가 지상에서 살고 있는 한 네게 그것을 금하지 않겠노라. 인간은 노력하는 한 실수를 하기 마련이다."(옮긴이)

127 "The Anaximander Fragment", *Arion*, p. 623.

— 괴테, 〈하나이며 모든 것〉

자유의 심연과 시대의 새로운 질서

나는 매우 일찍부터 이러한 세심한 숙고에서 의지 능력에 대한 비판적 고찰에 나타나는 불가피한 결점에 대해 경고했다. 이 결점은 특정한 주장과 반대 주장을 논의하는 과정에서 오히려 명백하지만 간과하기 쉬운 결점이다. 즉 행위자들은 아니지만 칸트가 말하는 "직업적인 사상가들"의 부류에 속하는 철학자들은 모든 **의지**의 '원리'를 고려하고 명백히 언급했다. 이 철학자들은 이러저러한 방식으로 이론적 삶*bios theōrētikos*을 고수하고 있어서 본질적으로 "세계를 변화시키기보다 오히려 해석하려는" 성향을 더 많이 가지고 있다.

우리는 우리가 조언을 구해왔던 철학자들이나 신학자들 가운데 하필이면 둔스 스코투스만이 자유라는 타고난 재능을 얻기 위해 우연성이란 대가를 치를 준비가 되어 있었다는 것을 알았다. 우리는 새로운 것을 시작하는 데 걸맞은 이러한 정신 능력을 지닌다. 우리는 그런 정신 능력이 그냥 있지 않았어도 괜찮았을 것이라는 점을 안다. 철학자들은 언제나 자유보다 필연성이 더 "마음에 들었다." 그들은 자신들의 업무를 수행하고자 세계의 질서를 단지 묵인함으로써 효과적으로 보장될 수 있는 정신의 평화 *tranquillitas animae*(라이프니츠) — 스피노자의 표현인 자신과의 합의*acquiescentia sibi*에 의존하면서 — 를 필요로 했기 때문이다. 의지의 반사 능력은 사유 활동이 현상세계로부터 이탈하면서 무시했던 자기(신)를 옹호하고 보증한다. 사유가 관찰자의 역할을 수행하기 위해 자기를 대비하듯이, 의지는 이 자기로 "견디는 나"를 형성한다. "견디는 나"는 모든 특수한 의지 활동을 지도한다. 의지는 자기의 품성을 창조한다. 따라서 의지는 인간의 특수한 정체성을 형성하는 근원인 개체화 원리로 종종 이해되었다.

어떻든 **의지**에 의해 형성된 이 개체화는 정확히 자유 개념에 새로운 중대한 난관을 잉태한다. 의지에 의해 형성되고 자신이 본질 자체(신체적 현상이나 재능 및 능력과 달리 품성은 태어나면서 자가 자신에게 주어지지 않음)와 다르다는 것을 의식한 개인은 불확정적인 '그들' — 한 개인으로서 내가 아닌 다른 모든 사람들 — 에 맞서 '나-자신'을 주장한다. 내가 다른 모든 사람들과 분명히 다르고 이들로부터 분리된다는 것이 자유의지에 기인한다는 "감정", 그리고 어느 것이나 어느 누구도 나 자신 이외에 다른 모든 사람을 책임질 수 없다는 "감정"은 유아론적 자유 개념이다. 그런데 이러한 개념보다 더 놀라운 것은 실제로 있을 수 없다. 미래를 위한 기투에 관여하는 의지는 필연성에 대한 신념, 세계의 질서에 대한 묵종을 거부한다. 의지는 이러한 묵종을 자기만족이라 부른다. 어쨌든, 현실 세계는 당위적으로 존재하는 세계가 아니며, 결코 그런 적이 없다. 이러한 주장은 모든 사람에게 명료하지 않은가? 그리고 누가 이 '당위'가 어떠해야 한다는 것을 알고 있거나 이제껏 알고 있던가? '당위'는 이상적이며, 세계 속에 적절한 장소*topos*를 갖고 있지 않다. 우리는 우연성이란 대가로 획득된 자유를 선호하기보다 오히려 필연성에 대한 신뢰, 즉 모든 것이 '과거에 있었던 대로' 있다는 확신을 무한히 더 선호하지 않는가? 이러한 상황에서 자유는 "[인간적 실존, 현존재]가 자기 자신에게로 떠넘겨져 있는 가운데 철저히 혼자 있음*die Verlassenheit in der Überlassenheit an es selbst*"[128]을 특징으로 하는, 전소全燒한 영역에 대한 완곡한 표현같이 보이지 않는가?

의지는 자신에게 되돌아가는 정신 능력*volo me velle, cogito me cogitare*인 한, 앞에서 밝힌 곤경과 걱정을 초래한다. 하이데거의 용어로 표현하면, 즉 실존적으로 말하자면, 인간적 실존이 "자기 자신에게 떠넘겨져" 있다는 사실은 또한 이러한 곤경과 걱정을 초래한다. 그러한 종류의 어느 것도 정신

128　Heidegger, *Sein Und Zeit*, no. 57. 이 문구는 no. 277을 참조할 것(옮긴이).

의 인지 능력인 지성과 진리에 대한 지성의 신뢰를 방해하지 않는다. 인지
능력은 우리의 감각과 같이 자기 자신으로 되돌아가지 않는다. 그 능력은
전적으로 의도적이며, 의도된 대상에 의해 전적으로 흡수된다. 따라서 얼
핏 보면 우리 세기의 위대한 과학자들에게서 자유에 대한 비슷한 편견을 발
견한다는 것은 놀랍다. 우리가 알고 있듯이, 핵물리학뿐만 아니라 천체물
리학 분야에서 과학자들의 증명 가능한 발견이 아인슈타인의 말처럼 표현
하여 우주로 "주사위 놀이를 하는" 하느님이 지배하는 우주에 우리가 살고
있다는 의혹을 야기하거나, 하이젠베르크가 암시하듯이 "우리가 외부세계
로 간주하는 것이 단지 전도된 내부 세계일 수 있다"(루이스 멈퍼드)는 의혹
을 잉태했을 때, 그들은 대단히 불안해했다.

그러한 사유나 추후 사유는 물론 과학적 진술이 아니며, 입증할 수
있는 진리나 시험적 공리를 산출한다고 주장하지 않는다. 이러한 사유의
창시자들은 궁극적으로 진리나 공리를 입증할 전제로 전환하기를 희망할
수 있다. 사유나 추후 사유는 의미 탐구에 의해 촉진된 성찰이며, 그로 인해
사유하는 나의 다른 산물보다 적잖이 사변적이다. 아인슈타인 자신은 훨씬
많이 인용된 주장에서 인지적 진술과 사변적 진술을 아주 명료하게 구별한
다. 즉 "가장 이해하기 어려운 자연의 사실은 자연이 이해 가능하다는 것이
다." 여기에서 우리는 사유하는 내가 자신의 성찰을 통해 인지 활동에 어떻
게 개입하고 이를 중단시키는가를 목격할 수 있다. 사유하는 나는 자신으
로 되돌아가되 과학자가 행하고 있는 것의 근본적인 이해 불가능성을 숙고
함으로써 자신을 과학자의 정상적인 활동과 '어긋나게' 설정한다. 여기에
서 이해 불가능성은 해결될 수 없다고 하더라도 사유할 가치가 있는 수수께
끼로 존재한다.

그러한 성찰들은 다양한 '가설'을 잉태할 수 있다. 이들 가운데 일부
는 검증을 거쳤을 때 결국 지식을 창출하기도 한다. 어쨌든 성찰의 특성과
비중은 성찰 주체가 획득한 인지의 성과에 좌우될 것이다. 더욱이 위대한

근대과학 창시자들(프랑크, 보어, 하이젠베르크, 슈뢰딩거)의 성찰이 "근대과학 토대의 위기*Grundlagenkrise*"를 야기하고 있다는 것은 거의 부정할 수 없으며, "그들의 중심 문제"(인간들이 세계를 인식할 수 있기 위해서는 세계는 어떻게 보여야 하는가?)는 "과학 자체만큼 오래되었지만, 우리는 그 해답을 얻지 못하고 있다."[129]

근대과학은 이 창립자 세대의 발견에 기반을 두고 있으며, 자신들이 행하고 있는 것에 대한 자기성찰은 "토대의 위기"를 야기했다. 단지 자연스러운 것 같은데, 한편으로 자신들의 일반 활동, 다른 한편으로 이에 대한 자신들의 성찰을 구별하는 경계선을 거의 의식하지 못했기 때문에 대답할 수 없는 질문에 대답하는 게 더 쉽다는 것을 발견한, 출중하지 않은 여러 세대의 후손들이 이 창립자 세대를 따랐음에 틀림없다. 나는 지성의 인지 능력을 넘어서 이성의 사유 필요성을 해방시킨 칸트를 계승한 사변적 사유의 요란함, 즉 독일 관념론자들이 의인화한 개념과 과학적 정당성에 대해 제기한 주장 ─ 칸트의 "비판"으로부터 많이 벗어남 ─ 을 도구로 삼아 벌이는 게임에 대해 언급하고 있다.

과학적 진리의 관점에서 볼 때, 관념론자들의 사변은 유사 과학적이었으며, 이제 비슷한 것이 스펙트럼의 반대편 끝에서 진행되고 있다. 유물론자들은 컴퓨터, 인공지능, 자동화의 도움으로 사유 게임을 한다. 그들의 보외법은 관념론자들의 게임과 같은 유령이 아니라 유심론적 강령회의 유령과 같은 물질화를 생산한다. 이러한 유물론적 게임에서 매우 놀라운 것은 그들의 결과가 관념론자들의 개념과 유사하다는 점이다. 따라서 헤겔의 "세계정신"은 최근 거대 컴퓨터의 모델로 구성된 '신경 체계'의 구성에서 자체의 구체화를 발견하고 있다. 루이스 토머스[130]는 "인류의 두뇌가 기능

129   Thomas Kuhn, *The Structure of Scientific Revolutions*, Chicago, 1962, p. 172.

130   *The Lives of a Cell*, New York, 1974.

적으로 융합을 겪고 있는 것같이 보일 정도로"신속하게 사유를 교환하는
거대 두뇌의 형태로 전 세계적인 인간 공동체를 이해하자고 제안한다. '신
경 체계'로서의 인류와 더불어 지구 전체는 행성의 대기라는 "보호막" 아
래 성장하고 있는, "잘 맞물려 있는 부분들의 숨 쉬는 유기체가 … 된다."[131]

이러한 개념들은 과학이나 철학이 아니라 과학적 허구로서 널리 사
용된다. 이것들은 유물론적 성찰과 같은 터무니없는 생각이 관념론적 형
이상학의 어리석은 생각과 아주 동일하다는 것을 보여준다. 이러한 모든
오류들은 유물론적이든 관념론적이든 공통 요소를 지니고 있다. 즉 이것
들은 진보 개념과 그 부수물인 인류라는 증명할 수 없는 실체로부터 역사
적으로 도출되었다는 것 이외에도 똑같은 정서적 기능을 수행한다. 루이
스 토머스의 말에 따르면, 그러한 오류들은 "자기 자신이라는 대단히 귀중
한 개념" — "**자기**는 신기하고 오랫동안 자유로이 의도하며, 자유로이 활
동하고, 자동적이고 독립적이며 격리된 섬이라는 신화" — 을 버린다.[132]
도처에서 우리에게 책망을 하며 제거하라고 요구하는 이 신화의 적절한 명
칭은 **자유**다.

직업적인 사상가들은 철학자든 과학자든 '자유'와 그것의 불가피한
임의성에 기뻐하지 않았으며, 그만두면 좋았을 것을 행할 수 있음, 즉 자발
성이란 의심스러운 선물을 위해 우연성의 대가를 지불하지 않으려고 한다.
그러므로 그들은 일단 제쳐두고, 세계를 해석하거나 인식하는 활동이 아니
라 '세계를 변화시키는' 활동의 바로 그 본성 때문에 자유에 열심히 몰두해
야 하는 행동가들에 관심을 고정하자.

개념적으로 말하자면, 우리는 철학적 자유 개념에서 정치적 자유

1919년 뉴욕에서 태어나 예일대학교 의과대학 학장을 역임했고, 시인, 교육자, 정책자문관
등으로 활동했으며, 1993년에 사망했다. (옮긴이)

131   *Newsweek*, June 24, 1974, p. 89.

132   *Ibid*.

개념으로 관심을 돌린다. 내가 알고 있는 한, 몽테스키외만이 정치적 자유가 더 선명하게 서술될 수 있는 배경으로서 철학적 자유를 사용했을 때 지나가는 말로 그 차이를 언급했다. 그는 "시민의 자유De la liberté du citoyen"라는 제목의 장에서 다음과 같이 말했다. "철학적 자유는 의지의 행사에 있거나 혹은 적어도 (우리가 모든 체계를 고려해야 한다면) 우리가 의지를 행사하는 의견에 있다. 정치적 자유는 안전 또는 적어도 안전하다는 의견에 있다 *La liberté philosophique consiste dans l'exercise de sa volonté, ou du moins [s'il faut parler dans tous les systèmes] dans l'opinion où l'on est que l'on exerce sa volonté. La liberté politique consiste dans la sûreté, ou du moins dans l'opinion que l'on a de sa sûreté.*"[133] 시민의 정치적 자유는 "모든 사람이 가지고 있는 자기 안전에 대한 의견에서 나오는 정신의 평온이며, 정부는 이러한 자유를 소유한 상태에 있기 위해서 한 시민이 다른 사람을 두려워할 수 없는 그러한 것이어야 한다."[134]

철학적 자유, 즉 의지의 자유는 고독한 개개인으로서 정치 공동체 밖에서 사는 사람들에게만 연관된다. 사람들이 시민이 되는 정치 공동체는 법에 의해 형성되고 유지된다. 사람들이 만든 이러한 법은 매우 상이할 수 있고, 온갖 형태의 정부를 형성할 수 있다. 그런데 모든 형태의 정부는 이러저러한 방식으로 자기 시민들의 자유의지를 제약한다. 게다가 하나의 자의적 의지가 모든 사람의 삶을 지배하는 참주정을 제외하고, 모든 형태의 정부는 구성된 시민체를 실제로 작동시키는 행위를 위한 자유 공간을 개방한다. 시민의 행위를 촉진하는 원리는 정부 형태에 따라 다양하다. 그러나 제퍼슨이 정확하게 명명한 바와 같이 그것은 "강력한 원리"[135]이다. 정치적 자유는 "우리가 의지해야 하는 것을 행하는 힘에만 있으며, 우리가 의지할

---

133   *Esprit des Lois*, bk. XII, chap. 2.

134   *Ibid.*, bk. XI, chap. 6.

135   토머스 뉴젠트가 번역한 몽테스키외의 《법의 정신》(1949) 가운데 프란츠 노이만의 서문에서 인용했다.

필요가 없는 것을 행하라고 제약하지 않은 것에만 있을 수 있다*ne peut consister qu'à pouvoir faire ce que l'on doit vouloir et à n'être point contraint de faire ce que l'on ne doit pas vouloir*. "[136]

여기에서 강조점은 분명히 '나는 할 수 있다'는 의미의 힘에 있다. 고대인들이나 몽테스키외가 생각하듯이, 행위자는 명백히 자신이 행하고 싶은 것을 행할 능력을 결여할 때 — 물론 이것이 외적 또는 내적 상황에 기인하더라도 — 더 이상 자유롭다고 할 수 없다. 게다가 몽테스키외에 따르면, 자유롭고 무법적인 개개인을 시민으로 전환시키는 법은 하느님의 10계나 양심의 소리 또는 모든 사람을 똑같이 계몽시키는 이성의 합리적인 빛이 아니라 인위적인 '관계'[137]다. 법이란 사멸적인 인간들의 변화 가능한 업무 — 하느님의 영원성이나 우주의 불멸성과 다른 — 와 연관되기 때문에, 관계는 틀림없이 "인간의 의지가 변화하는 것에 비례하여 발생하며 변화할 수 있는 모든 사건에 영향을 받았다."[138] 몽테스키외는 예수 이전 고대인들이나 18세기 말 미 공화국을 건국했던 사람들과 마찬가지로 '권력'과 '자유'라는 개념을 거의 동의어로 생각했다. 질병이나 지배로 제약받지 않은 채 이동하는 힘, 즉 운동의 자유는 원래 모든 자유 가운데 가장 기본적이고 필수적인 것이었다.

따라서 정치적 자유는 분명히 '나는 의지한다'가 아니라 '나는 할 수 있다'는 특성이라는 점에서 철학적 자유와 다르다. 정치적 자유는 인간 일반이라기보다 시민에 의해 소유되기 때문에, 그것은 함께 살고 있는 다수가 대단히 많은 숫자의 관계 — 법, 관습, 습관 등 — 에 의해 규제되는 말과 행위로 교류하는 공동체에만 존재한다. 달리 말하면, 정치적 자유는 오직

---

136   *Esprit des Lois*, bk. XI, chap. 3.

137   몽테스키외는 그리스 법*nomos*이 아닌 로마 법*lex* 개념을 수용한다. '*nomos*'는 경계, 배제 등의 의미를 지니고 있지만, '*lex*'는 관계의 의미를 지니고 있다.(옮긴이)

138   *Ibid.*, bk. I, chap. 1, bk. XXVI, chaps 1 and 2.

인간적 다원성의 영역에서만 가능하다. 물론 이 영역은 단순히 나와 나 자신의 둘이 복수의 우리We로 확장된 영역은 아니다. 우리가 공통 세계를 변화시키는 데 관여하는 행위는 나와 나 자신 사이의 고독한 대화에서 작동하는 고독한 사유 활동과 가장 예리하게 대립된다. 아리스토텔레스가 언급했듯이 친구가 "다른 자기"인 한, 우리는 예외적으로 유리한 상황에서 그런 대화가 다른 대화로 확장될 수 있다는 것을 보아왔다. 그러나 그런 대화는 진정한 다수의 행위자인 우리에게 도달할 수 없다. 〔진리를 보장하는 것으로서 소통의 중요성을 주장하는 현대 철학자들 — 주로 '나와 당신의 철학(I-thou philosophy)'을 주장하는 칼 야스퍼스와 마틴 부버 — 사이에서 오히려 유행하는 오류는 대화인 "내면적 행위"의 친밀성이 정치 영역에 범례적이고 이 영역에 확장될 수 있다고 믿는 것이다. 나는 이 내면적 행위에서 나 자신 또는 "다른 자기"에 호소하는데, 이 다른 자기를 아리스토텔레스는 친구로, 야스퍼스는 좋아하는 사람으로, 그리고 부버는 당신(Thou)이라고 불렀다〕

우리는 사람들이 함께 사는 곳이면 어디서나 나타나며, 그 일차적 형태는 가족이다. 우리는 여러 가지 다른 방식으로 구성될 수 있으며, 그러한 방식은 모두 궁극적으로 어떤 동의 형태에 기반을 두고 있다. 불복종이 가장 공통적이고 가장 해가 덜한 반대의 양태이듯이, 동의에 대한 복종은 가장 공통된 양태다. 동의는 어떤 인간도 홀로 행동할 수 없으며, 인간들이 세계에서 무엇인가를 하고자 원한다면 공동으로 해야 한다는 인식을 수반한다. 동의를 무시하기로 마음먹고 오만이나 좌절로 혼자 행동하려는 일부의 공동체 구성원들이 없었다면, 그러한 인식이란 진부한 의견이었을 것이다. 이러한 사람들은 자신들이 겨냥하는 최종 목표에 의존하는 참주나 범죄인이다. 그들이 공유하는 것과 그들을 공동체의 다른 구성원과 분리하는 것은 그들이 권력의 대체물로서 폭력 도구의 사용을 신뢰한다는 것이다. 이것은 범죄를 종결한 후 공동체 구성원으로 복귀할 수 있고 그렇게 해야 하는 범죄자의 단기적인 목표 때문에 단지 작동되는 전술이다. 다른 한편

참주는 항상 양의 탈을 쓴 늑대로서 지도부의 정당한 지위를 오로지 찬탈함으로써 오래 견딜 수 있다. 그는 이 때문에 자신의 고집 센 기획을 끝까지 해내고자 후원자들에게 의존한다. 긍정하거나 부정하는 정신의 의지 능력이 지니는 최종적인 실천적 보증은 자살이다. 그런데 정치권력은 의지 능력과 같지 않다. 정치권력은 참주의 지지자들이 테러 — 즉 폭력 사용 — 에 동의하더라도 항상 제한적 권력이다. 그리고 인간적 다원성의 영역에서 권력과 자유가 사실 동의어라면, 이것은 또한 정치적 자유가 항상 제한적인 자유라는 것을 의미한다.

개별적 **자기**는 오직 자신이기 위해서 익명의 '그들', 즉 인간적 다원성과 결별하며, 인간적 다원성은 큰 규모의 많은 단위들로 분리된다. 사람들은 그러한 단위, 즉 한 공동체의 구성원으로서만 행위를 위해 준비를 한다. 이러한 공동체들의 다양함은 대단히 많은 다른 형태와 모습으로 나타난다. 아울러 각각의 공동체는 다른 법에 복종하고, 다른 습관과 관습을 가지고 있으며, 과거의 다른 기억, 즉 전통의 다양함을 존중한다. 몽테스키외가 다음과 같이 주장한 것은 옳았다. 정부 형태(1인 지배, 소수 지배, 가장 훌륭한 사람의 지배, 모든 사람의 지배)에 대한 가장 오래된 구분을 인도하는 분류법이 물론 유감스럽게도 지구상에 함께 살고 있는 인간들의 풍부한 다양성에 적절히 적용되지 않는다는 점 이외에는, 각각의 그러한 실체는 공동체의 행위와 비행을 판단하는 궁극적인 기준 — 공화정의 경우 미덕, 군주정의 경우 명예와 영광, 귀족정의 경우 절제, 참주정의 경우 공포심과 의심 — 으로서 인정되는 다른 촉진 원리에 따라 동의하고 행동했다.

인간적 다원성의 다양한 형태와 모습이 공유하고 있는 유일한 특성은 그들의 기원이란 단순한 사실, 즉 시간상 어떤 순간에 어떤 이유 때문에 인간 집단이 그들 자신을 '우리'로서 생각했음에 틀림없다는 점이다. 인간 집단이 이 '우리'를 처음으로 경험하고 정교하게 표현했다고 하더라도, 그것은 항상 시작을 필요로 하는 것 같으며, 어느 것도 다른 살아 있는 유기체

와 구분되는 인간 종뿐만 아니라 엄청나게 다양한 의심할 나위 없는 인간
사회의 그러한 '태초'만큼 어둠과 신비로 가려진 것은 없는 것 같다.

최근의 생물학적·인류학적·고고학적 발견이 우리와 여전히 더 먼
과거를 분리하는 시간 간격을 확장하는 데 성공했다고 하더라도, 우리는
그러한 발견으로 문제의 잊히지 않는 어둠을 거의 조명하고 있지 못하다.
그리고 어떤 사실적 정보도 다소간 설득력 있는 가설의 당혹스러운 미로
에 여전히 빛을 밝힐 가능성은 없다. 우리의 전반적인 현실적 실존 — 지구
의 창조, 지구상의 유기체적 삶의 발전, 무한한 동물 종으로부터 인간의 진
화 — 이 통계학상 압도적으로 가망성 있는 것과 반대로 나타나고 있기 때
문에, 이러한 가설들은 모두 자체의 설득력과 개연성이 결국 실패의 원인
이 될 수도 있다는 치유 불가능한 의혹을 받아왔다. 우주와 자연에서 현실
적인 모든 것은 한때 '극히' 있을 법하지 않은 것이었다. 우리는 현실의 근
소한 몫을 소비하는 일상 세계에서 우리 이후 시간의 축소를 단지 확신할 수
있다.(시간의 단축은 공간적 거리의 축소 못지않게 결정적이다.) 괴테의 〈3천 년〉
["3천 년의 역사에서 배울 줄 모르는 사람은 / 그날 벌어 그날 먹고 살지라도 / 그대
로 어둠 속에 머물러 있도록 하라(Wer nicht von dreitausend Jahren / Sich weiss Rechenschaft
zu gegen, / Bleib im Dunkel, unerfahren / Mag von Tag zu Tage leben)"]을 단지 몇 십 년
전에 기억하면서, 우리는 고대가 우리 선조와 가깝다기보다 오히려 오늘날
우리와 더 가깝다는 것을 여전히 외쳤다.

인지하지 못함이란 이러한 곤경은 지식에 대한 우리의 욕구에 명백
히 극복할 수 없는 경계 — 예컨대, 우리는 우주의 무한성에 대해 알고 있지
만, 그럼에도 그것을 결코 인식할 수 없을 것이다 — 를 설정하는 인간조건
에 내재된 다른 한계에 부응하여 결코 해결되기 어려울 것이다. 그리고 우
리가 이러한 난관 속에서 행할 수 있는 최선은 우리의 전통에서 이전 세대
들이 신비스러운 '태초'를 파악하도록 도와주는 전설 이야기에 관심을 갖
는 것이다. 나는 어떠한 정부 형태에도 선행하고 정부를 작동시키는 어떤

특정한 원리에도 선행하는 시간과 분명히 연관되는 건국 전설을 생각한다. 어쨌든 그들이 다룬 시간은 인간의 시간이며, 그들이 이야기한 시작은 신의 창조가 아니라 옛날이야기에 대한 상상력 있는 해석을 통해 기억이 도달할 수 있었던 일련의 인위적인 사건이었다.

서양 문명에 존재하는 건국 전설 가운데 하나는 로마 건국 전설이고, 다른 하나는 히브리 건국 전설(플라톤의 《티마이오스》에도 불구하고 고대 그리스에는 견줄 만한 것이 존재하지 않는다)이다. 이 두 전설은 공히 시작의 날짜가 알려져 기록될 수 있었던 이야기로서 과거에 대한 사유를 민족들 사이에서 불러일으켰다는 점을 제외하면 완전히 상이하다. 유대인은 세계 창조의 연도(그때부터 오늘날까지 시간을 계산했다)를 알았고, 로마인은 이번 올림피아 제전에서 다음 올림피아 제전까지의 시간을 계산한 그리스인들과 대조적으로 로마 건국 연도를 알았으며(알고 있다고 믿었으며), 이에 따라 시간을 계산했다. (구성된 공동체에서 이른바 정치 행위를 촉진하는 유명한 원리에 심각하게 대립되는) 두 전설은 '우리'가 식별 가능한 실체로서 구성되는 최상의 행위인 건국의 경우에 행위의 촉진 원리가 자유의 사랑이고, 억압으로부터의 해방이란 소극적 의미와 안정되고 가시적인 실재로서 자유의 확립이란 적극적 의미로 자유의 사랑이라고 주장한다는 이 놀라운 사실은 훨씬 중요하며, 우리 정치사상의 전통에 훨씬 많은 중요한 결과로 충만하다.

해방됨에서 발생하는 자유와 새로운 것을 시작하는 자발성에서 발생하는 자유 사이의 차이 및 연계성은 서양 정치사상의 지침으로 작동해왔던 두 건국 전설에서 모범적으로 표현된다. 우리는 이스라엘 민족을 구성한 모세의 입법 행위에 선행하는, 이스라엘 종족이 이집트로부터 탈출한 성서의 이야기를 알고 있으며, 베르길리우스가 첫 번째 연에서도 자신의 위대한 시의 내용을 규정한 바와 같이 *dum conderet urbem*,[139] 로마 건국으로

139   "··· *multa quoque et bello passus*, **dum conderet urbem**, *inferretque deos Latio, genus unde*

이어진 아이네아스의 방랑에 관한 베르길리우스의 이야기를 알고 있다. 두 전설은 해방 활동, 즉 이집트에서 억압과 노예제로부터의 도피, 불타고 있는 트로이(즉 절멸)로부터의 도피로 시작된다. 두 사례에서 해방 활동은 새로운 자유의 시각에서 언급된다. 새로운 자유란 이집트의 고기 가마보다 더 많은 것을 제공하는 새로운 "약속된 땅"의 정복이며, 트로이 전쟁을 무효화하도록 예정된 전쟁으로 대비케 되는 새로운 도시의 건설이었다. 호메로스가 구성한 사건의 질서는 새로운 도시의 건설로 전도될 수 있었다. 베르길리우스는 호메로스가 확립한 질서를 세심하고 완벽하게 전환했다.[140] 이번에 투르누스로 변장한 아킬레우스("여기에서 역시 당신은 프리아모스와 같은 사람이 자신의 아킬레우스를 발견했다고 말할 것이다")는 도주하며 아이네아스로 위장한 헥토르에 의해 살해당한다. 이야기의 중심에서 '그 모든 고통'의 근원은 역시 여성이며, 이번에 그녀는 간통을 범한 여자가 아니라 신부(라비니아)다. 전쟁의 끝은 승리자에게는 환희, 패배자에게는 완전한 파괴가 아니라 새로운 정치체다. "정복당한 두 민족은 동등한 법 아래 영원히 조약에 참여한다."

분명히 우리가 이러한 전설을 이야기로 이해한다면, 이스라엘 부족이 이집트에서 탈출한 후 사막에서 목적 없이 처절하게 방황하는 것에 관한 이야기, 그리고 아이네아스와 동료 트로이인들의 모험에 관한 경이로울 정도로 다양한 이야기 사이에 다른 세계가 있다. 그러나 자신들의 의도를 인도하는 범례를 위해 고대의 서재를 뒤지는 이후 세대의 행위자들에게 이것

Latinum, Albanique patres, atque altae moenia Romae.(그는 전쟁에서도 많은 고통을 당했으나 마침내 도시를 세우고 라티움 땅으로 신들을 모셨으니, 그에게는 라티니족과 알바의 선조들과 높다란 로마의 성벽들이 생겨났던 것이다.")(옮긴이)

140   다음 자료를 참조할 것. R. W. B. Lewis, "Homer and Virgil—The Double Themes," *Furioso*, Spring, 1950, p. 24. 그러한 저작들(《아이네이스》에서 《일리아드》)에 대한 반복적인 명료한 인용은 병행 방식이 아닌 반전 방식을 나타난다.

은 결정적이지 않았다. 결정적이었던 것은 재앙과 구원, 구질서로부터의
해방과 새로운 자유 사이의 틈새가 있었다는 점이다. 새로운 자유는 "시대
의 새로운 질서*novus ordo saeclorum*"에서 구현되며, 이러한 질서의 형성과 더불
어 세계는 구조적으로 바뀌었다.

전설에서 나타나는 더 이상 아님과 아직 아님 사이의 틈새는 자유
가 해방의 자동적인 결과가 아니며, 구질서의 종말이 필히 새로운 것의 시
작이 아니고, 가장 강력한 시간 연속체 개념이 환상이라는 것을 명백히 보
여주었다. 과도기 — 속박에서 자유로, 재앙에서 구원으로 — 에 관한 이야
기는 더욱더 매력적이었다. 전설은 주로 위대한 지도자들, 즉 정확히 역사
적 시간의 그러한 틈새 기간 동안 역사의 무대에 등장했던 세계사적 의미를
지닌 인물의 행위와 연관되었기 때문이다. 외부 상황에 압박을 받거나 근
본적인 유토피아적 사유의 연쇄로 자극을 받은 채 구질서의 점진적 개혁(그
리고 점진적인 것에 대한 이러한 거부는 완전히 세속화된 지적 엘리트의 첫 번째 세
기인 18세기의 행위자들을 혁명가로 전환시킨 것이었다)으로 세계를 변화시키는
데 만족하지 않은 그러한 사람들은 모두 시간적 계기의 연속적 흐름에서 틈
새의 가능성을 거의 논리적으로 수용하지 않을 수 없었다.

우리는 "일련의 계기적인 사물이나 상태를 자발적으로 시작하는 능
력", 즉 시간 연속체의 단절 불가능한 계기 때문이지만 그럼에도 항상 "선
행하는 계열의 연속체"로 있게 될 "절대적 시작을 다루는" 과정에서 칸트
가 보였던 당혹스러움을 기억한다.[141] 오랫동안 천문학적 의미를 지녔던
'혁명'이란 용어는 18세기 후반 몇 십 년 사이에 전례 없는 사건을 나타내는
용어로 바뀌었다. 이때 혁명이란 용어는 절대적 시작과 연관된 난관을 해
결한 것으로 생각되었다. 프랑스에서 이러한 난관은 달력에 짧은 기간 기
록된 '혁명'으로 이어지기도 했다. 공화국의 선포는 인류 역사의 새로운 시

141   *Critique of Pure Reason*, B478.

작이었다고 1793년 10월에 결론지어졌다. 이 사건은 1792년 9월에 발생했기 때문에, 새로운 달력은 1793년 9월을 두 번째 해의 시작이라고 밝혔다. 시간 속에서 절대적 시작의 '장소'를 지정하려는 이러한 시도는 실패했다. 그 이유는 아마도 새로운 달력에 대한 강력한 반기독교적 경향 때문만은 아니다.(일요일을 포함하여 모든 기독교 휴일은 폐지되었고, 30일 한 달을 10일 단위로 허구적으로 구분하는 방식이 도입되었다. 각 10년의 10번째 날은 나머지 날로서 주별 일요일을 대신하는 것이었다.) 직업적인 역사가들도 거의 기억하지 못할 정도로 1805년경 어느 날 그 용례는 흐지부지 사라졌다.

미국 혁명의 경우에 구질서와 새로운 시대 사이의 시간적 틈새라는 오래된 전설적 개념은 질서 정연한 계기의 시간 연속체와 새로운 것의 자발적 시작 사이의 틈새를 좁히는 "혁명"력보다 훨씬 좋은 것 같다. 실제로, "태초에 모든 세계는 아메리카였다"는 로크의 검증과 같이 오래된 전설의 진리를 드러낸 역사적 범례로서 미국의 부상을 이용하는 것은 매혹적이었을 것이다. 식민지 시대는 예속에서 자유로 전환하는 과도기 — 영국과 구세계를 떠나는 것과 신세계에서 자유를 확립한 것 — 로서 해석되었을 것이다.

전설 이야기와의 유사점은 놀라울 정도로 가깝다. 두 사례에서 건국 행위는 행위와 추방의 고통을 통해서 발생했다. 이것은 출애굽에서 언급된 성서의 이야기에도 타당하다. 약속의 땅 가나안은 원래 유대인의 고향이 아니라 유대인들의 이전 "체류지"(출애굽기 6:4)다. 베르길리우스는 추방이란 주제에 대해 여전히 더 강력하게 주장한다. 즉 아이네아스와 그의 동료들은 "황무지인 멀리 떨어진 추방 장소로 … 내몰렸으며, 한때 트로이였던 … 나라와 안식처를" 떠나면서 눈물을 흘렸던 망명자들은 운명이 우리를 이동시키는지 또는 안식처가 어디에 주어졌는지를 확신하지 못했다.[142]

---

142   *Aeneid*, bk. III, 1~12, in *Virgil's Works*, trans. William C. McDermott, Modern Library,

미국 건국자들은 성서의 고대뿐만 아니라 로마도 잘 알고 있었으며 옛 전설에서 단순한 해방과 실제적인 자유의 결정적 차이를 찾았을 수 있으나, 어디에서도 자신들이 행하고 있었던 것을 설명하기 위한 가능한 기초로서 그 틈새를 이용하지 않았다. 그것에 대한 단순한 사실적 이유가 있었다. 즉 그 땅이 궁극적으로 다수를 위한 '안식처'가 되고 망명자들을 위한 도피처가 될 수 있었다고 하더라도, 그들 자신은 망명자로서가 아니라 식민지 주민으로서 그곳에 정착했다. 영국과의 갈등이 결과적으로 불가피하다고 입증되는 최종 순간까지, 그들은 모국의 정치적 권위를 인정하는 데 어려움을 겪지 않았다. 그들은 부당한 정부에 대한 자신들의 저항의 계기("대표 없이 과세는 없다")가 완전한 '혁명', 정부 형태 자체의 변동, 그리고 그들이 현재 느끼듯 자유인의 땅에서 통치하기 적합한 유일한 정부로서 공화국의 구성으로 그들을 이끌 때까지 영국 신민이 된 것을 자랑스러워했다.

그들이 저항한 순간은 행위자로 활동을 시작했고 혁명가로 변신한 사람들이 베르길리우스의 위대한 시구 "시대의 위대한 질서는 시작 때와 같이 새롭게 (다시) 태어난다*Magnus ab integro saeclorum nascitur ordo*"를 "시대의 새로운 질서*Novus Ordo saeclorum*"로 바꾼 때였다.[143] 우리는 이 새로운 질서를 미국 지폐에서 여전히 확인한다. 건국 선조들의 경우 그러한 어형 바꿈은 정치체를 최초의 완전한 상태로 개혁하고 복구시키려는('로마를 새로이' 건설하려는) 노력이 전적으로 새로운 것 — 일종의 '새로운 로마'를 건설하는 것 — 을 구성하는 전적으로 예기치 않은 매우 다른 임무로 이어졌다는 사실의 수용을 함축했다.

세계를 바꾸고 싶어 했던 사람들인 행위자들은 그러한 변화가 시대

New York, 1950, p. 44.

143   The Fourth Eclogue.

의 새로운 질서, 즉 예기치 못했던 것의 시작을 실제로 요구할 수도 있다는 것을 자각했다. 이때 그들은 도움을 얻고자 역사를 주시하기 시작했다. 그들은 '모세 5경'[144]이나 《아이네이스》와 같은 그러한 사유-사물을 다시 사유하기 시작했다. 시작의 속성 자체가 자체 내에 완전히 자의적인 요소를 지니고 있기 때문에, 건국 전설들은 시작 문제를 어떻게 해결하는가를 행위자들에게 말해줄 수도 있었다. 행위자들은 이제야 자유의 심연에 직면했다. 그리고 그들은 행해졌을 어떤 것이든 이제 미완의 상태로 있었어도 괜찮았으리라는 것을 알았고, 그들은 또한 일단 무엇인가가 행해지면 그것을 무효화할 수 없다는 것뿐만 아니라 이야기를 말하는 인간의 기억이 파괴뿐만 아니라 회개에도 존속하리라는 것도 명료하고 정확하게 믿었다.

시작 문제는 행위 영역에만 적용된다. 행위 영역은 "인간들이 구성한 하나 속의 다수many-in-one",[145] 즉 공동체다. "우리"는 이 공동체에서 역사적 시간여행을 위해 제대로 구성된다. 해방과 자유 확립 사이의 틈새에서 전개되는 건국 전설들은 해답을 제시하지 않은 채 문제를 제안한다. 건국 전설들은 신뢰할 수 있는 인과 연쇄로 설명될 수 없고 아리스토텔레스의 가능태와 현실태라는 범주로 설명될 수 없는 어떤 행위 이전에 펼쳐지는 무의 심연을 암시한다. 정상적인 시간 연속체에서 모든 결과는 즉시 미래 사태의 원인으로 바뀐다. 그러나 인과론적 고리가 단절되었을 때, "행위를 개시하는 사람"이 고수할 아무것도 없다. 해방은 자유의 필요조건conditio sine qua non일 수 있지만 결코 자유를 촉진하는 충분조건conditio per quam은 아니기 때문에, 해방이 성취된 이후에 미래 사태의 원인은 발생한다. 무에서의 창

---

144   구약성서의 맨 앞의 5권, 즉 창세기, 출애굽기, 레위기, 민수기, 신명기를 말한다.(옮긴이)

145   나는 공동체를 위한 이 적절한 용어를 상당히 교훈적인 논문 〈근대 유럽 국가의 성격〉에서 인용했다. Michael Oakeshott, *On Human Conduct*, Oxford, 1975, p. 199. 이 표현은 다음 문구에 나타난다. "중세 말에 인간이 구성한 모든 하나 속의 다수는 '*societas*'나 '*universitas*' 의 관점에서만 법적으로 이해되었다."(옮긴이)

조*creatio ex nihilo*인 절대적 시작에 관한 사유는 오늘날 당연히 "사유할 수 없는 것을 사유한다"와 관련된 절대적 종말에 관한 사유 못지않게 시간성의 계기를 폐지한다.

우리는 이러한 난관을 극복한 히브리 해결책을 알고 있다. 히브리 해결책은 우주와 함께 시간을 창조하고 입법가로서 당신의 창조물 외부에 존재하며, 영원에서 영원으로 "스스로 있는 분", 유일자로서 시간 밖에 있는('여호와'의 직역은 '스스로 있는 자(I am who I am)'이다) 창조주 하느님을 상정한다. 시간적 피조물인 인간이 구성한 이 영원 개념은 시간성의 절대자다. 시간의 법칙에 종속되지 않고 유일성에 의해서 당연히 관련이 없는 외부 관찰자에게는 나타나듯이, 시간이 "면제된" — 자신의 관계성으로부터 해방된 — 시간일 때, 시간을 결여한 것은 영원 개념이다. 우주와 그 안에 있는 모든 것이 이 절대적인 유일성의 영역으로 소급될 수 있는 한, 유일성은 시간적 인간들의 추론을 넘어설 수 있으나, 여전히 일종의 합리성 근거를 지닌 중요한 것에 뿌리를 두고 있다. 유일성은 실존적으로 설명할 수 없는 것을 설명할 수 있으며, 그에 대한 논리적 설명을 제시한다. 그리고 시간 연속체, 연대기적 시간의 계기를 방해하는 독립적인 새로운 사건이 존재하는 곳보다 설명의 필요성이 더 강력한 곳은 없다.

이것은 너무나 '사리에 밝아' 히브리-기독교 창조주 하느님을 여전히 믿을 수 없는 '계몽된' 사람들이 "시대의 새로운 질서"의 시작으로서 건국 문제를 다루어야 했을 때 거의 만장일치로 의사종교적 언어에 관심을 돌렸던 이유인 것 같다. 우리는 "하늘에 있는 하느님에게 호소를" 한다. 로크는 "자연 상태"에서 출현한 공동체의 새로운 일에 착수했던 모든 사람을 위해 이러한 호소가 필요하다고 생각했다. 우리는 제퍼슨의 "자연의 법칙과 자연의 하느님", 존 애덤스의 "우주의 위대한 입법가", 로베스피에르의 "불멸의 입법가", "최고 존재"에 대한 그의 숭배를 알고 있다.

그들의 설명은 분명히 비유로 이루어진다. 하느님이 "태초에 하늘

과 땅을 창조하고 창조물 밖에 있으며 창조물에 앞서 있는 것과 같이, 인간
인 입법가 — 하느님 자신의 형상으로 만들었고, 그로 인해 하느님을 모방
할 수 있는 — 는 인간 공동체의 기초를 마련할 때 모든 미래의 정치적 삶과
역사 발전을 위한 조건을 창조한다.

확실히 그리스인들이나 로마인들은 창조주 하느님에 대해 어떤 것
도 알지 못했지만, 하느님의 유일성은 절대적 시작을 위한 범례적인 상징
으로서 기여할 수 있었다. 그러나 로마의 건국으로부터 역사의 날짜를 계
산하는 로마인들은 적어도 753년에 그들의 활동 자체의 성격이 초현세적
원리를 요구한다는 것을 의식했던 것 같다. 그렇지 않았다면 키케로는 "새
로운 공동체를 건설하고 이미 건설된 공동체를 보존할 때만큼 인간적 탁월
성이 신의 경로에 그렇게 가까이 접근할 수 있는 곳은 어디에도 없다"[146]고
주장할 수 없었다. 그리스인들로부터 철학을 배운 키케로나 그리스인들의
경우에 건국자들은 신은 아니지만 성스러운 사람들이었다. 그들의 행위가
드러내는 위대성은 권위의 샘이 된 법을 확립하고, 인간들에 의해 제정된
모든 실정법과 법령을 평가할 수 있고 이것들의 정당성을 끌어낼 수 있는
불변의 기준을 확립하는 것이었다.

종교적 신념이 새로운 법의 권위와 마찬가지로 연관되어 있었다면
계몽주의 시대 중반에 종교적 신념을 상기시키는 것이 충분했을지도 모른
다. 그리고 우리가 독립선언서나 미국 헌법에서 사유에 관한 인용을 발견
하지 못했다고 하더라도, "보상과 처벌의 미래 상태"에 대한 명료한 언급
을 발견하는 것은 실제로 굉장히 매력적이다. 실제로 교회로부터 세속적
영역의 동시대적 해방으로 생존할 수 없었던 신념을 고수하려는 그러한 필
사적 시도의 동기는 전적으로 실용적이고 상당히 실천적이다. 로베스피
에르는 1794년 5월 7일 국민공회에서 최고의 **존재**와 영혼의 불멸성에 관

---

146   *De Republica*, I, 7.

한 연설을 하면서 다음과 같이 질문한다. "여러분은 사람들에게 어쩔 수 없
는 힘이 그들의 운명을 관장한다고 믿도록 설득하는 과정에서, 범죄와 미
덕을 임의로 만나는 과정에서 어떤 장점을 볼 것인가?*Quel avantage trouves-
tu à persuader l'homme qu'une force aveugle préside à ses destins, et frappe au hasard le crime et la
vertu?*" 존 애덤스는 《다빌라에 대한 강연*Discourses on Davila*》[147]에서 묘하게도
동일한 수사학적 방식으로 말한다. "인간들이란 단지 개똥벌레이고, 이 모
든 게 선조도 없다는 주장, 즉 모든 신념 가운데 가장 암담한 것 … 이것은
물떼새를 총으로 쏘아 죽이듯이 살해 자체를 무관심한 것으로, 치즈 조각
위에 있는 치즈벌레 삼키듯이 로힐라족의 절멸을 무고한 것으로 삼는 것이
다."[148]

간단히 말하면, 우리가 여기에서 발견하는 것은 히브리-기독교 신
앙이 아니라 세속 정부의 입장에서 중세 공동체를 범죄로부터 보호하는 데
매우 효과적이었던 정치적 지배 도구를 유지하려는 단명한 노력이다. 돌이
켜 생각하면, 계몽에 이르는 불안정한 길을 따르지 말라고 다수를 설득하
는 것은 교육받은 소수의 계략적인 장치로 보일 수 있다. 어쨌든, 그러한 시
도는 전적으로 실패했고(우리 세기 초에 실제로 "보상과 처벌의 미래 상태"를 여
전히 믿는 소수만이 남았다), 아마도 실패할 운명에 있었다. 그럼에도 신념의

---

147 1790년과 1791년 익명으로 출간된 일련의 논문 모음집이다. 이 책은 이탈리아 역사가 다빌
     라가 16세기 프랑스 종교전쟁을 설명한 저서의 번역본이었으나, 애덤스는 이후 이 번역본
     을 다빌라에 대한 논평으로 바꾸었다. 애덤스는 프랑스 역사에 대한 논평에서 혼합정부와
     버크의 전통주의를 옹호했다.(옮긴이)

148 *Oeuvres*, ed. Lapponneraye, 1840, vol. III, p. 623 ; *The Works of John Adams*, ed. Charles
     Francis Adams, Boston, 1850~1856, vol. VI, 1851, p. 281.
     로힐라*Rohilla*라는 말은 산*Roh*에서 유래했고, 문자 그대로 산바람을 의미한다. 로 지역은 파
     키스탄 페샤와르 인근의 지명이다. 로힐라족이 지배하는 로힐칸트는 갠지스강 상류와 히말
     라야 사이에 끼어 남동으로 아우드에 접해 있는 평야다. 1774년 영국·아우드 연합군의 공
     격으로 로힐라 전쟁이 발생했고, 이때 2만 명의 로힐라족이 잔학과 약탈 행위로 희생되었으
     며, 국토는 아우드에 병합되었다.(옮긴이)

상실과 상당한 정도의 공포에 질린 죽음에 대한 두려움의 상실은 범죄성이 우리 세기에 확인되고 있는 수준 높은 문명 공동체의 정치적 삶에 대규모적으로 침투하는 데 확실히 기여하고 있다. 완전히 세속화된 공동체의 법체계와 관련하여 묘하게 내재된 무력함이 있다. 공동체의 사형제도는 모든 인간이 겪게 되는 운명에 날짜를 지정하고 운명을 단기에 종결시킬 뿐이다.

어쨌든, 해방 과정의 바로 그 계기에 자극을 받은 행위자들이 성서에 관심을 갖는 대신에 전적으로 새로운 시작, 즉 새로운 질서를 진지하게 대비하기 시작하는 어디에서나 그들은 공화국, 즉 "인치가 아닌 법치" 정부(해링턴)를 확립하는 과정에서 그들을 인도하는 '고대인의 신중함'을 찾고자 고대 로마의 서고를 샅샅이 뒤졌다. 그들은 새로운 정부 형태에 대한 인식뿐만 아니라 모든 시작에 내재된 난관을 어떻게 극복하는가라는 건국 기술의 교훈을 필요로 했다. 그들은 물론 자유로운 행위의 당황스러운 자발성을 아주 잘 의식했다. 그들은 다음의 사항을 잘 알았다. 행위가 그것에 선행하는 어떤 것에 영향을 받거나 촉발되지 않는다면, 행위는 오로지 자유롭다고 할 수 있다. 게다가 행위가 수반되는 모든 것의 원인으로 즉시 바뀌는 한, 행위는 성공할 수 있으려면 선행하는 일련의 연속적인 것으로서 자신을 보여야 할, 즉 자유와 새로운 것이란 경험 자체를 취소해야 할 타당한 이유를 요구한다.

그리고 고대 로마가 이러한 측면에서 그들을 가르쳐야 했던 것은 분명히 안심이 되고 위안이 되었다. 우리는 로마인들이 왜 기원전 3세기나 아마도 그보다 더 일찍이 그들의 혈통을 로물루스가 아니라 "일리움과 정복당한 가정의 신들을 이탈리아로" 가져왔고 이에 따라 "로마 인종의 원천"이 된 트로이 사람, 즉 아이네아스로부터 추적하기로 결정했는지 알지 못한다. 이 사실은 명백히 베르길리우스와 아우구스티누스 시대 사람들뿐만 아니라 마키아벨리로부터 시작하여 초월적인 하느님의 도움 없이도 인간사를 수행하는 법을 배우기 위해 로마 고대로 거슬러 올라갔던 사람들에게 대단히 중요했다. 행위자들이 로마 고대의 공적인 기록에서 배우고 있었던 것은 아주 신기하지만 로마제국과 기독교의 명백한 승리 이후에도 서양 문명이 친숙했던 현상의 원래 요지였다.

결코 새롭지 않지만, 15세기와 16세기부터 재탄생 또는 부흥이란 현상은 유럽의 문화 발전을 특징 지었으며, 로마의 약탈과 카롤링거 왕조의 부활 사이 실제로 '암흑시대'였던 몇 세기를 중단시켰던 일련의 전반적인 소규모적 부흥 이후 나타났다. 이러한 재탄생은 각기 문예부흥에 있으며, 고대 로마, 그리고 다소 비중은 적으나 고대 그리스를 중심으로 하고 있다. 그런데 이러한 재탄생은 수도원 내외의 교육받은 엘리트의 제한된 환경만을 변화시키고 부흥시켰다. 계몽주의 시대, 즉 이제 완전히 세속화된 세계에 이르러서 고대의 부활은 학식의 문제가 아니라 고도로 실천적인 정치적 목적에 부응했다. 그러한 목적을 실현한 유일한 선구자는 외로운 사람, 즉 마키아벨리였다.

행위자들이 해결하라고 요청을 받았던 문제는 건국 임무에 내재된 난관이었다. 성공적인 건국의 범례는 그들에게는 반드시 로마였기 때문에, 로마인들이 스스로 이해했듯이 로마의 건국도 전적으로 새로운 시작이 아니라는 것을 발견하는 것은 행위자들에게 대단히 중요했다. 베르길리우스에 따르면, 로마에 선행한 것은 트로이의 재건이고 도시국가의 재형성이었다. 시간 연속체 자체와 기억 능력(미래를 위한 기획을 형성하는 능력만큼 시간적 피조물에 속하는 것 같은 생득적인 잊지 않음)의 필요 요건인 연속성과 전통의 실마리는 결코 단절되지 않았다. 이러한 관점에서 보면, 로마의 건국은 트로이의 재탄생, 즉 유럽 문화와 문명의 역사를 형성해온 일련의 재탄생 가운데 첫 번째였다.

우리는 시작이 재형성이라는 관점에서 절대적 시작으로서 신비 속에 영원히 가려져 있는 헌법과 건국을 해석하는 것이 국가에 대한 로마의 견해에 얼마나 중요한가를 이해하기 위해 베르길리우스의 가장 유명한 정치 시, 네 번째 전원시를 환기할 필요가 있다. 아우구스티누스의 치세에 (모든 근대 표준 언어 번역은 베르길리우스의 위대한 시구, *Magnus ab integro saeclorum nascitur ordo*를 표현하듯이) "시대의 위대한 질서가 시작 때와 같이 새롭게 다시 태어난다면," 그것은 이 '시대의 질서'가 새롭지 않고 단지 선행한 것의 복귀이기 때문이다. 《아이네이스》에서 이러한 재탄생을 시작하기로 되어 있는 아우구스티누스에게 다음과 같은 약속이 주어진다. 즉 그는 더욱더 뒤로 거슬러 가는 길을 인도할 것이며, "트로이 사람들이 도착하기 이전 이탈리아 땅, 한때 사투르누스의 영역이었던 들판 위에 라티움의 황금시대를 다시 확립할 것이다."[149]

어쨌든, 제4 전원시에서 환기된 질서는 이전의 시작으로 거슬러 올라간다. 즉 "이제 정의의 여신Maid이 돌아온다, 사투르누스의 치세가 돌아온다." 그럼에도 현재 살고 있는 사람들의 관점에서 볼 때 되돌아가는 길은 진정한 시작이다. 즉 "이제 새로운 세대가 하늘에서 내려온다."[150] 이 시는 분명히 출생송이며, 어린이의 탄생과 새로운 세대*nova progenies*의 도착을 찬양하는 시다. 이 시는 오랫동안 구원의 신*theos sōtēr*을 통한 구원에 대한 예언으로, 또는 기독교 이전 어떤 종교적 열망의 표현으로 잘못 이해되었다. 그러나 그 시는 신성한 어린이의 도착을 예측하기는커녕 출생 자체의 신성에 대한 긍정이다. 우리가 그것으로부터 일반적 의미를 도출하고 싶다면, 이것은 인간 종이 스스로 영구적이고 영원히 재탄생한다는 바로 그 사실에 세계의 잠재적 구원이 있다는 시인의 신념일 뿐이다. 그러나 그 의미는 명료치 않다. 시인 자신이 말하는 모든 것은 모든 로마 소년들이 행하기로 되어

---

149   VI, 790~794.

150   The Fourth Eclogue. 이하의 시연은 다음과 같다. "정결한 루시나 당신은 오로지 어린이 탄생으로 미소 지으며, 철의 종족은 처음으로 사라질 것이며, 황금 인종이 세계에서 등장한다! 당신 자신의 아폴로는 왕이다!"(옮긴이)

있는 것을 행할 수 있도록 — "선조들의 미덕이 평화롭게 설정한 세계를 지
배하도록" 도울 수 있도록 — 로마 역사의 연속성 속에 태어난 모든 어린이
들이 "영웅들의 명예와 선조들의 행적*heroum laudes et facta parentis*"을 배워야
한다는 점이다.[151]

우리의 맥락에서 중요한 것은 로마 건설 이래*ab urbe condita* 시간을 계
산하는 건국 개념이 꽤 심오한 로마의 개념과 더불어 로마 역사서지학의 바
로 중심에 있다는 것이다. 이러한 개념에 따르면, 그러한 모든 건국 — 인간
들이 말하고 기억하며 보존할 이야기를 수행하는 인간사에서 전적으로 발
생하고 있는 — 은 절대적 시작이 아니라 재창설과 재구성이다.

우리가 농사일, "땅과 가축과 나무의 돌봄", 해가 비슷한 길을 따라
되돌아올 때에도 복귀한 "농부들의 반복적인 노역"의 배려에 부여된 "조용
한 세속사"를 찬양한 네 편의 시를 수록한 《농경시》와 더불어 베르길리우
스의 《아이네이스》 — 로마 도시 건설에 관한 이야기 — 를 읽는다면, 이것
은 아주 명료해진다. "로마는 흔들리지 않은 채 유지되고 수많은 후손들의
후손들보다 오래 존속되고, 수많은 세대의 세월이 지나가는 것을 목격했
다." 이 땅은 "인간들 가운데 강력한 사람인 사투르누스의 땅", 즉 로마 이
전의 이탈리아다. 그 땅에 살면서 나라의 신들인 "목신牧神: *Pan*, 연로한 숲
의 신, 님프 자매"를 알면서 "물줄기와 숲"에 대한 사랑에 항상 충실한 사
람은 "명성을 잃는다." "인민의 권좌나 왕의 가문도 그의 마음을 흔들지 못
하고 ⋯ 로마 국가나 영역도 쇠퇴할 운명에 있지 않다. 그는 가난한 자의 연
민이나 부자의 시기로 고통을 겪지 않는다. 그는 자비로운 들판이 자신들

---

151   이 주제에 대한 엄청난 문헌이 존재한다. 다음 자료는 아주 교훈적이다. *Die Aeneis und
Homer* by Georg Nikolaus Knauer, Göttingen, 1964. 베르길리우스의 호메로스에 대한 이
해는 내가 보기에 로마인들에게 강요된 특별히 로마적인 사유 형식에 의해 개인의 의무로
강요된 것처럼 보이고, 과거로부터 이어져온 표상을 따라서 앞으로 다가올 미래를 위한 오
늘날의 실천을 통해 한 가정과 국가의 명예와 영광을 보호하는 것처럼 보인다.

의 자유의지로 맺은 결실을 모으고, 정의의 철칙이나 터무니없는 포럼과 인민의 공적기록 보관소를 찾지 않는다.""성스러운 순수성을 지닌" 이러한 삶은 "사투르누스가 지구에서 영위한 황금의 삶이며", 한 가지 난관은 경이로 가득 차고 식물과 짐승들이 풍요로운 이 세계에 "다양한 형태의 이야기, 간직할 이름을 지닌 이야기가 없으며, 생각할 가치가 있는 이야기는 진정 없었다는 점이다. 누구든 그것을 알 것이며, 리비아 평원의 서풍으로 얼마나 많은 모래 회오리가 부는가를 … 그에게 배우게 하거나 얼마나 많은 파도가 이오니아 바다를 지나 해안가로 오는가를 … 생각하게 하자."[152]

로마 이전과 트로이 이전 세계의 반복되는 몇 해는 말을 할 가치가 있는 이야기를 생산하지는 않지만 동시에 사람들을 기쁘게 하는 온갖 자연의 경이를 생산한다. 이 세계의 기원을 노래하는 사람들, 베르길리우스 저작 가운데 (《농경시》 제6권이나 《아이네이스》 제1권에서) "사투르누스의 영역"과 창조 신화를 찬양하는 사람들은 동화 속에 나오는 대지를 찬미하고 있다. 그런데 그들 자신은 주변적인 인물들이다. 디도Dido 여왕의 연회에 참석한 "긴 머리의" 시인 실레누스는 어제 마신 술로 여전히 찌들어 있으면서" 다음과 같은 옛날이야기로 젊고 놀기 좋아하는 청중들을 기쁘게 한다. "배회하는 달과 태양의 노고, 인류와 야수는 어디에서 나오는가? 물과 불은 어디에서",[153] "거대한 빈 공간 도처에서 지구, 공기와 바다, 게다가 유동적인 불의 근원은 어떻게 모아지는가? 사물들의 시작과 신생 구형의 세계가 이 모든 것들로부터 어떻게 함께 성장하는가?"[154]

여전히 이것은 결정적이다. 역사 밖에 있는 이 이상적인 동화의 땅은 자연의 불멸성 속에서 영원하며 존속한다. 토지와 가축 떼를 돌보는 농

---

152   《농경시》 제2권.(옮긴이)

153   베르길리우스,《아이네이스》 제1권 740~743.(옮긴이)

154   베르길리우스,《농경시》 제6권.(옮긴이)

부와 양치기들은 여전히 로마-트로이 역사 한가운데에서 옛 이탈리아의
증거가 되고 있는데, 이때 원주민은 "어떠한 법에 의해서도 구속되지 않은
채 자신들의 자유의지를 지니고 옛날의 신의 관습을 유지하는 사투르누스
의 족속이었다."[155] 따라서 로마인의 야망은 "민족을 통치하고 평화의 법을
명할*regere imperio populos ··· pacisque imponere morem*"[156] 책임을 지지 않았으며, 로
마인의 도덕은 "패배한 자들에게는 관대하고 교만한 자들은 전쟁으로 분쇄
하는 게*parcere suiectis et debellare superbos*"[157] 필요하지 않았다.

　나는 몇 가지 이유 때문에 베르길리우스의 시를 좀 길게 논했다. 요
약하자. 사람들은 교회의 보호로부터 벗어났을 때 고대에 관심을 가졌으
며, 세속화된 세계에서 그들의 첫 조치를 고대 교육의 부활을 통해 인도했
다. 그들은 건국의 수수께끼 — 불변의 시간 연속체에서 시간을 어떻게 다
시 시작하는가 — 에 직면하자 자연스럽게 로마 건국 이야기에 관심을 가졌
으며, 서양 역사의 이러한 출발점이 이미 트로이의 부활, 재생이었다는 것
을 베르길리우스로부터 배웠다. 그것은 일종의 "새로운 로마"를 건국한다
는 희망이 환상이었다는 것을 단지 그들에게 말할 수 있었다. 그들이 희망
할 수 있었던 것은 최초의 건국을 반복하고 '로마를 새로이' 건국하는 것이
었다. 자연의 순환적 영원성은 시간의 전진, 역사의 수직적·단선적 방향으
로부터 도피처 — 사람들이 시민의 신분의 분주함(정의상 *nec-otium*)으로 피
로를 느낄 때 찾는 여가의 장소 — 를 제공할 수 있었으나, 자연 자체의 기
원은 행위의 영역을 넘어서기 때문에 관심의 대상이 아니었다.
　확실히, 미래 세계의 전반적인 구조 변화와 새로운 질서의 창조를

155　　*Aeneid*, bk. VII, 206.

156　　베르길리우스, 《아이네이스》 제6권, 853.(옮긴이)

157　　*Ibid.*, 852~853.(옮긴이)

유일한 의도와 목적으로 삼았던 행위자들이 고대의 먼 과거로 가야 한다는 사실에는 당혹스러운 점이 있다. 왜냐하면 그들은 "시간의 축을 일부러 〔뒤엎지〕 않았으며 고대의 과거가 진정한 미래이기 때문에 '과거의 빛으로 걸어서 들어가라고'(페트라르카) 젊은이들에게 주문하지 않았기 때문이다."[158] 그들은 자신들의 '계몽된' 시대에 새로운 정부 형태의 범례를 찾았으며, 자신들이 뒤를 주시하고 있다는 사실을 거의 의식하지 못했다. 내 생각에 그들이 구원이란 항상 과거에서 나타나며, 조상들이 정의상 위대한 조상 *maiores*이었다는 게 "고대적 사리분별"에 대한 최종적이고 확실히 심오한 로마식의 해답이라는 것을 발견했을 때, 고대에 저항하지 않았다는 것은 고대의 서재를 실제로 뒤졌다는 것보다 더 당혹스럽다.

이외에도 진보가 역사의 운동을 설명하는 지배적인 개념이 되었던 시기에, 일종의 최초의 황금시대를 상기시키는 미래 — 정확히 최종적인 구원으로 충만한 미래 — 의 개념이 인기를 얻게 되었다는 것은 놀랍다. 그리고 바로 그러한 오랜 꿈의 회복력을 보여주는 가장 놀라운 예는 물론 '원시 공산주의'에서 예시된 계급 없고 전쟁 없는 자유 영역에 대한 마르크스의 상상인데, 이 자유 영역은 어떤 법도 인간을 정의에 예속시키지 않았던 시대, 사투르누스의 이탈리아 토착인 통치 시대와 외형상 유사성을 많이 지니고 있다. 역사의 시작으로서 최초의 고대적 형태에서 황금시대는 우울한 생각이다. 몇 천 년 전 우리의 선조들은 진보에 도취한 19세기 한가운데에서 엔트로피 원리의 궁극적인 발견 — 도전받지 않았다면 행위에서 모든 의미를 박탈했을 발견 — 의 전조를 가진 것 같다.[159] 19세기와 20세기 혁

---

158 다음 문헌에서 인용했다. George Steiner, *After Babel*, New York and London, 1975, p. 132.

159 열역학 제2의 법칙을 밝힌 독일의 수학물리학자 클라우지우스(1822~1888)는 엔트로피 개념(싱징 Ø로 표현되는 열역학 체계에서 유용한 활동에 이용 불가능한 에너지)를 도입했다. 그는 우주의 엔트로피가 지속적으로 증대한다고 가정함으로써 우주에 있는 모든 것이 동일한 온도에 도달할 때 엔트로피가 열역학적 死를 종식시킨다고 예측했다. *Columbia Encyclopedia*, 3rd

명을 만들어낸 사람들에게 엔트로피 원리를 실제로 없앴던 것은 엥겔스의
'과학적' 논박이라기보다 오히려 시작의 전 역사적prehistoric 순수함이 최종
적으로 복귀하리라는, 그리스도의 재림 못지않게 성공적인 곳에서 마르크
스의 순환적 시간 개념으로의 전환 — 그리고 물론 니체의 전환 역시 — 이
었다.

　　그러나 이것은 여기에서 우리의 관심사가 아니다. 우리가 행위자들
에게서 정신 활동의 반사성 — 의지하는 나 자신에게로 불가피하게 되돌아
감 — 으로 인간 정신에 야기된 당혹감을 축출하는 자유 개념의 발견을 희
망하면서 행위자들에게 관심을 돌렸을 때, 우리는 우리가 최종적으로 성취
한 것 이상을 희망했다. 건국 전설에서 해방과 자유의 확립 사이의 틈새를
줄이는 순수한 자발성의 심연은 옛것의 개선된 재천명으로서 새로운 것을
이해하는 서양의 전통(자유는 항상 모든 정치의 존재 이유였다)에 전형적인 장
치로 가려졌다. 원래의 온전함을 유지하는 자유는 어쨌든 마르크스의 견해
에서 실제로 "모든 사물의 종말", 특별히 인간적인 모든 활동이 고사하는
영구적인 평화를 형성하는 최종적인 '자유 영역'의 유토피아적이고 근거
없는 약속에서만 정치이론(즉 정치 행위의 목적으로 고려된 이론)에 존속했다.

　　분명히 그러한 결론에 도달하는 것은 불만스럽지만, 나는 우리의
전체 사상사에서 그것에 대한 유일한 대안에 대해 알고 있다. 헤겔이 믿었
던 바와 같이, 철학자의 임무가 이성의 모든 징후 가운데 가장 파악하기 어
려운 것, 즉 이성 개념의 망에서 한 시대의 정신을 파악하는 것이라면, 5세
기 기독교 철학자인 아우구스티누스는 로마인들에게 정말 유일한 철학자
였다. 그는 《신의 도성》이란 위대한 저작에서 로마인이나 베르길리우스 정
치철학의 존재론적 기반이 될 수 있었던 것을 언급했으나 설명하지는 않았
다. 우리가 알고 있듯이, 그는 신은 인간을 시간적 존재homo temporalis로 창조

ed.

했다고 말했다. 시간과 인간은 동시에 창조되었으며, 이 시간성은 각 인간이 종의 증식뿐만 아니라 탄생, 즉 완전히 새로운 존재로서 세계의 시간 연속체 한가운데에 나타나는 새로운 피조물의 등장 덕택에 삶을 영위한다는 사실을 통해 확인된다. 인간을 창조한 목적은 새로운 시작을 가능케 하는 것이었다. "시작이 있었고 인간은 창조되었으며, 그 이전에는 아무도 없었다*Initium … ergo ut esset, creatus est homo, ante quem nullus fuit.*"[160] 시작 능력은 탄생성에 뿌리를 두고 있지 결코 창조성에 뿌리를 두고 있지 않으며, 재능에 있는 게 아니라 새로운 인간들이 반복하여 출생한 덕택에 세상에 출현한다는 사실에 뿌리를 두고 있다.

나는 아우구스티누스의 견해에서도 그 주장이 약간 모호하다는 것을 의식했으며, 우리가 자유를 좋아하든 그 자의성을 혐오하든 자유를 기뻐하든 숙명론의 어떤 형태를 선택함으로써 엄청난 책임을 회피하고자 선택하든 태어난 덕분에 자유로운 운명에 있다고 말하고 있는 것 같다고 의식했다. 그렇다면 이 난관은 다른 정신 능력, 즉 시작 능력 못지않게 신비로운 능력인 판단 능력에 대한 호소를 통한 경우를 제외하고 열리거나 해결될 수 없다. 적어도 판단 능력에 대한 분석은 우리의 쾌와 불쾌에 포함된 것을 우리에게 말할 수 있을 것이다.

편집자 발문

한나 아렌트는 1975년 12월 4일 갑작스럽게 죽음을 맞이했다. 그날은 목요일 저녁으로, 그녀는 친구들을 대접하던 중이었다. 그녀는 그 전주 토요일에《정신의 삶》2권인《의지》원고를 마무리했다. 이 책의 선구적 저작인《인간의 조건》은 세 부분으로 구성되었다. '활동적 삶Vita Activa'이란 부제가 달린《인간의 조건》은 노동, 작업, 행위로 구분되었고,《정신의 삶》은 정신의 삶을 구성하는 세 가지 기본 활동인 사유, 의지, 판단으로 기획되었다. 아렌트에게서 사유하고 의지하고 판단하는 사람은 수도사처럼 소명으로 격리되어 있는 관조자가 아니다. 그는 때때로 비가시적 정신 영역으로 이탈하는 특별한 인간 능력을 발휘하는 평범한 사람이다. 생활세계에서 활동하는 인간의 활동적 삶과 고독한 관조적 삶은 중세 시대에 구분되었는데, 이러한 구분은 물론 그녀의 사상에 드러나 있다.

정신의 삶이 (고대와 중세 사람들이 고려했듯이) 이른바 적극적 삶보다 우위에 있는지 아닌지 여부는 그녀가 그렇게 수많은 말에서도 결코 천명하지 않은 쟁점이다. 그럼에도 그녀가 생애 마지막 몇 년 동안 이 책의 출간에 봉헌했다고 말해도 지나치지 않을 것이다. 그녀는 이 책을 열정적으로 사유하는 존재 — 그녀가 받았던 최고의 호칭 — 자신에게 부과된 임무로 생각했다. 그녀는 다채로운 교육 및 강의를 담당하고, 다양한 학술회의 및 패널과 자문위원회에서의 봉사(그녀는 시민 겸 공적 인물로서 활동적 삶의 영원한 새로운 구성원이었다)에 참여하면서도《정신의 삶》에 몰두했다. 마치 집필의 완료가 자신을 힘에 겨워 보이는 의무에서 벗어나게 하기보다는 자신이 참여했던 협약에서 벗어나게 하기라도 하는 듯이 말이다. 비록 부차적이기는 하지만, 우연이나 의도가 그녀의 일상적이며 직업적인 실존에서 그녀에게 알렸던 모든 길은 그것으로 되돌아갔다.

그녀는 1972년 6월 애버딘대학교로부터 기퍼드 강의를 해달라는 초청장을 받았을 때 이미 준비 중이던 저작을 시험적으로 진행하는 기회를 이용하기로 선택했다. 기퍼드 강의는 또한 자극제로 도움이 되었다. 이는 스코틀랜드 상원의원인 애덤 기퍼드가 에든버러, 글래스고, 애버딘, 세인트 앤드루스 시에 각기 넓은 의미의 자연신학 … 강좌를 설립할 목적으로 1885년 기부금으로 설립되었다. 이 강의에 초대된 인사들 가운데 조시아 로이스, 윌리엄 제임스, 베르그송, 프레이저, 하이트헤드, 에딩턴, 존 듀이, 베르너 예거, 칼 바르트, 에티엔 질송, 가브리엘 마르셀이 포함되어 있다. 그녀는 우수 학자 명단에 포함된 것에 대해 대단히 자랑스러워했다. 그녀가 평소처럼 미신에 사로잡혔다면, 그녀는 그들을 행운의 여신porta - fortuna으로 보았음에 틀림없다. 제임스의《종교 경험의 다양성The Varieties of Religious Experience》, 화이트헤드의《과정과 실재Process and Reality》, 듀이의《확실성 탐구The Quest for Certainty》, 마르셀의《존재의 신비The Mystery of Being》, 질송의《중세철학의 정신The Spirit of Medieval Philosophy》은 기퍼드 강의 덕택에 처음으로 빛을 보았다. 그녀는 강의를 수락했을 때 가용 시간에 준비해야 한다고 했던 것보다 아마도 더 힘들게 몸을 혹사했다. 그녀는 1973년 봄 사유에 관한 첫 번째 강의를 시작했다. 그녀는 1974년 봄 의지에 관한 두 번째 강의를 위해 복귀했는데, 첫 수업을 마친 후 심장병으로 강의를 중단했다. 그녀는 일련의 강의를 마치기 위해 1976년 봄에 복귀하려고 했다. 그녀는 그러는 동안 시카고대학교와 뉴욕 소재 뉴스쿨 강좌에서 《사유》와 《의지》의 내용 대부분을 강의했다. 그녀는 시카고대학교와 뉴스쿨의 칸트 정치철학 강좌에서 판단에 관한 자료를 활용했지만 《판단》 집필을 시작하지는 않았다. 그녀의 사후 종이 한 장이 타자기 위에서 발견되었는데, 이 종이에는 '판단'이란 제목과 두 명구만이 쓰여 있었다. 《의지》 집필을 완료한 토요일과 그녀가 서거한 목요일 사이 어느 시간에, 그녀는 마지막 제3부와 씨름하고자 앉아 있었음에 틀림없다.

그녀의 계획은 두 권으로 진행되었다. 분량이 가장 많은 《사유》는 첫 번째에 놓이게 되었고, 두 번째 부분은 《의지》와 《판단》을 포함하기로 했다. 그녀가 친구들에게 말했듯이, 그녀는 《판단》이 다른 두 권보다 훨씬 적은 분량이 될 것이라고 생각했다. 그녀는 또한 이 책이 다루기 가장 쉬운 책이 될 것이라고 기대한다고 말하곤 했다. 칸트만이 이 능력에 대해 집필했었다. 철학자들은 그 이전에 취미로 명명되었던 미학 분야를 제외하고 이 능력에 대해 지적하지 않았다. 쉽게 말해, 그녀는 《판단력비판》에 대한 세심한 분석을 제시한 칸트 정치철학 강의가 망라될 기반을 상당히 잘 대비했다고 느꼈다. 여전히 사람들은 《판단》이 그녀를 놀라게 할 수도 있으며, 전편을 확보함으로써 종결될 것이라고 추측할 수 있다. 어쨌든 결론 부분에 무엇을 포함할 것인가에 대한 생각을 독자에게 제공하고자 제2권 부록으로 강의실에서 행한 강의 내용 발췌문을 포함할 것이다. (여기에 포함되어 있지 않지만) 세미나 발표 논문, 즉 판단 과정의 역할을 간단하게 다룬 상상력이라는 주제의 논문을 별도로 한다면, (이 연구가 편집되었을 때 더 많은 것들이 그녀의 서신에 나타날 수도 있었지만) 이것은 그 주제에 관한 그녀의 생각에 대해 우리가 가지고 있는 모든 것이다. 그 이상 존재하지 않는다는 것이 애석할 따름이다. 그녀의 머릿속에서 요동치고 있는 구상은 타자기에 꽂혀 있는 종이에 쓰인 바와 같이 이미 있었다. 그러나 그녀의 정신에 친숙한 사람일지라도 부록의 내용들이 이 구상을 포괄하지는 못한다는 점을 확인할 수 있을 것이다.

편집에 대해 언급한다. 내가 알고 있기로는 한나 아렌트의 저서들이 나 논문들은 모두 출판하기에 앞서 편집되었다. 그것들은 자연스럽게 영어로 쓰였다. 출판사 편집자들, 잡지 편집자들(《뉴요커》의 윌리엄 숀, 《뉴욕서평》의 로버트 실버스, 《파르티잔 리뷰》의 필립 라프)과 친구들이 편집을 담당했다. 때로는 서로 알지 못하는 사람들이 그녀의 동의를 얻어 초안을 다듬거나, 또는 항상 그렇지는 않지만 통상적으로 그녀와 공동으로 초안을 다듬는 데 참여했다. 그녀는 자신이 확신할 수 있었던 것들을 푸른색 연필로 표기한 채 그대로 두었다. 그녀는 심술궂게도 이 모든 것을 자신의 '영어 쓰기'로 표현했다. 그녀는 서른다섯 살이 지났을 때 망명자로서 영어를 쓰는 법을 스스로 터득했으며, 프랑스에 체류할 때 한때 느꼈듯이 말의 표현에서도 편안함을 결코 느끼지 못했다. 그녀는 언어와 그 경이롭고 신비스러운 제약에 어려움을 느꼈다. 그녀는 유창하고 강력하며 때론 날카로운 표현으로 수족의 언어나 산스크리트어에도 편안함을 느꼈을 천부적인 재능을 가졌지만, 독일어 방식으로 긴 문장을 구사했다. 따라서 그녀의 문장들은 직선적으로 구사되거나 둘 내지 세 문장으로 분리해야 했다. 그녀는 또한 외국어로 글을 쓰거나 말하는 여느 사람과 마찬가지로 전치사의 사용을 어려워했다. 그녀는 파울러가 말하는 "융통성 없는 문구"를 사용하는 데 어려움을 겪었다. 영어에는 이것에 해당하는 규칙이 없다 — 규칙은 예기치 않게 깨질 수 있기 때문에, 외국인에게는 가혹하고 위협적인 것 같은 불문의 규칙만이 존재한다. 또한 그녀는 성급했다. 그녀의 모국어인 독일어에는 기대되는 동사에 이르는 길을 방해하는 수식어구들과 종속절들이 많다. 그녀 역시 한 번에 너무 많은 것을 얻고자 했다. 우리는 이러한 이유들 때문에 그녀의 문장들을 다루는 데 어려움을 겪을 수밖에 없었다. 그녀의 문장들은 성급함과 풍부함을 동시에 드러내는 특징을 지니고 있다.

어쨌든 그녀의 원고들은 다듬어졌다. 내가 편집하기에 앞서 다른 아마추어나 전문 편집자가 편집을 했다. 이후 나는 그녀와 함께 일부 저작들을 다듬었다. 우리는 언젠가 여름에 카페 플로르Café Flore에서《폭력론》을 함께 검토했으며, 나는 이 원고를 더 자세히 보려고 집으로 가져오기도 했다. 우리는 스위스의 한 휴양소에서 여러 날 동안《시민불복종》원고를 검토했다. 그리고 우리는 〈보금자리로 되돌아옴: 자업자득Home to Roost〉이란 제목의 마지막 출간 논문을 손질했다. 이때 그녀는 (실러의 출생지인) 마르바흐에 전세로 얻은 아파트에 살고 있었다. 이 아파트는 그녀가 야스퍼스 논문들을 분류했던 독일문서보관소와 가까운 곳에 위치해 있었다. 나는 애버딘에서《정신의 삶》의 '사유' 부분을 그녀와 함께 다듬었다. 나는 원고 복사본에 연필로 표시해 내용을 수정했고, 그녀가 애버딘 병원의 병실에 머물고 있던 다음해 봄 그녀의 요청으로 산소 텐트 밑에서 여러 날 동안 '의지'에 관한 원고 일부를 검토했다.

그녀가 생존해 있을 때, 편집하는 일은 재미있었다. 그런 일은 공조였으며, 의견 교환이었기 때문이다. 그녀는 전치사에 관한 문제에 직면할 때는 안도감을 느꼈다. 예를 들어, 그녀는 자신에게 새로운 어떤 용례가 드러날 때면 관심을 갖되 대체로 관대하게 교정을 수용했다. 우리는 때때로 서신을 통해 논의를 하고 논쟁을 지속했다. 이러한 논쟁은 그녀가 칸트의 '*Verstand*'를 '지성'으로 번역한 것을 두고 우연히 나타났다. 나는 표준 번역에서와 마찬가지로 그것을 '이해understanding'라고 번역해야 한다고 생각했다. 그러나 나는 결코 그녀에게 확신을 주지 못했으며, 결국 양보했다. 이제 나는 우리가 옳았다고 생각한다. 왜냐하면 우리는 다른 것들을 목표로 하고 있었기 때문이다. 그녀는 용어의 원래 의미를 지키려 했으며, 나는 독자의 이해를 고려했다. 지금의 저서에서 이 용어는 '지성intellect'으로 표기되었다. 우리는 의견의 불일치로 야기되는 대부분의 문제들을 절충하거나 삭제하는 방식으로 해결했다. 그러나 이 과정에서 그녀의 천성적인 성급함이 다시 드러났다. 그녀는 세부 사항에 대해 따지는 것을 좋아하지 않았다. 그녀는 손으로 하품하는 것을 가리기 시작할 쯤이면 "당신은 그것을 확정짓지"라고 말하곤 했다. 그녀는 성급하기도 했지만 또한 관대했다. 내가 그녀를 '완벽주의자'라고 표현했지만, 그녀는 정확한 것을 선택할 가능성이 보이지 않으면 가차 없이 포기해 자신의 성향을 만족시키고자 했다.

　　어떤 경우에 우리의 의견 차이는 실질적인 것이 아니었다. 내가 그녀의 원고에 드러나 있는 어떤 생각에 의문을 제기하는 것일 뿐이었다. 늘 그렇듯이 내가 약간의 근본적 차이를 지각하지 못하거나, 반대로 그녀가 독자의 필요성을 지각하지 못했다. 이상해 보일지 모르지만, 우리의 정신은 몇 가지 측면에서 매우 가까웠다. 우리가 대서양을 사이에 두고 활동하는 동안, 동일한 생각이 우리 각자에게 독립적으로 나타났다. 이때 그녀는 이러한 사실을 종종 언급했다. 내가 본 원고를 일부 읽었던 그녀는 자신이 말을 하지는 않았지만 고민하고 있던 생각을 발견했다. 그녀는 이 같은 성격의 일치가 나의 가톨릭에 기초한 신학적 배경과 연관된다고 확신했다. 그녀는 이러한 배경이 철학 능력을 제공한다고 믿었다. 실제로 나는 대학 시절 두 개의 철학 강의에서 뛰어난 점수를 받지는 못했다. 덧붙이자면, 나는 배우는 과정에서 실수만 했을 뿐 무기력했다. 이러한 것을 제외하면, 우리의 연구는 그렇게 거리가 있지 않았다. 그녀는 독일에서 '아우구스티누스의 사랑 개념'이라는 주제로 박사학위를 받았다. 나는 미국 학부에서 중세 라틴 강좌를 수강했다. 그때 나는 아우구스티누스의 저서를 읽었는데, 《신의 도성》에 자극을 받았다. 이 책은 내가 좋아하는 것이었다. 나는 프랑스어, 라틴어, 영어로 중세와 르네상스 시대를 연구했으며, 몇 년간 고전 라틴어를 연구하고 혼자서 플라톤을 독해했다. 나는 공식적인 철학 훈련이 안 된 내 결점을 보완하고자 한 가톨릭 여성과 교우했다. 사실 나는 몇 년간 그녀로부터 상당히 많은 것을 배우고 있었는데, 아렌트는 이 점을 고려하지 않았다.

　　나는 《정신의 삶》을 편집할 자격이 있다는 것을 증명하기 위해 이제 이러한 사실들을 언급한다. 이 일은 내가 택한 직업이 아니다. 그녀는 1974년 1월 나를 유언 집행자로 지정했다. 이때 그녀가 장래의 일, 즉 자신이 저작들을 완성시킬 만큼 오래 생존하지 못하리라는 것, 자신의 도움 없이도 내가 이 책들이 출판되는 것을 지켜볼 수 있는 사람이라는 것을 예견했는지는 나로서도 그다지 확신하지 못한다. 그녀가 심장병으로 애버딘에서 수개월을 보내면서 적어도 뚜렷한 가능 인물로 나를 예견했다면, 그녀는 내가 자신의 저작을 어떻게 마무리할 것이며, 철학 고유의 불가피한 문제들을 어떻게 수용할 것인지를 틀림없이 알았을 것이다. 나를 잘 알고 있었던 그녀는 개입으로부터의 자유라는 유혹, '내' 방식대로 그것을 처리할 자유를 예견했을지도 모른다. 그러나 그녀가 그런 식으로 나를 이해했다면, 그러한 단순한 유혹의 실마리에 대해 가톨릭적인 내 양심으로 인해 나타날 저항 역시 예견했을 것이다. 간단히 말하면, 내가 내 선조들의 산문에 대해 가지는 충성이 그녀에 대한 나의 의무감과 투쟁하는 날들이 있으리라는 것을 그녀가 예견했다면, 그녀로서는 아주 생소한 그러한 격렬한 대립 — 양심과 유혹의 대립 — 이 어쩌면 그녀를 기쁘게 했을 것이다. 그녀는 나의 판단을 신뢰했으며, 결국 손상되지 않은 채 초고가 출판되리라는 신념을 가졌을 것이라고 나는 주장해야 했다. 그녀의 신뢰에 대한 믿음이 없었다면 나는 이내 패배를 자인해야만 했을 것이다.

그녀가 예견을 했든 그렇지 못했든, 그녀는 이제 여기에서 조언을 하거나 논쟁을 할 수 없다. 나는 편집 과정에서 개입하게 되는 모든 행위에 대한 그녀의 반응을 추측하지 않을 수 없었다. 대부분의 경우 이전의 경험은 그러한 추측을 어렵지 않게 해주었다. 그녀가 나를 알고 있다면, 나 역시 그녀를 알았다. 그러나 그녀가 생존해 있을 때는 나 자신의 관점에서 내 추측으로 해결하고자 하지 않았던 문제들이 여기저기에서 드러났다. 나는 확신을 갖지 못할 때마다 "당신은 여기에서 무슨 말을 하고 싶어하는가?" "당신은 명료화할 수 있는가?" "정확한 말은?"이라는 의미에서 의문을 제기하면서 원고를 검토했다. 이제 그러한 질문의 요지들("당신은 그녀가 그것에 대해 어떤 생각을 가지고 있다고 상정하는가?" "그녀는 이러한 반복을 의도하는가, 아닌가?")은 나에게 가해지고 있다. 그러나 분명 나 자신의 인격으로서 그렇게 하는 것은 아니다. 나는 그녀의 입장에 서 있으며, 일종의 독심술사나 매개체로 전환된다. 나는 눈을 감은 채 생생하게 살아 있는 망령과 대화를 하고 있다. 그녀는 내 연필을 중지시키도록 나를 괴롭히며, 지우고 또 지우게 한다. 실제로 새로이 얻은 자유는 그녀가 생존해 있을 때 내가 느꼈던 것보다 덜 자유로웠다는 것을 의미한다. 그때나 지금이나 나는 어느 정도 상상의 저항에 대한 두려움 때문에 되돌아보는 일에 사로잡혀 있다. 또한 정상적인 상황에서는 긴 문장을 결코 수용하지 않으리라는 암시로서 바로 잡아야만 했다.

이와 반대로 나는 나에게 모호해 보이는 의미를 담은 문구나 문장을 확고하게 삭제하고 더 잘 이해되는 것 같은 언어로 대체했다. 두 번째 읽으면서 불편함을 느꼈을 때 나는 다시 원상태로 복구했으며, 뉘앙스를 놓쳤는가를 파악하고, 쓰인 문장을 다시 수록하거나 아니면 문장을 바꾸는 참신한 시도를 했다. 번역을 해보았다면 누구나 그 과정 — 부재하는 저자의 정신으로 들어가 언어를 독해하려는 반복적인 노력 — 을 인식할 것이다. 몇 해 전 — 그리고 주로 그녀와의 우정 때문이라고 생각하는데 — 내가 독일어 강의를 듣기 시작했다는 사실은 여기에서 결국 자비로운 운명의 충격이 되었다. 나는 영어 문구 이면에 있는 거대한 윤곽 같은 원래의 구조를 파악할 만큼 이제는 그녀의 모국어를 충분히 알게 되었다. 나는 이러한 지식 덕택에 까다로운 많은 문장들을 번역할 수 있게 되었다. 이들을 독일어로 바꾸었을 때 이 내용들은 보다 명료해졌으며, 나는 이것을 다시 영어로 바꾸었다.

어쨌든 내가 알고 있는 한, 어떠한 면에서 사고에 영향을 미치는 변화는 없었다. 반복적 문장이 심사숙고한 것이라기보다 우연적이라고 결론을 내렸을 때, 나는 통상적으로 반복을 피하기 위해 대부분 일부의 내용을 삭제했다. 나는 두 군데 또는 세 군데 정도의 문장에서 명료성을 높이기 위해, 정보를 결여한 독자들에게 도움이 될 만한 문구를 첨가했다. 그러나 이러한 약간의 예외가 있다고 하더라도, 진행되었던 것은 그녀의 모든 저작이 기반을 두고 있는 일상적인 영어 쓰기였다.

이것은 부록에 실린 강의 자료에는 적용되지 않는다. 이러한 발췌문은 교정되었던 타이프의 명백한 오류를 제외하고 원문대로 제시되었다. 칸트 강의안은 출판을 위해 결코 의도된 것이 아니라 강의에 참여하는 학생들에게 육성으로 전달되었기 때문에, 편집상의 어떠한 개입도 부적절한 것 같다. 역사를 함부로 고치는 것은 나에게 허락된 일이 아니었다. 발췌문을 담고 있는 강의안은 그녀의 다른 원고들과 함께 의회 도서관에 소장되어 있다. 사람들은 의회 도서관에서 그녀의 유언 집행자의 허락 아래 이 자료들을 열람할 수 있다.

나는 또 다른 변화 사항을 언급해야 한다. '사유'와 '의지'에 관한 원고들은 아직도 강의안 형태로 되어 있으며, 다른 측면에서 많은 부분이 수정되고 첨가되었지만('의지'의 마지막 장은 완전히 새로운 것이다) 애버딘이나 뉴욕에서 전달했던 방식으로 볼 때 변화되지는 않았다. 강의로 정리된 것을 책이나 잡지에 출간할 때 그녀가 통상적으로 편집했던 것과 같이, 시간이 허락했다면 그녀는 청취자를 독자로 전환하는 작업을 분명히 실행했을 것이다. 기퍼드 강의를 기꺼이 인용하는 총론 부분을 제외하고 현재의 원본에는 그러한 전환 작업을 수행했다.

마지막으로 영어 쓰기에 대한 사항을 첨가하려고 한다. 분명히 편집자의 결정에 개인적 취향이 작용한다. 쓰인 영어에 대해 나 자신이 수용할 수 있는 생각은 모든 사람의 경우와 마찬가지로 고유한 것이다. 예컨대, 나는 전치사가 있는 문장으로 끝내는 것에 이의를 제기하지 않지만 — 사실 나는 오히려 선호한다 — ('shower-bath'라는 의미로) shower라는 명사를 사용하거나 동사로 사용되는 'trigger'를 명사로 사용하는 것을 대하면 불편함을 느꼈다. 그래서 내가 아주 존경했던 아렌트가 'cause(야기하다)' 또는 'set in motion(가동시키다)'란 표현을 사용해야 할 경우에 'trigger(야기하다; 유발하다)'를 쓸 때, 나는 그 상태를 그대로 둘 수 없었다. 나는 "칩들이 떨어졌을 때"라는 문구가 나에게 왜 불쾌감을 주었는지, 특히 포커 칩을 다루고 있는 그녀에게서 왜 나타났는지를 설명할 수 없다. 그러나 나는 버팀목에 기댄 채 담배를 피우고 있는 그녀가 룰렛이나 트럼프 놀이를 응시하고 있다는 것을 알았다. 그런데 이때는 판돈이 테이블에 있을 때다. 이러한 지적이 더 적합하고, 더 격이 맞는다. 그녀는 표현의 자유로 이러한 개입의 자그마한 예들을 염두에 두었을까? 그녀는 "야기된triggered"이란 표현을 더 중요하게 여겼을까? 나는 그녀가 내 선입견에서 나를 만족시키기를 희망한다. 그리고 개인적 취향이 (내가 한때 설득시키고자 했던) 결정적 요소로 들어오더라도, 그녀의 독특한 색조를 완전히 존중하기 위해 상당한 배려가 있었다. 나 자신의 문구가 개입되는 것은 허용되지 않았다. 이 저작에는 '일종의 매카시식의 용어'는 없다. 더 좋은 것을 찾지 못하여 그러한 용어를 사용하는 경우에 — 그것은 교정쇄에서 눈에 두드러지게 보였다 — 재빠르게 제거해야 했다. 따라서 독자가 읽고 있는 원전은 그녀의 것이다. 잘라낸 돌조각에서 쓸모없는 부분을 제거하는 것이 본질적 형태를 그대로 드러내는 것과 마찬가지로, 삭제와 다듬기가 그녀의 작품을 드러낸다는 의미에서 그것은 그녀의 것이다. 미켈란젤로는 (그림과 반대로) 조각에 대해 이러한 것을 언급했으며, 여기에서는 어쨌든 칠하거나 윤색이 없었다.

생존 시와 마찬가지로 때때로 논쟁에 이르렀지만 그녀와 상상의 대화를 지속하는 것은 어려운 일이었다. 내가 그녀를 비판하고, 역으로 그녀가 나를 비판하는 것은 생애를 통해서 결코 없었다. 작업은 늦은 밤까지 지속되었다. 따라서 꿈속에서 여러 쪽의 원고들이 갑자기 사라졌다가 예고 없이 나타나거나 각주를 포함해 모든 것을 나쁜 상태로 만들거나 하는 일도 종종 있었다. 그러나 작업은 이전의 날들에 경험한 것같이 재밋거리가 아니라면 보상이었다. 예를 들어, 나는 이전에는 결코 침투해 들어갈 수 없을 거라고 생각한《순수이성비판》을 이해할 수 있다는 것을 배웠다. 게으른 준거를 찾고 있던 나는 이전에는 결코 천착하지 못했던 플라톤의 대화편 전체(《테아이테토스》와《소피스트》)를 읽었다. 또한 전기가오리와 노랑가오리의 차이를 알게 되었다. 나는 대학 시절 이후 관심을 갖지 않았던 베르길리우스의 〈전원시〉나 〈농경시〉 일부를 다시 읽었다. 내가 대학 시절 사용했던 낡은 원서들 상당 부분을 책장에서 꺼냈다. 내 것뿐만 아니라 남편의 것(그는 보우두인에서 철학을 연구하고 있었다), 그리고 내가 아끼는 비서의 남편(그는 릴케, 그리고 우리가 가지고 있지 않은 아리스토텔레스의 저서 일부, 베르길리우스의 저서를 가지고 있었다)으로부터 책을 빌렸다.

작업은 공동 연구였다. 원고를 정리하는 내 비서는 쉼표에 대해서는 온건하게 개입하고, 문법상의 오류에 대해서는 엄격한 방식으로 개입했다. 그녀는 유혹의 신 입장에서 전쟁을 수행하는 양심이었다. 뉴스쿨 재직 당시 아렌트의 교육 담당 조교였던 제롬 콘Jerome Kohn은 수많은 인용문을 찾아냈으며, 아주 종종 마음을 졸이게 하는 의문점들을 명료화했다. 그렇지 않았으면 우리는 당혹함을 공동으로 부담하면서 합의점에 도달했을 것이다. 그는 (앞의 나쁜 꿈을 알고) 복사된 원고에서 사라진 원고 한 쪽을 발견하기도 했다. 나의 독일어 선생을 포함한 다른 친구들도 도와주었다. 이 힘든 작업을 수행하는 동안 절대적으로 득의양양한 시기가 있었다. 다시 떠오르는 학교 시절의 다양한 것들(원전, 밤늦게까지 진행되는 철학 문제들에 대한 논쟁), 죽은 친구의 생각이 지닌 강렬한 영향은 다시 살아나 놀라운 합의뿐만 아니라 논쟁을 야기했다. 나는 작업을 수행하는 이 몇 달 동안 — 사실은 현재 1년 이상 지났지만 — 그녀를 그리워하고 있지만, 그녀의 입장을 명료화하고 반대하며 재확인하고 칭찬하며 칭찬받도록 그녀를 다시 원하지만, 나는 작업이 끝날 때까지 그녀를 진정으로 그리워하며 절단된 다리의 고통을 느껴야 한다고는 생각하지 않는다. 나는 그녀가 죽었다는 것을 자각한다. 그러나 동시에 내가 작업할 때 내 말에 귀를 기울이며 어쩌면 생각에 잠겨 끄덕임으로 동의하거나 하품을 억누르면서 이 방에 머무르고 있는 어떤 존재로서 그녀를 자각하고 있다.

다음은 실질적인 문제들에 관한 몇 가지 해명들이다. 원고는 내용 면에서 완성되었으나 최종적인 형태는 아니었기 때문에, 원전의 모든 인용이나 언급에 각주가 없었다. 제롬 콘과 로버타 라이튼의 도움뿐만 아니라 그녀를 지원하는 요바노비치출판사의 사람들 덕택에 각주 문제의 많은 부분은 해결되었다. 그러나 내가 적시한 바와 같이, 몇 개의 각주는 여전히 존재하지 않으며, 가까운 시간 내에 이들을 찾을 수 없다면 계속 탐색해서 미래의 판본에 그 결과를 포함해야 한다. 그리고 우리가 인용문을 달고 있는 곳에서도 각주 몇 개는 불완전하다. 부분적으로 이유를 밝히자면, 제시된 쪽수나 권의 숫자가 틀린 것 같은데, 우리는 아직 올바르게 설정할 수 없기 때문이다. 내 희망으로는 이러한 문제 역시 궁극적으로 교정될 것이다. 우리는 인용을 위해 그녀가 이용했던 저작들을 한나 아렌트 도서관으로부터 확보해 도움을 받았다. 그러나 우리는 그녀가 인용한 책들을 모두 소장하고 있지는 못하다.

분명 그녀는 종종 기억을 바탕으로 확인하지 않은 채 인용했다. 그녀의 기억이 인용된 원전과 부합하지 못할 때는 교정되었다. 번역본이 아닌 경우, 우리는 때로는 교정하고 때로는 그렇게 하지 못했다. 이것 역시 그녀의 마음을 읽어야 하는 문제였다. 그녀가 그리스어, 라틴어, 독일어, 프랑스어 원본의 표준 번역본을 다양하게 사용했을 때, 그녀는 의도적으로 그랬던 것일까 아니면 잘못된 기억에 의한 것인가? 우리는 종종 확신할 수 없었다. 비교가 보여주듯이, 그녀는 표준 번역본들을 사용했다. 칸트의 경우 스미스 번역본, 니체의 경우 카우프만 번역본, 아리스토텔레스의 경우 매키언 번역본, 해밀턴-캐른스 판본, 그리고 플라톤에 관한 다양한 번역본들이 사용되었다. 그녀는 이러한 언어들을 잘 알고 있었다. 그래서 예를 들어 스미스나 카우프만의 번역본이 원전과 너무 거리가 있거나 다른 완전히 문헌적인 이유 때문에 부정확하다는 것을 발견했을 때, 그녀는 표준 번역본을 대체했다. 편집의 관점에서 볼 때, 이것은 오히려 혼돈을 초래했다. 그녀가 스미스나 카우프만의 번역본에 전적으로는 아니지만 과중하게 의존할 때, 우리는 각주에서 소개되는 이들을 신뢰할 수 있는가? 신뢰하지 않는 것이 불공정한 일 같지만, 일부 궁극적인 결과를 보면 신뢰하는 것 역시 불공정한 일일 수 있는 것 같다. 예를 들어, 카우프만은 자신의 말이나 표현이 아닌 것이 신뢰받는 것을 달갑게 여기지 않았을 것이다. 스미스는 다수의 플라톤 번역자들과 마찬가지로 사망했다. 그렇다고 해서 그들의 감정에 대한 느낌 역시 죽어야 한다는 것을 의미하지는 않는다.

　　우리는 잠시 신뢰 영역을 떠나 부분적이며 임시적인 방식이지만 상황에 부응하는 번역본의 전반적인 문제를 공격했다. 이것을 위한 일반적이고 일관되게 적용되는 규칙은 없는 것 같다. 표준 번역본에 따라 각 문장을 점검하고, 그녀가 소유하고 있는 책에 그녀가 밑줄을 긋거나 그 밖에 표시한 것을 점검했다. 차이가 너무 클 때는 원서에 의존했다. 그리고 스미스가 칸트의 독일어에 훨씬 근접한 것 같다면, 우리는 스미스 판본을 이용했다. 그러나 표준 번역본에는 간과되고 있으나 아렌트 번역본에서는 제기한 문제에 의미의 차이가 있을 때, 우리는 아렌트의 번역본을 따랐다. 의미가 논쟁을 야기할 때도 마찬가지다. 점점 작업을 해가면서 다양한 해석이 부주의 — 기억의 망각이나 복사에서의 오류, 예컨대 우리가 부주의하게 취급했던 방점의 차이 — 와 반대로 그녀의 의도에 상응하는 때를 식별하기는 매우 쉬워졌다.

　　불행하게도 이러한 상식적 해결은 모두 우발적인 상황에 부응하지 못한다. 인용된 원전이 그녀의 도서관에 영어본으로 소장되어 있지 않다면, 우리는 그녀가 인용을 위해 어떤 번역본을 사용했는지 알 수가 없다. 그 이상의 단서들이 부재한 상황에서 나는 그녀가 자신의 번역본을 만들고 내가 그녀의 저서를 가지고 작업하듯이 영어 숙어나 문법에 맞도록 그 내용을 약간 변경했고 상정했다. (잠시 한때지만, 나는 스스로 번역본을 다시 번역했다. 그러나 내가 비록 거장인 에크하르트에 도전하더라도, 하이데거와 함께 그것을 시도할 뻔뻔스러움을 갖고 있지는 못하다.) 고전 저자들의 경우 선정할 수 있는 번역본은 풍부하다. 우리는 이들 중 그녀가 의존할 수 있는 것 — 건초 더미에 있는 바늘 — 을 발견하리라 거의 기대할 수 없다. 운이 좋게도 나는 그녀가 사용했던 베르길리우스의 번역본 — 그것은 삽시간에 드러났다 — 을 우연히 마주쳤다. 나의 연필은 각주의 편집자, 날짜 등을 지적하기 위해 움직였다. 그다음 나는 다시 들여다보았다. 없었다. 여기에서도 그녀는 종종 번역본을 사용했으나 그것을 고집하지는 않았다. 그리고 어떤 점에서 일치하는지를 각주에서 찾기란 불가능하다.

결과적으로 우리는 하나의 정책에 합의했다. 그것은 번역본을 엄밀하게 추적했을 때만 그것을 인용하는 것이었다. 역자 이름이 없으면 사용된 번역본이 전적으로 또는 거의 대부분 저자의 것이라는 것을 의미하며, 일부 표준 번역본(매키언, 스미스, 카우프만, 해밀턴-캐른스 등)이 특별히 언급되지 않은 곳에서도 저자의 지침으로서 개략적으로 인용되었다는 것을 감안해야 한다.

성경은 특별히 문젯거리였다. 얼핏 보면 그녀가 사용한 문헌이 킹 제임스 판인지 수정 표준판인지 두에Douai 판인지 자신이 영어로 번역한 독일어 판인지, 아니면 이 모든 것을 사용하고 있는지를 말하기란 어려운 것 같다. 나는 그녀가 제롬의 불가타Vulgate 판에 의존했으며 자신의 라틴어 번역본을 사용했다는 유리한 가정에 기쁘기도 하다. 나는 킹 제임스 판을 사용하는 경향이 있다. 개인적 선호를 제외하면, 제2권《의지》에 반복적으로 나타나는 'thou shalt'는 그 이전 판본의 성경적인 'thou'나 'thee'에 견주어야 한다는 주장이 있었다 — 그것은 특이하게 들린다. 그러나 로버타 라이튼은 세심한 비교 끝에 원고가 수정 표준판과 아주 가깝다는 것을 증명했다. 따라서 킹 제임스 언어의 아름다움이 우리의 저자에게 분명히 거부할 수 없었던 것과 같이, 우리에게도 결국 거부할 수 없는 몇 가지 예외가 있지만 표준판이 사용되었다. 어쨌든 우리는 대체로 수정 표준판에 집착함으로써 한 가지 어려움, 즉 구판은 '사랑agape'을 '자비charity'로 번역했다는 사실을 제거했다. 현대인들의 귀에 이 단어는 주로 세금을 환급받을 수 있다는 함의를 지니고 있으며, 중요한 것에 대한 관대한 견해를 취하는 것과 연관되기 때문에, 이 용어는 나타날 때마다 괄호 치기를 함으로써 어색한 독해를 야기하는 '사랑'으로 바꾸어야 했다.

인용의 일관성이나 반영 충실성에 대한 이러한 선입견은 일반 독자에게는 이상하게 보일지도 모른다. 이러한 선입견은 편집자나 학자들의 직업적인 강박이다. 이것들은 학문적 저술이 동의하는 게임 규칙이며, 그 엄격성으로 탐구욕 — 비행위자들이 공유할 수 없는 열정 — 에 포함된다. 각주를 파악하기 어렵게 만들어 놓고는 거기에서 슬리퍼를 찾아내듯 하는 것을 무척 재미있는 어떤 스포츠나 게임과 같이 아주 진지하게 취급해야 한다. 그것이 그 일에 관여하는 소수의 사람들에게 중요하다면, 그 의미는 어디에 있는 것일까? 하느님이 어디에서는 '그분'이고 다른 쪽에서는 '그'인 것은 어떤 차이를 나타내는가? 아마도 저자는 자신의 태도를 바로 바꾸었을 것이다. 왜 그녀의 기본적인 취향을 예언하고 획일적인 '그분' 또는 '그'로 그녀의 자유로운 정신을 감금하는가? 그리고 왜 의지는 그것이 개념일 때는 추상적 의지Will이고, 그것이 인간 주체에 작동하고 있을 때는 개별적 '의지will'인가?

나는 고기를 잡을 때 스포츠맨이 송어 플라이낚시를 세심하게 선택하는 것과 같이 외부인에게는 흥미를 제공하지 못하는 각주, 대문자 사용, 괄호 등과 같은 세부적인 사항들에 대해 언급하는 것을 일반 독자들에게 사과한다. 아렌트가 동의하는 첫 번째 사람인 것과 같이, 고기가 핵심이라는 것을 전문가들은 망각하는 경향이 있다. 그녀는 성인이지만 여전히 자신에게는 학생인 일반 독자에 관심을 가졌다. 그것은 그녀가 특별히 소크라테스를 사랑한 이유였다. 아직도 선생이며 학자인 그녀는 그러한 게임 규칙에 대해 알았다. 그리고 사람들이 관용의 정신에서 진정한 참여자의 열의보다는 어린이들의 재밋거리를 끌어들였지만, 그녀는 이들을 대개 수용했다. 어쨌든 원고를 정리하면서 몇 개월 지내는 동안 나의 예리했던 연필들은 무뎌졌다. 그리고 나는 이제 전문 용어를 충분히 사용했다. 이제 원고를 그 자체에 맡겨야 할 시간이다.

메리 매카시

칸트 정치철학 강의 발췌문

판단

　… 우리는 칸트 자신의 증언으로부터 그의 삶의 전환점이 인간 정신의 인지 능력과 그 한계의 발견(1770년)이었다는 것을 알고 있다. 칸트는 이를 《판단력비판》으로 정교하게 정리하고 출판하는 데 10년 이상이 걸렸다. 우리는 그렇게 오랫동안 그가 집중해서 노력한 그의 다른 계획과 생각의 의미를 그의 서한에서 볼 수 있다. 그는 이 '주요 주제'와 관련해 이 주제가 하나의 '댐'처럼 자신이 완성해서 출간하려 했던 다른 모든 주제를 뒤로 하고 이 주제를 "제거한 후에만 진행할 수 있는 걸림돌과 같다"고 밝혔다. 그는 1770년 사건 이전에 출간된 《도덕형이상학*Metaphysics of Morals*》을 곧 집필하고 출간하려고 했으나 그 책을 거의 30년 이후에나 출간했다. 초기에 이 책은 《도덕적 취미비판》이라는 제목 아래 공표되었다. 칸트가 마침내 세번째 비판(3비판서 중 세 번째)에 관심을 갖게 되었을 때, 그는 여전히 그것을 우선 '취미비판'으로 명명했다. 따라서 두 가지 사항이 나타났다. 그는 18세기 전반에 선호하던 주제인 취미 이면에서 전적으로 새로운 인간 능력, 즉 판단력을 발견했다. 그러나 그는 동시에 도덕적 명제를 새로운 능력의 위력에서 이탈시켰다. 달리 말하면, 아름다움과 추함을 결정하는 것은 이제 취미 이상의 의미를 지닌다. 그러나 옳고 그름에 관한 〔도덕적〕 문제는 취미

나 판단이 아니라 단순히 이성에 의해서만 결정될 수 있다.

(중략)

〔《판단력비판》〕제1편과 제2편을 연결하는 고리는 다른 어떤 비판보다 정치적인 것과 더 밀접하게 연계된다. 이러한 연결고리 가운데 가장 중요한 것은 첫째, 칸트가 제1, 2편 어디에서도 인간을 지성적인 또는 인지적인 존재로 언급하지 않았다는 점이다. 진리라는 용어는 나타나지 않는다. 제1편은 사회에서 살고 있듯이 복수의 사람들에 대해 언급하며, 제2편은 인간 종에 대해 언급한다. …《실천이성비판》과 《판단력비판》 사이의 결정적 차이는 이러하다. 《실천이성비판》에서 도덕률은 인지 가능한 모든 존재자에게 타당하지만, 《판단력비판》에서 규칙은 그 정당성이 지구상의 인간으로 제한되어 있다. 그리고 두 번째 연결고리는 판단 능력이 특수한 것들을 취급한다는 사실에 있다. 특수한 것들은 통상 사유가 취급하고 있는 "보편적인 것과 관련해 그 자체로 우연적인 것을 포함한다." 이러한 특수한 것들은 두 가지 형태로 구성된다. 《판단력비판》 제1편은 판단 대상, 정확히 말하자면 특수한 것들을 일반적 범주에 포함하지 않은 채 "아름답다"라고 하는 대상과 같은 그러한 것을 취급한다. (여러분이 "얼마나 아름다운 장미인가!"라고 말한다면, 여러분은 우선 모든 장미는 아름답다, 이 꽃은 장미고, 따라서 그것은 아름답다고 말함으로써 이러한 판단에 도달하지 않는다.) 제2편에서 다루어진 다른 형태는 어떤 특별한 자연의 산물도 일반 원인으로부터 도출할 수 없음이다. 즉 "인간의 이성(사실 인간의 이성은 아무리 우리의 이성을 정도의 측면에서 넘어서라도 질의 측면에서는 우리의 이성과 유사하다) 틀림없이 한낱 기계적인 원인을 통해서 풀잎 하나마저도 산출하는 것을 이해하기 희망할 수 있다."[1] (칸트의 용어에서 '기계적'이란 자연적 원인을 의미한다. 그 반대 용어는 '기술적'이다. 칸트는 기술적인 것을 인위적인 것, 즉 목적을 갖고 제작한 것을 의

미한다.) 여기에서 강조점은 "이해하다"에 있다. 풀이 있고, 이 특별한 풀잎 하나가 어떻게 존재하는지를 나는 도대체 어떻게 (설명하지는 않더라도) 이해해야 할까?

(중략)

특수한 것에 대한 판단 — 이것은 아름답고, 이것은 추하며, 이것은 옳고, 이것은 나쁘다 — 은 칸트의 도덕철학에는 사용될 수 없다. 판단은 실천이성이 아니다. 실천이성은 무엇을 하고 무엇을 하지 말 것인가를 "설득하고" 나에게 말한다. 실천이성은 법칙을 제시하고, 의지와 동일하며, 의지는 명령을 말한다. 실천이성은 정언적으로 말한다. 이와 반대로, 판단은 "단순한 관조적 쾌나 비활동적 환희*untätiges Wohlgefallen*"에서 나타난다. 이러한 "관조적 쾌의 감정은 취미라고 불리며",《판단력비판》은 원래 취미비판이라 불렸다. "실천철학이 관조적 쾌를 언급한다면, 그것은 단지 지나가는 말로 그것을 의도하며, 마치 그 개념이 그것에 고유한 것같이 말하지 않는다."[2] 그것은 칸트가 … 특수한 것과 우연적인 것에 대한 자신의 관심이 과거의 문제였고 다소간 한계적인 문제였다고 결정했다는 것을 결론적으로 입증하고 있지 않은가? 그렇다 하더라도 우리는 프랑스 혁명, 즉 신문을 위해 매일 매우 성급하게 기다렸던 자기 노년에 중심적 역할을 수행했던 사건에 대한 그의 최종 입장이 한낱 구경꾼들의 이러한 태도에 의해 결정되었다는 것을 보게 될 것이다. 여기에서 "구경꾼들 자신은 게임 자체에는 참여하지 않고" 한낱 "관조적 쾌와 비활동적 환희"에서 발생한 … "희망적이고

---

1   칸트,《판단력비판》제2편 〈목적론적 판단력 비판〉, no. 77 "우리에게 자연목적 개념을 가능케 하는 인간 지성의 특유성에 대하여", B 353.(옮긴이)

2   칸트,《윤리형이상학》서설, AB3.(옮긴이)

열정적인 참여"로 단지 그 사건을 추적한다.[3]

(중략)

　"정신의 확장"은《판단력비판》에서 중요한 역할을 한다. 정신의 확장은 "우리의 판단을 다른 사람의 실제적 판단보다 오히려 가능한 판단과 비교하는 것"을 동반하며, "다른 사람의 입장에 서서 사유함"을 동반한다. 이것을 가능케 하는 능력은 상상력이라 불린다. … 다른 모든 사람들의 관점이 검토할 여지가 있는 곳에서만 비판적 사유는 가능하다. 따라서 여전히 고독한 작업 상태에 있는 비판적 사유는 "다른 모든 사람들"과 관계를 끊지 않는다. … 비판적 사유는 상상력의 힘을 〔통해서〕 다른 사람들을 현전하게 하고, 이에 따라 다른 모든 측면에 개방되는 공개적인 장소에서 잠재적으로 이동할 수 있게 한다. 달리 말하면, 비판적 사유는 칸트의 세계시민의 위치를 택한다. 확장된 심성으로 사유한다는 것, 그것은 당신이 … 방문하는 상상력을 연습한다는 것을 의미한다.

　나는 여기에서 매우 쉽게 일어나는 오해에 대해 경고하려고 한다. 비판적 사유의 계략은 엄청나게 확장된 공감에 있지 않다. 나는 이 공감을 통해 다른 모든 사람들의 정신에서 실제로 발생하는 것을 알 수 있었다. 칸트의 계몽에 대한 이해에 따르면, 사유한다는 것은 "결코 수동적이지 않은 이성의 격률"인 '스스로 사유한다Selbstdenken'를 의미한다. "그러한 비활동에 부여되는 것은 편견이라 불리며", 계몽이란 무엇보다도 편견으로부터의 해방이다. 나의 관점이 아닌 다른 관점(실제로, 그들이 서 있는 위치, 즉 그

3　첫 번째와 마지막 인용문은《학부들의 논쟁Der Streit der Fakultäten》제2편〈법학부와 철학부의 논쟁〉에 있는 문구이고, 두 번째 인용문은《윤리형이상학》서설에 포함된 문구다.(옮긴이)

들이 영향을 받는 조건으로서 개인적 차원뿐만 아니라 부류나 집단의 차원에서도 항상 서로 다른 관점)을 가진 사람들의 정신에서 나타나는 것을 수용하는 것은 그들의 사유를 수동적으로 수용하는, 즉 그들의 편견을 나 자신의 위치에 특유한 편견으로 교환하는 것에 불과하다는 것을 의미한다. "확장된 사유"는 우선 "우리 자신의 판단에 우연히 수반되는 한계로부터 벗어날" 때 나타나는 결실이고, "아주 많은 것이 제한되는 … 주관적인 사적 조건들을 무시할" 때 나타나는 결실이며, 칸트에 따르면 계몽되거나 계몽할 수 없지만 사실 제한적인[4] … (이른바) 자기이해를 무시할 때 나타나는 결실이다. 계몽된 개인이 관점에 따라 이동할 수 있는 영역이 넓으면 넓을수록 그의 사유는 더욱더 일반적이게 될 것이다. … 그러나 이 일반성은 개념의 일반성 — 여러분이 모든 구체적인 건물을 포섭할 수 있는 "집"이란 개념 — 이 아니다. 이와 반대로 일반성은 특수한 것들, 즉 여러분이 자신의 "일반적 관점"에 도달하기 위해 고려해야 하는 관점의 특별한 조건과 밀접하게 연계된다. 우리는 이 일반적 관점을 이전에 불편부당성이라고 언급했다. 이 관점은 고찰하고, 주시하고, 판단을 형성하며, 칸트 자신이 언급하듯이 인간사를 성찰하는 견해다. 이 관점은 어떻게 행동할 것인가를 … 여러분에게 말하지 않는다.

이러한 당혹감은 칸트에게서 한편으로는 프랑스 혁명에 대한 거의 무제한적이며 외견상 모순적인 만년의 태도에 나타나며, 다른 한편으로는 … 시민의 입장에서 어떠한 혁명적 시도에 대한 거의 무제한적인 반대에 나타난다.

첫 번째 인상, 심지어 두 번째 인상에 대한 칸트의 반응은 결코 … 모

---

4   《칸트 정치철학 강의》에서는 "what we usually call self-interest, which, according to Kant in not enlightened…"로 표기하고 있으나 발췌문에서는 "what we usually call self-interest and which according to Kant in not enlightened…"로 잘못 표기하고 있다.(옮긴이)

호하지 않다. 그는 결코 자신이 말하는 "최근 사건"의 장엄함에 대한 자신의 평가에 흔들리지 않았으며, 그러한 사건을 대비하는 모든 사람들에 대한 자신의 저주에서도 거의 흔들리지 않았다.

> 사람들 사이에서 대단했던 것이 미미해지고 미미했던 것이 중요해지는 한, 이 사건(혁명)은 인간들이 행한 사건이나 비행에 있지도 않고, 다른 사람들이 지구의 심연에서 자신들의 장소로 나오지만 마치 마법처럼 사라지는 고대의 찬란한 정치 구조에도 있지 않다. 아니, 그런 것은 아니다. 구경꾼들의 사유 양태는 단지 이러한 거대한 변혁의 게임에서 … 공개적으로 노출된다. 우리가 우리 시대에 전개되고 있는 것으로 알고 있는 영민한 민족의 혁명은 성공하거나 실패할 수 있다. 감성적인 사람이 두 번째로 혁명을 성공적으로 실행하기로 대담하게 희망한다면 그가 그러한 대가로 실험을 하기로 결코 결정하지 않았을 지점까지 그 혁명은 고통과 잔혹 행위로 가득 찰 수도 있다. 그럼에도 내가 말하지만 이 혁명은 (이 게임 자체에 참여하지 않은 모든 구경꾼들의 마음에서) 거의 열정에 가까운 희망적인 참여를 발견한다. ….최소한의 협력 의도가 없었다면, 구경하고 있는 관여하지 않는 공중은 당시 얼마나 찬양하며 공감했는가![5]

> … 이러한 공감적 참여가 없을 경우, 사건의 "의미"는 완전히 달랐을 것이며, 그야말로 존재하지 않았을 것이다. 왜냐하면 이러한 공감은 다음과 같이 희망을 불러일으키는 것이기 때문이다.

> 모두 변혁 결과를 초래한 많은 혁명이 발생한 이후 자연의 최고 목적인 코

---

5   《학부들의 논쟁》 제2편 〈법학부와 철학부의 논쟁〉, "인간 종의 이러한 도덕적 경향을 증명하는 우리 시대의 한 사건에 대하여."(옮긴이)

스모폴리탄적 존재는 인류의 모든 시원적 능력이 발전될 수 있는 범위 내에
서 마침내 실현될 희망이다.[6]

그러나 우리는 이것을 통해 칸트가 미래 혁명가들을 지지했다고 결
론 내려서는 안 된다.

이러한 권리는 … 그렇게 하기 위해 사용되는 수단이 도덕과 양립할 수 있
는 조건에서만 실현될 수 있는 이념으로 항상 존재한다. 이러한 제한 조건
은 항상 부당한 혁명으로 자신들의 권리를 추구하지 않을 수 있는 민족에
의해 남용되지 않아야 한다.[7]

… 그리고

비록 나쁜 정부에서 발생한 폭력혁명이 불법적인 수단을 통해 법의 정신에
더 부합하는 헌법을 수립했다고 하더라도 국민을 이전의 헌법으로 인도하
는 것은 허용되지 않을 것이지만, 혁명이 지속되는 동안 혁명에 공개적으로
나 은밀하게 참여하는 사람들은 반역하는 사람들에게 가해지는 처벌을 정
당하게 받게 될 것이다.[8]

… 여러분이 여기에서 명백히 인식하는 것은 여러분의 행위 원리와
판단 원리 사이의 충돌이다. … 칸트는 다시 한 번 전쟁에 관한 자신의 견해
를 언급한다. … 그는 어느 저서보다 《판단력비판》에서 가장 강조하고 있

---

6   칸트, 《보편사의 이념》, 제8명제(8:28). (옮긴이)

7   《학부들의 논쟁》 제2편 〈법학부와 철학부의 논쟁〉 7. "정치는 인류의 역사." (옮긴이)

8   칸트, 《영구 평화론》 〈부록 I: 영구 평화에 관한 도덕과 정치 사이의 대립에 관하여〉에서. (옮긴이)

는데, 제2권 〈숭고함의 분석학〉에서 이 주제를 특징적으로 논의하고 있다.

미개인에게 최대 경탄의 대상은 무엇인가? 그것은 아무것도 피하지 않고 아무것도 두려워하지 않으며, 그래서 위험에 복종하지 않는 사람이다. … 가장 문명화된 사회에서도 전사에 대한 이러한 특이한 존경은 남아 있다. … 그의 정신은 이러한 것들을 통해서도 위험에 정복되지 않기 때문이다. 따라서 … 정치가와 장군을 비교할 때 미학적 판단은 후자에 유리하게 내려진다. 전쟁 자체는 … 자체에 숭고한 것을 가지고 있다. … 다른 한편, 오랜 평화는 일반적으로 지배적인 상업정신을 가져오며, 이와 더불어 천박한 이기심, 비겁함, 유약함을 초래하며 국민의 기질을 떨어뜨린다.[9]

이것은 구경꾼의 판단(즉 미학적 판단)이다. … 그럼에도 전쟁, 즉 "사람들의 제어되지 않는 정념으로 촉발된 … 의도하지 않은 활동"은 실제로 궁극적인 범세계적 평화 — 궁극적으로 순전한 소진은 이성이나 선의가 성취할 수 없었을 것을 부과할 것이다 — 를 위한 대비로서 바로 그 의미성 때문에 실제로 기여할 뿐만 아니라 다음과 같기도 하다.

그것(전쟁)이 인류에게 안겨주는 무시무시한 고난, 그리고 평화 시에 지속적인 전쟁 대비가 인류를 억압하는 아마도 더 큰 고난에도 불구하고, 전쟁은 … 문화에 기여하는 온갖 재능을 최고도로 발전시키는 동기일 것이다.[10]

… 미학적이고 반성적인 판단의 이러한 통찰력은 행위에 실천적 결과를 지니고 있지 않다. 행위에 관한 한 다음과 같은 점은 확실하다.

9   칸트, 《판단력비판》, no. 28 "위력으로서의 자연에 대하여."(옮긴이)
10   *Ibid.*, no. 83 "하나의 목적론적 체계인 자연의 최종 목적에 대하여."(옮긴이)

우리 내면의 도덕적·실천적 이성은 다음과 같이 저지할 수 없는 거부를 천명한다. 즉 *전쟁은 없어야 할 것이다.* … 따라서 영구 평화가 가능한지 어떤지, 우리가 그것이 있다고 상정할 경우 우리가 이론적 판단에서 아마도 오류를 범하고 있지 않은지의 문제는 더 이상 없다. 그 반대로, 우리는 영구 평화가 마치 실제로 발생할 수 있는 듯이, 심지어 이러한 평화적 의도의 실현이 영원히 경건한 희망으로 존재하는 듯이 단지 행동해야 한다. … 왜냐하면 그렇게 하는 것이 우리의 임무이기 때문이다.[11]

그러나 이러한 행위 준칙들은 미학적·반성적 판단을 파기시키지 않는다. 달리 말하면, 칸트가 비록 평화를 위해 항상 행동해왔지만, 그는 자신의 판단을 알고 있었고 이를 마음에 간직했다. 그가 구경꾼으로서 얻은 지식에 따라 행동했다면, 그는 마음속으로 범죄자가 되었을 것이다. 그가 "도덕적 의무" 때문에 구경꾼으로서 자신의 통찰력을 망각했다면, 그는 공적인 문제에 관여하고 참여하는 그렇게 많은 사람들에게 나타나는 성향인 이상주의적 못난이가 되었을 것이다.

(중략)

칸트는 자신의 정치철학을 저술하지 않았기 때문에, 그가 이 문제에 대해 생각한 것을 발견하는 최선의 방법은 《판단력비판》에 관심을 갖는 것이다. 그는 예술 작품을 판단하는 취미와의 관계에서 예술 작품의 생산을 논의하면서 유사한 문제를 대면한다. 우리는 … 여러분이 광경을 판단하기 위해 우선 광경을 마주해야 한다고 생각하고, 구경꾼이 행위자에 비해 부차적이라고 — 올바른 정신을 가진 사람은 누구나 광경을 주시할 구경

---

11   칸트, 《정치적 저작》, 174쪽; 《윤리형이상학》 〈세계시민법〉 no. 62.(옮긴이)

꾼이 있어야 한다는 것을 확신하지 못한 채 광경을 결코 제공하지 않을 것이라고 고려하지 않은 채 — 생각하는 경향이 있다. 칸트는 사람 없는 세계가 사막일 것이며 사람 없는 세계가 구경꾼 없는 세계라는 것을 확신했다. 칸트는 미적 판단을 논의하는 과정에서 천재와 취미 사이의 차이를 규정한다. 천재는 예술 작품을 생산하는 데 필요하지만, 예술 작품을 판단하고 그것이 미적 대상인지 아닌지 판단하기 위해서는 취미 이외에 (칸트가 아니더라도 우리가 말하듯이) "더 이상 아무것도" 필요하지 않다.[12] 즉 "미적 대상을 판단하기 위해 *취미*가 필요하고 …. 이것들을 생산하기 위해서는 *천재*가 필요하다." 칸트에 따르면, 천재는 생산적 상상력과 독창성 문제이며, 취미는 … 판단 문제다.[13] 그는 두 능력 가운데 어떤 것이 "더 고귀한" 능력인가, 어떤 것이 미적 기예(예술)로서 기예를 판단하는 과정에서 우리가 주목해야 할 필요조건인가라는 질문을 제기한다 — 물론 여기에서 미에 대한 대부분의 판단이 천재라 불리는 생산적 상상력이란 능력을 가지고 있지 않다고 하더라도, 천재를 부여받은 소수는 취미 능력을 결여하지 않는다. 대답은 이러하다.

> 자유 상태의 상상력이 [취미라 불리는] 지성의 합법칙성에 부합하는 것이 이념의 풍부성과 독창성보다 미에 더 필요하다. 이념의 온전한 풍요는 무법적 자유 상태에서 단지 허튼 소리만을 … 생산한다. 다른 한편, 판단력은 상상력을 지성에 순응시키는 능력이다.
>
> 취미는 판단력 일반과 마찬가지로 천재의 훈육(훈련)이다. 취미는 천재의 날개를 자르고 … 지침을 제공하며 [천재의] 사상에 명료함과 질서를 부여하며, 이념이 다른 사람들에 의해 항구적이고 일반적으로 동의를 받게 할

---

12   칸트, 《판단력비판》, no. 48 "천재와 취미의 관계에 대하여."(옮긴이)

13   *Ibid.*, no. 48 "천재와 취미의 관계에 대하여", B191.(옮긴이)

수 있고 다른 사람을 따르고 여전히 문화가 발전할 수 있게 한다. 따라서 하나의 산물 속 이러한 두 가지 속성의 갈등으로 중요한 것이 희생되어야 한다면, 그것은 오히려 천재의 측면이어야 한다. 그것이 없다면 판단력이 판단할 아무것도 존재하지 않을 것이다.[14]

그러나 칸트는 "미적 기예의 경우 … *상상력, 지성, 정신, 취미*가 요구된다"고 명백히 말하고 한 기록에서 "앞의 세 능력은 네 번째 능력, 즉 취미, 판단력에 의해 통합된다"고 덧붙인다. 게다가 이성, 지성, 그리고 상상력과 구분되는 특별한 능력인 정신은 천재가 이념을 위한 표현을 발견할 수 있게 한다. "이들에 의해 야기된 정신의 주관적 상태는 … 이념을 통해 다른 사람들에게 전달될 수 있다." 달리 말하면, 정신, 즉 천재 그리고 그만을 격려하는 정신, "어떤 학문도 가르칠 수 없고 어떤 근면성도 배울 수 없는" 정신은 "마음 상태*Gemützzustand*의 형언할 수 없는 요소"를 표현하는 데 있다. 여러 가지 표상은 우리 모두의 내면에서 마음 상태를 불러일으키지만 우리는 그에 해당하는 용어를 가지고 있지 않으며, 따라서 천재의 도움이 없다면 이들을 서로 전달할 수 없다. 천재의 적절한 임무는 이러한 마음 상태를 "일반적으로 소통 가능하게" 하는 것이다. 이러한 소통 가능성을 인도하는 능력은 취미이며, 취미나 판단은 천재의 특권은 아니다. 미적 대상의 존재를 위한 필수 조건은 소통 가능성이다. 구경꾼의 판단은 공간을 형성하며, 그러한 대상은 공간이 없을 경우 전혀 나타날 수 없다. 공공 영역은 비평가들이나 구경꾼들에 의해 형성되지 행위자들이나 제작자들에 의해 형성되지 않는다. 그리고 이러한 비평가와 구경꾼은 모든 행위자와 제작자를 대신한다. 행위자나 제작자는 이러한 비판적인 판단 능력이 없을

---

14   칸트, 《판단력비판》, no. 50 "미적 기예의 산물들에서 취미와 천재의 결합에 대하여."(옮긴이)

경우 구경꾼으로부터 고립되기 때문에 그는 심지어 지각되지도 못할 것이다. 이를 칸트의 입장에서 표현해보자. 예술가의 독창성(또는 행위자의 참신성)은 예술가(또는 행위자)가 아닌 사람들에게 자신을 이해시키는 데 좌우된다. 그리고 여러분이 천재의 독창성 때문에 단수로 천재를 언급할 수 있지만, 여러분은 구경꾼과 같은 방식으로 … 결코 말할 수 없다. 구경꾼은 복수로만 존재한다. 구경꾼은 행위에 관여하지 않지만 항상 자기 동료 구경꾼들과 연계되어 있다. 그는 제작자와 함께 천재의 능력과 독창성을 또는 행위자와 함께 참신성을 공유하지 않는다. 그들이 공유하는 능력은 판단 능력이다.

제작에 관한 한, 이러한 통찰은 고대 로마 시대만큼 오래되었다. 우리는 키케로의 《연설가에 대하여On the Orator》에서 그것이 처음으로 표현된 것을 발견한다.

왜냐하면 모든 사람은 기예(술)나 추론 능력이 없더라도 일종의 침묵의 감각으로 기예나 추론에서 옳고 그름을 '식별하고 구별할diiudicare(판단할)' 수 있기 때문이다. 그들은 그림과 조각의 경우, 그리고 자연이 그들에게 이해를 위한 지식을 적게 제공한 다른 작품의 경우에도 이러한 방식으로 구별할 수 있지만, 말의 음조와 발음을 판단하는 데 이러한 구별을 더 많이 현시한다. 왜냐하면 이러한 능력은 우리의 공통감에 뿌리를 내리고infixa 있으며, 자연은 어떠한 사람도 이러한 특수한 것들을 완전히 감각하고 경험할 expertus 수 없도록 의도하지는 않았기 때문이다.[15]

그리고 키케로는 다음과 같은 사실이 진정 경이롭고 주목할 가치가 있다고 지적한다.

[15]   키케로, 《연설가에 대하여》 제3권 L, 195.(옮긴이)

제작 과정에서는 차이가 엄청나지만, 판단에 있어서 박식한 사람과 무지한 사람 사이에는 차이는 거의 없다.[16]

칸트는《실용적 관점에서 본 인간학*Anthropologie in Pragmatischer Hinsicht*》에서 완전히 같은 방식으로 정신 이상은 구경꾼으로서 우리의 판단을 가능케 하는 공통감의 상실에서 비롯된다고 언급한다. 칸트는 사적 감각*sensus privatus*과 공통감을 대비시켰다. 칸트는 또한 이를 "논리적인 사적 감각 logical *Eigensinn*"이라고 부른다. 그런데 이 감각은 우리가 전제로부터 결론을 도출할 수 있는 능력, 즉 논리적 능력이 실제로 소통 없이도 작동할 수 있다는 의미를 담고 있다. 다만 이 점을 제외하고, 정신 이상이 공통감 상실을 유발했다면, 정신 이상은 비정상적인 결과로 이어질 것이다. 왜냐하면 정신 이상은 다른 사람들이 현존할 때만 정당하고 정당화될 수 있는 그런 경험과 분리되어 있기 때문이다.

이러한 활동이 지닌 가장 놀라운 측면은 공통감, 옳고 그름을 구별하는 판단 능력이 취미 감각에 기반을 두어야 한다는 점이다. 우리의 오감 가운데 세 감각은 우리에게 외부세계의 대상을 명백히 제시하며, 이에 따라 쉽게 소통될 수 있다. 시각, 청각, 촉각은 대상을 직접적으로, 그리고 사실상 객관적으로 취급한다. 후각과 미각은 전적으로 사적이며 소통 불가능한 내감을 제공한다. 내가 맛본 것과 냄새 맡은 것은 말로 전혀 표현될 수 없다. 이들은 정의상 사적 감각인 것 같다. 게다가 세 가지 객관적 감각은 공통적으로 자신이 표상할 수 있다. 이 감각은 부재하는 것을 현전케 한다. 나는 건물, 멜로디, 벨벳의 촉감을 기억해낼 수 있다. 칸트는 이 능력을 후각과 미각이 가질 수 없는 상상력이라고 부른다. 다른 한편, 이것들은 아주 명료하게 차별적인 감각이다. 여러분이 보는 것으로부터 판단을 보류할 수

16   *Ibid.*, 197.(옮긴이)

있으며, 아주 쉽지는 않지만 여러분은 여러분이 듣거나 만지는 것으로부터 판단을 보류할 수 있다. 그러나 미각이나 후각의 문제에서 나를 기쁘게 하거나 불쾌하게 하는 것은 직접적이고 압도적이다. 그리고 쾌나 불쾌는 다시 전적으로 사적이다. 그렇다면 미각이 — 칸트의 경우뿐만 아니라 그라시안[17] 이후에도 — 판단이란 정신 능력의 도구로 부상하고 그런 도구가 되는가? 그리고 인지적이며 동일한 감각기관을 가지고 있는 모든 생물과 공유하고 있는 대상을 우리에게 제공하는 감각에 머무를 뿐만 아니라 옳고 그름을 구별하는 판단, 이것은 왜 사적 감각에 기반을 두어야 하는가? 우리가 취미 문제와 관련하여 거의 소통할 수 없기 때문에 취미에 대한 논쟁은 없다*de gustibus non disputandum est*는 게 참이 아닌가?

(중략)

… 우리는 미각과 후각이 가장 사적인 감각이라는, 즉 대상이 아닌 감각이 느껴지고 이러한 감각이 대상에 한정되지 않아서 기억될 수 없는 감각이라는 점을 언급했다. 여러분은 장미 냄새나 음식의 미각을 다시 느낀다면 그 감각을 인정할 수도 있지만, 자신이 지금까지 보았던 어떤 광경이나 들었던 멜로디를 현전케 할 수 있듯이 그것을 현전케 할 수는 없다. … 동시에 우리는 왜 어떤 다른 감각보다 미각이 판단의 수단이 되었는가를 확인했다. 미각과 후각만이 그 본성상 차별적이며, 이러한 감각들만이 특수한 것 자체와 연관된다. 객관적 감각에 주어진 모든 대상들은 자체의 속성을 다른 대상들과 공유한다. 그것들은 특이하지 않다. 게다가 나를 유쾌하

---

17   발타사르 그라시안Baltasar Gracián(1601~1658)은 예수회 신학교 학장을 역임한 스페인 바로크 문학의 대가이며 철학자다. 저작으로는 《영웅*el Heone*》과 《비평가*el Criticon*》가 있다. "여러분이 다른 사람으로부터 존중받고 싶다면 당신 자신을 존중하라"는 그의 가장 유명한 주장이다.(옮긴이)

게 하거나 불쾌하게 하는 것은 미각과 후각에서 압도적으로 현전한다. 쾌
나 불쾌는 직접적이며, 어떤 사유나 성찰에 의해 매개되지 않는다. … 쾌나
불쾌는 나와 일치하는가 아닌가와 거의 동일하다. 문제의 핵심은 이러하
다. 나는 직접 영향을 받는다. 바로 이러한 이유 때문에 여기에서 옳고 그름
에 대한 논쟁은 있을 수 없다. … 내가 굴을 좋아하지 않는다면, 어떠한 주
장도 굴을 좋아하라고 설득할 수 없다. 달리 말하면, 미각 문제와 관련하여
혼란스러운 점은 그것들이 소통될 수 없다는 점이다.

　　이러한 난관의 해결책은 다른 두 능력 — 상상력과 공통감 — 을 통
해 암시될 수 있다. 첫째 상상력은 … 내가 직접 대면할 필요가 없으나 어떤
의미에서 내가 내재화하고 그에 따라 비객관적인 감각을 통해 나에게 주어
진 듯이 이제 내가 영향을 받을 수 있는 어떤 것으로 대상을 변화시킨다. 칸
트는 다음과 같이 말한다. "한낱 대상을 판단하는 행위에서 기쁘게 하는 것
은 아름답다." 즉 그것이 지각에서 기쁜지 아닌지는 중요하지 않다. 단지
지각에서만 기쁘게 하는 것은 만족스럽지만 아름답지는 않다. 그것은 표상
에서 기쁘다. 상상력은 내가 그것을 이제 성찰할 수 있도록 그것을 대비해
왔다. 즉 "성찰의 작동이다." 따라서 여러분이 직접적인 현전에 의해 더 이
상 영향을 받을 수 없을 때 — 구경꾼은 프랑스 혁명 기간 동안 실제 행위에
관여하지 않았듯이 관련이 없는 — 표상에서 당신에게 영향을 미친 것들만
이 옳거나 그르거나, 중요하거나 그렇지 않다고, 아름답거나 추하거나 중
간의 어떤 것이라고 판단될 수 있다. 여러분은 그것을 더 이상 미각이라고
하지 않고 판단이라고 한다. 왜냐하면 그것이 취미 문제와 같이 여전히 여
러분에게 영향을 미친다고 하더라도 여러분은 이제 표상을 통해 적절한 거
리감, 승인이나 부인, 즉 적절한 가치로 어떤 것을 평가하는 데 필요한 거리
나 관련되지 않음 또는 초연함을 확립하고 있기 때문이다. 여러분은 대상
을 제거함으로써 불편부당성의 조건을 확립하고 있다.

　　두 번째는 공통감이다. 칸트는 가장 사적이고 주관적인 감각과 같이

보이는 것에 비주관적인 무엇인가가 있다는 것을 아주 일찍이 깨달았다. 이러한 자각은 다음과 같이 표현된다. 취미 문제, "아름다운 것은 사회에서만 관심을 갖게 한다. … 무인도에 홀로 버려진 사람은 자기 오두막이나 인격을 치장하지 않을 것이다. … [사람은] 다른 사람들과 공동으로 하나의 대상에 만족을 느낄 수 없다면 그것에 만족하지 않지만",[18] 우리는 노는 중에 속일 경우 우리 자신을 멸시하지만 들켰을 때만 부끄러워한다. 즉 "우리는 취미 문제의 경우 다른 사람들을 지지하거나" 다른 사람들을 기쁘게 하기 위해 단념해야 한다 *Wir müssen uns gleichsam anderen zu gefallen entsagen*. 마지막으로, 그리고 가장 근본적으로 "취미에서 이기주의는 극복되며", 우리는 단어의 원래 의미로 사려 깊다. 우리는 다른 사람을 위해 우리의 특별한 주관적 조건을 극복해야 한다. 달리 말하면, 비객관적 감각에서 비주관적 요소는 상호주관성이다. (여러분은 사유하기 위해 홀로 있어야 한다. 그러나 여러분을 음식을 향유하기 위해 동료를 필요로 한다.)

판단, 특별히 취미판단은 항상 다른 사람들을 성찰하고 … 그들의 가능한 판단을 고려한다. 이것은 내가 인간이고 사람들의 무리 밖에서 살 수 없기 때문에 필요하다. … 판단과 취미의 근본적인 타자 지향성은 감각 자체의 바로 그 본질, 즉 절대적으로 이질적인 본질과 최대한 가능한 대립 상태에 있는 것 같다. 따라서 우리는 다음과 같은 결론을 내리고 싶어 한다. 판단 능력은 이러한 감각에서 잘못 도출된다. 이러한 도출의 완전한 함의를 잘 의식하고 있는 칸트는 그것이 올바른 도출이라는 것을 여전히 확신한다. 그리고 자기 입장에서 가장 설득력 있는 현상은 전적으로 옳은 자신의 관찰, 아름다운 것의 진정한 반대는 추함이 아니라 "역겨움을 야기하는 것"이다. 그리고 칸트가 원래 도덕적 취미 비판을 … 집필하려고 기획했다는 것을 잊지 말자.

---

18   칸트, 《판단력비판》, no. 41 "미적인 것에 대한 경험적 관심에 대하여."(옮긴이)

··· 상상력의 작용. 여러분은 더 이상 현전하지 않고 ··· 당신에게 직접 영향을 미치지 않는 대상을 판단한다. 물론 그 대상이 당신의 외감에서 벗어나 있는 동안, 그것은 이제 당신의 내감의 대상이 된다. 여러분이 부재하는 것을 여러분에게 드러낼 때, 당신은 그러한 감각을 사실상 차단하며, 객관성 형태의 대상은 그 감각에 의해 당신에게 주어진다. 취미 감각은 내감과 마찬가지로 당신이 당신을 느끼는 듯이 있는 감각이다. ··· 상상력 작용은 "성찰의 작용"을 위해 대상을 준비한다. 그리고 이 성찰의 작용은 무엇인가를 실제로 판단하는 활동이다.

··· 여러분은 눈을 감음으로써 가시적인 대상에 직접 영향을 받지 않아 공평한 구경꾼이 된다. 눈먼 시인이다. 또한 여러분의 외감이 지각한 것을 외감을 위한 대상으로 만듦으로써 감각적으로 주어진 다양한 것을 압축하고 응축하며, 정신의 눈으로 볼, 즉 특수한 것들에 ··· 의미를 부여하는 전체를 볼 수 있는 위치에 있게 된다.

이제 제기되는 질문은 다음과 같다. 성찰 작용의 기준은 무엇인가? ··· 내감은 취미와 마찬가지로 선택하기 때문에 취미라 불린다. 그러나 이러한 선택 자체는 다시 한 번 다른 선택에 영향을 받는다. 여러분은 기쁘다는 바로 그 사실을 승인하거나 부인할 수 있다. 그것은 "시인이나 부인"에 영향을 받는다. 칸트는 다음과 같은 사례를 제시한다. 즉 "다정하지만 극빈한 아버지의 상속인이 되는 상태의 궁핍하지만 선한 사람의 기쁨", 또는 반대로 "깊은 고뇌가 그것을 경험한 사람을 충족시킬 수 있다(훌륭한 남편의 죽음을 맞이하는 과부의 비애), 또는 ··· 만족감이 이외에도 기쁨을 줄 수 있다(우리가 추구하는 학문에서와 같이), 또는 고통(예컨대 증오, 시기, 보복)이 더욱 불쾌감을 줄 수 있다."[19] 이러한 시인과 부인은 모두 추후 사유다. 여러분이 과학적 연구를 수행하고 있는 동안 여러분은 그것을 행복하게 수행하고

19   *Ibid.*, no. 54 "주해."(옮긴이)

있다고 모호하게 자각할 수 있으나, 이후 그것에 대해 성찰하는 과정에서만 여러분은 — 이것을 시인하는 — 예외적인 "쾌"를 누릴 수 있을 것이다. 이 예외적인 쾌에서 대상은 더 이상 기쁨을 주지 않지만, 우리는 그것이 기쁨을 준다고 판단한다. 여러분이 이것을 자연이나 세계 전체와 연계한다면 여러분은 다음과 같이 말할 수 있다. 즉 우리는 자연세계가 우리를 기쁘게 하는 것에 기쁘다. 시인 행위 자체가 기쁨을 주며, 부인 행위 자체는 불쾌감을 준다. 따라서 질문은 이러하다. 여러분은 시인과 부인 가운데 어느 것을 선택하는가? 사례들을 고려한다면 여러분은 한 가지 기준을 짐작할 수 있다. 그 기준은 소통 가능성이나 공개성이다. 여러분은 아버지의 죽음을 기뻐하거나 증오하거나 시기하는 감정을 지나치게 알리고자 하지 않을 것이다. 다른 한편 여러분은 과학적 연구 수행을 좋아하고 훌륭한 남편의 죽음에 대한 비애를 숨기려 하지 않는다는 것을 말할 죄책감을 갖지 않을 것이다.

기준은 소통 가능성이며, 그것을 결정하는 기준은 공통감이다.

감각의 소통 가능성에 대하여.[20]

"우리는 누구나 우리 자신과 똑같은 감각기관(감관)을 가지고 있다고 추정할 수 있기 때문에" 감관 감각이 "일반적으로 소통 가능하다"는 것은 사실이다. "그러나 이것은 어떤 단일한 감관지각을 전제할 수는 없다." 이러한 감관지각은 사적이며, 어떠한 판단도 역시 관련되지 않는다. 즉 우리는 단지 수동적이고 반응할 뿐이지 마음대로 무엇인가를 상상하거나 그것에 대해 성찰할 때의 우리와 같이 자발적이지 않다.

그것과는 대조적으로 우리는 도덕적 판단을 발견한다. 칸트에 따르면, 도덕적 판단은 필요하며, 실천이성에 의해 좌우된다. … 도덕적 판단은 비록 〔소통될〕 수 없다고 하더라도 여전히 타당할 것이다.

또한 우리는 미에 대한 판단이나 쾌감을 갖는다. "이 쾌감은 상상력을 통해 … 판단력의 절차의 도움으로 하나의 대상에 대한 일반적인 파악(*Auffassung*; 지각이 아님)을 수반한다. 이 쾌감은 극히 일반적인 경험을 위해 판단력의 절차를 수행한다." 일부 그러한 판단은 우리가 세계와 관계를 맺고 있는 모든 경험에 있다. 이러한 판단은 "우리가 누구에게나 전제해야 하는 공통되고 건전한 지성*gemeiner und gesunder Verstand*"에 기반을 두고 있다. 이 "공통감"은 어째서 우리가 항상 공유하면서도 감관감각의 합의를 보장하지 않는 다른 감각과 구별되는가?

일종의 공통감으로서의 취미에 대하여[21]

용어는 바뀐다. 공통감은 우리의 다른 감각과 똑같이 하나의 감각 — 매우 사적인 상황의 모든 사람에게 똑같은 감각 — 을 의미했다. 칸트는 라틴어를 사용해 자신이 다른 것을 생각하고 있다는 것을 암시한다. 그는 공통감을 공동체에 우리를 적응시키는 예외적인 감각 — 예외적인 정신 능력(인지 또는 오성; Menschen*verstand*)과 같이 — 이란 뜻으로 말한다. "사람들에 대한 공통된 이해는 인간이란 명칭을 요구하는 어떤 사람으로부터 기대할 수 있는 최소한의 조건이다." …

공통감은 특별히 인간적인 감각이다. 소통, 즉 말은 공통감에 기반을 두기 때문이다. … "정신 이상의 유일한 일반적 징후는 공통감의 상실과 자신의 감각(사적 감각)을 주장할 때의 논리적 완고함이다."[22]

---

21   *Ibid.*, no. 40.(옮긴이)

22   칸트,《인간학》제1부 '인간학적 교훈', 제1권 〈인지 능력에 대하여〉.(옮긴이)

우리는 *sensus communis*의 범위에 모두에게 공통된 감각이란 이념, 판단 능력이란 이념을 포함해야 한다. 이 판단 능력은 성찰에서 자신의 판단과 인류의 집단적 이성을 대비하기 위해서 사유에서 다른 모든 사람들의 재현 양태를 (선험적으로) 고려한다. … 이것은 우리의 판단을 다른 사람들의 실제적인 판단보다는 가능한 판단과 대비시킴으로써, 그리고 우리 자신을 다른 모든 사람들의 위치에 두고 우리 자신의 판단에 우연히 부가된 한계로부터 벗어남으로써 행해진다. … 이제 성찰 작용은 너무나 인위적이어서 공통감이라 불리는 능력에 귀속될 수 없는 것 같지만 추상적인 공식으로 표현될 때 오로지 그렇게 나타난다. 우리가 보편적 규칙으로서 기여할 수 있는 판단을 추구하고 있다면 매력이나 감동으로부터 벗어나는 것만큼 자연스러운 일은 없다.

이어서 이런 공통감의 준칙이 나타난다. 스스로 사유하기(계몽의 준칙), 다른 모든 사람의 입장에서 사유하기(확장된 심성의 준칙), 그리고 항상 자기 자신과 일치하게 사유하기(일관성의 준칙; *mit sich selbst einstimmig denken*).

이러한 준칙은 인지 문제가 아니다. 진리는 여러분을 강요하며, 여러분은 어떠한 "준칙"도 필요하지 않다. 준칙은 의견 문제와 판단에만 적용되고 필요하다. 여러분의 행위의 준칙이 도덕 문제에서 여러분의 의지의 질을 증명하는 것과 마찬가지로, 판단의 준칙은 공동체 감각에 의해 지배되는 세계 문제에서 당신의 사유의 전환*Denkung sart*을 증명한다.

인간의 천부적 재능이 도달하는 영역과 정도가 아무리 작다고 하더라도, 그가 만약 그렇게 많은 사람들을 제한하는 자기 판단의 주관적인 조건을 무시하고 (그가 다른 사람들의 관점에 자신을 위치시킴으로서 오로지 결정할 수 있는 일반적 관점에서) 자신의 판단을 성찰한다면, 그것은 확장된 사유 방식을 가진 사람을 암시한다.

… 취미는 이러한 "공동체 감각*gemeinschaftlicher Sinn*"이며, 여기에서 감각은 "성찰이 정신에 미치는 효과"를 의미한다. 이 성찰은 그것이 마치 감관감각인 듯이 나에게 영향을 미친다. … "우리는 취미를 개념의 매개 없이 주어진 표상(지각이 아님)에서 우리의 느낌(감관감각과 같이)을 일반적으로 소통 가능하게 하는 것을 판단하는 능력으로 정의할 수도 있었다."

우리가 만약 느낌의 한낱 일반적인 소통 가능성이 우리를 위한 관심을 그 자체로 지녀야 한다고 상정할 수 있었다면 … 우리는 취미판단의 느낌이 말하자면 의무로서 누구에게나 왜 전가되는지를 설명할 수 있어야 한다.

… 이러한 판단의 정당성은 제대로 말하자면 판단이 아닌 인지적 또는 과학적 명제의 정당성을 결코 〔지니지〕 않는다. (여러분이 하늘은 푸르다거나 둘 더하기 둘은 넷이라고 말한다면, 여러분은 "판단하고" 있지 않다. 즉 여러분은 감관이나 정신의 증거에 의해 강요된 것을 언급하고 있다.) 이러한 면에서 여러분은 판단 — 이것은 아름답다, 이것은 틀렸다(그러나 칸트는 도덕적 판단이 성찰과 상상력의 산물이라고 믿지 않으며, 따라서 그것들은 엄격히 말하자면 판단이 아니다) — 에 동의하라고 결코 다른 사람을 강요할 수 없고, 단지 다른 모든 사람의 동의를 "호소하고 요청할" 수만 있다. 그리고 여러분은 이러한 설득 행위에서 실제로 "공동체 감각"에 호소한다. … 여러분의 취미가 덜 특이하면 할수록 그것은 더 잘 소통될 수 있다. 소통 가능성은 역시 시금석이다. 칸트에게서 부편부당성은 "초연함", 즉 미적인 것에 대한 기쁨이라 불린다. … 따라서《판단력비판》의 41이 "미적인 것에 대한 관심"을 밝히고 있다면, 그것은 실제로 "초연함에 대한 관심"을 의미하는 것이다. … 우리가 무엇인가를 아름답다고 하기 때문에, 우리는 "그 존재에 대한 기쁨"을 가지고 있으며, 그것은 "모든 관심이 포함되어 있는 곳이다." (칸트는 수기에 있는 자신의 성찰에서 미적인 것은 자기관심 없이*ohne Eigennutz* 좋아하는 법을 가

648

르친다고 지적한다.) 그리고 이러한 관심의 특이한 성격은 그것이 "오로지 사회에 관심을 갖고 있다"는 것이다.

… 칸트는 우리의 정신 능력들 가운데 적어도 하나, 즉 판단 능력이 다른 사람들의 현전을 전제한다고 강조한다. 그리고 우리의 영혼기관 전체는 말하자면 … 우리가 어의적으로 판단이라고 부르는 것과 연계되어 있다. 여러분은 여러분의 느낌, 즉 기쁨과 초연한 환희를 소통함으로써 선택하고, 여러분의 동료를 선택한다. "나는 피타고라스학파를 따라 진리를 얻기보다는 차라리 잘못된 견해를 얻게 된다고 하더라도 플라톤을 따르고자 한다."[23]

마지막으로 여러분이 소통하려는 사람의 영역이 넓어지면 넓어질수록 대상의 가치는 더 커진다.

누구나 그러한 대상에 대해 갖는 기쁨이 비록 하찮고〔즉 그가 그것을 공유하고 있지 않은 한〕 그 자체로 어떤 현저한 관심을 갖고 있지 않다고 하더라도, 일반적 소통 가능성 이념은 거의 무한한 정도로 그 가치를 증대시킨다.

이 부분에서《판단력비판》은 영구 평화 속에서 살고 있는 통합된 인류에 관한 칸트의 심의를 포함한다.

… 만약 모든 사람이 다른 모든 사람으로부터 〔기쁨, 초연한 기쁨의〕 일반적 소통에 대한 이러한 연관을 기대하고 요구한다면, 〔우리는〕 인류 자체에 의해 제시된 원시 계약이 〔마치 존재한 듯한 지점에 도달할 것이다〕.

… 모든 개별 인간에 존재하는 이러한 인류 이념을 통해서 사람들은

---

23   키케로,《투스쿨룸 대화》제1권〈영혼은 신들의 영역에서 영원한 삶을 누린다〉37.(옮긴이)

인간적이며, 이러한 이념이 행위와 판단의 원리가 되는 정도로 그들은 문
명화되고 인간적이게 될 수 있다. 행위자와 구경꾼은 바로 이 지점에서 통
합된다. 행위자의 준칙과 구경꾼이 세계의 광경을 판단하는 "기준", 준칙
은 하나가 된다. 사실 행위의 정언명령은 다음과 같다. "이 최초 계약을 일
반 규칙으로 현실화할 수 있는 준칙에 따라 항상 행동하라."

　결론적으로 나는 일부 난점을 정리하려고 한다. 판단의 주요 난점은
판단이 "특수한 것을 판단하는 능력"이다. 그러나 사유하는 것은 일반화하
는 것을 의미하며, 따라서 판단은 특수한 것과 일반적인 것을 신비하게 결
합하는 능력이다. 일반적인 것이 주어진다면 — 규칙, 원칙, 법칙 — 이것
은 비교적 용이하며, 따라서 판단은 일반적인 것 아래 특수한 것을 단지 포
함한다. "일반적인 것을 발견하기 위한 특수한 것만이 제시된다면" 난점은
더 커진다. 왜냐하면 기준은 경험으로부터 차용될 수 없고, 외부에서 도출
될 수 없기 때문이다. 나는 다른 특수한 것으로 하나의 특수한 것을 판단할
수 없다. 나는 그 가치를 결정하기 위해서 두 가지 특수한 것과 연관되면서
또한 양자와 다른 것*tertium quid or tertium comparationis*을 필요로 한다.

　두 이념은 현실적인 세 번째 비교로 칸트에게 나타나는데, 여러분은
판단에 도달하기 위해 이를 성찰해야 한다. 이것은 정치적 저작, 때론 《판
단력비판》에서도 인류 전체의 최초 계약 이념이며, 이 이념으로부터 인간
의 인간다움을 실제로 구성하는 것인 인류의 개념이 도출된다. 인류는 이
세계, 즉 인간들이 일련의 세대 속에서 공동으로 거주하고 공유하는 세계
에서 살고 있고 죽는다. 여러분은 또한 《판단력비판》에서 합목적성 이념을
발견한다. 칸트가 말하듯이, 현실태 자체의 기반을 필요로 하고 포함하는
특수한 것으로서 모든 대상은 목적을 지닌다. 목적이 없는 것 같은 유일한
대상들은 한편으로는 미적 대상이며 다른 한편으로는 사람들이다. 여러분
은 어떤 목적 때문에*quem ad finem*라고 질문을 할 수 없다 — 그것들은 아무짝
에도 쓸모가 없기 때문이다. 그러나 … 외견상 목적이 없는 다양한 자연뿐

만 아니라 목적 없는 예술 대상은 사람들을 기쁘게 하고 세계에서 사람들을 편하게 하는 "목적"을 가지고 있다. 이것은 결코 입증될 수 없다. 그러나 합목적성은 여러분의 반성적 판단에서 여러분의 성찰을 규제하는 이념이다.

말하자면 칸트의 두 번째 나는 사유한다는 훨씬 가치 있는 해결책이다. 그것은 *범례적 타당성*이다. ("범례는 판단의 보행기다.") 그게 무엇인지 살펴보자. 모든 특수한 대상, 예컨대 탁자는 상응하는 개념을 가지고 있으며, 우리는 이를 통해 탁자를 탁자로 인식한다. 여러분은 이것을 플라톤의 "이념"이나 칸트의 도식으로 생각할 수 있다. 즉 여러분은 여러분의 정신의 눈앞에 모든 탁자가 다소간 따라야 하는 도식적이거나 단순히 형식적인 탁자 형상을 갖고 있다. 역으로 여러분이 삶 속에서 보아왔던 수많은 탁자에서 온갖 이차적인 속성을 제거한다면, 모든 탁자에 공통된 최소한의 속성을 포함한 탁자 일반이 남을 것이다. 그것은 추상적인 탁자다. 여러분은 가능성 하나를 더 갖게 되며, 이때 인식이 아닌 판단에 참여하게 된다. 여러분은 자신이 최선의 탁자라고 판단한 어떤 탁자를 만나고 이에 대해 사유할 수 있으며, 이 탁자를 탁자란 실제로 어떠해야 하는가라는 *범례적 탁자*로 받아들일 수 있다. (범례는 '제거하다*eximere*'라는 말에서 나와서 '어떤 특수한 것을 선발하다'라는 뜻을 갖게 되었다.) 범례는 특수성 자체가 달리 정의될 수 없는 일반성을 드러내는 특수한 것이며, 이것으로 존재한다. 용기는 아킬레우스와 같다.

우리는 관여하고 있기에 전체의 의미를 결코 보지 못하는 행위자의 편파성에 대해 언급했다. … 이러한 양상은 미적인 것이나 어떤 행위 자체에는 타당하지 않다. 칸트의 표현에 따르면, 미적인 것은 목적 자체다. 왜냐하면 그것의 가능한 모든 의미는 다른 것과 연계성을 갖고 있지 않으며, 사실 다른 아름다운 것과 연계성을 지니지 않은 채 그 자체에 내재되어 있기 때문이다. 칸트 자신에게도 이러한 모순은 있다. 무한한 진보는 인간 종의 법칙이다. 동시에 인간의 품위는 보이는 것, 어떤 비교도 없이 시간, 인류

일반과 무관하게 그 자체로 반사하는 특수성 상태의 … 온갖 단일한 것을
요구한다. 달리 말하면 진보 이념 — 그것이 한낱 상황의 변화와 세계의 증
진 이상이라면 — 은 칸트의 인간의 품위라는 개념과 모순된다.

옮긴이 해제

정신의 삶과 정치적 삶의 원형을 찾아서

한 능력의 역사를 밝혀내는 것은
이념의 역사를 따르려는 노력으로
쉽게 오해될 수 있다.
— 아렌트,《의지》

왜 아렌트인가?

역사의 경험은 항상 우리에게 포착하기 어려운 무엇으로 등장한다. 현상은 자신을 드러내면서도 은폐하기 때문이다. 마찬가지로 아렌트의 삶과 사상은 많은 독자로부터 관심을 받지만, 편안하게 접근하기 어려운 수수께끼 같기도 하다. 유대인다움과 유럽인다움을 지닌 아렌트는 자신의 주장대로 '전통이 붕괴된 시대'에 형이상학 전통과 '뒤틀린' 세계에 맞서 투쟁하면서 어떻게 화해할 것인가를 모색했기 때문이다.[1] 이러한 지적 고뇌를 담은 아렌트의 저작들은 우리 시대의 독자들에게 여전히 유효한 의미를 지닌다.

이 해제논문 원본은 내가 《정신의 삶》(1978) 제1권 《사유》를 우리말

---

[1] 아렌트의 유대인성과 유럽인성을 함께 고찰할 수 있는 유작으로는 제롬 콘Jerome Kohn, 론 펠드만Ron H. Feldman 편,《유대인 문제에 대한 성찰The Jewish Writings》(New York: Schocken Books, 2007)이 있다. 형이상학 전통 및 뒤틀린 세계와의 투쟁과 더불어 화해를 조명하는 유작으로 제롬 콘 편,《난간 없는 사유Thinking Without a Bannister》(New York: Schocken Books, 2018)가 있다.

로 번역하기에 앞서 1998년 12월 한국정치학회 연례학술회의에서 〈아렌트의 '정신의 신화'와 그 정치적 함의: 정신의 삶의 역사를 중심으로〉라는 주제로 발표했으며,《한국정치학회》제33집에 게재되었다. 이후《정신의 삶》 제1권을 번역해 2004년 출간하기까지 만 5년이 소요되었다. 그리고《정신의 삶》 제2권《의지》는 2014년부터 번역하기 시작했으나 개인 사정으로 번역 작업을 잠시 중단하고 또다시 5년이 지난 뒤에야 번역을 완성했다. 그렇게 통합본을 출간하기까지 어느덧 20년이란 시간이 지났다.

　　나는 통합본 출간을 준비하면서 제1권《사유》에 이미 수록한 해제논문을 다시 검토하고 몇 가지 사항을 추가로 반영하려고 했다. 첫째, 지난 20년 동안 아렌트의 정치철학, 특히《정신의 삶》과 관련한 다른 저작뿐만 아니라 훌륭한 연구 결과들이 다수 출간되었기에 이러한 결실을 반영할 필요가 있었다.[2] 2006년 아렌트 탄생 100주년에 즈음하여 국내외에서 개최된 학술회의에서 많은 연구물이 나왔다. 한국아렌트학회도 이때 창립되었다.[3] 둘째, 아렌트의 저작 대부분이 우리말로 소개되면서 아렌트에 대한 독자들의 관심은 지속적으로 증대되었으나《정신의 삶》은 다른 저작에 비해 상대적으로 주목을 받지 못했다. 2016~2017년 촛불집회가 진행되는 동안 무사유와 악의 평범성에 관한 주장은 언론에 많이 소개되었으나 정신의 삶이 우리의 삶에서 어떤 의미를 지니는가에 대한 논의는 전문가들의 담론 영역에 주로 머물러 있었다. 나는 이 책을 읽는 독자들이 그 윤곽을 이해하는 데 약간의 도움을 주기 위해 2004년 당시 가졌던 해제논문의 문제의식과 기본 틀은 유지하되 변화된 상황을 반영하기 위해 내용을 대폭 수정하고 보완했다.

2　　정신의 삶과 관련해 두 저작을 참조할 것. Hannah Arendt, *Denktagebuch: 1950 bis 1973*(Müchen and Zürich: Piper, 2002); Roger Berkowitz and Ian Storey, eds. *Artifacts of Thinking*(New York: Fordam University Press, 2017).

3　　한나 아렌트 탄생 100주년 기념 학술회의에서 발표된 논문은《한나 아렌트와 세계사랑》(인간사랑, 2009)에 수록되어 있다.

　나는 '왜 아렌트인가?'에 대한 답변을 2004년 해제논문에서 다음
과 같이 제시했다. "우리 시대는 과연 20세기의 질곡을 완전히 벗어나 새롭
게 탄생하고 있는가? 아직은 아니다. 삶이었기에 귀중하지만 그 일부는 포
기해야만 한다. 그러나 '참신성의 파토스'는 완전히 작동되고 있지 않다."[4]
그렇기에 아렌트에 대한 관심이 증대되고 있지 않은가! 아렌트에 대한 관
심은 단순한 지적 호기심의 차원을 넘어서고 있다. 아렌트의 독자는 그녀
의 생존 당시보다 더 증가하는 추세다. 그녀의 지적 궤적에 대한 지대한 관
심은 시대의 변화를 반영하고 있는 듯하다. 다나 빌라가 한때 언급했듯이,
"아렌트 르네상스와 관련해 괄목할 만한 사실은 그녀의 사상이 학문적 입
장과 학제 영역에 관계없이 주목받고 있다는 점이다. 이것은 부분적으로
아렌트의 저서가 통상적인 의미의 좌우 또는 자유주의와 보수주의라는 측
면의 범주화를 거부한다는 사실과 밀접하게 연계되어 있다."[5] 따라서 냉전
시대에 정당화되었던 정치 유형으로부터 탈피해 정치의 근본 문제를 모색
하는 새로운 시도는 21세기에 서 있는 우리 모두의 관심사일 것이다. 이러
한 흐름 속에서 아렌트의 정치 또는 '정치적인 것'에 관한 국내외 연구 결과
가 많이 출간되었다.[6] 이러한 관심에도 불구하고 우리의 현상공간에서 새
로운 정치를 모색하기란 쉽지 않다. 냉전시대의 정치문화적 관행, 권위주
의 습관, 효율성만을 사회적 난관의 유일한 해결책—시장 중심적 세계화
가 정치 형태에 미치는 영향—으로 인식하는 분위기는 오히려 정신 활동의
유의미성을 억압하는 요인으로 작용하고 있기 때문이다.

4　　홍원표, 〈아렌트 르네상스〉, 《교수신문》(2001년 1월 15일).

5　　Villa(1999), p. 3.

6　　국내의 연구 성과로는 김비환, 《축복과 저주의 정치사상: 20세기와 한나 아렌트》(한길사,
　　　2001); 김선욱, 《정치와 진리》(책세상, 2001), 서유경; 〈한나 아렌트의 정치행위 개념 분석〉,
　　　pp. 95~124, 《정치사상연구》 제3집(2000년 가을) 등을 들 수 있다. 아렌트의 정치행위론과
　　　공공영역론에 입각해 한국 민주화를 분석한 연구인 홍원표(2002) pp. 25~45를 참조할 것.

그렇다면 20년 후인 현재 우리의 관점에서 왜 아렌트인가? 2016~ 2017년 촛불집회를 회고해보자. 박근혜 정부의 국정농단을 계기로 촉발된 촛불집회는 정치적 순응주의의 굴레에서 벗어나려는 시민들 개개인의 자발적 정치 행위의 범례다. 촛불집회 참여자들 대다수는 국정농단으로 붕괴된 '정의'란 무엇인가를 스스로 사유하는 계기를 가졌을 뿐만 아니라 정의를 복원시켜야 한다는 자유의지를 실천했다. 촛불집회 참여는 정치적·반성적 판단의 결실이다. 따라서 촛불집회는 정치 행위와 정신 활동이 상호 연계되어 있다는 점을 단적으로 드러낸 사건이라고 할 수 있다. 촛불집회가 진행되는 동안 신문 등 보도 매체를 통해 아렌트는 독자들에게 자연스럽게 소개되었다. 우리는 촛불집회를 계기로 아렌트의 정치적 통찰력이 시민들의 정치적 삶에서 발현되는 광경을 목격했다. '새로운 시작' 정신은 우리의 정치사에서 그 빛이 퇴색할 때쯤이면 다시 빛을 발한다.

새로운 것을 모색하겠다는 생각과 결정은 과거의 '귀중한' 것을 포기해야 한다는 의미를 담고 있다. 전통의 종식과 새로운 정치의 모색 과정에는 '참신한 파토스'가 배어 있다. 인간들의 삶과 역사적 사건을 새로운 시작이란 관점에서 고찰하려는 아렌트의 학문적 태도는 시대를 뛰어넘어 우리에게 여전히 설득력 있는 안목을 제공한다. 그녀는 자신의 정치적 사유를 드러내고자 어떤 전통 또는 학파에 머물지 않고 이들과 비판적 거리를 유지했기 때문이다. 《정신의 삶》은 다른 저작들과 마찬가지로 그러한 면을 두드러지게 보여준다. 아렌트의 정치철학이 관심을 끄는 또 다른 이유는 그녀가 정신의 삶과 정치적 삶을 연계하고 있다는 점이다. 정치적 격변 속에서 '정신 활동 또는 정신의 삶(사유·의지·판단)'[7]의 의미에 대한 성찰 자체

---

7 여기에서는 용어상의 차이를 고려하여 활동적 삶*vita activa*의 예를 명료화할 필요가 있다. 아렌트의 경우, 'activity'란 용어는 포괄적인 범주로 사용되고 있다. 이를 '활동'으로 번

는 관심을 끌기 어렵다고 볼 수 있다. 그러나 아렌트는 두 가지 상이한 삶의 의미와 상호연계성을 이야기하기 방식으로 치밀하게 밝히고 있다.[8] 다시 말해, 그녀의 정치철학은 '정치가 없는' 정치철학이 아니라 정치를 핵심 주제로 삼고 있어서 전문적인 연구자뿐만 아니라 일반 독자들에게도 주목을 받고 있다.

아렌트는 이미 1970년 이전 출간된 저서와 논문 들을 통해 시간적 존재인 우리의 인간다운 삶을 조명하는 정치행위론, 공공영역론, 선악이론, 책임이론, 용서이론 등 많은 주장을 독특하게 제시했다. 이 책에서는 아렌트가《정신의 삶》과《칸트 정치철학 강의》에서 정신의 삶과 정치적 삶의 원형을 어떻게 구성하고 있는가를 주로 조명할 것이다. 아렌트는 그리스, 로마의 역사에서 정치 행위의 범례를 모색했기 때문에 신고전주의자 또는 "과거에 대한 향수를 갖고 있는 사상가"[9]로 평가되기도 한다. 물론 이러한 평가는 부분적으로만 수용될 수 있다. 아렌트는 정신의 삶, 더 정확히 말하

역한다. 반면에 'action'은 행위로 표현하며, 노동labour이나 작업work과 더불어 하위 범주로 사용되고, 주로 언어 행위를 지칭한다. 이 맥락에서 보면, 관조적 삶vita contemplativa에서 'thinking'이 일반 범주로서 규정될 수 있을 것이다. 그 하위 범주는 형식적 진리(예. 수학적 진리)와 연관되는 '논리적 추론logical reasoning', 경험과학에 의해 추구되는 사실적 진리와 연관되는 '인지cognition', 그리고 의미와 연관되는 '사유thought'로 구분될 수 있다. 그러나 아렌트는 'thinking'과 'thought'를 구분하고 있지 않기 때문에, 이것이 표현상의 혼돈과 어려움을 초래할 수 있다. 따라서 필자는 여기에서 'thinking'을 하위 범주로 사용하고, '사유하기'로 표기했다. 사유는 관조적 삶 — 관조는 삶의 방식이지만, 사유는 능력이다 — 과 활동적 삶, 특히 정치적 삶에 적절히 기여할 수 있다. 그리고 아렌트는 정신 활동을 삶으로 규정하고 있기에 동명사의 형태인 '사유하기'로 표현하고 있다. 그러나 여기에서는 용어 표현의 경제성을 위해 주로 '사유'로 표기했다. 이와 관련된 내용을 구체적으로 이해하기 위해서는 Steinberger(1990), pp. 814~816을 참조할 것.

8   아렌트는 자신의 저작에서 세 가지 유형의 삶을 조명하고 있다. 아감벤의 저작에서는 생물적 삶으로서의 조에zoe와 인간다운 삶으로서 비오스bios로 구분하여 아렌트의 삶의 현상학을 단순화하고 있다. 생물적 삶, 정치적 삶, 그리고 정신의 삶을 밝힌 연구로서 홍원표 (2015), pp. 37~61을 참조할 것.

9   Reinhardt(1997).

자면 정신의 삶의 역사를 조명함으로써 정신의 삶과 정치적 삶의 원형을 밝히고 있기 때문이다. 이런 측면에서 만년에 이룬 결실인《정신의 삶》과《칸트 정치철학 강의》는 아렌트 '정치철학'의 진수인 셈이다.

아렌트의 정치적 체험은 외형적으로는 철학적 성격을 띠고 있는 '정신의 신화'[10]에 대한 연구에 반영된다. 특이한 점은 위기의 시대에 살았던 플라톤의 소크라테스가 자신의 정치적 체험에 기초해 영혼의 신화를 구성했지만, 아렌트는 자신의 정치적 체험에 기초하되 정신의 삶에 대한 역사적 이해를 중심으로 정신의 신화를 구성했다는 것이다. 오르페우스와 에우리디케의 신화가 "일상적인 삶의 세계에서 사유 과정이 끝나는 순간 발생하는 것",[11] 즉 '사라짐'이란 사유의 본질을 잘 드러내듯이, 신화는 한낱 허구가 아니라 사유 경험의 본질적 의미들 가운데 하나를 어떤 구체적인 예들보다도 더 잘 드러낸다. 소크라테스가 영혼의 신화를 통해 정의국가의 기초를 마련했다면, 아렌트는 정치 공동체의 철학적 기초를 제공했다. 아렌트의 '가장 철학적인'[12] 저서인《정신의 삶; 사유/의지》와《칸트 정치철학

---

10   아렌트는《정신의 삶》제1권에서 신화에 관해 다음과 같이 언급하고 있다. "고대의 신화는 어느 학문적 용어가 표현할 수 있는 것보다 더 정확하게 사유 과정이 일상적인 삶의 세계에서 끝나는 순간 무엇이 발생하는가를 말하고 있다."(1978a, p. 86) "신화에 관한 모든 지식은 사유의 필요성이 지구상에 인간이 출현함과 동시에 나타났다고 주장할 어떠한 권리를 우리에게 제공한다."(1978a, p. 129) 이러한 의미에서 신화와 사유의 연계성은 강조되고 있다. 신화란 기본적으로 검증할 수 없는 이야기를 범주화하기 위해 사용된 개념이다. 가시적인 것을 유의미한 것으로 인식하는 과학 시대에 신화란 무의미한 것으로 이해되기 쉽다. 그러나 소크라테스는 '영혼의 신화'를 통해 이성의 실체를 밝혔으며, 서구적 전통을 형성하는 데 기여했다. 아렌트는 자신의 저서에서 영혼과 정신을 구분해 사용하고 있다. 그녀는 영혼과 정념을, 그리고 정신과 이성을 조응시키고 있다.

11   Arendt(1978a), p. 86.

12   아렌트의 연구자들은 일반적으로《정신의 삶》에 대해 이렇게 평가하고 있다. 그런데 이러한 표현은 다른 저서들의 내용이 덜 심오하다는 의미로 이해될 수 있다. 정치철학의 주요 관심사를 인간학 문제, 정신의 작용 문제, 실천 문제로 규정할 때, 1970년대 이전 저서들, 특히《인간의 조건》은 외형적으로 활동적 삶을 다루고 있지만 근본적으로 인간학 문제를 다루고 있기 때문에 철학의 근본 문제를 많이 언급하고 있다. 따라서 여기에서는 '가장 철학

강의》는 각기 '사유하기, 의지하기, 판단하기'라는 비가시적 활동의 특성을
잘 드러낸다. 따라서 나는 세 가지 정신 활동이 어떤 특성을 지닌 활동이며
서로 어떤 관계를 유지하고 있는가를 밝히려고 한다.

　　특히 정신의 삶에 대한 아렌트의 연구에서 정신 활동의 기본 특성과
이들 사이의 관계에서 작동되는 기본 원리가 정치 행위나 공공영역의 원리
와 동일한 특성을 지니고 있다는 점을 이 글 후반부에서 밝힐 것이다. 달리
말하면, 정치적 체험과 정신 활동의 문제를 고찰하고, 아렌트의 저술 기법
에 입각해 정신의 신화와 그 정치적 함의를 고찰함으로써 정신 활동이 왜
우리의 정치적 삶에 중요한가를 밝히고자 한다. 첫째, 우리 모두에게 공통
적으로 존재하는 '하나 속의 둘'을 이해하고자 안과 밖 넘나들기를 통해 정
신 활동과 현상세계 사이의 관계, 즉 가시성과 비가시성의 상호작용에 대
해 살펴본다. 둘째, 아렌트가 정신의 삶의 역사를 구성하면서 사용했던 긍
정과 부정(반전과 재반전, 또는 보충과 확장) 방식을 적용해 저술의 기본 구도
를 밝힌다. 셋째, 개별화 및 상호연계 방식으로 정신 활동들 사이의 관계(대
립과 상호공존), 정신 활동들과 현상세계(특히 정치 영역) 사이의 '특별한' 관
계를 부각한다. 이러한 시도는 "현상과 존재는 일치한다"[13]는 주장의 구체
적인 양태들을 밝히면서 정신의 삶과 정치적 삶의 원형을 찾는 데 기여할
것이다.

적'이란 표현을 정신의 삶, 즉 비가시적 삶에 대한 철학적 전통과 자신의 입장을 제시하고
자 한 점, 즉 관조적 삶을 다룬 점에서 이해하는 것이 바람직하다. 차이점을 지적하자면, 아
렌트는 만년의 저서에서 활동적 삶이 아닌 정신의 삶 자체의 관점에서 다루고 있다.

13　　Arendt(1978a), pp. 10, 19~20. 사실 이 말은 존재하는 것과 그것이 나타난 것이 둘로 분리
　　되는 것이 아니라 결국 하나라는 입장이다. 아렌트는 존재 자체와 나타난 것을 가르는 것에
　　는 이미 부당한 지배 구조가 들어 있다고 보기 때문이다. 그는 이러한 맥락에서 정신의 삶과
　　정치적 삶의 원리가 동일하다는 점을 강조하고 있다. 예컨대, 아렌트는 정신의 삶에서 다원
　　성, 정체성, 윤리성의 원리가 작동되듯이, 외면적 공공영역에서도 세 가지 원리가 작동되어
　　야 한다는 점을 강조한다.

어두운 시대의 체험과 이야기하기

아렌트는 이야기하기 방식으로 서양의 전통과 역사적 사건, 그리고 자신의 정치적 체험을 독특하게 말한다.[14] 근대성뿐만 아니라 악의 근본성을 비판한 《전체주의의 기원》(1951), 활동적 삶의 특성을 밝힌 《인간의 조건》(1958), 근대의 시간 개념과 역사 개념을 비판한 《과거와 미래 사이에서》(1961), 근대 혁명과 정치의 특성을 지적한 《혁명론》(1963), 무사유와 악의 관계를 부각한 《예루살렘의 아이히만》(1963), 위기의 시대에 빛을 밝힌 사람들을 부각한 《어두운 시대의 사람들》(1968), 그리고 《정신의 삶》(1978) 등은 모두 이야기하기 방식으로 서술되었다. 이 논문을 집필하던 1998년 이후 출간된 유작들, 즉 《책임과 판단》(2003), 《정치의 약속》(2005), 《문학과 문화에 대한 성찰》(2007), 《유대인 문제에 대한 성찰》(2007), 그리고 《난간 없는 사유》(2018)도 마찬가지일 것이다.

한마디로, 아렌트는 초기 저서부터 '판단'에 관한 미완의 저작에 이르기까지 과거의 경험이 일종의 이야기하기로 이해될 수 있다는 신념을 유지하고 있다.[15] 아렌트는 이 저작들을 통해 근대와 현대 정치의 질곡 또는 근대성의 '질병'을 비판하고 그 대안을 모색한다. 특히 아렌트는 기존의 인

---

14 아렌트의 '이야기하기story-telling'는 유한한 존재인 인간들이 불멸성을 추구함으로써 이루어지는 행위다. 이야기하기는 정신의 삶에서는 '소리 없는 대화'로 변형되고, 공공영역에서는 '논쟁과 대화', 즉 가장 정치적인 행위로 변형된다. 이야기하기는 또한 구두의 행위로 또는 글쓰기 행위로 진행될 수 있다. 이와 관련해서는 홍원표(1995)를 참조할 것.

15 이러한 것을 **구체적으로** 드러내는 예로서, 아렌트의 저서에는 정치학의 범주에 포함되지 않는 소설, 시, 역사 등 인문학과 관련된 인용이 상당히 많다. 따라서 아렌트는 이야기하기 과정에서 은유법, 모순어법, 과장어법을 많이 사용하고 있다. 과장어법의 대표적 예로서 집단수용소를 지옥으로 표현한 것, 모순어법의 예로서 '소리 없는 대화'를 들 수 있다. 아렌트는 이러한 어법을 통해 특정한 정치적 사건의 의미를 더 명료하게 전달하고자 했다. 따라서 아렌트의 이러한 어법을 고려하지 않을 경우, 그의 저서를 이해하는 데 많은 어려움이 따른다.

식 틀로는 이해할 수 없는 현대의 사건들을 이야기하기 방식으로 조명함으로써 기존의 학문적 지평을 뛰어넘을 뿐만 아니라 '어두운 시대'에 방향을 제시할 수 있는 빛을 밝혀주고자 했다. 물론 이야기하기는 1980년대 탈근대론이 등장하면서 부각되었지만,[16] 아렌트는 이미 일종의 저항 행위인 이야기하기를 통해 독자적인 정치철학을 구축했다.

아렌트는 소녀 시절 친구인 안네 멘델스존 바일의 제안으로 《라헬 파른하겐: 한 유대인 여성의 삶》이란 전기를 출판했다. 영-브륄은 아렌트의 삶과 사상을 이야기하기 방식으로 조명한 지적 전기 《한나 아렌트: 세계 사랑을 위하여》를 출간했다. 아렌트의 생애와 학문적 위대성에 관한 이야기하기는 새로운 정치질서를 모색하고 이해하려는 연구자들에게 많은 정치적 상상력을 제공한다. 여기에서는 아렌트의 정치적 체험에 관한 이야기 전체 또는 유럽의 사상적 전통 전체를 조명하지 않고 주로 '정신의 삶' 3부작의 저술 과정과 그 의미를 중점적으로 밝힌다.

아렌트는 일생 동안 과거의 정치적 체험을 기억으로 현재화하고 그 의미를 부각하려고 했다. 아렌트는 과거의 역사를 어떻게 공평하게 판단할 수 있는가를 성찰함으로써 그것에 새로운 의미를 부여하는 데 역점을 두었다. 이것이 아렌트 정치철학의 참신함을 보여주는 동인이 되었다. 아렌트는 과거지향적인 입장에 머물지 않고 자유의지에 따라 자신의 사유 활동과 판단 활동을 현상세계에 노출했다. 철학 탐구로 학문 활동을 시작했으나 정치적 대재앙을 경험하면서 정치 문제에 관심을 가졌던 아렌트는 자신의

---

16 푸코, 데리다 등의 탈근대론자들은 '과거의 망각'을 위해 이야기하기 방식을 사용하고 있지만, 아렌트는 과거의 역사라는 쓰레기더미 속에서 진주를 발굴하기 위해 이야기하기를 강조하고 있다. 물론 이야기하기는 기존의 전통을 부정한다는 점에서 저항 행위와 연관된다. 탈근대론은 이러한 관점에서 이야기하기를 부각하고 있으나, 아렌트는 단순히 저항만이 아니라 조화를 창출하는 데도 관심을 갖고 있다. 이 부분이 푸코, 데리다 등의 탈근대주의자와 아렌트의 차이점이다. 아렌트를 탈근대적·탈형이상학적 사상가로 평가하고 있는 내용에 대해서는 Villa(1996: 2000)를 참조할 것.

'정치철학'을 마무리하는 데 노력을 기울였다.[17] 따라서 아렌트는 뉴스쿨과 시카고대학교에서 '칸트의 정치철학'을 강의한 1970년부터 1975년 12월 4일 서거하기 직전까지 사유·의지·판단 문제를 탐구하는 데 전념했다. 아렌트의 지적 노력 덕택에 이때까지 모습을 제대로 드러내지 못했던 정신의 삶의 역사 가운데 상당 부분은 노출 현상으로 바뀌었다.

아렌트는 정치 행위나 정치적 사건에 관한 이론적 저술에서도 이미 정신의 삶에 관한 내용을 간헐적으로 또는 단편적으로 제시했다. 전체주의에 대한 체험은 이러한 연구의 출발점이 되었다. 특히 아이히만 재판은 정신의 삶에 대한 정치철학적 연구를 촉진시키는 직접적 계기가 되었다. '정신의 삶' 3부작은 활동적 삶의 관점보다 정신의 삶을 통해 자신을 이해하는 내용으로 구성되어 있다. 《전체주의의 기원》이 '악의 근본성'[18]을 다루고 있지만, 전체주의의 잔재인 아이히만 현상은 악행의 특성에 대한 새로운 연구를 촉진시키는 정신적 충격이었다. 이렇듯 사유 활동에 대한 아렌트의 관심은 그 잠재적인 정치적 차원—정치적 위기 상황에서만 자각되는 잠재력—다시 말해 유의미한 공동체를 가능케 하고 세련화하기 위한 잠재적 연

---

17   대다수 학자들은 아렌트가 《정신의 삶》을 저술함으로써 다시 철학의 문제에 관심을 가지게 되었다고 주장한다. 주로 철학 영역에서 제기되는 문제를 다루고 있기 때문에 이러한 평가가 가능하다. 그러나 아렌트가 서문에서 밝힌 바와 같이 "정치학과 정치이론의 관점에서 이 문제를 다루고 있다는 점"(1978a, 3)에 주목해야 한다. 또한 아렌트는 이 저작으로서 이전에 행했던 정치에 관한 연구를 완결 짓고 있다. 역자 역시 이 점을 고려해 "정신의 삶과 정치적 삶의 원형을 모색"이라는 점을 강조하고자 한다.

18   "전체주의의 최종 단계에서 절대적 악이 나타나는(그것이 인간적으로 이해 가능한 동기로부터 더 이상 연역될 수 없기 때문에 절대적인) 게 참이라면, 전체주의가 존재하지 않았을 경우에 악의 진정으로 근본적인 본질을 결코 이해할 수 없었으리라는 것 또한 진실이다"(Arendt, 1951, ix). 아렌트는 《정신의 삶》 서론에서 악한 욕망의 근원을 찾는 사상적 전통을 거부하고 악의 평범성을 주장한다. 아울러 그는 《혁명론》에서 사회적 문제를 고찰하는 과정에서 윤리-도덕적 의미의 선악과 천성적인 자비와 사악함을 비교한다. 빌리 버드는 선을 지키기 위해 클래가트의 사악함에 대항하다가 살인을 했다. 이를 애석하게 생각하는 베르 선장은 정치적 관점에서 빌리 버드에게 사형선고를 내렸다. 이와 같이, 아렌트는 《전체주의의 기원》, 《예루살렘의 아이히만》, 《혁명론》에서 자신의 독특한 '악에 관한 이론'을 제시하고 있다.

관성에 초점을 맞추고 있다.[19] 아렌트는 정치적 삶과 정신의 삶 사이의 직접성을 강조하면서, 자신이 받은 정신적 충격과 심취(즉 "정신의 집중")를 노출시킨다.[20] 아렌트는 정치적 삶과 정신의 삶 자체의 상호교차를 인정한다. 달리 표현하면, 정신의 삶과 정치적 삶은 각기 이질적 영역(즉 안과 밖)에서 수행되지만 같은 원리에 의해 구성되고 작동한다. 아렌트는 정신의 삶에서 정치 행위의 원리를 도출하면서도 정신의 삶과 정치적 삶 사이의 상호관계를 인정했다. 외부에서 볼 때 하나지만 내부에는 서로 다른 둘이 있다. 따라서 그녀는 두 행위자들이 어떻게 조화 상태를 유지하는가를 밝히고, 이러한 조화가 외부에 어떻게 연계되는가를 설명한다. 아렌트는 왜 이처럼 내면 깊숙이 천착하는 연구를 시도했는가?

이미 언급했듯이, 아이히만 재판은 특별히 아렌트의 내면에 상당한 충격을 주었다. 이후 그녀는 이 사건을 계기로 사유한다는 것이 무엇을 의미하는가에 대한 근원까지 천착하게 되었다. 즉 그녀는 이 문제를 해결하는 데 심취했다. 아렌트는 사유의 부재(즉 무사유)와 악이 얼마나 밀접하게 연계되어 있는가를 제시함으로써 전통적 선악이론을 넘어섰다.[21] 《예루살렘의 아이히만》은 '악의 평범성'을 밝힘으로써 새로운 악 이론을 제시했다. 즉 아렌트는 '등에'의 침에 쏘이면서 자극을 받은 후 이 문제를 고찰할 수 있는 새로운 계기를 갖게 된다. 그녀는 정신적 충격으로 안전한 전통의 틀에서 벗어나 정신의 삶을 새롭게 탐구했다. 그녀는 이러한 상황을 체험하

19　Barnouw(1990), p. 8.

20　아렌트는 소크라테스가 자신을 등에, 산파, 전기가오리로 비유하고 있는 입장을 저술 과정에서 그대로 실천하고 있다. 그녀는 소크라테스의 삶 자체가 정신의 삶과 정치적 삶을 일치시키려는 삶이라는 것을 원용하고, 자신의 3부작에서 이를 실천하고자 했다. 이러한 점을 정신적 충격, 심취, 그리고 이의 노출이라는 표현으로 변형시켰다. 노출은 언어에 의한 공개이며, 다른 사람에게 새로운 사유의 기회를 준다. 따라서 여기에서는 소크라테스 산파술의 실천을 노출로 표현했다.

21　Arendt(1978a), pp. 3~6.

면서 가졌던 정신적 고뇌를 다음과 같이 표현하고 있다. "나는 어떤 계기로 굳이 긁어 부스럼을 만들며 위험을 무릅쓰고 정치학이나 정치이론과 같은 비교적 안전한 연구 분야에서 벗어나 이러한 생소한 문제들을 연구하는 데 발을 들여놓게 되었다."[22] 역설적으로, 아렌트는 이 문제에 '심취'했다. 비유하자면, 아렌트는 "군대 막사에서 24시간 동안 완전히 움직이지 않은 채 서 있던 … 깊은 사유에 빠져 있던"[23] 소크라테스와 같았다. 이렇듯, 사유의 표상인 소크라테스와 무사유의 표상인 아이히만이란 두 역사적 인물은 정신의 삶에 대한 연구에 주요한 동인으로 작용한다. 정신적 충격으로 나타난 '긴장'과 심취해 나타난 '마비'는 상반된 정신 상태다. 정신적 충격은 우리를 '몽롱한 상태'로부터 벗어나게 하지만, 정신적 심취는 깨어 있으면서 "딴 데 정신이 팔려 있는"[24] 상태. 아렌트는 소크라테스의 정신에서 정신의 삶과 정치적 삶이 독립적 특성을 지니고 있으면서도 상호연계된다는 점을 암시한다.

아렌트는 이러한 충격과 심취 상태에서 지속했던 정신 활동의 결실을 1973년 애버딘대학교 기퍼드 강의에서 '학생들'에게 열정적으로 전달하려고 노력했다. 그녀는 이러한 열정 때문에 강의안을 준비하는 과정에서 몸을 혹사했고, 1974년 '의지' 강의 초반에 심장병 증세의 재발로 상당 기간 병원에 입원했다. 이 기간 동안 아렌트의 삶을 비유적으로 표현하면, 아렌트는 현실 문제에 대한 관심과 참여라는 분주한 삶으로부터 벗어나 '여가 상태'에서 카토의 주장대로 "아무것도 하지 않을 때 어느 경우보다 훨씬 활동적인"[25] 사유, 즉 정신의 삶에 전념했다. 《정신의 삶: 사유/의지》뿐만

---

22   *Ibid.*, p. 3.

23   *Ibid.*, p. 197.

24   Arendt(1978b), p. 100.

25   Arendt(1978a), pp. 8~9.

아니라 《칸트 정치철학 강의》도 강의안으로 마련되었다. 따라서 아렌트의 '정신의 삶' 3부작은 일차적으로 불특정 독자들을 위한 저서라기보다 자기 앞에 있는 강의 참석자들을 위한 수고手稿 형태였던 셈이다. 아렌트는 '글쓰기'보다 '말하기'에 역점을 두었던 소크라테스의 철학 정신을 반영하려는 의도를 실현했다. 정신적 충격과 심취를 현상세계에 드러낸 아렌트의 이 강의안들은 사후에 이야기하기 형태로 편집·출간되었다.[26]

《정신의 삶》 이전 저작들이 활동적 삶을 조명하는 데 중점을 두고 있지만, 활동적 삶의 근본 의미를 드러내는 노력은 정치적 사유의 결실이다.[27] 아렌트는 《정신의 삶》에서 정신 활동의 역사를 탐구하고 재구성했다. 아렌트는 탐구 과정에서 소크라테스의 사유를 정신 활동의 기본으로 삼고 그러한 삶을 유지했다. 예컨대, 아렌트는 《사유》에서 형이상학적 전통을 비판하면서 '사유가 무엇인가?'를 조명하고, 《의지》에서는 '의지가 무엇인가?'에 대해 사유했다.[28]

우리는 또한 아렌트가 저술 과정에서 수행한 의지 활동과 판단 활동을 고려할 수 있다. 그녀는 '무엇을 저술할 것인가?'라는 질문에 직면해 자신의 의지를 강렬하게 현상세계로 노출했다. 기존의 편견을 우리의 눈앞에 드러나게 할 수 있다는 의지, '세계 사랑amor mundi'[29]이 그녀의 저술을 가능

---

26 이 저서의 출간과 관련된 내용은 유고의 출간을 맡은 메리 매카시의 편집자 서문에 잘 언급되어 있다. 《칸트 정치철학 강의》는 로널드 베이너가 편집하고 해석 논문을 첨가해 출간했다.

27 정치적 사유의 예로서 개념적 사유와 이야기하기에 대해서는 홍원표(2011), pp. 58~89를 참조할 것.

28 아렌트는 무엇을 사유하는 것이 아니라 무엇에 대해 사유한다고 밝히고 있다. 이에 대해서는 《사유》 제18절 〈하나 속의 둘〉 후반부와 각주 159를 참조할 것.

29 아렌트의 박사학위 논문 〈아우구스티누스의 사랑의 개념Der Liebesbegriffe bei Augustin〉은 철학적 연구에 기반을 두고 있다. 그녀는 영구적인 삶에 대한 욕망을 카리타스caritas로, 그리고 소멸 가능한 대상에 대한 사랑을 쿠피디타스cupiditas로 구분했다(1996, p. 18). 아렌트는 이 개념을 이후 정치학적인 개념으로 발전시켰다. 예컨대, 아렌트는 1963년 이후 인간의 출생과 유

케 했다. 이러한 의지 작용은 아렌트의 미래에 대한 기대와 의도를 담고 있다. 따라서 아렌트는 외형적으로 학위 논문을 완성시킬 때 가졌던 '철학 탐구'로 다시 복귀할 수 있는 계기를 갖게 되었다. 물론 순수한 철학 탐구는 이제 정치철학의 차원으로 발전했다. 아렌트는 전통적 권위를 보편성이란 입장으로 규정하지 않고 정신의 역사에 대한 반성적 판단을 저술 과정에 그대로 담고 있다.

아렌트는 분명히 인간다운 삶으로서 정치 행위와 정신 활동의 의미를 조명하려고 했다. 따라서 《인간의 조건》과 《정신의 삶》 사이의 연계성을 고찰할 필요가 있다. 인간다운 삶bios은 정치적 삶과 정신의 삶을 통해서 실현되기 때문이다. 아렌트의 '정신의 삶의 역사'는 활동적 삶에 대한 관조적 삶의 우위를 인정하는 형이상학적 오류에 대한 비판을 전제하고 있다. 아렌트 연구자들은 '정신의 삶' 3부작을 일반적으로 '가장 철학적인' 저작으로 평가하고 있지만, 우리는 그러한 해석에 담긴 의미를 피상적으로 수용해서는 안 된다. 우리는 이 저작을 통해 아렌트가 정치철학자로서 입장을 유지한다는 것을 발견할 수 있기 때문이다. 달리 표현하면, 아렌트는 아리스토텔레스가 말하는 "이방인처럼 사는bios xenikos 철학자"[30]와 달리 시민들의 삶에서 정치적 삶과 철학적 사유가 공존할 수 있다는 점을 강조했다. 물론 우리는 두 저작 사이의 차이와 연계성을 고려해야 한다. "우리가 정신 활동에 참여할 때 무엇을 행하고 있는가?"를 제기한 아렌트의 입장을 고려해보면, 정신의 삶은 《인간의 조건》의 노동, 작업, 행위와 대칭되는 것으로 이해될 수도 있으나, 양자 사이에는 대칭 관계가 존재하지 않는다. 《정신의 삶》은 행위 문제와 관련해 지침과 통찰력을 제공한다. 즉 "행위는 이해,

한성이란 개념을 정치 행동의 중요한 근원으로 삼았으며, 욕정이 정치 행동을 제작의 의미로 퇴락시키는 요인이라고 주장했다. 죽음에 대한 공포로 인한 욕정과 인간적 출생의 아름다움에 대한 애착은 엄청난 차이를 초래한다. Young-Bruehl(1982. pp. 490~500)을 참조할 것.

30   Arendt(1978a), p. 53.

결정, 선택을 함의한다. 이것들은 사유, 의지, 판단을 필요로 한다."[31] 그리고 우리는 이 3부작을 칸트의 '세 비판서'와 연계해볼 수 있다. 아렌트의 의지이론은 칸트의 《실천이성비판》에서 제기된 의지이론과 분명히 다르다.[32] 아렌트의 3부작은 자신의 기존 저서들뿐만 아니라 다른 철학자의 사상과도 차별성을 보인다.

우리가 '정신의 삶' 3부작을 철학 일반의 저작으로만 이해할 경우, 아렌트의 지적 궤적을 단절의 관점에서 볼 수 있지만, 이러한 오해는 다음의 몇 가지 점에서 불식될 수 있다. 첫째, 아렌트는 '관조적 삶vita contemplativa'이란 표현 대신에 '정신의 삶'이란 표현을 사용해 정신 활동의 예외성보다는 일반성(또는 공통성)을 강조한다. 둘째, 그녀는 자신의 저서가 직업적인 철학자에게만 국한되지 않고 일반 독자들에게도 이해되기를 바랐다. 셋째, 3부작이 연구 저서 형식이 아닌 강의안 형식을 빌리고 있다는 점이다. 물론 칸트의 경우와 마찬가지로, 이 책들의 난해함은 독자들의 접근을 어렵게 하기 때문에, 많은 독자에게 정신 능력의 필요성을 이해시키려는 아렌트의 의도는 반쯤 실패했다. 그러나 아렌트는 정신의 삶이 정치적 삶에 바쁜 일반인들의 삶과 유리되어 있지 않다는 점을 강조한다. "정신의 과정에 대한 분석을 다원성의 경험적 근거를 드러내려는 시도"[33]로 평가한다면 우리는 아렌트의 '정신의 신화'가 '가장 철학적'이라는 표현의 의미를 충분히 이해할 수 있을 것이다.

대화편에도 나타나듯이, 소크라테스는 수많은 철학적 주제를 언급한다. 일반적으로 우리는 분주한 정치 행위로부터 벗어난 후 철학 탐구에 전념할 수 있다. 그러나 소크라테스의 철학적 삶 자체가 정치적 삶이었다

---

31   Moors(1980), p. 193.

32   Kohn(1996), p. 160.

33   *Ibid.*, p. 161.

는 점을 고려하면, 소크라테스의 '영혼의 신화'가 말 그대로 신화로 끝나지 않고 정치적 의미를 가지고 있다는 주장은 충분히 수용될 수 있을 것이다. 아렌트의 '정신의 삶' 탐구에 이정표가 되었던 인물은 바로 소크라테스다. 결과적으로, 그녀는 정신의 삶이 갖는 철학적·정치적 함의를 밝힘으로써 자신의 정치철학 체계를 완성시켰다.

"사유가 항상 새로이 시작해야 한다는 것을 함의한다"[34]는 주장에도 나타나듯이, 정신의 삶은 항상 새로운 시작이다. 의지와 판단 역시 새로운 시작의 의미를 담고 있는 정신 활동이다. 행위 역시 새로운 시작으로 정의된다. 인간이란 '죽어야 할 존재'가 아니라 '태어나는 존재'라는 표현은 아렌트 정치철학의 핵심어가 될 수 있다. 이렇듯 '정신의 삶' 3부작은 정치철학적 전통에 대한 비판적 성찰을 담고 있을[35] 뿐만 아니라 새로운 사상적 지평을 열었다. 정신의 삶을 통시적으로 이야기하려는 이론적 성찰은 "일종의 인식론적 탐구에 역점을 두고 있지만",[36] 자체적으로 정치적인 성격을 띠고 있어서 정치행위론과 연계성을 고려하는 데 기여할 것이다. 이러한 시도는 아렌트의 정치적 체험에 대한 정신적 충격과 심취를 외부로 노출한다는 의미를 구체적으로 밝혀줄 수 있을 것이다. 한마디로, 아렌트의 3부작

---

34   Arendt(1978a), p. 178.

35   아렌트는 세 가지 정신 활동을 항상 출생 또는 탄생natality과 연관시켜 설명하고 있다. 이 관점에서 보웬-무어는 아렌트의 정치철학을 '탄생의 철학'으로 상징화한다. 정신 활동과 탄생의 관계를 구체적으로 설명한 내용을 이해하기 위해서는 Bowen-Moore(1989) pp. 69~100을 참조할 것. 철학적 사유를 '죽음'과 연계하는 전통과 결별한 아렌트는 정치 행위와 정신 활동을 탄생(삶)이란 관점에서 새롭게 조명했다. 탄생, 시작, 참신성, 시도 등은 아렌트 정치철학의 독특성을 규정하는 중명사다. 인간 실존의 처절한 절멸을 목도한 아렌트에게 참신성의 파토스는 인간의 위대성을 실현케 하는 원동력이다. 언행을 통해 새로움을 모색하는 인간에게 정치 영역은 권력과 자유를 확보하는 장이기 때문이다. 《인간의 조건》은 '정치적 탄생'을 봉쇄해 인간의 삶을 부정했던 전체적 지배의 처절함을 노정시킨 정신적 고뇌의 귀중한 결실이다. 《혁명론》에서도 이와 관련해 근대 혁명의 특징을 분석하고 있다.

36   Kateb(1984), p. 188.

은 구체적 행위로서의 정치와 패러다임적 틀로서의 정치 사이의 연계성을
완성시키는 독자적인 정신의 산물이다.[37]

'어두운 안과 밝은 바깥' 넘나들기
: 예외성에서 공통성으로!

아렌트는 《정신의 삶》에서 신체의 눈에 드러나지 않은 무엇을 지칭
할 때 심연이란 표현을 가끔 사용하거나 인용한다. 예컨대 "형이상학의 바
닥을 모를 심연", "사유란 심연이다", "인간 마음의 심연", "무의 심연"(이
상 《사유》), 그리고 "비존재의 심연", "마음에 숨겨 있는 심연", "목적을 알
수 없는 심연," "자유의 심연"(이상 《의지》) 등을 들 수 있다. "은유는 내면
적이고 비가시적인 정신 활동과 현상세계 사이의 심연을 좁힌다."[38] 이렇
듯, 심연은 은유다.

'심연'은 어둡기에 정신의 눈으로만 볼 수 있지만, 밝은 '바깥'은 애
써 도외시하지 않는 한 신체의 눈에 자연스럽게 드러난다. 정신의 눈을 뜬
다는 것은 각별한 노력을 필요로 하지만, 현상은 신체의 눈에 쉽게 드러나
며, 모두에게 공통적이다. 전통에 따르면, 정신 영역과 정치 영역은 건너
기 어려운 계곡을 사이에 두고 있고 이질적이기 때문에, 두 영역 사이의 넘
나들기, 즉 왕래가 쉽지 않다.[39] 아렌트는 이 난관을 어떻게 극복하고자 했
는가?

---

37   정치와 정치적인 것의 상호연계성은 경험적 측면으로서 정치 행위와, 형이상학적 측면으로
      서 정신의 삶 사이의 동일성을 강조한다. 따라서 구체적 경험인 정치를 정당화하는 기준과
      추상적 정치를 정당화하는 기준 사이에 괴리가 없다. 이와 관련된 내용을 위해서는 홍원표
      (1997) pp. 8~12를 참조할 것.

38   Arendt(1978a), p. 105.

여기에서는 이론과 행위라는 "두 영역에서 동일하게 편안함을 느끼고 한 영역에서 다른 영역으로 외견상 최대한 편이하게 이동한다는 의미와 연계된 사상가의 모델을 고려하고 있다"[40]는 아렌트의 주장에서 안과 밖의 넘나들기(즉 이동 또는 왕래)란 비유를 차용하고자 한다. 이러한 비유는 '정신의 구조'를 이해하는 데 유용성을 갖기 때문에, 나는 **정신 영역과 현상세계 사이의 관계, 그리고 정신 활동에서 두 행위자 사이의 입장**을 고찰하면서 이러한 비유를 원용하려고 한다. 현상 또는 현상세계는《정신의 삶》에서 중심적인 관심사다. 여기에서는 "야스퍼스의 철학적 연구에서 중요한 위치를 차지하는 공간적 위상을 추적하며spatial tracing"[41] 정신 영역을 구조화하고자 한다.[42]

《사유》는 크게 두 개의 축으로 구성된다. 하나는 '사유란 무엇인가?'[43]를 밝히는 부분이고, 다른 하나는 형이상학 전통에 대한 비판이다. 《사유》의 구성에서 두 축은 서로 맞물려 있다. 형이상학 전통에 대한 아렌트의 입장을 이해하지 않고 첫 번째 축을 이해하기란 어려울 것이다.《의지》와《칸트 정치철학 강의》역시 형이상학 전통에 대한 비판을 기반에 둔다. 형이상학 또는 정치철학의 전통은 정치에 대한 적대감을 유지하고 있

---

39 고대 그리스적 의미의 신체 이동이 자유를 구성하는 기본 요소이듯이, 정신의 삶에서 정신적 왕래는 신체 이동과 마찬가지로 자유롭다. 이와 관련된 은유로서 '방문하기go visiting'를 들 수 있다. 이에 관한 자세한 내용은 홍원표(2013a), pp. 115~7을 참조할 것.

40 Arendt(1978a), p. 167.

41 Young-Bruehl(1982), p. 490.

42 공간적 접근 방법은 주로《사유》제1장〈현상〉과 제2장〈현상세계 속의 정신 활동들〉에서 적용되고 있으며,《의지》제2장〈내면적 인간의 발견〉에서 중점적으로 적용되고 있다. 아렌트는 판단과 관련해《칸트의 정치철학 강의》의 여러 부분에서 이러한 접근 방법을 적용하고 있다.

43 하이데거의 저서 *Was heißt Denken?*을 '사유란 무엇인가?'로 번역하고 있다. 아렌트는 자신의 저작에서 '사유란 무엇인가?'를 'What is thinking?'으로 표기하고 있다. Arendt(1978, p. 6; 2003, p. 161)을 참조할 것.

다. 하나는 형이상학자들의 삶의 방식을 정치적인 것에 부과하는, 즉 활동적 삶에 대한 관조적 삶의 우위를 당연시하는 '형이상학적 편견'이다.[44] 아렌트는 행위와 제작을 동일시하는 태도, 행위를 지배와 피지배 관계로 이해하고 권력을 폭력과 동일시하는 태도, 정치를 필요악으로 이해하는 태도를 들고 있다. '형이상학적 오류'는 사유 경험을 경험에 대한 사유로 해석하는 오류, 즉 편향된 생각이다.[45] 이러한 오류는 세계를 진정한 세계와 단순한 세계로 구분하는 이원적 세계론,[46] 진리와 의미를 동일시하는 신념,[47] '사유와 공통감의 관계'[48]를 대립관계로 설정하는 신념 등이다.

아렌트는 형이상학적 전통을 비판하면서 '현상과 존재의 일치', 즉 행위의 생활세계만이 존재한다는 관점에서 안과 밖의 넘나들기를 인정한다. 우리는 현상세계에 뿌리를 두고 있으면서 비가시적인 정신 활동을 시작할 때 현상세계로부터의 이탈해 어딘지 모르는 곳으로 잠시 이동한다. 달리 말하면, 이러한 넘나들기의 핵심은 정신 활동들이 각기 정도의 차이는 있지만 기본적으로 현상세계로부터 이탈(물러남)을 전제로 한다는 점이다. 그러나 이러한 활동들에 대한 이해가 그 자체로 끝날 경우에, 아렌트의 '정신철학'은 정치철학으로 발전하기 어려우며, 정치행위론의 탁월성을 스스로 부정하는 결과를 초래할 것이다. 아렌트는 현상학적으로 이 한계를 넘어서고 있다. 아렌트의 '넘나들기'는 정신의 삶과 정치적 삶에 공통적으로 내재된 기본 원리와 패러다임을 제시하는, 즉 자신의 정치철학을 완성시키려는 학문적 여정의 일환이다.

---

44   홍원표(2013a), pp. 153~59.

45   앞의 책, pp. 160~67.

46   Arendt(1978a), pp. 23~26.

47   *Ibid.*, pp. 53~65.

48   *Ibid.*, pp. 80~92.

1. 현상세계를 넘나드는 사유 활동

《사유》에서 제1장 〈현상〉은 8개의 절로 구성되어 전체 책 분량의 3분의 1을 차지하며, 제2장 〈현상세계 속의 정신 활동〉은 5개의 절로 구성되어 있다. 아렌트는 비가시적인 정신 활동과 정신 영역을 조명하는 데 왜 현상세계를 강조하고 있는가? 이 질문에 대한 답은 다음 두 문장으로 압축될 수 있다. "현실세계에서 존재와 현상은 일치하며", "현상세계는 철학자 자신이 태어나지는 않았지만 '진정한' 안식처로 선정하고 싶은 모든 영역에 앞서 존재한다."[49] 사유 활동에 대한 아렌트의 이야기하기는 형이상학적 전통에 대한 근본적 회의와 비판과 더불어 진행된다. 전통은 현상세계가 우리의 삶에 가장 중요함에도 불구하고 이를 무시하고 있기 때문이다.

"정신 활동은 자신을 드러내지 않은 채 비가시적인 것에 전념하되 말을 통해서만 자신을 드러낸다."[50] 이 주장이 담고 있는 몇 가지 근본적인 특징이 있다. 여기서는 사유 활동(또는 사유 영역)과 현상세계의 관계를 사유 활동의 두드러진 특징인 '이원성', '비가시성'과 '이탈', '자기파괴성', '재귀성'과 '일반성'에 초점을 맞추어 제시한다.

"살아 있는 존재인 인간은 … 세계 속에 있는 것만이 아니라 세계의 일부를 구성한다."[51] 우리의 활동적 삶은 현상세계에서 이루어지기에 모든 사람의 감각기관에 노출되지만, 우리의 정신 활동 자체는 어딘지 모르는 곳에서 진행되기에 다른 사람의 시선에 노출되지 않는다. 즉 사유 활동 자체는 다른 정신 활동들과 마찬가지로 자신을 자아에게 드러내지만 외부에 드러내지 않는다.

활동한다는 것은 산다는 것을 의미한다. 즉 활동이 곧 삶이다. 가시

---

49   *Ibid.*, pp. 19, 23

50   *Ibid.*, p. 98.

51   *Ibid.*

적인 형태의 활동인 노동, 작업, 행위가 구체적 삶을 구성하며 신체의 눈에
드러나지만, 사유 활동 역시 우리의 삶을 구성하는 중요한 일부이면서도
정신의 눈에만 드러난다. "현상세계의 관점에서 볼 때, 사유하는 내가 머무
는 곳은 모든 곳the everywhere이며, 이곳은 또한 어디에도 있을 것 같지 않은
곳the nowhere이다."[52] "사유란 곧 심연이다."[53] 심연 속에서 활동하는 사유
는 신체의 눈으로 보기 어렵기 때문이다. 심연은 조명기구라는 도구의 도
움으로 드러나듯이, 비가시적 영역에서 진행되는 소리 없는 대화는 언어라
는 도구 덕택에 현상으로 드러날 수 있다.

그렇다면 사유는 내면에서 어떤 삶을 수행하며 자신을 어떻게 현상
세계에 드러내는가? 소크라테스의 '하나 속의 둘'은 사유의 본질이다. "사
유 활동은 단일체를 구성하며, 하나 속의 둘을 통합한다. 반대로 하나 속의
둘은 외부세계가 사유하는 사람에 개입하고 사유 과정을 중단할 때 다시 하
나가 된다."[54] 플라톤은 이를 나와 나 자신 사이의 소리 없는 대화라고 정의
했다. 이는 이성과 로고스의 공존을 상정한다. '무언無言'과 '대화'가 안과
밖의 상징적 관계를 함의하고 있는데, 이성과 로고스 역시 동일한 관계를
지닌다. 소크라테스가 이미 사유의 본질을 하나 속의 둘로 표현하기 때문
에, 아렌트는 정신 활동에 관한 소크라테스의 입장을 모델로 삼는다. 여기
에서 '무언의 대화'인 사유란 표현은 몇 가지 의미를 지닌다. 이 표현은 노
정과 은폐의 공존을 강조한다. 이성이 은폐되는 사유와 연관된다면, 로고
스는 드러나는 말과 연관된다. 이와 같이 무언의 대화인 사유는 이중적 의
미를 지닌다. 아렌트의 경우, 사유는 '침묵의 소리'라는 표현과 마찬가지로
노출과 은폐의 이중성, 즉 안과 밖의 넘나들기로서 특징화할 수 있다. 무언

52   *Ibid.*, P. 199.
53   *Ibid.*, P. 33.
54   *Ibid.*, p. 185.

의 대화에서도 잘 나타나듯이, 이성*nous*으로서의 정신은 '무언적이기' 때문
에 자신을 드러내지 않지만, 자신과 소리 없는 대화*logos*를 한다.

　정치 행위가 말을 매개로 하여 이루어지듯이, 사유 활동 역시 언어
를 매개로 하여 진행된다. "언어는 정신 활동을 외부세계뿐만 아니라 사유
하는 나 자신에 드러낼 수 있는 유일한 매개체다."[55] 언어가 소통수단으로
서 필요하지만, 사유는 나와 나 자신이 말을 주고받더라도 청중을 대상으
로 하지 않기에 소통을 전제하지 않는다. 현상세계에서 나와 친구의 관계,
그리고 사유할 때 나와 나 자신의 관계에서 나타나는 차이점과 공통점을 고
려해보자. 나는 현상세계에서 친구와 우정을 나누려면 서로를 이해할 수
있는 기회를 제공해야 하기 때문에 원만한 대화를 나누어야 한다. 그러나
사유는 가까운 친구와 헤어져 '혼자' 활동하기 때문에 고독 상태에 놓인다.
이러한 유형의 고독은 고립이 아니다. 하나 속의 둘의 이원성은 "대화를 수
행하는 두 사람이 훌륭한 형태를 유지해야 한다는, 즉 상대자를 친구로 삼
아야 한다는 것을"[56] 의미한다. 우리는 또한 이 과정에서 "질문하는 사람
이며 답변하는 사람"[57]이다.

　그러나 고독한 상태에서 진행되는 사유는 현상세계와의 관계 속에
서 이루어진다. "사유하는 존재는 말하려는 충동을, 말하는 존재는 사유하
려는 충동을 가지고 있다."[58] 아렌트는 이를 이성의 필요성과 연관시킨다.
"이성의 필요성은 의미 탐구에 의해 촉진되며, 사물들에 명칭을 완전히 부
여하거나 새로운 용어들을 만드는 일은 세계를 전유하면서 사실 세계 소외
를 없애는 인간의 방식이다."[59] 그러나 사유의 필요성은 현명한 사람 소수

55　　*Ibid.*, p. 102.

56　　*Ibid.*, p. 188.

57　　*Ibid.*, p. 185.

58　　*Ibid.*, p. 99.

59　　*Ibid.*, p. 100.

의 노력으로 해소되는 게 아니라 사유를 통해서만 해결된다. 따라서 어제
의 사유는 그 자체로 끝나지 않고 오늘은 어제 사유한 것을 새롭게 시작할
수 있다.

은유가 정신 활동과 현상세계 사이의 심연을 좁히는 역할을 하기 때
문에, "사유 언어가 본질적으로 은유적이라면, 현상세계는 … 사유 속에 개
입한다. 즉 현상세계는 어떤 경우라도 우리를 사유 속으로 끌어들일 것이
다. 사유하는 나는 분명히 현상세계를 완전히 떠나지 않는다."[60] 사유하는
나는 현상으로서 신체적 자기를 포함하기 때문이다. 그런데 우리는 언어,
특히 은유를 통해 현상세계와 비감각적 세계를 왕래하며 이에 따라 두 세계
를 통합할 수 있다.

사유는 "경험에서 발생하며" "항상 새로운 시작"이기 때문에, 사유
는 삶의 과정에서 지속된다. 그러므로 사유하지 않는 삶은 플라톤의 표현
대로 살아 있는 죽음과 같다. 우리는 사유 과정에서 얻은 '사유 대상'이나
'사유 사물'을 다시 사유한다. 사유는 또한 추후 사유다. "사유는 삶을 동반
하는 활동이며, 정의, 행복, 미덕과 같은 개념들과 연관된다."[61] 우리는 우리
의 삶에서 유의미한 것, 특히 보편적이지만 일반적인 것을 얻고 현상세계
에 주목하면서 일상의 모든 활동을 중단하고 사유에 참여하다가 다시 현상
세계로 복귀한다. 우리는 사유를 통해 "유의미한 것을 탐구하고자 현상세
계로부터 벗어난다. 사유는 항상 일반화이며, 의미가 내재할 수 있는 모든
것을 많은 특수한 것들로부터 추출한다. … 일반화는 모든 사유에 내재되
어 있다. 따라서 우리는 비가시적 본질들 사이에서 활동할 때 어딘지 모르
는 곳에 가 있다."[62]

---

60   *Ibid.*, p. 110.
61   *Ibid.*, p. 178.
62   *Ibid.*, p. 199.

2. 의지의 집중과 외부세계의 내재화

앞에서 이미 밝혔듯이,《사유》는 현상세계와 정신 활동, 특히 사유의 관계를 집중적으로 조명하고 있지만,《의지》제1장〈철학자들과 의지〉에서는 시간 문제를 먼저 제기한다. 물론 아렌트는《사유》제4장에서 과거와 미래 사이의 틈새인 현재와 사유의 관계를 언급하면서《의지》제1장에서 다시 정신 활동들과 과거, 현재, 미래의 관계를 언급한다. 정신 활동의 시간 영역 넘나들기를 별도로 자세하게 논의해야 하지만, 여기서는 앞의 논의와의 연속선상에서 현상세계 또는 외부세계의 관계에 중점을 두기로 한다.

의지 능력이 발견되기 이전이나 이후에도 철학자들은 "의지를 단순한 환상, 의식의 환영, 의식의 구조 자체에 내재된 일종의 기망"[63]으로 이해하고 의지 능력에 대해 의심하거나 "인위적 문제를 해결하고자 창안한 인위적 개념"[64]으로 착각하기도 했다. 또한 의지를 욕구나 욕망과 동일한 것으로 규정하기도 했다. 그러나 현상세계와의 관계라는 측면에서 볼 때, 의지와 욕구 또는 욕망의 차이점을 고려할 필요가 있다. "욕구나 욕망에 해당하는 용어인 *orexis*는 동사 *oregō*에서 파생된 명사로서 가까이 있는 것에 도달하기 위해 손을 뻗는다는 의미를 지닌다."[65] 여기에서 욕구나 욕망은 감각기관이 현상세계에 대응할 때 나타나는 인간의 감정이다. 이 욕구는 실천이성의 개입이 없을 때 무절제로 나타난다. 의지는 자유를 속성으로 하지만, 무절제는 비자유와 연관된다.

아렌트는《의지》에서 의지 능력을 두 가지 방식으로 소개했다. "하나는 대상들이나 목표들 가운데 선택하는 능력, 즉 주어진 목적의 결정권

---

63   *Ibid.*, p. 23.

64   *Ibid.*, p. 55.

65   *Ibid.*, p. 58.

자로 행위하고 그들에게 도달하는 수단을 자유롭게 심의하는 능력이며, 다른 하나는 "시간 속에서 일련의 계기를 자발적으로 시작하는 능력"(칸트) 또는 "인간 자신이 새로운 시작이기에 갖게 된 인간의 시작 능력"(아우구스티누스)이다.[66] **의지the Will**는 근본적으로 긍정 형태의 의지하기willing; *velle*와 반대(또는 부정) 형태의 의지하기nilling; *nolle*로 구성된다. 예컨대, 이 순간 '나는 글을 쓸 것인가' 아니면 '쓰지 않을 것인가'라는 표현에서 전자는 'willing', 후자는 'nilling'이다. 일상적인 용어로 표현하자면, '의지하다('뜻하다', '의도하다', '원하다', '의욕하다')'와 '싫어하다(반대로 의지하다)'로 대비된다. 이러한 대비는 바로 의지의 이중성을 기본적으로 나타낸다. 아렌트는 두 가지 요소를 포괄하는 추상적 형태의 '의지'를 주로 대문자 **'Will'**로 표현하며, 개별적 형태의 의지를 소문자 'will', 'willing', 'counter-willing'으로 표기한다.

의지는 사유와 마찬가지로 현상세계 속에서 진행되지만 현상세계로부터 이탈한 상태에서 수행되는 정신 활동이다. "의지는 가장 자유롭고 가장 사변적인 형태로 비모순율을 피할 수 없는 사유보다 무한히 더 큰 자유를 향유하고 있는 것 같다."[67] 차이점이 있다면, 의지는 현상세계와 사유보다 더 긴밀한 관계를 유지하면서도 사유보다 더 많은 자율성을 유지할 수 있다. 즉 의지는 일반성을 지향하는 사유와 달리 특수성을 지향하므로 현상세계와 밀접한 관계를 유지하고 있다. 따라서 현상세계와 의지 사이의 공간적 거리는 사유의 경우보다 가깝다고 할 수 있다.

"의지는 감각에 부재하고 정신의 표상능력을 통해 드러나는 것을 취급할 뿐만 아니라 결코 존재하지 않았던 것들—가시적인 것과 비가시적인 것—을 취급한다."[68] 가시적인 것과 관련한 예를 들자. 누구나 동일한 상황

---

66   Arendt(1978b), p. 158.

67   *Ibid.*, p. 4.

에서 자신의 입장을 결정해야 했던 때가 있었을 것이다. "서커스와 극장이 같은 날 열린다면 서커스에 갈 것인지 극장에 갈 것인지, 또는 셋째로 다른 사람의 집을 털 것인지 … 또는 넷째로 간음을 할 것인지 … 똑같은 시간에 이 모든 일을 동시에 욕구한다 해도 이들을 동시에 이룰 수 없다. 여기에서 네 가지 의지가 생긴다."[69] 이 문장은 의지가 가시적이고 특수한 것과 관련해 작동하는 상태를 지적한다. 반면에 "우리는 미래에 정신을 돌리는 순간, 여기에 있는 '대상들objects'에 더 이상 관심을 갖지 않고 앞에 내던져진 것 (기투; projects)'에 관심을 가질 수 있다."[70] 이때 기투는 비가시적인 것이다. 아렌트는 그 예로 유언장을 들고 있다. "합리적으로 확신할 수 있는 유일한 미래, 즉 우리 자신의 죽음을 대비하는 '유언장Last Will and Testament'은 의지의 의지할 필요성이 이성의 사유할 필요성 못지않게 강력하다는 것을 보여 준다."[71]

아렌트는 의지가 순수한 정신 활동뿐만 아니라 감각지각에서 나타내는 힘(결합력)이라는 것을 지적한다. 이는 정신, 특히 '의지의 집중'에서 비롯된다. "의지는 집중 덕택에 우리 감각기관을 의미 있는 방식으로 현실세계와 결합하고, 이어서 이 외부세계를 사실상 우리 자신으로 끌어들인다."[72] 앞에서도 언급했듯이, 의지는 가시적이며 특수한 것을 취급한다. 우리는 감각기관이 외부세계의 자극에 자동적으로 반응하기에 지각하지 않은 채 볼 수 있고 들을 수 있다. 그러나 "우리는 특정한 사물에 감각을 고정하고 이들을 결합하는 의지의 집중으로 감각을 지각으로 전환시킬 수 있

68	*Ibid.*, p. 13.
69	*Ibid.*, p. 94.
70	*Ibid.*, p. 14.
71	*Ibid.*
72	*Ibid.*, p. 100.

다."[73] 의지가 외부세계를 우리 자신으로 끌어들였을 때, 우리는 다른 정신 작용을 대비할 수 있다. 정신의 힘은 "지성과 기억에 기인하지 않고 정신의 내면과 외부세계를 결합하는 의지에만 기인한다."[74] 의지는 서로 다른 정신 능력을 통합하는 능력이다.

정신의 내면성과 외부세계를 통합하는 의지는 정신 활동에 머물지 않고 행위를 촉진하는 근원이다. 즉 "의지는 감각의 관심을 인도하고 기억에 각인된 상을 주관하며 이해를 위한 자료를 지성에 제공함으로써 행위가 발생하는 근거를 제공한다."[75] 자유의 표현인 의지는 고대 그리스 철학자들에게 사유의 대상이 되지 못했다. 정치적 자유를 누리던 이들은 철학적 자유의 본질적 특성에는 관심을 갖지 않았다. 그러나 이들이 활동할 수 있는 정치 공간이 약화된 이후, 내면적 자유에 대한 관심은 궁극적으로 의지의 정체성을 확인하는 계기를 제공했다.

3. 현상세계에 대한 '비관여적' 관심

3부작 가운데 《사유》와 《의지》는 치밀하면서도 저술 형태를 보이지만, 집필 예정이었던 마지막 저서 《판단》 부분의 골조를 이루는 《칸트 정치철학 강의》는 그 구성에서 완결 상태를 유지하고 있지 못하다. 판단 문제는 《정신의 삶》 후기에 압축적으로 언급되고 있으며, 이전의 저서들에서도 산발적으로 언급되고 있다. 따라서 이 문제를 이해하기는 쉽지 않다. 그러나 아렌트는 판단 능력의 자유가 다른 활동에 적대적이지 않다는 입장을 유지하고 있다. 특히, 판단을 강요해서는 안 된다는 아렌트의 입장은 기본적으로 판단 활동이 현상세계로부터 일정한 거리를 유지한다는

73   *Ibid.*

74   *Ibid.*

75   *Ibid.*

점을 함의한다.

　　사건의 종결 이후에 비로소 형성되는 판단은 다른 정신 활동들과 마
찬가지로 현상세계로부터의 이탈과 거리감을 필요로 한다. "판단은 현상
세계를 버리지 않고 현상세계에 대한 적극적 관여 상태에서 전체를 관조하
기 때문에 특권적 위치로 물러선다."[76] 따라서 판단과 현상세계 사이의 거
리감은 사유의 경우와 정도의 차이가 있다. 이러한 형태의 이탈을 이해하
기 위해 행위자와 구경꾼(관찰자)이 서 있는 위치와 정신 상태를 고려할 필
요가 있다. 행위자는 전체의 일부로서 자신의 역할을 하며 현상세계의 일
부를 구성한다. 철학자는 사유 활동을 할 때 현상세계로부터 이탈하지만,
구경꾼은 현상세계에 있으면서 그곳에 함몰되지 않은 채 그것과 일정한 거
리를 두고 전체를 관찰한다. "관찰자의 관점은 그가 사태를 전체로서 본다
는 것이다."[77] 운동경기에서 경기장에서 뛰는 선수는 자신의 일에만 몰두하
지만 관찰자는 관람석에 앉아 거리를 유지한 채 경기 전체를 조망하는 능력
을 발휘할 수 있다. 이는 역사적 사건의 참여자와 역사가의 관계에도 적용
된다. "호메로스의 역사가는 **판관**이다. 판단이 과거를 취급하기 위한 우리
의 능력이라면, 역사가는 그것을 연계함으로써 그것에 대해 판단하는 일에
참여하는 탐구자다."[78] 달리 표현하면, 판단하는 나는 피타고라스의 구경
꾼과 같다. "구경꾼들은 행위자의 특징인 특수성으로부터 벗어나 있더라도
고독하지 않다."[79] 구경꾼은 행위자들의 활동을 관찰하면서 칸트의 표현대
로 "초연한 기쁨"을 누릴 수 있기 때문이다. "칸트가 말하는 '관여하지 않
는 공중'은 초연한 만족감이나 열정에 가까운 공감을 유지한 채 파리에서

76　　Arendt(1978a), p. 94.

77　　Arendt(1982), p. 68.

78　　Arendt(1978a), p. 216.

79　　*Ibid.*, p. 94.

전개되는 사건을 지켜보았다."[80] 물론 이를 가능케 하는 정신 작용은 상상력의 작동과 반성이다.

아렌트에 따르면, "판단은 정신의 산물인 일반성과 감각기관에 노정된 특수성을 결합하는 신비스러운 기본 재산이다."[81] 사유는 일반화를 의미하지만, 판단은 신비하게 특수성과 일반성을 결합하는 능력이다.[82] 판단은 시각, 청각, 촉각과 달리 가장 사적인 감각, 즉 취미와 연관되며 오감을 종합하는 육감이다. 그러나 "관조적 만족의 느낌인 취미"[83]는 인지의 한 형태나 감각에 존재하는 능력이 아니고, 오히려 "내가 나 자신을 감각하는 내감이다."[84] 따라서 판단은 한때 감각했으나 현재는 부재하는 특수한 것들을 우리 자신에 노출한다. 이러한 점에서 판단 활동은 감각 경험에 기초한 인지 활동이 아니고 부재하는 감각 대상의 상상적인 표상이다. 그런데 판단은 기본적으로 성찰의 작동으로 만족과 불만족, 찬성과 반대를 나타내고, 이를 다른 사람에게 전달할 수 있다. 즉 가장 사적인 능력은 가장 비가시적이지만 상호주관적 의사소통에 따라 공평성을 확보한다. 따라서 가장 정치적인 판단 능력은 행동하기와 같은 원리를 가지고 있으며, 정치 영역을 구성하는 주요 요소가 된다. 이렇듯 판단은 현상세계로부터 이탈하면서도 이와 가까운 관계를 유지하고 있다.

판단은 기본적으로 눈앞에 있지 않은 다른 사람들의 관점을 우리 내부에 현전케 하는 정신 활동, "대리 사유"[85]다. 판단을 가능케 하는 것은

---

80   *Ibid.*, p. 97.

81   *Ibid.*, p. 69.

82   Arendt(1978b), p. 272.

83   Arendt(1982), p. 15.

84   Arendt(1978b), p. 264.

85   Arendt(1968a), p. 241.

"확장된 정신 상태"[86]이며, 감정이입은 그러한 기능을 하지 못한다. 판단 능력은 사유 능력이나 의지 능력과 상이하며, 가장 정치적인 성격을 지니고 있다. 판단하는 나와 상상 속의 다른 사람들의 관계는 판단 활동의 기초를 형성한다. 그러나 이 타자는 구체적인 존재를 지칭하는 것이 아니며, '상상' 속에 존재하는 타자다. 상상력의 작동은 부재하는 것을 정신의 눈에 나타나게 하기 때문에, 우리 자신 내부에 타자를 나타나게 한다는 것은 기본적으로 구체화될 수 없다. 판단은 의사소통 가능성에 의해 자신을 실재화할 수 있다. 이렇듯 판단은 의사소통에 기반을 둔 공동체 감각*sensus communis*이다.

> 공통감은 공동체 감각의 이념을 뜻하지 않으면 안 된다. 다시 말하면 전체 인간 이성에 판단을 의지하고 … 자기반성에서 다른 모든 사람의 표상 방식을 사유 속에서 (선험적으로) 고려하는, 하나의 판단 능력의 이념을 뜻하지 않으면 안 된다.[87]

아렌트는 모든 사람의 관점에서 사유하는 능력으로서 판단에 중점을 두고 있다. "확장된 심성으로 사유한다는 것은 자신의 상상력을 통해 다른 곳을 방문하러 가도록 스스로 훈련한다는 것을 의미한다."[88] 아렌트는 방문하기란 은유를 《영구 평화론》에서 가져왔다. "우리는 《영구 평화론》에서 방문권, 즉 외국을 방문할 수 있는 권리, 접대권, 그리고 '일시 체류권'

---

86 아렌트는 비판적 사유의 정치적 함의를 고찰하는 과정에서 칸트의 개념을 원용하고 있다. 정신은 생각할 수 있는 모든 관점에서 견해를 고찰하기 위해 미시적 차원에서 거시적 차원으로 자신을 확장해야 한다고 주장한다. 이와 관련해서는 《칸트 정치철학 강의》pp. 40~46을 참조할 것.

87 칸트, 《판단력비판》, B157.

88 Arendt(1982), p. 43.

에 대한 조항을 발견할 수 있다."[89] 방문권이 공간 이동과 관련되듯이, 반성적 판단에서 '방문하기'라는 은유는 개별적 사건을 관찰한 후 그것의 옳고 그름 등을 헤아리는 과정에서 진행되는 비가시적인 공간 이동의 의미를 지닌다.

나와 다른 사람들 사이의 대화인 판단 활동은 의미에 대한 사유의 이미지와 의지의 이미지를 결합하는 초연한 사랑을 통해서만 조화를 이룰 수 있다. 아렌트는 판단이 어느 일방의 이익에 경도되었을 때 판단하는 나와 다른 사람들 사이의 비가시적인 조화란 어렵다고 생각했다. 따라서 공평성을 유지하는 것만이 양자 사이의 갈등을 치유하는 해결책이다. 아렌트는 야스퍼스의 인간성*humanitas*, 즉 모든 사람에게 공통적으로 존재하는 인간적 특성을 고려할 경우 이러한 조화가 가능하다고 생각했다. 개방적 정신 상태와 인간애는 자기이익에서 비롯되는 편협성을 극복하고 판단의 공평성을 유지하는 데 중요한 기둥일 것이다.

지금까지 언급한 내용을 종합해보자. 정신의 삶은 현상세계로부터 이탈하면서 시작되지만, 이러한 이탈은 후술하듯이 결과적으로 현상세계를 구성하는 원리를 제공한다. 따라서 정신의 이탈은 잠정적 성격을 띠고 있으면서도 정신 영역과 현상세계의 상호연계성을 제대로 이해하는 기회를 제공하는 준비 과정이다. 하나 속의 둘이 오랜 기간 내면적 관계를 유지할 경우, 새로운 것을 추구하는 인간들은 정치 영역을 더 다원화할 수 있는 계기를 제공한다. 즉 철학자들은 이를 언어 또는 은유로 표현해 사유를 현상세계의 일부로 만듦으로써 정신 활동의 역사를 만드는 데 기여해왔다.

---

89 *Ibid.*, p. 16. 칸트는 영구 평화를 위한 제3의 확정 조항에서 방문권을 다음과 같이 밝히고 있다. "모든 사람이 누릴 수 있는 것은 일시적인 방문권이며, 교제의 권리다. 사람들은 지구 땅덩어리를 공동으로 소유함에 따라 그러한 권리를 갖는다. 사람들은 지구 위에서 영원토록 점점이 흩어져 살 수 없는 까닭에 결국 서로의 존재를 인정해야 한다."

'정신의 삶'의 역사와 이야기하기:
반전/재반전, 보충/확장, 긍정/부정

개인의 활동적 삶이 현상세계의 부분인 개인의 역사를 구성하듯이, 정신의 삶도 삶이기에 그 역사를 지닌다. 비가시적인 '정신의 삶'의 역사는 주로 철학자들의 정신 활동으로 기록되어 왔다. 아렌트의 경우 이 역사는 결과적으로 정신의 구조를 이해하는 데 중요한 자료다. 아렌트는 세 정신 활동의 개별 역사를 통합해 새로운 자료를 남겼다. 삶 자체가 행위와 말로 이루어지듯이, 인간의 정신 활동으로 구성된 역사는 이야기하기로 그 모습을 드러냄으로써 현상의 일부가 된다.

여기에서는 아렌트가 정신의 삶을 어떻게 역사적으로 재구성했는가를 드러내는 데 중점을 두지만,[90] 내용 구성에서 아렌트의 특이한 연구 방법을 원용하고자 한다. 아렌트는 1972년 토론토에서 개최된 〈아렌트의 저작〉에 관한 학술회의에서 《인간의 조건》의 주요 결점이 활동적 삶을 관조의 삶이란 관점에서 고찰한 것이라고 지적하고, 관조의 삶 자체에 대한 이해가 필요하다고 강조했다.[91] 아렌트는 정신의 삶을 탐구하면서 그 목표를 정치 행위를 정당화하기 위한 **단순한** 수단으로부터 **본질적** 필요성으로 전환시킨다. 따라서 아렌트는 기존의 연구 정향으로부터 벗어나면서도 정치 행위의 근거와 정치 영역의 구성 원리를 도출하는 데 기여함으로써 이전의 입장을 다시 긍정하고 반전시킨다.

아렌트는 기존의 존재론적 가정을 반전시킴으로써 정신 활동의 특

---

90 이러한 점은 아렌트에 의해 다음과 같이 주장된다. "사유, 의지, 판단을 단지 이념으로 이해할 경우 이념의 역사, 즉 사상사에 대한 연구로 이해되기 쉽다. 예컨대 의지는 자유와 연계되기 때문에 의지를 단지 이념으로 이해하기 쉬우나, 이념은 사유 대상(즉 정신의 산물)이므로, 정신의 능력에 대한 역사와 이념의 역사는 구분되어야 한다"(Arendt, 1978b, p.55).

91 Arendt(1972), p. 305.

성들에 대한 인식론적 입장을 구체적으로 제시하고 있다. 이러한 시도는 정신 활동에 대한 기존의 입장을 반전시키는 과정과 연계된다. 아렌트는 정신 활동의 역사를 이해하기 위해 역사적 인식론에 입각해 정신의 역사를 재구성하고 있다. 아렌트는 《과거와 미래 사이에서》에서 베냐민의 '진주조개 채취'를 인용하면서 역사의 퇴적층에서 정치적 삶의 범례가 되는 '값진 보배'를 발굴하고자 했다. 아렌트는 "전통의 붕괴에도 불구하고 단편화된 역사 속에 남아 있는 귀중한 것을 무시하지 말자"고 권고했다.[92] 따라서 하이데거가 현상이나 개념의 역사적(또는 시간적) 발자취temporal tracing를 검토했듯이,[93] 여기에서는 비가시적인 정신 영역의 구조를 드러내면서 시간 경험을 고려한 아렌트의 사유 궤적을 탐색한다.[94] 아렌트의 시간적 사유에서 시간의 중심성은 정신 활동의 유형에 따라 바뀐다.[95]

소크라테스가 '영혼의 신화'를 구성하고자 당시의 신화, 정신적 체험과 정치적 체험을 그 기반으로 삼았다면, 아렌트는 '정신의 신화'를 구성하는 데 여러 가지 방법을 활용했다. '정신의 삶'을 3부작으로 구성하고, 이를 보충하기 위해 '정신의 신화'를 구성하고 있다. 소크라테스가 '사유'의 본질을 규명하는 데 역점을 두었다면, 의지 문제는 중세에 이르러 비로소 체계화되었다. 그리고 '판단'은 분명히 "칸트의 《판단력비판》 이후에 사상

---

92   Arendt(1978a), p. 212.

93   Young-Bruehl(1982), p. 490.

94   아렌트는 정신 활동과 시간개념을 연계시키고 있으며, 사유의 관점에서 의지를 고찰하는 기존 전통에서 벗어나 의지의 특성을 밝히기 위해 역사적 연구에 집중한다. 이러한 측면에서 그녀는 의지 자체에 대한 역사적 연구에 역점을 두고 있다. 영-브륄에 따르면, 아렌트는 "시간적 인간homo temporalis을 분석하는 현상학적 접근방법"(Young-Bruehl 1989, p. 86)을 강조한다. 시간적 접근 방법은 주로 《사유》 제4장 〈우리는 생각할 때 어디에 있는가?〉와 《의지》 제1장 〈철학자들과 의지〉에서 적용되고 있으며, 판단과 관련해 《칸트의 정치철학》에서도 적용되고 있다.

95   아렌트의 시간적 사유와 정치적 사유의 관계에 대한 논의는 홍원표(2013b), pp. 7~16을 참조할 것.

가들의 주요 주제가 되었다."[96]

    한마디로 표현하면, 아렌트는 어느 특정 (정치)철학자의 입장에 의존하지 않고 정신 활동의 산물들을 '보충하거나 확장하는' 방식에 입각해 하나 속의 셋을 조명했다.[97] 이러한 점을 부각하려는 시도로 '소크라테스의 사유', '아우구스티누스의 의지', 그리고 '칸트의 판단'을 소제목으로 채택했다. 소크라테스는 당시의 그리스 신화를 부정하면서도 철학적 신화, 즉 영혼의 신화를 창조하고 있다. 아렌트는 이원적 세계론에 기초한 영혼의 신화를 거부하고 인간세계에서 현상과 존재한다는 명제에 기초한 새로운 정신의 신화를 창조했다. 따라서 아렌트는 이를 통해 정신 영역과 정치(공공) 영역의 구성과 작동 원리의 동일성을 도출한다. 다음 장에서 이러한 주장을 제시하기에 앞서 세 가지 정신 활동의 역사를 고찰한다.

1. 정신 활동의 원형인 소크라테스의 사유

    사유한다는 게 무엇을 의미하는가? 이 질문에 대한 아렌트의 대답은 한 편의 지성사일 것이다. 따라서 《사유》에 담긴 아렌트의 사유 궤적을 한정된 지면에 응축해 드러내기란 쉽지 않다. 아렌트는 제1권 제4장 〈우리는 사유할 때 어디에 있는가?〉에서 "나는 독자가 결론적인 요약을 기대하지 않기를 바란다"[98]라고 밝혔다. 이유는 이러하다. 첫째, '왜 사느냐'라는 질문에 대한 답변이 어렵듯이, '왜 사유하느냐'에 대한 답변 역시 어렵다. 둘째, 아렌트는 고대부터 현재에 이르기까지 시대를 넘나들며 정신의 삶으로서 '사유의 역사'를 조명하고 있다. 이 역사를 압축하는 것 또한 어렵다. 따라서 여기서는 중복을 피하면서 기본 흐름을 제시할 수 있도록 사유의 원

---

96   Arendt(1982), p. 4.

97   아렌트는 분명히 역사적 사건들의 새로운 의미를 부각하기 위해 진주조개잡이 방식을 강조하고 있다. 그녀는 정신의 삶을 구성하는 데 있어서 이러한 역사적 방법을 원용한다.

98   Arendt(1978a), p. 197.

형인 소크라테스를 논의의 중심으로 삼는다.

　　우선 이성과 지성, 사유와 인지의 차이점과 관계를 검토한다. 아렌트는 이와 관련해 칸트의 구분을 수용한다. 인식(지) 능력인 지성과 사유 능력인 이성의 차이는 명백히 드러난다. "지성 개념이 지각 대상을 인지하는데 기여하듯이, 이성 개념은 이해(파악)하는 데 기여한다."[99] "목적에 이르는 수단으로 사유를 이용하는 지식과 '우리 이성의 본성'에서 발원해 그 자체로 작동되는 사유를 구분하는 것은 칸트의 가장 위대한 발견이다."[100] 지성, 인식, 진리는 항상 연계된다. 진리는 사실적 진리와 추론적 진리로 구분된다. 아렌트는 이와 관련한 구분을 《사유》 제1장 8절 〈과학과 공통감〉에서 자세히 밝히고 있다.[101]

> (인식 능력인) 지성은 감각에 나타난 것을 파악하고자 하며, (사유 능력인) 이성은 그것의 의미를 이해하고자 한다. 인지의 최고 기준은 진리다. … 그러나 진리는 결코 의미를 지닌 것이 아니며, 의미를 추구하는 사유 능력을 지니고 있는 것도 아니다. 사유 능력은 중요한 것이 무엇인가를 질문하거나 그것이 전적으로 존재하는가를 질문하지 않고 그것의 존재가 무슨 의미를 갖는가에 대해 질문한다.[102]

　　반면에, 아렌트는 이성, 사유, 의미를 연계시킨다. 이것들은 상호연결된 세 개의 한 벌trilogy이다. "이성의 필요성은 진리 탐구가 아니라 의미

99　　*Ibid.*, p. 57.

100　　*Ibid.*, p. 64.

101　　사유와 인지의 차이를 밝힌 아렌트의 다른 저작으로 Arendt(1958), p. 171과 Arendt(1968b), p. 147~148을 참조할 것.

102　　Arendt(1978a), p. 57.

탐구에 의해 촉진된다. 그리고 진리와 의미는 동일하지 않다."[103] 진리 모델에 입각해 의미를 해석하는 것은 모든 특정한 형이상학적 오류를 우선하는 신념이다. 물론 아렌트는 자신의 저작에서 '의미'를 명백히 규정하지 않았다. 아렌트에 따르면, 의미에 대한 욕구는 우리의 인지 활동 이면에 존재하는 가장 중요한 원동력이다. "의미 탐구는 또한 말하려는 충동 속에 내재되어 있다."[104] "의미 탐구는 궁극적으로 행하거나 인정할 가치가 있는 것, 어떤 형태의 삶이 영위할 가치가 있는가, 어떤 형태의 행태가 인간에게 가치가 있으며 왜 그런가를 알고자 하는 욕구다."[105] 우리는 의미를 갖는 용어를 통해 논변적인 사유에 참여하기 때문에, 사유와 언어는 상호연계되어 있다.

　　사유와 지성의 관계에 대한 앞의 고찰, 그리고 제2장 〈현상세계 속의 정신 활동〉은 사유의 역사를 이해하는 예비적 고찰이다. 제3장 〈무엇이 우리를 사유하게 하는가?〉에서는 사유의 역사를 네 단계로 나누어 고찰한다. 여기에서 '왜 사유하는가?'라는 질문은 '무엇이 우리를 사유하게 하는가?'라는 질문으로 바뀐다. 아렌트는 고대 세계에서 그 해답을 찾는다. 즉 그리스 철학 시대 이전 철학적 가정, 플라톤의 답변, 로마인의 답변에 이어 소크라테스의 답변을 제시한다. 이 장에서 정신의 역사에 대한 이야기하기는 "엄격하게 연대기적으로 구성되지 않았지만, 정점으로의 명백한 상승을 드러내고 있다.[106]

　　그리스 철학 시대 이전의 철학적 가정은 인간과 신의 관계를 중심으로 형성되었다. 그리스 "신들은 죽지 않으나 영원하지 않기"[107] 때문에

103　　*Ibid.*, p. 15.

104　　*Ibid.*, pp. 99~100.

105　　Parekh(1981), p. 61.

106　　Moors(1980), p. 204.

107　　Arendt(1978a), p. 134.

불멸성을 간직했다. 신들의 불멸성을 찬양하면서도 시샘했던 그리스인들
은 신들의 결점을 대체하고자 "태어나지도 죽지도 않은 **존재**"에 주목했다.
"올림푸스 신들은 **존재**로 대체되고, 존재는 철학의 신성한 신이 되었다."
이 영구적인 것과 함께 거주하는 것을 가능케 하는 능력은 바로 호메로스
가 말하는 정신*noos*이다. "파르메니데스는 존재하는 것과 사유하는 것은 동
일하다"라고 말했다.[108] 이렇듯 철학은 그리스인들에게 불멸성의 성과였으
며, 이는 일차적으로 영구적인 것을 관조하고 시각을 말로 바꾸려는 시도
를 통해 이루어졌다.[109]

　　플라톤은 철학의 근원과 원리를 경이라고 생각했다.[110] "사람들을
경이롭게 하는 것은 친숙하지만 정상적으로 보이지 않는 무엇이며, 사람들
이 존경해야 할 무엇이다."[111] "경이는 소리 없는 대화로 진행되는 사유로
이어진다."[112] 그런데 말로 표현되는 경이의 대상은 우주의 비가시적인 조
화이며 현상 이면에 존재하는 자연*physis*이다. 그리고 "이러한 경이감은 특
정한 것에 결코 연관되지 않고 전체에 의해 촉발된다."[113] 이 전체는 바로
존재다. 철학자에게 준 최초의 충격은 이후 철학자들의 존재에 대한 사유
에 반영되고 있다. 예컨대 "하이데거는 '왜 무는 존재하지 않고 오히려 어
떤 것은 존재하는가'라는 질문을 반복하는 과정에서 플라톤의 경이와 같은
것을 환기했다. 하이데거에 따르면, 사유와 감사는 본질적으로 동일하다.
… 이것은 논의된 어떠한 대답보다도 플라톤의 경이에 더 근접한다."[114]

---

[108]　　*Ibid.*, p. 136.

[109]　　*Ibid.*, p. 137.

[110]　　*Ibid.*, p. 141.

[111]　　*Ibid.*, p. 143.

[112]　　*Ibid.*, p. 144.

[113]　　*Ibid.*

[114]　　*Ibid.*, p. 150.

플라톤은 사유의 기원을 광경에 대한 경이로 규정했지만, 로마인들은 그 기원을 두려움으로 규정했다. "로마의 기원은 세계 속에 내던져진다는 두려운 곤경이다. 여기에서 세계의 적대감은 압도적이며, 두려움이 지배적이고, 인간은 이 세계로부터 최대한 탈피하려고 한다."[115] 공동체가 분열되거나 해체되는 국면에서 "더 조화롭고 의미 있는 다른 세계의 필요성이 제기될 때" 사유가 발생한다. "철학과 실재의 관계를 밝히는 〔'미네르바의 부엉이는 땅거미가 질 때 비상한다'〕는 헤겔의 주장은 그리스보다 오히려 로마의 경험의 흔적을 담고 있다."[116] "견디기 어려운 세계로부터 벗어나려는 최초의 사유 충동"은 스토아 철학자들에게는 아주 강렬했다. 에픽테토스는 실재로부터의 완전한 이탈을 강조했다. "사유가 부재하는 것을 드러내는 정상적인 능력이라면, 인상을 올바로 다루는 에픽테토스의 능력은 실제로 현존하는 것을 마법으로 쫓아버리고 부재하게 만드는 것이다."[117] "사유는 도피 수단이 될 수 있다."[118]

아렌트는 앞에서 밝힌 대답들을 수용하지 않고 소크라테스의 삶을 통해 의인화된 대답을 제시한다. 소크라테스는 사유하는 사람의 모델이다. 소크라테스는 남은 인생 동안 혼돈되지 않은 채 수면 상태에 있게 될 시민을 자극하는 '등에'이고, 무정란과 같은 사상으로부터 벗어나도록 젊은 제자들을 도와주는 '산파'이며, 자신뿐만 아니라 다른 사람도 마비시키는 '전기가오리'다. 소크라테스의 삶의 방식은 '사유란 무엇을 의미하는가?' 라는 질문에 대한 의인화된 대답을 우리에게 제공한다.

115   *Ibid.*, p. 162.

116   *Ibid.*, p. 152.

117   *Ibid.*, p. 155.

118   *Ibid.*, p. 162.

소크라테스가 수행하고 있던 것의 의미는 활동 자체에 있다. 달리 표현하며, 사유하는 것은 완전히 살아 있다는 것과 동일하다. 이것은 사유가 항상 새로이 시작해야 한다는 것을 함의한다. 아울러 사유는 삶을 동반하는 활동이며 **정의, 행복, 미덕**과 같은 개념들과 연관된다. 언어 자체는 삶 속에서 우연히 발생하며 우리가 살아 있는 동안 일어나는 **모든 것의 의미**를 표현할 때 그런 개념들을 우리에게 제공한다.[119]

'무엇이 우리를 사유하게 하는가'라는 질문은 '우리는 왜 사유하는가'라는 질문과 연계된다. 우리는 살고 있기 때문에 사유한다. 사유한다는 것은 진정 산다는 것을 의미한다. 소크라테스는 자신이 철학자도 아니고 소피스트도 아니라고 하면서 "어느 누구도 현명하지 않다"는 점을 지적했다. 그는 이에 대해 명료한 대답을 제시하지 않았지만 사유가 무엇에 바람직한가에 관심을 가졌다. "의미 탐구는 기존의 모든 교의와 규칙들을 철저하게 해체하고 새롭게 검토한다."[120] "의미 탐구는 소크라테스의 언어에서 … 그리스적 의미의 사랑으로 나타난다. … 사유의 탐구는 일종의 바람직한 사랑이기 때문에, 사유 대상은 미, 지혜, 정의 등 오직 사랑할 수 있는 것일 수 있다."[121] 이렇듯 사유는 의미 탐구와 더불어 일반화를 지향한다.

2. 유사類似 의지이론 비판과 아우구스티누스 의지이론의 계승

아렌트는 정신 활동의 모델인 사유와 달리 의지에 관한 연구가 역사적 이해를 필요로 한다고 주장했다. 《의지》에는 연대기적 구도가 뚜렷하게 드러난다. 이 구도에서 근현대 철학자들과 중세 철학자들의 입장은 명백히

---

119   *Ibid.*, p. 178.

120   *Ibid.*

121   *Ibid.*, p. 178.

대비된다. "사유는 현존하거나 적어도 현존하고 있는 것을 '지속하는 현재'로 끌어들이지만, 미래로 확장되는 의지는 그러한 확실성이 존재하지 않는 영역에서 움직이기"[122] 때문에 사유와 의지는 서로 충돌한다. 이렇듯 아렌트는 《사유》의 논의 맥락을 제한하고 보충하는 방식으로 의지의 역사를 이야기하고 있다.

《사유》는 사유, 이성, 의미의 관계를 중점적으로 조명하지만, 《의지》는 의지, 지성, 자유의 관계를 조명하는 데 중점을 두고 있다. 《의지》는 《사유》와 비슷하게 구성되어 있으나 차이점이 있다. 제1장과 제4장에서 주로 근대 철학자들의 입장을 조명한다는 점에서 구도는 비슷하다. 그러나 시간적 맥락에서 볼 때, 고대 이후 현대까지 '의지가 무엇인가'를 밝히려는 철학자들의 사유 산물을 이야기하고 있다는 점이 제2권 구성의 주요 특징이다. 사도 바울 이후부터 의지 활동에 대한 사유의 결실을 둘러싸고 철학자들 사이에 수많은 논쟁이 있었다. 비유적으로 표현하자면, 의지가 자신을 드러내는 것 자체가 의지하기의 일환이므로 이러한 활동의 기록이 바로 의지의 역사를 구성한다.

아렌트는 《의지》 제1장 제1절 〈시간과 정신 활동〉에서 세 정신 활동과 세 시제 사이의 연관성을 제시한다. 아렌트는 왜 시간 문제를 먼저 제기했을까? "시간 개념에 대한 그러한 예비적이지만 결코 만족스럽지 않은 고찰은 의지하는 나에 대한 논의에서 필요할 것이다."[123] 즉 사유는 현재 시제와, 의지는 미래 시제와, 그리고 판단은 과거 시제와 연관되며, 고대인들이 주로 받아들이는 순환적 시간 개념과 중세 이후 오늘날까지 수용되고 있는 직선적 시간 개념이 대비된다. 헤겔은 이를 통합하려고 했다. 즉 "헤겔은 두 가지 정신 활동인 사유와 의지, 그리고 두 가지 대립된 시간 개념을 조화

---

[122] Arendt(1978b), p. 35.

[123] *Ibid.*, p. 13.

시키고자 했다. 그러나 그의 시도는 실패했다."[124]

　　"인류 역사의 주된 추진력인 진보 개념이 미래에 강조점을 두고 있다"는 점을 전제하더라도 "의지 능력에 대한 의혹은 아주 강렬했다."[125] 즉 칸트 이후 의지와 존재를 동일시하는 경향이 있었으나 이에 대한 논의는 중단되었다. 제1장 제3절에서는 중세 이후 철학에서 발견되는 의지철학에 대한 반론을 주로 언급한다. 그 이유는 다음과 같다. "첫째, 의지 능력의 존재 자체에 대한 반복적인 불신이다. 의지는 단순한 환상, 의식의 환영, 의식 구조 자체에 내재된 일종의 기망이란 의혹을 받고 있다. … 둘째, 철학자들의 불신을 자극했던 것은 정확히 의지가 불가피하게 자유와 연계되어 있다는 점이다. … 셋째, 그 난제는 항상 단순한 인간사 영역의 존재론적 계서에서 낮은 지위를 부여한 우연성의 저주였다."[126] 철학자들의 이러한 반론에도 불구하고, 자유의지는 분명히 새로운 것을 시작하는 자유를 그 속성으로 한다.

　　제2장 〈내면적 인간의 발견〉에서는 아리스토텔레스, 사도 바울, 에픽테토스, 아우구스티누스의 의지이론을 제시하고 있다. 아렌트는 사도 바울의 의지 개념을 언급하기에 앞서 의지의 선행 개념으로서 아리스토텔레스의 자유로운 선택(또는 선택 능력; *proairesis*)의 의미를 제시한다. 그러나 이 개념은 새로운 것을 시작하는 능력이나 자발적인 능력을 다루고 있지 않다.

　　사도 바울의 '하나 속의 둘'은 친구나 동료가 아니라 서로 투쟁한다. "율법에 명시된 '당신은 해야 한다the Thou-shalt'는 자발적 복종 행위, 즉 합의에서 나타나는 '나는 의지한다an I-will'를 요구하고 기대한다. 자발적 복

124　　*Ibid.*, p. 47.

125　　*Ibid.*, p. 19.

126　　*Ibid.*, pp. 23~28.

종을 요구하는 명령의 경험은 의지의 발견으로 이어진다."[127] 즉 사람들이 '나는 해야 한다'와 '나는 할 수 있다'의 일치를 의심할 때, 독립적이고 자율적인 능력으로서 의지는 나타난다. 그러나 바울은 의지가 자신을 방해하기 때문에 의지가 무기력하다고 말했다. 따라서 바울은 의지가 아닌 은총을 통해 분열된 의지를 치유할 수 있다고 주장했다. 반면에 바울과 거의 동시대에 살았던 스토아 철학자 에픽테토스는 '**의지**의 전능'을 주장했다. "선은 어디에 있는가? **의지**에 있다. 악은 어디에 있는가? 의지에 있다. 어느 쪽도 아닌 것은 어디에 있는가? 의지의 통제에 있지 않은 것에 있다."[128] 의지 능력은 실제 세계에서는 무기력할 수 있으나 내면에서는 자유롭게 발현된다.[129] "어느 것도 의지 자체를 제외하고 의지하는 나를 방해하거나 제약할 수 없다."[130]

〈아우구스티누스, 첫 번째 의지철학자〉는 《의지》 전체에서 중심을 이룬다.[131] 아우구스티누스는 철학적 난관 때문에 종교에 관심을 가진 첫 번째 기독교 철학자다. 아렌트는 주요 저작인 《고백록》, 《삼위일체론》 그리고 《신의 도성》을 중심으로 아우구스티누스의 의지이론을 소개한다.

아우구스티누스는 《고백록》에서 의지 자체를 언급하고 있다. 그는 로마서를 면밀하게 검토하면서 두 의지가 선과 악, 육신적인 것과 영적인 것이라는 초기 마니교 이단을 피하려고 했다. 그는 첫 번째 통찰에서 의지하는 것과 할 수 있는 것은 동일하지 않다는 것을 발견했으며, 육신과 영혼

---

127   *Ibid.*, p. 64.

128   *Ibid.*, p. 74.

129   이에 관한 한 예를 들 수 있다. "사지가 마비된 사람은 팔다리를 사용하고 싶다는 것을 중단하기만 한다면 (정상적인) 다른 사람들과 마찬가지로 자유로울 것이다."(Arendt, 2003, p. 115)

130   *Ibid.*, p. 83.

131   《의지》에서 가장 많은 분량을 차지하고 있으며 의지가 시작 능력이라는 점을 밝힌 점을 고려할 수 있다. 그래서 아렌트는 〈아우구스티누스, 첫 번째 의지철학자〉 바로 밑에 제사를 달고 있다.(Kampowski 2008), p. 146.

사이의 투쟁에 대한 바울의 해석이 틀렸다는 것을 확인했다. "분열은 의지 자체에서 나타난다."[132] 두 적대적 의지는 정방향의 의지willing; *velle*와 반대 방향의 의지nilling; *nolle*이다. 의지하는 나는 무엇인가를 동시에 좋아하고 싫어할 수도 있다. 《고백록》 끝부분에서 사랑으로서 인간 행위를 결정하는 궁극적인 통합 의지를 진단한다.

아우구스티누스는 《삼위일체론》에서 다른 능력과 상호연관시켜 의지를 고려한다. 앞에서도 지적했지만, 의지는 집중 덕택에 여러 능력을 발현하거나 연결한다. 정신의 집중은 의지의 기능이다. 그는 정신의 세 부분으로 기억, 지성, 의지를 들고 있다. "의지는 유지하고 망각하는 것을 기억에게 말한다. 의지는 이해를 위해 선택하는 것을 지성에게 말한다. … 의지는 그들이 기능하게 하며, 궁극적으로 그들을 결합한다."[133] 《삼위일체론》에서 제시한 두 번째 특징은 의지가 사랑으로 정의될 수 있다는 점이다. 즉 "기능적 작동의 측면에서 짝짓고 결합하는 행위자인 의지는 또한 사랑으로 정의될 수 있다. 사랑은 성공적인 중매쟁이이기 때문이다."[134] "**사랑**은 지속되고 대립 없는 **의지**의 한 형태다."[135] 그래서 아우구스티누스는 다음과 같이 주장한다. "나는 당신을 사랑한다. 나는 당신이 존재하기를 바란다 *Amo: volo ut sis*."[136]

《신의 도성》에서는 의지를 인간 능력의 시간성이란 시각에서 고찰했다. 아우구스티누스는 새로운 일이 순환 속에서 발생할 수 없다는 점에서 순환적 시간 개념을 반박했다. 새로운 일이 있으려면 시작은 있어야 한다. "따라서 그러한 시작이 있었고 인간이 창조되었으며 그 이전에는 아무

---

132   Arendt(1978b), p. 94.

133   *Ibid.*, p. 99.

134   *Ibid.*, p. 102.

135   *Ibid.*, p. 104.

136   *Ibid.*

도 없었다."[137] 인간은 다수로 창조된 살아 있는 생물들과 달리 단수로 창조되어 계속 "개개인으로부터 번식되었다." 개체성이란 인간의 특성은 그가 존재하기 이전에 한 '사람'이라 부를 수 있는 '아무도' 없었다는 것을 의미한다.[138] 이 개체성은 의지에 나타난다.

제3장 〈의지와 지성〉에서는 의지와 지성의 관계, 즉 두 능력의 우위성 문제를 제시하고 있다. "아퀴나스 체계에서 핵심인 제1원리는 존재다."[139] 좋음과 참은 다르지만 이들은 보편적이다. "**지성**이 보편적인 **존재**와 **진리**를 이해하듯이, **의지**는 '**보편적 선**을 욕구한다.' **지성**이 개별자를 다루기 위해 그 하위 능력으로서 추론을 가지고 있듯이, **의지**는 보편적 목적에 이르는 수단을 분류하는 과정에서 그 부차적 조력자로서 자유로운 선택 능력을 갖는다."[140] 아퀴나스는 대상의 보편성보다는 인간 정신 내에서 지성이 차지하는 위상을 들어 의지에 대한 지성의 우위성을 인정한다.

반면, 둔스 스코투스는 의지의 우위성을 주장한다. "지성은 자체의 관심을 인도하기 위해 의지를 필요로 하며, 그 대상이 의지에 의해 '확증될' 때만 적절히 기능할 수 있다. 이러한 확증이 없다면 지성은 기능하지 못한다."[141] 둔스 스코투스는 의지의 자율성을 인정하면서 두 가지 형태의 의지를 제시한다. "하나는 자연적 성향을 따르고 욕망뿐만 아니라 이성에 의해 촉발될 수 있는 자연적 의지ut natura이고, 다른 하나는 정확히 말하자면 자유의지ut libera다."[142] 둔스 스코투스의 독창적인 사유는 자유를 위해 치르는 우연성에 대한 논의에서 잘 드러난다. 발생한 모든 것이 필연적이라고 하

---

137   *Ibid.*, p. 108.

138   *Ibid.*, p. 109.

139   *Ibid.*, p. 118.

140   *Ibid.*, p. 120.

141   *Ibid.*, p. 128.

142   *Ibid.*, p. 132.

더라도, 우연적으로 촉발되는 인간사에는 우연성과 예측 가능성이 작동한다. 자유를 보장하는 두 가지 대립된 의지는 우연성 이론과 연계된다.

지금까지의 논의를 요약한다. 제2장과 제3장에서 중심인물은 아우구스티누스이고 그다음 인물은 둔스 스코투스다. 특이하게도 아우구스티누스를 중심으로 앞에는 바울과 에픽테토스의 입장을, 뒤에는 아퀴나스와 둔스 스코투스의 입장을 조명하고 있다. 전자의 경우 의지의 '무기력' 대 '전능'을 대비시키고, 후자의 경우 의지와 지성의 우위성을 조명하고 있다. 이렇듯 의지 활동의 역사는 긴장 또는 대립의 연속이었다.

《의지》 마지막 장 〈결론〉에서는 의인화된 의지 개념을 제시한 독일 관념론, 그리고 의지를 거부한 니체와 하이데거의 주장을 소개한다. 독일 관념론은 의지를 형이상학적 범주로 설정한다. 그러나 니체와 하이데거는 존재론적 범주가 아닌 인간 능력으로서 의지에 정면으로 도전하고, 의지하는 나와 상반된 사유하는 나에서 형성된 의인화된 개념들을 신뢰한다.[143]

의지 또는 의지의 자유는 원인과 의도의 관점에서 세계를 해석하려는 욕구에서 발생한 환상이었다. 사물은 목표나 목적의 맥락에서만 의미를 지니지만, 니체가 이해한 세계는 그러한 목표나 목적을 지니지 않는다. 무의미한 세계에 도덕적 사실은 없고 해석만이 존재한다. 의지의 난관에 대한 니체의 해결책은 영원회귀다. 지나간 것은 모두 복귀할 것이며, 영원회귀를 수용하고 긍정할 수 있는 사람은 의지가 폐지할 수 없는 과거에 대한 의지의 분노를 극복한다. 그는 니체가 말하는 초인이다.

하이데거의 니체 해석은 전환의 계기를 형성한다. 하이데거는 '영원회귀' 사상에서 지배하려는 힘이란 의미의 힘에의 의지로서 의지에 대한 해석에 관심을 갖는다. 하이데거의 마지막 말은 의지의 파괴성과 관련된다. "니체의 마지막 언급이 의지의 '창조성'이나 '과다'와 연관되듯이, 이

---

143   *Ibid.*, p.158.

능력에 대한 하이데거의 마지막 언급은 의지의 파괴성과 연관된다."[144] 하이데거는 사유와 의지의 대립을 상정하고 '존재의 역사' 이념을 제시한다. 하이데거의 경우 존재는 행위자의 사유에서 나타나기 때문에, 행위와 사유는 일치한다. 하이데거는 이러한 일치를 통해 의지의 파괴성을 거부하고 오히려 방기를 선택한다. "활동으로서 내맡김은 존재의 요청에 복종하는 사유다. … 하이데거는 '전환'에 대한 자신의 재해석에서 그것을 '내맡김'이라 부르고, 내맡김에 조응하고 의지가 아닌 사유를 대비하게 하는 평온이라 부른다."[145] "내맡김의 평온"은 "역설적인 의지하지 않을 의지Will-not-to-will를 형성한다."

3. 칸트 판단 이론의 계승과 야스퍼스의 수용

아렌트는《의지》마지막 부분에서 철학적 자유 개념에 내재된 어려운 문제를 해결하려는 희망으로 정치적 자유 개념을 검토한다. 자유와 연관된 정치 행위는 의지에 내재된 난제의 해결책을 제공하지 않는다. 이 난관은 "시작으로서의 인간"이란 이념과 "태어난 덕택에 자유로울 운명"인 인간 사이에서 발생한다.[146] 아렌트는 다음과 같이 끝을 맺고 있다. 자유의 본질을 구성하고 있는 "이 난관은 다른 정신 능력, 즉 시작 능력 못지않게 신비스러운 능력인 판단 능력에 대한 호소를 통한 경우를 제외하고 열리거나 해결될 수 없다."[147]

이렇듯 판단은 정신의 삶을 구성하는 데 필수불가결한 부분이다. 그러나 아렌트는《의지》원고 집필을 마무리한 지 채 일주일도 지나지 않아

---

144   *Ibid.*, p. 178.

145   *Ibid.*

146   *Ibid.*, p. 217.

147   *Ibid.*

갑작스럽게 죽음을 맞이했다. 이 때문에 판단이론에 관한 경구 ―"성공한 대의 명분은 신들을 기쁘게 했지만 패배한 대의명분은 카토를 기쁘게 한다"[148] ― 만 남긴 채《판단》집필은 중단되었다. 따라서 우리는 이전의 연구에 입각해 아렌트의 판단이론을 고찰해야 한다.

　　판단 활동과 정치는 같은 특성을 지닌다. 아렌트는 이미 활동적 삶, 특히 정치적 삶에 관한 연구에서 판단 이론을 산발적으로 제시하고 있었다. 현실의 정치적 삶은 결정론적 판단이든 반성적 판단이든 판단의 연속이다. 그러나 아렌트는 활동적 삶에 관한 연구를 통해 행위자의 관점에서 판단 문제를 고찰했다. 행위자와 관찰자의 관계가 부분과 전체 사이의 관계와 조응한다는 점을 고려할 때, 아렌트는 아이히만 재판 이전까지는 주로 행위자의 관점에서 판단이론을 고찰했다.[149] 전자의 관점은 현상세계와 밀접하게 연계되어 있지만, 후자의 관점은 현상세계로부터의 이탈을 강조한다.

　　아렌트는 아이히만 재판을 계기로 판단이론을 관찰자 입장에서 연구하기 시작했다. 따라서 관점의 우선순위에서 반전이 나타난다. 아렌트는 3부작의 하나로서 판단 이론을 체계적으로 연구하지 않았지만, 이미 1970년 '칸트의 정치철학'을 시카고대학교와 뉴스쿨에서 강의했다. 그리고 1971년에는 〈사유와 도덕적 고찰들〉이란 논문 이후 정신의 삶 자체를 정당화하는 판단이론을 고찰했다. 그럼에도 판단이론에 대한 저술은 이상하게도 지체되었다. 왜 그랬을까? 아렌트는 정신의 삶의 역사에 대한 연대기

148　　Arendt(1982), p. 5.

149　　여기에서는 정치행위의 관점에서 판단을 정치생활의 한 측면으로 표현하고 있다. 이와 관련된 주요 연구논문과 저서는 다음과 같다. 이해 위기를 판단위기로 규정하고 있는 논문 〈이해와 정치Understanding and Politics〉, 〈자유와 정치Freedom and Politics〉, 〈문화의 위기The Crisis in Culture〉, 표상적 사유를 언급하고 있는 논문 〈진리와 정치Truth and Politics〉, 그리고 정신의 삶을 연구하는 데 중대한 정치적 계기를 제공한《예루살렘의 아이히만》등이다.

적 저술의 필요성을 인정하고 있었기에《판단》의 저술을《사유》나《의지》
뒤를 미루었을 수 있다.

물론 아렌트는 실제로 앞의 두 정신 활동에 대한 연구와 같은 맥락
에서 판단이론을 연구하고자 했다. 이것은 행위자 중심적인 판단이론의 반
전으로 이해될 수 있다. 따라서 아렌트는 일차적으로 부정의 방법historical
via negativa에 입각해 고대 그리스의 실천적 지혜와 판단을 구별하고, 18세기
'취미' 개념을 비판했다. 아렌트에 따르면, 아리스토텔레스의 실천적 지혜
phronesis는 욕망과 선택을 강요하는 다양한 목적을 측정하는 능력으로서 '판
단' 개념의 선구자다. 그러나 실천적 지혜는 욕망 또는 비자유와 연계되어
있기 때문에 정신적 자유를 기반으로 하는 판단과는 거리가 있다. 아울러
18세기의 취미 개념은 이성과 상이한 능력을 의미하며, 판단에 적절한 반
사성을 결여한다는 것이 아렌트의 입장이다. 이와 같이 아렌트는 철저하게
판단의 자율성을 확립하고자 했다.

그런데 활동적 삶의 연구에 집중해 있던 시기의 판단이론은 정치 행
위자들의 관점에서 이해되고 있지만, 정신의 삶에 관한 연구에 집중해 있
던 시기에는 역사가와 이야기꾼의 반성적 판단을 강조하고 있다. 정치 행
위자는 과정 속에서 정치 현상을 판단해야 하지만, 역사가 또는 이야기꾼
은 과정이 종료된 후에 정치적 사건을 판단한다. 정치 행위자는 현존하는
것의 현재화를, 관찰자는 역사적 사건의 현재화를 강조한다.《예루살렘의
아이히만》에서 아렌트는 도덕적 능력으로서 사유와 판단의 연계성에 관
심을 가졌고, 옳고 그름을 말하는 능력으로서 판단에 관심을 가졌다. 그러
나 그녀는《사유》'후기'에서 과거로부터 의미를 도출하는 능력, 즉 이야기
하기 기술에 본질적인 능력으로서 판단을 강조했다.[150] 달리 표현하면, 아
렌트는 한편으로는 판단을 정치행위자들의 대리 사유와 확장된 정신 상태

150   Arendt(1978a), p. 216.

의 기능으로 이해하고 싶었으며, 다른 한편으로는 미학적 판단과 유사하게 작동하는 판단의 관조적이며 초연한 차원을 강조하고자 했다.[151] 이와 같이 아렌트는 행위자의 관점과 관찰자의 관점을 일치시키고자 했다.[152] 그러나 이 문제에 대한 아렌트의 성찰은 두 관점 사이를 왕래했다. 따라서 판단의 위상과 관련해 그의 저서에는 철학적 당혹함이 존재한다.[153]

이러한 난점 때문에 별도의 분석이 필요하지만, 아렌트가 기존의 정치철학에서 판단을 단순히 사유의 부차적인 것으로 이해하거나 실천적 활동으로 이해하는 전통적 입장을 비판한 것은 분명하다. 판단 활동의 자율성을 인정하는 독립적 이론을 구성하고자 했던 것이다. 물론 아렌트의 판단이론은 행위적 자율성 및 기준의 근거와 관련해 칸트의 입장을 비판적으로 계승하고 있다. "판단의 자율성을 주장하는 데 함축된 정치적 원리는 **성공, 가설적인 미래**로부터의 자유다."[154] 판단의 공평성은 자기이익의 극복에 있다는 점을 고려할 때, 행위자들은 상대방의 입장에서 생각할 수 있는 근거를 갖지 않으면 안 된다. 즉 판단은 상호주관성의 요소를 고려해야 한다. 따라서 아렌트는 이러한 근거를 인간애humanity에서 찾고자 했다. 아렌트는 판단의 독립성이라는 속성이 인간들에 대한 은밀한 신뢰에 기반을 두고 있다고 주장하면서 칸트의 '인간의 존엄성'을 중요하게 여기고 있다.

그러나 아렌트는 "무한한 진보와 인간의 존엄성이라는 칸트의 개념이 모순된다"[155]고 지적함으로써 판단과 행위를 위한 자신의 격률을 정립했다. 칸트는 인류 역사의 가능한 결과, 즉 진보로서 통합된 인류를 고려했다. 이렇듯, 그는 현존하는 인류가 아닌 미래의 인류를 강조함으로써 판단의

151   Beiner(1994), p. 381.

152   Arendt(1982), p. 75.

153   Benhabib(1996), p. 175.

154   Young-Bruehl(1994), p. 352.

155   Arendt(1978b), p. 272 ; Arendt(1982), p. 77.

시간 개념과 불일치하는 양상을 보이고 있다. 아렌트는 칸트의 이러한 결점을 극복하기 위해 과거 인간들의 삶에서 개별적으로 표출되고 현재화할 수 있는 실재로서 인류의 통일을 인정하고자 했다. "야스퍼스의 인류와 세계시민권 개념은 칸트의 경우와 비교할 때 역사적이고, 헤겔의 경우와 비교할 때 정치적이다."[156]

여기에서 논의를 종합해 보자. 나와 나 자신 사이의 소리 없는 대화인 '사유'는 인간의 기본 활동일 뿐만 아니라 악행을 제약하는 활동이기도 하다. 그리고 대립적이고 자율적인 두 요소들 사이의 투쟁인 의지는 사랑으로의 변형을 통해 개인의 성격(품성)을 형성하는 데 기여하며, 특수성을 통해 일반성을 확립하려는 내재적인 논쟁인 판단은 인간애를 형성하는 데 기여한다. 아렌트는 정신 활동에 대한 탐구를 통해 외형적으로 정치행위론의 우위성을 반전시키는 것 같지만, 궁극적으로 정신 활동과 정치 행위의 조응 관계를 지적하고 있다. 아렌트는 이원적 세계론과 정신 활동의 계서적 우위성을 인정하는 형이상학 전통에서 벗어나 동일한 위치에서 정신 활동(영역)과 활동적 삶(현상세계) 사이의 상호관계를 강조했다. 한마디로, 그녀는 보충과 확장의 방식으로 두 영역 사이의 심연을 좁혔다.

정신 활동들 사이의 긴장과 조화
: 논쟁과 담화의 정치동학

나무줄기가 현상이듯, 뿌리 역시 현상이다. 두 현상은 밀접하게 연계되어 있다. 차이가 있다면 전자는 노출 현상이고 후자는 은폐 현상이라는 점이다. 활동적 삶이 현상이듯이, 정신의 삶 역시 현상이면서 노출되지 않은 채 현상세계 속에서 진행되기도 하고 중단되기도 한다. 두 형태의 삶은 밀접하게 연계되어 있다. 아렌트는 악의 평범성이란 측면에서 사유하지 않는 삶은 악행과 연관된다고 밝히고 있다. 나는 공공 영역에서 진지한 대화를 나누기 위해서 우선 나 자신과 끊임없이 대화를 나누어야 한다. 이러한 상식적 사실은 내재적 공공 영역과 외면적 공공 영역의 동일성과 차이를 단적으로 표현한다.

여기서는 **정신 활동들 사이의 관계, 즉 대립성과 상호연계성**이라는 측면에서 정신 영역의 구조와 그 정치적 함의를 중점적으로 고찰하기로 한다. 《사유》 제2장에서는 주로 현상세계 속의 정신 활동을 다루고 있지만, 여기서는 정신 영역이 정치 영역 구성에 어떤 의미를 갖는가를 제시한다. 특히 내재적 공공 영역과 외면적 공공 영역의 작동 원리의 동일성을 부각한다. 따라서 정치 행위가 시간적·공간적 차원을 갖고 있듯이, 시간적·공간적 맥락과 연계해 정신 영역의 구조를 이야기한다.

아렌트에 대한 선행 연구들에서도 공공 영역과 정신 활동 영역의 특성과 이들의 관계를 세밀하게 밝히려는 시도가 많았다. 여기에서는 바람직한 존재를 가능케 하는 작동 원리의 동일성, 즉 그 원형을 부각하는 데 역점을 둔다. 정신 활동 자체와 정신 영역의 구조화는 '정신의 신화'를 구성하는 마지막 단계다. 이와 같이 아렌트는 두 영역에서 이루어지는 삶이 원리상 동일하다는 점에 기초해 정치의 원형을 아테네의 공공 영역이 아니라 내재적 공공 영역에서 찾고 있다.[157] 따라서 세 정신 능력의 개별성(또는 대립성)

---

157 《인간의 조건》은 아렌트의 저서들 중 가장 그리스적 색채를 띤 저서로 평가받는다. 여기에서 아렌트의 헬레니즘은 현재를 통해 사유하려는 시도다.(Euben, 2000, p. 162) 그녀는 현재시제와 연관된 사유의 결과 과거로 복귀하지 않고 현존하는 인간들의 삶에서 정치의 원리를 모색한다. 따라서 그녀는 '전통'이라는 제약 속에 갇혀 있지 않고, 정신의 삶을 '영원한 현재'로 끌어들이고 있다.

과 상호연계성 문제를 중점적으로 밝힐 필요가 있다.

아렌트는《사유》에서 다음과 같은 입장을 분명히 지적하고 이를 구조화하는 탐구에 전념했다. 그녀에 따르면, "사유, 의지, 판단은 기본적인 활동이며, 이들이 각기 다른 활동으로부터 도출될 수 없을 뿐만 아니라, 공통 특징을 지니고 있다고 하더라도 공통 척도로 환원될 수 없다."[158] 즉 각각의 정신 활동은 "활동 자체에 내재된 원리에 따라 활동한다." 따라서 하나 속의 셋이라는 차원에서 정신 활동들의 관계를 언급하되 정신 활동들의 다원성, 정체성, 윤리성을 고려할 것이다.

1. 정신 활동들의 자율성과 대립성: 논쟁 정신

아렌트는《인간의 조건》에서 "공공 영역 자체에는 격렬한 논쟁 정신이 깃들어 있다"[159]고 주장함으로써 공공 영역의 특성을 '논쟁'으로 규정한다. 즉 아렌트는 "그리스-로마적 위대성은 항상 사람들이 다른 모든 사람과 자신을 구별하는 공공 영역에 부여되었다"라는 점을 강조했다.[160] 마찬가지로 '대화'를 기반으로 하는 정신의 삶에서 세 행위자(사유, 의지, 판단의 의인화)는 동등한 입장에서 자신의 위상을 부각하고자 서로 경쟁한다. 이렇듯 아렌트는 그리스-로마의 경험에서 행위의 논쟁적 성격을 규정하고 이를 옹호했지만, 정신의 삶에 관한 연구에서도 이를 정신의 특성으로 규정하고 있다.

아렌트는 정신의 삶 자체가 자유의 삶이라는 것을 밝히고 있다. 현상세계로부터의 자율성, 그리고 정신의 삶 자체 내 두 행위자의 자율성은

---

158   Arendt(1978a), p. 69.

159   Arendt(1958), p. 41.

160   *Ibid*, p. 49. 아렌트의 '논쟁' 개념의 근원과 특성에 관한 이해, 그리고 현대적 변형에 관한 자세한 논의를 이해하기 위해서는 Villa(1996), pp. 99~109와 Villa(1999), pp. 107~127을 참조할 것.

자유가 정신뿐만 아니라 정치의 조건이라는 것을 보여준다. 따라서 아렌트는 정신 능력 자체와 이들의 상호관계를 특징화하면서 순수한 정신 활동을 구체화한다. 세 가지 정신 활동은 각기 자체 내에 그 요인들을 지니고 있으며, 다른 요인에 의해서는 작동되지 않는다. 우선 하나 속의 셋은 각 부분의 자율성을 기반으로 한다. 아렌트는 "신비스러운 하나 속의 셋"[161]이란 개념에서 정신 활동의 자율성을 인정한다. 따라서 그녀는 아우구스티누스의 의지이론에서 의지의 우월적 역할에 대한 강조가 의지 환원론으로 해석되는 것을 경계했다. 아울러 그녀는 판단 능력이 사유 능력의 부산물로 이해된다는 해석을 수정했다. 이렇듯 아렌트는 철저하게 세 활동들 사이의 개별화를 강조했다. 이러한 관계는 기본적으로 정신 활동의 다원성을 인정하는 것이며, 정치 영역의 다원성이 정신 활동들의 관계에서도 도출될 수 있다는 점을 함의한다. 아렌트는 물론《인간의 조건》에서 행위 또는 공공 영역과 다원성의 관계를 밝히고 있지만, 정치 영역의 다원성을 정신 영역에서 도출함으로써 그 근원을 인간으로 상정한 소크라테스의 전통을 유지했다.

정신 활동들은 각기 자율성을 지니며, 다른 활동(또는 능력)과 관련해서도 자율성을 유지한다. 예컨대 세 가지 정신 활동은 지성과 관련해 전적으로 자율성을 유지한다. 사유의 자율성은 진리와 의미의 구분을 통해서, 의지의 자율성은 아퀴나스(지성의 우위성 인정)와 스코투스의 대비를 통해서, 그리고 판단의 자율성은 반성적 판단의 비인지적 작동과 지성의 인지적 작동이라는 칸트의 이분법을 통해서 각기 확증될 수 있다. 그런데 정신 활동들은 이러한 자율성 때문에 각기 대립적 성향을 드러낸다. 비유적으로 표현하면, 사유는 아무것도 행하지 않는 것을, 의지는 무엇인가의 수행을 지향한다. 또한 판단은 두 활동과 같은 거리를 유지한다.

정신 활동의 자율성과 관련해 각 활동의 주요 '색조'와 '양태'의 차

---

161   Arendt(1978b), p. 98.

이를 고려할 수 있다. 사유와 의지는 심리적 상태에 영향을 미치는 경우에 대립 상태에 있게 된다.[162] 사유하는 나의 지배적 분위기는 평온이지만, 의지의 지배적 분위기는 긴장이다.[163] 판단의 그것은 "사심 없는 관심 disinterested concern"[164]이다. 전자는 정치의 속성으로서 안정과 정지를 표상하며, 후자는 변화와 운동을 표상한다. 아렌트는 사유와 의지의 대립 상태를 부각하고 있다. 물론 신체에 대한 철학자들의 적대감은 아주 잘 알려져 있지만, "의지에 대한 사유하는 나의 적의敵意는 매우 다른 형태의 적의다."[165]

사유는 과거의 경험을 '지속적인' 현재로 끌어들이고, 의지는 자신을 불확실한 미래로 확장시킨다. 사유는 기억을 통해 이미 아닌 것을 현재화하고,[166] 의지는 기대(예상)를 통해 아직 아닌 것을 현재화한다. 이렇듯 정신 활동은 상이한 시간적 차원을 지닌다. 아렌트는 카프카의 '시간' 은유를 소개하면서 미래와 과거가 충돌하는 전선戰線으로서 '현재'를 강조함으로써 정신 활동의 투쟁적 성격을 강조하고 있다. 이러한 입장은 인간이 시간적 존재라는 점을 잘 보여준다. 아렌트는 인간 실존의 시간적 특성을 반영하고자 했기 때문에, 고대성, 근대성, 탈근대성을 동시에 유지하고 있다.[167] 아렌트에 따르면, '사유'는 순환적 시간 개념에, '의지'는 직선적 시간 개념에 기초를 두고 있다. 정신의 삶과 관련해 고대인은 주로 순환적 시간 개념

---

162   *Ibid.*, p. 35.

163   *Ibid.*, p. 38.

164   Arendt(1982), p. 54.

165   Arendt(1978b), p. 35.

166   "인간을 의식적이고 기억하는 존재로서 확정짓는 결정적인 사실은 탄생 또는 탄생성, 즉 우리가 출생으로 세계에 참여했다는 사실이다. … 죽음에 대한 두려움과 삶의 불완전성은 욕구의 원천이다. 반면, 삶이 전적으로 주어졌다는 것에 대한 감사는 기억의 근원이다." (Arendt 1996, 52)

167   홍원표(1995), pp. 153~179.

을, 근대 서구인은 주로 직선적 시간 개념을 수용하고 있다. 따라서 인간들은 시대에 따라 사회에 대한 자기 이해를 달리했을 뿐만 아니라, 역사를 구성하는 과정에서도 각기 다른 정치 양태를 구체화한다.[168] 헤겔은 자신의 역사철학에서 두 가지 대립된 시간 개념을 조화시키고 통합하는 변증법 운동을 체계화했다.[169]

사유하는 나에서는 대립적인 두 시간, 즉 미래와 과거가 충돌한다. 그러나 과거의 것에 대한 현전은 기억 속에, 현존하는 것에 대한 현전은 직관에, 그리고 미래의 것에 대한 현전은 기대 속에 존재한다. 정신 활동의 세 가지 현전은 스스로 시간을 구성하지 않는다. 사유하는 나는 이러한 '무시간적' 현재에 위치해 있다. 대각선이라는 비유는 사유하는 나의 정신적 공간성뿐만 아니라 사유의 무시간성을 나타낸다.[170] 사유와 연계된 현재는 모든 것을 통합한다. 의지와 연계된 시간은 '아직 아님'으로 표현되고, 판단과 연계된 과거는 '더 이상 아님'으로 표현되는데, 이러한 표현들은 '현재'를 함의하고 있다.

아렌트는 정치 영역을 논쟁 영역으로 규정한다. 각각의 정신 활동들 내에서는 양자 사이의 대립과 긴장, 그리고 세 가지 정신 활동들 사이에 대립과 긴장 관계를 보인다. 우선 하나 속의 둘 사이에 나타나는 대립과 긴장을 들 수 있다. 정신 활동들은 각기 정체성을 확립하기 전에 갈등관계에 놓인다. 이러한 양태는 각각의 정신 활동에서 나타나는 논쟁의 양태다. 앞에서도 언급한 바와 같이, 세 정신 활동 역시 각기 다른 특성을 지니고 있어서 기본적으로 대립 상태를 유지한다.

---

168 우리는 여기에서 근대인들이 중세적 시간 개념을 수용하고 있다는 점을 파악하게 된다. 근대 서구인들은 종교적 전통과의 결별을 위해 세속화의 역사를 실현시켜 나갔고, 이를 통해 중세의 특성으로부터 탈피했지만, 시간 개념을 계승하고 있다.

169 Arendt(1978b), pp. 39~51.

170 Bowen-Moore(1989), p. 98.

종합하면, 정치 영역의 기본 특성은 정신의 삶에서도 그대로 나타난다. 정신 활동들 사이의 대립성은 정치 영역의 다원성을 정당화하는 근거를 제공한다. 그러면 대립성과 조화가 동일한 맥락에서 설명될 수 있는가? 아렌트는 사랑과 논쟁이란 문제를 동일한 차원에서 설명하고 있다. 악에 대한 투쟁은 바로 사랑을 의미하기 때문이다. 이렇듯, 세 정신 활동들은 어느 순간 그 대립을 중단함으로써 정체성을 유지한다. 따라서 우리는 예측 불가능성에도 불구하고 그 정체성을 유지할 수 있는 정치 영역의 근본 원리를 정신 활동들 사이의 관계에서도 도출할 수 있다.

2. 정신 활동들의 동일성: 공조 정신

정신 활동들은 모두 신체 '활동'의 시작과 더불어 자신의 활동을 중단한다. 이렇듯 우리는 때론 활동적 삶을 영위하고 때론 정신의 삶을 영위한다. 이러한 차이에도 불구하고, 비가시적인 특성을 지니는 내재적 삶은 분명히 정치적 삶을 위한 기본 원리를 제공하고 있다. 아렌트는 외면적 공공 영역의 논쟁적 성격에 한계를 설정함으로써 니체의 입장을 벗어나 조화적 의미를 부여해 공공 영역의 민주적 성격을 강화하고자 했다.

공조나 조화를 구체화하는 은유적 표현은 하나 속의 셋이다. 아우구스티누스는 삼위일체론을 통해 성부, 성자, 성령의 동등성과 3위성을 강조했다. 아렌트는 정신 활동들이 갖는 상호연계성의 근거를 칸트의 '세 비판' 못지않게 아우구스티누스의 삼위일체론에서 찾고, 이를 정치적 관점에서 원용하고 있다. 양자 사이에 차이가 있다면, 아우구스티누스는 의지를 통해 통합하려 했으나 아렌트는 '살아 있다는 감각', 즉 정신의 탄생성을 통해 통합하려 했다는 것이다.[171] 그녀는 세 정신 활동을 통합할 수 있는 기본 요인을 밝혀냈다. 정신의 신화에서 '하나 속의 셋'은 다원성·정체성·윤리

---

171   *Ibid.*, p. 87.

성의 원리를 함축하고 있으므로 정신 구조의 특징을 밝혀주는 용어라고 할 수 있다. 여기에서는 세 가지 정신 활동들이 어떻게 공동 보조를 취하고 있으며, 각기 어떠한 관계를 유지하고 있는가를 밝히고자 한다. 공동 보조란 각기 자율성을 유지하면서도 협조 관계를 유지하고 있다는 것을 의미한다. 그러므로 정신 활동들 사이의 관계는 절대적 자율성이라기보다 상대적 자율성의 입장에서 이해될 수 있을 것이다.[172]

　　이러한 정신 구조에서 실현되는 관계의 원리는 정치 구조의 원리 또는 행위 원리로 확장될 수 있다. 물론 아렌트는 정치적인 것과 행위 원리를 이미 제시했지만, 정치질서의 근원인 인간적 삶의 원리를 구체화함으로써 외면적 삶과 내재적 삶의 공통된 의미를 설명하고 있다. 세 가지 정신 활동을 특징짓는 공통 용어는 각기 우정, 사랑, 관심(인간애)이다.

　　소크라테스가 주장하듯이, "사유하기를 원할 경우에 상대자들이 친구가 되어야 한다." 사유 활동은 나와 나 자신 사이의 조화라는 의미를 지니고 있다. 조화의 의미는 현상세계, 특히 정치 영역에서 도출될 수도 있다. "나쁜 짓을 행하기보다 이를 감수하는 것이 낫고,"[173] "나의 현금과 합창단의 부조화가 오히려 나와 나 자신 사이의 부조화보다 낫다"[174]는 문장을 인용한 아렌트는 하나 속의 둘 사이의 조화가 더 중요하다는 점을 부각하고 있다. 이러한 지적은 사유와 윤리적 문제의 연계성을 담고 있다. 아렌트는 악을 결여의 개념이라는 관점에서 무의미성으로 이해한다. 따라서 그녀는 사유 활동이 악과 무관하다는 점을 지적함으로써 아이히만의 관료적 악행을 무사유의 관점에서 규정했다. 이렇듯 그녀는 사유와 선의 연계성을

172　여기에서 절대적 자율성을 강조할 경우에 세 가지 정신 활동들 사이의 공존은 가능하겠지만 조화의 관계를 유지하기 어렵다. 즉 '절대적' 차이만을 강조할 경우, 행위자들 사이의 조화 또는 연계 가능성은 논리적으로 도출할 수 없다.

173　Plato, *Gorgias*, 474b.

174　*Ibid.*, 482c.

강조하는 소크라테스의 입장을 들어 정치적 · 윤리적 입장을 인정한다. 사유할 때 나와 나 자신이 친구라는 표현은 양자 사이의 갈등을 해결하는 요소로서 우정을 상정한다. 사유와 의미 탐구 사이의 연계성을 고려할 때, 우정은 사랑과 같은 맥락을 지닌다. 즉 "의미 탐구는 사랑이란 소크라테스의 표현에서 사랑은 에로스의 그리스적 의미이며, 기독교적 아가페는 아니다."[175]

반면에 '의지하기'와 '반대로 의지하기' 사이의 내부적 갈등은 기본적으로 사랑을 통해서 치유된다. 이렇듯 의지는 실천적 의미에서 사랑이다. 아렌트는 이 사랑을 사적 차원에서 정치적 차원으로 확장시켜 세계사랑의 중요성을 강조하고 있다. 그리고 판단은 나와 (상상 속의) 다른 사람들 사이에서 공통점을 발견함에 따라 그 공평성을 확보할 수 있으므로 다른 사람들에 대한 관심, 궁극적으로 인간애를 그 특징으로 한다.

여기에서 우정, 사랑, 관심은 외형적으로 상이한 인간의 행위로 규정되지만 공통점을 지닌다. 하나 속의 둘 사이의 갈등을 치유하는 것과 마찬가지로, 하나 속의 셋 사이의 대립성을 치유하는 공통 요소는 공존의 필요성에 대한 열정일 것이다. 영-브륄은 자신의 연구에서 이러한 경우를 탁월하게 부각한다. 그녀에 따르면, 아렌트는 세 정신 활동들이 입법부·행정부·사법부, 즉 삼부의 경우와 같이 서로 견제와 균형을 유지한다는 이미지를 제시하고자 노력했다.[176] 사유는 나와 나 자신 사이의 우정의 대화이고, 의지는 '의지하는 나'와 '반대로 의지하는 나' 사이의 투쟁 속에서 사랑으로 치유되며, 판단은 다른 사람들과의 원만한 대화를 통해 공평성을 확보한다. 하나 속의 둘 사이에 조화가 실현되듯이, 세 정신 활동들 또한 자율성을 유지하면서도 공동 보조를 유지한다.

175   Arendt(1978a), p. 178.

176   Young-Bruehl(1982), p. 458 ; Young-Bruehl(1989), p. 93.

　　이러한 분석은 그 담화적 성격을 잘 드러내고 있지만, 정신 활동들에 공통으로 나타나는 윤리적 지향점을 구체적으로 드러내고 있다. 따라서 다원성과 정체성 이외에 윤리성의 원리를 노정하고 있다는 점을 밝힐 경우, 아렌트가 드러낸 정신 구조는 패러다임으로서 정치적인 것의 핵심으로 원용될 수 있다. 사유란 악행을 저지하려는 의미를 포함하고 있으며, 의지는 자유의지의 순수성으로 대립적 갈등을 해결할 수 있다. 아울러 판단은 다른 사람들과의 공존재가 갖는 의미, 다른 사람에 대한 관심과 배려를 인정한다. 한마디로 정신 활동들은 정치적 · 윤리적 기준을 제공한다. 아렌트는 정신의 구조화를 통해 다원성, 정체성, 윤리성의 세 가지 정치 원리를 제시할 수 있는 기초를 제공한다. 그녀의 외면적 공공 영역은 원리의 입장에서 내재적 공공 영역과 일치한다고 할 수 있다.[177]

　　사유와 판단의 상호연계성에 대해 살펴보자. "사유는 비가시적인 것을 취급하지만, 판단은 특수성과 연관된다. 이러한 점에서 양자는 차이가 있다. 그러나 의식과 양심이 연계되듯이, 사유와 판단은 상호연계된다. 즉 사유는 우리의 의식에 주어진 동일성 내에서 차이를 실재화하고 그 부산물로서 양심을 형성한다. 반면에 판단은 **사유의 해방 효과**의 부산물로서 현상세계에 사유를 명료화한다."[178] 사유에 참여하는 사람에게 양심은 불가피한 부산물이다. 사유는 판단을 위한 예비적 상황을 제공해준다고 할 수 있다. 양심이 우리의 행위를 평가하는 내면적 견제를 상징한다면, 판단은 비판적으로 사유하는 능력을 외적으로 구체화하는 것을 상징한다. 사유와 판단은 옳고 그름의 문제와 모두 연관된다. 그러나 양심이 자아에 관심을

177　두 공공 영역은 논쟁agonism을 특징으로 한다. 논쟁은 개인의 특이성을 발휘하는 '자율적' 행위이다. 그러나 이 논쟁은 공적인 문제를 둘러싼 논쟁이기에 공통적이며 정체성을 확보하려는 행위다. 두 행위는 그 기준, 공통성에 의해 진행된다. 따라서 세 가지 원리가 두 영역의 바람직한 존재를 가능케 하는 축이다.

178　Arendt(1978a), p. 193 ; Gray(1977), p. 49에서 재인용함.

갖고 있지만, 판단은 세계에 관심을 돌린다.[179] 판단은 현상세계에서 사유를 구체화할 수 있기 때문에, 아렌트의 경우 '판단'은 세 가지 정신 활동들의 정점을 나타낸다. "'판단' 활동은 '의지'의 특징인 현상세계와의 접촉을 유지하고 있으며, '사유'를 고무하는 의미 탐구를 성립시킨다."[180]

시간성의 맥락에서 볼 때, 세 정신 활동들은 '탄생'의 관점에서 정당화된다. 정신 활동들은 현상세계 속의 활동이다. 사유, 의지, 판단은 항상 새로운 것의 창출과 연관될 때 비로소 삶의 의미를 갖게 된다. 새로운 시작으로서 사유 활동은 등에, 산파, 전기가오리라는 비유뿐만 아니라 사유의 바람이라는 은유를 통해 확증될 수 있으며, 자아정체성을 형성하는 데 기여한다. 의지는 새로운 것을 시작 능력이며, 변형된 사랑의 실현으로 개인의 참다운 품성 형성에 기여한다. 그런데 이러한 새로운 시작은 내면에서 이루어진다. 마지막으로 판단은 인간성 형성에 중요한 정신 활동으로서 사유하고 의지하는 내면의 활동을 외부로 드러내는 데 기여한다. 새로운 시작이 영역 이동이란 의미를 담고 있다는 점을 고려할 때, 내재하는 것을 드러내는 활동으로서 판단 역시 새로운 시작이다. 우리의 인간다움을 형성하는 세 가지 요소는 자아정체성, 품성, 인간애다. 이러한 인간다움은 세 정신 활동이 제대로 공조할 때 비로소 완성 상태에 도달하게 된다.

따라서 아렌트의 정신의 신화는 정치 공동체의 구성 원리인 다원성, 정체성, 윤리성에 관한 의미를 함축하고 있다. 정신의 신화는 경험적 측면의 정치를 정당화하는 기준뿐만 아니라 패러다임적 틀로서의 정치를 정당화하는 원리와 내용을 포함하고 있다. 한마디로, 정신의 신화는 철학적 의미뿐만 아니라 그 자체로서 정치적 의미를 포함한다.

---

179   D'entrèves(2000), p. 248.

180   Beiner(1982), p. 144.

마무리하기: 내재적·외면적 공공 영역의 일치

아렌트는 정신의 삶의 역사에서 단순히 세 가지 정신 활동을 개념적으로 정의하지 않고, 삶의 역사를 이야기하기 방식으로 구성했다. 이야기의 주제는 자아정체성 형성과 관련된 사유, 품성의 형성과 관련된 의지, 그리고 인간성 형성과 연관되는 판단이다. 아렌트의 삶은 사유·의지·판단 활동의 연속이었다.

정신의 삶의 역사가 행위 문제와 관련해 지침과 통찰력을 제공한다는 점을 고려할 때, 아렌트의 '정신의 신화'는 그녀의 학문적 여정을 이해하는 가장 적절한 비유적 표현일 것이다. 아렌트는 정치행위론을 정립하면서 고전 정치철학의 전통을 반전시켰다. 정신의 삶에 대한 이야기는 외형적으로는 자신의 학문적 궤적을 다시 반전시키는 것으로 이해되기 쉽다. 그러나 정신의 삶의 역사에서 나타나는 외형적인 반전은 이제 완성 상태에 도달하게 된다. 즉 '현상과 존재의 일치'라는 아렌트의 주장에서 나타나듯이, 비가시적 삶(정신의 삶)과 가시적 삶(정치적 삶)은 같은 구조 또는 원리를 지니고 있다. 따라서 활동적 삶에 대한 연구 시기와 정신의 삶에 대한 연구 사이에 정치적 사유의 단절은 없다.

아렌트는 수많은 (정치)철학자들의 입장을 수용하거나 반박하면서 정신의 신화를 구성했는데, 소크라테스, 아우구스티누스, 칸트가 대표적인 인물들이다. 물론 아렌트는 정신의 신화라는 구조 자체의 윤곽을 구성하는 데 있어서 하이데거와 야스퍼스의 입장을 수용하고 있다. 그러나 무엇보다도 중요한 것은 정신의 삶과 정치적 삶을 넘나들며, 다수 속의 한 사람으로서 삶을 영위한 소크라테스가 아렌트 정치철학의 모델이라는 점이다. 정신적·정치적 위기 속의 소크라테스는 현대의 정신적 위기와 정치적 파국에서 활동했던 아렌트에게는 정치철학의 근원이다. 소크라테스의 영혼의 신화가 신화로 끝나지 않았듯이, 아렌트의 정신의 신화 또한 우리 사회에서 신화로 끝나서는 안 될 것이다.

아울러 여기에서는 정신의 삶을 구조화하는 과정에서 패러다임으로서의 정치 원리, 즉 다원성, 정체성, 윤리성 원리를 현상세계가 아닌 인간의 내재적 구조에서 도출하고 있다는 점을 부각하려고 노력했다. 즉 아렌트는 하나 속의 둘 또는 하나 속의 셋을 언급함으로써 정신 활동의 다원성을 부각하면서 현상세계에서 볼 때 나타나는 개별적인 정신 활동의 동일성 또는 정체성을 강조한다. 그리고 정신 활동들은 정의, 공평, 아름다움을 탐구한다는 점에서 정치 행위의 윤리적 기준을 제공한다. 앞의 두 원리를 한마디로 표현하면 '동일성 속의 차이'며, 윤리성은 이를 가능케 하는 균형자라고 할 수 있다. 따라서 아렌트에 의해 특징화된 내면적 구조의 특성은 정치적 의미를 지니고 있으며, 정치 행위의 기준에도 부합한다. 결과적으로, 정신의 신화에 대한 '철학적' 탐구는 정치적 함의를 지니고 있기 때문에, 아렌트는 '정치가 있는' 정치철학을 정립했다.

아렌트는 내재적 공공 영역과 외면적 공공 영역의 동일성을 분명하게 강조하고 있다. 물론 여기에서 동일성이란 작동 원리의 동일성을 의미하며, 두 영역이 일치한다는 의미는 아니다. 아렌트는 활동적 삶과 관조적 삶의 이질성만을 강조하고, 관조적 삶의 우위성만을 강조함으로써 정치행위를 폄하했던 플라톤 이후의 전통을 비판했다. 그녀는 현상과 존재의 일치라는 점에서 내재적 공공 영역의 구체적 삶과 그 활동 원리가 현상세계의 그것과 일치한다는 점을 강조하고 있다. 아렌트의 '논쟁적' 정치 공동체는 역사적 모델로서 아테네 정치 공동체와 연관되지만, 내재적 공공 영역의 기본 원리를 그대로 반영하고 있다. 무엇보다도, 아렌트는 역사 속에서 발견한 모델이 현존하는 인간의 정신의 삶에서도 그대로 노출되고 있다는 것을 보여준다. 이러한 측면에서 아렌트의 정치철학은 정치를 추방시키지 않고 정신의 삶에 내재된 정치적 함의를 명백히 밝히고 있다.

'정치의 경제화'는 사회적인 것의 특징을 반영한다. 현실적으로 정치의 고유한 위상을 위축시키는 경제의 세계화와 다양한 형태로 정치의 위상을 부활하려는 노력은 충돌하는 양상을 보인다. 일차원적인 효율성 논리만을 강조하는 사회 구조 속에서 '정신의 삶'은 '어두운 영역'으로 갇혀버리고 자신을 노출하기 어렵다. 그러나 내재적 공공 영역의 활성화는 시대를 뛰어넘어 새로운 것을 모색하는 출발점이며, 어두운 시대의 전통을 해체하는 추동력이 될 수 있다. 내재적·외면적 공공 영역은 상호공존을 통해서만 활성화될 수 있으나, 사회 영역의 압도적 우위로 두 영역 사이의 심연은 여전히 존재한다. 이러한 상황은 개별 인간들의 삶을 천박하게 만들거나 '잉여적'으로 만들 수 있지 않을까? 그렇다면 이 문제의 해답은 어디에 있는가?

참고문헌

김비환,《축복과 저주의 정치사상: 20세기와 한나 아렌트》, 한길사, 2001.

김선욱,《정치와 진리》, 책세상, 2001.

서유경,〈한나 아렌트의 정치행위 개념 분석〉,《정치사상연구》제3집, 2000, 95~124쪽.

임마누엘 칸트, 백종현 옮김,《판단력비판》, 아카넷, 2009.

_____, 이한구 옮김,《영구 평화론: 하나의 철학적 기획》, 서광사, 1992.

홍원표,〈한나 아렌트 정치철학의 역설: 전근대성, 근대성, 탈근대성〉,《한국정치학회보》제29
집 4호, 1995, 153~179쪽.

_____,〈정치적 탈근대성과 정치 공동체: 배제 · 과잉 · 균형의 정치〉,《한국정치학회보》제31
집 1호, 1997, 7~30쪽.

_____,〈아렌트의 '정신의 신화'와 그 정치적 함의: 정신의 삶에 관한 역사를 중심으로〉,《한국
정치학회보》제33집 1호, 1999, 187~206쪽.

_____,〈아렌트 르네상스〉,《교수신문》, 2001년 1월 15일.

_____,〈한국 민주화의 좌절과 도전에 관한 '이야기하기': 정치적인 것과 사회적인 것의 제자리
찾기〉,《한국정치학회보》, 제36집 2호, 2002, 25~45쪽.

_____,《아렌트: 정치의 존재이유는 자유다》, 한길사, 2011.

_____,《한나 아렌트 정치철학: 행위, 전통, 인물》, 인간사랑, 2013a.

_____,〈시간 개념에 대한 한나 아렌트의 성찰: 시간적 사유와 정치적 사유의 만남〉,《정치사상
연구》제19집 2호, 2013b, 7~36쪽.

_____,〈시간적 존재의 탄생과 죽음 사이에서: 생물적 삶, 정치적 삶, 그리고 정신의 삶〉,《글로

벌정치연구》 제8권 1호, 2015, 37~61쪽.

Arendt, Hannah, *The Origins of Totalitarinism*, New York: Harcourt Brace Jovanovich Inc. 1951.; 이진우·박미애 옮김, 《전체주의의 기원》, 한길사, 2006.

_____, *Human Condition*, Chicago and London: The University of Chicago Press, 1958.; 이진우·태정호 옮김, 《인간의 조건》, 한길사, 1995/2000.

_____, *Between Past and Future(BPF)*, New York: Penguin Books Ltd., 1968a.; 서유경 옮김, 《과거와 미래 사이》, 푸른숲, 2005.

_____, *Men in Dark Times(MDT)*, New York: Harcourt, Brace Jovanovich Inc., 1968b.; 홍원표 옮김, 《어두운 시대의 사람들》, 인간사랑, 2010.

_____, *Eichmann in Jerusalem: A Report on the Banality of Evil*, New York: Viking Penguin Inc., 1977.; 김선욱 옮김, 《예루살렘의 아이히만》, 한길사, 2006.

_____, *The Life of Mind: Thinking*, New York: Harcourt, Brace Jovanovich. Inc., 1978a.; 홍원표 옮김, 《정신의 삶: 사유》, 푸른숲, 2004.

_____, *The Life of Mind: Willing*, New York: Harcourt, Brace Jovanovich. Inc., 1978b.

_____, "On Hannah Arendt", Melvyn A. Hill. ed. *Hannah Arendt: The Recovery of the Public World*, New York: St. Martin's Press, 1979, pp. 303~339.

_____, *Lectures on Kant's Political Philosophy*, ed. by Ronald Beiner, New York: The University of Chicago Press, 1982.; 김선욱 옮김, 《칸트 정치철학 강의》, 푸른숲, 2002.

_____, *Essays in Understanding 1930-1954*, New York, San Diego and London: Harcourt Brace & Company, 1994.; 홍원표·임경석·김도연 옮김, 《이해의 에세이 1930~1954》, 텍스트, 2012.

_____, *Love and Saint Augustine*, Edited and with an Interpretive Essay by Joanna Vecchiarelli Scott and Judith Chelius Stark, Chicago and London: The University of Chicago Press, 1996.; 서유경 옮김, 《사랑 개념과 성 아우구스티누스》, 텍스트, 2013.

_____, *Denktagebuch: 1950 bis 1973*, Müchen and Zürich: Piper, 2002.

_____, *Responsibility and Judgment*, New York: Schocken Books, 2003.

_____, *The Promise of Politics*, New York: Schocken Books, 2005.; 김선욱 옮김, 《정치의 약속》, 푸른숲, 2007.

_____, *The Jewish Writings*, Jerome Kohn and Ron H. Feldman. eds., New York: Schocken Books, 2007.

_____, *Thinking Without A Bannister*, Jerome Kohn. ed., New York: Schocken Books,

2018.

Barnow, Dagmar, *Visible Spaces: Hannah Arendt German-Jewish Experience*, Baltimore and London :
The Johns Hopkins University Press, 1990.

Beiner, Ronald, "Interpretive Essay : Hannah Arendt on Judging", In Hannah Arendt, *Lectures on
Kant's Political Philosophy*, Chicago : The University of Chicago Press, 1982, pp. 89~156.

_____, "Judging in a World of Appearances : A Commentary on Hannah Arendt'
s Unwritten Finale", In Lewis P. Hinchman and Sandra K. Hinchman. eds., Hannah
Arendt : *Critical Essays*, Albany, New York : State University of New York Press, 1994,
pp. 365~388.

Benhabib, Seyla, *The Reluctant Modernism of Hannah Arendt*, London : Sage Publications, 1996.

Bowen-Moore, *Hannah Arendt's Philosophy of Natality*, Houndmills : The Macmillan Press Ltd,
1989.

Berkowitz, Roger and Storey, Ian, eds., *Artifacts of Thinking*, New York : Fordam University Press,
2017.

Curtis, Kimberley, *Our Sense of the Real: Aesthetic Experience and Arendtian Politics*, Ithaca &
London : Cornell University Press, 1999.

Denneny, Michael, "The Privilege of Ourselves : Hannah Arendt on Judgment", In Melvyn A.
Hill. ed., *Hannah Arendt : The Recovery of the Public World*, New York : St. Martin's Press,
1972, pp. 245~276.

D'entrèves, Maurizio Passerin, "Arendt's Theory of Judgment", Dana Villa. ed., The Cambridge
Companion to Hannah Arendt, Cambridge : The Press Syndicate of the University of
Cambridge, 2000, pp. 245~260.

Euben, Peter J., "Arendt's Hellenism", Dana Villa, ed., The Cambridge Companion to Hannah
Arendt, Cambridge : The Press Syndicate of the University of Cambridge, 2000, pp.
151~164.

Gray, J. Glenn, "The Winds of Thought", *Social Research*, 1977, vol. 44, pp. 44~62.

Hansen, Phillip, *Hannah Arendt: Politics, History and Citizenship*, Cambridge and Oxford : Polity
Press, 1993.

Jacobitti, Suzanne, "Hannah Arendt and the Will", *Political Theory*, vol. 16, no. 1, 1988, pp.
53~76.

Kampowski, Stephan, *Arendt, Augustine, and the New Beginning*, Grand Rapids and Cambridge :

William B. Eerdmans Publishing Company, 2008.

Kateb, George, *Hannah Arendt: Politics, Conscience, Evil*, Totowa, New Jersey: Rowman & Allanheld, 1984.

Kohn, Jerome, "Evil and Plurality: Hannah Arendt's Way to *The Life of the Mind*, Ⅰ." In Larry May and Jerome Kohn ed., *Hannah Arendt: Twenty Years Later*, Cambridge and London: The MIT Press, 1996, pp. 146~178.

Moors, Kent F., "Hannah Arendt and Human Initiative: The Structure of Hannah Arendt's LIFE OF THE MIND", *The Political Science Reviewer*, vol. 10, 1980, pp. 189~230.

Parekh, Bhikhu, *Hannah Arendt and the Search for a New Political Philosophy*, London and Basingstoke: The Macmillan Press Ltd, 1981.

Plato, *The Collected Dialogues of Plato: Gorgias*, ed., by Edith Hamilton and Huntington Cairns, Princeton: Princeton University Press, 1973.

____, *The Collected Dialogues of Plato: Sophist*, ed., by Edith Hamilton and Huntington Cairns, Princeton: Princeton University Press, 1973.

Reinhardt, Mark, *The Art of Being Free: Taking Liberties with Tocqueville, Marx, and Arendt*, New York: Cornell University, 1997.

Scott, Joanna Vecchiarelli, "'A Detour Through Pietism': Hannah Arendt on St., Augustine's Philosophy of Freedom", *Polity*, vol. 20, 1988, pp. 394~425.

Steinberger, Peter J., "Hannah Arendt on Judgment", *American Journal of Political Science*, vol. 34, 1990, pp. 802~821. Villa, Dana R., *Arendt and Heidegger: The Fate of the Political*, Princeton: Princeton University Press, 1996.; 서유경 옮김, 《아렌트와 하이데거》, 교보문고, 2000.

_____, *Politics, Philosophy, Terror: Essays on the Thought of Hannah Arendt*, Princeton: Princeton University Press, 1999.

Yarbrough, Jean and Stern Peter, "Vita Activa and Vita Contemplativa: Reflections on Hannah Arendt's Political Thought in The Life of the Mind", *Review of Politics*, vol. 43, 1981, pp. 323~354.

Young-Bruehl, Elisabeth, *Hannah Arendt: For Love of the World*, New Haven and London: Yale University Press, 1982.; 홍원표 옮김, 《한나 아렌트 전기: 세계 사랑을 위하여》, 인간사랑, 2007.

_____, *Mind and The Body Politic*, New York and London: Routledge, Chapman and Hall,

Inc., 1989.

_____, "Reflections on Hannah Arendt's The Life of the Mind", In *Hannah Arendt: Critical Essays*; eds. by Lewis P. Hinchman and Sandra K. Hinchman, Albany New York: State University of New Press, 1994, pp. 335~364.

한나 아렌트 연보

1906년 바울 아렌트Paul Arendt, 1873~1913와 마르타Marta Cohn, 1874~1948는 1902년 4월 11일 결혼한다. 쾨니히스베르크대학교에서 공학을 전공한 아버지 바울이 하노버 인근 도시 린덴의 전기회사에 근무하던 때인 1906년 10월 14일 아렌트가 태어난다.

1909년 바울 아렌트의 병세가 악화되면서 아렌트 집안은 아렌트 어머니 집안이 있는 쾨니히스베르크(현재의 칼리닌그라드)로 귀향한다.

1910년 유치원에 입학한 아렌트는 교육을 받으면서 유별나게 조숙해 선생님들로부터 주목을 받는다.

1911년 아버지가 정신병원에 입원하면서 할아버지 막스Max, 1843~1913와 많은 시간을 보내게 된다.

1913년 말벗이 되었던 할아버지가 3월에 사망한다. 지트니크Szittnick 초등학교에 입학한 지 2개월만인 10월 30일 아버지가 사망한다.

1914년 제1차 세계대전이 발발하자 아렌트 가족은 잠시 베를린으로 이주했다가 10주 후에 귀향한다.

1915년 아렌트는 루이제슐레Luiseschule에 입학한다. 학교를 다니는 동안 아렌트는 잦은 병치레를 하게 된다.

1919년 로자 룩셈부르크를 존경하던 어머니 마르타는 '스파르타쿠스단'의 반란이 발생했을 때 아렌트에게 이 역사적 사건에 대해 관심을 가져야 한다고 말한다. 이후 로자 룩셈부르크는 아렌트의 혁명이론에 많은 영향을 미치게 된다.

1920년 어머니가 전쟁 기간 동안 알고 지낸 베어발트와 2월 재혼하면서 아렌트는 베어발트 식구들과 함께 살게 된다. 이때 라헬 파른하겐 전기를 쓸 수 있도록 도움을 준 안네 멘델스존을 만났으며, 평생 우정을 나누게 된다.

1921년 악명이 높은 젊은 선생의 수업을 거부하는 데 참여한다는 이유로 고등학교에서 퇴학당한다. 퇴학당한 이후 베를린대학교에서 로마노 과르디니의 지도로 신학, 그리스어, 라틴어 수업을 듣는다.

1923년 쾨니히스베르크로 돌아와 대학교 입학 자격시험Abitur에 응시해 급우들보다 1년 일찍 시험에 통과한다.

1924년 마부르크대학교에 입학해 하이데거의 철학 강의에 참여한다. 이때 하이데거와의 은밀한 사랑으로 다른 사람들과의 관계가 소원하게 된다.

1925년 평생 우정을 나눈 한스 요나스와 첫 남편인 귄터 슈테른을 만난다. 이때 자화상을 묘사한 시 〈그림자〉를 써서 하이데거에게 보낸다.

1926년 열렬히 사랑했지만 이방인일 수밖에 없었던 하이데거와 결별하고 프라이부르크대학교에서 후설의 현상학 강의에 참여한다. 이후 하이델베르크대학교로 옮겨 박사학위 논문을 준비한다.

1929년 야스퍼스의 지도 아래 〈아우구스티누스의 사랑 개념〉이라는 제목의 박사학위 논문을 마친다. 베를린으로 이주한 아렌트는 같은해 9월 아동심리학 연구로 독일에서 존경을 받았던 교육자 집안의 자제인 슈테른과 결혼한다. 릴케의《두이노의 비가》에 관한 논문을 슈테른과 공동으로 집필하고《라헬 파른하겐: 한 유대인 여성의 삶》을 집필하기 시작한다.

1930년 독일 곤경극복협의회Notgemeinschaft로부터 연구기금을 받는다.

1933년 2월 27일 제국의회가 방화로 소실되고 반유대인 조치가 내려지자 정치인사의 망명을 돕는 일에 참여하다가 체포되어 심문을 받는다. 경찰에서 풀려난 직후 체코 국경을 넘어 파리로 망명한다.

1935년 파리 소재 유대인청년알리야Jewish Young Aliyah 단체에서 1938년까지 활동하게 된다. 이 단체는 1939년 본부를 런던으로 옮기게 된다.

1937년 첫 남편인 슈테른과 이혼한다. 이후 슈테른은 미국으로 망명한다. 아렌트는 스파르타쿠스단과 공산당에 가입해 활동하다가 파리로 망명한 이후 공산주의로부터 전향한 하인리히 블뤼허를 만난다.

1939년 독일에서 늦게 망명한 어머니와 파리에서 4월에 재회한다.

1940년 아렌트와 블뤼허는 1월 파리 시민법정으로부터 결혼허가서를 받아 결혼한다. 여름에 프랑스가 독일군에 함락되자 미국행 긴급비자를 발급받아 스페인 국경을 넘어 망명길에 오른다. 발터 베냐민은 마르세유에서 자신의 원고를 블뤼허 부부에게 맡기고, 이후 스페인 세관원의 국경선 폐쇄가 있던 날 자살한다.

1941년 5월 22일 뉴욕에 도착한 블뤼허 부부는 무국적자로서 미국 생활을 시작한다. 이때부터 아렌트는 1945년까지《재건》의 기고자로 활동하면서《유대인 전선》,《파르티잔 리뷰》등에 많은 글을 게재한다.

1942년 조셉 마이어와 함께 청년유대인단체The Young Jewish Group를 창설한다.

1944년 메리 매카시를 만난다. 같은 해에 미국 소재 유럽유대인문화재건위원회의 이사가 된다.

1945년 《전체주의의 기원》을 집필하기 시작한다. 멜빈 라스키를 통해 야스퍼스와 편지를 교환하기 시작한 직후 야스퍼스와 공동 연구자가 되었다. 브루클린 대학교에서 현대 유럽사 강의를 시작한다.

1946년 〈팽창과 힘의 철학〉, 〈프랑스 실존주의〉, 〈지옥의 이미지〉, 〈더 이상 아님과 아직 아님〉 등 다수의 에세이를 《평론》, 《민족》 등의 학술지에 기고한다. 쇼 켄출판사 편집자로도 활동한다.

1948년 7월 어머니 마르타가 타계한다.

1949년 《전체주의의 기원》 집필을 마친다. 전쟁 후 처음으로 유럽을 방문해 유대인 문화재건위원회 비스바덴 본부에서 6개월간 활동한다. 이때 1948년에 스위스 바젤로 이주한 야스퍼스 부부, 그리고 하이데거와 재회한다.

1950년 한국전쟁 발발 소식을 듣고 스탈린주의의 분석으로 이어질 수 있는 전체주의의 마르크스주의적 요소를 연구한다. 하이데거를 만나고 귀국한 이후 《사유일기》를 집필하기 시작한다.

1951년 《전체주의의 기원》 초판을 출간한다. 같은 해 미국 시민권을 얻게 되면서 18년간의 무국적자로서의 삶을 청산한다. 이후 노동하는 동물로서 인간이라는 마르크스의 개념을 이해하고자 관련 자료를 검토한다. 이후 10년 동안 많은 대학교에서 철학과 사회이론을 강의한다.

1952년 신학을 가르친 은사 로마노 과르디니를 뮌헨에서 만난다.

1953년 프린스턴대학교 가우스 세미나에서 〈칼 마르크스와 위대한 전통〉에 대한 탐색적이고 포괄적인 철학적 접근을 제시한다. 〈칼 마르크스와 서양 정치사상의 전통〉이라는 논문이 《사회연구》(2002)에 게재된다.

1954년 2월 노트르담대학교에서 '프랑스 혁명 이후 행위와 사유의 문제'라는 주제로 세 차례 강의한다. 아렌트 사후인 1990년에 이때의 강의 노트를 수정해서 《철학과 정치》라는 제목으로 책이 출간된다.

1955년 버클리대학교에서 '유럽의 정치이론'이라는 주제의 대학원 세미나와 '철학과 정치'라는 강의를 담당하면서 《인간의 조건》 및 《과거와 미래 사이》에 포함될 논문을 집필한다. 남편인 블뤼허는 바드대학교 철학 교수로 임용된다.

1956년 메리 매카시와 함께 네덜란드를 방문하던 중 헝가리 혁명에 관한 소식을 듣고 헝가리 혁명에 대해 저술한다. 시카고대학교 월그린재단에서 '활동적 삶 Vita Activa'이란 주제로 강의한다.

1957년 〈세계시민으로서 야스퍼스〉라는 논문을 《칼 야스퍼스의 철학》에 게재한다. 이후 같은 논문을 《어두운 시대의 사람들》에 다시 수록한다.

1958년 마르크스의 노동 개념 분석을 노동, 작업, 행위에 관한 연구로 전환한 결실, 즉 《인간의 조건》을 출간한다. 독일 출판서적상협회가 야스퍼스에게 평화상을 수여하는 자리에서 '카를 야스퍼스: 찬사'라는 주제로 연설한다. 〈전체주의적 제국주의: 헝가리 혁명에 대한 성찰〉을 《정치학지 *The Journal of Politics*》에 게재한다.

1959년 《논평》 잡지사 측이 요청하여 〈리틀 록 지역에 대한 성찰〉이란 제목의 논문을 집필했으나 최종적으로 《의견 차이》에 게재한다. 여기에서 인종차별이 각 공간(사적, 사회적, 정치적)에서 어떤 의미를 갖는가를 제시한다. 함부르크 자유시가 시상하는 레싱 상을 받는 자리에서 "어두운 시대의 인간성: 레싱에 관한 사유"라는 주제로 강연을 한다. 여성으로서 프린스턴대학교 정교수로 처음 임명된다.

1960년 5월 아이히만이 이스라엘로 송환되자 《뉴요커》 편집장에게 재판 참가자로 참여하겠다고 제안하고 이후 강의 및 연구 일정을 재조정한다.

1961년 아이히만 재판 참관 기사를 《뉴요커》에 5부작으로 기고하고, 남편과 함께 야스퍼스 부부를 만난다. 귀국 후 《혁명론》을 집필하고, 《과거와 미래 사이》 초판을 출간한다. 아이히만은 유대민족에 대한 범죄와 인류에 반하는 범죄로 사형선고를 받는다.

1962년 3월 택시 교통사고로 입원한다. 미국 예술과학아카데미 특별 회원으로 선출된다. 이스라엘 람라Ramla 감옥에서 아이히만의 사형이 집행된다.

1963년 《혁명론》은 봄에 출간되었으나 《예루살렘의 아이히만》 출간으로 독자들로부터 주목을 받지 못한다. 1963년부터 1967년까지 시카고대학교 사회사상 위원회 회원으로 활동하며 강의를 한다.

1964년 귄터 가우스가 사회를 맡은 〈인물에 대하여〉라는 텔레비전 대담 프로에 출연한다. 대담 내용은 "무엇이 남아있는가? 언어가 남아 있다"라는 제목으로 《정치의 이해Essays in Understanding, 1930-1954》에 수록된다.

1965년 〈진리와 정치〉라는 논문을 집필하기 시작한다. 코넬대학교에서 강의를 할 때인 1967년 이 논문을 완성한다. 이 논문은 아이히만 논쟁에 대한 아렌트의 답변이자, 정치에서의 '초연한 진리 추구'의 중요성에 대한 아렌트의 주장이다. 아렌트는 통킹만 사건을 계기로 미국의 베트남전 참전에 대해 비판적 입장을 드러낸다.

1966년 미국정치학회의 모임에서 〈진리와 정치〉라는 논문 최종판을 발표한다. 《예루살렘의 아이히만》 히브리어판이 이스라엘에서 출판된다.

1967년 뉴스쿨에서 전임 교수직을 맡는다. 〈진리와 정치〉를 《뉴요커》에 게재한다. 언어와 문학에 기여한 공로로 독일 학술원으로부터 지그문트 프로이트상을 수상한다.

1968년 《어두운 시대의 사람들》을 출간함으로써 현대의 인식론 위기와 가치론 위기 문제를 제기하고, 베냐민의 저작 《조명》을 편집 출판한다. 마틴 루터 킹목사 피살, 컬럼비아대학교 점거, 구소련의 체코 침공을 목격하면서 《폭력론》을 집필하기 시작한다. 블뤼허는 바드대학에서 퇴임한다.

1969년 2월 26일 스승인 야스퍼스의 서거로 바젤을 방문하고 장례식에 참석한다. 미국 예술문학원으로부터 에머슨-소로 메달을 받는다.

1970년 10월 30일 뉴스쿨에서 〈사유와 도덕적 고찰〉이라는 논문을 발표한다. 다음날 남편인 블뤼허가 타계한다. 그의 묘소는 바드대학교 교정 인근에 있다. 〈시민불복종〉을 《뉴요커》에 게재한다. 《폭력론》을 출간한다.

1971년 《국방성 보고서》가 뉴욕타임스 등을 통해 공개되자 〈정치에서의 거짓말〉이라는 논문을 발표한다.

1972년 스코틀랜드 애버딘대학교의 에드워드 라이트로부터 1973년 봄 기퍼드 강의를 수락해달라는 편지를 받고 '사유'에 관한 원고를 집필하면서, 10월 토론토 사회정치사상연구회가 조직한 '한나 아렌트의 저작에 관한 학술회의'에 참석한다.

1973년 첫 번째 일련의 기퍼드 강의를 마치고 귀국한 후 '의지'에 관한 원고를 준비하기 시작한다.

1974년 두 번째 일련의 기퍼드 강의를 진행하던 중 5월 심장병 발병으로 강의를 중단한다.

1975년 덴마크 정부는 유럽 문명에 기여한 공로로 아렌트에게 소닝상을 수여한다. 12월 4일 '판단' 원고를 집필하던 중 심근경색으로 타계한다. 12월 8일 리버 사이드 기념 예배당에서 친구인 한스 요나스, 메리 매카시, 제롬 콘, 윌리엄 요바노비치가 참석한 가운데 아렌트의 생애와 저작을 회상하는 추도예배가 열린다.

찾아보기

정신의 삶: 사유와 의지

첫판 1쇄 펴낸날   2019년 6월 7일
      5쇄 펴낸날   2023년 5월 10일

지은이 한나 아렌트
옮긴이 홍원표
발행인 김혜경
편집인 김수진
편집기획 김교석 조한나 김단희 유승연 김유진 곽세라 전하연
디자인 한승연 성윤정
경영지원국 안정숙
마케팅 문창운 백윤진 박희원
회계 임옥희 양여진 김주연

펴낸곳 (주)도서출판 푸른숲
출판등록 2003년 12월 17일 제2003-000032호
주소 서울특별시 마포구 토정로 35-1 2층, 우편번호 04083
전화 02)6392-7871, 2(마케팅부), 02)6392-7873(편집부)
팩스 02)6392-7875
홈페이지 www.prunsoop.co.kr
페이스북 www.facebook.com/prunsoop   인스타그램 @prunsoop

ⓒ푸른숲, 2019
ISBN 979-11-5675-786-3(03160)

* 잘못된 책은 구입하신 서점에서 바꾸어 드립니다.
* 본서의 반품 기한은 2028년 5월 31일까지 입니다.